RUDOLF PÖRTNER
BEVOR DIE RÖMER KAMEN
STÄDTE UND STÄTTEN DEUTSCHER URGESCHICHTE

PRISMA VERLAG
GÜTERSLOH

Sonderausgabe für den
Prisma Verlag GmbH, Gütersloh, 1987
Copyright © 1961 by Econ Verlag GmbH, Düsseldorf und Wien
Alle Rechte vorbehalten.
ISBN 3-570-09318-2

INHALTSÜBERSICHT

I
Der Weltbürger aus dem Neandertal

II
Die Mammutjäger von Salzgitter

III
Die Bildschnitzerschule der Vogelherdhöhle

IV
Die Abfallteiche von Ahrensburg

V
Steinzeitbauern am Federsee

VI
Die Hünengräber – Norddeutschlands Pyramiden

VII
Töpfe und Teller vom Michelsberg

VIII
Odysseus kam doch nicht zum Niederrhein

IX
Der »Hohmichele« und die Heuneburg

X
Der Ring von Otzenhausen

XI
Düsenaufklärer über Manching

XII
Die Sternseher der Externsteine

XIII
Kleine Dörfer mit großen Namen

Wer nicht zu sehr von der neuen Welt ist oder nicht ganz im unzerreißlichen Netze der ernsthaftesten Geschäfte verwickelt lieget, wird es wohl nicht für unmöglich halten, daß auch bei der einsamsten Nachforschung alter Begebenheiten eine Art von Belustigung zu finden sei. Wir alle sind wißbegierig, und wer höret nicht gerne von einem Lande etwas erzählen, worin er geboren ist und welches unseren Voreltern das Vaterland nannten!

Welchen Namen mögen doch wohl diejenigen geführt haben, die vor Jahrtausenden unsere Äcker pflügten? Von wem und wie ist der Anbau unserer Städte und Dörfer geschehen? Wer hat die Moräste erhöhet? Die Berge erniedriget, die Wälder ausgehauen und die Wildungen urbar gemacht? Haben sie Gesetze gehabt und welche? Wo war die Malstatt, wo waren die Gesetzesversammlungen und wie waren die Regenten gesinnt? Wie die Geistlichen? Welche Macht hatten sie beide? Haben sie auch etwas von der Helden Kunst gewußt, sich einander tapfer-mutig auszurotten? Mit welchen Feinden haben sie dann gekämpfet? Welche Weisheit oder Torheit haben sie getrieben?

Mir deucht, daß diese und dergleichen Fragen einem jeden auf der Zunge schweben müssen, der den Fuß auf unsere Felder setzet, der die Rathäuser besuchet oder etwas Weihrauch in unseren Tempeln ausstreuet. Sehr angenehm muß es ihm meines Erachtens sein, wenn er hierauf Antwort erhalten kann.

Der Syndikus C. V. Weisse am 15. Oktober 1765
im Duisburger Intelligenz-Blatt,
genannt »Wöchentliche Duisburgische
auf das Interesse der Commercien der Clevischen, Geldrischen,
Meurs und Märckischen auch umliegenden Landes Orten
eingerichtete Adresse und Intelligenz-Zettel«.

VORWORT

Bevor die Römer kamen, lebten die Menschen in Mitteleuropa nach der klassischen Lehrmeinung im Zustand zivilisatorischer Unschuld, in der Düsternis trüber Geschichtslosigkeit. Nach der zeitweise kaum weniger verbreiteten Gegenthese war das Land nördlich der Alpen jedoch die Wiege aller Kultur und menschlichen Gesittung.

Wir wissen seit langem, daß beide Gleichungen falsch sind: Ergebnis von Vorurteilen, Bildungs- und Rassedünkeln, Ressentiments und ideologischen Wunschträumen. Doch wissen wir, was wirklich war? Gibt es ein authentisches Bild der Zeit, die wir mit einem ebenso törichten wie gängigen Wort der Vorzeit nennen?

Es ist noch gar nicht lange her, daß die zünftige Geschichtswissenschaft es entrüstet ablehnte, die Bemühungen um die Entschlüsselung der schrift- und namenlosen Vergangenheit auch nur zur

Kenntnis zu nehmen. Hegel räumte zwar ein, daß die Welt immer von »wildesten Veränderungen« heimgesucht worden sei, erklärte jedoch im gleichen Atemzug, diese hätten sich »ohne Geschichte nur zugetragen«. Treitschke nannte die Geschichte mit prähistorischen Fragen »einen netten Zeitvertreib für pensionierte Offiziere, Pfarrer und Lehrer«. Fast gleichlautend wies auch Mommsen die Spatenforschung emeritierten Militärs und unzureichend beschäftigten Landpastoren zu.

Beiden schien nicht so sehr das Ausgraben und Sammeln sogenannter Altertümer verdächtig als vielmehr die unmäßige Fabulierlust und ungehemmte Ausdeutungsfreude, die diese Tätigkeit zu wecken pflegte. Und wer könnte leugnen, daß unter der Fahne der Vorzeitkunde viel Dilettantismus (und Schlimmeres) am Werk gewesen ist?

Trotzdem ist die Urgeschichtsforschung heute längst als ernste Fachdisziplin anerkannt. Ja, es hat bereits den Anschein, daß sich die vor dreißig Jahren ausgesprochene Prophezeiung des Wieners Oswald Menghin – sie werde sich neben der Physik zur führenden Wissenschaft der nächsten Generation entwickeln – zu einem guten Teil bereits erfüllt hat.

Das Lehrgebäude steht. Die Grenzen sind markiert, die Methoden entwickelt. Eine verbindliche Fachsprache und feststehende Begriffe erleichtern die internationale Verständigung. Und längst ist der Schritt von einer Systematisierung der Funde zu ihrer dokumentarischen Auswertung getan. Längst vermag die Forschung aus ihrem Fundgut nicht nur den Alltag, sondern auch historische Ereignisse zu rekonstruieren, die unendlich weit zurückliegen und über die nie ein Wort geschrieben worden ist.

Aber vielleicht gerade weil ihr in den Anfängen ein Zuviel an Phantasie und amateurhafter Geschäftigkeit vorgeworfen wurde, gibt sich keine Wissenschaft so spröde wie die Urgeschichtsforschung. Und wer ihr Arbeitsmaterial kennt: Gräber und Skelette, verfärbte Erde, zerschlagene Töpfe, zerbrochene Waffen, vergrabene Schätze und bestenfalls einige alte Mauern und Steinanhäufungen, möchte sie in der Tat für eine unersprießliche Beschäftigung halten.

Aber diese »Scherbenwissenschaft«, wie man sie abwertend genannt hat, ist von einer außerordentlichen inneren Dramatik erfüllt. Es klingt profan und liegt doch dicht bei der Wahrheit, daß sie wie keine andere Hochschuldisziplin eine Kunst des Spurenlesens, der geduldigen Indiziensammlung und der scharfsinnigen Kombination sei und als solche der Kriminalistik verwandt.

Das vorliegende Buch möchte etwas von dieser Dramatik vermitteln, die auch die unnscheinbarste Grabung erfüllt; es möchte zeigen, welch lebendige, blutvolle Fülle sich hinter der so unzugänglichen Vorgeschichtswissenschaft verbirgt, und dabei zugleich den Weg abschreiten, den sie von ihren ersten tastenden Versuchen bis heute zurückgelegt hat – von den Wundermären des Mittelalters zu den Wundermethoden der Gegenwart.

Es möchte zugleich aber auch die wichtigsten Ergebnisse mitteilen, welche die Prähistoriker erarbeitet haben; das heißt: einen Eindruck vom Werden der menschlichen Kultur und Zivilisation vermitteln und von den Kräften berichten, die unsere Breiten erschlossen und besiedelt haben. Es wird sich dabei zeigen, daß das Zentrum Europas von jeher ein Schmelztiegel war, ein Magnetfeld der verschiedensten und divergierendsten Einflüsse und daß die Mittlerrolle, die die Kerngebiete Europas noch immer spielen, ihr Schicksal war von Anbeginn. Viele der gleichsam heiliggesprochenen Forschungsergebnisse von gestern haben die Feuerprobe der letzten Jahrzehnte nicht bestanden – an dieser Grundkonstellation hat sich nichts geändert.

Das Buch geht von »Städten und Stätten« aus, die, jedermann erreichbar, gewissermaßen die großen Themen der Forschung repräsentieren: das Neandertal bei Düsseldorf, die Mammut- und Elefantenreviere Niedersachsens, die eiszeitlichen Wohnhöhlen der Schwäbischen Alb, das Ahrensburger Tunneltal bei Hamburg, die Pfahlbauten in der Schweiz und im deutschen Südwestraum, die Hünengräber in der Heide, die Burgen, die Ringwälle und stadtähnlichen Siedlungen der Kelten, die Kultstätten, Friedhöfe und Dörfer der Germanen – um nur die wichtigsten zu nennen.

Am Ende der Wanderung sind 500 000 Jahre durchmessen, eine unvorstellbar ferne und unbegreiflich lange Zeit, die doch bereits alles enthielt, was dem Menschen unserer Tage in Gestalt täglicher Schlagzeilen serviert wird: Hungersnöte und Kriege, Klimakatastrophen und Völkeraufbrüche, Wirtschaftsoffensiven und Entdeckungsfahrten, Abenteuer der Technik und des Verkehrs, künstlerische und religiöse Bewegungen – als wenn sich das Leben nie geändert hätte.

Der englische Prähistoriker Gordon Childe hat einmal darauf hingewiesen, daß er in seinen Schriften um der leichteren Lesbarkeit willen zahlreiche Fragezeichen eingespart habe, die er eigentlich hätte setzen müssen. Das ist auch in diesem Buch geschehen. Trotzdem hält es sich dem Satz verpflichtet, den einer der Väter der deutschen Urgeschichtsforschung, der Pfarrer Andreas Albert Rhode aus Hamburg, vor 250 Jahren niederschrieb: »Wir wollen / als ihre Nachkommen« – er sprach von den alten Kimbern, aber wir können getrost von all den Völkern sprechen, die unseren Erdteil gedüngt und beackert haben – »ihr Andencken in Ehren halten / und ihre Ehre auf alle Weise zu retten suchen / doch so / daß die Wahrheit allemal am Grunde bleibe.«

Bad Godesberg, im Juni 1961   *Rudolf Pörtner*

ERSTES KAPITEL

DER WELTBÜRGER AUS DEM NEANDERTAL

WALLFAHRT ZUM »ERSTEN DÜSSELDORFER«

PFARRER NEUMANNS AUSFLUGSTAL
STERNSTUNDE EINES DEUTSCHEN SCHULMEISTERS
FUHLROTT PREDIGT TAUBEN OHREN
DER »NEANDERTALER« MACHT SEINEN WEG
GESCHICHTE NUR EIN SILVESTERSCHERZ · FUNKVERKEHR MIT DER EISZEIT
DER ERRECHNETE AFFENMENSCH · RIESENZÄHNE ALS MEDIKAMENTE
DER ALTEUROPÄER AUS HEIDELBERG · MORGENRÖTE ÜBER PILTDOWN
AHNHERR DER NORDISCHEN RASSE · ÜBERALL NEANDERTALER
SCHNELLE LÄUFER UND »GENIALE JÄGER«
LANGE SCHÄDEL – LANGE KERLS
DAS PAAR AUS OBERKASSEL · GENIESTÜCK DER SCHÖPFUNG
DIE KNOCHENSAMMLUNG IM TRESOR

Düsseldorf ist, wie man weiß, eine sehr mondäne Stadt, die sich gern mit Paris vergleichen läßt. Und wirklich strahlt ja zumindest die Königsallee mit ihren großen Hotels und Bürohäusern, ihren Juweliergeschäften und Modesalons ein wenig von der Anmut und betörenden Leichtfertigkeit des Pariser Lebens aus. Wie an der Seine sind es auch hier vor allem die Frauen, denen die »Kö« ihr gewisses Etwas verdankt, sehr elegante, sehr gepflegte und sehr kostspielige Frauen, deren Anblick selbst erfahrene Globetrotter als Attraktion ersten Ranges schätzen.

Eine Attraktion anderer Art ist die Steinfigur, die in einem Hotelgarten des nahen Neandertales zwischen Blumen und Gewächsen verschiedenster Art den Mittelpunkt eines Steinbeetes bildet – ein primitives Machwerk, das einen ebenso primitiven Gesellen zeigt,

Pfarrer Neumanns Ausflugstal

der klein und krummbeinig, nahezu nackt und nur mit einer klobigen Keule bewaffnet, stieren Blicks eine unbekannte Beute beschleicht.

Ein Kerl, geeignet, Unbehagen zu wecken... Und trotzdem wesentlich berühmter als die »Kö« und alle ihre Frauen.

Von der »Kö« zum Neandertal, von der hauptstädtischen Geschäfts- und Flanierstraße zum Fundort des sagenhaften »Neandertalers« sind es nur etwa zehn Kilometer. Für viele Düsseldorfer ist es daher eine Art Ehrensache, wenigstens einmal im Jahr zu dem geheimnisvollen Urmenschen hinauszupilgern und ihm die gebührende Reverenz zu erweisen. Da das Tal noch immer schön bewaldet und mit Gasthäusern und Pensionen ausreichend versehen ist, vermögen sie dabei das Nützliche mit dem Angenehmen zu verbinden, den Bildungsbummel mit einem Wochenend im Grünen.

Auch können sie sich auf ein bedeutendes Vorbild berufen; es war nämlich der Dichter des Kirchenliedes »Lobe den Herren, den mächtigen König der Ehren...«, der vor dreihundert Jahren die bizarre Schönheit der Fels- und Höhlenlandschaft zwischen Düsseldorf und Mettmann entdeckte.

Obwohl das zerklüftete Tal nur schwer zugänglich war, pflegte er die steinige Schlucht nach Herzenslust zu durchstreifen und, wie es einem Dichter geziemt, in den höchsten Tönen zu besingen. Die Verse, die Joachim Neumann, weiland Pfarrer und Organist zu St. Martin in Düsseldorf, zum Lobe Gottes und der Natur zu Papier brachte, waren nicht alle so blank wie seine hochgestimmte Seele, trotzdem fühlte sich die Nachwelt zu einer Ehrung des wanderseligen Poeten verpflichtet und schenkte dem idyllischen Tal seinen Namen – den graecisierten allerdings, so daß dem später gefundenen Urmenschen das Schicksal erspart blieb, als profaner »Neumanntaler« in die Geschichte der Wissenschaft einzugehen.

Wie das Neandertal bis zu Beginn des vorigen Jahrhunderts aussah, ist uns durch eine Schrift des Erkrather Arztes und kgl. preußischen Hofrates Johann Heinrich Bongard überliefert. Gut 20 bis 30 Meter über der Talsohle lagen damals noch verschiedene Höhlen, deren portalähnliche Öffnungen den Blick auf eine »schauerlich-wilde« Naturkulisse freigaben. Die großartigste dieser Grotten war die Neanderhöhle, vor der sich der kletterfreudige Hofrat am liebsten im Abendsonnenscheine niederließ. Die Aussicht, die sich ihm dort bot, war offenbar derart überwältigend, daß sein Text hier unversehens in hymnische Verse übergeht.

Riesige Felsen erglühen im Strahle der scheidenden Sonne,
Steigen zum Himmel empor, hoch aus dem dunkelen Laub.
Wenig gekanntes Gestein, du lockest den sinnigen Wandrer,

Bietest im innern Schoß kühliges Schattengewölb.
Siehe, es stürzet herab die Düssel vom hohen Geklüfte,
Schäumend in wallender Fluth, tief in das schattige Thal,
Schleichend auf goldenem Kies in epheuumrankten Ufern...

Aber Johann Heinrich Bongard hätte nicht preußischer Hofrat sein dürfen, wenn die phantastische Szenerie, die »schon manchen Maler angenehm beschäftigte«, nicht auch handfestere Gedanken bei ihm ausgelöst hätte. So berichtete er ausführlich von der geologischen und mineralogischen Beschaffenheit der Berge, »welche gegen Mittag und Mitternacht das Thal begrenzen«. Er spricht von den Muscheln urzeitlicher Meere und anderen versteinerten Meeresbewohnern, deren Form sich im hierorts vorkommenden Sandstein bis zum feinsten Schüppchen erhielt, und glaubt im Profil der Berge deutlich zu erkennen, »wie die Fluth zurücktrat und bald diese, bald jene Masse ablagerte«.

Das höchste Interesse aber bringt er den hohen Kalksteinwänden zu beiden Seiten der Düssel entgegen. Denn: »Welchen Reichtum für die Gegend würde dieser Stein darbieten, wenn einst durch die projektierte Eisenbahn die Kohlen mit geringen Transportkosten hierher und der gebrannte Kalk als Bau- und Düngungsmaterial in fremde Gegenden gesandt werden könnte? Auch läßt der weißspatig gestreifte Kalkstein sich zu schönem Marmor schleifen. Eine hier gebrochene Marmortreppe auf dem Rittersitz Hugenpoet an der Ruhr« – heute ein vielbesuchtes Hotel im Grünen – »liefert hiervon den auffallendsten Beweis.«

Zwanzig Jahre später verfielen die hohen Kalksteinwände des Neandertals tatsächlich dem Abbruch. Die tiefe, enge Felsengasse, die zeitgenössische Reiseführer an die berühmtesten Schluchten der Schweiz erinnerte, wurde ein Opfer von Spitzhacke, Brecheisen und Hammer.

Der Abbau traf auch die verschiedenen Höhlen des »Gesteins«, die Engels- und die Teufelskammer, die Wolfsschlucht und den Pferdestall, die Neanderhöhle und die Feldhoferkirche.

Und hier, in der Feldhoferkirche, geschah es. Im August 1856.

Zur Feldhoferkirche gehörten zwei dicht nebeneinanderliegende Einzelgrotten, die 31 Meter unter der Oberkante des Gebirges an einer halbkreisförmigen Ausbuchtung der südlichen Felsformationen lagen; von dort fiel die Wand senkrecht – und daher unbezwingbar – 20 Meter tief zur »rauschenden Düssel« ab. Ein tüchtiger Kraxler vermochte aber von oben zu der schmalen Kanzel hinabzusteigen und dort einen Blick in die dunklen Felsverliese zu werfen. Mehr allerdings auch nicht.

Sternstunde eines deutschen Schulmeisters

Die Öffnung der Fundgrotte, der kleineren von beiden, war bei einer Breite von 60 Zentimeter nur 18 Zentimeter hoch, hätte also bestenfalls einem Kind Durchschlupf gewährt, ein Umstand, der bei der späteren Diagnostizierung der Funde eine bedeutende Rolle spielte.

Durch Sprengungen waren nun die Zugänge so weit vergrößert, daß die Arbeiter in die Höhlen eindringen und den trockenen, harten Lehm, der diese fast gänzlich ausfüllte, ausräumen konnten. Sie machten es sich leicht und warfen, was ihnen auf die Schaufel geriet, in hohem Bogen über die Terrasse hinweg ins Tal. In 60 Zentimeter Tiefe stießen sie auf Skeletteile, für die sie sich aber nicht sonderlich interessierten, da Fossilien bei derartigen Unternehmungen häufig zutage traten.

So flogen die Gebeine ebenfalls mit Schwung in die Tiefe.

Es heißt, daß dem Steinbruchbesitzer, der gerade einen Inspektionsgang unternahm, einige Knochenreste vor die Füße fielen. Er hob sie auf, betrachtete sie prüfend und hielt sie für Reste eines Höhlenbären. Da er ein recht verständiger Mann war, gab er Auftrag, sie zu sammeln und dem Naturkundelehrer an der Oberrealschule in Elberfeld, Johann Carl Fuhlrott, mitzuteilen, daß er sich im Neandertal ein paar Skelettreste für seine Sammlungen abholen könne.

Damit schlug die Sternstunde eines unbekannten deutschen Gelehrten, dessen Name ohne diesen Fund längst in der Vergessenheit versunken wäre.

Eine Fotografie Fuhlrotts aus jener Zeit zeigt einen hageren, bartlosen Herrn in den besten Jahren, dessen prüfend in die Ferne gerichtete Augen den Forscher aus Leidenschaft verraten. Auffallend die schmalrückige, feingebaute Nase, die hohe schöne Stirn und ein eigentümlich harter Mund. Auch Intelligenz, Selbstbewußtsein, Skepsis und Zähigkeit, vielleicht sogar ein wenig Eigensinn, gehörten sichtlich zu dem Charaktersteckbrief dieses Mannes, der es wagte, einer ganzen Welt von Wissenschaftlern den Fehdehandschuh hinzuwerfen.

Der Lebenslauf Johann Carl Fuhlrotts war bis zu dem Tag, an dem ihn die Nachricht von den Funden im Neandertal erreichte, arm an äußeren Höhepunkten. Der Sohn eines thüringischen Gastwirts hatte in Bonn Theologie, Mathematik und Naturwissenschaften studiert und nach dem Abschlußexamen in Münster 1830 einen Ruf nach Elberfeld angenommen. Hier diente er sich in der örtlichen Pädagogenhierarchie vom provisorischen zum ordentlichen Lehrer und schließlich zum Oberlehrer und Professor empor.

Hinter diesem Musterlebenslauf eines deutschen Schulmeisters verbirgt sich jedoch das Dasein eines ungemein tätigen und vielseitig interessierten Mannes. Er war wie Goethe ein hellwacher, unablässiger Beobachter und Betrachter, der von jedem Spaziergang neue Erkenntnisse heimbrachte, und genau wie der weimarische Apoll ein geselliger Mensch, der einen herzhaften Disput und Gedankenaustausch mit Freunden über alles liebte. Seine bergische Wahlheimat verdankt ihm die Gründung des Naturwissenschaftlichen Vereins für Elberfeld und Barmen, der unter seiner Leitung überregional bedeutsame geologische, botanische, zoologische und meteorologische Studien betrieb. Fuhlrott selbst galt als unbedingte Autorität. Wenn die Kgl. Preußische Regierung in Düsseldorf ein Gutachten über arsenhaltige Abfälle brauchte, wenn eine Zechengesellschaft in der Nähe von Elberfeld Steinkohlenflöze suchte oder ein ängstlicher Wandersmann nach Giftschlangen im Wuppertal fragte, ging man ihn um Antwort an – und auf sein Urteil war Verlaß.

Kurzum: sein Wissen ging weit über das hinaus, was man von einem Mann seines Standes und Berufes gemeinhin verlangt.

Trotzdem überrascht, mit welch traumhafter Sicherheit er in den vorgeblichen Bärenknochen der »Feldhoferkirche« die Skeletteile eines diluvialen, also eiszeitlichen Menschen erkannte.

Er kam, sah und – stellte die richtige Diagnose.

Das niedrige, weit zurückspringende Schädeldach mit den daumendicken Knochenwülsten über den Augenhöhlen, die schweren, seltsam gekrümmten Oberschenkel, die ungewöhnlich kräftigen Oberarmknochen, deren Höcker und Grate an mächtige Muskelpakete denken ließen, konnten nur, wie Fuhlrott sich ausdrückte, einem »urtypischen Individuum unseres Geschlechtes« angehört haben.

Eine blitzartige Erleuchtung – vielleicht! Aber welcher Mut, welche Selbstgewißheit gehörten im Jahre 1856 dazu, auf nichts als diese Knochenfunde gestützt die Existenz eines vorhistorischen Menschen zu behaupten.

Denn die offizielle Lehrmeinung lautete ganz anders.

Die herrschende Anschauung verfocht leidenschaftlich die These von der Unveränderlichkeit der Arten. Der eifrigste Verkünder dieser Lehre war der Pariser Anatom Cuvier, eigentlich Georg Küfer aus Mömpelgard im Elsaß, der Prophet der Katastrophentheorie, die nicht mehr und nicht weniger besagte, als daß die Lebewesen dieser Erde wiederholt durch riesige Katastrophen vernichtet, aber jedesmal durch einen ebenso gigantischen Akt der Neuschöpfung dem Leben zurückgewonnen worden seien. *Fuhlrott predigt tauben Ohren*

Die Apostel dieses sonderbaren Naturevangeliums, allen voran die Franzosen Brongniaert und d'Orbigny, die 27 solcher »sukzessiven Schöpfungen« glaubten nachweisen zu können, hüteten das Erbe ihres Herrn und Meisters mit einem Starrsinn sondergleichen. Den Menschen sahen sie als ein Gebilde der geologischen Gegenwart an, von der es keine Brücke zur geologischen Vergangenheit gab. Ihr Schlachtruf war Cuviers simpler, aber schlagkräftiger Satz: »L'homme fossile n'existe pas – den Vorzeitmenschen gibt es nicht!« Sie verfochten ihn mit einer Erbitterung und einem Fanatismus, der einer besseren Sache würdig gewesen wäre, und verbrannten Abweicher und Überläufer auf dem Scheiterhaufen ihrer lodernden Verdammnisse.

So erging es dem Paläontologen Ernst Friedrich von Schlotheim in Gotha, der bereits zu Beginn des Jahrhunderts in den thüringischen Gipsbrüchen neben Mammutknochen Menschenzähne fand und, obwohl Anhänger Cuviers, zaghaft die Vermutung äußerte, daß der fossile Mensch vielleicht doch mehr als ein Phantom sei. So erging es dem englischen Pfarrer Max Ingery, der 1825 in einer Höhle zwischen den Skelettresten einwandfrei nachgewiesener Eiszeittiere menschliche Werkzeuge und Waffen erkannte. So erging es dem Lütticher Arzt Schmerling, der 1838, ein Jahr nach dem Tod Cuviers, in der Höhle von Engis drei menschliche Skelette in trautem Verein mit den Knochen von Höhlenbären und Wollnashörnern entdeckte und daraus sehr ketzerische Folgerungen zog.

So erging es dem verrückt-genialen Amateur Boucher de Perthes, Zolldirektor von Abbéville, der 1847 aus den Kiesschottern der Somme bearbeitete Feuersteine grub, dann allerdings über das Ziel hinausschoß und der Wissenschaft sogar den voreiszeitlichen Menschen zu suggerieren suchte.

Und so erging es jetzt, ein Jahrzehnt später, zwei Jahre vor Charles Darwins »Entstehung der Arten«, Johann Carl Fuhlrott, dem Naturkundelehrer aus Elberfeld.

Die erste Reaktion war positiv. Fuhlrott fand in dem Bonner Gelehrten Schaaffhausen, dem er die Neandertalknochen zu einer anatomischen Untersuchung überlassen hatte, einen verständigen und streitbaren Bundesgenossen. Schaaffhausen quittierte den Fossilien, ohne sich genau festzulegen, ein äußerst hohes Alter und bestätigte, wenn auch kopfschüttelnd, ihre menschliche Herkunft. Entscheidend fiel dabei ins Gewicht, daß die Hirnmenge des Neandertalers die der großen Menschenaffen bei weitem übertroffen haben mußte. Gewisse äffische Bildungen erklärte er, insgeheim bereits die Gedanken der Entwicklungslehre vertretend, für Eigentümlichkeiten des frühen Menschen.

Vor allem aber verschaffte er Fuhlrott Gelegenheit, seine Gedanken über die diluviale Herkunft der Skelettreste der Fachwelt selbst vorzutragen. Das geschah zuerst im Frühjahr 1857 in Bonn. Mit magerem, sehr magerem Erfolg.

Fuhlrott hat später selbst über diese seine erste Niederlage berichtet und Überlegungen daran geknüpft, die uns noch heute berühren.

»Als ich meinen Fund«, so schreibt er in seiner bedächtig-wägenden Sprache, »einer Versammlung von Naturforschern in Bonn vorlegte und nach sorgfältiger Erwägung aller Umstände, die damals mir allein bekannt waren, für dieselben die Wahrscheinlichkeit eines vorsintflutlichen Alters und zugleich einer urtypischen Form unserer Gattung in Anspruch nahm, da war man zwar erstaunt und machte große Augen über das, was man sah, aber man zuckte auch allseitig die Achseln über das, was man hörte, und niemand fand sich in der Versammlung, der meiner Ansicht... mit einem ermutigenden Wort beigetreten wäre.«

»Das sage ich nicht, um jenen Männern zu nahe zu treten oder ihrer zögernden Haltung irgendeinen Vorwurf zu machen; ich sage es vielmehr, um zu zeigen, daß auch die Naturforscher an den Überlieferungen... mit Zähigkeit festzuhalten und eine Neuerung mit zögerndem Mißtrauen aufzunehmen pflegen...«

»Dieser zögernde Gang und die anfänglichen Zweifel an dem Alter meines Fundes haben mich persönlich nicht befremdet, wohl aber die Veröffentlichung meines Fundberichtes insofern verzögert, als sie mich beständig an die Möglichkeit eines Irrtums mahnten, dadurch zur umsichtigsten Prüfung meines Gegenstandes nötigten und schließlich den in solchen Dingen allein richtigen Standpunkt, welcher sich mit der Konstatierung der Tatsachen begnügt, gewinnen ließen.«

Schaaffhausen ließ aber nicht locker und bot all seinen Einfluß auf, um Fuhlrott auf der im gleichen Jahre stattfindenden Internationalen Naturforschertagung in Kassel zu Wort kommen zu lassen.

Das Ergebnis war noch um etliche Grade deprimierender. Das betrübliche Schauspiel von Bonn nahm die Züge einer tragischen Groteske an. Fuhlrott predigte tauben Ohren. Die vereinigten Koryphäen hörten dem Schulmeister aus Elberfeld zwar höflich zu, ließen ihn aber schon durch ihre abweisende Kühle spüren, daß sie ihn nicht für kreditwürdig hielten, und fertigten ihn in der anschließenden Diskussion wie einen Schuljungen ab.

Nein, die Herren waren entschieden anderer Meinung. Was war, ihrer Auffassung nach, schon geschehen?

Man hatte in einer Höhle unweit Düsseldorfs ein menschliches Schädeldach und eine Handvoll Knochen gefunden – nicht mehr.

Die Knochen mochten, das war die These des Göttinger Ordinarius und Cuvier-Jüngers Rudolf Wagner, von einem alten Holländer stammen, der Franzose Pruner-Bey taxierte – der Himmel mag wissen, warum – auf einen vorgeschichtlichen Kelten, während der Engländer Blake mehr für einen Idioten war, der auf einem deformierten Körper einen Wasserkopf trug und wie ein Tier in den Wäldern lebte. Schaaffhausens Bonner Kollege Mayer schließlich erinnerte an die russische Armee Tschernitscheff, die 1814 am Rhein stand, und sprach die originelle Vermutung aus, daß die Neandertalknochen von einem mongolischen Kosaken stammten, der sich aus unbekannten Gründen in die Höhle verkrochen habe und dort elend gestorben sei.

Entscheidend aber war der Urteilsspruch Rudolf Virchows, des berühmtesten Arztes und Urgeschichtsforschers seiner Zeit. Er war ein universell gebildeter Geist, dessen ironische in zahlreichen Anekdoten fortlebende Bosheit später selbst einem Bismarck zu schaffen machte. Sarkastisch und überlegen, jeder Zoll ein König seiner Wissenschaft, tat er Fuhlrotts These ab.

Man habe an verschiedenen Orten, so gab er gewissermaßen druckreif zu Protokoll, Funde gemacht, aus denen man schließen möchte, daß der Mensch bereits mit dem Mammut gelebt habe. Man vergesse dabei zu erwähnen, daß noch die sibirischen Jäger von heute Mammutkadaver aus schmelzendem Eis zu graben und ihr Fleisch zu verzehren pflegten. Genauso würden es unsere Vorfahren auch getan haben. Es gebe keine Sicherheit für die Annahme, daß der Mensch das Mammut noch gekannt habe, es gebe keine Stütze für die Behauptung, daß das Menschengeschlecht zu vorgeschichtlicher Zeit primitiver gewesen sei als heute.

Im Gegenteil, die Menschen der Steinzeit, die unter den schwierigsten Verhältnissen den Kampf ums Dasein bestanden und dabei durch Aufnahme immer zahlreicherer Elemente der Zivilisation das schönste Beispiel kulturgeschichtlichen Fortschritts geliefert hätten, seien Fleisch von unserem Fleisch und Blut von unserem Blut gewesen.

Noch fünfzehn Jahre später, nach einer abermaligen genauen Untersuchung der Skelettreste, erklärte er den Neandertalmenschen für eine Abnormität der Natur.

»Das fragliche Individuum«, so lautete seine ebenso bestechende wie törichte Diagnose, »hat in seiner Kindheit an einem geringen Grad von Rachitis gelitten, hat dann eine längere Periode kräftiger Tätigkeit und wahrscheinlicher Gesundheit durchlebt, welche nur durch mehrere Schädelverletzungen, die aber glücklich abliefen, unterbrochen wurde, bis sich später Arthritis deformans (verbildende Altersgicht) mit anderen, dem hohen Alter angehörigen Veränderungen einstellte, insbesondere der linke Arm ganz steif wurde; trotzdem aber hat der Mann ein hohes Greisenalter erlebt. Es sind dies Umstände, die auf einen sicheren Familien- und Stammesverband schließen lassen, ja, die vielleicht auf Seßhaftigkeit hindeuten. Denn schwerlich dürfte in einem bloßen Nomaden- oder Jägervolk eine so vielgeprüfte Persönlichkeit bis zum hohen Greisenalter sich zu erhalten vermögen.«

Das Urteil war damit gesprochen. Die Würfel waren gefallen. Fuhlrott kehrte als geschlagener Mann aus Kassel heim. Die Welt ging mit dem irrenden, schillernden Genie. Den Weg, den ihr der gesunde Menschenverstand des Schulmeisters aus Elberfeld wies, verschmähte sie.

Einen Schwächeren hätte dieses Verdikt vielleicht zerbrochen. Fuhlrott blieb bei seiner Überzeugung und versuchte sich mannhaft der übermächtigen Autorität Virchows zu erwehren. Sein Pech dabei war, daß die langsam sich mehrende Schar seiner Parteigänger in jenen Jahren zweimal eines nachweislichen Irrtums überführt wurde.

Der »Neandertaler« macht seinen Weg

Im April 1863 überraschte Boucher de Perthes, der Zöllner von Abbéville, die Wissenschaft erneut mit einem erregenden Fund, als er in den Steinbrüchen von Moulin Quignom in einwandfrei vorgeschichtlicher Schicht einen menschlichen Unterkinnbacken entdeckte. Der »homo fossilis« schien erneut nachgewiesen. Leider stellte sich dann heraus, daß es sich um einen neuzeitlichen Kinnbacken handelte, der von den Arbeitern in eine eisenhaltige Tonader hineinpraktiziert worden war – angeblich, weil sie ihrem Chef eine Freude machen wollten.

Auch der vielzitierte Cannstatt-Schädel, der bereits im Jahre 1700 bei Grabungen in einer alten Römersiedlung zusammen mit zahlreichen Mammutknochen gefunden worden war, wurde damals als neuzeitlich (oder jedenfalls beinahe neuzeitlich) entlarvt... Und wieder waren die Vertreter der Abstammungslehre um ein Beweisstück ärmer.

Die Lehre Darwins machte trotzdem ihren Weg. Und der Neandertaler blieb, trotz Virchow, im Gespräch. Im Jahre 1860 meldete sich der englische Geologe Charles Lyell bei Fuhlrott an, fuhr mit ihm zur Fundstelle und erklärte nach genauer Untersuchung, daß die diluviale Herkunft der vieldiskutierten Knochenreste wahrscheinlich sei. Vier Jahre später pflichtete auch sein Mitarbeiter King der Fuhlrottschen Auffassung bei und prägte den Begriff *homo neanderthalensis*. Im gleichen Jahr beschwor ihr Landsmann Busk die Erinnerung an den fast schon vergessenen Gibraltar-Schädel, mit dem bis dahin niemand etwas anzufangen gewußt hatte. Wies dieser Schädel, so fragte Busk die auf dem Anthropologenkongreß in Norwich versammelten Forscher, nicht die gleichen Merkmale auf wie der vielbesprochene Fund des Oberlehrers Fuhlrott aus Elberfeld?

Entschieden wurde der Jahrzehnte während Kampf um den Neandertaler, der Hunderten von Gelehrten und Nichtgelehrten Stoff für Streitschriften und Pamphlete gab, aber erst 1886 durch die Funde von Spy in der Nähe von Namur. Dort lagen zwischen eiszeitlichen Steingeräten sowie Mammut- und Nashornknochen zwei menschliche Skelette, zusammengekauert wie Schlafende. Ihre Oberschenkelknochen wiesen die gleiche Krümmung, ihre Schädel die gleichen Überaugenwülste wie das unbekannte Individuum aus der Feldhoferkirche auf...

Kein Zweifel: es waren Neandertaler.

Als eine Kapazität wie der Straßburger Anatom Gustav Schwalbe die Verwandtschaft bestätigte, streckten die letzten Skeptiker die Waffen. Nur Virchow blieb mit der ihm eigenen Hartnäckigkeit bei seiner vorgefaßten Meinung und sprach von abnormen Knochenbildungen.

Fuhlrott erlebte den Tag seines Triumphes nicht mehr. Bereits am 17. Oktober 1877, neun Jahre »vor Spy«, war er einem Halsleiden erlegen.

Geschichte ist nur ein Silvesterscherz

Seit der Entdeckung des Neandertalers sind kaum mehr als hundert Jahre vergangen. Trotzdem muten uns die Überlegungen, Diskussionen und Streitereien um das Häuflein Knochen, das 1856 aus der Feldhoferkirche geborgen wurde, fast genauso fossil an wie die Skeletteile, um die es ging. Was damals Streitobjekt war, gehört heute längst zum allgemeinen Bildungsgut.

Wissenschaftliche Disziplinen, die seinerzeit noch an ihren Fundamenten bauten und ihre Methoden, Begriffe und Vokabeln prägten, verfügen heute über klare, wohlgegliederte Lehrgebäude. Das gilt für die Geologie, die sich mit dem Werden unserer Erde beschäftigt, ebenso wie für die Paläontologie, die vom Tier- und Pflanzenleben der Vorzeit berichtet, und die Anthropologie, der wir unsere Kenntnisse vom Werden der Menschheit verdanken. Alle drei zusammen haben ein Wissen zusammengetragen, das ohne Vorgang und Beispiel ist.

Die Medizin, die Chemie, die Astronomie, die Mathematik, die

Philosophie – sie alle lassen sich Jahrtausende zurückverfolgen; selbst die Atomphysik, die kühnste Gedankenkonstruktion unserer Zeit, wurzelt im Altertum. Die Wissenschaft von der Vorzeit der Erde und ihrer Bewohner ist allenfalls zweihundert Jahre alt... Ihre Ergebnisse sind dennoch nicht weniger phantastisch als die der Quantenlehre und Relativitätstheorie.

Nach dem heutigen Erkenntnisstand hat die Erde ein Alter von vier Milliarden Jahren. Im Glühgaszustand begann sie zu existieren. Nach dem Glühschmelz- und Glührindenstadium trat sie 160 Millionen Jahre später in das Archaikum ein, die Urzeit, die etwa 2760 Millionen Jahre dauerte. Die Spätzeit der Urzeit bezeichnet die Frühzeit des Lebens, das im Wasser der Meere entstand, wie auch die Bibel lehrt.

Irgendwo vor rund 500 Millionen Jahren markieren die Forscher die Grenze zwischen dem Algonkium und dem Paläozoikum, dem Erdaltertum. Am Ende seiner ersten Epoche – des Kambriums, wie die Geologen sagen – gab es bereits Krebse und Armfüßer.

»Im Silur, 400 Millionen Jahre vor unserer Zeit«, so hat der Vorgeschichtsforscher Herbert Kühn die weitere Entwicklung im Geschwindschritt durchmessen, »erscheinen die ältesten Fische, die Panzerfische. Erst im Devon – 300 Millionen Jahre vor unserer Zeit – dringt die Pflanzenwelt aus dem Meer auf das Land vor. Es leben die Schachtelhalme und die Farngewächse, die Panzerfische sterben aus, und es entstehen die Knorpelfische, und am Ende des Devons die ersten Amphibien, hervorgegangen aus den Fischen.«

»Vor 250 Millionen Jahren, im Karbon, entfalten sich die Schachtelhalme und Farne und ebenso die Bärlappe zu großen Bäumen, sie werden dann zur Steinkohle, die wir heute verwenden. Es wachsen die Nadelhölzer, und in der Tierwelt die ersten Insekten, am Ende die frühesten Reptilien. Vor 200 Millionen Jahren, im Perm, entstehen die Sagopalmen, die Amphibien entfalten sich gewaltig, und die Reptilien gehen zum Landleben über. Aus ihnen entwickeln sich am Ende dieser Epoche die Säugetiere.«

Und so geht es weiter, über das Erdmittelalter, das vor 200 Millionen Jahren anhebt und die Amphibien zur Größe der Krokodile und Ichthyosaurier entwickelt, indes die Säugetiere die Maße einer Ratte erreichen. Im Jura, vor 175 bis 140 Millionen Jahren, »leben in der Tierwelt die Saurier in riesenhaften Formen, die ersten Vögel gehen aus den Reptilien hervor, und urtümliche Säugetiere durchziehen die Landschaft. In der Zeit zwischen 140 und 60 Millionen Jahren, der Epoche, die die Kreidezeit genannt wird..., entstehen die Palmen, die Gräser, die Magnolien, die Eichen, Weiden, Platanen und Pappeln. Die Reptilien beleben als Saurier Wasser,

Land und Luft und sterben am Ende der Formation aus. Es ist die Zeit der ersten Beuteltiere und der Singvögel.«

Im Neozoikum, der Erdneuzeit, deren erste Periode, das Tertiär, die Geologen vor 60 Millionen Jahren beginnen und vor 600 000 Jahren enden lassen, entfalten und breiten sich die Blütenpflanzen aus. »Und das ist die Voraussetzung für die Entwicklung der Säugetiere, die am Beginn des Tertiärs an die Stelle der Saurier treten und eine Fülle von Ordnungen ausbilden«, darunter die vor etwa 45 Millionen Jahren erstmals auftretenden Menschenaffen.

Im jüngsten Tertiär, vielleicht vor 800 000 Jahren, an der Schwelle der Eiszeit, löste sich aus der Gruppe der Menschenaffen ein neues Wesen: der Mensch. Oder besser: der Vormensch. Denn es vergingen danach noch einmal rund 750 000 Jahre, bis der Mensch – Mensch ward. Homo sapiens, die Krone der Schöpfung.

Versuchen wir diese Entwicklung zu verdeutlichen, indem wir – vom Blickpunkt des Jahres 2000 aus – je hundert Jahre der menschlichen und erdgeschichtlichen Vergangenheit auf einer gedachten Linie durch einen Millimeter bezeichnen, brauchten wir 2 Zentimeter bis Christi Geburt, 5 Zentimeter bis zum Reich der Sumerer in Mesopotamien, 15 Zentimeter bis zum Beginn des Alluviums, der geologischen Gegenwart. An der Halbmetermarke träfen wir die ersten Menschen unserer Art, nochmals 50 Zentimeter weiter die Neandertaler. Das Eiszeitalter würden wir nach etwa 6 Meter verlassen, mit der Aussicht, nach einer Wanderung von 40 Kilometer Zeuge der Entstehung der Welt zu sein.

Brächen wir in Köln auf, so müßten wir also bis Düsseldorf marschieren, um den Tag Null zu erleben – aber schon mit dem ersten Schritt wären wir in die Eiszeit eingetreten.

Ein anderes, geradezu entwaffnendes Rechenexempel projiziert die Entstehung und Geschichte der Welt auf den Zeitraum eines Jahres. Da es in diesen Größenordnungen auf einige hundert Millionen nicht ankommt, fixiert unsere Rechnung das Alter der Erde nicht mit vier Milliarden, sondern nur mit 3,65 Milliarden Jahren – sie setzt also einen Tag 10 Millionen Jahren gleich. Auch sie peilt, der Einfachheit halber, den Lauf der Welt vom Jahre 2000 her an.

Über die ersten vier Monate des Jahres wissen selbst die Experten so gut wie nichts zu sagen. Sie vermuten, daß im Wonnemonat Mai die ersten Aminosäuren entstanden, einige Wochen später das erste Eiweiß und damit das Leben. Um die Jahresmitte glauben sie die ersten Spuren organischer Substanzen feststellen zu können.

Genauere Kenntnisse aber haben sie erst seit dem Paläozoikum, dessen Anfang etwa auf den 11. November zu datieren wäre. Am 10. Dezember hebt das Erdmittelalter an, am Tag vor Weihnachten das Tertiär, das die Erdgeschichte bis zum Start der Silvesterfeier ausfüllt. Etwa 21.40 Uhr, wenn der erste Punsch schon seine Wirkung zeigt, beginnt die Eiszeit. Etwa zur gleichen Zeit tritt der Ur- oder Vormensch auf. Fuhlrotts Neandertaler erscheint eine Viertelstunde vor Jahresende auf der erdgeschichtlichen Bühne, der Homo sapiens unseres Schlages fünf Minuten vor Mitternacht, wenn die Sektflasche schon entkorkt wird – das heißt vor rund 30 000 Jahren.

Wenn der Schampus zur Begrüßung des neuen Jahres schon in den Gläsern perlt, etwa eine Minute vor 12, melden sich die ersten uns bekannten geschichtlichen Ereignisse zu Wort. Die Schlacht im Teutoburger Wald geht 20 Sekunden vor Mitternacht über die Bühne. Was sich seitdem ereignet hat, drängt sich in die noch verbleibende Drittelminute zusammen.

Mit anderen Worten: die historische Zeit nimmt in dieser Rechnung gerade drei oder vier Atemzüge in Anspruch. Geologisch betrachtet ist das, was wir Weltgeschichte nennen, nur ein die letzte Minute des Jahres ausfüllender Silvesterscherz.

Diese Zahlen sind das Ergebnis einer immensen Forschungsarbeit. Ein riesiger Fundus an Erfahrungen und geniale Gedankenleistungen, die mit dem ganzen Arsenal moderner wissenschaftlicher Verfahren immer wieder überprüft werden, finden in ihnen ihren Niederschlag. Um so mehr Bewunderung gebührt dem Geniestück Fuhlrotts.

Als er im Jahre 1856 die eiszeitliche Herkunft der Neandertalknochen intuitiv erkannte und seine These gegen die meisten wissenschaftlichen Koryphäen seiner Zeit hartnäckig verteidigte, tat er einen Schritt, der fast ein halbes Jahrhundert über den Stand der damaligen Ein- und Ansichten hinausführte.

Ein durchschnittlicher Temperaturabfall von 10 bis 12 Grad löste, so wissen wir heute, die Eiszeit aus, deren wissenschaftlicher Name, das Diluvium, von *diluere* = fortwaschen kommt, eigentlich also die Zeit des großen Wassers, das heißt: der Sintflut, bezeichnet. *Funkverkehr mit der Eiszeit*

Die Eiszeit ließ sowohl auf der nördlichen wie auf der südlichen Halbkugel gewaltige Gletschergebirge entstehen, die Tausende von Kilometer tief in die gemäßigten Zonen eindrangen. Die Ursachen des phänomenalen Temperaturrückganges sind noch nicht restlos geklärt. Die bestechendste – wenn auch nicht unbestrittene – Theorie geht auf den jugoslawischen Forscher Milenkowitsch zurück. Nach den Berechnungen des Belgrader Astronomen und Mathematikers änderte sich das Klima dadurch, »daß unter den Einflüssen der übrigen Planeten gewisse Elemente der Erdbahn wie die Ge-

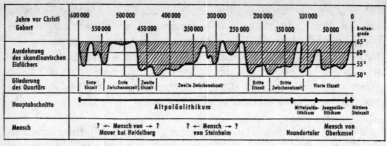

Zeittafel des Diluviums

stalt und die Lage der Bahnellipse sowie die Schiefe der Erdachse zu ihr in Perioden von verschiedener Dauer schwankten. Die Berechnungen ergaben im Laufe der letzten 600 Jahrtausende mehrere lange Zeitabschnitte überaus kalter Sommer, wodurch die Höhe der Schneegrenze in den Gebirgen um mehr als 1 000 Meter herabgedrückt wurde.« (Grahmann)

Nach Milenkowitschs Feststellungen dauerte

die erste Eiszeit	von 600000 – 550000 v. Chr.
die erste Zwischeneiszeit	von 550000 – 480000 v. Chr.
die zweite Eiszeit	von 480000 – 420000 v. Chr.
die zweite Zwischeneiszeit	von 420000 – 230000 v. Chr.
die dritte Eiszeit	von 230000 – 180000 v. Chr.
die dritte Zwischeneiszeit	von 180000 – 120000 v. Chr.
die vierte Eiszeit	von 120000 – 12000 v. Chr.

Die Theorie von Milenkowitsch hat um so mehr Beifall gefunden, als sich ihre Zahlen im wesentlichen mit den Angaben des deutschen Geologen Albrecht Penck decken, der zu Beginn dieses Jahrhunderts an den Uferterrassen der Alpenflüsse deutlich vier eiszeitliche Schichtungen feststellen konnte. Auf ihn und die vier Alpenflüsse Günz, Mindel, Riß und Würm geht auch die heute übliche, der alphabetischen Reihenfolge dieser Namen entsprechende Einteilung der Eiszeit zurück.

Übernimmt man den Vorschlag von Rudolf Grahmann, die drei Zwischeneiszeiten, ebenfalls in alphabetischer Ordnung, als infima, optima und ultima – als unterste, beste und letzte – zu bezeichnen, so ergibt sich folgende handliche Gliederung (die nach wissenschaftlicher Übung die jüngste Periode, der geologischen Schichtenfolge entsprechend, obenan setzt):

Würm – Eiszeit
U   – Warmzeit
Riß   – Eiszeit
O   – Warmzeit
Mindel – Eiszeit
I   – Warmzeit
Günz – Eiszeit

Jede der großen diluvialen Frost- und Schmelzperioden hinterließ ihre Spuren in Gesicht und Körperbau der deutschen Landschaft. Die riesigen Eisverschiebungen leisteten die Arbeit eines gigantischen Bulldozers. Sie zerrieben die Erdoberfläche, zermahlten das Gestein und schoben das so entstandene Gemenge – die sogenannte Grundmoräne – so lange vor sich her, bis sie es am Rande der Vereisungszone als Geröll und Erdanhäufungen absetzten. So entstanden jene Hügelketten, in denen das kundige Auge bis heute die Endstationen der Gletscherwanderungen erkennt. Die mitgeführten härteren Gesteine – vor allem die schwedischen Granite, Gneise und Quarzite – blieben als schön geschliffene Findlinge oder erratische Blöcke zurück, die, zum Teil als ganze »Blockpackungen«, ebenfalls ein charakteristisches Element der Gletscherrandlandschaften bilden.

Der Geologe kennt noch zahlreiche andere Kriterien solcher eiszeitlichen Hinterlassenschaften.

Er weiß von der Tätigkeit der Schmelzwässer, die Riesenmengen von Kies, Sand und Schlamm über weite Strecken verfrachteten, in Tälern und Niederungen abluden und – vor allem im heutigen Bayern – ausgedehnte Schotterfluren schufen. Er kennt diese Art der Aufschotterung auch im Gletschervorland, wo die Schmelzwässer, voll von den Brocken und Scherben, die der Frost aus dem nackten Gestein der Mittelgebirge gesprengt hatte, die Talböden mit Sand und Kiesel füllten. Und er hat eine sehr genaue Vorstellung von den urweltlichen Stürmen der Eiszeit, die Wolken von feinstem Staub aufwirbelten und an den dem Wind abgekehrten Hängen als fruchtbaren Läß ablagerten. Er vermag also allein aus der Struktur einer Landschaft und dem »Profil« ihrer Böden die erdgeschichtliche Vergangenheit und das Alter der einzelnen Schichten zu bestimmen. Die Naturgeschichte solcher Schotter-, Sand- und Lößgebiete war bereits vor hundert Jahren in ihren Grundzügen bekannt. Johann Carl Fuhlrott zum Beispiel bezeichnete auf den ersten Blick die Lehmablagerungen in der Feldhoferkirche als diluvial. Heute hätten ihm zur Untermauerung dieser Erkenntnisse noch eine Reihe wertvoller Hilfsmethoden zur Verfügung gestanden.

Da ist zunächst die vielgenannte *Pollenanalyse,* die durch mikroskopische Untersuchung den in der Erde enthaltenen Blütenstaub bestimmt, daraus auf die zeitgenössische Flora schließt und auf diesem Weg zu sehr genauen Altersschätzungen gelangt.

Da ist der *Fluortest,* ein chemisches Verfahren, das davon ausgeht, daß das Kalziumphosphat im Erdreich ruhender Knochen den Fluor der Bodenfeuchtigkeit bindet, und zwar in ständig zunehmendem Maße, so daß man aus dem feststellbaren Fluorgehalt das Alter der Knochen mit ziemlicher Genauigkeit berechnen kann.

Da ist schließlich die modernste Methode – das *Radiokarbonverfahren,* das, seit 1949 mit großem Erfolg angewandt, dem amerikanischen Gelehrten Libby 1960 den Nobelpreis einbrachte. Es macht sich die Entdeckung zunutze, daß alle pflanzlichen Substanzen – und über die pflanzlichen auch die tierischen Hartteile, ebenso die Schalen von Muscheln und Schnecken – Radiokarbon enthalten, das heißt: radioaktiven Kohlenstoff mit dem chemischen Formelzeichen C_{14}.

»Wie alle radioaktiven Körper zerfällt auch das Radiokarbon beständig und völlig gleichmäßig. Nach $5\,568 \pm 30$ Jahren ist nur noch die Hälfte vorhanden, nach der doppelten Zeit nur noch ein Viertel usf. Da nach dem Tode eines Lebewesens von diesem kein neues Radiokarbon mehr aufgenommen wird, das die zerfallenen Atome ersetzen würde, so kann man an dem noch vorhandenen Anteil von Radiokarbon... mit Hilfe empfindlicher Geigerzähler berechnen, wieviel Zeit seit dem Tode verstrichen ist.« (Grahmann)

Ein sensationelles Verfahren, das nur einen Fehler hat: daß es einstweilen nur etwa bis zu 40 000 Jahren rückwärts anwendbar ist. Mit einer weiteren Verfeinerung der Arbeitsweisen sind aber gerade von der Radiokarbonmethode noch wertvolle Aufschlüsse zu erwarten. Wie man aus dem (wesentlich langsameren) Zerfall radioaktiver Minerale das Alter von Gesteinen und damit die geologischen Formationen der Erde feststellen kann, so wird es eines Tages vielleicht möglich sein, das Alter des Methusalem aus dem Neandertal genau zu berechnen.

Der errechnete Affenmensch

Wie ist es überhaupt möglich, daß sich menschliche Skeletteile über Hunderttausende von Jahren der Nachwelt erhalten? Lothar F. Zotz, seit 1946 Ordinarius für Vorgeschichte in Erlangen, nennt dafür vor allem drei Gründe.

Auch ein Mensch der Vorzeit konnte zum Beispiel ertrinken. Wurde der Tote nicht gefunden, so geriet er vielleicht in die Sande oder Kiese eines Flusses, welche die auseinanderfallenden Hartteile einschlossen und konservierten. Solche »natürlich eingebetteten, urmenschlichen Fossilien«, vielleicht die Opfer einer großen Überschwemmungskatastrophe, werden zumeist mit den Überresten gleichzeitig verendeter Tiere geborgen. »Da tierische Knochen dabei wesentlich häufiger vorkommen als menschliche Skelettreste, läßt sich daraus folgern, in welch geringer Zahl der Mensch der Frühzeit einer fast unübersehbaren Fauna gegenübergestanden hat.«

Auch die zweite Fundart diluvialer Menschenknochen wird fast ausschließlich in tierischer Gesellschaft dem Tageslicht zurückgegeben. Dieser innige Konnex geht auf gewisse gastronomische Gepflogenheiten des Urzeitmenschen zurück. »Er häufte nämlich die Reste der von ihm erlegten Beutetiere rings um seine Lagerfeuer innerhalb der Rast- und Siedlungsplätze auf..., und da man gelegentlich neben Elefanten, Nashörnern, Bären, Hirschen und jeglichem anderen Getier auch eigene Artgenossen erschlug und verzehrte, gelangten deren Knochen unter die des übrigen Wildbrets.«

Schließlich stößt man, wenn auch selten, auf reguläre Gräber, die freilich über die Zeit des Neandertalers nicht zurückreichen. Man findet sie häufig in Höhlen, gelegentlich auch tief im eiszeitlichen Löß, freilich nur dann, wenn ausreichender Kalkgehalt des Bodens das Skelett konservierte.

Die Erhaltung diluvialer Knochen setzt also außerordentlich günstige Umstände voraus. Die gleiche Portion Glück braucht der Forscher, ihrer habhaft zu werden. Die meisten Funde wurden und werden achtlos beiseite geworfen, aus Unkenntnis, Leichtsinn oder Böswilligkeit. So muß sich »zu dem Zufall der Einbettung eines menschlichen Fossils... der viel größere Glücksfall seiner Entdeckung und der vielleicht größte seiner Bergung gesellen«.

Die Forschungsgeschichte beweist aber, daß sich das Glück auch in dieser Hinsicht vorwiegend an die Fersen der Tüchtigen heftet. Kaum eine Wissenschaft kennt ähnlich phantastische Fundstories wie die mit der Archäologie verschwisterte Anthropologie. Zu den Kuriosa der Wissenschaft zählt zum Beispiel, daß Urmenschenzähne, die chinesische Apotheken als Medikamente führten, auf die Spur des Gigantophithecus führten, eines »erst kürzlich aus der Taufe gehobenen Riesen-Menschenaffen«; oder daß der holländische Militärarzt Dubois in den neunziger Jahren des vorigen Jahrhunderts eigens zu dem Zweck in die Kolonien ging, den von Ernst Haeckel gewissermaßen »errechneten« Pithecanthropus erectus zu finden; nach einem Jahr emsiger Buddelei konnte er seinen staunenden Kollegen tatsächlich die einstige Existenz des »aufrecht gehenden Affenmenschen« beweisen.

Zotz weiß noch eine dritte, an ein Wunder grenzende Geschichte zu berichten: »1929 wurde unweit von Rom durch Zufall in einer Kiesgrube der erste Saccopastore-Schädel entdeckt. Später ließ man die Kiesgrube auf, ihre Wände bewuchsen, um 1935 kam der Weltmeister der Altsteinzeitforschung, der Franzose Breuil, von Paris nach Rom gereist, um mit seinem italienischen Kollegen, Baron Blanc, die Fundstelle zu besichtigen. Was geschah dabei? Die beiden Gelehrten sahen in der Kiesgrubenwand einen zweiten, teilweise noch von der Schicht umschlossenen Neandertalerschädel stecken... Wären sie um Wochen oder vielleicht nur Tage früher zu dem Fundplatz gekommen, so wäre wahrscheinlich noch nicht so viel Kies von der Wand herabgefallen gewesen, daß der Schädel zu sehen war. Wären sie aber später erschienen, so wäre er voraussichtlich schon abgestürzt gewesen.«

Was ist nun bei dieser ständigen Suche herausgekommen? Ist der erste Mensch bereits gefunden? Wo steht die Anthropologie heute?

Sie steht keineswegs am Ende ihrer Entwicklung. Sie hat noch manches Rätsel zu lösen, manche Nuß zu knacken. Die Grundergebnisse aber liegen fest. Cuvier ist widerlegt, Darwin bestätigt, und Fuhlrott hatte recht, als er von seinem eiszeitlichen Menschen sprach.

Falsch war es jedoch, den Neandertaler als *Homo primigenius* zu bezeichnen, wie es noch um die Jahrhundertwende üblich war, denn der Neandertaler war keineswegs der »erstgeborene Mensch«. Er hatte, im Gegenteil, zahlreiche Vorgänger, die in Reih und Glied zu bringen bis heute allerdings noch nicht restlos gelungen ist. So viel Funde nämlich, so viel Lücken.

Fest steht aber, daß auch der Mensch in das von Darwin entworfene Entwicklungsschema einzugliedern ist. Das heißt nicht, daß er vom Affen abstamme, wohl aber, »daß die Affen vor den Menschen da waren und erst aus ihrem Stamm, aus ihrer unmittelbaren Umgebung heraus die Menschenaffen und die Menschen hervorgingen«. Und weiter: daß auch »der heutige Mensch... nicht in gerader Linie geworden, sondern das Endprodukt einer riesigen Vielfalt ziellos nach allen Richtungen wuchernder Mutationen innerhalb des Primatenstammes« ist. (Bastian)

Riesenzähne als Medikamente

Wann diese Entwicklung begann, können wir bestenfalls ahnen; von der Konstellation, die sie bewirkte, ganz zu schweigen. Immerhin wissen wir, daß es vor 25 Millionen Jahren in Ostafrika einen Vorweltaffen gab, dessen Schädeldach und Unterkiefer entschieden menschliche Züge aufwies. Der Anthropologe Leaky fand 1948 »im unteren Miozän« von Kenia die Reste eines dieser Urahnen, dem er den vornehmen Namen *Proconsul* verlieh, nach einem in seinem Haushalt lebenden und *Consul* gerufenen Schimpansen. Systematische Suchaktionen wiesen dann das Dasein ganzer Gruppen von *Proconsuln* nach, und es ist durchaus möglich, ja wahrscheinlich, daß mit ihnen die Aussonderung des Menschen aus dem Tierreich einsetzte.

Was sich in den nächsten 10 oder 15 Millionen Jahren auf dem Versuchsfeld der Menschwerdung abspielte, können wir nicht einmal ahnen. Dann jedoch taucht aus dem Dunkel der Vorzeit wieder ein Wesen mit gewissen menschenähnlichen Zügen auf. Seine Visitenkarte trägt die schöne Aufschrift: *Oreopithecus bambolii Gervais;* zu deutsch: der von Herrn Gervais am Bamboli entdeckte Bergaffe.

Als 1872 eine Braunkohlengrube in der Toskana einen fossilen Unterkiefer freigab, kannte die Wissenschaft keine Bedenken, ihn einem unbekannten Affen-Vorfahren zuzuordnen. Dabei blieb es fast achtzig Jahre, obwohl der Engländer Forsyth Major schon 1880 einmal auf gewisse menschliche Qualitäten dieses Gebisses hinwies. Erst 1949 – man sieht, auch die Wissenschaft braucht ihre Zeit – sah sich der Basler Anthropologe Dr. Hürzeler die Beiß- und Kauwerkzeuge des Oreopithecus noch einmal an und gelangte zu dem Ergebnis, daß er es in der Tat mit außerordentlich menschlichen Zähnen zu tun hatte.

Er leitete daraufhin eine systematische Fahndungsaktion in den Braunkohlenbetrieben von Grosseto ein, der 1956 ein wunderbarer Erfolg zuteil wurde. Aus 210 Meter Tiefe barg er das in einen Gesteinsblock eingeschlossene vollständige Skelett eines Oreopithecus. Die Untersuchung dieses epochalen Fundes wird die Wissenschaft noch einige Jahre beschäftigen. Doch scheint bereits festzustehen, daß es sich um einen Frühmenschentyp handelt, der – im Gegensatz zum Proconsul – vielleicht schon auf zwei Beinen ging. Die Spur des nun zum Toskana-Menschen avancierten Oreopithecus läßt sich freilich nicht weiter verfolgen. Sein Gastspiel beweist aber, daß die Entwicklung zum Menschen wesentlich früher einsetzte als bisher angenommen.

Erst mit dem Auftreten des *Australopithecus africanus*, des afrikanischen Südmenschenaffen also, der erstmalig 1924 bei Taung im Betschuanaland entdeckt und dessen Alter auf 800 000 Jahre taxiert wurde, gewinnt die Wissenschaft wieder Boden unter den Füßen. Sie kennt heute eine ganze Familie von Australopithecinen, mit so aufschlußreichen Namen wie *Plesianthropus transvalensis* – transvalischer Fastmensch (der auch, da durch ein weibliches Skelett ausgewiesen, »Mrs. Ples« genannt wird), *Paranthropus robu-*

stus – derber Fastmensch oder *Australopithecus Prometheus*, was soviel wie feuerkundiger Südmenschenaffe heißt.

Seinem Taufpaten, dem Südafrikaner Dart, unterlief mit dieser Namensgebung jedoch ein kleiner Denkfehler. Die Kenntnis des Feuers gilt als sicherstes Kriterium des Menschseins. Kannte er es also, so war er kein Menschenaffe mehr. Kannte er es nicht, so verdient er den Namen jenes sagenhaften Prometheus nicht, der nach der griechischen Mythologie der Menschheit das Feuer brachte.

Für die menschliche Art wenigstens der jüngeren Australopithecinen spricht die Beobachtung, daß sich in der Nähe der Fundstellen außer Feuerresten häufig auch verkohlte Knochen von Pavianen fanden, deren Schädel allem Anschein nach mit angespitzten Antilopenknochen geöffnet worden waren. Wenn das geschah, so besteht Weinerts betrübter Kommentar allerdings zu Recht: »Den Artgenossen erschlagen, anbraten und verspeisen, das tut kein Affe, das ist menschlich.«

Da man neuerdings in den gleichen Fundschichten auch Steingeräte entdeckte, steht fest, daß der Südmenschenaffe die unsichtbare Linie zum Affenmenschen schon passiert hatte. Dem entspricht der physische Steckbrief, den die Forscher nach detailliertem Studium der verschiedenen Knochenfragmente entwarfen. Die Australopithecinen gingen mit Sicherheit aufrecht, erreichten – wie die heutigen Pygmäen – eine Durchschnittsgröße von 1,50 Meter, eine Hirnkapazität von 600 Kubikzentimeter und waren mit kräftigen, aber kaum noch affenartigen Zähnen ausgerüstet.

Wenn überhaupt, so nahm das mysteriöse »missing link«, das langgesuchte, fehlende Zwischenglied zwischen Affe und Mensch – oder wenn man ganz genau sein will: zwischen Menschenaffe und Affenmensch – im Australopithecus Gestalt an.

Südafrika brachte damit die indonesische Insel Java um den Ruf, Wiege der Urmenschheit zu sein. Java paradierte bis dahin mit seinem *Meganthropus palaeojavanicus*, dem altjavanischen Großmenschen, der 1939 bis 1941 von dem in holländischen Diensten stehenden Paläontologen von Koenigswald gesucht, gefunden und katalogisiert wurde.

Von dem ältesten Javaner gibt es ein Unterkieferstück mit drei mächtigen Zähnen, die auf ebenso ungewöhnliche Kaumuskeln hinweisen. Dementsprechend hat man den Meganthropus auf drei Meter Größe geschätzt – und als »Riese von Java« erwarb er globalen Ruhm.

Zwei jüngere Verwandte ergänzen das javanische Aufgebot: der *Pithecanthropus robustus*, der kräftige Affenmensch, und der schon genannte *Pithecanthropus erectus*, der in den neunziger Jahren des vorigen Jahrhunderts durch Dubois der Wissenschaft vorgestellt wurde.

Auf die Spuren urtümlicher Riesen führten auch die bereits erwähnten Zähne aus chinesischen Apotheken. Gustav von Koenigswald entdeckte unter 1 500 Affenzähnen, die er zwischen Hongkong und Kanton zusammengekauft hatte, vier Zähne menschlicher Beschaffenheit, aber ungewöhnlicher Größe – der rechte obere Eckzahn zum Beispiel hat Länge und Umfang zweier Fingerglieder. Ob sie wirklich einer Rasse von Riesen gehörten, steht dahin – im Stammbaum der Menschen gebührt dem bereits im Diluvium lebenden *Gigantopithecus* aber ein fester Platz, sei es auch nur als einer absonderlichen Laune der Natur.

Es war nur natürlich, daß die Forscher den Ursprüngen der chinesischen Heilfossilien nachgingen. So gerieten sie in die Kalksteingebiete von Chou-kou-tien, wo sie – wie erwartet – nicht nur Zähne, sondern auch Schädel, Kiefer und Gliedmaßen in großer Menge als Beute einbrachten, insgesamt die Reste von etwa fünfzig Individuen, augenscheinlich Opfern der Menschenfresserei. Der vorherrschende Typ firmiert in den Lehrbüchern als *Sinanthropus pekinensis*, das heißt: pekinesischer Chinamensch, und stellt sich seinem Körperbau nach als eine Modifizierung der javanischen Pithecanthropus-Typen dar. Dem Alter nach ist er zwischen »Robustus« und »Erectus« einzuordnen, in die Zeit vor 450 000 bis 300 000 Jahren.

Der Alteuropäer aus Heidelberg

Die verschiedenen südafrikanischen, javanischen und chinesischen Vor- und Urmenschenformen repräsentieren die wichtigsten außereuropäischen Funde. Europa selbst tritt nach dem Monte-Bamboli-Wesen erst verhältnismäßig spät wieder in Erscheinung, dann aber, nach Beginn des Pleistozäns, gleich mit solchem Nachdruck, daß man unschwer auf einen Zusammenhang zwischen Menschheitsentwicklung und Eiszeit schließen kann. Die Unbilden des Diluviums wirkten wie ein Stimulans. Für die wenigen Schritte vom Proconsul zum Südmenschenaffen brauchte die Natur über 20 Millionen Jahre. Nun nahm der Fortschritt ein anderes Tempo an. Schon eine halbe Million Jahre nach Beginn der erdgeschichtlichen Neuzeit meldete sich unser *Homo sapiens* von heute zu Wort.

An der Schwelle der Epoche, die es wenigstens kurz zu betrachten gilt, steht der Heidelberger Mensch – der erste Europäer sozusagen, obwohl dem Typ nach mit dem javanischen und dem chinesischen Affenmenschen verwandt.

Die Geschichte des *Homo heidelbergensis* ist ein weiteres Beispiel dafür, was alles dazu gehört, einen vorgeschichtlich bedeutsamen Fund unter Dach und Fach zu bringen: Spürsinn, eine Unmenge Ausdauer und Geduld, die Fähigkeit, andere Menschen mit seiner Leidenschaft anzustecken, im richtigen Augenblick die richtige Initialzündung und – sehr viel Glück.

Der Paläontologe Otto Schoetensack aus Heidelberg besaß von all dem mehr, als normalerweise einem Einzelmenschen zugeteilt wird.

Jahrzehntelang ließ er die Gruben von Mauer, in denen – zehn Kilometer von der romantischen Musenresidenz entfernt – noch heute Sand und Kies gewonnen werden, nicht aus dem Auge. Sie konnten in der Tat als ein geologisches Paradestück gelten. Unter einer typisch eiszeitlichen Löß- und Lehmdecke lag eine gut zwanzig Meter dicke Schotterschicht, die bereits zahlreiche Fossilien geliefert hatte: Skelettreste von Mammut und Auerochse, Höhlenhyänen und Säbelzahntigern, Wildpferden und etruskischen Nashörnern. Offensichtlich hatte der Urneckar hier ein Strudelloch gebildet und darin eine Fülle von Tierleichen abgelagert. Warum sollte sich, so argumentierte Schoetensack, unter den zahlreichen Säugetierresten eines Tages nicht auch ein menschlicher Knochen zeigen, vielleicht sogar ein kleines Gegenstück zur Schädelkalotte des Neandertalers?

Da er nicht täglich die Sande von Mauer inspizieren konnte, verhängte er über die jeweiligen Abbaustellen eine Art wissenschaftlichen Alarmzustandes. Er hielt den Arbeitern des Betriebes regelrechte Privatissima zur Einführung in die Vorgeschichte und ließ sich von dem Grubenbesitzer Rösch, bei dem nach Schoetensacks eigenen Worten »wissenschaftliche Bestrebungen stets ein offenes Ohr und volles Verständnis fanden«, in die Hand versprechen, daß er jeden verdächtigen Fund sofort melden werde ... Und der wackere Herr Rösch hielt Wort.

Am 21. Oktober 1907 flatterte die langersehnte Nachricht auf Schoetensacks Schreibtisch, und die richtige Diagnose gleich dazu. Das Schreiben des verständigen Mannes hatte folgenden Wortlaut: »Schon vor zwanzig Jahren haben Sie sich bemüht, ... die Spuren des Urmenschen zu finden, um den Nachweis zu liefern, daß zu gleicher Zeit mit dem Mammut auch schon der Mensch in unserer Gegend gelebt hat. Gestern wurde nun dieser Beweis erbracht, indem über zwanzig Meter unter der Ackeroberfläche auf der Sohle meiner Sandgrube die untere Kinnlade, sehr gut erhalten, gefunden wurde.«

Schoetensack fand zu seiner Erleichterung die Fundstelle noch unberührt. »Der 52 Jahre alte Arbeiter Daniel Hartmann«, so heißt es in dem trockenen, aber überaus genauen Bericht, den der Gelehrte später schrieb, »bestätigte mir, daß er tags zuvor beim Ausheben des Sandes vermittels einer Schaufel auf den Unterkiefer gestoßen sei, der beim Herauswerfen in zwei Hälften vorgelegen habe. Es waren zur Zeit der Auffindung des Kiefers in der Sandgrube noch ein Arbeiter und ein Knecht, der gerade eine Fuhre Sand holte, zugegen.«

Dem Fundobjekt selbst, das er nun staunend zur Hand nahm, fehlte »dasjenige Merkmal gänzlich, welches als spezifisch menschlich gilt, nämlich ein äußerer Vorsprung der Kinnregion«. Auch fand sich »dieser Mangel vereinigt mit äußerst befremdenden Dimensionen des Unterkieferkörpers und der Äste«. Und wären nicht die Zähne gewesen, Schoetensack hätte, nach seinen eigenen Worten, auf einen »Anthropoiden, etwa von gorilloidem Habitus« taxiert. »Die vollständig erhaltenen Zähne« aber trugen »den Stempel ›Mensch‹ zur Evidenz...«

Kurz und gut: der ungefüge Kiefer von Mauer, der auf ein Wesen mit schnauzenähnlichen Kauwerkzeugen hindeutet, führt weit über den Neandertaler zurück bis zu jener fernen Grenze, wo es schon »spezieller Beweise bedarf (wie hier des Gebisses), um die Zugehörigkeit zum Menschen darzutun«.

Der Begleitfauna nach, die eindeutig auf die erste Zwischeneiszeit hinwies, hat das Individuum von Mauer vor etwa 500 000 bis 550 000 Jahren gelebt, etwa zur gleichen Zeit wie der javanische Pithecanthropus robustus. Ihm ist der »Heidelberger«, nach den späteren Untersuchungen von Weinert, auch physisch zuzuordnen. Trotzdem erscheint er auf der Ahnentafel des Menschen als erster »homo«.

Als *Homo heidelbergensis* ist dieser erste bekannte Bewohner unserer Breiten in die Geschichte der Anthropologie eingegangen.

Es versteht sich von selbst, daß die Sande von Mauer sich seitdem aufmerksamster Beobachtung erfreuen. Bisher leider vergebens. Als Arbeiter kurz nach dem Zweiten Weltkrieg in der gleichen geologischen Schicht, die den Unterkiefer des Heidelbergmenschen barg, einen ganzen Schädel freilegten, zerschlugen sie ihn, um Ärger mit der Polizei zu vermeiden.

Ein unfaßbarer Vorgang. Aber Glück gehört zu jeder Art von wissenschaftlicher Grabungstätigkeit. Und diesmal hatte die Forschung kein Glück.

Als nächster Vor-Neandertaler müßte der Piltdown-Mensch in den Stammbaum der europäischen Menschen eingezeichnet werden, wenn er nicht... Doch die Geschichte des Piltdown-Ulks ist ergötzlich genug, um kurz berichtet zu werden.

Morgenröte über Piltdown

Knapp fünf Jahre nach der Entdeckung des Kiefers von Mauer ließ sich beim Direktor der Naturwissenschaftlichen Abteilung des Britischen Museums in London, Artur Schmith-Woodward, der Zahnarzt Charles Dawsons aus Hastings melden und legte ihm eine Reihe von Schädelbruchstücken auf den Tisch, die in den Kiesgruben von Piltdown in der Nähe von Brighton ans Tageslicht gekommen waren.

Smith-Woodward untersuchte die Fragmente, wiegte staunend den Kopf und fuhr unverzüglich nach Hastings, um die Fundgrube selbst in Augenschein zu nehmen. Sein Besuch trug unverhofften Gewinn. Die von Dawson bezeichnete Stelle erwies sich als äußerst spendabel und gab kurz hintereinander weitere Schädelstücke, einen kräftig entwickelten äffischen Unterkiefer, etliche Zähne, Feuersteingeräte und einen versteinerten keulenähnlichen Totschläger frei. Die Schicht selbst, in die alle diese Teile eingebettet waren, mußte in das ausklingende Tertiär datiert werden. So gab es ihn also doch, den langgesuchten Voreiszeitmenschen?

Die Finder, denen sich inzwischen auch der berühmte französische Prähistoriker Pater Teilhard de Chardin zugesellt hatte, begannen die verschiedenen Schädeldetails zusammenzubasteln. Die Arbeit war nicht leicht, da nichts so recht aneinanderpassen wollte. Schließlich, nach Monaten, war sie geschafft.

Das Ergebnis war sensationell. Ein recht moderner Schädel, mit einem wesentlich größeren Hirnraum als beim Neandertaler, war mit einer Kinnlade kombiniert, die an Ungeschlachtheit noch die des Heidelbergers übertraf. Ein Wesen mit dem Verstandskasten eines neuzeitlichen Menschen und dem Kauwerkzeug eines Riesenaffen – die Kreuzung mutete reichlich geheimnisvoll an. Das hinderte Simitz-Woodward jedoch nicht, seiner Entdeckung den wohlklingenden Namen *Eoanthropus dawsoni* zu schenken: Dawsons Morgenrötemensch.

Der Morgenrötemensch geisterte vierzig Jahre durch die wissenschaftliche Literatur, immer wieder untersucht und begutachtet, immer wieder gefeiert. Anthropologen aus aller Herren Ländern pilgerten nach London, montierten und demontierten das seltsame Fossil, zuckten die Schultern, sagten ja, sagten nein und schrieben ihre mehr oder weniger skeptischen Expertisen, insgesamt über fünfhundert. Zur Ehre der Fachwelt muß aber gesagt werden, daß sie mit dem Herrn von Piltdown nie so recht warm wurden. Ohne ihm nun gerade einen Platz im Kuriositätenkabinett der Anthropologie zuzuweisen, hüteten sie sich doch davor, vom Eoanthropus her »neue Hypothesen über den Werdegang der Menschheit aufzustellen«.

Erst 1953 wurde der Piltdown-Schädel als Fälschung entlarvt – als die großartigste, perfekteste, raffinierteste Fälschung, die es in dieser wissenschaftlichen Sparte je gegeben hat; denn erst der Fluortest war in der Lage, die verschiedenen Teile auf ihr wirkliches Alter festzulegen.

Der Piltdown-Mensch machte ein zweites Mal Sensation. Sorgfältige Analysen bewiesen, daß die Schädelteile allenfalls einige tausend Jahre alt waren. Der Kiefer wurde als der eines Orang-Utan identifiziert, dessen Zähne mit bewundernswerter Meisterschaft »auf menschlich« hergerichtet waren. Die versteinerte Keule stellte sich als präparierter Menschenknochen dar; die Feuersteingeräte, die Knochen der »altpleistozänen« oder gar »tertiären« Begleitfauna – alles Schwindel, lauter Fiktionen.

Und wer war der Urheber dieser genialen Mystifikation? Smith-Woodward etwa, einer der angesehensten und tüchtigsten Naturwissenschaftler seiner Zeit? Ausgeschlossen. Der Zahnarzt Dawson vielleicht? Er galt zeit seines Lebens als ein Muster von Rechtschaffenheit, ein Gentleman durch und durch.

Das Problem blieb ungelöst. Selbst eine Anfrage im Britischen Unterhaus fand keine Antwort.

Der »Piltdowner« erhielt jedoch eine Art nachträglicher Bestätigung. In der Tat gab es vor dem Neandertaler einen Menschentyp, der eine sehr entwickelte, schon auf den Homo sapiens hinweisende Schädelform mit sehr urtümlichen Merkmalen vereinigte. Kronzeuge dieser Feststellung ist der Steinheimer Mensch, der 1933 aus den Schottern der Murr gehoben wurde.

Ahnherr der nordischen Rasse?

Die Fundumstände erinnern an die Entdeckung des Heidelberger Menschen. Auch der *Steinheimer* tauchte als Nebenprodukt der Kiesgewinnung aus dem Dunkel der Vorzeit auf. Auch er wurde von dem kundigen Besitzer der Grube auf den ersten Blick richtig eingeschätzt und sofort der Wissenschaft gemeldet, in diesem Fall dem Hauptkonservator der Württembergischen Naturaliensammlung. Auch dieser, Berckhemer mit Namen, fuhr unverzüglich zur Fundstelle und stellte mit Genugtuung fest, daß sie gesichert worden war. So konnte sein Präparator, Meister Böck, die angezeigten Knochen nahezu unversehrt aus dem Gestein lösen.

Dann begann ein großes Staunen. Der Schädel, wahrscheinlich der einer jungen Frau, zeigte zwar die typischen Augenwülste des Neandertalers und entsprach »in Länge, Breite und Leerinhalt« etwa dem des Pekingmenschen, seine Form aber, vor allem die Rundung des Hinterhauptes, erinnerte stark an den späteren Sapiensmenschen; dabei war er, wie sich zweifelsfrei nachweisen ließ, rund 100 000 Jahre älter als der Durchschnitts-Neandertaler. Es dauerte denn auch nicht lange, und er hielt als Ahnherr der damals gerade inthronisierten nordischen Rasse seinen Einzug auf Ordensburgen und in Schulungslagern.

Abermals darf zur Ehre der Wissenschaft gesagt werden, daß sie sich dem Objekt nicht anders als mit kritischem Sachverstand näherten. Die deutschen Anthropologen maßen, wogen und ergänzten den Steinheimer Schädel nach den goldenen Regeln ihrer Kunst und gelangten zu dem Schluß, daß sie es mit einem bisher unbekannten Altvorderen zu tun hatten, einer seltsamen »Mischung schimpansischer, affenmenschlicher, neandertaloider und neuzeitlicher Züge«. (Wendt)

Wie es häufig geschieht, so auch hier – kaum war man mit dem Steinheimer ein wenig vertraut geworden, da betrat auch schon sein erster Verwandter die Szene, in Raten freilich, wenn man so sagen darf.

Der Londoner Zahnarzt Alvan Theophilus Marston barg im Juni 1935 aus dem Themse-Kies von Swanscombe, dreißig Kilometer südlich der Hauptstadt, ein menschliches Hinterhauptbein. Neun Monate später stellte sich das linke Schädelbein, im Sommer 1955 das rechte Schädelbein ein; Knochen, die sich einwandfrei in die Zweite Zwischeneiszeit datieren ließen, ergänzten die Funde. Es war danach nicht mehr schwer, das Alter des *Swanscombe-Menschen* auf etwa 250 000 Jahre zu berechnen.

Der Steinheimer war zwar rund 50 000 Jahre jünger, doch ergab schon der erste Vergleich so viel Ähnlichkeiten, daß man ihre Vetternschaft mühelos wissenschaftlich beglaubigen konnte.

Das »Tüpfelchen« auf dem »i« lieferten 1947 einige von der französischen Forscherin Germaine Henri-Martin in der Höhle von Fontéchevade entdeckte Schädelreste. Etwa 500 000 Jahre jünger als die Steinheimer Fragmente, zeigen sie ebenfalls eine recht moderne Form; sogar die äffischen Überaugenwülste fehlten. Dieser höchst bemerkenswerte Befund bestätigte endgültig, was man schon bei dem Steinheimer und Swanscomber-Menschen vermutet hatte: daß nämlich »in Europa bereits vor dem Neandertaler Menschen lebten, die nach ihrer Schädelform diesem gegenüber als höher entwickelt gelten müssen«. (Grahmann)

Vielleicht wird man eines Tages – was heute noch nicht möglich ist – in ihnen die wirklichen Ahnen der modernen Menschenrassen erkennen. Offenbar hat sich die Schöpfung mit dem Menschen viel Zeit gelassen und ihn in zahlreichen Versuchsmodellen und Variationen ausprobiert ehe ihr mit dem *Homo sapiens* der große Wurf gelang.

Fuhlrotts Neandertaler war dieser große Wurf noch nicht. Doch ist er bis heute der populärste aller Vorsapiens-Menschen geblieben. Und die Wissenschaft kennt ihn besser als jeden seiner Konkurrenten.

Überall Neandertaler

Inzwischen wurden etwa 130 Individuen vom Neandertaltyp gefunden, in Tanger und Gibraltar, in Spanien und Frankreich, in Belgien und Deutschland, in Böhmen und Italien, auf dem Balkan und auf der Krim, in Palästina und in Usbekistan. Auch außerhalb der eurasischen Landmasse, auf Java, in Abessinien, in Südafrika, entdeckten die Anthropologen Menschenreste mit den gleichen starken Überaugenwülsten, dem gleichen fliehenden Kinn, dem gleichen nach hinten abgeschrägten Unterkiefer. Der Neandertaler war also alles andere als ein Provinzler – er war ein »Weltbürger«, wie ihn Ralph von Koenigswald genannt hat.

Die meisten Fundstellen markiert jedoch die Karte Mitteleuropas. In Deutschland wurden die Kalkbrüche von Weimar-Ehringsdorf ein kleines Mekka der Ahnensuche. Dreimal wurden dort – 1914, 1916 und 1935 – Skelettteile aus dem Gestein gesprengt, die sich bei näherer Betrachtung als »neandertaloid« erwiesen. Ihrem Alter nach können die Ehringsdorfer sogar als unmittelbare Vorfahren des Neandertalers angesprochen werden.

Wichtig für die Forschung waren die überaus reichhaltigen Funde, die dem Paläontologen Karl Gorjanovic-Kramberger, dem »König des Diluviums«, in der Krapina-Höhle in Kroatien gelangen. Er brachte von seinen Grabungen in den Jahren 1899 bis 1905 Teile von 10 bis 12 Schädeln, 14 Kieferbruchstücke, 144 Zähne sowie zahlreiche Wirbel, Rippen und Gliedmaßenknochen nach Haus, insgesamt 649 Skelettteile – ein phantastisches Studienmaterial, an das sich bald die Vorstellung einer schrecklichen Metzelei knüpfte. In Wahrheit dürfte es sich um Opfer kultischer Bräuche gehandelt haben.

Immer wieder war es dann der Mittelmeerraum, der die Gelehrten alarmierte. Die Schottergrube von Saccopastore, am Stadtrand von Rom, lieferte ihnen 1929 den wohlerhaltenen Schädel einer jungen »Neandertalerin«, sechs Jahre später jenes Schädelfragment, das dem Abbé Breuil gewissermaßen in den Schoß fiel, und 1939 stieß der Grundbesitzer Guattari in der Grotte von Monte Circeo auf den gleichsam aufgebahrten Schädel eines Menschen, der ebenfalls Opfer eines kultischen Festmahls geworden war. Auch Spanien hat mehrere Neandertaler entdeckt.

Den sensationellsten Fund nach Fuhlrott tat jedoch der schweizerische Kunst- und Antiquitätenhändler Otto Hauser, einer jener halbverrückten, halbgenialen Dilettanten, welche die Wissenschaft teils durch unsinnige Thesen, teils durch handfeste Erfolge immer wieder provoziert haben; dazu kamen im Falle Hauser zahlreiche, mit Elan und Leidenschaft verfaßte Bücher, in denen er sich, zur Freude des Publikums, seinen Zorn über die Experten hemmungslos vom Herzen schrieb.

Schon mit 22 Jahren forderte er die Gelehrten seines Landes – nach seinen eigenen Worten »die Zunft derer, die auf Stempelpapier die Befähigung zu wissenschaftlichen Ausgrabungen mit sich tragen« – in die Schranken, als er auf eigene Kosten das Römerlager Vindonissa bei Windisch freilegen ließ. Als die erwartete Anerkennung ausblieb, stürzte er sich auf die Vorgeschichte und begann das Tal der Vézère zu durchwühlen, dem er als Frankreichs »Pompeji der Urzeit« globalen Ruhm verschaffte. Sechzehn Jahre hatte Hauser dort bereits mit hektischer Betriebsamkeit gearbeitet (und sein Vermögen dabei nahezu aufgezehrt), als seine Leute, am 7. März 1908, auf menschliche Fossilien stießen.

Hauser erhielt die erregende Nachricht tief in der Nacht und bei strömendem Regen. Das hinderte ihn nicht, sich sofort auf ein Pferd zu schwingen und in die nasse Düsternis hinauszugaloppieren. Dampfend vor Aufregung erschien er im Gelände und begann die Fundstelle im Schein von Stallaternen zu untersuchen.

»Wie plagte mich«, so hat er die dramatische Begegnung selbst geschildert, »die Neugier des Forschers, die Lust zu sehen, zu finden, aber ich wurde mir über die Bedeutung des großen Fundes sofort klar... War das Skelett erhalten, so bedeutete der Fund eine ungeheure Bereicherung der Wissenschaft vom Menschen. Fast wagte ich's nicht zu hoffen. Auf alle Fälle ließ ich bis tief in die Nacht über der Stelle Erde hoch anhäufen und sicherte so den bedeutsamen Fleck vor ungebetenen Eingriffen Dritter.«

Um sich nicht wieder der Scharlatanerie bezichtigen zu lassen, lud er eine Reihe bekannter Gelehrter ein, der Hebung des Skeletts beizuwohnen – wobei er allerdings die französischen Forscher, mit denen er auf dem Kriegsfuß lebte, geflissentlich ausließ. Die eingeladenen Experten bildeten eine Kommission, die von dem Breslauer Anatomen Klaatsch geführt wurde; mit ihm erschienen in Le Moustier der Professor für Vor- und Frühgeschichte an der Universität Berlin, Gustaf Kossinna, der Anthropologe Baelz, vormals Leibarzt des Kaisers von Japan, der Völkerkundler Karl von der Steinen und Professor Hans Virchow, Sohn jenes großen Rudolf Virchow, der die Existenz des Neandertalers bis zuletzt hartnäckig geleugnet hatte. Lauter Koryphäen also, ein Team unbestechlicher Fachleute.

»Heiß brannte die Augustsonne auf die Gruppe spannend wartender Gelehrter«, so heißt es in Hausers volkstümlichem Bergungsbericht. »Es war ein unvergeßlich feierlicher Moment, als ich mit den Händen die Erde sacht abhob und das Schädeldach bloßlegte. Dann traf man die Vorbereitungen zur eigentlichen Hebung. Erst sollte geprüft werden, in welchem Umfang das Gesichtsskelett noch vorhanden wäre; denn die Augenregion, Kiefer und Kinnpartie sind ausschlaggebend für die Deutung solcher Funde.«

»Der Schädel erwies sich als sehr morsch und brüchig, es war gar nicht daran zu denken, ihn als Ganzes herauszubekommen.« Die gelehrten Herren beschlossen also, ihn »wie eine Leiche im Präpariersaal« abzubauen. Dafür war Klaatsch der bestmögliche Mann. »Er übernahm dann auch die eigentliche Hebung, während ich ihm assistierte und jedes einzelne Knochenpartikelchen registrierte; daneben besorgte ich von Moment zu Moment die photographischen Aufnahmen... und gewann so ein beinahe kinematographisches Bild aller Ausgrabungsstadien.«

»Sorgfältig entblößte Klaatsch Teil um Teil des Gesichts... Das Schädeldach lag abgehoben, die Augen- und Nasenregion frei, die Zähne des Oberkiefers zeigten sich, und wirklich prächtige Zähne in wunderbarer Erhaltung! Die Bezahnung des Unterkiefers hob sich vom Erdboden ab: wie 16 wohlkonservierte Zähne, und fest am Kiefer sitzend; ein Fingerstrich unter dem Unterkiefer – er löst sich, er liegt Klaatsch auf der Hand – ein Freudenruf des temperamentvollen, großen Forschers, er umarmt mich: ›Wir haben's gefunden, es ist Neandertal in seiner ganzen furchtbaren Massigkeit und Primitivität‹...«

Ja, es war wirklich ein Neandertaler, ein junger Mann von sechzehn bis achtzehn Jahren.

Hauser hat das wohlerhaltene Skelett, zusammen mit dem von ihm entdeckten Aurignac-Menschen, später für 160 000 Goldmark an das Berliner Völkerkundemuseum verkauft. Und wenn er in der deutschen Hauptstadt zu tun hatte, pflegte er am Potsdamer Platz einen Blumenstrauß zu erstehen und seinen geliebten Urmenschen zu überbringen... Worauf er ihnen durch eine Schweigeminute in korrekter Haltung stille Reverenz erwies.

Schnelle Läufer und »geniale Jäger«

Zum ersten Mal war in Le Moustier das nahezu vollständige Skelett eines Neandertalers gehoben worden. Ein Jahr später konnten die Gelehrten einen weiteren, ebenfalls hervorragend erhaltenen Vertreter dieser Rasse begutachten – den alten Mann von La Chapelle. Endlich hatte man also Material genug, um ein gewissermaßen authentisches Bild des »Weltbürgers« aus Düsseldorf zu entwerfen.

Ein Apoll war er nicht. Alle einschlägigen Rekonstruktionsversuche stellen ihn als einen plumpen, untersetzten Burschen mit kurzen, kräftigen Beinen und langen »Affenarmen« dar. Die Durchschnittsgröße betrug etwa 1,60 Meter. Daß er – wie der von preußischen Unteroffizieren gern zitierte »Kamerad Knieweich« – vornübergeneigt mit Knickebeinen dahinstampfte, scheint den Anthropologen heute nicht mehr wahrscheinlich. Wahrscheinlich war er sogar ein schneller und ausdauernder Renner.

Der unförmige Schädel mit der fliehenden Stirn umschloß ein Denkgehäuse von etwa 1500 Kubikzentimeter Inhalt. Seine Hirnmasse entsprach also nahezu der des heutigen Menschen. Die Unterteilung im Schädelraum unterlag jedoch anderen Gesetzen. Das Vorderhirn, »der Sitz der höheren geistigen Begabung«, war noch wenig entwickelt. Um so leistungsfähiger dürften die hinteren Partien des Großhirns gewesen sein, die für die Organisation der sinnlichen Wahrnehmungen die entscheidende Arbeit leisten. Wahrscheinlich eignete den Neandertalern eine heute kaum noch vorstellbare Instinktsicherheit, und ihre scharfen Augen machten sie, wie Klaatsch einmal meinte, zu geborenen Naturforschern und »genialen Jägern«.

Der ungefügen Schädelarchitektur entsprach der Bau des nahezu kinnlosen Unterkiefers und des maulartig vorspringenden Mundes. Die Nase wird man sich wie die eines häufig verprügelten Ringveteranen vorzustellen haben. »Die großen Augen wurden von gewaltigen Knochenwülsten eingefaßt, so daß die wohl sehr buschigen Augenbrauen hochgewölbte Bogen darstellten. Besonders dann, wenn die Brauen hochgezogen waren, blieb vielleicht nicht viel von der flachen Stirn zu sehen.« (Schwantes)

Weitere Schlüsse lassen die Skelettfunde nicht zu. Und da der Neandertaler sich nicht, wie der Mensch der letzten Eiszeit, bildlich verewigt hat, ist man bei der Wiedergabe der Weichteile im wesentlichen auf die Vorstellungskraft angewiesen. Auch wilde Bärte und die pelzige Behaarung des Körpers sind ein Produkt der Phantasie eines jenes »Anthropologenlateins«, zu dem sich selbst ernsthafte Gelehrte gelegentlich verstehen müssen, wenn sie das Ergebnis ihrer Forschungen anschaulich machen wollen. Darauf sind auch die Knotenfrisuren, Bärenfellhosen und Halsketten aus Rentierzähnen zurückzuführen, in denen sich der Neandertaler auf den berühmten Panoramen des Field-Museums in Chikago den Augen der erstaunten Nachwelt zeigt.

Andererseits besteht kein Grund, ihn als zähnefletschenden Unhold mit tückischem Blick und Gorillamanieren zu porträtieren. Sein sprachliches Vermögen war, wie man aus gewissen Anzeichen folgern kann, über die Unterstufe der menschlichen Verständigung noch nicht hinaus. Aber sicherlich war er zu mehr als einem behaglichen Grunzen fähig, wenn er wohlgesättigt am wärmenden Lagerfeuer saß.

Rund 100 000 Jahre bewohnte und beherrschte er die Welt, länger als jeder andere bisher bekannte Menschentyp. Aber auch seine Zeit war bemessen. In der Mitte der letzten Eiszeit, vor etwa 60 000 Jahren, verschwand er aus der wieder recht ungastlich gewordenen Welt.

War seine Lebenskraft erschöpft? Wurde er das Opfer einer grassierenden Seuche, die mit den aus Innerasien eingewanderten Ratten nach Europa kam? Erlag er einer Mangelkrankheit, einer Devitaminose etwa, hervorgerufen durch das Fehlen von Früchten und anderer Frischkost? Oder wurde er – worauf viele Anzeichen hindeuten – ganz einfach von einer stärkeren und jüngeren Rasse ausgerottet und aufgefressen?

Die Wissenschaft ist bis heute nicht in der Lage, diese Fragen schlüssig zu beantworten. Auftritt und Abgang des Neandertalers sind noch immer eines der großen Rätsel der Anthropologie. Die derzeit herrschende Lehrmeinung glaubt ihn als einen Zugereisten, als einen Fremdling ansprechen zu können, »der in Europa eine schon lange vor ihm eingeleitete Entwicklung in Richtung auf den Homo sapiens unterbrach. Es bleibt jedoch noch ungeklärt, ob eine während des letzten Interglazials bei uns lebende Präsapiensmenschheit am Ende des letzten Interglazials Europa verließ und der Neandertaler dafür einwanderte oder ob dieser sich aus der einheimischen Menschheit des letzten Interglazials als Seitensprung entwickelte.« (Grahmann)

Der gesamte Problemkreis ist weiterhin Gegenstand der Diskussion. Der Nestor der deutschen Anthropologen, der Kieler Ordinarius Hans Weinert, lehnt es zum Beispiel rundheraus ab, den Neandertaler aus dem Stammbuch der heutigen Menschheit zu streichen. Er hält die These von seiner totalen Austilgung schon deshalb für unrealistisch, weil sich »zumindest die Frauen der unterlegenen Gruppe mit den Siegern vermischt« haben dürften. Auch traue man der Natur zu wenig zu, wenn man glaube, »daß neandertaloide Schädelformen sich nicht in rund 5 000 Generationen zu der des Homo sapiens umgewandelt haben könnten«.

Wie dem auch sei – in der hohen Zeit der letzten Vereisung betraten neue, kräftigere Rassen die urtümliche Welt- und Menschenbühne; aus ihnen entwickelte sich geradewegs der Mensch der Gegenwart, den wir den »vernunftbegabten« nennen, obwohl er von

Lange Schädel – lange Kerls

dieser ihm eigentümlichen Begabung nur selten den rechten Gebrauch macht.

Am Anfang steht der *Aurignac-Mensch*, der seinen Namen von einem kleinen Ort im französischen Departement Haute Garonne empfing. Ein Kaninchenjäger entdeckte dort im Jahre 1852 eine Höhle mit 17 menschlichen Skeletten und meldete den Fund pflichtgemäß dem zuständigen Bürgermeister. Der fürchtete — wie viele seiner Kollegen vor und nach ihm — unbequeme Untersuchungen und Protokolle der Polizei und ließ die makabre Fracht auf dem Gemeindefriedhof schnell wieder begraben.

Acht Jahre später hörte Edouard Lartet, der pedantische Rechtsanwalt unter den Prähistorikern, von dem merkwürdigen Massengrab und begann, als er mit seinen Fragen nicht weiterkam, auf eigene Faust in der verdächtigen Grotte zu graben. Tatsächlich vermochte er noch einige menschliche Skeletteile zu bergen. Dazu ein ganzes Magazin tierischer Knochen und späteiszeitlicher Geräte, die eine zeitliche Einordnung der menschlichen Fossilien ermöglichten.

Diesem ersten Aurignac-Menschen folgten viele andere, so etwa der berühmte alte Mann von Combe Capelle, der wieder auf Hausers Konto kam und — wie auch sein Neandertaljüngling aus La Vézère — in einer Berliner Bombennacht endgültig verging. Deutsche »Aurignacs« kamen aus Egisheim und der schwäbischen Ofnet-Höhle, böhmisch-mährische aus Brünn und Brüx und vor allem aus Predmost, wo eiszeitlicher Löß 1894 an die 40 000 Feuersteingeräte, Zähne und Knochen von etwa 1 000 Mammuten und die Reste von 20 Menschen lieferte. Die danach benannte Brünn- oder Lößjägerrasse stimmt weitgehend mit ihren französischen und deutschen Verwandten überein und wird heute in der Fachliteratur nicht mehr gesondert geführt.

Die Aurignac-Menschen, die sich von Nordfrankreich und England her über Süddeutschland ausbreiteten und hernach dem Rückzug der Gletscher folgten, zeichneten sich durch »extreme Langschädligkeit« aus, wissenschaftlich gesprochen: durch eine außergewöhnlich starke Aufrichtung des Stirn- und Hinterhauptbeines, die auch die Augen eng aneinanderrückte.

Die tief eingezogene Nasenwurzel, die an die heutigen Australierschädel erinnert, verweist wie beim Neandertaler auf jene breitflächige, niedrige Boxernase, die noch Zehntausende von Jahren später das besondere Kennzeichen des griechischen Weisen Sokrates war und auch heute nicht nur als Berufskrankheit der Faustkämpfer vorkommt. Dank der hohen Denkerstirn war dem Gesicht jedoch, wie Klaatsch meint, »ein würdiger Ausdruck« eigen, wozu sicher auch die stark entwickelten Bärte und Augenbrauen beitrugen, von denen wir durch bildliche Darstellungen wissen. Wie der Schädel war auch das Gliedmaßengerüst leichter und vornehmer als das des Neandertalers; die Hände gar müssen ausgesprochene »Künstlerhände« gewesen sein – zart, nervig und empfindsam wie auch die Kultur der Aurignac-Menschen bezeugt.

In ihm, der sich bis weit über die Eiszeit hinaus behauptete, den Ahnherrn der nordischen Rasse zu erkennen, hat einiges für sich; zumindest führt eine solche Vermutung nicht in ein ideologisch beheiztes Wunschtraum-Treibhaus.

Neben den Aurignac-Menschen repräsentieren die *Cromagnons* die reinste Ausprägung des *Homo sapiens diluvialis*.

Der erste dieser Rasse wurde in der Grotte Cro-Magnon, in unmittelbarer Nähe des Bahnhofs Les Eyzies, in der Dordogne, entdeckt, wo die Menschen noch heute, um die Hinterwand zu sparen, ihre Häuser direkt an den Felsen bauen. In einer Höhle, die durch Sprengungen beim Bahnbau freigelegt worden war, fand Louis Lartet, Sohn des großen Edouard Lartet, den Schädel eines Greises mit damals noch gänzlich unbekannten Merkmalen, die sich aber in der Folgezeit immer wieder feststellen ließen und schließlich den genauen Steckbrief dieser Rasse lieferten. Es handelte sich um ein Geschlecht von »langen Kerls«, die mit ihren langen Unterarmen und Unterschenkeln an die Proportionen gewisser hochwüchsiger Negervölker erinnern, nach Weinert um einen großen, schwerknochigen Menschenschlag »mit mächtigem Schädel und breitem Gesicht«, das jedoch gut profiliert gewesen sein dürfte. Die hohe, schön gewölbte Stirn trug dazu ebenso bei wie das gut gemeißelte, vorspringende Kinn, das mit der »Neandertal-Schnauze« nichts mehr zu tun hatte.

Die Cromagnon-Menschen, deren Physis wir heute an etwa 180 Skeletten oder Teilen von Skeletten studieren können, drangen vor etwa 60000 Jahren – wahrscheinlich aus dem Osten kommend – in das westliche und mittlere Europa ein, dessen kulturellen Standard sie, wie wir noch sehen werden, fast 50000 Jahre entscheidend bestimmten. In der Dordogne sollen sich ihre Abkömmlinge bis heute verhältnismäßig rein erhalten haben. In Deutschland werden vor allem Westfalen und Hessen von den Anthropologen als »cromagnonverdächtig« angesehen.

Der wertvollste Fund aber gehört dem Rheinland an. Er trägt den Namen des Ortes Oberkassel, der wenige Kilometer rheinaufwärts von Bonn auf der anderen Seite des Stromes liegt.

Das Paar aus Oberkassel

»Am 18. Februar 1914«, so beginnt der von den Professoren Verworn, Bonnet und Steinmann gemeinsam gezeichnete Fundbericht, »teilte der Steinbruchbesitzer Herr Uhrmacher aus Oberkassel der Universität Bonn mit, daß in seinem Steinbruch zwei menschliche Skelette und ein ›Haarpfeil‹ gefunden worden seien, und fragte an, ob einer der Herren Professoren Interesse an dem Fund hätte und ihn sich ansehen wollte...«

»Herr Professor Max Verworn, dem der Brief übermittelt wurde, fuhr dann in Begleitung der Herren Professoren Bonnet und Heiderich... am 21. Februar zur Besichtigung der Funde nach Oberkassel. Herr Uhrmacher junior, der die Herren von der Bahn abholte, hatte den ›Haarpfeil‹ bei sich. Nach der Mitteilung erwarteten die Herren einen Fund aus der Metallzeit. Sie waren daher nicht wenig überrascht, als der ›Haarpfeil‹ sich als ein paläolithisches Knochenwerkzeug... erwies.«

»Die Überraschung war noch größer bei der Besichtigung der Skelette und der Fundstelle. Es konnte nach allem kein Zweifel mehr sein, daß das Knochenwerkzeug und die Skelette gleichaltrig waren und daß hier zwei nahezu vollständige Menschenskelette von bewundernswerter Erhaltung aus der Rentierzeit vorlagen. Die Herren Verworn, Bonnet, Steinmann, Heiderich und Stehn nahmen sich sogleich der Angelegenheit an.«

Sie stellten zunächst fest, daß die Skelette bereits geborgen waren und in der Hütte der Arbeiter zwischen Schaufeln, Bierflaschen und Frühstücksresten einen recht profanen Platz gefunden hatten. Eine echte Bestandsaufnahme war also nicht mehr möglich. Indessen ergab eine nachträgliche Grabung noch eine Reihe von Gebeinen sowie wichtige Indizien für die Beurteilung des Fundes.

Schließlich lagen die beiden Skelette fast vollständig vor, und bereits die erste flüchtige Prüfung ergab, daß man es mit einem der hervorragendsten anthropologischen Studienobjekte seit der Entdeckung des Neandertalers zu tun hatte.

Die beiden Toten waren am Fuße eines – ursprünglich wahrscheinlich überhängenden – Basaltfelsens bestattet worden. Rötel hatte den Schutt, der sie umgab, und ihre Knochen gefärbt. Die gleiche Verwendung von Ockererde kannten die Bonner Gelehrten bereits aus Frankreich und Mähren. Als Beigaben verzeichneten sie außer dem etwa 20 Zentimeter langen und recht eleganten »Haarpfeil«, der als fein poliertes Glättinstrument erkannt wurde, einen aus Bein geschnitzten Pferde- oder Nashornkopf sowie Knochen von Höhlenbären, Wolf und Reh, außerdem Zähne von Bisam und Rentier. Da sich auch die geologische Schicht zweifelsfrei bestimmen ließ, waren die beiden Oberkasseler unschwer in die ausklingende Eiszeit zu datieren.

Es war selbst nach der Meinung des Anatomen Bonnet ein seltsames Paar, dessen Reste die Hacken der Arbeiter aus ihrer vieltausendjährigen Ruhe aufgestört hatten. Es handelte sich um einen Mann von etwa 60, eine Frau von 20 bis 25 Jahren, und selbst ein Laie hätte aus ihren Resten schließen können, daß der Mann zu seinen Lebzeiten ein außerordentlich robuster Geselle, seine Gefährtin im Tode ein schmales, graziles Wesen gewesen war, von kindlichem Wuchs, ganze 1,47 Meter groß.

Die Gelehrten nahmen noch einiges mehr zur Kenntnis. Der *Oberkasseler* muß zum Beispiel in den letzten Jahren seines Lebens an Arthritis gelitten haben. Seine Zähne waren, soweit nicht schon ausgefallen, stark abgenutzt; auch hat er mit einer schmerzhaften Wurzelhautentzündung zu tun gehabt. Sein rechter Ellenbogen zeigte Spuren eines verheilten Bruches, sein rechtes Schlüsselbein eine Verletzung, die wahrscheinlich den rechten Arm behinderte. Und einmal muß er kräftig eins über den Schädel bekommen haben.

Und die junge Frau? War sie ihrem Vater, war sie ihrem Gatten freiwillig ins Grab gefolgt? Hatte man sie aus kultischen Gründen getötet? Die Gelehrten versuchten auch diesen Fragen nachzugehen. Bei allem Scharfsinn jedoch – das Privatleben der beiden »Oberkasseler« entzog sich ihren Forschungen.

Eindeutig aber konnten sie feststellen, daß beide Schädel von »auffallender Gesichtsbreite« waren. Beide ließen »ziemlich steile Gesichter mit eingezogener Nasenwurzel, beide eine gute Profilrundung des Hirnschädels« erkennen. Die leicht angedeuteten Stirnwulste erinnerten noch an den Neandertaler. Alle übrigen Merkmale aber – »das breite niedere Gesicht... mit den niederen rechteckigen Augenhöhlen, der schmalen Nase und dem V-förmigen Unterkiefer« – wiesen auf die Cromagnon-Rasse hin.

Als die deutschen *Cromagnons* behaupten die beiden von Oberkassel ihren Platz in dem kaum noch zu übersehenden Wissensbau der Anthropologie. Mehr noch – zusammen mit den französischen Repräsentanten dieser Rasse markieren sie so etwas wie den Schlußpunkt in der abenteuerlichen Geschichte der Menschwerdung, deren Erforschung eine der größten Leistungen des »Homo sapiens« darstellt. Denn mit dem Ende der Eiszeit trat Mr. Anthropos, trat seine Majestät »der Aufwärtsgewandte«, der zu den Sternen Blickende, aus dem labyrinthischen Dunkel seiner Entstehung in das Dämmerlicht der Menschheitsgeschichte.

Geniestück der Schöpfung

Der Mensch war nun fertig. Der Tierwelt an Kraft und Gewandtheit unterlegen, doch mit der Fähigkeit des Denkens und Sprechens ausgerüstet, hatte er nach millionenjährigem Anlauf einen Grad der Entwicklung erreicht, der ihn – das Geniestück der Schöpfung – in den Stand setzte, nun seinerseits als Schöpfer aufzutreten. Er selbst hat sich seitdem kaum mehr verändert, die Welt aber hat er nach Bedarf und Willkür geformt und gewandelt.

Er verdankt diese »erdbeherrschende Überlegenheit« ausschließlich dem Wunderwerk seines Hirns. Während die Tierwelt ihre Kau-, Lauf-, Schwimm- oder sonstigen Werkzeuge spezialisierte, entwickelte er sein Denkvermögen. »Er bildet zwar mit allen übrigen Organismen eine stammesgeschichtliche Einheit, hebt sich von ihnen aber auch ebenso eindeutig ab, weil es ihm seine überlegenen Verstandesgaben gestatten, sich schlechthin allen Umweltbedingungen anzupassen, was außer ihm keinem anderen Lebewesen gelungen ist. Mit dem Menschen hat die Entwicklung der organischen Welt unserer Erde deshalb wahrscheinlich ihren End-, um nicht zu sagen ihren Zielpunkt erreicht.« (Zotz)

Noch zu Beginn dieses Jahrhunderts gab sich die Wissenschaft der Hoffnung hin, das Werden des Menschen eines Tages von Stufe zu Stufe verfolgen zu können – daher auch die unentwegte Suche nach dem »missing link«. Heute ist man skeptischer und vorsichtiger geworden. Man kennt Vorgriffe auf spätere Entwicklungsstadien wie die Praesapiensgruppe; man glaubt im Neandertaler nur mehr eine blind endende Seitenlinie erkennen zu können. Und niemand vermag bisher zu sagen, welcher Urmenschenrasse der »Homo sapiens« der Neuzeit entsproß.

Eines ist jedoch sicher: daß er zunächst in Europa auftrat, in Frankreich, in Spanien, in Deutschland, in Böhmen; und daß sich sein Genie hier zum ersten Mal entfaltete, indem es – worüber noch zu sprechen sein wird – jene bannende, magisch-mythische Eiszeitkunst schuf, deren Anblick uns noch immer den Atem verschlägt.

Die Knochensammlung im Tresor

Mag die Entwicklung also in einstweilen nicht zu kontrollierenden Sprüngen und Schüben vor sich gegangen sein, so gilt doch die Entwicklungslehre weiterhin als »das unerschütterte Fundament der gesamten Biologie«. Und es versteht sich von selbst, daß die großen epochemachenden Funde, die Reliquien der Forschung, wie Kostbarkeiten verwahrt werden. Der Neandertaler zum Beispiel befindet sich in einem feuerfesten Tresor des Rheinischen Landesmuseums in Bonn, das die »historischen« Skeletteile aus der Hinterlassenschaft Fuhlrotts erwarb. Die Schädelkalotte ist zudem durch ein durchsichtiges Kunststoffgehäuse geschützt.

Der Wert der Gebeine entzieht sich jeder Schätzung. Als sie zur hundertsten Wiederkehr des Entdeckungstages 1956 nach Düsseldorf ausgeliehen wurden, betrug die Versicherungssumme 500 000 DM. Das Fahrzeug mit der seltsamen Fracht erfreute sich zudem polizeilichen Schutzes. Und in Düsseldorf selbst verbrachte der erste Düsseldorfer die Nächte in einem Safe.

Die Geburtstagsfeier war ein internationales Ereignis. An hundert bekannte Wissenschaftler aus aller Herren Ländern – unter ihnen »Weltmeister« Abbé Breuil aus Paris – trafen sich in Düsseldorf zu einer Tagung, die der deutsch-holländische Anthropologe von Koenigswald organisiert und der schwedische Multimillionär Wenner-Gren finanziert hatte.

Die Chronik des Jubiläums verzeichnet eine Reihe ebenso gewichtiger wie glanzvoller Zusammenkünfte. Die Stadt Düsseldorf gab einen festlichen Empfang, und dreißig tiefgründige Vorträge feierten die Entdeckung des Neandertalers als eines der bedeutendsten Ereignisse in der Geschichte der Anthropologie.

Äußerer Höhepunkt war die Kranzniederlegung an der Gedenktafel am Rabenstein, mit der sich die Großen der heutigen Anthropologie und Eiszeitforschung zu ihrem Kollegen Fuhlrott bekannten. Der Gymnasiallehrer aus Elberfeld, der hundert Jahre zuvor von der gelehrten Welt als Dilletant und Phantast abgelehnt worden war, wurde nun mit dem Lorbeer des einsamen Genies bekränzt. Koenigswald nannte ihn einen »Kolumbus, der wußte, daß er eine neue Welt entdeckt hatte«.

Aber noch immer wird der Ruhm des Entdeckers von dem des Entdeckten in den Schatten gestellt. Fuhlrotts Name mag unveräußerlicher Besitz der wissenschaftlichen Forschung geworden sein, den Neandertaler kennt jedes Kind, sein Name ist in den Sprachgebrauch des Alltags eingegangen. »Von allen fossilen Menschen steht uns der Neandertaler am nächsten.«

Selbst die Fremdenindustrie zehrt von diesem Nimbus. Das Museum in der Nähe der Fundstätte zieht alljährlich Zehntausende von Besuchern an, ebenso der Tierpark mit seinen urweltlichen – oder vorsichtiger: seinen beinahe urweltlichen – Wisenten und Wildpferden. Pensionen, Restaurants und Hotels tragen den Namen des Neandertalers und operieren in ihren Prospekten mit seinem Ruhm.

In steinerner Gestalt produziert er sich, wie berichtet, in einem Hotelgarten, bestaunt und bewundert, manchmal vielleicht auch mit einem geheimen Schauer betrachtet.

Ein ungefüger, häßlicher Gesell. Unfertig, äffisch, furchterregend. Und trotzdem, ob Vorfahr oder nicht, ein Mensch.

Ein Mensch, der 100 000 Jahre menschlicher Geschichte auf seinem krummen Rücken trug.

ZWEITES KAPITEL

DIE MAMMUTJÄGER VON SALZGITTER

ELEFANTEN-SAFARI IN DER NORDDEUTSCHEN TIEFEBENE

ÄCKER, SCHLÖSSER, FÖRDERTÜRME
MILITÄRMUSIK FÜR MORSCHE KNOCHEN
AUFMARSCH DER EXPERTEN
DIE TIERWELT DER WARMZEITEN · DAS MAMMUT —
DER RIESE AUS SIBIRIEN · DIE JAGD ALS SCHICKSAL
DER SPEER VON LEHRINGEN · »GRILLSTEAKS« VON HEISSEN STEINEN
DER MENSCH — ZWINGHERR DER NATUR · DIE ÄLTESTE HARPUNE DER WELT
IN MANNERSDORF GAB'S MAMMUT AM SPIESS
UNTER DEN KLÄRANLAGEN VON LEBENSTEDT

A m Rand der Straße, die in weit ausholender Kurve durch eine sanft gewellte Ackerlandschaft zieht, steht plötzlich eine große Holztafel. Sie markiert die Grenzen von Salzgitter sowie die verschiedenen Ortsteile und wichtigsten Industriewerke dieser merkwürdigsten Großstadt Deutschlands, die 1942 durch den Zusammenschluß von 29 Gemeinden der Landkreise Goslar und Wolfenbüttel entstand und mit ihren nördlichen Ausläufern bis vor die Tore von Braunschweig reicht. Ihre Gesamtfläche beträgt 213 Quadratkilometer, die Einwohnerzahl rund 120000, die außerordentlich hohe Ziffer der Beschäftigten etwa 50000. *Äcker, Schlösser, Fördertürme*

Der Statistik trotzend, führt die Straße weiter an wohlbestellten Feldern, saftigen Wiesen und grünen Waldstücken vorbei, und es kann durchaus geschehen, daß sie in ihrer ganzen Breite von einer gemächlich dahintrottenden Schafherde eingenommen wird. Ländlich sind auch die ersten Bauten, die sich unauffällig in das rustikale Bild einfügen. Eine Lehmkate spiegelt sich in einem weidenumstandenen Weiher. Über die erdfarbenen Bruchsteinmauern einer Gutsscheune ragt der Stumpf einer stillgelegten Windmühle. Schafställe und Taubenhäuser suchen Schutz unter breitästigen Linden und dem üppigen Gezweig silbergrauer Buchen. Und überall Fachwerk – Bauernhöfe, Wirtschaftsgebäude, einstige Zollstationen, verfallene Glockenstühle...

Am schönsten sind die aristokratischen Herrensitze und Wasserburgen, die in der Nachbarschaft moderner Industrieanlagen gelassen den Glanz vergangener Tage bewahren. Unter ihnen befinden sich Kleinodien wie das Lustschloß Salder, ein Werk Paul Franckes, des berühmtesten Renaissancebaumeisters Niedersachsens, oder das Abteigebäude in Ringelheim, das auf den Mauern eines tausendjährigen Benediktinerklosters steht. Tausend Jahre zählt auch das frühere Augustiner-Nonnenkloster in Steterburg mit seinem barockisierten romanischen Turm, in dem Nikolaus Decius um 1520 das Kirchenlied »Allein Gott in der Höh'...« dichtete.

In diese wohlgemute Welt säkularisierter Klöster, fürstlicher Schloßbauten und adeliger Rittersitze brach Ende der dreißiger Jahre – nachdem es endlich gelungen war, ein lohnendes Verfahren zur Entwicklung der »sauren« Salzgittererze zu entwickeln – die Technik ein. Seitdem zerschneiden gradlinige Asphalt- und Betonstraßen das Land. Kanäle wurden gebaut. Fördertürme schossen aus dem Boden. Fabrikhallen und Verwaltungsgebäude entstanden. Und den Horizont begannen die graugelben Rauchfahnen der Hochöfen und Essen zu verdüstern.

Damals wurde auch der Grundstein für die Reißbrett-Siedlungen gelegt, die sich heute ausgewachsenen Städten gleich um die Schachtanlagen, Hüttenwerke und Verarbeitungsbetriebe aufbauen. Die größte von ihnen wuchs, rund um einen alten Dorfkern, in Lebenstedt heran. Von Anfang an als Schwerpunkt der ländlichen Großkommune gedacht, spielt dieser Ort als Wohn- und Einkaufszentrum heute die beherrschende Rolle, und nirgendwo prallen alt und neu derart unvermittelt aufeinander. Wer sich dem Stadtteil von Süden her nähert, trifft bereits an der Peripherie auf die glitzernde Glasfassade eines modernen Warenhauses, das sich inmitten fließender Ackerflächen unübersehbar etabliert hat.

Großsiedlungen dieser Art brauchen, wie man weiß, umfangreiche hygienische Einrichtungen: Wasserleitungen, Abwässerkanäle, Kläranlagen. Die Erdbewegungen, die dabei notwendig sind, haben schon mancher wissenschaftlichen Arbeit Schrittmacherdienste geleistet. In Lebenstedt löste 1952 der Neubau eines Pumpwerks eine der interessantesten archäologischen Kampagnen der Nachkriegszeit aus.

Salzgitter selbst nennt sich seitdem mit einigem Recht die älteste Siedlung des Kontinents.

Der damalige Stadtschulrat Zobel – heute noch als Betreuer der heimatkundlichen Sammlungen auf Schloß Salder tätig – erinnert sich noch genau des Tages, an dem ihn ein Anruf vom Städtischen Bauamt darüber informierte, daß bei den Ausschachtungsarbeiten für die projektierte Kläranlage zwischen Reppner und Broistedt zahlreiche offenbar vorgeschichtliche Knochen aufgedeckt worden seien.

Militärmusik für morsche Knochen

Eine halbe Stunde später kreuzte Zobel an der Baustelle auf, stellte fest, daß es sich durchweg um Skeletteile von ungewöhnlichem Ausmaß handelte, ließ die in fünf Meter Tiefe angetroffenen Fossilien durch Schulkinder in seine Amtsräume schaffen und benachrichtigte das zuständige Braunschweigische Landesmuseum für Geschichte und Volkstum.

Als Heimatforscher war ihm bekannt, daß vorzeitliche »Knochenbänke« in der Umgebung von Salzgitter schon mehrfach entdeckt worden waren. Wiederholt hatte er selbst durch Artikel und Vorträge die Erinnerung an den 1816 freigelegten Tierfriedhof auf dem Thieder Lindenberg belebt und darauf hingewiesen, daß solche Funde sich jederzeit wiederholen könnten.

Schon im antiken Schrifttum ist gelegentlich von Fossilien die Rede. Die »Alten« hielten sie für die verblichenen Reste jener Riesen, die im Kampf mit den olympischen Göttern gefallen seien. Nach dem Sophisten Philostratos waren die Gebeine von Giganten auf der Insel Kos und am Vorgebirge Sigeion sogar Gegenstand touristischen Interesses. Auch auf Lemnos will er Knochen von schauerlicher Größe besichtigt haben. »In den Schädel gossen wir Wein, aber zwei kretische Eimer füllten ihn nicht an.«

Der römische Kaiser Augustus legte, wie Sueton bezeugt, in seiner Villa auf Capri eine Sammlung von Riesenknochen an und schuf damit das erste vorgeschichtliche Museum der Welt. Sein Nachfolger Tiberius beauftragte den berühmten Geometer Pulcher, das den Proportionen eines Riesenzahnes entsprechende Gesicht zu entwerfen. Und Kaiser Hadrian ließ in der Ebene von Troja, über den Resten des »fünf Meter großen« homerischen Helden Ajax, ein neues Grabmal errichten.

Auch die Chronisten des Mittelalters pflegten ihre Berichte über

Fossilienfunde mit ungehemmten Fabeleien auszuschmücken. Giovanni Boccaccio, der Autor des galanten *Decamerone*, deutete die Reste eines Urelefanten als die Gebeine des Polyphem, jenes sagenhaften Riesen, dessen einziges Auge der listenreiche Odysseus mit einem glühenden Baumstumpf aus seiner Höhlung schmolz. Ein 1335 entdeckter Wollnashornschädel inspirierte 150 Jahre später den Bildhauer Ulrich Vogelsang zu dem berühmten Klagenfurter Lindwurmbrunnen. Der französische Chirurg Mazurier stellte die 1613 gehobenen Knochen eines tertiären *Dinotheriums* als das Skelett des Kimbernkönigs Teutobochus auf Jahrmärkten aus. Und der Magdeburger Bürgermeister Otto von Guericke, bekannt als Erfinder der Luftpumpe, bastelte einige Zeit später die Fragmente eines Mammuts zu einem phantastischen Einhornskelett zusammen, das Eingang in die zoologischen Lehrbücher seiner Zeit fand.

Noch 1715 erntete der Londoner Apotheker Conyers, der es wagte, Fossilien aus dem Themsekies als eiszeitliche Elefantenknochen zu bezeichnen, nichts als Hohn und Spott. Die wenigen Experten, die sich zu seiner Diagnose bekannten, stellten zumindest die diluviale Herkunft in Frage. Es werde sich, so mutmaßten sie, um einen entlaufenen Zirkuselefanten gehandelt haben, der in dem feuchten englischen Klima zugrunde gegangen sei. Schließlich kamen sie auf den scharfsinnigen Gedanken, daß das riesige Tier von den Römern nach England gebracht worden sei, um die alten Britannier zu bekämpfen... Worauf sie – froh, eine passable Erklärung formuliert zu haben – die Skeletteile in die römische Abteilung eines Raritätenkabinetts verfrachteten.

Etwa zur gleichen Zeit puzzelte der Schweizer Jakob Scheuchzer aus einem fossilen Riesensalamander das Skelett eines Eiszeitmenschen, das er mit dem erbaulichen Spruch versah:

> Betrübtes Beingerüst von einem alten Sünder,
> Erweiche Stein und Herz der neuen Boßheits-Kinder.

Auf ihn geht auch die originelle Schrift »Piscium querelae et vindiciae« zurück, in der versteinerte Fische – fast schon in Morgensternscher Weise – ein Klagelied über ihren unverschuldeten Tod in den Wassern der Sintflut anstimmen.

Großem Interesse begegneten die 1726 erschienenen »Lithographia Wirceburgensis« des hochberühmten Professors Adam Beringer. Sie enthielten Darstellungen versteinerter Schnecken, Käfer, Frösche, Vögel und Blumen, die allesamt im Würzburger Muschelkalk zum Vorschein gekommen waren. Leider entdeckte man eines Tages auch eine Versteinerung des Namens Beringer, und der tolle Ulk flog auf.

Die Lithographia Wirceburgensis bildeten »den tragikomischen Abschluß dieser ganzen Epoche«. Langsam tasteten sich die Gelehrten der beginnenden Aufklärung an den wahren Sachverhalt heran. Waren die »Riesenknochen«, die als Kuriosa vielfach an den Kirchentüren hingen – so in Walbeck bei Helmstedt, an der Stiftskirche in Gandersheim oder am »Steffel« in Wien –, wirklich die Knochen von Riesen gewesen?

Als erster wagte der Arzt und Naturforscher Franz Brückmann 1729 in einem Brief an den Stadtphysikus Meuschen von Osnabrück diese Frage klar zu verneinen. »Alle diese... Knochen«, so heißt es da, »haben niemals Riesen Dienste geleistet, sondern vielmehr das Gerüst von Elefanten und Walfischen in Bewegung gesetzt. Denn man muß den Schädel, den man z. B. in Krems an der Donau gefunden hat, näher betrachten. Dieser war ein großer runder Tisch... der Mund hätte ganze lebende Rinder mit den Zähnen zermalmen und verschlingen können.«

Als hundert Jahre später der Gipsbruch des Lindenberges bei Salzgitter eine Menge merkwürdiger Knochen freigab, hatten die Erforscher der vorzeitlichen Tierwelt bereits Boden unter den Füßen gewonnen.

Schwedische Offiziere, die in der Schlacht von Poltawa 1709 in russische Gefangenschaft geraten waren, hatten aus Sibirien merkwürdige Nachrichten über ein monströses Tier mitgebracht, das – halb Rind, halb Drache – als gigantischer Maulwurf tief in der Erde lebte. Die Jakuten nannten es, wie die Heimkehrer erzählten, »Mammontokovast«, jagten es auf abenteuerliche Weise und verkauften sein mächtiges, gekrümmtes Gehörn – reinstes und schönstes Elfenbein – zu hohen Preisen an umherziehende Händler.

Die Berichte der schwedischen Offiziere, die auch der berühmte Linné verzeichnete, erhielten in den folgenden Jahrzehnten wiederholt neue Nahrung. Der deutsche Arzt und Botaniker Messerschmidt zum Beispiel, der im Auftrag des Großen Peter Sibirien nach Pelztieren und Erzvorkommen absuchte, berichtete um 1725 der Petersburger Akademie von dem hervorragend konservierten Kadaver eines ziegenhaarigen Ungeheuers, den er am Ufer des Indigirka aus tauendem Eis befreit und gründlich untersucht habe. Aber erst 1799 gelang es, die gigantische »Elfenbeinkuh« als Vorzeitelefanten zu entlarven.

Wieder war es der Natureisschrank einer vergletscherten Flußmündung, diesmal der Lena, der ein wohlerhaltenes »Mammontokovast« freisetzte. Zwei Jahre brauchte das tiefgekühlte Urtier, bis es zu tauen begann. Nach abermals zwei Jahren erschien der russische Elfenbeinhändler Boltunow an der Fundstelle, besichtigte

Mammute (eiszeitliche Zeichnung von Font-de-Gaume)

und zeichnete den Koloß – dessen Rüssel freilich schon von Wölfen gefressen war – und zahlte dem glücklichen Finder, einem Tungusen namens Ossip Schumachow, fünfzig Rubel für die vielgefragten Stoßzähne. Später wurde auch das gewaltige Skelett nach Petersburg geholt.

Überhaupt herrscht an Mammutfragmenten kein Mangel; insgesamt sind bis heute, nach einer verläßlichen Zählung, über 47 000 Kadaverreste aus dem sibirischen Eis geborgen worden.

Zu den Forschern, die das Schumachowsche Fossil nach der Zeichnung des Elfenbeinhändlers Boltunow richtig als Vorzeitelefanten diagnostizierten, gehörte der Göttinger Professor Johann Friedrich Blumenbach, neben seinem Pariser Kollegen Cuvier der Papst der damaligen Urweltforschung. So ist es nicht verwunderlich, daß die Kunde von den sibirischen Mammutfunden 1816 auch nach Braunschweig gelangt war. Der Hoftierarzt Karl Bieling hörte von dem Thieder Knochenlager, untersuchte die einzelnen Stücke und erklärte, daß man es vorwiegend mit Mammutknochen zu tun habe.

Die Fossilien wurden, der damaligen Gewohnheit entsprechend, als Raritäten zum Objekt öffentlicher Schaulust gemacht. Der Pächter des Gipsbruches, der geschäftstüchtige Gastwirt Röver aus Thiede, nannte sein Lokal fortan »Zum Mammouth«. Gleichzeitig kündigte er an, daß er sich die Ehre nehmen werde, die Knochen »des unseren Zeitgenossen sehr unbekannten Ungeheuers, Mammuth genannt«, dem verehrten und interessierten Publikum vorzuführen.

Im Sommer 1819 stellte er sie im Hause des Konditors Banzer am Augusttor in Braunschweig aus, und die Neugierigen – durch den kurz zuvor erschienenen Entdeckungsbericht des Hofveterinärs

Bieling bestens vorbereitet – strömten in Scharen herbei, um die gefirnißten und durch ein Drahtgeflecht geschützten Skeletteile in Augenschein zu nehmen.

Rövers Sohn verlegte das Restaurant »Zum Mannouth« 1836 auf den Lindenberg. Die namengebenden Fossilien wetteiferten dort mit der »herrlichen Aussicht« und der neuen Sensation dieser Jahre, der Eisenbahn von Braunschweig nach Wolfenbüttel, um die Gunst des Publikums. Der Besitzer verstand für diese Attraktionen mit großem Geschick die Trommel zu rühren. So setzte er durch, daß der Thieder Lindenberg einen eigenen Bahnhof erhielt, an dem mittwochs und sonnabends sowie an Sonn- und Feiertagen alle Züge hielten. Seine Gäste ließ er auf dem Bahnsteig vom Trompeterkorps des Braunschweigischen Husarenregiments oder von der Kapelle des Herzoglichen Leibbataillons mit Bum-Bum und Tschingdarassa empfangen und auf den Berg geleiten...

Mit größerem Aufwand ist wohl niemals für ein Häuflein morscher Knochen geworben worden.

Neue Grabungen am alten Fundplatz veranstalteten 1875 die Wolfenbütteler Oberlehrer Nehring und Wollermann. Sie bargen nicht nur die Überreste von 67 Tierarten, sondern auch etliche Feuersteingeräte, die den Aufenthalt eiszeitlicher Menschen in den Spalten und Höhlen der Südwand des Gipsbruches belegten. Sie erinnerten auch daran, daß seit Urvätertagen seltsame Geschichten um die Löcher und Grotten des Lindenberges geisterten. Sie seien der Wohnplatz hilfreicher, aber auch kinderstehlender Zwerge gewesen, erzählte man sich. Einen Hund, der in eine dieser Spalten geriet, hörte man tief im Innern des Berges noch tagelang heulen und bellen; doch sah man ihn niemals wieder.

Über alle diese Dinge hatte Schulrat Zobel immer wieder berichtet und geschrieben, auch über zahlreiche kleinere Mammut- und Nashornfunde, die im Umkreis von Salzgitter eingebracht worden waren. So konnte er den braunschweigischen Experten mit gutem Gewissen versichern, daß eine Untersuchung der neuen Funde sicherlich lohnen werde...

Seine Prognose erwies sich als richtig.

Schon die erste Sichtung – unter Leitung des Landesarchäologen und Direktors des Landesmuseums für Geschichte und Volkstum in Braunschweig, Dr. Alfred Tode – weckte allerlei Hoffnungen. *Aufmarsch der Experten*

Der Geologe Dr. Kleinschmidt vom Naturhistorischen Museum in Braunschweig stellte nach einer kurzen Prüfung des aus 120 Stücken bestehenden Knochenberges fest, daß sich unter den geborgenen Skeletteilen Reste von Ren, Ur, Wildpferd und – wie erwartet – Mammut befänden. Der Geologe Dr. Kolbe von der Erzbergbau AG in Salzgitter erklärte, daß die Fundstelle am Rand eines breiten urzeitlichen Urstromtales läge. Und noch war die Besprechung nicht beendet, da legte der Bergingenieur Dr. Kummer zwei sorgfältig in Watte gepackte Feuersteinabschläge auf den Tisch – eiszeitliche Geräte, die er aus den Sandbergen an der Baustelle gebuddelt hatte.

Das genügte. Eine Probegrabung war das mindeste, was man nach diesen Funden riskieren mußte. Sie konnte beginnen, wenn die Betonierungsarbeiten an dem projektierten Pumpwerk beendet waren.

Vier Wochen später, Ende Februar, ging man an die Arbeit. Mildes Winterwetter begünstigte das Unternehmen, und die Bilanz nach zweitägiger Probegrabung war denkbar positiv. Die Erde enthielt weitere hervorragend erhaltene Skeletteile und Geräte, und die Fundschicht, ein toniger, schwarzhumoser Teichboden in fünf Meter Tiefe, war ungestört.

Die Überlegungen, die dieses kaum erwartete Ergebnis auslöste, hat Alfred Tode sehr anschaulich beschrieben. »Wir ›kombinieren‹ (wie Nick Knatterton), daß unmittelbar an dieser Wasserfläche... ein Lagerplatz altsteinzeitlicher Menschen gelegen haben muß. Von dort aus sind die Knochenabfälle und die nicht mehr benutzten Geräte in das Wasser geworfen (die Tischsitten waren noch einfach!), und zwar bestimmt nicht im Weitwurf, sondern im lässigen Wurf von nur wenigen Metern. Nur wenige Meter von unserer Probegrabung entfernt... müßte also ein Zelt- bzw. Lagerplatz... der Altsteinzeitmenschen gelegen haben...«

»Ich sehe sie vor mir, diese struppigen Gestalten von damals, wie sie an ihrem Lagerplatz hocken, in der Hand einen Knochen, von dem sie teils mit den Zähnen, teils mit einem Steingerät Stück um Stück herunterreißen und in unglaublich flotter Weise in den Mund befördern. Das schmatzende Wohlbehagen ist deutlich zu vernehmen.«

»Platsch! da fliegt gerade wieder ein erledigter Knochen in die Teichmulde und läßt mich aus meinen Träumen erwachen. Jetzt heißt es nämlich ernst und sehr nüchtern über die Folgerungen nachzudenken, die sich für unsere Forschung aus der Probegrabung ergeben!«

Die Folgerungen? Nun – die Prähistoriker kannten bereits eine Reihe eiszeitlicher Wohnplätze in Deutschland, aber nur von wenigen der bis dahin bekannten »Freilandstationen« lag ein hieb- und stichfester Befund vor. Andere wurden nur einseitig untersucht, von Geologen oder Vorgeschichtlern, von Zoologen oder Botanikern. Kaum je hatten sich die verschiedenen Disziplinen zu gemeinsamer Arbeit vereinigt.

Der Gedanke, »gleich von Anfang an alle Forschungszweige heranzuziehen, um das Ergebnis der Gesamtuntersuchung durch gegenseitige Kontrolle der Methoden und Ergebnisse wesentlich zu erhöhen«, hatte etwas Faszinierendes.

Ausgesprochen ernüchternd war dagegen der Kostenanschlag. Die teuren Motorpumpen, die Baubude, die Geräte, die Erdarbeiter, der ganze Stab an Grabungstechnikern, Zeichnern, Fotografen, Präparatoren – an den fünf Fingern war auszurechnen, daß selbst bei größter Sparsamkeit für eine vierwöchige Kampagne 20 000 DM anzusetzen waren. Diese aber mußten zunächst zusammengefochten werden, wie meist, wenn die Vorgeschichtsforschung in Deutschland über Nacht an ein größeres Objekt gerät.

Tode hat auch über diesen – gänzlich unwissenschaftlichen, aber überaus bedeutsamen – Teil seiner Bemühungen berichtet. Mit Engelszungen überredete er zunächst die Stadtväter von Salzgitter, wenigstens für acht Tage, bis zur Klärung der Finanzfragen, die Kosten für den Pumpbetrieb zu übernehmen. Anschließend fuhr er nach Bad Godesberg, um bei der Deutschen Forschungsgemeinschaft eine größere Summe lockerzumachen. Auch das Niedersächsische Kultusministerium spendete seinen Obolus. Von der amtlich anerkannten Wichtigkeit des Unternehmens beeindruckt, griff die Stadt Salzgitter ein zweites Mal tief in die Tasche. Den Rest der Summe zauberte Tode mit dem Zungenschlag eines Demosthenes »in der Wirtschaft« zusammen. Das Volkswagenwerk, die Braunschweigischen Kohlenbergwerke in Helmstedt, Hüttenbetriebe, chemische Werke und Maschinenfabriken in Salzgitter, eine Keksfabrik in Hannover, eine Kaffeegroßhandlung in Braunschweig, sie alle drückten ihm einen mehr oder minder stattlichen Scheck in die Hand.

Inzwischen hatten sich, durch den Leiter der Grabung telegrafisch verständigt, zahlreiche Experten in Salzgitter eingefunden. Aus Bonn kam der Ordinarius für Geologie, Prof. Dr. Woldstedt, einer der führenden Eiszeitforscher unserer Tage, der sich namentlich in den Grundmoränen, Geschiebemergeln und Terrassenschottern Norddeutschlands wie in seinem Hausgarten auskennt; aus Hannover der verdiente Senior der niedersächsischen Vorgeschichte, Prof. Dr. Jacob-Friesen; aus Ahrensburg der Prähistoriker Dr. Alfred Rust, der Entdecker des Renjägerplatzes in Hamburg-Meiendorf. Das Amt für Bodenforschung in Hannover schickte die Geologen Prof. Dr. Richter und Dr. Preul. Der Rektor der Technischen Hochschule Braunschweig, Prof. Dr. Dorn, erschien mit seinem

Assistentenstab. Die Zoologie war durch Prof. Dr. Boettger, die Geographie durch Prof. Dr. Poser vertreten.

Kurzum: es wimmelte von Professoren, Experten und Kapazitäten. Das Unternehmen »Mammutjäger« konnte beginnen.

Die Greifbagger, selbst urweltlichen Reptilien ähnelnd, machten den Anfang und räumten die vier Meter mächtigen, fundleeren Deckschichten ab. Ununterbrochen rumorten dazu die elektrisch betriebenen Pumpen, die aus acht Meter Tiefe das Grundwasser absogen. Planmäßig wurde die Erde »fündig«. Nun galt es, die verschiedenen Bodenschichten in dünnen Lagen von 10 bis 15 Zentimeter Stärke abzutragen und jede einzelne zu vermessen, zu zeichnen und zu fotografieren; und selbstverständlich auf Funde und Verfärbungen genau zu achten.

»Schauen wir einmal«, so hat Tode diesen Teil der Arbeit ebenso fesselnd wie fachmännisch dargestellt, »der Ausgrabung eine Weile zu. Gerade wird eine Schicht vorsichtig tiefer gelegt. Alle Gegenstände aus Knochen und Stein oder sonstige Besonderheiten in der Schicht werden von den eingearbeiteten Museumstechnikern mit Spachteln und Pinseln freigelegt, aber genau in ihrer ursprünglichen Lage belassen... Die durch das Tieferlegen der Schicht und das Freilegen der Fundstücke anfallende lose Erde wird von der Schicht heruntergeschaufelt und aus der Grube befördert.«

»Währenddessen sitzt erhöht am Grubenrand der ›Zeichner in Bunt‹, der die Gesamtfläche... in den jeweiligen Erdverfärbungen mit Buntstiften auf Millimeterpapier malt, während unten in der Grabungsfläche der ›Zeichner in Schwarz‹, unterstützt durch einen Meßgehilfen mit Zollstock, den gesamten Befund in einen großen Plan einträgt. Ein dritter bestimmt die laufende Nummer der Fundstücke und steckt eine Fundetikette daran.«

»Während der Fotograf Einzelobjekte und Schichten aufnimmt, geht der Wissenschaftler vom Dienst von Gruppe zu Gruppe und macht seine Feststellungen und Notizen. Alle haben zu tun. Keiner wartet auf den anderen.«

»Wenn die Zeichner ihre Schichtpläne fertiggestellt haben, werden die notwendigen Erdproben genommen, die freigelegten Fundstücke entwickelt oder zum Transport gegipst... Kleinere Flächen mit bodenkundlich wichtigen Schichten... werden im sogenannten ›Lackfilm‹-Verfahren abgezogen, d. h. man bespritzt die Bodenflächen mit einem dafür entwickelten Lack, bis dieser, verstärkt durch Gazebinden, eine Schicht bildet, die mit der anhaftenden Erde einschließlich kleinerer Steine abgezogen werden kann...«

»Besonders charakteristische Fundlagen, vor allem die auf unserem Fundplatz vorkommenden eigenartigen Knochenanhäufungen, werden für spätere Ausstellungen mit ihrem Untergrund präpariert und als Gesamtplatten eingegipst... Im Museum wird der Gips später wieder von der Fundschicht gelöst, und die Platte zeigt dann eine originalgetreue Grabungsfläche mit den Funden darin.«

»Die gesamten Funde des Tages werden in der ›Knochenbude‹ verpackt... Die Feuersteingeräte werden im Wagen der Grabungsleitung inventarisiert. Die ›besseren Stücke bleiben zu Vergleichszwecken in einem Sammlungsschrank auf der Grabung oder werden dem kleinen Schaupult-Museum eingefügt, das von den Besuchern... mit Eifer studiert wird...«

Und die Besucher strömten in hellen Scharen. Gleich nach den ersten Zeitungsberichten setzte eine regelrechte Völkerwanderung zum Grabungsplatz ein. Die Städtische Verkehrsgesellschaft richtete eigens zu diesem Zweck eine Bushaltestelle ein, deren ständig wechselnde Namen – »Zum Neandertaler«, »Zum Mammutjäger«, »Zum Knochenfriedhof«, »Zur Eiszeitsiedlung«, »Zum archäologischen Rieselfeld« – von den Schaffnern mit unverhohlenem Vergnügen erfunden und ausgerufen wurden.

Nicht nur Salzgitter war auf den Beinen. Die Besucher kamen von weit her, aus Wolfenbüttel, aus Braunschweig, aus Peine, aus Wolfsburg, selbst aus Hannover; Schulklassen und Vereine, Lehrerarbeitsgemeinschaften und Wandergruppen. Schüler mit »30-Pfennig-Heft-Alter« legten zwanzig, dreißig Kilometer und mehr mit dem Fahrrad zurück, um einen Blick in die Grube zu werfen und, wenn möglich, eine Mammutrippe oder einen Feuersteinknollen in die Hand zu nehmen.

Sie alle sahen, staunten, wunderten sich. Sie alle wollten Auskünfte. Es gab Tage, da ihre Fragen wie Schrapnellfeuer auf die erschöpften Ausgräber niederprasselten.

Wie hat man sich das Norddeutschland der Eiszeit vorzustellen? Welche Pflanzen wuchsen, welche Tiere lebten hier? Wie war es möglich, mit den primitiven Waffen der Vorzeit Mammuts zu jagen? Und wovon ernährten sich die Menschen? Gingen sie nackt, trugen sie Kleider? Wie wohnten sie?

Und was dergleichen bohrende Fragen mehr waren.

Die Eiszeit hatte, wie wir gehört haben, viele Gesichter. Kälte- und Wärmeperioden wechselten, und mit ihnen wechselte auch die Landschaft jeweils das Gewand. Während der Kaltzeiten lagen weite Teile Deutschlands jeweils unter Schnee und Eis. Hunderte von Metern hoch wälzten sich die Gletscher von den skandinavischen Gebirgen und von den Alpen her aufeinander zu – allein die alpine Vergletscherung, die heute knapp 4000 Quadratkilometer

Die Tierwelt der Warmzeiten

einnimmt, erreichte damals eine Ausdehnung bis zu 180 000 Quadratkilometer. In Norddeutschland gebot erst die Mittelgebirgsschwelle den wandernden Eisbergen Einhalt. Während sie hier auf einer Linie liegenblieben, die etwa durch den Nordrand von Düsseldorf, den Harz, Leipzig, Dresden und Reichenberg markiert wird, drangen sie im Süden bis zum Schwarzwald, in die Gegend von München und bis in den Wienerwald vor.

Zwischen den Gletschergebirgen – der letzte Vorstoß erreichte die Gegend von Salzgitter nicht mehr – lag ein schmaler Streifen unwirtlichen Gebietes, das in den Sommermonaten abtaute und einer spärlichen Vegatation Lebensraum bot. Den Boden bedeckten Moose und Flechten, wie sie bis heute in der arktischen Tundra zu finden sind. An geschützten Stellen kümmerten neben unansehnlichen Kräutern Zwergbirken, Polarweiden und magere Kiefern.

In den wärmeren Zwischeneiszeiten jedoch trug das urtümliche, nur wenig bewohnte Land den Bewuchs dichter Wälder und üppig sprießender Wildwiesen, und die arktische Tierwelt wich einer wilden, fast tropischen Fauna.

Selbst die großen, wärmeliebenden Säuger fühlten sich in den frostfreien Revieren der Zwischeneiszeiten bei uns zu Hause: der imposante Altelefant zum Beispiel, ein Koloß von fünf Meter Höhe, dessen Stoßzähne einen Durchmesser von 25 Zentimeter erreichten, dessen Fußabdruck der Platte eines Rauchtisches entsprach; der Südelefant, der über Spanien und Frankreich bis nach England gelangte, aber auch in den rheinischen Wäldern sein Wesen trieb; das Mercksche Nashorn, ein hochbeiniges Ungeheuer, das im Gegensatz zu den heute lebenden Vertretern dieser Gattung mit zwei hintereinanderliegenden Hörnern ausgerüstet war.

Alle drei – Altelefant, Südelefant und Mercksches Nashorn – schieden jedoch mit der letzten Zwischeneiszeit aus der irdischen Tierwelt aus.

Auch Affen tollten in den Warmzeiten durch die deutschen Wälder; ihre Spuren wurden vor allem in Württemberg festgestellt. An erlenumstandenen Weihern sonnten sich speckige Flußpferde, einwandfrei nachgewiesen bei Moosbach-Biebrich, in der Nähe von Wiesbaden. Luchse und Panther, Säbelkatzen und Wölfe gingen auf Raub aus, ebenso Löwen, Bären und Hyänen, und fochten mit den Menschen erbitterte und blutige Kämpfe um den Besitz der vor Wind und Wetter schützenden Höhlen aus.

Doch traf man, vornehmlich in den Übergangszeiten, auch zahlreiche Vertreter und Ahnen unserer heutigen Tierwelt an. Hirsche und Rehe bevölkerten die Wälder, unter ihnen der ausgestorbene Riesenhirsch, ein königlicher Recke von der Größe eines Brauerei-

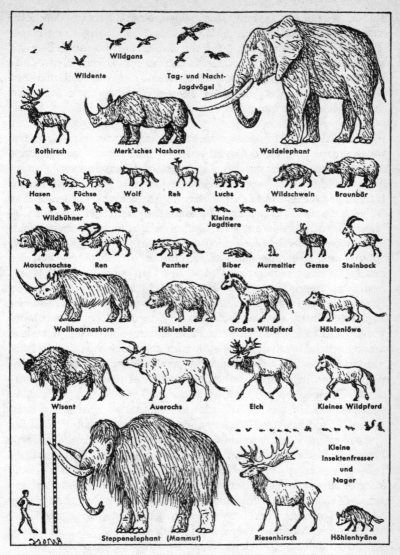

Die wichtigsten Säugetiere und Vögel der eiszeitlichen Tierwelt. Maßstab 1 : 125.
Zeichnung: Robert Wetzel

pferdes, mit einem Geweih so breit wie eine Flügeltür. Dem Riesenhirsch kam am ehesten der Elch gleich, der sich wie sein majestätischer Verwandter mit Vorliebe zwischen Bruch und Dickicht aufhielt. Als Stammväter unseres braven, milchgebenden Rindviehs weideten Auerochs und Wisent auf den Wildgrasflächen der Übergangsvegetation. Und die Weiten der Steppen durchzogen die Rudel wilder Pferde und Esel.

Das Mammut – der Riese aus Sibirien

Während der Kälteperioden vereinigten sich im unvergletscherten Mitteleuropa zahlreiche Tiergruppen, die heute weit voneinander getrennt sind, Bewohner der Alpen und der skandinavischen Gebirge, welche die immense Vereisung hier wie dort zwang, neue Heimat zu suchen. Von den Alpen stiegen Steinbock, Gemse und Schneehase zu Tal, aus den subpolaren Gebieten siedelten Lemming, Eisfuchs, Moschusochse und Ren in die tundrenähnlichen Gebiete des eisfreien Streifens um.

Von ihnen gewann das Ren, zumindest für die Menschen der letzten Eiszeit, unschätzbare Bedeutung. Der Tundra »mit Leib und Seele angehörend«, war es über ganz Mitteleuropa bis zu den Nordausläufern der Alpen und Pyrenäen verbreitet – in Deutschland soll es noch zu Cäsars Zeiten, in Schottland bis ins 12. Jahrhundert gelebt haben. Ein leicht erlegbares Jagdwild, das dem menschlichen Haushalt außer schmackhaftem Fleisch auch sein wärmespendendes Fell sowie vielseitig verwendbare Knochen und Geweihstangen lieferte. Im hohen Norden ist es noch heute die Mutter des Lebens.

Arktischer Herkunft war auch das wollhaarige Nashorn, dessen genauen Steckbrief die Wissenschaft ebenfalls dem sibirischen Eis verdankt. Ein furchterregendes Ungetüm mit meterlangem Horn, plump und schwerfällig, mit lederdicker Haut und dichtem Haarpelz, war es eigentlich ein harmloser Pflanzenfresser, doch entwickelte es im Zorn die niederwalzende Kraft eines Panzerkampfwagens. Als Jagdwild wenig gefragt, wurde es in Deutschland vor allem in Thüringen und Schwaben nachgewiesen, wo es, wie überall, gern dem Mammut Gesellschaft leistete.

Und schließlich das Mammut selbst, der wichtigste Zeitgenosse des Menschen der letzten Eiszeit, der Riese aus Sibirien, der zeitweilig in fast ganz Europa zu Hause war.

Ein Hüne von vier Meter Größe, ausgewachsen an die 80 Zentner schwer, dabei hager und sehnig gebaut, muß er mit seinen vier Meter langen gebogenen Stoßzähnen und dem dichten, schwarzrotbraunen Haarkleid wie ein Inbild der Kraft gewirkt haben. Dabei war auch dieser Goliath unter den Tieren ein Vegetarier, der

Das Neandertal um 1835.

So stellen sich die Prähistoriker den Neandertaler vor. Typisch die fliehende Stirn und die dicken Überaugenwülste.

Diese Tafel erinnert an den Fund des »Neandertalmenschen« im Sommer 1856.

Gedenkstein für den »Heidelberger Menschen«
am Eingang der Sandgrube »am Grafenrain«.

Abbauwände in der Sandgrube »am Grafenrain«.
bei Mauer an der Alsenz – der »Heimat« des Heidelberger Menschen.

Das Vogelherd-Mammut, ein Elfenbein-Schnitzwerk aus der letzten Eiszeit.

Die Vogelherdhöhle im Lonetal, eine Behausung eiszeitlicher Jäger.

Die Fundschichten von Stellmoor bei Ahrensburg bei Hamburg, oben die »Ahrensburger Schicht«, unten die »Hamburger Schicht« (gleichaltrig mit Meiendorf).

Die Meiendorfer Schicht.

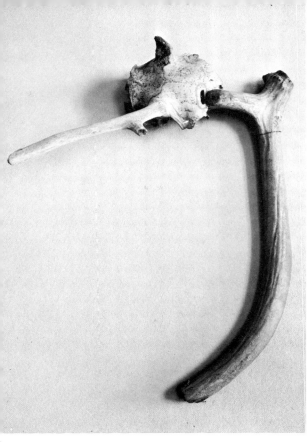

Rengeweihbeil
(auch Lyngby-Beil
genannt)
mit eingeschlagenem Renschädel.
Jüngste Ältere Steinzeit.

Geräte von Meiendorf und
Stellmoor (bei Ahrensburg):
Kratzer, Schaber, Kerbspitzen,
Zinken, Pfeilspitzen.

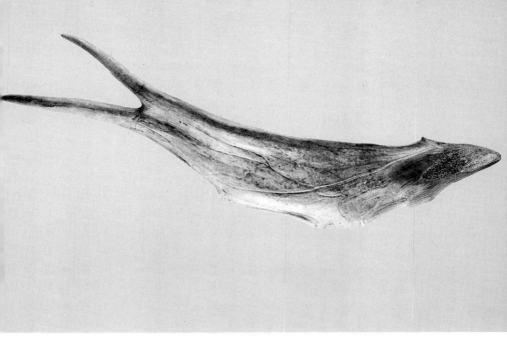

»Grabschaufel« aus Meiendorf (Fischdarstellung?).

Eiszeitliche Funde aus Poggenwisch bei Ahrensburg. Oben links: Sandstein mit Tierritzung. Rechts: Bernsteinstück mit Pferdekopf. Unten: Knochennadel.

Das Pfahlbaumuseum in Unteruhldingen am Bodensee.
Ein Idyll von gestern – die Wissenschaft glaubt heute nicht mehr daran,
daß unsere Vorfahren auf Wohnbühnen »über den Wellen« lebten.

Nashorn, von Pfeilen getroffen (Felsbild von La Colombiere)

sich friedliebend und bescheiden mit Moosen und Flechten, Gräsern und Seggen sowie jungen Trieben von Nadelhölzern, Weiden und Birken begnügte, wie Magenuntersuchungen an den tiefgekühlten Mammuts Sibiriens ergeben haben.

Für den nahrungsarmen Winter fraß er sich bereits im Sommer einen zentnerschweren Fetthöcker und eine acht bis zehn Zentimeter dicke Speckschicht an. Sein sehniges, kalorienreiches Fleisch – etwa wie Rindfleisch aussehend – dürfte eine rechte Gaumenweide gewesen sein. Professor Herz, der 1901 das berühmte Berezowka-Mammut, 800 Meilen westlich der Beringstraße, in seine Bestandteile zerlegte, fand es so appetitlich, daß er ernsthaft eine Kostprobe erwog. Schließlich begnügte er sich damit, es den Hunden vorzuwerfen. Diese fraßen es gierig und trugen keinen Schaden davon.

Neben den Riesensäugern spielte die Kleintierwelt im eiszeitlichen Haushalt eine untergeordnete Rolle. Immerhin war das Angebot nicht zu verachten. Von wilden Gänsen, Enten und Schwänen bis zu Schneehühnern, Eulen und Bussarden enthielt zumindest die Geflügelkarte allerlei Leckerbissen. Doch hat der Urmensch offenbar wenig Gebrauch davon gemacht.

Dem Urmenschen ging es um das Großwild, das zu jagen und zu erlegen der Inhalt seiner Tage war, seine Freude und seine Furcht, sein Glück und seine Not, sein Leben und sein Schicksal. »Jeder Kenntnis von Ackerbau und Viehzucht bar, war der Mensch der Diluvialzeit ausschließlich auf die Jagd angewiesen, von deren Ergebnis sein Wohl und Wehe, ja überhaupt seine Existenz abhing...« (Obermaier)

Die Jagd als Schicksal

Was brachte er für diese Aufgabe mit? Zunächst seine Physis, seine muskelbepackte, wettergewohnte, noch halb tierhafte Leiblichkeit; mit anderen Worten: hervorragend funktionierende Sinnesorgane, eine außerordentliche Schnelligkeit und die Ausdauer eines Marathonläufers. Mit den großen Raubkatzen oder den Kolossalgestalten der damaligen Tierwelt verglichen, war er dennoch kaum mehr als ein Zwerg. Und so wird er in den ersten 100 000 oder 200 000 Jahren menschlichen Daseins seine pflanzliche Nahrung allenfalls durch das Aas verendeter Tiere ergänzt haben, sofern ihm nicht an besonders glücklichen Tagen der Fang eines kranken oder unerfahrenen Jungtieres gelang.

Eine Qualität hatte ihm die Natur aber verliehen, die ihn mehr und mehr der gesamten Fauna überlegen machte: die Fähigkeit, zu denken und Kraft durch List zu überwinden. Je mehr der Verstand sich entwickelte, desto vielfältiger und wirksamer wurde das Arsenal an Waffen, das er, Jäger und Gejagter in einer Person, der Tierwelt gegenüber anzuwenden vermochte. Allein der Besitz des Feuers setzte ihn in den Stand, Angst und Schrecken zu verbreiten. Er bediente sich dieses Mittels auf verschiedenste Weise. Panther, Hyänen und streunende Wölfe hielt er damit von seinem nächtlichen Lagerplatz fern, Löwen und Bären räucherte er aus ihren Höhlen. Bei Treibjagden dienten Flammen und Rauch dazu, die Tiere auf einen bestimmten Fluchtweg zu lenken, sie in Abgründe oder vorbereitete Fallen zu hetzen.

Die grausame Methodik einer eiszeitlichen Treibjagd bezeugte der große Pferdefriedhof von Solutré zwischen Macon und Cluny in Frankreich. Hier wurden die Tiere aus dem Saône-Tal auf zwei Hügel getrieben, die urplötzlich nahezu senkrecht abbrechen. Dort oben gab es kein Entrinnen. Von rauchenden Reisigfackeln und lodernden Bränden elementar erschreckt, stürzte das geängstigte Wild in die klaffende Leere des Abgrundes. An zehntausend Pferde wurden, neben Mammut, Ren und Höhlenbär, allein an dieser Stelle zur Strecke gebracht, zerlegt, ausgeweidet und verzehrt, wie aus dem reichen Fundmaterial einwandfrei hervorging.

Noch im letzten Jahrhundert hat man in Nordnorwegen Rentiere nach dem gleichen Verfahren gejagt.

Auch Fallgruben sind zur Genüge bekannt. Otto Hauser, das »enfant terrible« der Vorgeschichtskunde, entdeckte ein ganzes, planvoll angelegtes Feld von 21 Gruben in dem berühmten Les Eyzies. Deutsche Wissenschaftler legten eine derartige Anlage in Ketzin im Westhavelland frei – dort hatten die eiszeitlichen Jäger den Weg zur Tränke gewissermaßen mit Löchern gepflastert, und zwar derart, daß die Gruben der hinteren Reihen jeweils die Lükken der davorliegenden ausfüllten. Auch die Knochenfunde von Taubach bei Weimar weisen auf die mit Tücken und Finessen betriebene Fallgrubenjagd hin, der in diesem Dorado der Paläontologen vornehmlich jugendliche Altelefanten und Rhinozerosse zum Opfer gefallen waren.

Die Fallgrubenjagd wird an entlegenen Stellen unseres Erdballs – legal oder nicht – noch heute geübt. Wie sie noch vor knapp 400 Jahren in Innerafrika betrieben wurde, hat uns ein gewisser Gotthardt Arthus von Dantzig überliefert, der in seinem 1603 erschienenen Buch von den Eingeborenen »dess gewaltigen Goltreichen Königreiches Guinea« folgendes berichtet: »Sie fangen aber die Elephanten also. Erstlich geben sie Achtung auff den Ort dahin sie sich offt pflegen zu verfügen / unnd bedecken dasselbe mit Stroh und Blättern... / wann dann der Elephandt kommt / fället er hineyn / kommen alsdann die Mohren mit ihren Wehren herzu / unnd schießen oder werfen ihn mit ihren Wurffpfeylen in dem Graben zu todt / steygen endlich hinab / unnd zertheylen ihn in etliche Stück...« Ähnlich wird sich eine solche Jagd auch in der Eiszeit abgespielt haben.

Das tägliche Brot, oder besser: das tägliche Fleisch, wuchs also niemanden in den Mund. Vor den Preis hatten die Götter schon damals den Fleiß gesetzt – Schweiß, Blut und Gefahr. Die frühen Eiszeitleute mußten ihre zwei bis drei Meter tiefen Gruben mit den Händen ausheben; allenfalls konnten sie scharfkantige Faustkeile, die Spitzen und Stangen von Geweihen oder größere Knochen als Hauen und Spaten benutzen. Und das eingebrochene, vielleicht sogar auf einen gespitzten Pfahl gespießte Tier blieb ein respektabler Gegner.

Wandgravierungen in französischen Höhlen lassen auch an Baumstammfallen denken, wie sie bis in die neueste Zeit in Finnland gebräuchlich waren. Und warum sollte der hungernde Urmensch nicht Schlingen gelegt haben, zumal ihm das Material in Gestalt von mancherlei Schlinggewächsen in die Hand wuchs. Mit Sicherheit wissen wir, daß spätestens der Neandertaler den offenen Kampf mit der Tierwelt gewagt hat. Selbst den Altelefanten hat er – wie weiland David den Goliath mit der Schleuder – mit einem simplen Eibenspeer angegriffen. Ein Fund, der 1948 in Lehringen bei Verden eingebracht wurde, erbrachte für diese lange bestrittene Behauptung den Wahrheitsbeweis.

Anfang März 1948 schaufelte der Bagger einer Kalkmergelgrube bei Verden an der Aller – im westlichen Zipfel der Lüneburger Heide, der »hohen Geest« – Teile eines riesenhaften Knochengerü-

Der Speer von Lehringen

stes frei, das Skelett eines Mammuts, wie die Grubenarbeiter glaubten.

Wie meist bei derartigen Entdeckungen dauerte es geraume Zeit, bis der Leiter des Verdener Museums, Rektor Rosenbrock, einer aus dem großen Heer der unbekannten Helfer der Forschung, die Fundstelle unter die Lupe nehmen konnte. Er stellte zu seinem Verdruß fest, daß außer den Baggern auch die Andenkenjäger bereits eifrig am Werk gewesen waren, verbarg die noch vorhandenen Fossilien unter einer Lore und entdeckte bei näherem Zusehen noch zahlreiche Feuersteinsplitter. Seine Beobachtungen teilte er dem Niedersächsischen Landesmuseum in Hannover mit.

Wie ein Kriminalist, der eine Spur aufgenommen hat, ließ er die Grube bis zum Eintreffen der Experten nicht aus den Augen. Der Erfolg bestätigte auch in diesem Fall, daß zur Bodenforschung nicht nur Erfahrung, sondern auch das Witterungsvermögen eines Jagdhundes gehört. Es gelang ihm, zwei weitere Rippen aus dem Mergel zu bergen; »in situ zwischen den Rippen des Tieres« aber stak »eine durch die Bodenstruktur erhaltene lange Holzstange«!

Ein einmaliger, ein sensationeller, ein noch nie dagewesener Fund – inmitten eines urtümlichen, riesenhaften Skeletts ein fast zweieinhalb Meter langer Speer!

Die anschließende wissenschaftliche Untersuchung kam zu folgendem Ergebnis:

1. Es handelte sich nicht um ein Mammut, sondern – wie die geringe Biegung eines Stoßzahnrestes klar erkennen ließ – um einen Altelefanten, »einen ausgewachsenen, ungefähr 45jährigen, typischen Elephas antiquus von primitivem Habitus«.
2. Das Tier lag zusammengesunken und mit eingebrochenen Vorderbeinen in einer Schicht, die als diluvialer Kalkschlammtümpel erkannt wurde. Das geologische und pollenanalytische Ergebnis verwies übereinstimmend auf das Klimaoptimum der letzten Zwischeneiszeit. Das Alter der Schicht betrug also etwa 150 000 Jahre.
3. Der in elf Teile zerbrochene Speer bestand aus Eibenholz und war an der Spitze durch Feuer gehärtet. Der gute Erhaltungszustand ließ sich unschwer auf die konservierende Wirkung des Kalkwassers zurückführen, das alle Fäulnisbakterien tötet.
4. Die Feuersteinsplinte bezeugten, daß am Fundort Feuersteingeräte hergestellt worden waren.
5. Der gesamte Fundkomplex war ungestört, so daß eine ursächliche Beziehung zwischen dem Tod des Altelefanten und den durch Speer und Steingerät ausgewiesenen Eiszeitmenschen zweifelsfrei nachzuweisen war.

Aus diesen Feststellungen war das Bild einer eiszeitlichen Elefantenjagd in der Lüneburger Heide überzeugend zu rekonstruieren.

Ein jagender Neandertaler – klein, krummbeinig und vornübergebeugt, mit langen, haarigen, muskelbepackten Armen, den Körper mit Elefantenlosung beschmiert – hatte den friedlich weidenden Koloß wahrscheinlich beschlichen und ihm die gehärtete Eibenholzlanze in die Weiche gestoßen. Brüllend vor Schmerz war der schwerverwundete Bulle davongestampft. Der Jäger hinterher, unterstützt von den Gefährten seiner Horde, die schnellfüßig und ausdauernd den blutenden Riesen verfolgten.

Eine solche Verfolgung mag lange gedauert haben. Afrikareisende berichten, daß die Eingeborenen des dunklen Erdteils manchmal stunden-, ja tagelang am Feind bleiben, ehe das erschöpfte Tier »unter furchtbaren Qualen... weitab vom Jagdort« zusammenbricht. Das wird auch in diesem Fall so gewesen sein.

Endlich hatte der Elefant kapituliert. In einem Tümpel, in dem er die brennende, peinigende Wunde zu kühlen suchte, stellten die Jäger das Tier, töteten es und begannen es auszuweiden. Da es ihnen an Messern fehlte, fertigten sie kunstgerecht aus einem in der Nähe liegenden Feuersteinblock die benötigten Klingen und Schaber. Die Absplisse ließen sie liegen.

Im Zerlegen der Beute waren die Neandertaler offenbar Meister. Der Pariser Arzt Henri Martin hat jahrzehntelang fossile Knochen mit den Augen eines Gerichtsmediziners auf Messerspuren untersucht und ist dabei zu erstaunlichen Ergebnissen gelangt. Er fand, wie es in seiner protokollarischen Niederschrift heißt, »in der Tat kennzeichnende Einschnitte... an ausgesuchten Punkten«, und zwar genau da, »wo diese Verletzungen sich finden müssen«.

An der Gewandtheit dieser urgeschichtlichen Fleischer sei überhaupt nicht zu zweifeln, meint Martin. Die Einschnitte an den Gelenken seien mit bemerkenswerter Akkuratesse geführt, die komplizierten Fußwurzeln »in beachtlicher Weise angegangen«, die Trennung vom Rumpf überaus fachmännisch durch Quereinschnitte auf der Vorderseite des obersten Halswirbels bewirkt. Auch die Kunst des Abhäutens dürften die Neandertaler mit größter Perfektion beherrscht haben.

Staunenswert ist nach Martin also nicht nur die Erlegung eines derartigen tierischen Kolosses, sondern auch seine »Verarbeitung«. Welche Anstrengung, die schweren Brust- und Schinkenteile abzuschleppen! Welche Leistung, zwei Zentner schwere Backenzähne oder gar vier Zentner schwere Stoßzähne aus Kiefer und Knochen zu brechen!

Welch ein Ereignis aber auch, wenn einer nomadisierenden Urmenschenhorde der »Abschuß« eines Elefanten gelang! Der Lehringer Dickhäuter mag seine 100 Zentner gewogen haben. Das war Fleisch in Hülle und Fülle, ein ganzer Fleischberg, der satte, sorgenfreie Tage und volle Bäuche vielleicht für Wochen versprach.

»Grillsteaks«
von heißen
Steinen

Aber solche Tage waren selten. Selbst ein Jagdparadies wie das der letzten Zwischeneiszeit lieferte nicht jeden Tag einen Elefanten. Und war er verzehrt, so mußten die Jäger, wohl oder übel, auf neue Beute ausgehen. Ihr Leben war von einer ewigen Unrast erfüllt.

Unstet und schweifend zogen sie den fettesten Bissen nach, auf Wegen, die durch Küsten und Flüsse vorgezeichnet waren, in Gruppen, die normalerweise nicht stärker als eine Großfamilie gewesen sein dürften.

Anderen Sippen gegenüber hielten sie auf Unabhängigkeit, und ihre Jagd-, Fang- und Sammelgebiete verteidigten sie mit Klauen und Zähnen. Das schloß friedliche Beziehungen, etwa »Heiraten« von Sippe zu Sippe, nicht aus. Die Frau pflegte in die Familie des Mannes einzutreten und sich, zusammen mit den Kindern, vorwiegend als Sammlerin zu betätigen, indes der Mann auf Jagd ging. Das Kommando führten die Alten, deren Erfahrung unersetzlich war.

Soziologisch gesehen, weisen diese frühen menschlichen Gemeinschaften die Züge der Horde auf (das Wort kommt aus dem Tatarischen, wo *urdu* soviel wie Lager bedeutet). Funde, die solche Lagergemeinschaften mit ihren ersten Spuren arbeitsteiliger Organisation bezeugen, werden meist in alten Flußablagerungen und im Schwemmgebiet eiszeitlicher Gewässer gemacht. Gern ließ sich der Urmensch auch auf Sandbänken oder inmitten einer Stromschleife nieder, wo er vor Überfällen sicher war, die zur Tränke gehenden Tiere beobachten und aus dem steinigen Untergrund das Material für seine Geräte heben konnte.

Er lebte im Freien, allen Unbilden der Witterung preisgegeben. Abends grub er sich in Erdlöcher oder flache Mulden ein oder er versteckte sich im Buschwerk, im Innern hohler Bäume, vielleicht auch, wenn er Glück hatte, in einer Felsspalte – Höhlen waren in Norddeutschland ja selten. Seine Schlafstelle verkleidete er mit Zweigen und Strauchwerk, möglicherweise mit Windschirmen aus Häuten und Fellen. So geschützt, gab er sich einem Schlaf mit gespitzten Ohren hin, auf jedes Geräusch achtend und jeden Augenblick bereit, mit Hilfe trockener Zweige einen tollen Feuerspuk zu entfachen und beutewitternde Raubtiere zu vertreiben.

Das Feuer und die Kunst der Feuererzeugung war ihm längst

zum alltäglichen Besitz geworden. Die Forscher wissen, daß schon der Sinanthropus so etwas wie einen roh gefügten Herd aus Steinen besaß. Und der Unterkiefer von Mauer beweist, daß der Heidelberger seine Zähne nicht mehr in dem Maße zum Reißen und Beißen gebrauchte wie etwa die Affenmenschen – er muß das Fleisch, das er aß, gebraten, zumindest erhitzt haben. Auch hat man an Geräten aus den Frühdämmerstunden der Menschheitsgeschichte Hitzerisse entdeckt, die auf Verwendung von Feuer schließen lassen.

Das Rätsel der prometheischen Feuerfindung hat manche phantasievolle Feder zur Weißglut erhitzt. Die Wissenschaft begnügt sich mit vagen Vermutungen. Den Anfang wird jedenfalls das Feuer gemacht haben, das die Natur gewissermaßen frei Haus lieferte, etwa durch Blitzschlag oder Selbstentzündung von Heu. Beim Hantieren mit Feuersteinen werden dann eines Tages ein paar Funken in einen leicht brennbaren Stoff gefallen sein, und der Mensch erlebte seine erste große Sternstunde – er begriff, daß ihm die Kraft gegeben war, die nährende, wärmende Flamme selbst zu erzeugen.

Die Anthropologen und Prähistoriker halten es für denkbar, daß diese Erfindung – zeitlich und räumlich unabhängig voneinander – mehrmals geschah, ehe sie Allgemeingut wurde. Weinert vermutet, daß die kostbare Kenntnis der Feuererzeugung lange Zeit als strenges Geheimnis gewahrt wurde, »daß vielleicht nur der Stammesälteste oder sonst eine hervorragende Persönlichkeit diese höchste Kunst als Vermächtnis seinem Nachfolger weitervererbte«.

Wie dem auch sei – die Elefantenjäger von Lehringen hatten bereits ihre Erfahrungen. Und so ist unschwer auszurechnen, daß Stunden nach der Zerteilung der Beute herzhafter Bratenduft die Luft des Heidelagers würzte. Die Speisekarte mag schon recht reichhaltig gewesen sein – vielleicht gab es Elefantenlenden am Spieß, vielleicht in Glut oder Asche erhitztes Röstfleisch, vielleicht »Grillsteaks« von heißen Steinen oder Gulasch mit Waldkräutern.

Der Mensch – Zwingherr der Natur

Das übrigbleibende Fleisch wird man zwecks Frischhaltung leicht angekohlt oder in frischer Luft getrocknet und gedörrt haben. Sicher hat man das eine oder andere Stück auch gekocht, wobei Schalen aus Tierschädeln, Muscheln oder ausgehöhlte Baumstämme als Gefäße dienten. Die notwendige Hitze lieferten – wie heute noch im Baskischen – glühendheiße Steine, die in wassergefüllte Gefäße geworfen wurden. (Gebrannten Ton kannten die Eiszeitleute noch nicht; die diluviale Keramik, die vor Jahren einmal in Belgien auftauchte, erwies sich bei näherer Betrachtung als – Drehscheibenprodukt.)

Trotzdem dürfte der Neandertaler im wesentlichen Rohköstler gewesen sein. Muscheln, Schnecken und Krebse, Eidechsen, Aale und Schlangen, frische Blatttriebe und Wildfrüchte, Wurzeln und Pilze, auch Vogeleier und kleine Säuger wird er seinen strapazierfähigen Eingeweiden unbearbeitet überantwortet haben. Braten stand sicher nur an Tagen größeren Fleischanfalls auf dem Programm.

Die Jagd lieferte auch die Kleidung, soweit von Kleidung überhaupt die Rede sein kann. Sie lieferte die Tierfelle, die der Primitive überwarf, als Trophäe trug oder beim Beschleichen des Wildes als Tarnung verwendete. Die Kunst des Nähens, sei es auch nur der einfachsten Art, war dem Neandertaler noch fremd. Weinert will ihm allenfalls zugestehen, daß er mit spitzen Steinen Felle durchlöcherte, »um sie auch an solchen Stellen auf dem Körper festzuhalten, die an sich nicht dazu geeignet waren«.

Vielleicht verstand er auch Blätter und Pflanzenteile so herzurichten, daß sie eine Art von Bekleidung bildeten. Im übrigen wird er, zumindest während der warmen Zwischeneiszeit, nackt herumgelaufen sein, nackt und unfrisiert, mit zottigen, langen Haaren, schmutzig und sicherlich nicht nach Veilchen duftend... Auch die Evastöchter dieser Zeit werden sich mit ihren natürlichen Reizen begnügt haben müssen.

Ein um so überraschenderes Bild entwerfen die Prähistoriker von der Technik der Geräteherstellung. Sie haben an zahlreichen Wohnplätzen, so etwa bei Treis in Hessen oder in der Bocksteinhöhle im Lonetal, regelrechte »Schmieden des Steinzeitalters« entdeckt, Arbeitsplätze also, wo der Handwerker der Horde am Steinamboß stand und seine Schaber und Klingen verfertigte, und zwar für die ganze Sippe.

Neben dem Jäger gab es also schon den Schmied. Es gehört nicht viel Phantasie dazu, sich vorzustellen, daß diesen Beruf vor allem die Schwachen, Kranken und Mißgestalteten ausübten. In Sagengestalten wie dem Zwerg Alberich, dem verkrüppelten Schmied Wieland oder dem ungeschlachten Hephästos der griechischen Mythologie lebt die Erinnerung an die Werkzeugmacher der grauen Vorzeit weiter.

Neben dem Steininventar spielten sicherlich auch Knochen, Geweihe und Holz im eiszeitlichen Haushalt eine Rolle. Nicht zuletzt auf der Jagd, wie durch den Speer von Lehringen bewiesen wurde. Und natürlich ist es durchaus denkbar, daß solche Holzspeere mit scharfen Steinspitzen ausgerüstet waren.

Das Lebensbild ist trotzdem von einer bedrückenden Armseligkeit. Es gab weder Haus noch Haustiere, weder Ackerbau noch

Viehzucht. Keine geschäfteten Geräte, keinen Pfeil, keinen Bogen. Keinen Schmuck, keine Kunst, keine Mythen, keine Religion, keine Moral, keine Ethik. Kein Gut, kein Böse.

Und doch hatte der Mensch eines schon geschafft – er war der unbestrittene Herr der Tierwelt.

Klein an Zahl und gering an Kraft, war er dennoch stärker als Elefant und Nashorn, Säbeltier und Höhlenlöwe; schon hatte er seine königliche Rolle als Zwingherr der lebendigen Natur übernommen.

Die Elefantenjäger von Lehringen lebten in einer Welt des Überflusses. Das Klima war um etliche Grade wärmer als heute. Es wimmelte von jagdbarem Getier, und eine üppige Vegetation lieferte an Kräutern, Beeren und Wildfrüchten, was das Herz begehrte.

Die älteste Harpune der Welt

Die Mammutjäger von Lebenstedt dagegen schlugen sich durch eine Welt des Mangels. Eine neue Kaltzeit hatte begonnen. Die Zuteilungen waren kärglicher geworden.

Die Pollenanalyse der Salzgitter-Grabung lieferte das typische Bild einer teils vergrasten, teils versandeten Tundra. Moose und Sauergräser bildeten die armselige Pflanzendecke. Kiefern und Fichten, Zwergbirken und Polarweiden, die anspruchslosen Kümmerlinge einer subarktischen Landschaft, gruppierten sich hier und da zu kleinen Baumbeständen; dazwischen lagen Moore und Tümpel.

Die Beute, welche die Zoologen einbrachten, entsprach diesen Befunden. Insekten, Krebse und Schnecken bewohnten die mageren Mooswiesen. Die Tümpel waren das Revier von Schwan und Ente, Flußbarsch und Hecht. Zwischen beiden wechselte die Bisamspitzmaus, die sich heute nach Südrußland und in die Pyrenäen zurückgezogen hat. Als kleine Sensation ging die Entdeckung einer bisher unbekannten Ohrengeier-Art in die Grabungsakten ein. Einem räuberischen Einzelgänger begegnete man in Gestalt etlicher Wolfsknochen.

Das restliche Material wies etwa auf 80 Rentiere, 16 Mammuts, 6 bis 7 Wisente, 4 bis 6 Wildpferde und 2 Nashörner hin. Die Knochen lagen zum überwiegenden Teil in den Ablagerungen eines flachen, stehenden Gewässers von 8 mal 12 Meter Größe. Am Ufer dieses Tümpels hatte die Nimrodhorde kampiert, der diese ansehnliche Beute zu danken war.

Feuersteingeräte sammelten die Forscher in solchen Mengen, daß sie eine emsige Werkzeugfabrikation nachweisen konnten. Neben Tausenden von Abschlägen fanden sie Hunderte brauchbarer Faustkeile, Messer, Schaber, Kratzer und Blattspitzen. Die Horde von

Lebenstedt verfügte auch über tadellose Knochengeräte. Ihre Spezialisten verstanden Rengeweihe so herzurichten, daß sie schlagkräftige Keulen abgaben. Mammutrippen verwandelten sie in gefährliche Dolche. Aus Knochen fertigten sie Speerspitzen. So gab der Boden eine 6,5 Zentimeter lange Widerhakenspitze frei, die als die älteste ihrer Art überhaupt gilt – eine Vorgängerin der ersten wesentlich später aufkommenden Harpune.

Zur Beute der Grabung gehörten weiter 14 lederartige Baumschwämme, die – zunächst für Zeltreste gehalten – von der Biologischen Bundesanstalt als Feuerschwämme entlarvt wurden. (Ganz unbestritten ist die Feststellung nicht.

Der in Salzgitter ansässige Lappenforscher Hagemann vertritt die Meinung, daß die Pilzschwämme vielleicht auch als Rauschgifte gedient haben. Die Renjäger der Arktis kennen derartige Mittel jedenfalls.)

Die Horde hauste wahrscheinlich in Zelten jener einfachen Art, die noch heute in den nördlichen Tundren üblich sind. Sie bestanden aus einem einfachen Stangengerüst, dessen Fellbehang am Boden Steine beschwerten. Mehrere solcher Steine – einen Kreis von fünf Meter Durchmesser bildend – fanden sich am Rande des als Müllschlucker dienenden Tümpels. Die übrigen Zelte werden an dem archäologisch nicht erschlossenen Talhang gelegen haben. Die Mindestlänge des Lagerplatzes schätzen die Forscher auf 40 Meter, die Stärke der Horde auf 50 bis 70 Individuen.

Menschliche Reste enthielt der Boden nicht (obwohl die örtliche Presse sich nicht verkneifen konnte, am 1. April 1952 vom Fund eines Schädels zu berichten, in dem sich, o Wunder, sogar ein Zahn mit Porzellanplombe fand).

Dieses Manko war um so bedauerlicher, als das Lager von Salzgitter in die bisher bekannten Kulturstufen nicht eindeutig einzugliedern war.

Bestimmte Blattspitzenformen und die verschiedenen Knochengerättypen, die Geweihteile, der Rippendolch, die Beinahe-Harpunen wiesen nämlich über das Frühstadium der letzten Eiszeit hinaus. Gehörten die Salzgitterjäger also noch der Neandertalrasse an oder repräsentierten sie bereits einen neuen, neben dem Neandertaler lebenden Menschen?

»Wenn es«, so schließt Tode diesen Teil der Darstellung, »eine schon während der Neandertaler Zeit bestehende entwickelte Menschheit einer Art Präsapiensform gegeben hat, dann müßte eine Menschheitsform dieser Art Träger der Kultur von Salzgitter-Lebenstedt gewesen sein. So steht unser altsteinzeitlicher Lagerplatz vielleicht an der Schwelle unserer Menschheit.«

Tatsache ist jedenfalls, daß das Kulturbild des Salzgitter-Lagers bereits zahlreiche Züge aus der zweiten Hälfte des letzten Diluviums, der Zeit der sogenannten Lößmenschen, aufweist – der hohen Zeit der Mammutjagd, als deren zentraler Fundort Predmost in Mähren bekannt wurde. Jan Blahoslav, ein Bischof der Böhmischen Brüder, fabelte bereits 1571 in seiner *Grammatica* von den dort gefundenen Zähnen, Knochen und Rippen, die er, durchaus im Banne zeitgenössischer Vorstellungen, für die Reste urzeitlicher Riesen hielt. Aber erst 1894 grub sich der Gymnasialdirektor Karel Maska an das Zentrum des gewaltigen Massengrabes heran, das bis heute die Skeletteile von über 1 000 Mammuts und mehr als 100 000 Steingeräte freigab.

In Mannersdorf gab's Mammut am Spieß

Der ebenso rätselhafte wie überwältigende Fund löste heftige Diskussionen aus. Viele Forscher konnten sich den Mammutfriedhof nicht anders erklären, als daß die Tiere Opfer einer gigantischen Naturkatastrophe geworden seien. Heute wissen wir, daß Predmost nur eine der Stationen war, an denen die Menschen jener Zeit den wandernden Mammutherden auflauerten. Der jährliche Standortwechsel führte über Tausende von Kilometern von den Sommerweiden Nordrußlands zum Schwarzen Meer, ins Donautal und weiter nach Süden und ist auf der mitteleuropäischen Fährte durch Fundorte wie Kiew, Predmost und Unter-Wisternitz in Mähren sowie Willendorf und Lang-Mannersdorf in Österreich grob markiert.

Das lebendigste Bild vom Leben der mammutjagenden Lößmenschen schenkte, neben dem unvergleichlichen Predmost, die Grabung Lang-Mannersdorf. Den dortigen Lagerplatz deckten in Zimmergröße geglättete Sandsteinplatten, und zwar genau da, wo die eingebrachte Beute zerlegt wurde. Die Steine dienten auch – man beachte das wachsende Komfortbedürfnis – als Tisch und Teller. Wo die Kraft der eigenen Kinnbacken nicht ausreichte, bemühten die Esser Mammutzähne als Stampfer und Klopfer. Die Zahl der Plätze ließ auf eine acht- bis zehnköpfige Familie schließen.

Zwei Meter von der steinernen Festtafel entfernt befand sich die kreisrunde, mit Knochen beheizte Kochstelle. Einen gewissen Vorrat an Brennmaterial hatten die Mannersdorfer Lößmenschen bei ihrem Abzug, säuberlich aufgeschichtet, sogar zurückgelassen. Um die Kochstelle herum zeichneten sich im Lehm deutlich drei Pfahllöcher ab – die Spuren der durch Knochen und Geweihstangen verkeilten Holzpflöcke, die den Bratspieß der Mammutjäger getragen hatten.

Eine Abfallgrube und die Arbeitsplätze der Werkzeugmacher schlossen sich an. Einer der Steinschläger hatte sich ein Loch gegraben, in dem er sitzend und windgeschützt seine Geräte herstellte. Einige Meter weiter lag ein zwei Meter langer Mammutzahn, der als Amboß gedient hatte, – eine Art planvoller, vorbedachter Organisation war also unverkennbar.

Die Eindrücke von Lang-Mannersdorf bestätigten sich 1924, Jahre später, bei der Entdeckung des in die gleiche Zeit datierten Jagdplatzes auf dem Mainzer Linsenberg. Auch hier eine tennenartige Eßgelegenheit, Kochstellen und Arbeitsplätze der Steinschmiede. Überdies – als besondere Überraschung – die Bruchstücke zweier weiblicher Statuetten.

Die hier wie dort festgestellten Mammutjägerkulturen zeigen in voller Reife die Züge, die sich in Salzgitter erst andeuten. In Frankreich, Holland und Rußland hat man darüber hinaus klar erkennbare Hüttengrundrisse, Herde mit Rauchabzug und Wände mit Holzverkleidung fixieren können. Sie berichtigten »die Anschauungen früherer Zeiten, in denen man meinte, die Steppenjäger hätten wohl nur in leichten Zelten gewohnt und sich während der Winterzeit zum Teil in Höhlen der Berge zurückgezogen«. (Schwantes)

Sie kannten auch bereits Kleider; die knöchernen Nadeln, mit denen sie diese fertigten, bewahrten sie in Nadelbüchschen aus Röhrenknochen, die wiederholt gefunden wurden. Sie trugen Ketten aus Zähnen oder Knochenteilen aus Schmuck und Talisman, und sie scheinen bei gewissen Anlässen ihre Körper mit »magischen« roten, gelben oder schwarzen Farben beschmiert zu haben.

Diese Ergebnisse beweisen, daß eine Grabung wie die in Lebenstedt in ihrer Bedeutung weit über den lokalen und regionalen Bereich hinausgreift, über Tausende von Kilometer, Zehntausende von Jahren. Die Erkundung der deutschen Urgeschichte ist nicht eine Sache der deutschen Forschung allein. Sie ist, wie die gesamte Urgeschichtsforschung überhaupt, längst zu einer internationalen Gemeinschaftsaufgabe geworden.

Unter den Kläranlagen von Lebenstedt

Das Lager Salzgitter war, anders als Predmost und vielleicht auch Mannersdorf, nur ein oder zwei Sommer bewohnt. Der Tümpel, an dem die Jäger sich niedergelassen hatten, wurde später – irgendwann im Laufe der wieder einsetzenden eiszeitlichen Bewegungen – durch die vom Hang herabkommenden Wässer übersandet, wobei die Knochen in der Mitte des Teiches zusammengeschoben wurden. »Später ist dann die ganze Fläche mit groben Sanden und Kiesen völlig zugedeckt worden...«

Danach dauerte es 100 000 Jahre, bis die Bagger der Baustelle Kläranlage sie wieder ans Licht des Tages holten.

Die Grabung nahm etwa dreieinhalb Monate in Anspruch. Die

Forscher brauchten sich während dieser Zeit nicht über mangelnde Unterstützung zu beklagen. Die Stadtverwaltung, der Bundesgrenzschutz, die Schulen – sie alle halfen, wo sie konnten; die Überlandzentrale in Helmstedt gewährte sogar verbilligte Stromtarife. Trotzdem wurde die Finanzierung – wie meist bei derartigen Unternehmungen – immer schwieriger, so daß man sich zur Beendigung der Kampagne entschließen mußte... Nicht eben leichten Herzens, denn die Erde war »fündig« wie am ersten Tag.

Die Kläranlagen von Lebenstedt sind inzwischen längst fertiggestellt, und es geschieht nur selten, daß sich ein Besucher auf das Gelände verirrt, das 1952 einen so freigebigen Blick in die unleidliche Welt der Eiszeit gestattete. Geschieht es dennoch, so sieht er sich einem Allerweltsbild gegenüber. Steingefaßte Becken, Maschinenhallen, Pumpstationen.

Dazu Tag und Nacht das Geräusch rumorender Motoren.

Fünf Meter tiefer lebte unsere Eiszeithorde ihr hartes und beschwerliches Leben; der Boden, der damals dem Mammut, dem Moor und der Tundra gehörte, trägt heute die Hochhäuser und Siedlungsblocks der ländlichen Erzstadt Salzgitter.

DRITTES KAPITEL

DIE BILDSCHNITZERSCHULE DER VOGELHERDHÖHLE

KUNST UND KULTE DER EISZEIT

DER »GRÜNE KARST« DER ALB · WUNDERREICH DER UNTERWELT
MEISTER GRIMBART ALS HÖHLENFORSCHER · »VALET FRAAS KÄS«
WERTVOLLSTER KLEINKUNSTSCHATZ EUROPAS
VERJÜNGUNGSMITTEL FÜR FELDER UND MENSCHEN
GRÄBER AUS GRAUER VORZEIT · DER TIERFRIEDHOF IM DRACHENLOCH
OPFER FÜR »BRUDER BÄR« · DIE UNTERIRDISCHEN BILDERSÄLE
JUSTIZ DER EISZEIT · MAGIER, ZAUBERER UND MALER
DIE FÄLSCHUNGEN DES BRAVEN KONRAD
MONUMENTALKUNST IM MINIATURFORMAT · DAS
MORGENROT DES SCHÖNEN

Der Autofahrer kennt die Schwäbische Alb von der verwegenen Streckenführung am Drackensteiner Hang zwischen Stuttgart und Ulm. In kühnen Schwüngen und Steigungen, mehrfach über hochbeinige Viadukte gleitend, durchbricht die breite Betonspur das Gebirgsmassiv. Obwohl der Fahrer keine Zeit hat, der Landschaft mehr als einen flüchtigen Blick zu gönnen, spürt er doch ihren eigentümlichen Reiz.

Der »grüne Karst« der Alb — Da ist nichts von der Lieblichkeit und Milde begrünter Täler, nichts von der lauschigen Fülle des nahen Schwarzwaldes oder der heiteren, weingesegneten Idyllik des Neckarlandes. Die Alb ist hart, herb und steinig. Ihre Schönheit ist ein wenig abwesend und unzugänglich und erschließt sich nur dem Auge, das Muße zum Verweilen findet und seinen Sinn für einfache, starke, gewissermaßen autonome Formen noch nicht verloren hat.

Etwa zweihundert Kilometer lang, bis zu vierzig Kilometer breit und fünfhundert bis tausend Meter hoch, baut die Alb eine Mauer vom Hochrhein bis zum Nördlinger Ries. Im Osten dacht sie sich ohne sonderliche Erregung zum Donautal ab, im Westen aber schiebt sie zahlreiche Vorsprünge, Gesimse und steilwandige Abstürze bis dicht an den Neckar – eine kraftvolle, wenn auch mehr epische als dramatische Landschaft, deren Rückgrat die Hochstraße zwischen Schwäbisch-Gmünd und Tuttlingen ist, deren Berge so berühmte und geschichtsschwere Namen wie Hohenstaufen, Hohenneuffen oder Hohenzollern tragen. Vom Albtrauf schwingt sie gelassen in die Hochebene mit ihren Weidehügeln, Hecken und kleinen Wäldern aus.

Ein schönes Land, trotz seiner Eintönigkeit... Den Wald beherrscht die breitästige Buche. Die Felder tragen außer Hafer, Weizen und Gerste den bodenständigen Dinkel, eine Getreideart, die zur Zeit der Reife einen rötlichen, kupfrigen Schimmer annimmt und den Ackerteppich mit Streifen metallischen Glanzes durchwirkt. Daneben gibt es Flächen, die an die monumentale Kargheit der Heide erinnern; magere Wiesen auch, mit Gebüschinseln und niedrigen Obstbäumen, deren Wurzelgeflecht eine dünne, trockene Humusschicht davor bewahrt, als Staubwolke davongewirbelt zu werden... Denn der Untergrund ist Stein.

Stein ist das Fundament, der Baustoff und das Schicksal der Schwäbischen Alb, die ja auch die Rauhe Alb genannt wird: nach dem althochdeutschen *ruh*, das soviel wie steinig heißt. Steinig sind die Äcker, steinig die Weiden, steinig ist selbst der modernde Waldboden. Kalkschutt bricht durch die dünne Krume der Felder. Die Sense wetzt sich stumpf am Kalkgestein. Kalkformationen bilden riesige Kanzeln und Bastionen. Und wie Kamine zerstörter Häuser stehen sonderbare Felsgebilde an den steinigen Straßen und Wegen.

Der Geologe spricht von einer Karstlandschaft. Das Wort *Karst* ist slawischer Herkunft – *krs* heißt Fels, *krsti* soviel wie zerbrochen. Der europäische Modellfall, der dem seltsamen Phänomen den Namen gab, ist das Karstgebirge bei Triest. In Deutschland sind Teile des Harzes, des Sauerlandes, der Eifel, der Alpen verkarstet, am stärksten aber die Alb.

Hier überall besteht der Grund aus einem wasserlöslichen Kalkgestein, in dem jeder Niederschlag sofort versinkt. Die Folge ist eine verheerende Wasserarmut. An der Adria erreichen auf einem 80 000 Quadratkilometer großen Küstenstreifen nur vier Flüsse oberirdisch das Meer; in der Alb gibt es auf weiten Strecken nicht einen Bach, nicht eine Quelle. Viele Albhäuser waren früher ausschließlich auf ihre »Dachbrunnen« angewiesen, und mancher Älbler erinnert sich noch an Notzeiten, da Wasser für Mensch und Vieh von weit her literweise herangeholt werden mußte.

Die Wissenschaft hat die chemischen und physikalischen Vorgänge der Verkarstung längst geklärt. Der Laie erinnert sich einer beliebten Demonstration in der Chemiestunde – man gießt Salzsäure auf Kalk, und schon beginnt er zu brausen und zu zischen. Auch Regen enthält Säure, wenn auch in einer unendlich feinen Verdünnung. Genauer gesagt: jeder Niederschlag reichert sich auf seiner luftigen Reise mit dem in der Atmosphäre enthaltenen Kohlendioxyd an und wird damit zu schwacher Kohlensäure. Weiteres Kohlendioxyd nimmt er aus der Erde auf, und so ist er nach dem Passieren der oberen Humusschichten zu einer recht aggressiven Flüssigkeit geworden, die nun, immer dem geringsten Widerstand folgend, in die Ritzen und Fugen des Gesteins sickert und es langsam, aber sicher zersetzt.

Es entstehen Gänge und Klüfte, Hallen, Höhlen und ganze Höhlensysteme; schließlich unterirdische Bäche und Ströme. Auch unter dem »grünen Karst« der Schwäbischen Alb finden sich derartige Fluß- und Seenlandschaften. Allerlei Merkwürdigkeiten bezeugen ihre Existenz, ihre Größe und ständige Wirksamkeit.

Bereits ein Fluß von zehn Meter Breite, versickert die Donau plötzlich in ihrem Bett bei Immedingen, führt einen Teil ihres Wassers der Aach und damit dem Rhein zu und taucht hinter Mühlheim quick und lebendig wieder auf, stark genug, einen Weg durch die Alb-Berge zu graben. Auch die Lone legt einen Teil ihres Laufs unterirdisch zurück. Und überall in der Alb gibt es die »Brüller« genannten Quellschächte, aus denen, oft nach jahrelanger Trockenheit, die Karstwässer wieder gurgelnd hervortreten.

Wunderreich der Unterwelt

Und dann die Höhlen... Man kennt sie in allen Karstgebieten der Welt, unübersehbar an Zahl und Größe. Allein der amerikanische Staat Kentucky zählt 60 000 Höhlen, deren längste zweihundert Kilometer durchmißt, eine Strecke von Köln bis Frankfurt. Die größte europäische Höhle ist das Hölloch im Muotatal in der Schweiz, von dem bisher 65 Kilometer kartographisch aufgenommen worden sind. In der Alb hält die Falkensteiner Höhle unweit Urach den Rekord. Sie nimmt sich mit ihren 2 600 Metern gegenüber den Giganten ihrer Gattung zwar wie ein Liliputaner aus, verengt sich aber hinter einem mächtigen Portal zu derart »beschwerlichen Schlupfen..., bedrängenden Pässen und eisigen Teichen«, daß der Besucher das gespenstische Schattenreich des Hades zu durchschreiten glaubt.

Eine ebenso großartige Modellierarbeit haben die Karstwässer in der Erpfinger Bärenhöhle geleistet. Die tropfenden Wasser bauten tief in die Erde hinein eine Welt von extremer Künstlichkeit, die bald einem erstarrten Wald, bald einer gotischen Kapelle, bald einer Flucht festlich erleuchteter Säle gleicht, zumal versteckt angebrachte Scheinwerfer der phantastischen Szenerie zusätzliche Effekte abgewinnen. Ein wahrer Hexensabbat an Spuk und Unwirklichkeit – Kaskaden aus Kalk, Kronleuchter aus Stein; Gesteinsbildungen, die an kämpfende Gladiatoren, an balgende Hunde, an Nachtmahre und Unholde aus der Werkstatt eines Hieronymus Bosch erinnern.

Und dazwischen, hinter einem engmaschigen Draht, das Skelett eines Vorzeitungeheuers; der bleiche, satanische Schädel eines Höhlenbären.

Die Bärenhöhle bei Erpfingen, die diesem grausigen Requisit ihren Namen entlieh, hat eine überaus kuriose Geschichte.

Der Schulmeister Fauth aus Erpfingen, so hebt sie wie eine alte Kalendererzählung an, begab sich am 30. Mai 1834 in den Wald, um Baldrianwurzeln zu graben. In Moos und Gesträuch herumstochernd, sah er Steine in einen Erdritz rollen und verschwinden. Erst eine Sekunde später hörte er ihren Aufschlag in der Tiefe. Schulmeister Fauth kniete nieder, beugte sich über das kaum wahrnehmbare Loch und verlor dabei seine Schnupftabakdose. Ehe er sie fassen konnte, war sie, zu seinem großen Unmut, ebenfalls verschluckt.

Er fuhr mit der Hand in den Spalt und rollte, als auch das nichts half, einen kleinen Felsbrocken beiseite, um die Öffnung zu erweitern, legte sich auf den Bauch und versuchte in das dunkel gähnende Loch hineinzublicken. Erschreckt fuhr er jedoch zurück, denn statt der silbernen Tabakdose erblickte er auf dem Grund der Höhle menschliche Gerippe.

Mit fliegenden Rockschößen kehrte er ins Dorf zurück, um von der schaurigen Entdeckung zu berichten. Doch war er kouragiert genug, um am nächsten Tage, mit gutem Zuspruch und nötigem Werkzeug versehen, in Begleitung beherzter Männer den Ort des Schreckens noch einmal aufzusuchen. Mit Hilfe einer Leiter zwängten sie sich in den offenen Rachen der Erde hinein.

»Mit jedem Schritt«, so heißt es in einem zeitgenössischen Bericht, »nahm ihr Erstaunen zu, indem sie nur über eine Menge von Menschen- und Thierknochen, über Tropfsteine und abgerissene Felsmassen den Hintergrund der Höhle erreichen konnten. Als sie sich an den Resten der früheren Bewohner und der mannigfaltigen Figuren der glänzendweißen... Tropfsteine... satt gesehen hatten, verließen sie diese, jeder mit einigen Wahrzeichen von menschlichen und thierischen Knochen versehen.« Dagegen hatten sie die Schnupftabakdose des Lehrers Fauth nicht wiedergefunden.

Die Wissenschaft trat vorerst nicht auf den Plan, wohl aber säumten »die Landleute der umliegenden Gegend nicht, sich zahlreich einzustellen«. Sie warfen die umherliegenden Knochen ihren Hunden vor, zerschlugen die noch gut erhaltenen Schädel und ließen, was sie an Schmuck und Scherben fanden, in ihren geräumigen Taschen verschwinden. Schließlich stellte das Königliche Oberamt in Reutlingen die Höhle unter amtliche Aufsicht, gab die Erlaubnis, sie als Schauobjekt herzurichten, und sorgte dafür, daß dem Schulmeister Fauth der Verlust der Tabakdose mit einer Zuwendung von 100 Dukaten entgolten wurde.

Mehr als hundert Jahre später juckte die Erpfinger, wie man auf gut älblerisch sagt, erneut die »Wunderfiz«. Fremdenführer Karl Bez beobachtete eines Tages »in Halle VII«, wie zwei Fledermäuse plötzlich in einer Öffnung verschwanden. Wochenlang trug er, nach eigenem Geständnis, schwer an dem Geheimnis, dessen er teilhaftig geworden war, dann entschloß er sich – »da unsere Stunden, die wir zu leben haben, nicht feststehen« –, den Bürgermeister einzuweihen. Der setzte den Gemeinderat in Kenntnis und rüstete einen Sieben-Mann-Stoßtrupp aus, der am 27. Januar 1949, mit Leitern, Stallaternen und einer Lichtmaschine ausgerüstet, entschlossen in die fünf Meter hohe Einflugschneise der Fledermäuse kroch.

Dort stießen die sieben Schwaben auf ein wohlerhaltenes Bärenskelett, einige Schritte weiter, nachdem sie bäuchlings einen niedrigen Stollen passiert hatten, auf Geschwader von Fledermäusen, die ihre ungebetenen Besucher piepsend und keifend umflatterten. Da aber befanden sie sich bereits in einer großen Halle, von der verschiedene Gänge nach verschiedenen Richtungen abzweigten. Noch am gleichen Abend verständigten sie die wissenschaftlichen Institute in Tübingen.

Die Freilegung des vorderen Hallenteils hatte sich, wie wir sahen, im Stil wildester Raubgräberei abgespielt. Den zeitgenössischen Berichten ist trotzdem zu entnehmen, daß die Höhle unter dem »Fauthsloch« einen Bestattungshügel von fünf Meter Höhe und zwölf Meter Breite umschloß. Die offenliegenden Gerippe, die dem Erpfinger Abc-Sergeanten eine Gänsehaut über den Rücken gejagt hatten, waren wahrscheinlich Opfer einer mittelalterlichen Pestepidemie, die man – insgesamt eine halbe Hundertschaft – durch den Felsspalt in die umfängliche Gruft befördert hatte.

Nachgrabungen des Obermedizinalrates Hölder förderten ein

ganzes kulturgeschichtliches Sammelsurium zutage, alemannische Fibeln, römische Töpferwaren, keltische Ohrringe und eine bronzezeitliche Vasenkopfnadel, dazu Holzkohle und zahlreiche Skeletteile. Die letzte Grabung im Januar 1952 wies sogar Knochen und Scherben aus dem 2. Jahrtausend v. Chr. nach.

Der vordere Höhlenteil war also bis ins hohe Mittelalter bekannt, diente mehrfach als Bestattungsplatz und wird im übrigen lichtscheue Elemente den Blicken der Obrigkeit entzogen haben.

Der neuentdeckte Teil der Tropfsteinkasematten führte tief in das Leben der Urwelt. Die Tübinger Forscher stellten fest, daß die Höhle während der letzten Eiszeit eine rechte Bärenburg gewesen war, wie man sie ähnlich bei Velburg in der Oberpfalz und bei Mixnitz in der Steiermark fand (wo der knochen- und kothaltige Höhlenlehm 3 000 Güterwagen mit hochwertigem Phosphatdünger füllte). Die Erpfinger Katakomben nahmen sich demgegenüber winzig aus, doch beherbergten sie ebenfalls jahrtausendelang Bären aller Jahrgänge – »uralte mit mächtigem Scheitelkamm und tief abgenutzten Zähnen, Tiere im besten Alter, Halbwüchsige im Zahnwechsel, dazu Säuglinge und Allerkleinste«. Relikte anderer Tierarten, von einigen wahrscheinlich eingeschleppten Löwen- und Hyänenknochen abgesehen, gab der Höhlenlehm nicht her.

Tief unter ihm aber, in den Adern und Geröllen der Bohnerzlager, entdeckten die Experten des Tübinger Geologisch-Paläontologischen Instituts zahlreich eingeschwemmte Reste einer tropischen Tierwelt, darunter 225 Zähne von Hyänen und Löwen, Antilopen und Gazellen, Nashörnern und Südelefanten, die uns die Schwäbische Alb als eine warme und niederschlagsreiche Steppen- und Savannenlandschaft erscheinen lassen.

Wie man sieht, sind auch die großen Schauhöhlen der Alb ertragreiche Objekte wissenschaftlicher Forschung. Das gilt in gleicher Weise für die Nebelhöhle bei Unterhausen und Genkingen, die bereits 1517 entdeckt wurde, als ein angeschossener Rehbock in einer Felsspalte verschwand, die Charlottenhöhle bei Hürben, in die erstmalig vor sechzig Jahren drei junge Burschen mit Strickleitern und Fackeln einstiegen, oder die Wimsener Höhle bei Zwiefalten, die man wie die Blaue Grotte von Capri mit einem Nachen befahren kann.

Der Urgeschichtsforscher, der von den Höhlen der Schwäbischen Alb spricht, hat allerdings andere Höhlen im Sinn – er meint die eiszeitlichen Wohnhöhlen, die, über die ganze Alb verstreut und meist in abseitigen Tälern gelegen, außer den Sachverständigen nur zünftigen Wanderern bekannt sind. Da aber wohl nirgendwo sonst

Meister Grimbart als Höhlenforscher

Rucksack und Nagelschuhe in so hohem Ansehen stehen wie zwischen Neckar und Donau, ist die Höhlenforschung bis heute eine Art schwäbischen Nationalsports. Die Gelehrten in Stuttgart bekennen ehrlich, daß sie von den geländegängigen Dilettanten manch wertvollen Tip erhalten haben.

Auch als aktiver Mitarbeiter hat mancher Außenseiter die archäologischen Sporen erworben. So nennen die Annalen der Albforschung neben Hochschullehren und Museumsdirektoren wie Fraas, Sixt, Gössler, Schmidt, Paret, Riek und Kimmig zahlreiche bewährte Laien, den Medizinalrat Hedinger, den Senatspräsidenten von Föhr, einen gewissen Johannes Dorn, der schlicht als »privater Ausgräber« bezeichnet wird, den Kriegsgerichtsrat Wunderlich, den Major a. D. Steiner, den Hofrat Zingeler, den Oberrechnungsrat Siberts, den Apotheker Edelmann und – natürlich – Dutzende von Lehrern.

Auch die Bauern und Gewerbetreibenden der Alb haben den Grabungen in »ihren« Höhlen stets großes Interesse entgegengebracht. Daß es gelegentlich auch von ökonomischen Überlegungen durchsäuert wird, darf man einem so fleißigen und hart schaffenden Menschenschlag nicht verargen. Robert Wetzel, der Entdecker der »Bocksteinschmiede« und als Ordinarius für Anatomie ebenfalls ein Außenseiter unter den Ausgräbern, weiß darüber ein heiteres Stück zu berichten.

Die Verhandlungen mit der Gemeinde Öllingen über die Pacht des Bocksteingeländes waren abgeschlossen; es fehlten nur die Unterschriften. »Die Männer des Gemeinderats waren versammelt, etliche im schönen blauen Hemd der Bauern von der Ulmer Alb. Da, im letzten Augenblick, erhob ein besonders pflichtbewußter Vertreter seines Dorfes noch einen Einspruch. ›Halt – do wird no nex onderschriebe‹, rief er. ›Wiia wär's, wann Gold käm'?‹«

»Da komme kein Gold – nur alte Steine und Knochen, die für niemand außer ein paar Professoren einen ›Wert‹ hätten, sagte ich – obwohl ich nachträglich zugeben muß, daß doch einmal ein Hallstatt-Goldhut oder ein mittelalterlicher Dukatenschatz gefunden werden könnte...«

»Der Bedenkliche ließ sich denn auch keineswegs einschüchtern. ›Ja – 's hot schon mancher g'sagt, 's komm' kois – ond isch doch komma ond 'r hot's drvo.‹ (Crescendo) ›Was saget do onsere Kender, was saget onsere Enkel?‹ (Fortissimo) ›Ihr Rendviecher, saget dia, der hot's g'wißt.‹«

Angesichts dieser geharnischten Rede, so berichtet Wetzel weiter, blieb nichts anderes übrig, als auch den Schatzparagraphen des Bürgerlichen Gesetzbuches in das Vertragswerk aufzunehmen. Erst

Der Dachs –
als archäologischer »Vorarbeiter«
hoch geschätzt

dann erklärte sich der gute Mann zur Unterschrift bereit. Und fortan konnte sich niemand über die mangelnde Hilfsbereitschaft der Öllinger beklagen.

Wetzel nennt noch einen weiteren stillen Helfer, auf dessen Mitarbeit stets Verlaß ist – den Dachs, der sich gern in alten Auffüllböden ansiedelt, auch in Römervillen, Ringwällen und Grabhügeln, am liebsten aber in verschütteten Höhlen. Hier überall erweist er sich dadurch nützlich, daß er die versteckten Zugänge offenhält. So haben die wertvollen Schrittmacherdienste von Meister Grimbart und seinem Vetter Reineke den Weg zu vielen unbekannten Albhöhlen gewiesen. Die Prähistoriker möchten ihre vierfüßigen Kollegen schon aus diesem Grund unter Naturschutz stellen.

Auch die erfolgreichste Höhlenkampagne der letzten Jahrzehnte zählte den Dachs zu ihren stillen Vorarbeitern – die Vogelherdgrabung im Lonetal.

Eine Karstquelle in der Nähe von Amstetten – auf der Höhe der »Steige«, wo sich die Geislinger Schublokomotive mit einem gellenden Pfiff von ihrem Zug verabschiedet – füllt das Lonebett auf den ersten zehn Kilometern reichlich mit Wasser. Dann beginnt die 23 Kilometer lange Trockenstrecke, die sich durch ein breites, bergumschlossenes Wiesental zieht. Plötzlich, in der Nähe der Ortschaft Lontal, ist das Flüßchen wieder da. Von verborgenen Quellen kräftig gespeist, vereinigt es sich mit der Hürbe und fließt bei Hermaringen in die Brenz.

»Valet Fraas Käs«

Die Trockenstrecke – bis heute frei von neuzeitlicher Bebauung und daher von Wanderern besonders geschätzt – führt regelmäßig im Frühjahr Schmelzwasser zu Tal. Ebenso verwandelt sie sich nach größeren Regenfällen in ein kleines reißendes Gewässer. Aber auch unabhängig von meteorologischen Ereignissen beginnen die Lonequellen in Abständen von mehreren Jahren ihre Schüttung plötzlich zu vervielfachen und das Tal zu überschwemmen. Danach »läuft der Laotl«, wie man in der Alb sagt, einige Zeit wie ein normales Flüßchen, und Schilf und Fischreiher, Krebse, Forellen und Elritzen kehren zurück.

In diesen Wasserjahren kann man unschwer die Anziehungskraft ermessen, die das Lonetal auf den Eiszeitmenschen ausgeübt haben muß. Die zehn, zwanzig oder dreißig Meter über dem Tal liegenden Höhlen nahmen ihn mütterlich auf, gewährten Schutz bei Wind und Wetter und erlaubten ihm, seinen Jagd- und Wohnbereich stets im Auge zu behalten. Vor allem konnte er den damals noch nicht versickernden Fluß beobachten, die Tiere zur Tränke ziehen sehen und somit seinen Pirschgang auf den Wildwechsel einstellen.

Auch die Wege am Wasserlauf unterlagen seiner Kontrolle, die er wie ein Raubritter auf seinem Horst mit hellwachen Sinnen versah. In der Tat finden sich zahlreiche eiszeitliche Wohnhöhlen in der Nähe mittelalterlicher Burge. Es ist also durchaus möglich, daß »Erwägungen... verwandter Art« – wie es der Schweizer Sarasin formulierte – »den prähistorischen Jäger wie sehr viel später den christlichen Ritter zur Anlage seines Wohnsitzes« nötigten.

Die Eiszeitforschung im Lonetal begann vor hundert Jahren. Der Förster Michelberger führte im Sommer 1861 den Geologen Oskar Fraas an einen versteckten Fuchs- und Dachsbau, in dessen Nähe sein scharfes Jägerauge wiederholt verdächtige Knochen und Zähne entdeckt hatte. Fraas ließ ein Jahr später die Höhle – heute Bärenhöhle im Hohlenstein genannt – freilegen und barg innerhalb von vier Wochen über zehntausend Fossilien, darunter mehr als hundert Bärenschädel, außerdem Knochen von Mammut, Wildpferd, Elch und Ren – und einige menschliche Schädelreste, die aber, als sich die Wissenschaft für sie zu interessieren begann, nicht mehr aufzufinden waren. Ein vierspänniger Leiterwagen fuhr nach Beendigung der Kampagne die Beute ab, die zum größten Teil, wieder zu vollständigen Skeletten montiert, in Schausammlungen endete.

Fünf Jahre später geriet der Müller Käs bei der Tieferlegung der Schussenquelle an einen eiszeitlichen Rast- und Jagdplatz. Unterstützt von dem Apotheker Valet, führte Fraas auch hier eine große Grabung durch, die unter der Schutzmarke »Valet Fraas Käs« weit über das Schwäbische hinaus erörtert wurde.

Im Jahre 1879 setzte der Langenauer Oberförster Ludwig Bürger den Spaten in der nachmals so berühmt gewordenen Bocksteinhöhle an. Er sah in dem Platz, »um seines Namens willen«, eine

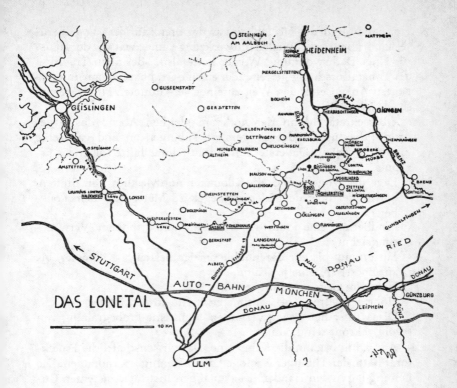

altgermanische Opferstätte für Donar, den berittenen Gott mit den Böcken, und fühlte sich in dieser Auffassung durch den Fund von Pferdehufen bestätigt. Sein Bemühen, den Höhlenlehm sauber Schicht um Schicht abzutragen, erwarb noch die Anerkennung der nächstfolgenden Generation. Die damaligen Ausgräber waren aber noch manchem Irrtum ausgeliefert. So hielt Bürger die eiszeitliche Herkunft der in der Höhle vergrabenen Skelette einer Frau und eines Kindes für absolut sicher, bis sich durch Befragung der Kirchenbücher herausstellte, daß die Ollinger hier im Jahre 1739 »unter einem harten und grausamen Donnerwetter« eine Selbstmörderin mit ihrem offenbar unehelichen Kind bestattet hatten.

Von einigen kleineren und ergänzenden Grabungen abgesehen, welche die Ulmer und Tübinger Bestände an eiszeitlichen Geräten um manch schönes Stück vergrößerten, aber keine überlokale Bedeutung gewannen, ruhte die archäologische Arbeit im Lonetal bis 1931. Im Mai jenes Jahres entdeckte der Reichsbahn-Obersekretär

Wertvollster Kleinkunstschatz Europas

Hermann Mohn aus Heidenheim an der Brenz auf dem Vogelherdfelsen bei Stetten diluviale Flintwerkzeuge, und zwar vor der Haustür einer Dachswohnung. Wieder hatte also, »der alten Tradition der Lonetalforschung getreu«, der emsige Grimbart einem »interessierten Außenseiter den Weg zu einer verschütteten Höhle gewiesen«. (Wetzel)

Obersekretär Mohn rief noch am gleichen Abend das Urgeschichtliche Institut der Universität Tübingen an und gab seine Eindrücke weiter. Die erste Bestandsaufnahme hatte folgendes Ergebnis:

Lage des Vogelherds: ein Kilometer nordwestlich von Stetten, 489 Meter über dem Meeresspiegel, 18 Meter über dem Lonebett;

rundherum eine »sanfte Mulde mit autochthonem Verwitterungslehm«;

Entfernung bis zur Bärenhöhle am Hohlestein 2 Kilometer, bis zur Bocksteinhöhle 3,3 Kilometer;

Höhle im Gegengeschütt erstickt;

Höhe der Öffnung 30 Zentimeter, Breite 40 Zentimeter.

Diese Tatsachen ließen vermuten, »daß eine Probegrabung von Erfolg gekrönt sein könnte«.

Am 5. Juli begann die Kampagne. Das wissenschaftliche Protektorat hatte der Tübinger Geologe Edwin Hennig übernommen. Die Leitung lag in den Händen des damaligen Institutsassistenten Gustav Riek. Die Erdarbeit besorgten Männer aus Stetten, durchweg Angehörige der Familie Bamberger, die im Lonetal eine Art Grabungsmonopol besitzt. Sie legten im Lauf von drei Monaten eine Höhle mit einer Halle, zwei »Strecken« und drei Tagausgängen frei. Das Fundmaterial konnte ungestörten und einwandfrei zu datierenden Schichten entnommen werden.

Das Ergebnis der Grabung war – hier darf es einmal gesagt werden – sensationell. In der oberen Fundschicht jungsteinzeitliche Skelette mit angezogenen Beinen, welche an die im Lonetal umgehende Mär von den »Stumpenkrattlern« erinnerten, bösen Geistern, die entweder ohne Beine oder auf ihren Knien, ihren »Stumpen«, herum »krattelten« und, wie es bei Wetzel heißt, »in dieser bemerkenswerten Art der Fortbewegung nachts den Felsen verlassen und die Menschen schrecken«. Ganz unten auf der Höhlensohle Inventare des Neandertalmenschen. Am ergiebigsten aber die mittleren Schichten, die eine ganze Musterkollektion aus der Welt der letzten Eiszeit lieferten: einen menschlichen Schädel, der trotz schwerer Beschädigung durch den Pickel Anton Bambergers – »des hot ein Schlag do, daß i han denkt, jez isch dr Hafa he« – als ein typischer Vertreter des langschädligen Homo sapiens diluvialis entlarvt wurde; außerdem Stein- und Knochenwerkzeuge, eine Reihe großer Mammutbackenzähne, allerlei Schmuck und, als das wichtigste Ergebnis überhaupt, mehrere kleine Elfenbeinfiguren: Plastiken von Mammut, Rentier, Panther und Höhlenbär – Produkte eiszeitlicher Kunstübungen.

Riek hatte allen Grund, zufrieden zu sein. Mit der Entdeckung der Vogelherdhöhle war »eine Fundstelle von internationaler Bedeutung« und mit ihr der »wertvollste Diluvialschatz Europas« erschlossen worden. Mitteleuropa, so lautete die historische Folgerung, brauchte »nicht weiterhin als Trümmerfeld diluvialer Barbareninvasionen zu gelten ...«

Diese Feststellung bedarf einiger Erklärungen, bedarf vor allem einer Antwort auf die Frage: Wo stand die Höhlenforschung, als Riek und seine Stettener Helfer sich in das Innere der Vogelherdkuppe hineingruben?

Schon im 18. Jahrhundert entdeckten die Bauern der Alb und der Fränkischen Schweiz, daß die Höhlenerde – durch Verwesung verendeter Tiere und die Zersetzung der Knochen mit Phosphaten angereichert – ein ausgezeichnetes Düngemittel abgab, und begannen sie deshalb auf ihre Äcker zu fahren. Die »Nebenprodukte« – Flintgeräte, versteinerte Fische oder Pflanzenabdrucke – erregten die Aufmerksamkeit der berufsmäßigen Scharlatane und Wunderverkäufer. Vor allem tat es ihnen das fossile Elfenbein an, das sie zermörsert gegen jegliche Gebrechen verkauften. Und da Merkur nicht von ungefähr mit Flügeln dargestellt wird, waren sie in der Regel schneller als die wissenschaftliche Konkurrenz zur Stelle, wenn irgendwo eine neue Höhle ausgeräumt wurde.

Verjüngungsmittel für Felder und Menschen

Frei von derart profanen Absichten war der Pfarrer Johann Christoph Esper, der 1774 die Gailenreuther Höhle in Oberfranken mit dem Spaten anging. Als erster diagnostizierte er die Knochen des Höhlenbären richtig. Unter den Fundgütern, die er zu Hause gewissenhaft sammelte, befanden sich einige Urmenschenreste, unter anderem ein wohlerhaltener Schädel. Die Wissenschaft, die er in seiner »Ausführlichen Nachricht von neuentdeckten Zoolithen« darüber informierte, verlachte ihn jedoch. Und da Esper ein bescheidener Mann war, glaubte er am Ende selber, daß er sich geirrt habe. Seine schöne Fossilienkollektion ging zum Verdruß späterer Forscher verloren.

Die weitere Entwicklung ist zum Teil bereits bekannt. In Frankreich, in England, in Deutschland, in ganz Europa richtete sich die Aufmerksamkeit der Forscher auf die geheimnisvolle Welt der

Höhlen. Ihre Erfolge verbreiteten den Virus jenes Höhlenfiebers, das nach der Mitte des vorigen Jahrhunderts nahezu epidemisch um sich griff. Die Interessen spalteten sich dabei immer mehr auf. Waren es zunächst vor allem die Zoologen und Paläontologen, die in den Höhlen ihr Wesen trieben, so entdeckten bald auch die Anthropologen auf der Suche nach dem ersten Menschen in ihnen ihr Dorado. Jahrzehntelang waren die Höhlen dann das bevorzugte Jagdgebiet der Prähistoriker.

Schon bei dem lateinischen Lehrdichter Lucretius Carus ist zu lesen, daß die »aus rauher Erde geborenen« frühen Menschen außer den Hainen und Wäldern die Höhlen der Berge bewohnten, »gezwungen, sich vor Regen und Wut der stürmenden Winde zu schützen«. Die moderne Forschung bestätigte die Thesen des römischen Naturphilosophen, schoß aber in ihrer Höhlenbegeisterung zeitweilig über das Ziel hinaus, indem sie den eiszeitlichen Ahnen ausschließlich im Bauch der Erde ansiedelte. So entstand das Bild jenes lendengeschürzten, keulenbewaffneten Höhlenmenschen, der überall in der Welt Heimatrecht auf den Witzseiten genießt.

Der Fehlschluß ist leicht zu erklären. Höhlen lagen, zumindest in Gebirgsgegenden, gewissermaßen vor der Tür, die Entdeckung einer Freilandstation aber ist bis heute eine Sache glücklicher Fügung. Die Zahl der untersuchten Höhlen übertrifft daher die der bekannten Rastplätze oder Lager unter freiem Himmel um ein Mehrfaches. Trotzdem können wir heute mit Sicherheit sagen, daß der schweifende Neandertaler zumindest während der letzten interglazialen Warmzeit vorzugsweise draußen zu kampieren pflegte, obwohl er gelegentlich gern in einer trockenen Höhle zu Gast war.

Als mit Beginn der letzten Eiszeit seine großen Jagdreviere wieder unter Gletschern lagen, fügte es sich ganz von selbst, daß er in den Höhlengebieten des eisfreien Mittelgebirgsstreifens Zuflucht suchte; aber auch hier hat er, wie zahllose Funde beweisen, vornehmlich im Freien gehaust, auf den Höhlen-Vorplätzen, unter überhängenden Steindächern, in schmalen Felsnischen, am liebsten natürlich an den warmen Südhängen.

Zog er sich in die Höhle zurück, ging er über das Foyer kaum hinaus. Dort schlief er, dort schmiedete er seine Werkzeuge, dort tat er sich, auf einem Stein hockend, an den gerösteten Bärenschinken gütlich, den ihm die Frauen bereiteten. Doch war er in keinem einzigen Fall bestrebt, die Wände der Höhlen zu bearbeiten und seinen rauhen steinigen Unterschlupf wohnlicher zu machen.

Trotzdem wartete gerade das Innere zahlreicher Höhlen mit den erstaunlichsten Überraschungen auf – und erst damit beginnt das eigentliche Kapitel der urgeschichtlichen Höhlenforschung.

Der Zufallsfund eines urmenschlichen Backenzahnes lenkte 1899 die Aufmerksamkeit auf eine Höhle bei Krapina in Kroatien. Der Paläontologe der Agramer Universität, Prof. Dr. Gorjanovic-Kramberger, von Virchow »König des Diluviums« genannt, begann noch im gleichen Jahr zu graben. Sechs Jahre benötigte er, den acht Meter hohen Höhlenboden Zentimeter um Zentimeter abzutragen. Als er die Grabung beschloß, hatte er außer zahlreichen Feuersteinen und Knochen von Rhinozeros, Höhlenbär und Ur 649 Fragmente von Neandertalmenschen eingebracht.

Gräber aus grauer Vorzeit

Der Heidelberger Anthropologe Hermann Klaatsch stellte fest, daß es sich bei diesen 649 Fragmenten um die Reste von etwa 24 Individuen handelte, die allesamt ein gewaltsames Ende gefunden hatten. Ihre Knochen waren zerbrochen und ihres Marks beraubt; etliche zeigten die unverkennbaren Abdrücke menschlicher Zähne, fast alle waren angekohlt. Kein Zweifel: man hatte es mit den Überbleibseln einer Gasterei zu tun, mit einem extremen Fall von Kannibalismus.

Mit einem Seitenblick auf die den gleichen Schichten entnommenen Geräte verschiedenen Alters glaubte Klaatsch eine überzeugende Erklärung für das Schreckensmahl anbieten zu können. Er erfand eine Schlacht zwischen Neandertal- und Aurignac-Menschen, die naturgemäß mit dem Sieg der höherorganisierten »Aurignacs« endete. Zum guten Schluß sei dann, so meinte Klaatsch trocken, der geschlagene Feind mit Haut und Haaren verspeist worden.

Die Schlachten-Story verweist die heutige Wissenschaft in das Reich unwissenschaftlicher Fabelei. Daß die Menschen der Urzeit dazu neigten, sich gegenseitig aufzufressen, nimmt sie – wie wir hörten – als gegeben hin. Solche Bräuche hatten jedoch, wie die Völkerkunde bestätigt, durchweg kultischen Charakter. Der Primitive glaubt, daß er mit dem Herzen, dem Hirn, dem Mark oder dem Fleisch seines Gegners – oder auch seines nächsten Verwandten – sich zugleich auch dessen Kraft einverleibt. Aus dem gleichen Grund pflegt er die Teile, die sein metaphysischer Hunger verschmäht, unter religiösen Ehrenbezeigungen zu begraben. Kannibalismus und rituelle Bestattungen schließen einander also nicht aus.

Die Höhlenforschung hat auch für die Frage nach diesen ersten kultischen Regungen der Menschheit zahlreiche Hinweise geliefert. Dazu gehört die Feststellung, daß die Beisetzung von Toten im dunklen Schoß natürlicher Grotten und Felsgelasse die älteste Bestattungsart überhaupt war. Schon der grobschlächtige Neandertaler, so wissen wir heute, machte sich Gedanken über Leben und Tod.

Die meisten Kenntnisse verdanken wir französischen Höhlen. La Chapelle-aux-Saints gab das Skelett eines Toten in Schlafstellung frei, den man mit Feuersteingeräten und allerlei Eßbarem für sein ferneres Dasein versehen hatte. Auch Otto Hausers berühmter Neandertalerjüngling aus Le Moustier »redete eine mächtige Sprache. Alle Anzeichen sprachen dafür, daß die alte Höhlenhorde den sechzehn- bis achtzehnjährigen Mann pietätvoll bestattet hatte. Wegzehrung in Form gebrannter Bisamkeulen, schöne Feuersteinwerkzeuge – die schönsten seiner Sippe – lagen bei der Hand, der Kopf des Toten war wie zum Schlaf auf eine Art Steinkissen gebettet... Eine Grabstätte aus grauferner Urzeit! Also Kult und lebhafte Vorstellung von lebensähnlichen Zuständen über den Tod hinaus.«

Spätere Funde – vor allem in Böhmen und Italien, während der letzten Jahrzehnte auch in Rußland – bestätigten die Eindrücke, die damals noch manchem Zweifel begegneten: daß nämlich die Menschen schon vor hunderttausend Jahren ihre Toten würdig und unter Beachtung gewisser Riten begruben, sie durch Steinpackungen gegen tierische Störenfriede sicherten und mit Proviant und Werkzeug für das Jenseits versahen.

Doch gingen auch tief beunruhigende Vorstellungen um. So versuchte man sich zum Beispiel gegen eine unbefugte Wiederkehr der Verstorbenen zu schützen, indem man sie, an Armen und Beinen gefesselt, in Hocklage begrub. Wo solche Bräuche noch heute üblich sind, will man die leibgebundene Seele hindern, ihr Grab zu verlassen. Ähnliche Gedanken werden auch die Menschen der Urzeit bewegt haben; möglicherweise erstreckten sie sich jedoch, wie Obermaier vermutet, auf bestimmte, besonders gefürchtete Personen.

Die jüngere Altsteinzeit kannte bereits Schmuckbeigaben. Skelette in den Grimaldi-Grotten bei Mentone trugen Kränze und Ketten aus Seemuscheln und Schnecken, Tote in den benachbarten Cavillon- und Barma-Grande-Höhlen Halsschmuck aus Hirschzähnen, Fischwirbeln und Knochenstücken. Neu war auch die Färbung der entseelten Leiber mit pulverisiertem Rötel, der Farbe blühenden Lebens.

Eine merkwürdige Erscheinung charakterisiert den Schluß dieser Epoche: die zwei- oder mehrstufige Bestattung, die Beisetzung einzelner Körperteile also, insbesondere des Schädels. Und wieder war es eine Höhlengrabung, die der Forschung wichtige Indizien vermittelte.

Im Jahre 1908 fand der Tübinger Gelehrte Robert Rudolf Schmidt in der Ofnet-Höhle bei Nördlingen unter herabgestürzten Felsblöcken zwei sorgfältig hergerichtete flache Gruben. In der einen lagen 6, in der anderen 27 in rote Ockererde gebettete Schä-

Der Höhlenbär

del, »wie Eier in einem Nest«, das Gesicht der untergehenden Sonne zugewandt.

Die genaue Untersuchung ergab, daß die Grabstätte mehrfach geöffnet, die Schädel also einer nach dem andern der Erde übergeben worden waren. Die ausgesprochen liebevolle Behandlung der Köpfe, die mit Ketten aus Zähnen und Schnecken geschmückt waren, deutete auf ein Erb- oder Sippenbegräbnis. Wo aber waren die Leiber der 20 Kinder, 9 Frauen und 4 Männer geblieben, deren Schädel so ehrerbietig beigesetzt waren? Verbrannt, verzehrt oder anderweitig begraben? Niemand weiß es.

Der Tierfriedhof im Drachenloch

Das magisch bestimmte Weltbild des Urmenschen schloß auch das Tier ein – den gefährlichsten Feind, der zugleich der wichtigste Nahrungslieferant war. Bevorzugtes Objekt der Verehrung war der Höhlenbär, ein spitznasiger Koloß von zweieinhalb Meter Länge, der – aufrecht gehend – eine Größe von drei Metern erreichte. Im übrigen ein verhältnismäßig harmloser Geselle, der sich vorwiegend von Pflanzen ernährte; gehetzt, gejagt und bedrängt jedoch ein bösartiger, wilder und majestätischer Gegner.

Das Wildkirchli am Säntis, eine 1500 Meter hoch gelegene schweizerische Höhle, war bereits seit Jahrzehnten als Bärenhöhle bekannt, als das Naturhistorische Museum in St. Gallen den jungen Emil Baechler im Februar 1904 zu neuen Schürfungen ausschickte. Bereits nach wenigen Tagen ging eine erregende Mitteilung ein.

Baechler hatte in der einsamen Berghöhle nicht nur Bärenknochen, sondern auch primitive Werkzeuge der Neandertal-Industrie entdeckt.

Die Nachricht schlug wie eine Bombe ein. Selbst Kapazitäten wie der Geologe Albert Heim und der Urgeschichtsforscher Hugo Obermaier stiegen zum Wildkirchli auf und überzeugten sich, daß die Höhle tatsächlich während der letzten Zwischeneiszeit bewohnt gewesen war. Der Neandertaler hatte also nicht nur das Flachland und die Mittelgebirge beherrscht, er hatte mit seinen kurzen, gekrümmten Beinen sogar die Alpen erstiegen... Ein denkwürdiges Ergebnis, das Baechlers Ruf als Höhlenexperte begründete und das Hochgebirge mit einem Schlag in den Aktionsradius der Urgeschichtsforschung einbezog!

Trotzdem setzte sich der Oberlehrer Nigg aus Vättis im Taminatal dem Vorwurf gelinder Verrücktheit aus, als er 1917 im sogenannten Drachenloch in fast 2500 Meter Höhe zu sondieren begann. Aber schon kurze Zeit später gab er ein Telegramm an Emil Baechler auf und bat ihn dringend um wissenschaftliche Hilfeleistung. Beide zusammen gruben, kratzten und schabten dann das unzugängliche Drachenloch, das aus seinem Felsmassiv wie das tote Auge eines Riesen auf die baumlosen Weiden der Belbberg-Alp herabblickt, archäologisch sauber aus und lieferten mit ihrer sechsjährigen Kampagne einen revolutionären Beitrag zur Naturgeschichte des menschlichen Geistes.

Baechler und Nigg arbeiteten sich in eine siebzig Meter lange Höhle mit sechs hallenartigen Ausweitungen vor. Auch hier ließ sich der Aufenthalt früher Menschen unschwer nachweisen. Die Forscher fanden außer Werkzeugen verschiedene Feuerstellen. Eine von ihnen stellte sich als eine komplette Steinkiste von 55 Zentimeter Höhe dar. Sie enthielt ein Häuflein weißgrauer Asche mit angekohlten Zehengliedern sowie Hand- und Fußwurzeln des Höhlenbären. Die Arbeiter, lauter Bergbauern, deuteten den Fund sofort als geschlossenen Herd zur Speicherung der Glut; Baechler spricht in seinem Bericht von einem »Aufbewahrfeuer«.

Wieder fielen beim Ausräumen der Höhle große Mengen von Skeletteilen an. Aber mehr als die große Zahl erregte die eigentümliche Anordnung der Knochen. In Halle 2 lagen sie, säuberlich aufgeschichtet, hinter einem Steinmäuerchen aus Kalkplatten. In Halle 3 waren in Nischen regelrechte Knochenaltäre aufgebaut: der grimmige Schädel jeweils auf einer Steinplatte, von hochkantgestellten Felsstücken gerahmt.

Die größte Überraschung hielt die Mitte der dritten Halle bereit, ein kubikmetergroßes Steinkämmerchen, das mit einer handstarken Platte abgedeckt war. Baechler hat den Augenblick der Öffnung genau beschrieben. Mit äußerster Vorsicht entfernten seine Leute die vordere Wand. Ein dunkler Hohlraum tat sich auf, und daraus starrten – die Forscher wagten kaum zu atmen – sieben bleiche Höhlenbärenschädel, die leeren Augenöffnungen auf den Höhlenausgang gerichtet.

Weitere Funde folgten. Immer wieder Schenkel und Ellen und mächtige Bärenschädel mit dolchartigen Zähnen. Im Hintergrund von Raum 3 schließlich ein ganzer Bärenschädelfriedhof. Neun Schädel unter neun Steinplatten, »eine förmliche Reihenbestattung«.

Baechler setzte seine Grabungen 1923 im Wildenmannlisloch am Churfirsten fort und fand auch dort derartige Schädelaufbahrungen. In Deutschland führten Schürfungen in der Petershöhle bei Velden in der Fränkischen Schweiz zu ähnlichen Ergebnissen. Weitere interessante Aufschlüsse verdankt die Wissenschaft der Drachenhöhle bei Mixnitz in der Steiermark, wo neben einer Feuerstelle ebenfalls Knochensetzungen beobachtet wurden.

Was bedeutet das alles? Welchem Zweck dienten die merkwürdig geformten und gerundeten Knochenteile? Welche Vorstellungen dürfen wir hinter den seltsamen Schädelfriedhöfen vermuten?

Baechler glaubte die gerundeten Knochen als Werkzeuge ansprechen zu können. Da seine Beobachtungen vielfach bestätigt wurden, führte der Wiener Prähistoriker Oswald Menghin – Verfasser der großartigen *Weltgeschichte der Steinzeit* – eine eigene Knochenzivilisation in die diluviale Kulturentwicklung ein. Der Baseler Privatgelehrte Koby wies ihm jedoch nach, daß derartige Rundungen auch auf bodenchemische und mechanische Einwirkungen zurückgehen können; speziell in einer Jahrzehntausende benutzten Bärenhöhle könnten solche Effekte auch durch »Trockenscheuerung« erzielt werden.

Opfer für »Bruder Bär«

Der Streit ist bis heute nicht endgültig entschieden, die Wahrheit dürfte aber, wie Rudolf Laur-Belart einmal in einem Rundfunkvortrag sagte, in der Mitte liegen. »Der Bärenjäger wird sich eines so hervorragenden Werkmaterials zum Enthäuten und Zerlegen eines Tieres, wie es ein Knochensplitter darstellt, nicht entschlagen haben. Von einer Knochen›kultur‹ in prähistorischem Sinne zu reden geht aber wohl zu weit...«

Wichtiger ist ja auch die Frage nach den urzeitlichen Knochenbänken. Man hat von »eingekellerten Proviantdepots« gesprochen, von »Hirnmagazinen«, im Hinblick auf die große Bedeutung des Schädelinhalts für das Gerben; auch von Trophäensammlungen stolzgeschwellter Nimrods ist beiläufig die Rede gewesen. Gesiegt hat am Ende die These Baechlers, der die beinernen Aufbauten der Drachenhöhle auf kultische Bräuche zurückführte.

Die besten Argumente lieferten ihm Berichte von den ostsibirischen Giljaken und Ainos, die den erlegten Bären ebenfalls erst nach einem feierlichen Zeremoniell den Weg allen Fleisches gehen ließen.

»Während die Frauen weinen und klagen«, heißt es bei Knud Rasmussen, »wird der tote Bär festlich geschmückt, auf eine Matte gesetzt und mit Speise und Trank versehen. Man opfert ihm, hält ihm Reden, wird immer ausgelassener; erst dann wird das Tier zerlegt, das Blut ausgetrunken und das Fleisch unter die Anwesenden verteilt. Den Schädel bewahrt man an heiliger Stätte auf.«

Nach Ansicht des Russen Kagarow liegt »diesen Bräuchen das Bestreben zugrunde, den Knochen des toten Tieres die Möglichkeit zu geben, sich wieder mit Fleisch zu bedecken und zu neuem Leben aufzuerstehen...« Niemand kann beweisen, daß den Neandertaler die gleichen Gedanken erfüllten. Da aber die Optik nahezu dieselbe ist, liegt der Schluß nahe, daß ähnliche Vorstellungen sein Gemüt beherrschen.

Die Forscher, die den Bärenmythen nachgingen, fanden noch weitere Parallelen. Für die Ostsibirier war der Bär bis vor wenigen Jahrzehnten – die heutigen Verhältnisse entziehen sich unserer Kenntnis – ein Repräsentant göttlicher Urkraft auf Erden und daher stärker und mächtiger als der Mensch. In zahlreichen Dörfern hielt man jung gefangene, mit menschlicher Muttermilch aufgezogene Bären als Schildwache gegen böse Geister. Wenn man sie im besten Mannesalter tötete, erwies man ihnen Ehrenbezeigungen aller Art. Das anschließende Mahl fand seinen mythischen Höhepunkt in der Verteilung des Schädelinhalts, der, in Becher gefüllt und mit Reiswein gemischt, unter ehrfürchtigem Schweigen getrunken wurde.

Auch diese rituelle Haltung von Bären scheint in der Altsteinzeit schon üblich gewesen zu sein. Hier der Befund: aus der Hellmichhöhle in Schlesien holte Lothar F. Zotz in den dreißiger Jahren den Schädel eines fünf- bis sechsjährigen Braunbären, dessen Schneide- und Eckzähne bis auf die Zahnwurzeln künstlich abgeschliffen waren. Und hier ein Zitat aus dem Bericht des Ethnologen Koppers über das Leben auf der Insel Sachalin: »Auch feiert man, wenn der Bär zwei oder drei Jahre alt geworden ist, ein Fest, an dem man ihm... seine großen Zähne abnimmt. Man... bindet des Bären Füße auf Stangen fest, bringt ihn heraus und bricht ihm mit einem sägeartigen... Instrument die großen Zähne aus.«

Baechler glaubte in den Kalvarienbergen für den Bruder Bär die sichtbaren Male eines primitiven Opferkultes zu erkennen. Ob solche Opfer einem »höheren göttlichen Wesen« galten, wie der schweizerische Religionsforscher Pater Schmidt meinte, diese Frage muß unbeantwortet bleiben. Begnügen wir uns mit der Feststellung, daß schon der Neandertaler mehr als ein aufrecht gehendes, werkzeugmachendes Tier war. Der Begriff der Religion dürfte ihm, wie jedes begriffliche Denken, noch fremd gewesen sein, sein religiöses Bedürfnis jedoch war bereits erwacht.

Kirchen verstand er dem unbekannten Gott nicht zu bauen. Im Dunkel der Höhlen aber, im mütterlichen Schoß der Erde, fühlte er sich dem Geheimnis näher. Hier begrub er seine Toten, hier errichtete er demütig die unbeholfenen Altäre, vor denen er die besten Stücke seiner Jagdbeute niederlegte, sein kostbarstes, wertvollstes Gut.

Der Höhlenforschung verdankt die Urgeschichte auch den bisher tiefsten Einblick in die Morgendämmerung der Kunst.

Die unterirdischen Bildersäle

Damit beginnt das abenteuerlichste Kapitel der prähistorischen Wissenschaft überhaupt, ein Kapitel von solcher Phantastik, daß man es jahrzehntelang für Zauber und Mache hielt – das Werk von Schwindlern, Fälschern, Scharlatanen.

Die ersten Seiten wurden in Spanien geschrieben, bei Torrelavega in der Provinz Santander.

Ein Hund, der – einem Fuchs nachjagend – vor den Augen seines Besitzers auf einer Wiese in einer Erdspalte verschwand, wies den Weg zur Altamira-Höhle. Elf Jahre später, 1879, begann der Besitzer des Geländes, ein spanischer Edelmann mit dem volltönenden Namen Don Marcelino Santiago Tomas Sanz de Sautuola, mit kleinen Schürfungen. Schritt um Schritt drang er in die mehrere hundert Meter lange Höhle ein, deren ungestörte Kulturschichten große Mengen an Werkzeugen sowie bearbeiteten und unbearbeiteten Knochen enthielten.

Eines Tages zeigte Don Alonso seiner fünfjährigen Tochter Maria die unterirdischen Gänge und Grotten. Während er selbst, auf dem feuchten Boden kniend, dann wieder zu seinen Spachteln und Haken griff, lief Maria bald hierhin, bald dorthin. »Bilder«, rief sie plötzlich, »wunderschöne Bilder, Papa!« Don Alonso folgte belustigt ihrem aufwärts gewandten Blick, richtete den Lichtkegel seiner Lampe auf die Decke des Gewölbes und – traute seinen Augen nicht.

Die Decke war in der Tat über und über mit Bildern bedeckt, vor allem mit Darstellungen urtümlicher, längst ausgestorbener Bisons,

Bison aus der Höhle von Altamira

und die Farben schienen wie von gestern. Don Alonso erinnerte sich der zahlreichen Muscheln in seinem Fundgut, Muscheln mit verkrusteten schwarzen, braunen und roten Farbresten, die er achselzuckend zur Seite gelegt hatte. Nun sah er die gleichen schwarzen, braunen und roten Farben an den Höhlenwänden, dick und fett aufgetragen, gleichsam gespachtelt, in der Manier der großen Impressionisten, die damals gerade den Kunstmark revolutionierten. Dabei hatte es der unbekannte Schöpfer der Malereien in bewundernswerter Weise verstanden, die natürliche Plastik der Felswände seinem Werk dienstbar zu machen und so etwas wie farbige Skulpturen zu schaffen.

Don Alonso wurde sehr ernst. Er begriff die Tragweite seiner Entdeckung, ahnte aber bereits, was ihm bevorstand. Niemals würde man ihm, einem dilettierenden Laien, die Behauptung abnehmen, daß der Eiszeitmensch – dessen Existenz der große Rudolf Virchow noch immer hartnäckig leugnete – seine Höhlen mit Bildern ausgestattet habe, vor deren überwältigender Kraft jedes Wort verstummen mußte.

Don Alonso tat, was in seinen Kräften stand. Er verständigte seinen Freund Vilanova von der Universität Madrid, Spaniens bedeutendsten Geologen. Vilanova kam, stöberte tagelang in der Höhle herum, rückte ihr mit dem ganzen Instrumentarium seiner Wissenschaft zu Leibe und drückte dem Herrn von Sautuola schließlich ergriffen die Hand. Kein Zweifel: die Malereien waren echt, waren ein Produkt der Menschen der letzten Eiszeit, waren vielleicht dreißig- oder gar vierzigtausend Jahre alt.

Die ersten Publikationen hatten eine ungeahnte Sprengkraft.

Die Zeitungen brachten begeisterte Reportagen, Photographen suchten die Bilder festzuhalten, Besucher strömten zu Tausenden und aber Tausenden nach Altamira. Selbst der König kam, küßte die kleine Maria und ließ am Eingang der Höhle mit einer Kerze seinen heute noch sichtbaren Namen einbrennen.

Die Könige der Wissenschaft aber sagten: Nein. Die Olympioniken des alle vier Jahre stattfindenden Kongresses für Anthropologie und Prähistorische Archäologie, der 1880 turnusmäßig in Lissabon tagte, lehnten eine Fahrt nach Altamira entrüstet ab. Sie bezichtigten zuerst die Bauern der Umgebung der geheimen Urheberschaft, sodann römische Soldaten und schließlich einen armen, tauben französischen Maler, dem der gütige Don Alonso zeitweilig Unterkunft gewährt hatte. Die Neunmalklugen schrieben, es sei längst bewiesen, daß der primitive Mensch kaum mehr als ein Gorilla gewesen sei, und der berühmte Cartailhac von der Universität Toulouse sprach in einem Brief an seinen Pariser Kollegen Mortillet von einem Schwindel, der dazu dienen solle, leichtgläubige Prähistoriker öffentlichem Spott preiszugeben.

Es wurde also wieder still um Altamira. Vilanova kämpfte weiter. Don Alonso aber – der den Gelehrten nie verzieh, daß sie die Worte eines spanischen Edelmannes bezweifelten – hüllte sich in beharrliches Schweigen. Als er 1888 starb, teilte er das Schicksal Fuhlrotts. Sein Leben endete, bevor die Macht der Tatsachen die widerstrebende Wissenschaft zur Kapitulation gezwungen hatte.

Eine Szene von echt menschlicher Größe beschließt jedoch dieses Entdeckerdrama. Cartailhac bekannte 1902 in der Zeitschrift *L'Anthropologie* öffentlich seinen Irrtum. Gleichzeitig stattete er der Tochter Sautuolas, der Entdeckerin der Höhlenmalereien, einen Besuch ab und entschuldigte sich für die Unbill, die er ihrem Vater zugefügt hatte.

Was war inzwischen geschehen? Nun – es war nicht bei der Grotte von Altamira geblieben. Jahr um Jahr waren neue Höhlengalerien bekanntgeworden, die meisten unter seltsamen und denkwürdigen Umständen.

Ein gewisser Daleau entdeckte 1881 die Höhle Pair-non-Pair im Departement Gironde und stellte zwei Jahre später schwarze Ritzlinien an ihren Wänden fest. Weitere dreizehn Jahre brauchte er, sich über ihre Bedeutung klarzuwerden. Den Bannstrahl der Wissenschaft fürchtend, wagte er jedoch nicht, seine Erkenntnisse zu veröffentlichen.

Der Pfarrer von Saint-Girons arbeitete von 1881 bis 1884 in der Marsoulas-Höhle, schrieb eine fachwissenschaftliche Arbeit über seine Kampagne – die Bilder der Höhle aber, die er täglich vor

Augen hatte, erwähnte er mit keinem Wort, weil er sie für neueren Datums hielt.

Bäuchlings kroch 1895 ein Dorfjunge aus Les Eyzies in die Höhle von La Mouthe, rutschte, tappte und tastete zweihundert Meter weiter und sah im Schein seines bescheidenen Lämpchens die Wände mit Bildern von Bisons, Steinböcken und Wildpferden bedeckt. Der Forscher Rivière, der die Höhle untersuchte, zuckte die Schultern, erwähnte die merkwürdigen Malereien in Briefen an Fachgenossen und ließ die Sache auf sich beruhen.

Das Eis brach erst, als sich eine jüngere, vorurteilsfreiere und unbefangenere Generation von Wissenschaftlern mit der eiszeitlichen Höhlenkunst zu beschäftigen begann. Ihre Schrittmacher waren zwei katholische Kleriker, der 1877 geborene Henri Breuil – heute der bestbekannte Prähistoriker der Welt überhaupt, nach Bibby ein »Fachmann für alles, was zur Steinzeit gehört, und noch mit achtzig Jahren so imposant, daß man vor seinen Adleraugen und seinem scharfen Verstand neue Theorien und neue Entdeckungen nur mit Bangen präsentiert« – und der gleichaltrige Hugo Obermaier, ein Sohn der Stadt Regensburg, der später den Lehrstuhl für Urgeschichte an der Universität Madrid übernahm. Henri Breuil war es auch, der nach ausgiebigen Studien in den Höhlen von Les Eyzies den großen Zweifler Cartailhac veranlaßte, mit ihm nach Spanien zu fahren und Altamira zu bearbeiten.

Ein regelrechter Höhlenrausch setzte nach Cartailhacs Bußgang ein. Die Zeitschriften der Urgeschichtler füllten sich mit abenteuerlichen Berichten über die Entdeckung neuer Bilderhöhlen. Bezeichnenderweise waren es immer wieder Kinder und Jugendliche, die als erste in die Malerkatakomben aus den Kindheits- und Jugendtagen der Menschheit eindrangen.

Dem Fluß, der die Tuc-d'Audoubert-Höhle am Nordhang der Pyrenäen durchströmt, vertrauten 1912 die drei verwegenen Söhne des Grafen Bégouen ihr aus Kistenbrettern gezimmertes Floß an und fuhren mit ihm in die Unterwelt ein. Tief im Innern der Erde kletterten sie einen zwölf Meter hohen Felshang hinauf, zwängten sich durch einen schmalen Kamin, der ihnen die Kleider vom Leibe riß, und gelangten in einen Seitensaal, der außer überwältigend schönen Wandgemälden die Fußspuren eiszeitlicher Menschen im feuchten Lehm der Höhle bewahrte.

Auf den Tag genau zwei Jahre später ließen sich die verwegenen Brüder durch einen Erdspalt an einem Strick achtzehn Meter in die Tiefe gleiten und entdeckten die nach ihnen benannte Trois-Frères-Höhle, deren bekanntestes Bild einen eiszeitlichen Zauberer darstellt.

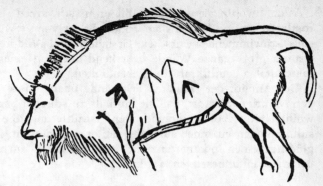

Bison, von Pfeilen getroffen (Felsbild in der Höhle von Niaux)

Die David-Höhle bei Cabrerets im Departement Lot trägt den Namen eines Jungen, der in der Schule von den eiszeitlichen Naturmuseen gehört hatte und nun, voll kindlichen Vertrauens, die Umgebung seines Dorfes nach einer solchen Höhle absuchte. Er stöberte ein durch große Steine verdecktes Erdloch auf, stieg mit dem Mut des reinen Toren in die gähnende Tiefe, robbte am ersten Tag 50, am nächsten 150 Meter durch die niedrigen, feuchten, beklemmenden Gänge und entdeckte schließlich, 417 Meter vom Eingang entfernt, einen Riesensaal mit Gravierungen und Malereien. Darunter ein einmaliges Werk: ein Wildpferd, dessen Kopf von der Natur selbst aus dem Stein gemeißelt worden war, indes der eiszeitliche Künstler Rumpf und Beine des Tieres, an den Felsvorsprung anschließend, mit schwarzen Strichen und Punkten an die Wand gemalt hatte.

Auch die großartigste Fundstätte eiszeitlicher Kunst, die Lascaux-Höhle bei Montignac in der Dordogne, verdankt ihre Entdeckung umherstreifenden Buben.

Wieder war es ein Hund, den die Erde plötzlich verschluckte. Ein Vierzehnjähriger kroch ihm nach. Einer Schlange gleich wand er sich durch einen engen, dicht unter der Erdoberfläche verlaufenden Gang, griff plötzlich ins Leere und spürte im gleichen Augenblick, daß er einen glitschigen, steinigen Hang hinabsauste. Eine schmerzhafte Bauchlandung beendete vier Stockwerkhöhen tiefer die Rutschpartie. Ravidat – so hieß der Junge – griff nach der Taschenlampe, ließ ihren irrlichternden Schein über die felsigen Wände huschen und rief seinen Kameraden zu, ihm zu folgen. Einer nach dem anderen rodelten sie ihm nach, scharten sich um das Licht der Lampe, rissen die Augen auf und staunten.

Bilder, wohin sie schauten. Bilder in schwarzen, lehmgelben, rostfarbenen und kupferroten Tönen. Bilder von verwundeten Bisons, schwimmenden Hirschen, Urrindern und Wildpferden – riesenhaft groß, ganze Wände bedeckend und von einer unheimlichen, vitalen Leuchtkraft und Lebendigkeit.

Der Anblick der bemalten Felswände überwältigte die Schüler von Montignac derart, daß sie lauthals zu schreien begannen. Sie wußten nicht, ob vor Freude oder Erschütterung. Sie umarmten sich, schlugen einander auf die Schulter und führten, fassungslos glücklich, einen Indianertanz auf... So geschehen am 12. September 1940, im unbesetzten Frankreich.

Justiz in der Eiszeit Die Urgeschichtsforschung hat mit der Entdeckung von bisher 114 unterirdischen Bildersälen eine Fülle neuer Erkenntnisse gewonnen. Die Felsmalereien haben für die Geologen und Paläontologen einen hohen dokumentarischen Wert. Urrind, Bison, Wildpferd, Mammut und andere ausgestorbene Arten – hier sind sie bis zum letzten Schwanzhaar porträtiert. Auch Jagdszenen geben die mannigfachen Gravierungen und Malereien mit bewundernswerter Akkuratesse wieder. In Lascaux sieht man zum Beispiel zwei Steinböcke vor einer Falle, in Niaux ein Wildgehege und in fast allen Höhlen Tiere, die, von Pfeilen und Speeren getroffen, sterbend zusammengebrochen sind.

Auch der Mensch selber tritt, wenngleich selten, in diesen Darstellungen auf. Es ist leicht zu erkennen, daß es sich durchweg um langaufgeschossene, schlanke und kräftige Gestalten handelt. Die Männer sind meist nackt, gelegentlich tragen sie eine Art von Kniehose. Bei den Frauen waren Röcke mit Wespentaillen Mode, wie viele tausend Jahre später auf Kreta; die Brüste blieben frei. Die Haare ließen sie offenbar in langen, vielleicht geflochtenen Strähnen bis auf die Schultern fallen. Dicke Reifen mit Hängezier schmückten ihre Oberarme.

Schmuck scheint auch dem Mann dieser Zeit Bedürfnis gewesen zu sein. »Da treten Bogenschützen und Krieger auf im festlichen Federbusch, mit Kopfbinden und Mützen mit Ohrlappen und aufgerichteten Zipfeln, mit kronenförmigem Kopfring. Troddeln und Quasten spielen im Nacken. Ein Bogenschütze von Mas d'en Josep ist mit einem langgefransten Rückenwedel ausgerüstet. Flatternde Binden gürten sie um die Hüften. Armzier und Ellenbogenringe legen sie an, und von den bereiften Knien flattern die Bänder. Das Leben ruft seine kriegerischen, seine Stammesauszeichnungen, seine sozialen und kultischen Bedeutungen laut in die Welt.« (Schmidt)

Honigsammlerin auf einer Strickleiter
vor einem Felsenloch
(Felszeichnung aus Ostspanien)

Ja, auch über die zunehmende Differenzierung des Daseins geben die Felsbilder mannigfache Auskunft. Rangunterschiede teilen sich durch die verschiedenartige Aufmachung von Jägern und »Großkriegern« mit. Darstellungen von Tänzern, Fährtensuchern und Honigsammlerinnen lassen erkennen, daß die menschliche Tätigkeit mancherlei Arbeitsteilung unterlag und sich nicht nur auf die Befriedung der nackten Not erstreckte.

Obermaier glaubte in den Felsmalereien sogar Hinweise zu finden, daß es neben Familien und Sippen bereits Gesellschaftsverbände gab, neben individuellem Eigentum kollektiven Besitz; ja, er hielt eine Art Strafrecht, eine Art autoritärer Justizpflege, für möglich.

Seine Überlegungen gingen von Felszeichnungen der ostspanischen Provinz Castellán aus. Auf einer von ihnen sind vier Krieger mit ihrem Anführer abgebildet. Einheitlich bewaffnet, scheinen sie zu marschieren, dabei tragen die vier »Gemeinen« den Bogen rechts, die Pfeile links, während ihr »Unteroffizier« Pfeil und Bogen in genau entgegengesetzter Weise mit sich führt. Derlei Ordnungsschemen sind auch aus anderen Bildern abzulesen. Die erregendste Darstellung gibt unzweifelhaft eine Tötungsszene wieder, und zwar eine regelrechte Hinrichtung – ein bewaffnetes Kom-

Hinrichtung in der Eiszeit?
(Felszeichnung aus der ostspanischen Provinz Castellán)

mando auf der einen Seite, auf der andern die unbewaffneten Opfer, die mit Pfeilen exekutiert werden.

Alle diese Umstände legen, so meint Obermaier, »die Annahme nahe, daß damals, auf dem Boden fester Rechtsvorstellungen, Organisationen bestanden, mit Gewalt und Befugnis, über bestimmte Vergehen Strafe und Sühne zu verhängen«.

Sie werden freilich selten in Aktion getreten sein. Zwar war das Klima unwirtlicher als heute, die Vegetation spärlich, der Boden karg. Der Hunger hatte trotzdem keine Heimstatt in jenen eisfreien Breiten. Die Fleischtafel vor allem war unendlich reich gedeckt. So führten die wenigen Menschen, die nomadisierend das Land durchzogen, wahrscheinlich ein fröhliches Jägerleben, unbeschwert und glücklich, allen guten Dingen dieser Erde zugetan. Daher auch die Vermutung, daß sich in der Paradieslegende die Erinnerung an diese letzte Epoche der Eiszeit erhalten habe.

Magier, Zauberer und Maler   Diese frühe mediterrane Heiterkeit verrät auch die Kunst, die damals entstand – zwanzigtausend Jahre und mehr vor den ersten Hochkulturen der Menschheit im Zweistromland.

Der erste Eindruck ist verwirrend. Selbst dort, wo die Höhlen – wie in Altamira oder Lascaux – für das Publikum hergerichtet sind, wo man Stufe um Stufe bequem zu ihnen hinabsteigt, wo Aufseher wie Museumswärter ihres Amtes walten, elektrisches Licht die Hänge und Hallen erhellt, braucht der Besucher einige Zeit, sich an die gespenstische Situation zu gewöhnen, die bizarre Phantastik der Felsformationen. Das Auge nimmt daher die Umrisse der überlebensgroßen Urtiere nur zögernd wahr. Doch langsam gewinnen sie Leben. Ihre Rücken bäumen sich. Ihre Augen leuchten. Ihre riesigen Leiber werden Fleisch und Blut.

Wisent (eiszeitliche Zeichnung von Laugerie Basse)

Der Betrachter fühlt sich überwältigt von dieser hinreißend vitalen Kunst. Er glaubt den Atem der Tiere zu spüren. Er meint das Gebrüll einer gebärenden Urkuh, das Stöhnen eines verwundeten Wildpferdes zu vernehmen.

Die Maler der Eiszeit liebten die großen Formate, die riesigen Proportionen. Aber sie hinterließen auch viele kleine, gleichsam hingeworfene, nur skizzierte Stücke. Und die Forscher fanden schnell heraus, daß viele dieser Gelegenheitsarbeiten Entwürfe zu den mächtigen Monumentalgemälden waren. Sorgfältige Studien gingen also dem Schöpfungsakt voraus.

Hugo Obermaier hat noch in den dreißiger Jahren in Altamira das Atelier eines diluvialen Künstlers freigelegt. Säuberlich lagen die Farben dort nebeneinander, die Tonleiter von hell bis dunkel gewissenhaft durchlaufend, daneben die Reibschalen, auf denen das Rohprodukt zerrieben wurde. »Die chemische Untersuchung der Farben ergab, daß Tierfett zugesetzt wurde, vielleicht auch Blut. Für die Pinsel sind Röhrenknochen verwendet worden... Man kann bei den Bildern deutlich die Striche der Pinsel sehen und erkennt dabei, daß der Maler feinere Pinsel verwendete an den Stellen, wo der feinere Strich nötig war, und daß er breite, große Pinsel gebrauchte, um kräftige Linien auf die Wandfläche zu werfen.« (Kühn)

Auch die Lampen, mit denen die Eiszeitmaler ihre dunklen

Gewölbe beleuchteten, sind bekannt. Das erste Fundstück, aus der Höhle La Mouthe in der Dordogne, enthielt noch das Fett, das die spärliche Flamme speiste. Als Docht hatte der Darm eines Tieres gedient.

Was aber trieb diese Menschen in den Schoß der Erde? Was trieb sie, die rauhen, steinigen Wände der Höhlen zu bemalen? Was sollten diese Bilder, die doch normalerweise niemand sah?

Die Völkerkunde weiß von Primitiven, welche die Tiere, die sie erlegen wollen, vor der Jagd in den Sand zeichnen und mit einem Speer durchbohren. Mitten unter uns leben Menschen, die – wie manche Gerichtsakte bestätigt – fest davon überzeugt sind, daß man einen bösen Nachbarn tötet, wenn man sein Bild durchsticht. An die gleiche magische Kraft glaubten unsere eiszeitlichen Ahnen. Auch sie suchten mit ihren Bildern Bann und Gewalt auszuüben. Ihre Darstellungen waren Zauberkreise der Macht. Wo aber konnte solcher Zauber stärker wirken als in dunklen Tiefen der lebenspendenden Erde?

Mit anderen Worten: Diese Bilder waren nicht, wie der Amerikaner Howells trocken bemerkt, als Staatsgalerien gedacht. Sie waren metaphysischer Natur. Die Höhlen, die sie schmückten, dienten sakralen Zwecken, dienten als Kultplätze – als Kirchen, wenn man so will.

Selbst die Zeremonien, die sich in ihnen abspielten, lassen sich an Hand des Fundmaterials unschwer rekonstruieren. Unter dem felsigen Bilderbaldachin traten die Priester, oder wie sonst man sie nennen will, zur Beschwörung zusammen. Beinerne Flöten und an Schnüren gewirbelte Schwirrhölzer – im Höhlenlehm zu Dutzenden erhalten – untermalen die Szene mit merkwürdig plärrenden, schnurrenden Tönen. Dann begann der Tanz, mit langsamen, gemessenen Bewegungen, die sich zu ekstatischer Wildheit steigerten.

Die Tänzer trugen Verkleidungen und Masken. Durch Bocksgehörne, Bisonfelle, Pferdeschweife und andere faunistische Requisiten verwandelten sie sich in Fabelwesen, die der Kavalkade der Tiere an den Wänden ihre Huldigung darbrachten. Auch solche Zaubertrachten kennen wir ein ganzes Schock, vornehmlich aus Steingravierungen und Ritzzeichnungen auf Elfenbein, aber auch von den Höhlenwänden selbst.

Als perfektester Vertreter seiner Zunft gilt der geschwänzte Maskentänzer aus der Drei-Brüder-Höhle in den Pyrenäen. In einer Hirschhaut steckend, hat er sich mit einem mächtigen Geweih gekrönt; nur die unverhüllten Beine kennzeichnen ihn als menschliches Wesen.

Die Höhle von Lascaux zeigt einen Zauberer, der sich bereits im Trancezustand befindet. »Wie bei den Schamanen Sibiriens steht vor ihm auf einer Stange der Vogel, der vielleicht«, wie Herbert Kühn meint, »das Auffliegen des Geistes zum Himmel bedeutet.« Sein Zauberstab liegt vor ihm auf der Erde. Auch solche Zauberstäbe sind häufig gefunden worden. »Sie tragen die Symbole der Fruchtbarkeit für die Tiere. Denn der Mensch tötet die Tiere, und der Herr der Tiere soll die Tiere wieder schaffen, damit der Mensch leben kann.«

Mit »Kunst« in unserem Sinne hat das alles wenig zu tun. Trotzdem – wie anders sollte man es nennen, was die eiszeitlichen Maler und Bildhauer zum Schmuck ihrer liturgischen Höhlen hervorbrachten? Ihre Werke sind Ausdruck ungewöhnlicher formschöpferischer Kräfte. Souverän – und keineswegs »naiv« – verwandelten sie Materie in Geist, schufen sie neue Welten, gelang ihnen der Schritt vom Bild zum Inbild.

Dabei stellt sich diese Kunst als reine Wirklichkeitskunst dar, der es um Genauigkeit selbst im Detail ging. Überlegen beherrscht sie die Technik der Zeichnung. Selbst mit einem so schwierigen Problem wie der perspektivischen Verkürzung wurden die eiszeitlichen Maler mühelos fertig. Und absolut einmalig ist, wie sie die naturgegebene Plastik der Felswände benutzen, um ihren Malereien Fülle und Relief zu geben.

Die Forschung datiert die Höhlenkunst in die Zeit von 50 000 bis 10 000 v. Chr. Da diese Epoche in der Reichweite der Radiokarbonmethode liegt, können sehr genaue Diagnosen gestellt werden. Zum Beispiel ergab sich für Holzkohlestücke, die unter den Bildern von Lascaux lagen, ein Alter von 15 516 Jahren; die Gemälde dieser »Sixtinischen Kapelle der Vorzeit« entstanden also um 13 500 v. Chr.

Eine Kunst, die vierzigtausend Jahre durchmißt, muß notwendigerweise Entwicklungsstadien durchmachen. Herbert Kühn, der sich mit diesem Komplex jahrzehntelang beschäftigt hat, ist zu dem Ergebnis gekommen, daß sich bereits in der eiszeitlichen Malerei eine allgemeingültige Entwicklung vollzieht. Die »sensorische« Kunst geht in die »imaginative« über, das heißt: der Weg führt immer vom diesseitig ausgerichteten zum jenseitig suchenden Menschen, vom Impressionismus zum Expressionismus, vom Darstellen des Erschauten zum Ausdruck des Gedachten.

Hier, im Vorfeld der Abstraktion, endete die eiszeitliche Kunst; genauer gesagt: die späteiszeitliche Kunst. Denn die ostspanischen Felsbilder, die diese Richtung am reinsten repräsentieren, gehören bereits dem beginnenden Mesolithikum an. Folgerichtig mündet

Mammut aus Combarelles

diese Entwicklung in die geometrischen, »kubischen« Formen des Neolithikums und der Bronzezeit.

Die Fälschungen des braven Konrad

Die Eiszeit-Malerei ist ein europäisches Phänomen. Im übrigen Teil der Welt hat man, trotz systematischer Suche, nichts Derartiges gefunden.

In Europa teilen, wie wir sahen, Frankreich und Spanien den Ruhm. Der Beitrag Italiens beschränkt sich bisher auf drei Bildergrotten. In Deutschland sind seit 1937 die Felszeichnungen im Kleinen Schulerloch im Altmühltal bei Neuessing bekannt. Mehr einstweilen nicht.

Aber auch die Mitte des Kontinents hatte ihre Kunst. Mitteleuropa ist das Dorado der kleinen Formate. Zahllose Gravierungen und Ritzzeichnungen auf Knochen und Elfenbein sind in deutschen, schweizerischen und österreichischen Höhlen gefunden worden.

Den Anfang machte eine Grotte bei Thayngen an der Bahnstrecke Singen–Schaffhausen, das Keßlerloch genannt, weil sie wandernden Kesselschmieden und anderen lichtscheuen »Ambulanten« häufig als nächtlicher Unterschlupf diente.

Ein gewisser Konrad Merck, der damals gerade ein Jahr in Thayngen »als Reallehrer funktioniert hatte«, entdeckte die Höhle 1873 während einer botanischen Exkursion. »Mich rasch durch das Gestrüpp hindurchdrängend«, so heißt es in der braven Lesebuchsprache des eidgenössischen Schulmeisters, »war ich nicht wenig erstaunt, hinter diesen lebenden Kulissen mich von nackten Felswänden eingeschlossen zu sehen. Da ich in den letzten Jahren mich viel mit Geologie und dem Studium der vorgeschichtlichen Menschen beschäftigte, so lag mir der Gedanke sehr nahe, es möchte diese Höhle ähnlich denjenigen anderer Länder vorhistorischen Menschen als Wohnstätte gedient haben. Ich faßte daher den Entschluß, Nachgrabungen hier anzustellen...«

»Schon deckte ein leichter Schnee die zur Ruhe gegangene Natur«, als Merck mit seinem Kollegen Wepf und »in Begleitschaft zweier älterer Schüler«, mit Schaufeln und Hacken ausgerüstet, zum Keßlerloch zog. Einen Meter unter der Oberfläche fanden sie die ersten Feuersteinsplitter, Tierknochen und Rentiergeweihe. Durch diesen Erfolg ermutigt, sicherte sich Merck, »gegen eine nicht geringe Geldleistung an den Besitzer des Keßlerloches«, das Schürfungsrecht. Im Februar 1874 begann er mit einem fünfköpfigen Arbeitskommando zu graben. Das Unternehmen dauerte sieben Wochen und beschäftigte bald weit über den regionalen Bereich hinaus die gesamte europäische Urgeschichtsforschung.

Objekt ihres Staunens waren nicht die zwölftausend Silexsplitter, die zweihundert als Hammer gebrauchten Rollsteine, die zahlreichen Bruchstücke bearbeiteter Rentierstangen, die Merck aus dem Kulturschutt des Keßlerlochs barg, sondern zwei primitive Skulpturen und acht Knochenstücke, auf denen bei näherem Hinsehen kleine, dünne Ritzzeichnungen zu entdecken waren.

Ein Knochen zeigte die Umrisse eines suchenden Rentiers. Merck war verwegen genug, die Skizze als »ein wahres Kunstprodukt aus jener Zeit« zu werten und daraus zu folgern, daß ihr Schöpfer »kaum ein wilder, roher Jäger gewesen sein« könne. Die Wissenschaft weigerte sich einmal mehr, die Sprache der Tatsachen anzuerkennen. Zu ihrer Entschuldigung kann sie freilich anführen, daß die erste Publikation von Merck die Wiedergaben von zwei Fälschungen enthielt.

Die Affäre ging nicht zu Lasten des Reallehrers Merck. Als Schuldigen ermittelte die Kantonalpolizei den Arbeiter Stamm, der auf gutes Zureden hin auch unverzüglich ein Geständnis ablegte.

Mit der Nachlese im Keßlerloch beauftragt, hatte er die Herstellung seiner Falsifikate zunächst als Spielerei betrieben, bis ihn der schnöde Mammon verführte, daraus einen Nebenerwerb zu machen. Da seiner Hand die notwendige Geschicklichkeit abging, machte er sich, wie er zu Protokoll gab, auf nach Schaffhausen, »zu einem Knaben eines meiner Anverwandten, namens Konrad Bollinger, damals Realschüler«. Er legte ihm zwei Beinstücke auf den Tisch und bat ihn, darauf einen Fuchs und einen Bären einzuritzen.

Der brave Konrad fertigte die Zeichnungen »unter Zuhilfenahme von Zirkel, Federmesser und Stricknadeln« an, und Stamm

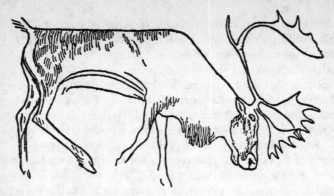

Das Rentier von Thayngen

verkaufte sie, ohne seinen jungen Verwandten mit einem »Räppli« am Erlös zu beteiligen.

Obwohl Merck den Braten gerochen und sich gegen eine Veröffentlichung der beiden Knochenbilder gewehrt hatte, war er noch jahrelang übler Nachrede ausgesetzt, und seine Funde blieben verdächtig, obwohl ihre Echtheit sehr bald durch Experten bezeugt wurde.

Die Geister schieden sich besonders vor dem Bild des suchenden Rentiers (das heute zum kostbarsten Besitz des Rosgarten-Museums in Konstanz gehört). Hier handelt es sich in der Tat um ein rechtes eiszeitliches Geniestück, das auch einem heutigen Zeichner Ehre machen würde. Die übrigen Gravierungen und die beiden Kleinplastiken fallen demgegenüber ab. Wichtig ist allenfalls die Feststellung, daß sie ebenfalls ausschließlich Tiere wiedergeben.

Auch diese Kleinkunstwerke – die Forschung kennt heute Tausende solcher Darstellungen – sind also Produkte des Jagdzaubers, Kinder jener magischen Weltanschauung, die Denken und Fühlen des Eiszeitmenschen bestimmte.

Daneben gibt es zahlreiche menschliche Skulpturen, durchweg Rundfiguren von vier bis elf Zentimeter Höhe, die meisten unverkennbar weiblichen Geschlechtes. In paradiesischer Nacktheit dargestellt, zeichnen sich die Gestalten durch außerordentliche Korpulenz aus. Überdimensionale Sitzflächen, riesige Brüste und schwellende Schenkel sind sozusagen ihre plastischen Visitenkarten.

Die berühmteste von ihnen ist die Venus von Willendorf, eine dreizehn Zentimeter hohe, rötelgefärbte Kalksteinplastik aus Österreich, die sich feierlich vor dem Betrachter aufbaut, ein wahres Fettgebirge, mit wogendem Busen und Bauch.

Nicht von ungefähr ist angesichts solcher quellenden Massen vom »künstlerischen Fleischhunger« des Diluvialmenschen die Rede gewesen, den er auf doppelte Weise befriedigte: im Symbol des Nahrungstieres und in der Gestalt des erotischen Idols. Wieweit die Willendorferin oder ihre kaum weniger renommierten Schwestern vom Petersfels bei Engen im Hegau, von den Skulpturen eiszeitlicher Französinnen ganz zu schweigen, Produkte dieses »Fleischhungers« waren, mag trotzdem offenbleiben. Vielleicht waren sie auch kultische Idealfiguren, Fruchtbarkeitsgöttinnen etwa oder Devotionalien früher Muttermythen, vielleicht sogar profane Abbilder der Wirklichkeit.

Die letzte These vertritt Karl Schuchhardt mit Nachdruck. Ein hervorragender Berliner Arzt habe ihm versichert, daß er eine Frau von der Gestalt der Willendorferin in seiner Klinik gehabt und vor ihrer Entlassung gewogen habe: sie sei 400 Pfund schwer gewesen. Schuchhardt hat auch eine sehr einfache Erklärung für die auffallende Tatsache, daß nur die Frauen des Paläolithikums, im Gegensatz zu ihren schlanken, sehnigen Männern, sich derart barocker Formen erfreuten: »Vielleicht haben jene ihre Tage bequem auf den Fellagern der Grotten verbracht, während die Männer durch gewohnheitsmäßige Jagdzüge ihren Körper geschmeidig hielten.«

Ob so oder anders – auch die Kleinkunst ist aus dem Bild der letzten Eiszeit nicht wegzudenken. Auch aus ihr spricht ein Mensch, der weit über den Neandertaler hinausgewachsen war. Auch sie steht stellvertretend für eine Entwicklung, die sich »wie in einem Handstreich« des gesamten Repertoires der bildenden Kunst bemächtigte: der Malerei und der Zeichnung, der Plastik und des Reliefs.

Monumentalkunst im Miniaturformat

In Deutschland zählt man bisher vierzehn Fundstätten diluvialer Kleinkunst. Vom Petersfeld bei Engen im Hegau stammen die erwähnten Frauenstatuetten und die drei Dutzend »Kommandostäbe« mit Gravierungen, aus Andernach die Skulptur eines rassigen Vogelkopfes, aus Oberkassel bei Bonn eine Speerschleuder in Gestalt eines Tieres. Die Klausennische bei Neuessing lieferte eine schöne Mammutgravierung und einen Männerkopf mit Maske. Die Schussenquelle bei Schussenried, der Hohle Stein und der Käufertsberg bei Nördlingen sowie einige thüringische Höhlen sind in diesem Katalog vornehmlich mit Knochengravierungen vertreten. Die bedeutendsten Funde aber kommen aus dem Kulturschutt der Vogelherdhöhle.

Von den elfenbeinernen Tierplastiken, die der Vogelherd der Schatzkammer deutscher Eiszeitkunst schenkte, ist die eines Mammuts die schönste. Ein lebendiges, kraftvolles Werk, das die mächtigen Proportionen des Dickhäuters auf 4,9 Zentimeter Länge und 3,4 Zentimeter Höhe zusammendrängt. Riek hebt die »verblüffende Naturalistik« der spielzeuggroßen Monumentalfiguren hervor, auch die sauberen Durchbrüche zwischen Vorder- und Hinterbeinen sowie die plastische Verve des kuppelförmig emporgetriebenen Schädeldaches.

Dem Stettener Mammut kommt insofern eine besondere Bedeutung zu, als es auch international nahezu konkurrenzlos dasteht. Aus Unter-Wisternitz in Mähren stammt eine daumengliedstarke Sandsteinskulptur, aus Predmost ein elfenbeinernes Halbrelief, das, doppelt so groß wie das Vogelherdmammut, diesem in der künstlerischen Ausführung nicht gleichkommt. In Frankreich, dem Königreich der eiszeitlichen Kultur, wurden nur Bruchstücke von plastischen Wiedergaben des Urzeitriesen gefunden.

Demgegenüber hatte der Lehm der Stettener Höhle noch ein Mammut-Halbrelief und das Hinterstück einer weiteren Mammut-Plastik konserviert – ein Beweis dafür, wie sehr gerade dieser Koloß die Gedanken des älberischen Eiszeitjägers beschäftigte.

Von den restlichen Kleinkunstfunden prägt sich eine zweieinhalb Zentimeter große Wildpferdplastik am stärksten ein, ein herrlich dahinjagendes Steppenpferd, dessen ranken, schlanken und biegsamen Hals »feurige Bewegungslust« erfüllt. Auch diese »Schöpfung verdichteter Natürlichkeit« ist nach Rieks Feststellungen in der Kunst Diluvial-Europas ohne Beispiel und Gegenstück.

Die gleiche technische und künstlerische Perfektion beweist schließlich eine knapp sieben Zentimeter lange Pantherfigur, das dritte As der Vogelherdgalerie. »In dem ... Schleichgang der Großkatze kommt deren wehrhafte Spannkraft treffend zum Ausdruck. Der Kopf ist mit heimtückisch zurückgelegten Ohren starr und lauernd geradeaus gerichtet. Greifbar und wahrhaft naturalistisch steht dieses Raubwild vor uns ... Derart konnte ein Jägerkünstler wiederum nur aus unmittelbarster Naturanschauung ... schaffen.«

Dazu kommen – aus einer jüngeren Schicht – zwei Halbreliefs eines Bisons und eines Höhlenlöwen, eine menschliche Figur von »dünnleibigem Typus« sowie eine gravierende Wildpferd-Kniescheibe mit Zeichen unbekannter Bedeutung.

Die Vogelherdkunst in ihrer Gesamtheit gilt als ein typisches Produkt sublimierter Jägermentalität. Die kleinen Skulpturen setzen eine hochentwickelte Beobachtungsgabe, einen untrüglichen Sinn für Formen und Maße und ein außerordentliches Fingerspitzengefühl voraus – Eigenschaften, die bereits auf eine weitgehende Verfeinerung des Lebens deuten. Da die Vogelherdkuppe die einzige bisher bekannte Kunsthöhle der Schwäbischen Alb birgt, spricht Riek die Vermutung aus, daß sie eine Bildschnitzerschule beherbergte, die ihre Erzeugnisse auch an andere Horden verhandelte. Und das unter der Ungunst eines lebensfeindlichen Klimas auf dem schmalen eisfreien Streifen zwischen den mächtigen Gletschergebirgen im Norden und Süden.

Auch die beiden Vogelherdschädel, ein Lang- und ein Rundkopf, haben die Forschung stark beschäftigt. Mancherlei Zeichen deuteten, wie bei den Schädelnestern der Ofnet-Höhle, auf kultische Kopfbestattungen, doch reichte das Material für eine eindeutige Diagnose nicht aus. Riek fühlte sich am stärksten an australische Schädelgefäße erinnert.

Die Grabungsbeute enthielt weiter die Knochenreste von etwa 180 Tieren, darunter zehn Raubtierarten, und schließlich, auf verschiedene »Horizonte« verteilt, Tausende von Werkzeugen, teils aus Stein, teils aus Knochen oder Elfenbein.

Solche Geräte freilich haben auch andere Fundstätten in Hülle und Fülle geliefert. Aus der Sirgenstein-Höhle holte Robert Rudolf Schmidt 1906 nicht weniger als 5 000 Feuersteinartefakte. Noch ergiebiger war der 1927/28 untersuchte Petersfels, der 50 000 Werkzeuge und Absplisse freigab. Und nur drei Kilometer vom Vogelherd entfernt, vor der Bocksteinhöhle im Lonetal, entdeckte Robert Wetzel zu Beginn der dreißiger Jahre eine ganze Werkzeugmanufaktur, eine eiszeitliche Steinschmiede, deren Erzeugnisse mit Sicherheit den Bedarf zahlreicher Horden deckte.

Auch diese fast fabrikmäßige Herstellung des Geräteinventars gehört zum Bild der Würm-Eiszeit, die sich der Forschung als eine Epoche zugreifender, in vieler Hinsicht revolutionärer Entwicklung erschlossen hat.

Fassen wir noch einmal zusammen: In der Mitte dieser Epoche – pauschal gerechnet: vor 50 000 Jahren – tauchte aus dem Osten her jener »neue Mensch« auf, den wir als *Homo sapiens diluvialis* kennengelernt haben. Unempfindlicher, kräftiger und klüger als der Neandertaler, bereitete er diesem sein Schicksal. Gleichzeitig schuf er, obwohl weiterhin nomadisierend, neue Formen des Zusammenlebens, der Jagd und der Bestattung, begründete er ein neues, magisches Weltbild, das in den Wundern der eiszeitlichen Kunst seinen überwältigenden Ausdruck fand.

Dieser weltgeschichtliche Vorgang zeichnet sich in den archäologischen Bilanzen greifbar deutlich ab, nicht zuletzt, wie wir sahen, dank den Erfolgen der Höhlenforschung. Es ist deshalb kein Zufall, wenn das Bild der Urzeit nirgendwo so lebendig ist wie in den

Das Morgenrot des Schönen

mittel- und westeuropäischen Höhlenlandschaften. Auch der Älbler lebt mit seinen diluvialen Ahnen sozusagen auf du und du, und die Poeten und Forscher Schwabens sind nicht müde geworden, vom Dasein jener Wildbeuter zu berichten, die damals im Schoße der Berge hausten.

So Oskar Paret in seinen Erzählungen *Vom Alltag schwäbischer Vorzeit*. So Gerd Gaiser in seinem Roman *Das Schiff im Berg*. Und so David Friedrich Weinland in seinem berühmten *Rulaman*, mit dem jeder schwäbische Junge irgendwann einmal zum Geburtstag oder zu Weihnachten beschenkt wird: »Die Fackel glimmte und flackerte Tag und Nacht als ewiges Feuer. Die Beleuchtung war spärlich, doch ließ sie, wenn man einmal daran gewöhnt war, alles ziemlich deutlich erkennen. Die Lichtwirkungen an den zerrissenen und vielgestaltigen Wänden und an dem mit Tropfstein bedeckten Dach der Höhle waren höchst malerisch und erzeugten einen ewigen Wechsel von Licht- und Schattengebilden, deren Formen freilich durch beständig aufsteigende Rauchwölkchen verdunkelt wurden.«

»Nun ist es nicht schwer, sich eine Vorstellung von dem bunten Gewimmel der Menschen und Tiere in der Höhle zu machen. Da sitzt eine Gruppe von Weibern beim Feuer, die mit den Beinpfriemen, mit Tiersehnen als Faden, an Fellen nähen, die mit Glättbeinen auf einem flachen Stein... die harten Nähte glatt bügeln und sich dabei aufs lebhafteste über ihre Angelegenheiten, ihre Kinder, ihre Pelzkleider, ihren Schmuck, unterhalten.«

»Daneben sind einige junge Mädchen eifrig beschäftigt, das lange, schwarze Haar mit großen Kämmen zu strählen. Diese sind kunstvoll aus starkem Eichenholz geschnitzt, haben aber nur wenige Zähne. Mark aus Rentierknochen verleiht dem etwas groben Haar Geschmeidigkeit und Glanz, und nicht wenig Mühe wird schließlich auf den großen, korbförmigen Knoten verwendet, der von den einen oben auf dem Kopf, von den anderen mehr im Nakken getragen wird...«

»Hier wälzen sich kleine lachende Kinder mit jungen Wölfen und Bären auf dicken Fellen behaglich am Boden herum.«

»Dort stehen einige Männer und erzählen sich ihre Jagdabenteuer, während andere an Feuersteinen klopfen, Wurfspieße und Pfeilschäfte glätten und Rentiergeweihe schaben.«

Solche Szenen werden sich auch in der Vogelherdhöhle abgespielt haben. Zwanzig, dreißig, vielleicht auch vierzig Köpfe stark, hausten die Jägerhorden in ihrer Felswohnung. Das Plateau der steinigen Kuppe gewährte einen hervorragenden Rundblick, die Terrasse auf der Südseite fing Sonne und Wärme ein. Zwölf Meter tiefer im Tal bewegten sich die Tiere zur Tränke, reichliche und leicht zu beschleichende Beute.

So ging das Leben dahin, eingebettet in den ewigen Wechsel von Tag und Nacht, Sommer und Winter, wärmeren und kälteren Zeiten. Die Jäger kamen, ließen sich nieder und zogen weiter, wenn sie die Tiere der Landschaft getötet oder verscheucht hatten. Nahm Jahre, Jahrhunderte oder Jahrtausende später ein neuer Trupp die Grotte in Besitz, so waren es eigentlich immer noch dieselben Menschen – mit denselben Gewohnheiten, denselben Geräten, denselben Ängsten und Hoffnungen. Veränderungen brauchten Zeit, unendlich lange Zeit. Die Urzeit-Uhren gingen anders.

Wer die Vogelherdhöhle heute besucht, findet sich in eine stille, weltferne Landschaft versetzt. Die Straße von Stetten nach Bissingen kurvt, dem Lonelauf folgend, in etwa zwanzig Meter Entfernung an der Felskuppe vorbei. Spärliches Gras bedeckt den gleichsam verkrusteten Stein. Auf der Höhe reckt sich eine zerzauste Kiefer. An die Hänge klammern sich niedrige Wacholderbüsche und unterernährte, dünnstämmige Eichen. Vor einem der beiden dunkel gähnenden Zugänge steht einsam ein kniehohes Weihnachtsbäumchen. Das Innere der Grotte deckt Geröll und glitschiger Lehm, die Höhlenwände nässen.

Auf der Terrasse vor der Höhle entdeckt man die Reste eines Campingfeuers. In der Mitte einen Kranz von Steinen, auf dem ein Topf gestanden hat. Wanderer haben hier abgekocht.

Ob sie sich vorgestellt haben, daß ihre Ahnen vor ... zigtausend Jahren an der gleichen Stelle am lodernden Lagerfeuer saßen?

Und daß einer von ihnen, vielleicht im Flackerschein der Flamme, emsig damit beschäftigt war, aus einem Stück Elfenbein ein fingergroßes Mammut zu schnitzen?

VIERTES KAPITEL

DIE ABFALLTEICHE VON AHRENSBURG

EISZEITENDE VOR DEN TOREN HAMBURGS

DIE HÖHLENMENSCHEN UND DIE AUSTERNESSER
MIT DEM FAHRRAD IN DIE URGESCHICHTE
NACHTÜBUNGEN IN STELLMOOR
PÜLVERCHEN AUS »DONNERKEILEN« · LUCRETIUS SIEGT IN KOPENHAGEN
KALBSKEULE UND WINKELSCHABER · VOKABELN FÜR ZUNGENAKROBATEN
VOM EOLITHIKUM ZUM MAGDALÉNIEN
KAMEN DIE »HAMBURGER« AUS DER UKRAINE?
AUF DEM ZELTPLATZ HERRSCHTE ORDNUNG
SIEBZEHN PFUND FLEISCH AM TAG · RENJÄGERS »PFENNIGARTIKEL«
DIE VERSENKTEN OPFERTIERE · ALS DIE THEMSE IN DEN RHEIN FLOSS
DIE WANDERUNG DER »SÜDLEUTE« · DIE ÄLTESTEN PFEILE DER WELT

Die Höhlenmenschen und die Austernesser

Ahrensburg ist einer der grünen Trabanten Hamburgs, eine freundliche, wohltemperierte Gartenstadt, trotz Autobahn und lärmender Bundesstraße. Reiseführer und Prospekte rühmen ihre herrschaftlichen Alleen und gepflegten Parkanlagen, die großen Forsten und das Strandbad am Bredenbeker Teich. Und dann natürlich das Schloß, das in diesem prächtigen Bilderbogen nicht fehlen darf.

Peter von Rantzau, einer aus dem berühmten holsteinischen Adelsgeschlecht, ließ es 1595 erbauen. Ein prächtiges Stück Renaissancearchitektur, schenkt es zusammen mit Schloßkirche, Mühle und Marstall der Stadt so etwas wie residenzlichen Glanz. Den ahnungslosen Besucher überrascht es zudem mit einer kostbaren Porzellansammlung und wertvollen Gemälden, von seiner fürstlichen Innenausstattung aus dem 18. Jahrhundert ganz abgesehen.

Schlägt man im Lexikon nach, findet man über all die Herrlichkeit kein Wort. Wohl aber weist es auf die Grabungen von Stellmoor und Meiendorf hin, die Ahrensburg, heute eine Stadt von knapp zwanzigtausend Einwohnern, in den letzten Jahrzehnten zu einem Zentrum der Urgeschichtsforschung gemacht haben...

Die Entdeckungen im sogenannten Tunneltal von Meiendorf-Ahrensburg gehören zu den bedeutendsten Beiträgen, die deutsche Prähistoriker in diesem Jahrhundert für ihre Wissenschaft geleistet haben. Nicht nur der Erfolg begründet diesen Rang, sondern auch die Methode. Die Grabungen waren nicht das Ergebnis von Zufallsfunden, sondern das Endprodukt kühner und präziser Planung – eine Sache genauester Detailkenntnis, souveräner Kombination und jenes nicht zu erwerbenden Instinktes, der wie ein Geigerzähler auf die verborgenen Schätze der Erde reagiert.

Alle diese Qualitäten brachte der Forscher mit, der – erstmalig im Jahre 1932 – auf einer Wiese des Tunneltals, wenige Meter neben der Bahnstrecke nach Lübeck, die Stelle bezeichnete, wo eiszeitliche Rentierjäger ihr Lager aufgeschlagen hatten. Der Mann hieß Alfred Rust und war Elektriker von Beruf.

Alfred Rust, Jahrgang 1900, gebürtiger Hamburger – heute ein Experte von internationalem Rang –, ist ein Selfmademan seiner Wissenschaft. Der Vater starb früh, die Mutter stand mit ihren beiden Söhnen allein im Leben, und für das Gymnasium reichte das Geld nicht. Die Schulentlassung, und damit der Eintritt ins Leben, fiel in das erste Jahr des Ersten Weltkriegs. Das bedeutete Hunger, harte Arbeit und einen freudlosen Feierabend.

Im Chaos der Nachkriegsmonate bestand er seine Gesellenprüfung. Eine Elektrofirma stellte ihn als Installateur ein. Sein Lohn reichte gerade für das nackte Leben. Monatelang mußte er sparen, um einen gebrauchten Fotoapparat und ein altes Fernglas zu erstehen. Sie begleiteten ihn auf seinen Wanderungen und Fahrten quer durch den Kontinent, die er dadurch finanzierte, daß er sich, nach altem Brauch, bald hier, bald dort als Geselle verdingte.

Nach Hamburg zurückgekehrt, suchte er sich, was ihm an Wissen fehlte, in Abendkursen anzueignen. Wie ausgehungert stürzte er sich auf die geistige Nahrung, die ihm in seiner Jugend vorenthalten war, verschlang er, was ihm an Geschichte, Kunst, Naturwissenschaften geboten wurde. Aber erst Mitte der zwanziger Jahre fand er, gleichsam über Nacht, den Stoff, der ihn nicht mehr losließ.

Gustav Schwantes, damals Ordinarius für Urgeschichte in Kiel, vermittelte ihm die ersten Kenntnisse über die frühe Zeit des Menschen, spürte sehr bald die Begeisterung und ungewöhnliche Intelligenz seines jungen Hörers und nahm ihn unter seine väterlichen Fittiche. So fand Rust Aufnahme in jene »Gruppe von fast familiärem Zusammenhang«, deren erklärtes Ziel es war, die zum guten Teil noch in tiefer Finsternis liegende urzeitliche Landschaft Schleswig-Holsteins und Niedersachsens aufzuhellen. Die Forscher waren dabei, wie Schwantes einmal schrieb, von Zweifeln an der landläufigen Auffassung bewegt, daß die bis dahin gefundenen Zeugen steinzeitlicher Besiedlung nur der Mittleren und Jüngeren Steinzeit zuzuschreiben seien.

Über die nordeuropäischen Jahrtausende nach dem Abtauen der letzten Gletscher hatte man, dank dem dänischen Forscher Worsaee, bereits ziemlich genaue Vorstellungen. Dieser »erste vollberuflich tätige Prähistoriker der Weltgeschichte« entdeckte Mitte des vorigen Jahrhunderts – gefördert durch den trinkfreudigen König Frederik VII., der seinem »Inspekteur der Altertümer« sogar eine eigene Uniform schneidern ließ – die berühmten *Kjökkenmödinger*. Das waren Küchenabfallberge in Meeresnähe, aus denen zur allgemeinen Verwunderung hervorging, daß die nacheiszeitlichen Fischer- und Jägervölker zum guten Teil von Austern gelebt hatten.

Natürlich enthielten diese Kjökkenmödinger, deren Entdeckung Frederik VII. in gewohnter Weise mit ausgedehnten Gelagen feierte, auch Geräte, Waffen, Tongefäße und vermittelten der Forschung damit eine solche Fülle von Erkenntnissen, daß sie das Leben dieser Austernesser genauso eingehend beschreiben konnte wie das der eiszeitlichen Mammutjäger und Höhlenbewohner.

Dazwischen aber lag ein weites, unerforschtes Feld, eine Zeit der tausend Fragezeichen, von der man der Einfachheit halber annahm, daß sie kein menschliches Leben in Norddeutschland geduldet hatte.

Als Rust zu der Corona von Schwantes stieß, war diese Auffassung freilich schon zerbröckelt. Die Wissenschaft hatte längst bewiesen, daß die Küsten und das Hinterland von Nord- und Ostsee auch in dieser nebelhaften Epoche Menschen ernährt hatten. Die einschlägigen Funde kamen zum größten Teil aus Hamburg und Umgebung.

In Ahrensburg zum Beispiel hatte der Schuhmachermeister Laage bereits eine ganze Sammlung von Feuersteinabschlägen zusammengebracht, die in das Endstadium der letzten Eiszeit wiesen. Auch Rust begann jetzt in Laages Hauptrevier in der Nähe des Gutes Stellmoor Umschau zu halten, und bald hatte er von seinen sonntäglichen Radtouren nach Ahrensburg eine reichhaltige Kollektion heimgeschafft und – selbstverständlich – sorgfältig archiviert. Aber noch war der zündende Funke nicht gefallen.

Zu Beginn des Jahres 1930 entschloß er sich, nach Syrien zu fahren und Material über die umstrittene Ascalon-Kultur zusammenzutragen. Er habe ein Fahrrad, eine Zeltausrüstung und etwas erspartes Geld, mehr brauche er für das Unternehmen nicht, erklärte er dem erstaunten Schwantes. Und ohne das Kopfschütteln seiner Freunde zur Kenntnis zu nehmen, begann er die bescheidenste Expedition auszurüsten, welche die Chronik der prähistorischen Wissenschaft verzeichnet. Anfang September fuhr er los – mit dem Fahrrad direkt in die Urgeschichte.

Mit dem Fahrrad in die Urgeschichte

Schwer bepackt pedalte er mit einem Freund über die unwegsamen, reifenfressenden Straßen des Balkans und der Türkei nach Syrien; 4 500 Kilometer legten die beiden Forschungsreisenden in drei Monaten zurück, bei einem täglichen Ernährungssatz von einer Mark.

In Nebek in Syrien angekommen, legte Rust sich, an Ruhr erkrankt, ins dänische Krankenhaus; dort hörte er von den nur zehn Kilometer entfernten Jabrudhöhlen. Kaum genesen, unterzog er sie einer gewissenhaften Prüfung. Er begann zu graben und entdeckte eine der bedeutendsten steinzeitlichen Fundstätten des Vorderen Orients.

Als er im April 1931 wieder in Hamburg eintraf, hatte er den sich selbst gegebenen Auftrag planmäßig erfüllt.

Dreimal in den folgenden drei Jahren wiederholte er diese Fahrt. Einmal zahlte ihm das Bremer Museum eine kleine Unterstützung; die übrigen Kosten trug er selbst. Er mußte sich also mächtig nach der Decke strecken. Wenn er nicht zwischen den Arabern lebte, die er als Gräber beschäftigte, hielt er sich im Nebeker Krankenhaus auf, wo er für Unterkunft und Verpflegung elektrische Anlagen installierte.

Der Erfolg blieb seiner Zähigkeit nicht versagt. Nach seinen vier Kampagnen hatte er die Geräteindustrie der Ascalon-Kultur bis in ihre Einzelheiten erforscht.

»Als Rust von seiner vierten Fahrt zurückgekehrt war«, erinnert sich Schwantes, »erklärte er, die Periode seiner Orientreisen sei jetzt abgeschlossen, und er wolle sich nunmehr der Heimat widmen und... die Knochenwerkzeuge der Menschen der Eiszeit finden.«

Wie kam Rust auf diesen Gedanken?

Nach Rückkehr von seiner zweiten Syrienreise, im Januar 1932, war er auf eine Spur geraten, die ihn seitdem nicht mehr losgelassen hatte. Das Abenteuer begann damit, daß ihm der Studienrat Dr. Albrecht eine Reihe sorgfältig gearbeiteter Feuersteinwerkzeuge auf den Tisch legte. Sie stammten von einem Acker in Wellingsbüttel, und Rusts geschultes Auge vermochte sie unschwer als Produkte aus der Schlußepoche der letzten Eiszeit zu erkennen. Unter den Geräten weckte vor allem eine merkwürdige Kerbspitze sein Interesse, die in der wissenschaftlichen Literatur noch unbekannt war. Er erinnerte sich aber, ein ähnliches Stück schon gesehen zu haben, und stöberte ahnungsvoll seine eigene Sammlung aus Ahrensburg und Umgebung durch.

Und richtig, dort fand er sie wieder, die seltsam geschnäbelte Spitze, deren Zweck ihm noch fremd war. Aus den Begleitpapieren ging hervor, daß er sie auf einer Wiese bei Meiendorf entdeckt hatte. Was lag näher, als die Fundstelle noch einmal zu inspizieren und nach weiteren »Zinken« dieser Art Ausschau zu halten?

Die Beute, die er von seiner nächsten Radtour nach Meiendorf heimbrachte, übertraf alle seine Hoffnungen. Die frischgepflügte Wiese hatte ihm eine ganze Handvoll jener kuriosen, schwer zu definierenden Geräte geschenkt, die ihn bereits bis in seine Träume verfolgten.

Dem Pfingstgruß, den Rust in diesem Jahr seinem Lehrer Schwantes sandte, legte er einige dieser Werkzeuge bei, für die er im Scherz das schöne Wort »Papageienschnabelklingenendhohlkratzerbohrerschaber« vorschlug. Gleichzeitig bat er um Grabungserlaubnis. Freilich war er sich darüber klar, daß er am Fundort selbst vergebens nach einem »unberührten Depositum« suchen würde. Zu oft war der Pflug über die Stelle hinweggegangen, als daß Aussicht bestand, die gesuchten Werkzeuge im Zusammenhang mit einer beweiskräftigen, ungestörten Schichtenfolge ausfindig zu machen.

Kein Zweifel immerhin, daß das Tal bewohnt gewesen war, ein langgestrecktes Tal, das in der Mitte von einer wesentlich dichteren, üppigeren Grasschicht bedeckt war als an den sandigen Hängen. Das deutete auf Feuchtigkeit hin. Auf Moor. Vielleicht auf ein altes, verlandetes Gewässer. Einen Teich. Einen kleinen See.

Und nun durchzuckte Rust ein Einfall, der ebenso einfach wie genial war.

Die Welt ändert sich, so überlegte er; der Mensch bleibt, was er ist. Und wenn er am Ufer eines Teiches haust, so wirft er den täglichen Abfall und alle die Dinge, die er nicht mehr benötigt, ins Wasser. Sollte sich unter dem dichten Gras der Talsenke also tatsächlich ein verlandeter Tümpel oder gar ein kleiner See verbergen, so war tausend gegen eins zu wetten, daß ihn die fernen Vorfahren als Mülleimer mißbraucht hatten.

Rust beschaffte sich ein drei Meter langes Handbohrgerät und begann die verdächtigen Stellen abzutasten. Er brauchte nicht lange

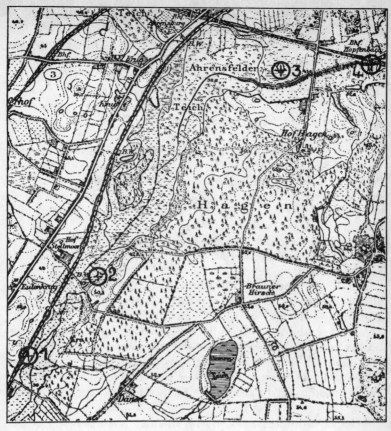

1:25 000

1. Fundpunkt Meiendorf
2. Fundpunkt Stellmoor
3. Fundplatz Pinneberg
4. Fundpunkt Bahnhof Hopfenbach

Die Umgebung von Ahrensburg
mit den Grabungsstellen von Meiendorf und Stellmoor

zu suchen; fünfundzwanzig Meter vom Hang entfernt stieß er in zwei Meter Tiefe auf Torf- und Sandschichten, das Bett des verlandeten Sees. Hier also, das stand für ihn fest, mußte man graben.

Damit begnügte er sich einstweilen. Kurze Zeit später, im August 1932, sattelte er wie alljährlich um diese Zeit sein Stahlroß, um in Richtung Syrien davonzuradeln. Es verging noch einmal ein knappes Jahr, bis er – endlich – in Meiendorf aktiv werden konnte.

Nacht- *übungen in* *Stellmoor*
Das Ungewöhnliche blieb auch jetzt die Regel. Als Arbeitsloser erhielt Rust eine wöchentliche Unterstützung von neun Mark. Damit mußte er auskommen. Für die tägliche Radtour nach und von der Grabungsstelle brauchte er drei Stunden. Dort standen ihm sechs »Helfer vom Freiwilligen Arbeitsdienst« zur Verfügung, die ihm Schwantes besorgt hatte. Die technische Ausstattung bestand aus einigen Spaten und einer von den Hamburger Wasserwerken geliehenen Handpumpe, deren Transport Rust selbst bezahlen mußte.

Durch hundert Bohrungen legte er den Verlauf des Seeufers fest. Dann steckte er eine Fläche von vierzig Quadratmetern ab und arbeitete sich Schicht um Schicht an den Seegrund heran. Seine Geduld wurde auf eine lange Probe gestellt. Acht Wochen grub er sich mit seinen Helfern durch Torf und feuchten Lehm in den Talboden hinein, ohne irgend etwas zu finden.

Acht Wochen mußte Tag um Tag die Handpumpe betätigt werden, denn schon in einem Meter Tiefe machte das Grundwasser schwer zu schaffen.

Erst im Oktober ging die Rechnung auf. Tief im Modder des Grabungsloches – man hatte gerade ein neues Senkloch für die Pumpe ausgehoben – traf der Spaten auf Widerstand. Rust fuhr mit dem entblößten Arm in den glucksenden, schmatzenden Schlamm und holte ein Rentiergeweih mit einer 45 Zentimeter langen, künstlich eingetieften Kerbe, unverkennbar ein Produkt jenes merkwürdigen Gerätes, für das er den schönen langen Namen Papageienschnabelklingenendhohlkratzerbohrerschaber erfunden hatte.

»Der Erhaltungszustand, in dem sich die Stange befand«, so hat Rust in seinem Buch *Vor 20 000 Jahren* den Fortgang der Arbeiten mit Humor und Behagen beschrieben, »war überraschend gut. Ich hatte viele Sammlungen im In- und Auslande gesehen, aber nie eine so gut erhaltene und vollständige, bearbeitete Renstange. Das Fundstück war für mich so überraschend köstlich und einmalig, daß ich in meinen kühnsten Phantasien hoffte, wir möchten ein Dutzend davon auffinden ...«

»Nun waren wir natürlich nicht mehr zu halten. Unser Eifer wuchs, sofern eine Steigerung überhaupt noch möglich war.« Freilich wuchsen auch die Schwierigkeiten mit jedem Tag. »Die Wasserverhältnisse wurden, je tiefer wir kamen, um so bedrohlicher und erschwerten die Arbeit bis zur Verzweiflung. Jeden Morgen mußten wir mit zwei Mann ein bis zwei Stunden pumpen, bevor wir ›einfahren‹ konnten. Montags waren mindestens zwei bis drei Stunden erforderlich.«

»Allmählich wurde der Grund unserer Grube in eine zähe Schlammasse umgewandelt, in der man beim Stehen langsam, aber sicher versank. Dieser Zustand wirkte sich besonders erheiternd aus, wenn einmal einer ›schnell herkommen‹ sollte. Um fünf Meter laufend zurücklegen zu können, bedurfte es einer ziemlichen Zeit. Jedes Bein mußte man dann mit den Händen aus dem zähen Schlamm herausziehen und vorsetzen, darauf das nächste.«

»Nun, da wir an die Fundschicht gekommen waren, stellten sich ernstliche Schwierigkeiten ein, da der Sand des Teichgrundes, der jetzt freigelegt wurde, unter dem Druck des Grundwassers als Triebsand hervorquoll. Da wir uns in einer Notlage befanden, griffen wir zur Selbsthilfe. Die Jungen unternahmen abends vom Lager aus, das im Hof Stellmoor lag, auf eigene Faust Nachtübungen mit dem Erfolg, daß am nächsten Morgen auf dem Wege zur Grabung genügend Bretter am Wege lagen. Die zur Absteifung nötigen Pfähle entliehen wir mittels einer Axt aus einem nahen Wäldchen. Im Oktober, es war schon recht kalt, erschienen die Ritter des Spatens eines Morgens mit einer großen Zeltplane, wie man sie zur Abdeckung von Stroh oder Heu gebraucht, auf der Bildfläche.«

»Als uns der Verwalter des Hofes Stellmoor, Herr Martens, überraschend besuchte und unser vorzügliches Zelt sah, kam ihm dieses merkwürdig bekannt vor. Als wir zur Begründung meinten, daß wir dachten, daß wir sollten, wir hätten und könnten, tüchtig stotterten und heftig schluckten, da meinte er dann auch! Wir behielten also unseren Wigwam, in dem wir bei festlichen Anlässen... noch manchen Meter Knackwurst verzehrten. Diese Essen waren, wie auch bei den späteren Grabungen, als Belohnung besonders großer Taten, immer eine Quelle großer Freude und sehr beliebt.«

Das in den wissenschaftlichen Annalen als Probegrabung geführte Unternehmen wurde nun von Tag zu Tag lohnender. Als Rust seine Kampagne im November abbrach, verzeichneten seine Tagebücher unter anderem 33 Rengeweihstangen, über 500 Renknochen und 45 Feuersteinwerkzeuge.

Der Anfang war gemacht. Ein bisher ungedeuteter Gerätetyp hatte die Fährte zu einer bisher unbekannten Rentierjägerkultur gewiesen, die eindeutig in das letzte Glazial, »und zwar in die Zeit der Rückwärtsbewegung des Eisrandes«, zu datieren war, ins Jung-Magdalénien, um es in der Sprache der Forschung zu sagen.

Doch hier ist eine weitere Rückblende nötig.

Pülverchen aus »Donnerkeilen«

Voller Staunen beschäftigten sich schon die Schriftsteller des Altertums mit den seltsamen Steingeräten, die der Schoß der Erde immer wieder freigab. Manchmal dämmerte in ihnen sogar die Erkenntnis, daß es sich um Werkzeuge längst versunkener Epochen handeln könnte. So spricht Lucretius Carus in seinem Gedicht *De rerum natura*, einem Werk des letzten vorchristlichen Jahrhunderts, die Überzeugung aus, daß »Hände, Nägel und Zähne« die ältesten Waffen der Menschheit gewesen seien, »ebenso Steine und der Wälder gebrochene Äste«.

Solche rationalen Einsichten waren jedoch selten; der größte Naturwissenschaftler jener Zeit, der hundert Jahre später lebende ältere Plinius, huldigte sogar absolut gegenteiligen, mythischen Vorstellungen – was um so folgenreicher war, als seine Anschauungen über die rätselhaften Steingebilde sozusagen dogmatisch versteinerten und lange Zeit das Denken bestimmten.

Plinius führte den aus dem Griechischen entliehenen Begriff *ceraunia* oder Keraunen ein, der sinngemäß mit dem Wort Donnerkeil zu übersetzen ist. Er berief sich dabei auf den griechischen Autor Sotacus, der axtähnliche schwarze und rote Keraunen unterschied, mit deren Hilfe schon Städte und Flotten erobert worden seien. Das etwas unklare und daher häufig kommentierte Zitat deutet fraglos auf die Steinwaffen der menschlichen Frühzeit hin und läßt keinen Zweifel daran, daß man ihnen wunderbare Wirkungen zuschrieb. Daher war auch der höchste Schwur des Römers der »beim Stein des Jupiter«.

Dahinter stand der Glaube, daß die Keraunen durch den blitzewerfenden Göttervater persönlich auf die Erde herabgeschleudert würden. Die Historiker wissen darüber eine recht sinnfällige Geschichte zu erzählen. Der römische Feldherr Galba, einer der Thronaspiranten des Vierkaiserjahres 69, sah während seines Marsches auf Rom Blitze in einen kantabrischen See schlagen, ließ daraufhin das Gewässer ausfischen und fühlte sich der Gunst der Himmlischen sicher, als vom Grunde des Sees zwölf Steinbeile gehoben wurden (offenbar war er, ohne es zu wissen, auf ein altes Pfahlbaudorf gestoßen).

In der Tat – ein kurioser Aberglaube! Aber noch im Jahre 1888 gruben Bewohner von Preußisch-Stargardt in Westpreußen unter einer vom Blitz gespaltenen Linde nach, um Donnerkeile zu finden. Des Plinius Vorstellungen spukten damals also bereits 1 800 Jahre in den Köpfen der Menschen herum. Da auch der Römer sie bereits übernommen hatte, ist ihr Alter überhaupt nicht zu schätzen. Schwedische Forscher sind der Meinung, daß sie bereits in der Urzeit entstanden.

Der Keraunen-Mythos war über ganz Europa verbreitet und ist sogar unter den Indianern Nordamerikas festgestellt worden. Nach den in Deutschland vorherrschenden Auffassungen drangen die vom Himmel herabregnenden Donnerkeile sieben bis neun Klafter tief in die Erde und stiegen dann alljährlich einen Klafter, bis sie das Tageslicht wieder erreichten.

Wer sie fand, durfte sich glücklich schätzen; denn sie brachten ihm mancherlei Segen ins Haus. Sie vertrieben Unholde und böse Geister, wehrten Ratten und Mäusen und heilten Krankheiten von Mensch und Vieh. Der Bauer tat beispielsweise gut daran, eine Steinaxt in den Stall zu hängen, um Pferde und Schweine vor Seuchen zu schützen. Befiel ihn Gicht oder Podagra, bestrich er den erkrankten Körperteil mit einem Donnerkeil. Hatte er Fieber, nahm er den Stein mit ins Bett. Fühlte er sich matt, so schluckte er vom Stein geschabte Pülverchen, oder er kochte ihn in frischem Brunnenwasser und trank das homöopathische Gebräu als Stärkungsmittel.

Daß solche Bräuche vor allem auf dem Lande grassierten, ist verständlich. Aber selbst im aufgeklärten Berlin trugen stillende Mütter noch im vorigen Jahrhundert gern einen Donnerkeil als Amulett. Schwachen Kindern legten sie ein Steinbeil in die Wiege. Und junge Männer fühlten sich stärker, wenn sie einen Keraunen mit sich führten – freilich nutzten sie ihn gelegentlich zu recht profanen Zwecken, indem sie ihn bei Schlägereien als Waffe ins Treffen führten.

Als Spender von Fruchtbarkeit pflegte man Donnerkeile ins Saatgut oder in die Mehlkiste zu werfen. Auch im Koffer neben dem Geldsack wurden sie häufig aufbewahrt. Gaben die Kühe blutige Milch, mußte man sie durch das Stielloch eines Steinbeiles melken. Im Dachstuhl aufgehängt, bewahrten Keraunen das Haus vor Feuer und Hagelschlag. Vielseitig war ihre Verwendung bei Gewitter. In Masuren drehte man den Finger dreimal durch das Schaftloch eines Steinbeiles, um den Blitz fernzuhalten. In Niedersachsen legte man den magischen Stein bei näher ziehendem Gewitter in eine Schüssel, stellte sie auf den Tisch und murmelte Zauberworte dazu. Stand das Gewitter genau über dem Hof, hüpften die Keraunen, wie alte Frauen überlieferten, gleich jungen Känguruhs umher.

Aber nicht nur Kräuterweiber, Schäfer und sonstige Spintisierer hielten an diesen heute noch weiterlebenden Vorstellungen fest, auch die Wissenschaft stand bis in das ausgehende 18. Jahrhundert hinein im Bann der durch Plinius übermittelten Steinphantasien.

Lucretius siegte in Kopenhagen

Ihre gemeinsame, immer wieder angezapfte Quelle war das Gedicht *De virtutibus Lapidum* des 1123 gestorbenen Bischofs Marbodäus von Rennes.

Dieses Vademekum der mittelalterlichen Mineralogen besingt die Keraunen in recht artigen Versen, von denen wenigstens einige in der Übersetzung von Mennung, zitiert seien:

> Ceraun ist ein gar schöner Stein,
> Er fällt beim Blitz und ist sehr fein,
> Und wer ihn trägt mit keuschem Mut,
> Dem nie ein Blitzstrahl Böses tut.
>
> Wo er ist, geht zu keiner Stund'
> Das Haus am Blitz und Sturm zugrund.
> In Schlechten siegt er und ist gut im Streit,
> Und schöne Träume, süße, er verleiht.

Generationen wissenschaftlicher Arbeitsbienen – Theologen, Enzyklopädisten und Mediziner – haben ihren Honig aus dieser Darstellung gesogen. Noch der 1491 in Mainz erschienene *Gesundheitsgarten* eines unbekannten Physikus, der die ersten Abbildungen von Donnerkeilen brachte, hat sich sichtlich davon inspirieren lassen.

Erst in der zweiten Hälfte des 16. Jahrhunderts meldete der berühmte Naturforscher und Sammler Mercatus, Leibarzt von Papst Clemens VIII., Bedenken an. Auch sein Zeitgenosse Aldrovandus bemerkt beiläufig, daß »alle vernünftigen Leute die Herabkunft dieser Steine mit dem Blitze« bezweifeln. Das 1655 erschienene *Museum Wormiani* des Dänen Ole Worm spricht bereits von Leuten, die Donnerkeile für versteinerte Eisengeräte hielten, fügt aber sofort hinzu, daß diese Meinung durch Beobachtungen vertrauenswürdiger Männer widerlegt werde, die diese Steine nach Gewittern aufgelesen hätten.

In Deutschland warf 1714 ein gewisser Johannes Oesterling den ganzen plinianischen Ballast über Bord. »Sollte aber jemand leugnen«, so erklärt er resolut, »daß diese Dinge ... als Waffen gedient, so möge er zu den Eingeborenen von Louisiana und anderen wilden Völkern Nordamerikas gehen, welche bis heute angeschärfte Steine als Messer und Waffen gebrauchen ...«

Etwa zur gleichen Zeit erschien in den »Cimbrisch-Holsteinischen Antiquitäten-Remarques« des Pfarrers Albert Andreas Rhode in Hamburg unter der Abbildung eines Feuersteinbeils der sinnige Zweizeiler:

> Hiermit pflegte man vor Zeiten
> wider seinen Feind zu streiten.

Oder an anderer Stelle zum gleichen Thema:

> Ist der Hammer nur von Stein
> So kan er dennoch tödtlich seyn.

Es dauerte aber noch ein ganzes Jahrhundert, bis solche Erkenntnisse wissenschaftliches Allgemeingut waren. Und erst in den dreißiger Jahren des vorigen Jahrhunderts wurde mit der Formulierung des »Dreiperiodensystems« der nächste Schritt getan – der erste Schritt zu einer übersichtlichen Ordnung der urgeschichtlichen Hinterlassenschaft. Ihr Grundprinzip ist, wie heute jedes Kind weiß, die Einteilung in eine Stein-, Bronze- und Eisenzeit.

Diese Aufgliederung war nicht der revolutionäre Akt eines einzelnen, sondern das Resultat eines Verdichtungsprozesses, vergleichbar dem Übergang eines Stoffes aus einem gasförmigen in einen flüssigen und schließlich in einen festen Aggregatzustand.

Frühe, noch traumhafte Ahnungen eines periodischen Ablaufs vergangener Kulturen finden sich ebenfalls bereits in der antiken Literatur. Die Priorität der Bronze vor dem Eisen war den Griechen durchaus geläufig. Statistiker haben zum Beispiel festgestellt, daß Homer in der Elias und Odyssee 359mal von der Bronze, dagegen nur 49mal vom Eisen spricht.

Auch Hesiod unterschied bereits ein bronzenes und ein eisernes Zeitalter, doch vermochte er sie in seiner mythisch-moralisierenden Vorstellungswelt nur als Endstufen einer Entwicklung unterzubringen, die von den Höhen des goldenen und silbernen Zeitalters über eine sagenhafte heroische Epoche in die Niederungen der bronzenen und eisernen Kulturen abwärts führte. Anders als er ließ Lucretius Carus, der große Rationalist des Altertums, die Menschheit, bereits völlig unseren Erkenntnissen entsprechend, von der Stein- zur Bronze- und Eisenzeit aufsteigen. Hier wie dort handelte es sich jedoch um naturphilosophische Spekulationen, die weder durch Erfahrungen noch durch Funde erhärtet waren.

Achtzehn Jahrhunderte verharrte die Wissenschaft in »Hab acht!«-Stellung vor Lukrez. Dann begannen unabhängige Köpfe seine Gedanken mit ihren Fundbeobachtungen zu verbinden. So schrieb der bremische Pastor Martin Mushard 1755 in seiner Abhandlung *Palaeogentilismus bremensis* ganz im Sinne des großen Römers, daß nach der frühen Zeit der Menschheit, die keine anderen Waffen als steinerne kannte, eine Epoche kam, »da man dieselben aus Erz machte«. Ähnlich der Hofrat Eltester 1768 in der Berliner *Wochenschrift*, als beim Bau des »Neuen Palais« in Potsdam Urnengräber entdeckt worden waren: »Es ist schon durch viele Anmerkungen bestätigt, daß dergleichen Monumente, worin Eisen gefunden wird, nicht ein so hohes Alter zeigen, als worin Metall oder Erz angetroffen wird. Die allerältesten Grabmale aber sind unstreitig diejenigen, worin das Hausgeräthe, Messer, Pfeile, Dolche, Keile, Hämmer und dergleichen von Stein angetroffen werden.«

Eine durchaus klare Anschauung also. Freilich mehr Geistesblitz als System und damit den strengen Forderungen heutiger Wissenschaft noch nicht genügend.

Den entscheidenden Schritt tat erst der Däne Christian Thomsen, ein gebildeter und wohlhabender Dilettant, der zu Beginn des vorigen Jahrhunderts die Betreuung der Königlichen Sammlungen in Kopenhagen übernahm. Als sei es das Selbstverständlichste von der Welt, gliederte er bei der Neuordnung der Bestände die Funde nach Stein, Bronze und Eisen auf. Als Mann der Praxis, der nicht gern zur Feder griff, verzichtete er jedoch darauf, diese Maßnahme theoretisch zu begründen. Erst 1836, ein gutes Jahrzehnt später, vertraute er seine Gedanken – für die er selber das Wort Mutmaßungen wählte, die bestätigt oder berichtigt werden könnten – einem anonymen Museumsführer an.

Ebenfalls 1836 gelangte der Gymnasialdirektor Danneil aus Salzwedel in einem »Generalbericht« über seine Grabungen in der Altmark zu ähnlichen Ergebnissen wie Thomsen. Zur gleichen Zeit begann auch der Archivrat Lisch in Schwerin mit den Grundbegriffen der Dreiperiodenlehre zu operieren. Denselben Weg beschritten in Flensburg der Justitiar Jasperson, in Rostock Professor Schröter.

Kurzum: Lucretius siegte damals auf der ganzen Linie. Sein Dreiperiodentraum – nach Lisch die »spätgereifte Frucht einer Zeit, welche so viele Wunder getan hat« – wurde wissenschaftliches System und blieb es bis zum heutigen Tage ... Wobei man die Palme der Priorität längst dem Dänen Thomsen zuerkannt hat, der selber ehrlich genug war, seine Methode als eine »alte Idee« zu bezeichnen.

Kalbskeule und Winkelschaber

Von den wenigen verläßlichen Spuren, die geblieben sind, sind die Steingeräte – schon weil sie dank ihrer Beständigkeit in großer Zahl vorliegen – die wertvollsten.

Wir kennen die Materialien, aus denen sie hergestellt wurden: Feuerstein, Jaspis, Chalcedon; Quarz und Quarzit; Kieselschiefer

Der »Heidenopfertisch« von Visbek.

Die »Visbeker Braut« – eine der schönsten Hünengrabanlagen (Oldenburg).

Zwei der »Sieben Steinhäuser« von Fallingbostel.

Wildpferd, Pantherkatze und Höhlenlöwin – Elfenbeinplastiken aus der Vogelherdhöhle (Kopien).

Das »Rentier von Thayngen« – nach neueren Forschungen ein Ren-Hirsch auf der Suche nach der Spur einer Ren-Kuh.

Die Venus von Willendorf. Original im Besitz der Prähistorischen Abteilung im Naturhistorischen Museum in Wien.

Sogenannter Popostein (Megalithgrab) von Helligbek, Kreis Schleswig.

Restauriertes Hünengrab von Kleinenkneten (Oldenburg).

Einbaum, gefunden in Vorsulingen im Kreise Diepholz.

Schalenstein von Bunsoh bei Albersdorf, Kreis Süder-Dithmarschen (Bronzezeit).

Der »Visbeker Brautwagen«.

Teil des Pestruper Gräberfeldes bei Wildeshausen.

und groben Sandstein. Wir kennen regelrechte Steinprovinzen, die den begehrten Rohstoff in Hülle und Fülle lieferten, in Deutschland etwa den Jura, den Hegau, das Rheintal mit seinen verschiedenartigen Geröllen. Wir kennen auch ihren Verwendungszweck – und ihre Verwendbarkeit.

Alfred Tode hat in seinem Salzgitter-Buch ein interessantes Experiment beschrieben.

»Wir wollten gern einmal sehen«, so berichtete er, »wie man mit altsteinzeitlichen Feuersteingeräten eine Fleischbeute zerlegen... könnte. Wir wollten wissen, ob man wirklich mit Feuersteingeräten der Altsteinzeit arbeiten, etwa Fleisch von den Knochen herunterschneiden könnte.«

Er lieh also bei einem braunschweigischen Metzgermeister einen Gesellen aus, drückte diesem ein Feuersteinmesser und einen Winkelschaber in die Hand und setzte ihn vor eine frische Kalbskeule. »Erstmalig nach 100 000 Jahren spürten diese Geräte wieder Fleischgeruch. Und was geschah?«

»Ich hätte gewünscht, daß Hunderte gesehen hätten, wie elegant die Arbeit vonstatten ging. Nach einigen Probeschnitten erhielt der Winkelschaber... gegenüber der schmaleren Messerklinge den Vorzug. Mit wenigen Schnitten war damit die Keule aufgetrennt und das Schulterblatt, kaum sichtbar geworden, freigelegt... Ein Schnitt durch das Gelenk, schon konnte das Schulterblatt im Gelenk hochgebogen, mit der Hand gefaßt und sauber herausgezogen werden. Nach wenigen Minuten... war auch der anschließende Oberarmknochen freigelegt und herausgetrennt.«

»Im einzelnen lernten wir, daß die sogenannten ›Schaber‹ in ihren retuschierten Kanten ganz ausgezeichnete Schneidemöglichkeiten besitzen, so daß die zahlreichen Schabergeräte, vor allem die Geradschaber und Winkelschaber, viel mehr als Schneide- und Trenngeräte gewertet werden müssen.«

Das Hauptinteresse der Forscher richtet sich aber nicht auf den Zweck, sondern auf die Form der Steingeräte. Sie entdeckten schon frühzeitig, daß zwei große Gruppen zu unterscheiden sind: Kerngeräte, die durch Bearbeitung des natürlichen Feuersteinknollens entstanden, und Abschlaggeräte, die aus den »gewollten« Abspaltungen gewonnen wurden. Ein Kerngerät ist der Faustkeil, ein Abschlaggerät die Klinge.

Die Forscher entdeckten ferner, daß an den verschiedenen Rundplätzen innerhalb dieser Gruppen jeweils bestimmte, ständig wiederkehrende »Leittypen« auftraten, und erhielten auf diese Weise Kenntnis von anonymen, aber doch klar voneinander abgehobenen

Vokabeln für Zungenakrobaten

Kulturstufen, die teils nebeneinander bestanden, teils einander zeitlich folgten, teils sich gegenseitig überlagerten.

Als erster machte der Franzose Gabriel de Mortillet, einer der großen Prähistoriker des vorigen Jahrhunderts und ein leidenschaftlicher Systematiker dazu, die Betrachtungen zur Grundlage eines paläolithischen Kulturfahrplans. Sein Verfahren war an sich sehr einfach. Er leitete die Bezeichnungen der verschiedenen Kulturstufen von den Namen der jeweiligen Entdeckungsorte ab. St. Acheul bei Amiens wurde beispielsweise Patenstation des *Acheuléen*, Solutré des *Solutréen*, und so fort. Er schenkte damit einer Reihe von französischen Flecken und Dörfern Weltberühmtheit, schuf aber gleichzeitig eine derart bizarre Nomenklatur, daß nur akrobatische Zungen die Hürden dieser Terminologie bezwingen. Trotz mancher Eindeutschungsversuche hat man aber auch bei uns daran festgehalten, nicht zuletzt »im Interesse der unerläßlichen internationalen Verständigung«.

Das Werk Mortillets hat dann im Lauf der Zeit mancherlei Um-, An- und Ausbauten erfahren, die es nicht gerade übersichtlicher werden ließen. Seine Schüler unterschieden sechs paläolithische Kulturstufen, die als die »klassischen« Perioden der Altsteinzeit noch heute die tragenden Säulen sind: das *Chelléen*, das *Acheuléen*, das *Moustérien*, das *Aurignacien*, das *Solutréen* und das *Magdalénien*. Von ihnen bezeichnen die ersten drei die ältere, die übrigen drei die jüngere Altsteinzeit.

Auch an diesem Gebäude wurde noch mit Leidenschaft gebastelt. Wesentliche Verfeinerungen erfuhr es vor allem durch die Arbeiten von Obermaier und Breuil, so daß am Ende jede dieser Stufen mindestens in drei Unterstufen gegliedert war.

Eine recht übersichtliche Einteilung hat der Altmeister der deutschen Anthropologie, der frühere Kieler Ordinarius Weinert, geliefert. Er unterscheidet:

I. das Altpaläolithikum mit dem

1. Eolithikum = der Morgenrötezeit der Kultur
2. Prächelléen = der Vorfaustkeilstufe
3. Chelléen = der deutschen Halberstädter Stufe

II. das Mittelpaläolithikum mit dem

1. Acheuléen = der Hundisburger und Markkleeberger Stufe
2. Unteren Moustérien = Weimarer Stufe (Warmzeit)
3. Oberen Moustérien = Sirgensteiner Stufe (Kaltzeit)

III. das Jungpaläolithikum mit dem

1. Aurignacien   = Willendorfer Stufe
2. Solutréen   = Predmoster Stufe
3. Magdalénien   = Thaynger Stufe

Dazu wenigstens einige Stichworte:
   Im Eolithikum weisen die Steine noch keine Spuren methodischer, absichtlicher Bearbeitung, wohl aber Zeichen der Benutzung auf. Phantasiebegabte Forscher glauben, ganze Industrien von »Morgenrotsteinen«, ja sogar von Steinfetischen und Idolen festgestellt zu haben. Nüchterner denkende Wissenschafter begnügen sich mit der Annahme, daß die ersten feststellbaren Geräteinventare nicht über Nacht auf die Erde kamen, sondern bereits das Ergebnis vieltausendjähriger Erfahrung waren.

Vom Eolithikum zum Magdalénien

   Erst mit dem Prächelléen ist die früheste Entwicklungsstufe der westeuropäischen Steinzeit nachgewiesen. Den geologischen Schichten und der Begleitfauna nach ist sie in die erste Zwischeneiszeit, die Zeit des Heidelberger Menschen, zu datieren. Ihren Gerätebestand beherrschte ein roher, kaum behauener Faustkeil; die »Feinindustrie« beschränkte sich auf primitive Bohrer, Kratzer und Schaber.

   Im Chelléen – der Kultur der zweiten Eiszeit – verfeinerte sich die Bearbeitungstechnik zusehends. Der beiderseitig behauene Faustkeil nahm mandelförmige, rund-ovale und langspitze Formen an. Die Begleitindustrie erprobte verschiedene »Versuchsreihen« und bildete schließlich feste Typen heraus: Klingen, Schaber, Stichel, Spitzen, Kratzer, Bohrer. Das Chelléen war vor allem im Seinebecken zu Hause, reichte in der Zeit seiner großen Ausdehnung aber bis nach England, über ganz West- und Südeuropa bis Syrien und Palästina und nahm sozusagen das nachmalige Imperium Romanum vorweg.

   Im Acheuléen fand der Faustkeil seine höchste Perfektion: »ebenmäßige Konturen, flachgemuschelte Breitseiten, scharfe Ränder und gleichmäßige Profilachse«. Auch das Klingen- und Schaber-Repertoire erreichte einen bisher nicht gekannten Höchststand. Zeitlich ist das Acheuléen in die zweite Zwischeneiszeit und die dritte Eiszeit anzusetzen. Sein Revier war vornehmlich Frankreich, Spanien und Südengland. In Deutschland wurde es unter anderem bei Halberstadt sowie im Leinetal bei Hannover festgestellt.

   Das Moustérien repräsentiert Kultur und Wirtschaft des Neandertalers. Der Faustkeil trat in dieser Epoche – das heißt: in der letzten Zwischeneiszeit und der ersten Hälfte der letzten Eiszeit –

seine führende Rolle an die Schaber, Spitzen und Klingen ab. Die Leitformen der Leichtindustrie waren schön gearbeitete Handspitzen und Bogenschaber; die auf West- und Mitteleuropa beschränkten Fundstätten lassen zudem die zunehmende Bedeutung von Bohrern und Pfriemen erkennen. Grundsätzliche Unterschiede in der Werkzeugproduktion des warmen und des kalten Moustérien scheinen nicht zu bestehen. Zusammen mit dem Acheuléen markieren sie die mittlere Alt-Steinzeit.

Die jüngere Alt-Steinzeit hebt mit dem Aurignacien an, dessen Träger der Aurignac-Mensch ist. In das mittlere Aurignacien fallen die ersten tastenden Versuche der Knochen-, Horn- und Elfenbeinindustrien. Gleichzeitig tauchen die ersten »Kommandostäbe« auf, geschnitzte und reich verzierte Knochengeräte, deren Bedeutung noch nicht ganz geklärt ist; teils als Jagdtrophäen, teils als Führersymbole gedeutet, gehörten sie wahrscheinlich zum Inventar der Jagdmagie.

Knochengeräte treten im Solutréen wieder in den Hintergrund. Als neue Geräteform bringt die wohl in Ungarn beheimatete Kultur die Blattspitze nach Westeuropa, vor allem die berühmte »Lorbeerblattspitze« mit ihrer schön geschuppten Oberfläche. Obwohl das Solutréen Westeuropa bis nach Katalonien hin durchdrang, blieb es ein Fremdkörper zwischen den hier gewachsenen Kulturen, ein Außenseiter, ein Einzelgänger. Norddeutschland hat es nicht erreicht.

Das Magdalénien, Höhepunkt und Finale der westeuropäischen Nomadenkulturen, Endzivilisation der abklingenden Eiszeit, schließt wieder an das Aurignacien an, das sich aus einem unbekannten, verborgenen Rückzugsgebiet plötzlich wieder zu Wort meldet. Es verfügt über ein kaum übersehbares, variantenreiches Steininventar, dessen besondere Spielart der »Papageienschnabel« ist. Er diente, wie wir bereits sahen, vor allem der Bearbeitung von Knochen und Geweihen. Hochprodukte der Magdalénien-Kultur sind, neben den Höhlenmalereien, jene erstaunlichen Gravierungen, die sich – wie im Aurognacien – vor allem auf den »Kommandostäben« finden.

Diese recht pauschalen Angaben mögen genügen. In Wahrheit ist das Bild wesentlich komplizierter; denn zwischen diesen Gruppen gibt es Übergänge und Überschneidungen, Abstufungen und Nuancen ohne Zahl. Aber selbst diese in Grobschnittmanier bezeichneten Gruppen lassen ja ahnen, wie unendlich schwierig die Beschäftigung mit der Urgeschichte ist – welch immenses Wissen, welche Erfahrung, welchen Formensinn, welch sicheren Blick und welch feines Gespür sie voraussetzt.

Damit sind wir – wenn auch auf einigen Umwegen – zu den Rustschen Grabungen in Meiendorf zurückgekehrt.

Was 1933 so erfolgreich angelaufen war, wurde im Sommer 1934 fortgesetzt, und zwar mit erheblich wirksameren Mitteln. Die Privatkampagne des stellungs- und mittellosen Außenseiters hatte inzwischen ihren amtlichen Segen erfahren. Das Deutsche Archäologische Institut, das Preußische Kultusministerium und etliche andere Instanzen steuerten ihr Scherflein bei. Die Universität Kiel bewilligte eine kleine Motorpumpe, die von Mitte Mai an das idyllische Wiesental mit ihrem blechernen Geknatter erfüllte. Und für die Beantwortung der geologischen und pollenanalytischen Fragen standen in Karl Gripp und Rudolf Schütrumpf erfahrene Experten zur Verfügung. Den Spaten betätigte wie im Vorjahr ein Trupp vom Freiwilligen Arbeitsdienst.

Kamen die »Hamburger« aus der Ukraine?

Trotz sorgfältigster Vorbereitung hing das Schicksal der neuen Grabung jedoch bald am seidenen Faden. Grundwasser strömte derart reichlich und ausdauernd in die Gräben und Schächte, daß die Arbeit den Charakter eines täglichen Schlammbades annahm. Die 4-PS-Benzinpumpe stand auf verlorenem Posten. Ein Weiterkommen war nur möglich, wenn es gelang, den Grundwasserspiegel zu senken.

Diese Aufgabe verlangte weitere Investierungen. Sechs Bohrlöcher, jedes zehn Meter tief, wurden in den glucksenden Modder getrieben und an ein ingeniöses Rohrleitungssystem angeschlossen, welches das abgesaugte Wasser in einen nahen Bachlauf leitete. Hundert Tage lief der neue 7,5-PS-Motor des improvisierten Pumpwerks ohne Unterbrechung, bei einer stündigen Schüttung von 30 000 Liter. Als ihm Anfang August zum erstenmal eine kleine Verschnaufpause gegönnt wurde, hatte er dem versunkenen Lagerplatz der Meiendorfer Eiszeitmenschen 72 Millionen Liter Wasser entzogen.

Das Ergebnis lohnte die Geduld und Mühsal der Forscher. Schicht um Schicht enthüllte sich jetzt die geologische und pollenanalytische Beschaffenheit der Grabungsstelle. Alfred Rust sah seine Erwartungen vollauf bestätigt.

Der Geologe vom Dienst datierte die Fundschicht in die Jahrtausende, da die auf der Linie Hamburg–Berlin–Königsberg liegengebliebenen Gletschermassen sich bereits auf dem Rückzug befanden und eine von zahllosen Schmelzwasserrinnen durchzogene Moränenwüste zurückgelassen hat, die sich mählich wieder mit Grün bedeckte. »Anfangeiszeitende« also.

Das gleiche Bild gewann der Pollenanalytiker. Frühe Tundra,

klimaharte Gräser und Kräuter, Flechten und Moose, dünnstämmige Zwergbirken und Polarweiden – das stärkste Holz, das bei der Meiendorfer Grabung zutage kam, war kaum kleinfingerdick.

Der Meiendorfer Platz war also rund 18 000 Jahre alt.

Damit konnte die Grabung bereits ein sehr wichtiges Detail verbuchen. Erstmalig war es nun möglich, die »Hamburger Stufe« der eiszeitlichen Geräteindustrie in den Ablauf des letzten Glazials einzuordnen. Eine Fülle neuer Funde erlaubte zudem weitreichende Schlüsse auf die Herkunft dieser Spielart der Magdalénien-Kultur.

Die Grabung förderte nicht weniger als 2698 Feuersteinstücke zutage, 2426 vom Wohnplatz der Jäger, 272 vom Teichgrund, insgesamt 38 verschiedene Arten: Kratzer und Klingen, Handspitzen und Stichel und immer wieder jene merkwürdigen Zinken, die als erste Rusts Aufmerksamkeit erregt hatten.

Auf der Suche nach verwandten Typen stieß er auf Funde in Süddeutschland, Holland, Belgien und England – und in Mezine in der Ukraine. Eine genaue Analyse ergab, daß irgendwo in diesen östlichen Breiten der Herd der Kultur zu suchen sein mußte. »Silextypologisch gesehen«, heißt es in Rusts Meiendorfer Veröffentlichung, »wies alles auf eine Einwanderung der Menschen der ›Hamburger Stufe‹ aus dem Osten hin.«

Dafür sprachen auch die Ornamente auf den Knochengeräten, vornehmlich den Riemenschneidern, deren älteste Typen ebenfalls durch die Meiendorfer Grabung in die prähistorischen Werkzeuginventare eingeführt wurden.

Kurzum: man kam einer jungpaläolithischen Völkerwanderung auf die Spur, deren Weg aus dem kontinentalen Kerngebiet zu den windumtosten Küsten des Festlandes führte.

Auf dem Zeltplatz herrschte Ordnung

Wer waren die Menschen, die diese beschwerliche Wanderung unternahmen? Was trieb sie in die Nähe der Gletscherzonen? Und wie lebten sie in der Nachbarschaft des »ewigen« Eises?

Weder Skelettfunde noch Darstellungen in der Art der Höhlenmenschen. Lediglich von einem 1951 gefundenen Geweihstück heben sich die Züge eines bärtigen Mannes ab, »dem im Ausdruck etwas Diabolisch-Fuchsiges anhaftet«. Kopf und Gesicht lassen einige Verwandtschaft mit dem schmalschädligen »Unterwisternitzer« erkennen – wir hätten es demnach mit einem Vertreter (oder einem Abkömmling) der Brünnrasse zu tun: eine Vermutung, die durchaus in das Panorama der »Hamburger Stufe« paßt.

Wichtiger ist jedoch, daß diese Menschen Jäger waren, Renjäger, und zwar von einer Ausschließlichkeit, wie sie bisher nirgendwo festgestellt wurde. Das Ren war »der Inhalt ihres Daseins«, der Renjagd galt die Mehrzahl ihrer Geräte, für die – vom Feuerstein abgesehen – Geweih und Knochen des Rens das Rohmaterial lieferten, dem Ren folgten sie wie Kinder der Mutter: unter freiem Himmel lebend, der Kälte arktischer Nächte ausgesetzt, zu unaufhörlicher Wanderung verurteilt.

Wo sie den Winter verbrachten, bedarf noch der endgültigen Klärung. Kulturreste der »Hamburger Stufe« wurden bisher jedoch ausschließlich im Flachland entdeckt, in Südholstein, in Hannover, im Emsland und in den Niederlanden, und so ist wohl anzunehmen, daß die Renjäger ihre Winterzelte in Küstennähe aufschlugen, wo die milderen Meerwinde den dunklen eisklirrenden Monaten der kalten Jahreszeit wenigstens einen Teil ihres Schreckens nahmen.

Dort, an den Gestaden der Nordsee, die damals erst an der Doggerbank begann, verbrachten sie fast dreiviertel des Jahres in eskimoischer Lebensweise, bis sie die wenigen frostfreien Monate wieder ins Land trieben, den ziehenden Renrudeln nach... In kleine Gruppen von höchstens zehn Familien aufgeteilt, bezogen sie ihr sommerliches Standquartier.

Auch der Lagerplatz Meiendorf war Zielort einer solchen Sommerreise. Anfang Juni werden sie dort eingetroffen sein, nach einer langen Wanderung, die vielleicht fünfhundert Kilometer durch Schnee und Eis führte. Ihre Habseligkeiten, vor allem das Zeltmaterial, führten sie auf Holzschlitten mit. Aus Holz – wahrscheinlich aus schlanken, biegsamen Birkenstämmen – bestand auch das Gerüst des Zeltes, in das sie allabendlich krochen.

Nun, da sie am Ziel angelangt waren, bauten sie ihre Behausungen mit Sorgfalt auf, wobei der Älteste der Gruppe, der Bedeutung des Tages entsprechend, Regie führte. »Die Schlittenlast ist abgeworfen«, so hat Alfred Rust den Gang der Handlung beschrieben, »mit leichtem Griff hat jetzt jeder einen der Birkenstämme in die Hand genommen, und mit der Sicherheit einer bewährten Arbeitsgemeinschaft halten sie die Spitzenden in Augenhöhe so aneinander, daß der Alte sie mit Weidenruten zu einem Gestell verbinden kann. Rasch sind die restlichen Stangen ebenfalls durch die Schlinge geschoben. Ein langes Bündel wird geöffnet... eine Zeltplane, hergestellt aus aneinandergenähten, gegerbten Rentierfellen. Eine schwere Zeltdecke, sie wiegt wohl 125 Pfund. Schon liegt sie auf dem Gestell, das von der Seite her hochgeschoben und aufgerichtet wird. Das Zelt steht...«

Die ledernen, vom First des Zeltes herabhängenden Haltetaue befestigten die Jäger an zentnerschweren Steinen – und es waren gerade diese Steine, die, hufeisenförmig um einen Halbkreis von etwa fünf Meter gruppiert, 18 000 Jahre danach von Rust wiederentdeckt wurden.

Auf dem Zeltplatz herrschte Ordnung. Jegliche Tätigkeit vollzog sich nach bestimmten Bräuchen und Traditionen, die wahrscheinlich durch jahrtausendealte Erfahrungen geheiligt waren. Die Meiendorfer Grabungen wiesen zum Beispiel die Aufteilung in einen Zelt-, Arbeits- und Schlachtplatz nach. Man lebte und arbeitete, wie die Gerätefunde erkennen ließen, vorwiegend unter freiem Himmel. Dabei lag der eigentliche Werkplatz jeweils links von den Unterkünften, vielleicht weil die rechte Seite grundsätzlich den Fleischgerüsten gehörte, vielleicht aus anderen, bisher nicht geklärten Gründen.

Kein Zweifel also, daß »unsere Freunde, die Rentierjäger«, die Welt bereits vorwiegend durch den Verstand begriffen, ihr Leben mit Bedacht organisierten und damit, soweit es in ihren Kräften stand, dem blindwütigen Zugriff des Zufalls entzogen; sie waren, wie Rust betont, hochintelligent und standen »im Geistigen keineswegs unter uns«.

Noch immer aber bildete die Jagd den magischen Mittelpunkt ihres Lebens, wie hundert- oder zweihunderttausend Jahre vorher. Ihr Waffenarsenal freilich hatte sich wesentlich vergrößert, ihre Jagdtechnik bedeutend verfeinert.

Die Meiendorfer waren vortreffliche Bogenschützen. Unter den zahlreichen Knochen, die Rust aus dem verlandeten Teich barg, befanden sich Schulterblätter mit glattem, sauberem Durchschuß. Die meisten Pfeile waren, wie sich aus der Art der Knochenverletzungen ergab, mit Geweih-, Knochen- oder Flintspitzen bewehrt. Die Bögen der Meiendorfer maßen etwa anderthalb Meter und bestanden aus Kiefernholz. Getrocknete Rendärme lieferten die kraftvollfedernden Sehnen.

Auch die Harpune war den Menschen der »Hamburger Stufe« bereits bekannt. Rust fand nicht nur etliche Spitzen dieser äußerst gefährlichen Waffe, sondern auch die Knochen, die sie durchschlagen hatten. Diese »jagdtechnischen Negative« bewiesen, daß selbst ausgewachsene Rentiere mit Harpunen zur Strecke gebracht wurden. Genauer gesagt: mit Hilfe eines Speerschaftes, dem eine an langen Lederriemen hängende Zackenharpune aufgesetzt war.

Die Jagdbeute setzte sich, wie zu allen Zeiten, zum guten Teil aus Wildgeflügel zusammen – aus Schneehühnern, Schwänen, Gänsen, Enten und Sumpfhühnern. Doch handelte es sich hier, wie der Meiendorfer Teich zur Genüge bezeugte, um Nebenprodukte der täglichen Pirsch. Auch Fuchs, Dachs und Hase interessierten nur als Ergänzung der Speisekarte. Denn die Meiendorfer lebten aus dem vollen. Sie erlegten während ihrer dreimonatigen Sommersafari mindestens an jedem zweiten Tag ein Ren. Damit dürfte selbst der wölfische Appetit von Freiluftmenschen der späten Eiszeit zu stillen gewesen sein.

Der deutsche Chemiker Stokar hat den beschwerlichen Versuch unternommen, die Frage der eiszeitlichen Verpflegung vom Standpunkt der modernen Ernährungsphysiologie zu beantworten. Das Gesicht des diluvialen Mannes wird, wie aus dem reichlich vorhandenen Skelettmaterial zu berechnen ist, im Durchschnitt 70 Kilo betragen haben, das der Frau – man denke an die überaus zierliche Oberkasselerin – etwa 55 Kilo. »Gegeben sind uns weiterhin die großangelegten Reihenuntersuchungen, die die Nordamerikaner, Norweger, Dänen und Russen ... bei Lappen und Eskimos in den letzten Jahren durchführten ...« Gegeben ist ferner die Tatsache, daß der Mensch der Letzteiszeit dem heutigen *Homo sapiens* körperlich durchaus ähnlich war.

Siebzehn Pfund Fleisch am Tag

Nach Stokars Rechnung benötigt ein 70 Kilo wiegender, durchweg in frischer Luft lebender Mann bei 10 Grad mittlerer Wärme täglich:

137 g Eiweiß
117 g Fett und
352 g Kohlehydrate.

Bei einer mittleren Temperatur von 5 Grad erhöhen sich diese Mengen auf:

186 g Eiweiß
171 g Fett und
568 g Kohlehydrate.

Der Mensch, der ausschließlich von Renfleisch lebt, braucht deshalb bei 10 Grad mittlerer Wärme pro Tag

685 g zur Deckung des Eiweißbedarfs und
5850 g zur Deckung des Fettbedarfs; ferner
1160 g Renleber zur Deckung des Kohlehydratbedarfs.

Bei einem Jahresmittel von 5 Grad – das etwa dem der letzten Eiszeit auf dem 50. Längengrad entspricht – braucht er in 24 Stunden:

925 g zur Deckung des Eiweißbedarfs und
8550 g zur Deckung des Fettbedarfs; ferner
1875 g Renleber zur Deckung des Kohlehydratbedarfs.

Mit anderen Worten: die »Meiendorfer« benötigten, sofern sie ausschließlich auf Fleisch angewiesen waren, allein zur Stillung ihres Fetthungers 17 Pfund Fleisch am Tag – ein Quantum, vor dem heute selbst ein Fresser vom Range Pantagruels kapitulieren würde.

Aber auch der Eiszeitmensch lebte nicht vom Fleisch allein. »Er nahm«, wie Stokar schreibt, »die Kost komplementär, das heißt, er aß vom Tier alles, aber auch alles, was unter der Decke lag und nicht reiner Knochen war...« Vor allem die vitaminreiche, stark glykogenhaltige Frischleber des Tieres.

Auch Blut und Knochenmark erfreute sich großer Beliebtheit. Alle Röhrenknochen, die Rust in Meiendorf fand, waren aufgeschlagen und ihres nahrhaften Inhalts beraubt. Das Rückenmark wurde, höchst einfach, durch Birkenzweige aus der Wirbelsäule herausgepreßt. Warmes Knochenmark vom Ren gilt übrigens in Stockholmer Feinschmeckerrestaurants noch heute als Delikatesse.

Wichtig für den Rentierjäger war schließlich der Mageninhalt des Tieres, der in Gestalt vorverdauter Gräser und Kräuter wertvolle Kohlehydrate spendete. Bei den Lappen hat sich diese gastronomische Übung bis in die Gegenwart erhalten. Rengemüse soll wie ein Gemisch von Sauerampfer und Spinat schmecken und selbst empfindlichen Naturen gut bekommen.

Eine bedeutende Rolle im Ernährungshaushalt des Rentierjägers spielte auch das Islandmoos, das mit seinem hohen Gehalt an Vitaminen, Bitterstoffen und Kohlehydraten geradezu als ein Wunderpflänzchen angesehen wird. Im Frühjahr kaute er – nach Stokar – Sprößlinge mit aufsteigendem Saft, vornehmlich Betula-Arten, die Hemi-Zellulose und Zucker enthielten, im Sommer und Herbst massenweise Krähenbeeren mit hohem Vitamin-C-Gehalt. In südlichen Gegenden plünderte er die Stöcke der Wildbiene; wo ihm die Natur Beeren, Nüsse, wilde Trauben, Kürbisse, Bucheckern, Eicheln oder Schlehen lieferte, wird er häufig sogar als Vegetarier gelebt haben.

In der nordischen Tundra war und blieb das Rentierfleisch jedoch die Grundlage seiner Ernährung. Welche Mengen er täglich verzehrte, wird im wesentlichen vom Angebot abhängig gewesen sein. Übermäßige Zurückhaltung wird er sich aber nicht auferlegt haben. Selbst Rusts spröde Feder zeichnet eine Mahlzeit seiner Meiendorfer Jäger mit Breughelschem Behagen. »Doch jetzt geht es ans

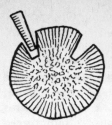  

Rengeweihe mit ausgelöstem Span. Die drei Stadien der Spangewinnung: links mit Stichel, Mitte mit Zinken, rechts mit Trennkanal

Schmausen. Sie hocken am Feuer nieder und greifen herzhaft in die Fülle. Ein Stück Filet, etwas Bauchtalg, ein Streifen von der Keule, jetzt ein Kloß vom Magengemüse, der so glatt durch die Kehle gleitet, oder etwas Hirn. Und dann das herrliche weiche Mark aus den Knochen. Dann wieder Fleisch. Beenden wir die Beschreibung! Als unsere Jäger selig im Zelt liegen, hat jeder seine sechs bis acht Pfund verzehrt.«

Außer der Nahrung lieferte das Ren auch das Rohmaterial für all die Gegenstände des täglichen Bedarfs, die wir heute »Pfennigartikel« nennen. Allein aus dem Geweih fertigten die Handwerker der Horde die verschiedenartigsten Werkzeuge und Waffen.

Renjägers »Pfennigartikel«

Sie tieften zu diesem Zweck mit einem Stichel zunächst zwei schmale Rinnen in die eisenharte, knochige Außenschicht des Geweihes, bis sie das poröse, weiche Innengewebe erreichten. Dann trat jener merkwürdige Zinken in Aktion, den wir als Leitform der Hamburger Kultur kennenlernten, und hobelte und schabte von den Seitenwänden der Unterlage so viel fort, bis nur mehr ein schmaler Steg übrigblieb. Knochenteile, die in die Kanäle getrieben wurden, brachen den Span schließlich krachend aus dem Geweih.

Der so gewonnene Span war gewissermaßen das Halbfabrikat, aus dem sich nach Belieben Pfeilspitzen, Harpunen, Pfriemen und Nähnadeln herstellen ließen. Aus Geweihen entstanden auch sonst noch allerlei brauchbare Werkzeuge: spatenähnliche Gebilde, die als Schaufeln benutzt wurden; die sogenannten »Riemenschneider«, eine Kombination von Geweihsprossen und Flintmesser; und schließlich die berühmten Kommandostäbe, die das Meiendorfer Grabungsloch freilich nur als »Vorarbeit« freigab.

Renrippen verwandelten sich unter den geschickten Händen der Hamburger Jäger zu langen Knochenmessern, Schulterblätter zu Schabern und Kratzern. Das Renhirn, soweit es nicht verzehrt wurde, diente als Gärungsmittel bei der Fellgerbung. Die gegerbten Felle gingen in die Schneiderwerkstatt und wurden zu ledernen Socken, Pelzhosen und Kapuzenjacken verarbeitet.

In dieser Einheitskleidung waren Männlein und Weiblein nicht zu unterscheiden. Doch werden sich die Frauen die besonders weichen und geschmeidigen Stücke gesichert haben. Und schon wagten sich auf ihren Trachten die ersten bunten Besätze hervor. Die weibliche Eitelkeit, im heiteren, wärmeren Süden längst erwacht, meldete auch im rauhen Norden ihre Ansprüche an.

Schmuck hat Rust in seinem Meiendorfer Taleisloch nicht gefunden. Aber er fand zahlreiche Geräte mit Ornamenten und figürlichen Darstellungen. Die Jäger der Hamburger Stufe waren also, genau wie ihre Höhlenvettern in der Alb, nicht nur um die zweckmäßige, sondern auch um die schöne Form bemüht. Das Ornament, das freie Spiel der Striche und geometrischen Figuren, beherrschte die Phantasie der Meiendorfer Jäger freilich ungleich stärker als die naturalistische Darstellung. Auf dem von Rust gehobenen Geweihmaterial fanden sich zahlreiche interessante »Linienverbände«. Auffallend war das häufige Vorkommen kleiner Kreuzzeichen, die er einstweilen als Eigentumsmarken deutete.

»Das schönste Kunstwerk aus dem nordischen Jungpaläolithikum«, ein 1951 entdecktes, 15 Zentimeter langes Rengeweihstück, enthält die verschiedenartigsten Verzierungen vom Mäander- bis zum Schnörkelmuster zusammen mit einer figürlichen Darstellung, und zwar mit dem schon erwähnten Porträt eines langschädligen, alten Mannes, der auf dem Kopf eine Fellkapuze trägt. Solche Pelzkappen gehörten, wie uns die Höhlenzeichnungen lehren, zum Inventar kultischer Bräuche. Wahrscheinlich haben wir es auch hier mit einem Zauberer, vielleicht auch mit der Versinnbildlichung einer Gottheit zu tun. Kunst und Magie waren also auch im Norden eng verschwistert.

Bevorzugtes Objekt der magisch-religiösen Vorstellungen des Rentierjägers war natürlich die Jagd. Rust fand ein scheibenförmiges, wahrscheinlich als Amulett getragenes Bernsteinstück, in das sein unbekannter Besitzer auf beiden Seiten mehrfach Tierbilder eingeritzt und wieder »ausradiert« hatte. Geblieben war schließlich – in einem Geflecht von Linien, das Beine und Geweihe von Rentieren mehr ahnen als erkennen ließ – ein deutlich wahrnehmbarer Wildpferdkopf.

Die versenkten Opfertiere Noch einem seltsamen Jagdbrauch kam Rust durch seine Meiendorfer Grabung auf die Spur. Er fand in dem verlandeten Teich das Skelett eines zweijährigen Jungrens, dessen Brusthöhle geöffnet und mit einem 16 Pfund schweren Stein belastet worden war. Ein Opfertier? Rust hat diese Vermutung zunächst nur mit großer Vorsicht ausgesprochen, fand sie aber bei späteren Grabungen bestätigt. Die genaue Analyse der Befunde ergab, daß dieser Ritus jeweils zu Beginn der Jagdsaison geübt wurde.

Er war Ausdruck mythischer Fruchtbarkeitsvorstellungen; denn die Meiendorfer opferten immer nur zweijährige weibliche Rentiere. Den Zugang zu den ewigen Jagdgründen, aus denen ihnen immer wieder neue Beute zuwuchs, glaubten sie auf dem Grund der Teiche verborgen... Dies im Gegensatz zu ihren Vettern im Süden, welche die geheimnisvolle, göttliche Urkraft in die Tiefen dunkler, unwegsamer Höhlen suchten.

Im übrigen begegnen wir hier nicht nur einem überregionalen, sondern einem nahezu zeitlosen Vorgang. Denn noch zehntausend Jahre später, am Ende der Eiszeit, brachten die nordischen Rentierjäger der unbekannten Gottheit das gleiche Opfer dar. Dabei waren diese zehntausend Jahre eine Zeit erdgeschichtlich bedeutsamer Umwälzungen, die sich gewissermaßen im Weichbild des Ahrensburg-Meiendorfer Tunneltals vollzogen.

Als die Themse in den Rhein floß

Mit dem Rückzug des nordischen Inlandeises entstand zunächst ein riesiges Süßwassermeer, der sogenannte baltische Eissee, der etliche Jahrtausende seine Wasser, wahrscheinlich in der Gegend des Öresundes, durch eine schmale Überlaufrinne in die Nordsee abführte. Im weiteren Verlauf der Tauwetterperiode floß er durch einen tiefen Graben bei Westgotland ab. Mit dem Schmelzwasser des Ozeans, das er nun aufnahm, schleuste er allerlei Meeresgetier ein, darunter die Eismeermuschel, die *Yoldia arctica*, nach der die Gelehrten das neu entstandene Gewässer heute *Yoldia-Meer* nennen.

Eine Landhebung trennte dieses Gewässer erneut vom Ozean und verwandelte es in einen Süßwassersee, als dessen Patin die *Ancylus-Schnecke* firmiert. Der *Ancylus-See* war in eine mit dem Kontinent fest verbundene Landmasse eingebettet, zu der ganz Skandinavien gehörte. Auch England war damals – etwa 7500 v. Chr. – noch ein Teil des Festlands; die Themse mündete in den Rhein.

Eine neuerliche Landsenkung bewirkte die Abtrennung der dänischen Inseln vom Kontinent und ließ die Umrisse der Ostsee hervortreten. In diese strömte wieder Salzwasser ein, mit ihm als Leittier die *Litorina-Schnecke* – die Forscher sprechen also vom *Litorina-Meer*. Diese Entwicklung war etwa 4500 v. Chr. abgeschlossen.

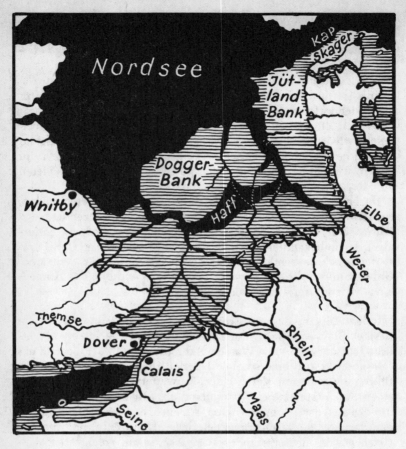

Karte des Nordseebereichs vor dem großen Meeresvorstoß
vor 7 000 Jahren (nach v. Bülow)

Die gleiche Dramatik erfüllt das Bild der Vegetation. Kälterückschläge unterbrachen die Abschmelzzeit und veränderten mehrfach die Kulisse der Pflanzenwelt. Dank der Pollenanalyse ist die Wissenschaft über die verschiedenen Perioden des Bewuchses genau unterrichtet. Sie unterscheidet mehrere Epochen, deren älteste sie, nach dem Hauptbewohner der Tundra, dem *Dryas* oder Silberwurz, *Dryas-Zeit* nennt. Ihr folgte eine erste Waldzeit, nach dem Ort Alleröd in Seeland, die *Alleröd-Zeit* getauft. Eine erneute Abkühlung setzte die nordischen Küstengebiete wieder dem Zugriff der Tundra aus und zeichnete in das Vegetationsbild die *jüngere Dry-*

as-Zeit ein. Erst in der durch die Herrschaft des Nordwindes gekennzeichneten *Boreal-Zeit* setzte sich der Wald – zunächst mit Birke und Kiefer, dann auch mit Eiche, Linde und Ulme – endgültig durch.

Rusts weitere Grabungen erhellten die beiden Zwischenstadien: die Alleröd-Zeit mit ihren schwindsüchtigen, aus Kiefern, Weiden, Zitterpappeln und Birken bestehenden Gehölzen; und die jüngere Dryas-Zeit, in der die Tundra den Birken-Kiefern-Wald wieder unterwanderte.

Die Alleröd-Zeit ist das Schmerzenskind der nordischen Urgeschichte. Ihr Geräteinventar, das sich deutlich von dem der Hamburger Jäger unterscheidet, verweist auf Südwesteuropa. Die Forscher, welche die wenigen handfesten Spuren mit detektivischem Scharfsinn untersucht haben, vermuten, daß etwa 10 000 Jahre v. Chr. die eiszeitlichen Höhlenmenschen langsam in die Flachlandgebiete einzusickern begannen. Im Schutz der Alleröd-Wärmewelle zogen sie wahrscheinlich den Tieren der gemäßigten Zone nach, die für sie die Rolle von Schrittmachern spielten, und gelangten auf ihrer Wanderung über die Elbe hinaus nach Holstein.

Die Wanderung der »Südleute«

Hermann Schwabedissen, Ordinarius für Vorgeschichte an der Universität Köln, sieht in der Wanderung der Höhlenbewohner des späten Eiszeitalters »ein Ereignis von weltgeschichtlicher Bedeutung«. Sie waren die ersten, die Nordeuropa nach dem Schmelzen der Gletscher erreichten. »Durch ihren Vorstoß brachten sie eine Verbindung des Nordens mit der Mitte und dem Westen unseres Kontinents und trugen damit bei zur Herausbildung der Einheit der europäischen Menschheit und zur Prägung ihrer Kultur.«

Ihr Lebensstandard, ihre Jagdgewohnheiten, ihre religiösen Bräuche sind für die Forschung noch immer ein Buch mit sieben Siegeln. Von ihren Küchenresten sind kaum zwei Dutzend Ren- und Elchknochen bekannt, und noch ist kein einziges Skelett- oder Geweihwerkzeug gefunden. Um so wertvoller waren die Ergebnisse der 1946 durchgeführten Grabung am Ahrensburger Borneck, die wenigstens einen schmalen Pfad durch das Dickicht schlug, hinter dem sich die Alleröd-Kultur noch immer verbirgt.

Rust fand in dem von ihm entdeckten Goldland der Urgeschichtsforschung nicht mehr und nicht weniger als die älteste Winterbehausung des nördlichen Europa – ein Großzelt mit Kopfsteinpflaster, das immerhin 40 Quadratmeter umschloß, und zwar einen sieben Meter langen, »im Grundriß schlüsselförmigen Wohnraum mit großer Feuerstelle, dazu ein etwas kleineres Vorratszelt und zwischen beiden einen noch einmal unterteilten Verbindungsgang«. Ähnliche Zeltkonstruktionen sind noch heute bei den Karibu-Eskimos in Kanada gebräuchlich. Rust schloß aus der Wohnlichkeit der Anlage, daß die »Südleute« – wiewohl immer noch Jäger und Nomaden – sich doch für längere Zeit am Ort niederließen und daß ihre heizbaren Hauszelte ausreichten, die eisigen Wintermonate in guter Verfassung zu überstehen.

Wieviel Jahrhunderte oder Jahrtausende die »Südleute« rechts der Elbe verbrachten, bedarf noch der Klärung. Wahrscheinlich setzten sie sich aber zu Beginn des Kälterückschlages in der jüngeren Tundrazeit wieder in wärmere Landstriche ab. Rentierjäger südöstlicher Herkunft traten ihre Nachfolge an: Schöpfer und Repräsentanten der Ahrensburger Kultur.

Die ältesten Pfeile der Welt

Alfred Rust hatte seine Meiendorfer Grabung noch nicht beendet, als er das Tunneltal bereits nach weiteren Toteisteichen systematisch abzusuchen begann. Sein scharfes, nun schon durch Erfahrung geschultes Auge hatte schnell den richtigen Platz gefunden. Nur achthundert Meter weiter, am Fuße des sanft ansteigenden, niedrigen Stellmoor-Hügels, holten die Bohrer wieder jene Bodenproben ans Tageslicht, die unverkennbar ein verlandetes, vermoortes Gewässer anzeigten. Noch im gleichen Jahr stellte er eine Gruppe seiner Arbeitsdienstler zum Stellmoor-Teich ab, um die Grabung des Jahres 1935 vorzubereiten.

Rust wußte auch in diesem Fall genau, was er wollte. Der Fundplatz Stellmoor war seit 1906 bekannt und hatte inzwischen an die 50 000 Feuersteingeräte geliefert, um deren Bergung sich wieder der Schuhmachermeister Carl Laage verdient gemacht hatte. Seine mit Fleiß und Umsicht zusammengetragene Sammlung war später vom Museum für Vorgeschichte und Völkerkunde in Hamburg übernommen worden, wo sie die Aufmerksamkeit von Gustav Schwantes erregte. Der ging ihren Spuren nach, wälzte die einschlägige Literatur, entdeckte verwandte Kollektionen in anderen Museen und erfuhr, daß der Gastwirt Küster aus Heckkathen bei Hamburg in den Boberger Dünen ähnliche Geräte gesammelt hatte.

Hier überall fiel ihm neben den üblichen Kratzern, Schabern, Sticheln, Bohrern die große Zahl von Zwerggeräten auf, die sich unschwer als Pfeilspitzen identifizieren ließen. Diese Stielspitzen erschienen ihm geradezu als die »Leitfossilien« einer bisher unbekannten Entwicklungsstufe, und so führte er 1928 die »Ahrensburger Kultur« in die wissenschaftliche Diskussion ein.

Die bis dahin eingebrachten Werkzeuge und Geräte genügten vollauf, die Existenz dieser Kulturstufe nachzuweisen. Sie genügten nicht, ein Bild des Ahrensburger Menschen, seiner Welt und seiner Zeit zu entwerfen.

Darum ging es Rust, als er im Frühjahr 1935 seine neue Grabung startete.

Bald watete er auch hier wieder bis zu den Knien durch Schlamm und Sumpf. Aber so leicht wie in Meiendorf war das Grundwasser diesmal nicht zu besiegen. Es bedurfte umfangreicher Vorbereitungen und eines komplizierten, mit neun Brunnen arbeitenden Pumpsystems, die Grabungsstelle trockenzulegen. Darüber verging fast ein ganzes Jahr. Erst 1936 trug die Arbeit ihre Früchte, und zwar in einem Maße, mit dem Rust in seinen kühnsten Träumen nicht gerechnet hatte.

Genau wie die Hamburger Jäger hatten auch die Ahrensburger – fast zehntausend Jahre später, in der jüngeren Tundrazeit – ihren gesamten Abfall und einiges mehr in den Teich am Auslauf ihres Wohnhügels geworfen. Ihr Aufenthalt währte jedoch nicht nur einen Sommer, sie kehrten mindestens zehnmal, wenn nicht gar zwanzig- oder dreißigmal nach Stellmoor zurück. Dem entsprach der Inhalt des versumpften Gewässers.

Eine fast halbmeterdicke »Küchenschicht« bedeckte den Seegrund, den Rust über tausend Quadratmeter mit wissenschaftlicher Akkuratesse abräumen ließ. Er barg außer 1588 Feuersteinstücken etwa 20 000 Knochen, 1 300 Geweihstangen, über 1 000 Knochengeräte, neben hundert zerbrochenen vier vollständig erhaltene Kiefernpfeile und Teile der dazugehörigen Bogenwaffen, dazu die Reste von mindestens zwölf Opfertieren und einen über zwei Meter hohen Kultpfahl, dessen Spitze noch mit Teilen eines Renschädels umkleidet war.

Was bedeutete das alles?

Es bedeutete zunächst, daß die Ahrensburger genau wie die Menschen der Hamburger Stufe Rentierjäger waren, »absolute Renjäger«, wie es bei Rust heißt, und daß sie fast auf dem gleichen Kulturniveau lebten wie ihre Ahnen zehntausend Jahre vorher – obwohl es in ihrer Umwelt nicht nur Tundra, sondern auch kleine Wälderinseln gab.

Die Jagdtechnik hatte sich weiter vervollkommnet. So waren unter den 15 bis 75 Zentimeter langen, fein geglätteten Kiefernpfeilen von Stellmoor – den ältesten Belegen dieser Waffe überhaupt – sogar zweiteilige Stücke. Ihre Spitze blieb im Körper des getroffenen Wildes (oder Menschen) stecken, der Schaft fiel ab und konnte von neuem gebraucht werden.

Jagdpfeifen, Harpunen, Messer, Fellöser und Druckstäbe aus Knochen oder Geweih ergänzten das Arsenal. Das Herstellungsverfahren hatte sich jedoch geändert. Die Handwerker der Gruppe lösten aus den Geweihen nicht mehr einzelne Späne, sondern zerschlugen sie kurzerhand und fertigten ihre Geräte aus den anfallenden Splittern. Trotz solcher Grobschlächtigkeit führte diese Art der Produktion zu den gleichen Ergebnissen. Auch äußerlich unterscheidet sich das Knochen- und Geweihrepertoire der Leute vom Stellmoor nur wenig von dem der Meiendorfer.

Dennoch ist ein wesentlicher, ja epochaler Fortschritt zu markieren. Inzwischen war das Beil erfunden worden – ein gänzlich neues Gerät, das aus dem Werkzeuginventar der nächsten Jahrtausende nicht mehr fortzudenken ist. Schaft und Schneide dieses neuen »Leitfossils« bestanden aus Rengeweih, dem härtesten Material, über das der Flachlandjäger verfügte. Der Seegrund von Stellmoor gab nicht weniger als 40 derartige »Geweihbeile« frei, die, je nach Bedarf mit Gerad- oder Querschneiden, spitzen oder hammerartigen Schlagenden versehen, eine vernichtende Wirkung ausübten. Selbst einem Rentier konnte mit einem solchen Rentierbeil, wie Funde bewiesen, der Schädel eingeschlagen werden.

Im kultischen Bereich dagegen hatte sich nichts geändert. Noch immer versenkten die Jägertrupps zu Beginn der Saison ein zweijähriges Jungtier und brachten damit der unbekannten Teichgottheit demütig ihre Bitte um reiche Beute dar. Den Schädel einer Renkuh montierten sie auf den Kultpfahl, der am Rande des Teiches aus dem Wasser ragte und wahrscheinlich als Sinnbild der Fruchtbarkeit verehrt wurde.

Wir wissen nicht, wann die letzten Bewohner des Stellmoorhügels ihre Zelte abgebrochen haben. Sicher ist, daß sie in Deutschland die letzten waren, deren Dasein dem Diktat der eiszeitlichen Lebensgesetze unterworfen war. Die Welt wurde nun wärmer und wohnlicher mit jedem Jahrhundert. Etwa 7500 v. Chr. siedelten sich die ersten Eichenmischwälder auf dem von der Tundra verlassenen Boden der jüngeren Dryas-Zeit an.

Die Menschen, die während der nächsten Jahrtausende in Norddeutschland und den angrenzenden Revieren lebten, sind noch weithin unbekannt.

Nach Funden im großen Moor von Seeland, dänisch Maglemose genannt, sprechen die Gelehrten von einer *Maglemose-Gruppe*, die vorwiegend auf Inseln und Halbinseln kampierte, außer der Jagd auf Rotwild, Urrind, Biber, Fuchs und Wildschwein auch Fischfang mit Angelhaken betrieb, Beile aus Feuersteinen, sogenannte Kernäxte, produzierte und mit ihren charakteristischen Fischschuppmessern bis in die Gegend von Berlin zu verfolgen ist. Sie kennen die *Oldesloer Gruppe*, die *Kirchdorfer, Haltener, Boberner Gruppe*, die im Gegensatz zu den »amphibischen« Maglemose-Menschen ihre Wohnstätten auf festem Lande bauten und auch in der Werkzeugindustrie vielfach eigene Wege gingen.

Und wie in Dänemark konnten sie die Kultur der Kjökkenmödinger schließlich auch in Deutschland, am überzeugendsten in Ellerbeck bei Kiel feststellen. Doch die Erforschung all dieser Zivilisationsstufen hat eben erst begonnen... Das Ahrensburg dieser Epoche ist noch nicht entdeckt.

Nachzutragen bleibt, daß Rust bei seiner Stellmoor-Grabung auch auf eine Lage der Alleröd-Zeit und der Hamburger Stufe stieß. Sauber voneinander getrennt, bauten sich die Jahrtausende, Schicht um Schicht, hier übereinander auf. Während das Ren die Tundren Nordwestdeutschlands abgraste, hat es die Jäger also immer wieder in das Meiendorf-Ahrensburger Tunneltal gezogen – über unendlich lange Zeiträume hinweg, in denen das Leben, für unsere Begriffe, nahezu stillstand.

Wiesen, Äcker und Buschwerk bedecken heute das Tunneltal. Ein großer Gutsbetrieb bewirtschaftet die Hänge und Hügel der Rentierjäger. Das »Blub-blub« der Bulldogs gibt den Ton an. Die Hochspannungsleitungen summen. Und manchmal gellt der Pfiff eines vorüberfahrenden Zuges durch die Stille.

Aber noch immer geschieht es, daß die Pflugscharen jene seltsamen Steingeräte aus der Erde schaufeln, die Alfred Rust den Weg zu den Hamburger und Ahrensburger Jägern wiesen.

FÜNFTES KAPITEL

STEINZEITBAUERN AM FEDERSEE

DIE PFAHLBAUTEN – EIN ROMANTISCHER IRRTUM

»DURCH DUNKLES MOOR UND HELLE STUNDEN...«
KRONZEUGE HERODOT
SCHERBENFISCHER UND ANDERE ALTERTUMSFORSCHER
SPATENARBEIT IM GRABUNGSKASTEN
WOHNBÜHNEN ÜBER PLÄTSCHERNDEM WASSER
DAS ENTZAUBERTE PFAHLBAUIDYLL · STRANDDÖRFER AUF FESTEM GRUND
KOMFORT UNTERM SCHILFDACH
VOM »KURVENKOMPLEXBAU« ZUR LEHMGRUBE
DIE HOLZARCHITEKTUR DER JÜNGEREN STEINZEIT
STEINAXT GEGEN STAHLAXT
SCHMUCK UND MODE BEI DEN »PFAHLJUNGFRAUEN«
SCHÄDELOPERATIONEN GEGEN ZAHNSCHMERZEN
DAS FEDERSEEGEBIET – EIN VORGESCHICHTLICHES WUNSCHLAND

»Durch dunkles Moor und helle Stunden...«

Buchau am Federsee war einmal freie Reichsstadt. Heute ist es ein abseits liegendes schwäbisches Landstädtchen.
Ein liebenswerter, aufs »Schaffe« bedachter Flecken: fleißig, fromm, idyllisch. Am Ortsrand einige Mieder- und Trikotagenfabriken, die Post und das Stationsgebäude der von Schussenried kommenden Bimmelbahn, die in den Prospekten ein wenig verschämt als Schmalspurbahn bezeichnet wird. Unversehens steht man dann schon auf dem Marktplatz. Ein Bild altväterlicher, wohlbedachter Ordnung, in dem weder das Rathaus noch die Kreissparkasse noch die Genossenschaft fehlen – dazwischen, in wohlbemessenen Abständen, die Wirtshäuser, der »Ochs«, der »Hirsch«, das »Rad« und wie sie alle heißen.
Hinter dem Rathaus beginnt der Stiftsbezirk, dessen Traditionen in die Zeit der Karolinger zurückreichen. Seine bauliche End-

form erreichte er freilich erst im 18. Jahrhundert, unter dem strengen Regiment seiner letzten Äbtissinnen. Mittelpunkt des umfänglichen Gebäudekomplexes, der heute Schulen, Heilstätten und Behörden beherbergt, ist die von dem Franzosen Michael d'Ixnard entworfene, 1776 durch den Konstanzer Fürstbischof geweihte Stiftskirche. Ein klargegliederter, frühklassizistischer Bau, in den sich aber, ungeachtet seines »heiligmäßigen Zweckes«, die ganze Ausstattungsfreude des verklingenden Rokoko ergoß. Hinter der nüchtern-linearen Fassade verbirgt sich also ein rechter Festsaal Gottes, ein dreischiffiges Langhaus in Weiß und Gold, von heiterverspielter und feierlich-weltlicher Pracht.

Mehr noch als dieses fürstliche Bauwerk zieht das Moor die Fremden nach Buchau. Das Städtchen nennt sich seit gut dreißig Jahren Kurort, und da man in Schwaben mit Gründlichkeit besorgt, wozu man sich einmal entschlossen hat, ist in dieser Zeit ein ganzes Badeviertel mit einem hübschen Park und adretten, modernen Häusern entstanden. Eine dieser Hygienevillen ziert der Spruch:

> Durch dunkles Moor
> und helle Stunden
> läßt Gott die Menschen
> hier gesunden.

Der unbekannte Verseschmied hat die Buchauer Therapie damit auf eine denkbar einfache Formel gebracht. Was sie verspricht, ist nicht zuletzt ein Geschenk des Federsees, dessen schilfbestandene Ufer sich dem Ort bis auf Steinwurfweite nähern. Noch vor dreihundert Jahren lag die Stadt, wie ein Kupferstich Matthäus Merians zeigt, auf einer Insel im See, die mit dem schwäbischen »Festland« nur durch eine schmale Landbrücke verbunden war. Seitdem ist der Federsee jedoch mehr und mehr verlandet: 1808 bedeckte er noch 350 Hektar, heute nur mehr 139 Hektar.

Die Verlandungszone liefert nicht nur jenen fetten Heilschlamm, der von Rheuma, Gicht und anderen Gebresten befreit, sie schenkt dem Buchauer Panorama auch landschaftlich einen eigentümlichen Reiz. Ein Steg von anderthalb Kilometer Länge führt durch den Schilfwald des versumpften Randgebietes zu einer Plattform mitten im See und erschließt eine wahre Zauber- und Fabelwelt.

Das Binsenspalier zur Rechten und Linken wechselt mit Schachtelhalm- und Sauergras-Beständen. Dazwischen behaupten sich Kolonien von Pflanzen, die der naturentwöhnte Besucher kaum noch dem Namen nach kennt. Da gibt es gelbe und weiße Seeroseninseln, schwimmende Hahnenfußgärten und ganze Armeen von

Schwertlilien. Der Kenner weiß auch den Sumpfklappertopf zu finden, den Wasserschierling und den Igelkolben, den Froschbiß und das Blutauge, das Karlszepter und die Prachtnelke. Schon die Namen der in diesem Sumpfdschungel siedelnden Gewächse sind von einer deftigen, rustikal-barocken Poesie.

Und dann die vielen Vogelfamilien, die paddelnd, flatternd, flügelschlagend ihr Binsenparadies durchmessen. Keifende Möwen, schnatternde Enten, kreischende Seeschwalben. Dazwischen das Gemecker der Himmelsziege, das plaudernde Geleier des Teichrohrsängers und schließlich der sonore Gongton des »Moorochsen« – der dumpfe Paukenschlag in der vielstimmigen Vogelsinfonie.

Nach halbstündiger Binsenwanderung gibt die Plattform am Ende des Stegs den Blick über den See frei. Ein ruhiges, friedliches Gewässer, im Durchschnitt kaum einen Meter tief. Hier und da ein Ruderboot, weit dahinter im verschwommenen Dunst die Uferdörfer: Moosburg und Brackenhofen, Alleshausen und Seekirch, Tiefenbach und Oggelshausen. Rote Dächer, weiße Häuser. In der Mitte der obligate Barockhelm der Kirche. Eine Landschaft von entrückender Abgeschiedenheit und Stille.

Aber diese Landschaft steckt voller Überraschungen. Sie birgt ein nahezu unerschöpfliches prähistorisches Material. Besonders die vorgeschichtliche Siedlungsforschung hat im Federseegebiet, dank den konservierenden Eigenschaften des Moores, Erkenntnisse gewonnen wie sonst nirgendwo in Europa.

Die Moorarchäologie ist eine verhältnismäßig junge Sparte der Wissenschaft. Sie erstreckt sich – nach Schwabedissens Definition – auf »die Erfassung und Auswertung aller in ein genügend wasserhaltiges, organische Stoffe konservierendes Medium eingebetteten Zeugnisse der Menschheitsgeschichte«. Ihre Bedeutung ergibt sich nicht zuletzt daraus, daß das Moor nicht nur – wie etwa der Höhlenlehm – Steinwerkzeuge, Knochen und Geweihreste erhält, sondern auch organische Hinterlassenschaften wie Holz, Leder und Gewebe.

Eine urgeschichtliche Siedlung zeigt sich normalerweise nur durch schwer deutbare Erdverfärbungen an, im günstigsten Fall durch Pfostenlöcher. Die Moorgrabung holt den Pfosten selbst ans Tageslicht und ermöglicht damit zumindest eine einwandfreie Festlegung der Grundrisse. Dazu kommt die innige »Vergesellschaftung« des Fundmaterials: Getreidekörner liegen neben Getreidemessern, Brotreste neben dem Backteller, Holzstämme neben Steinbeilen, Angelhaken neben Fischernetzen.

Das Bild der jeweiligen Kultur zeichnet sich also mit einer bis ins Detail gehenden Genauigkeit ab. Zusammenhänge, die anderswo bestenfalls zu ahnen sind, werden hier in voller Deutlichkeit sichtbar.

Die saubere Trennung der verschiedenen Moorschichten begünstigt vor allem die Lösung der chronologischen Probleme. Durchschneiden wir diese Schichten, so heißt es bei Hans Reinerth, der sich jahrzehntelang mit dem Federseegebiet beschäftigt hat, so liegt das Geschick des Moores klar vor unseren Augen. »Unten Gletscherton, dann kalkige weiße Schlammschichten, zweifellos Niederschläge aus dem offenen See, dann gummiartiger, elastischer Schlick, das Zeichen nahender Versumpfung, und schließlich, bis drei Meter hoch, Torf, die Schichten des Nieder- und Hochmoors!«

Setzte nun der Steinzeitmensch zu irgendeiner Zeit seine Bauten in das Sumpfgebiet am Rande des Sees, »dann blieben die Spuren seines werktätigen Lebens, die Reste seiner Häuser und ihr mannigfaltiger Inhalt beim freiwilligen Verlassen oder Abbrennen der Siedlung zurück. Das Moor, das langsam, aber unaufhaltsam wächst, kroch über die Stelle hinweg, in Hochwasserzeiten (besonders im Frühjahr) stand monatelang eine Wasserschicht über der Stelle. Dann wuchs die Torfschicht weiter, und in kurzer Zeit war das Dorf eingeschachtelt und eingehüllt, konserviert für die fernsten... Zeiten.«

»So kommt es, daß wir heute bloß mit Torfspaten und Stecheisen auszuziehen brauchen, um nach einigen Monaten, freilich mühevoller, planmäßiger Arbeit, ein ganzes Dorf der Steinzeit vor uns liegen zu sehen. Häuser mit Wänden und Innenräumen, Nebengebäude, freie Dorfplätze – alles zeigt sich dem erstaunten Auge. Mehr noch: auch die eingestürzten Dächer der Häuser sind in einzelnen Fällen erhalten; die Wände stehen manchmal noch bis zu einem Meter Höhe aufrecht...«

Zum ersten Mal stieß man 1875 beim Torfstechen in der Nähe des Weilers Aichbühl auf Hüttenböden mit Herden und dem Unterteil der Wände. Die große Federsee-Grabung, eine der erfolgreichsten archäologischen Kampagnen in Deutschland, begann jedoch erst 1919. Als die Forscher nach zehn Jahren Bilanz machten, hatten sie nicht weniger als 81 Fundstellen der Mittleren Steinzeit sowie 14 Dörfer der Jüngeren Steinzeit freigelegt. Dazu kam noch die bronzezeitliche »Wasserburg« Buchau.

Die Erfahrungen, die dabei gewonnen wurden, waren nicht nur für Deutschland interessant. Sie erhellten ein Problem, das auch die schweizerische und österreichische Forschung seit langem interessierte – das Problem der sogenannten Pfahlbauten. Das populärste Thema der prähistorischen Wissenschaft überhaupt. Aber auch ein heißes Eisen, das nur mit Vorsicht anzufassen ist.

Denn hat es sie überhaupt gegeben, jene sagenhaften, auf Pfählen errichteten See- und Uferdörfer, an denen sich unsere Väter und Großväter so sehr begeisterten?

Kronzeuge Als Geburtsjahr der Pfahlbauforschung wird normalerweise das
Herodot Jahr 1854 angegeben, als Geburtsort das Dorf Obermeilen bei Zürich, als Geburtshelfer sozusagen der damalige außerordentlich trockene und kalte Winter, der das Wasser des Züricher Sees noch unter den Tiefstand von 1674 absinken und auf dem nunmehr trockenen Uferstreifen Tausende von Pfählen sichtbar werden ließ.

Die Herren Grob und Rhyner, »zwei Besitzer von da«, so erfahren wir aus einem zeitgenössischen Bericht, kamen nun auf den Gedanken, dem weit zurückgetretenen Gewässer ein Stück Land abzugewinnen. Sie bauten Mauervierecke in das offene Seebett hinaus und füllten den ummauerten Raum mit dem Schlamm aus, den sie vor den Dämmen aus dem Seegrund holten. Sie fanden dabei merkwürdig geformte Steine, die teils wie Ruderschwirbel, teils wie »Nußtöter« aussahen, sowie Horn- und Knochensachen verschiedener Art; daneben aber auch – und das erschien ihnen mit Recht viel merkwürdiger – Haselnüsse, vermodertes Gras und Laub.

Wahrscheinlich hätten sich die Bauern und Fischer von Obermeilen aber mit einem Kopfschütteln begnügt, wenn nicht der Schulmeister des Ortes, Herr Johannes Aeppli, von dem rätselhaften Fund erfahren hätte. Er begab sich an die Grabungsstelle, fand die erstaunlichen Aussagen seiner Schüler bestätigt und schrieb einen Brief an die Antiquarische Gesellschaft in Zürich – eine Tat, die sein Kollege Staub in einem Büchlein über die Pfahlbauten in den Schweizer Seen noch zehn Jahre später mit dem Prädikat »gut und klug« versah.

Am nächsten Tag fuhr ein Kutschwagen vor, dem die Vorsteherschaft der Züricher Gesellschaft entstieg – der Präsident Dr. Ferdinand Keller und seine Stellvertreter Dr. Escher von der Linth und Ludwig Schulthess.

Der Präsident nahm die ausgestellten Gegenstände unverzüglich in Augenschein, nickte befriedigt und erklärte, daß es sich um Äxte, Hämmer, Ahlen, Stech- und Strickwerkzeuge, Kornquetscher, Geschirreste, Waffenteile und dergleichen Inventarien handele, »alles aus einer uralten Zeit und von einem uralten Volk, Kelten genannt, herrührend«.

Die Umstehenden vernahmen den Spruch mit Respekt. Keller, von Haus aus Theologe, war Professor für Anglistik in Zürich. Seit etlichen Jahren archäologischer Ehrendoktor, korrespondierte der kleine stupsnasige Mann, der wie ein irischer Terrier aussah, mit sämtlichen Koryphäen der europäischen Urgeschichtsforschung. Er barst vor Energie und Wissen. Sein Urteil galt dementsprechend als endgültig.

Einem Feldherrn gleich schritt Ferdinand Keller nun auch die Tausendschaften eingerammter Pfähle ab. Nach beendeter Besichtigung entwickelte er eine revolutionäre Theorie. Er erinnerte an die Bauten der Züricher Fischerstadt, die vordem auf Pfählen gestanden hätten, und warf die Frage auf, ob man es nicht mit den Resten ähnlicher Wasserhäuser zu tun habe.

Die Vermutung, die sich in Obermeilen noch ein wenig zögernd hervorgewagt hatte, erhielt im Herbst des gleichen Jahres, nachdem Keller auch den bereits bekannten Pfahlwald im Bieler See inspiziert hatte, Form und Begründung. »Er sprach nun«, so heißt es bei Lehrer Staub, »frisch und mit vollster Überzeugung die Worte aus, daß in frühester Vorzeit Gruppen von Familien... ihre Wohnungen auf Pfahlwerk in den Schweizerseen erbaut hatten.« Derartige Siedlungen waren, wie Keller betonte, dem Völkerkundler längst von Neuguinea und Borneo her bekannt.

Als Hauptkronzeuge aber fungierte der Vater der Geschichtsschreibung, der Grieche Herodot, der 444 Jahre v. Chr. die Wohnweise der Menschen am Prasias-See folgendermaßen »gar hübsch« beschrieben hatte. »Mitten im See stehen zusammengefügte Gerüste auf hohen Pfählen, dahin führt vom Land nur eine einzige Brücke... Auf dem Gerüst haben die Leute eine Hütte, darin sie leben, und eine Falltür, die hinuntergeht in den See. Die kleinen Kinder binden sie mit einem Seil am Fuß fest, weil sie fürchten, daß sie sonst ins Wasser fallen. Ihren Pferden und dem Lastvieh reichen sie Fische zum Futter. Die gibt es in so großen Mengen, daß, wenn einer die Falltür aufmacht und einen leeren Korb hinunterläßt in den See, dieser nach kurzer Zeit voller Fische ist.«

Kellers Pfahlbautheorie war eine Sensation. Riesige Aufregung bemächtigte sich der eidgenössischen Geschichts- und Altertumsfreunde, und als der Kellersche Bericht über die Funde von Meilen und Biel von der Allgemeinen Augsburger Zeitung zitiert worden war (die damals, nach Zeugnis des Lehrers Staub, auf dem ganzen Erdball gelesen wurde), nahm die Pfahlbaubegeisterung epidemische Formen an. Nach zehn Jahren hatten allein die Schweizer über zweihundert Pfahlbürger-Siedlungen entdeckt, und ihre Museen mußten anbauen, um die ständig wachsenden Sammlungen unterzubringen.

Scherbenfischer und andere Altertumsforscher

Die Verfahren, die bei der Ausbeutung des Seegrundes angewendet wurden, hatten mit wissenschaftlicher Forschung freilich wenig zu tun. Oberst Schwab von Biel am Bieler See bediente sich beispielsweise eines Werkzeugs, das »wie eine Kranschere« aussah. Die Schere war an zwei langen Stangen befestigt und konnte durch einen Seilzug bewegt werden.

Derart ausgerüstet, fuhr er mit seinem Gehilfen Hansli Gerber aus Nidau – einem Fischer, »dem die Natur die scharfen Augen eines Fischreihers gegeben« hatte – auf Schatzfang aus und holte ans Licht des Tages, was die Pfahlsiedler an Waffen und Haushaltware hinterlassen hatten: Schwerter und Dolche, Pfeile und Beile, Sensen und Sicheln, Messer und Feilen, rot und schwarz bemalte Teller, Spinnwirteln und Schaufeln, Nüsse, Bohnen, Weizen und Fenchelsamen, Seile aus Flachs und Bast, Knochen und Geweihe.

Die Sammlung von Oberst Schwab genoß internationalen Ruhm. Die Besucher der Pariser Weltausstellung 1867 bestaunten sie wie ein Wunder. Napoleon III., der kaiserliche Altertumsforscher aus Passion, erbat sich eine kleine Auswahl aus der Schwabschen Kollektion und schickte dem passionierten Weidmann als Gegengeschenk ein kostbares Jagdgewehr.

Die Technik des Obristen machte Schule. Immer mehr Fischer betätigten sich als Scherbenfischer à la Schwab. Freilich scheuten sie sich auch nicht, die Seegründe mit Schleppnetzen nach Altertümern abzusuchen. Auch Blechröhren, die mit einem polierten Glase abgeschlossen wurden und somit einen Blick in die Tiefe erlaubten, leisteten gute Dienste.

Als zu Beginn der siebziger Jahre die »Juragewässerkorrektion« eine weitgehende Senkung des Wasserstandes bewirkte, sah man auf zahlreichen Seen ganze Flottillen von Fischerbooten die Pfahlbaureviere durchstöbern. Sie brachten ihre Fänge in Körben auf die Märkte, wo sie vor allem in den Touristen zahlungskräftige Kunden fanden.

Angesichts des ständig wachsenden Souvenirbedarfs gelangten außer echten »Altertümern« selbstverständlich auch imitierte in den Handel. Eine vielbesprochene Fälscheraffäre löste zum Beispiel der Eisenbahnbau am Neuenburger See aus. Bei der Fundamentierung eines Dammes schnitten die Bagger einen Pfahlbau an und schaufelten Stein- und Knochengeräte in großer Zahl ans Tageslicht. Die Arbeiter brachten sie für gutes Geld an den Mann. Sehr bald stellte sich aber heraus, daß die Nachfrage größer war als das Angebot. Grund genug, dem Schicksal ein wenig nachzuhelfen und eine eigene Produktion aus Stein-, Horn- und Knochenstücken aufzubauen.

Sie belieferten den Markt, nach Lehrer Staub, mit »ganz himmelschreienden Formen, denn je närrischer ein Ding aussah, desto theurer wurde es bezahlt. Die Gescheidtesten ließen sich täuschen. Einer kaufte zum Beispiel um 700 Franken solche wunderliche, unerklärbare Sachen; ein Anderer um 500 Franken und eine Anstalt gab bei 1 000 Franken dafür aus. Wir kennen sogar ein Buch, in welchem diese gräulichen Fabrikate als wahre Fundstücke abgebildet sind.«

»Wie mögen wohl«, so beschließt er seinen entrüsteten und zugleich amüsierten Bericht, »die Fabrikanten und Fälschungen, die ewig durstigen italienischen Eisenbahner, gelacht haben, als sie diese Bilder sahen!« Als ein auf die Wahrung der Moral bedachter Erzieher vergißt er jedoch nicht, auch das Ende der Spitzbüberei zu erzählen. Der gute Johann Peter Hebel scheint ihm dabei ein wenig den Griffel geführt zu haben.

Die Fabrikanten fingen nämlich an, »das Geschäft ins Große zu treiben« und einen förmlichen Handel zu organisieren. »Einer ihrer Reisenden kam auch mit Waaren, Empfehlungen und Adressen nach Zürich. Hier logirte er im Löwen. Er besuchte Herrn Dr. Keller und begann auszupacken. Es bedurfte eines einzigen Blickes des kundigen Alterthumsforschers..., und er hatte genug gesehen. Er fragte: ›Wer hat diese Sachen gemacht?‹ Der Handelsmann stutzte. Herr Dr. erklärte den ganzen Kram für faul und falsch und für eine heillose Schelmerei. Nun wollte der Fremde grob werden; es half ihm Nichts, er wurde so in die Enge getrieben, daß er endlich selbst gestand: ›Ja, es ist wahr, die Sachen sind so gemacht worden‹, und bat um Schonung. Herr Dr. berichtete getreu nach Lausanne und Neuenburg, warnte und belehrte, und sofort wurde dem Schwindel eine Grenze gesteckt. Der Schwindler aber soll auf seiner Heimreise, die er jetzt wohlweislich antrat, noch da und dort die letzten guten Geschäfte gemacht haben.«

Die Geschichte beweist, daß von einer regulären Pfahlbauforschung zumindest während der ersten zwanzig Jahre nicht die Rede sein konnte. Sie war auch im besten Fall nur eine Sache gebildeter Laien. So betätigte sich neben dem tüchtigen Oberst Schwab der Notar Müller aus Nidau am Bieler See als Antiquitätenfischer. Später stellten dort zwei Ärzte, Prof. Gillieron und Dr. Groß aus Neuenstadt, ihre Pfahlbaudiagnosen. Die Annalen des Genfer und des Neuenburger Sees nennen außer den Professoren Morlot und Desor den Präsidenten Forel und den Erzieher Rochat als Pfahlbauforscher. Die Bauten des Wauwyler Sees entdeckte der Oberst Suter aus Zofingen. Dekan Puppikofer machte sich durch die Beschreibung der Siedlungen im Niederwyler See verdient. Am Bodensee erprobte neben dem Gemeinderat Löhle aus Wangen der Zollkontrolleur Dehoff seine im Grenzdienst geschulten Augen an der Auffindung versunkener Dörfer.

Fast in jedem Dorf gab es damals einen Bauern oder Fischer, der in seiner freien Zeit »dem Altertum nachging«. Der tüchtigste, eifrigste und glücklichste von allen aber war Jakob Messikommer aus Wetzikon, ein Mann, der als Ackerknecht, Torfstecher und Schulpfleger den verschiedensten Tätigkeiten nachging, bevor er Ehrendoktor und anerkannter »Pfahlbaumeister« seines Landes wurde.

Äußerlich ein Bauernbub wie tausend andere, war er doch von Jugend an bemüht, mehr zu lernen als seine Altersgenossen. Als er nach dem frühen Tod seines Vaters mit fünfzehn Jahren die Schule quittieren mußte, versuchte er seinen Wissenshunger aus eigener Kraft zu stillen. Vor seiner Lesewut war nichts sicher. So lief er von seiner Arbeitsstelle täglich mehrere Kilometer weit zur Post, um für den Arzt des Dorfes die Zeitung zu holen, an deren Lektüre er sich dann beteiligen durfte; von ihm lieh er auch die Bücher, für die ihm kein Feierabend und kein Sonntag zu schade war.

Als er gelesen hatte, daß man in einem dänischen Moor einen vollständig erhaltenen, jahrtausendealten menschlichen Körper entdeckt hatte, glaubte er das Ziel seines Lebens vor sich zu sehen. Warum sollten sich nicht auch in einem schweizerischen Moor Spuren prähistorischen Lebens finden lassen?

Eine Sandgrube bei Robenhausen gab bald darauf ein Skelett mit bronzenen Ohrringen und Armbändern frei. Messikommer inspizierte die Fundstätte und schickte den Schmuck an die Antiquarische Gesellschaft in Zürich. Keller dankte mit einem ermunternden Brief und legte – man schrieb das Jahr 1857 – seinen ersten Pfahlbaubericht bei. Messikommer las ihn und beschloß, Pfahlbauforscher zu werden.

Kurze Zeit später hatte er »seinen« Pfahlbau gefunden. Und nun tat er etwas, was mehr als alle Worte seine Begeisterung beschreibt. Er kratzte alle Ersparnisse zusammen und erwarb das vom Aabach durchflossene Moorgelände von Robenhausen, in dem Torfstecher die unverkennbaren Stümpfe einer vorgeschichtlichen »Baute« freigelegt hatten.

Messikommer war dreißig Jahre alt, als er diesen Kauf tätigte. Noch als Achtzigjährigen sah man ihn mit Spaten, Schaufeln und Holzeimern zu seiner Grabungsstätte pilgern, die inzwischen an Berühmtheit mit dem Gotthardtunnel, der eidgenössischen Uhrenindustrie und der schweizerischen Hotellerie wetteiferte.

Lehrer Staub, der treuherzige Chronist des ersten Pfahlbau-Jahrzehnts, hat Herrn Jakob Messikommer kurz nach Erwerb des prähistorischen Grundstückes besucht und seine Eindrücke frisch und ungeschminkt wiedergegeben.

»Mein... Besuch fiel... in eine schlimme Jahreszeit, in den November. Man konnte des grimmigen Nordwindes wegen keine Ausgrabungen vornehmen, so mußte denn der Aabach, der die Pfahlbaute durchfließt, die Schätze, welche er noch immer in seinem Schoße birgt, hergeben.«

»Man sieht die vielen Pfahlreihen im Aabach ganz leicht; nur stehen ihre Köpfe noch ziemlich unter Wasser. Zwischen diese pfähle hinein warf Herr Messikommer die große, einer Hacke ähnliche Schaufel, die an einer langen Stange befestigt war; er drückte sie dann mit aller Kraft in den schlammigen Grund..., zog sie langsam und ruckweise gegen sich und hob sie, mit Schlamm und Küchenmodder gefüllt, aus dem Bach...«

»Diesen Schlamm durchwühlten wir gar eifrig, und schon der erste Schaufelzug brachte uns ganze und aufgeklappte Haselnüsse, faulige Holzsplitter und den Zahn eines wilden Thieres herauf. Das machte mir ungemeine Freude.«

»Herr Messikommer arbeitete eine Stunde lang auf solche Weise, bald unten, bald oben am Bach, und ich kann versichern, daß jede Schaufel Schlamm... irgendwelche Denkzeichen der alten Zeit enthielt. Bald waren es kleine Thierknöchlein, bald Getreidekörner oder Schlehenkerne, bald ein Durcheinander, das wir nicht erkannten und wie faule Sägespäne aussah, viele Topfscherben, endlich kam zu unserer Freude auch ein allerliebstes, kleines Rehhorn zum Vorschein.«

»Man muß jedoch die erfahrenen Augen des Forschers haben, um in diesem Morast die kleinen Fundstücke erkennen zu können. Er reichte mir... ein schwarzes, ganz leichtes Bröcklein hin und sagte: ›Das ist Pfahlbrod.‹ Und richtig! bei recht genauer Untersuchung sah man darin noch Theile der Kleie und einen Theil eines Getreidekorns.«

Nicht immer ging Messikommer derart primitiv zu Werke. Die von ihm entwickelte Grabungsmethode fand damals sogar zahlreiche Bewunderer und Nachahmer. Er bearbeitete jeweils eine Fläche von drei mal sechs Metern. Etwa einen Spatenstich tief trug er die Deckschicht ab. Dann pflegten sich die ersten Funde einzustellen. Der hagere, etwas hohlwangige Jakob, dessen Musterung der Militärarzt mit den Worten »Dä got kaput« abgeschlossen hatte, zerbröselte jede Handvoll Erde eigenhändig. So buddelte er sich dem alten Seegrund langsam näher.

Im Laufe von Jahren und Jahrzehnten brachte er ein Fundmaterial nach Haus, das seinesgleichen suchte. Messikommers Sammlung enthielt alles, was Herz und Hirn eines Prähistorikers begeistern konnte: Feuersteinmesser, Pfeilspitzen und Harpune, Spinnwirteln und Spindeln, Netzgewichte und Schwimmer, Körbe und Töpfe, Schalen und Schüsseln, Knochen von Haustieren und Wild, Weizen-, Emmer- und Gerstenähren, verkohltes Brot und Hirsekuchen, Obst- und Gemüsereste, Geflechte, Gewebe, Gespinste und tausend andere Dinge.

Des Pfahlbaumeisters Ruhm kannte keine Grenzen. Sein Nachlaß enthielt allein siebenhundert Briefe von Ferdinand Keller. Die Universität Zürich verlieh ihm die Würde eines Ehrendoktors. Museumsleiter und Antiquitätensammler gaben sich die Klinke bei ihm in die Hand. Ja, es gehörte zeitweilig zum guten Ton, als gebildeter Mensch wenigstens einmal in Robenhausen gewesen zu sein.

Eines Tages kündigte ein Altertumsfreund aus dem Aargau seinen Besuch an. Kurze Zeit später erschien, wie der eidgenössische Pfahlbaumatador selbst erzählt, ein »etwa siebzigjähriger Herr, welcher beim Gehen eines Stockes bedurfte«. Messikommer und seine Mutter hielten ihn für den unbekannten Briefschreiber.

»Voll Verwunderung, daß dieser Mann trotz seines beschwerlichen Ganges noch nach Wetzikon komme, sagte sie zu ihm: ›Wie händ Ihrs au dörfe woge, vo Züri us da use z'cho?‹ Da sagte der Herr: ›Muetterli, i chumme nüd no vo Züri, sondern aus St. Petersburg.‹ Es war der berühmte Akademiker und Staatsrat von Baer aus Petersburg.«

So gaben viele Kapazitäten ihre Visitenkarten bei Jakob Messikommer ab. Heinrich Schliemann, der Ausgräber von Troja und Mykene, besichtigte die freigelegten Pfahlreihen im Moor. Aus England kamen der Geologe Charles Lyell und der Anthropologe John Lubbock, aus Frankreich Gabriel de Mortillet, der die erste Periode der Jüngeren Steinzeit als »Robenhausien« bezeichnete – ein Wort, das fast ein halbes Jahrhundert im Gebrauch war. Selbst der skeptische Rudolf Virchow würdigte den renommierten Fundplatz und seinen Entdecker einer wissenschaftlichen Visite. Josef Viktor von Scheffel dichtete nach einem Gang durch das Robenhausener Moor sein »Pfahlbaulied«, der streitbare Friedrich Theodor Vischer, Professor der Ästhetik in Tübingen, seine Pfahldorfgeschichte mit dem berühmt gewordenen Druidenhymnus, dessen erste Zeilen lauten:

Niemand soll die Nase rümpfen,
Daß wir zwischen Moor und Sümpfen,
Zwischen Schilf und Weidenstümpfen
Auf den Seen seßhaft sind.

Vischers Sorge war unbegründet. Niemand rümpfte die Nase. Im Gegenteil, alle Welt begeisterte sich schließlich an den eidgenössischen Pfahlbauten. Kellers Pfahlbautheorie wurde internationales wissenschaftliches Allgemeingut. Und bald begann man überall in Europa die Gewässer und Moore nach Pfahldörfern abzusuchen.

Spatenarbeit im Grabungskasten

An den Seen des Salzkammergutes in Österreich entdeckte man die gleichen Holzreste wie in der Schweiz. In der Poebene und in Bosnien, in Frankreich und in England, in Schweden und in Dänemark legte die Forschung ganze Armeen jener wohlkonservierten Stämme frei, die das Bild der im Wasser sich spiegelnden Seedörfer immer wieder bekräftigen.

Insgesamt wurden im Lauf des letzten Jahrhunderts rund vierhundert Pfahlbaustationen festgestellt.

In Deutschland reichen die Ableger der Pfahlbaukultur bis nach West- und Ostpreußen, Mecklenburg und Sachsen. Im Rheintal waren sie vornehmlich in der Mainzer Gegend sowie bei Bingen und Andernach vertreten. Ihr Zentrum aber waren die Ränder von Bodensee und Federsee.

Pioniere der Forschung am Schwäbischen Meer waren der Konstanzer Ludwig Leiner und der Kgl. Württembergische Oberst a. D. von Tröltsch, die um die Jahrhundertwende ausführliche Erfahrungsberichte vorlegten.

Auch der Mainzer Karl Schumacher war an mehreren Unternehmungen beteiligt, denen nicht zuletzt der außergewöhnlich trockene Winter 1897/98 zugute kam.

Die weithin wasserfreien Seeränder gaben damals nicht nur Berge von Fundmaterial frei (das freilich zum guten Teil von Raubgräbern verschleppt wurde), sie erlaubten auch die topographische Aufnahme mehrerer Dörfer. Die Vermessung der Pfahlsiedlung Bodman ergab eine Länge von 410, eine Breite von 50 Metern; das vorgeschichtliche Unteruhldingen erreichte bei einer Breite von knapp 100 eine Länge von 592 Metern. Hier wie dort ließen sich einwandfrei zwei Dörfer verschiedenen Alters lokalisieren, von denen das jüngere dem älteren jeweils vorgelagert war. Doch wußte man mit dieser Beobachtung in jener Zeit noch nicht viel anzufangen. Ebenso fehlte es noch an Mitteln und Erfahrungen, das Bild der Gesamtsiedlung entstehen zu lassen.

Ähnlich war es am Federsee. Den Anfang machte hier der Oberförster Frank, der bereits 1875, noch ganz unter dem Eindruck der Kellerschen Anschauungen, bei Schussenried etliche Pfahlhäuser freilegte. Ihr Oberbau war in dem hüllenden, schützenden Moor zum Teil noch meterhoch erhalten. Vor dem Ergebnis seiner Grabung kapitulierte der Oberförster jedoch. Angesichts eines wilden

Durcheinanders von Pfosten, Stämmen und Brettern wagte er nicht einmal zu unterscheiden, ob die fraglichen Bauten rund oder eckig gewesen seien. Freimütig bekannte er später in seinem Bericht, daß die Konstruktionen der Pfahlhäuser für ihn »das unleserlichste Blatt« im Buch der vorgeschichtlichen Kultur geblieben seien.

Auch Oskar Fraas, der wenig später im Auftrag der Stuttgarter Staatssammlungen im Federseemoor grub, sah sich vor seinen Befunden von einem Gefühl der Hilflosigkeit befallen. Um so leidenschaftlicher stürzte er sich in Spekulationen. Einen einfachen Knüppeldamm erhob er in den Rang einer kultischen Einrichtung. Der Bohlenweg habe, so phantasierte er munter drauflos, zu einer künstlichen Insel mitten im See geführt, wo an hohen Feiertagen der Gottheit zu Ehren heilige Feuer entzündet und blutige Opfer dargebracht seien.

Von kleineren Schürfungen abgesehen, mit denen vor allem der Zahnarzt Forschner aus Biberach seine Freizeit ausfüllte, herrschte dann jahrzehntelang Ruhe im Federseemoor — erfreulicherweise, wie man rückblickend sagen darf; denn so blieb es von weiteren unzulänglichen Grabungen verschont.

Erst die elfjährige Kampagne des Vorgeschichtlichen Institutes der Universität Tübingen verschaffte dem Federseemoor kontinentalen Ruhm. Der von Rudolf Robert Schmidt geleitete wissenschaftliche Stab vereinigte nicht nur ein Team tüchtiger Archäologen, sondern auch Geologen, Botaniker, Zoologen, Holzspezialisten und tüchtige Modellbauer.

Insgesamt wurden in diesen elf Jahren rund 25 000 Quadratmeter Moor aufgedeckt, eine Zahl, die man freilich erst zu würdigen vermag, wenn man weiß, daß das Unternehmen mit goldgräberischer Sorgfalt betrieben wurde.

»Der Grundriß der Häuser«, so hat Schmidt die archäologische Arbeitstechnik beschrieben, »war vielfach schon an der leichten Bodenerhöhung im Gelände kenntlich und ließ sich schon beim Abtragen der obersten Torf- und Schuttdecke durch das Auftauchen von Wandresten und Pfählen feststellen. Nachdem Ausdehnung und Raumeinteilung des Baues durch helle Pflöcke... gekennzeichnet waren, erfolgte das Abdecken der Bauschichten mittels besonderer für unseren Zweck hergestellter Torfschäufelchen. Die Torfdecke ließ sich im günstigsten Falle wie eine Haut von dem Wohnboden ablösen, ebenso der mehrfache Estrichbelag über den Holzböden.«

»Das Abheben der Bauschichten erfolgte stets in horizontaler Lage, genau nach Stärke und stratigraphischem Verlauf der Bauschichten... Da die Bauschichten mitunter in den Räumen verschieden waren, so mußten die Bodenschichten jedes Raumes gesondert abgehoben und auf ihren Inhalt hin untersucht werden...«

»Nachdem Holzboden, Wandteile, Firstträger, Türengänge, Konstruktionsteile, Herde und Inneneinrichtungen präpariert waren, wurden die Böden und Wände mit Besen und Scheuerbürsten säuberlich gereinigt. Dann mußten in möglichst schnellem Tempo die Zeichnung der Bauteile, die photographische Planaufnahme und Vermessung nebeneinander durchgeführt werden. Zumal an heißen Sommertagen zerfielen die Holzbauten in wenigen Stunden zu Staub, und der Prozeß der Auflösung konnte nur durch Berieseln der Böden, durch Abdecken mit Laubzweigen und Zeltbahnen auf Tage hinausgeschoben werden.«

Als die Forscher nach elfjährigem Schaufeln, Spachteln und »Putzen« die Grabung beendeten, hatten sie ein Material zusammengetragen, gesichtet und geordnet, das die Vorstellungen vom Hausbau der Vorzeit revolutionierte.

Sie hatten bearbeitet:

den mesolithischen Wohnplatz am Tannstock (8000 v. Chr.) mit insgesamt 54 Hütten aus zwei verschiedenen Siedlungsperioden;

das neolithische Moordorf Dullenried (3000 v. Chr.) mit acht Reisigzelthütten, deren guterhaltene Fußböden unmittelbar dem Moor auflagen;

das Pfahldorf Riedschachen (2500–200 v. Chr.) mit sechs mehrräumigen Rechteckhäusern auf pfahlgetragenem Schwellenunterbau;

das Moordorf Aichbühl (2500–2000 v. Chr.) mit 22 Häusern und größeren Bauten in der Dorfmitte;

das Moordorf Taubried (2500–2000 v. Chr.), 1926 beim Torfstechen von Schäfer Behaim gefunden, mit deutlich nachweisbaren »Zweiraumhäusern«;

das Moordorf Riedschachen (etwa 2000–1800 v. Chr.), das auf den Lehmböden des aufgegebenen Pfahldorfes wiedererrichtet wurde;

eine Reihe kleinerer Siedlungen, welche die Zahl der bekannten jungsteinzeitlichen Federseedörfer auf 14 erhöhten;

die bronzezeitliche »Wasserburg« Buchau, nach Reinerth eine Inselsiedlung im südlichen Federsee, mit 151 mal 118 Meter großem Pfahlring und zahlreichen Blockhausbauten, darunter »Herrenhäuser«, Speicher und Hafenanlagen;

zahlreiche vorgeschichtliche Erddammwege und Knüppeldämme; Kleinfunde, die detaillierte Schlüsse auf das Leben in den Federseedörfern zuließen.

Die Kampagne war noch nicht beendet, als einer der Federsee-Forscher, der Tübinger Dozent Hans Reinerth, bei Sipplingen im Überlinger See auf den Seegrund selbst hinabstieg und ihn Schicht um Schicht abtrug.

Er hatte sich zu diesem Zweck einen fünfhundert Quadratmeter großen Holzkasten bauen lassen, den er hundert Meter vom Ufer in ein seit langem bekanntes, aber noch unberührtes Pfahldorf placierte. Lassen wir ihn den Fortgang der Arbeit selbst beschreiben:

»Nach Überwindung vieler technischer Schwierigkeiten gelang es, den Kasten leerzupumpen; für viele Wochen begann dann eine emsige, mit peinlicher Sorgfalt durchgeführte Arbeit am Grunde des Sees. Zwei Meter höher schlugen die Wellen ... an die Kastenwände, während wir im Kasteninnern Pfahl auf Pfahl aus dem Seeschlamm schälten, Hausfußböden freilegten, reiche Funde aus Stein, Ton, Knochen und Holz bargen und vom hohen Planstativ herab die Kamera ihren Dienst tat. Bei Sonne, Regen und Sturm vermittelten Kähne zwischen dem Ufer und der wasserumspülten Forschungsstätte, sicherten neugeborgene Fundbestände und brachten Hunderte von Heimatfreunden, die von den Kastenwänden die spannende Arbeit am Seegrund verfolgten.«

Nach dem Zweiten Weltkrieg hat sich der Schwerpunkt der Pfahlbauforschung dann wieder in die Schweiz verlagert. Internationale Anerkennung haben vor allem die Grabungen in Egolzwil gefunden, für die der Züricher Ordinarius Prof. Dr. Emil Vogt verantwortlich zeichnet. Die Grabungen, die dort seit Jahren betrieben werden, haben mit den Methoden von Oberst Schwab und Jakob Messikommer freilich nichts mehr gemein.

Auch in Egolzwil wird wissenschaftliche Teamarbeit geleistet. Das Hauptinteresse gilt den Siedlungsschichten, die Zentimeter um Zentimeter zeichnerisch und fotografisch aufgenommen werden. Die Veröffentlichungen bestehen demgemäß zum größten Teil aus Zahlen, Kurven und graphischen Darstellungen. Die wissenschaftliche Erkenntnis ist eine Sache der Auswertung geworden, ist sozusagen ins Labor verlegt. Die Analyse gilt mehr als der Genieblitz. Dementsprechend haben sich auch die Auffassungen gewandelt.

Wohnbühnen über plätscherndem Wasser

Die »klassische« Lehrmeinung berauschte sich an dem von Keller spontan entworfenen Bild der Wohnbühnen über plätscherndem Wasser. Noch heute ist in vielen Schulbüchern zu lesen, daß unsere Vorfahren in Häusern und Dörfern auf Pfählen lebten, am liebsten in Buchten, welche die Mittagssonne wärmte.

Lehrer Staub nahm an, daß die Alten, wenn sie einen solchen

Bau begannen, zunächst ein Floß bauten und dann von diesem aus die ersten Pfahlreihen in den Seegrund schlugen. Dabei benutzten sie mit der Steinaxt zugespitzte Stämme von Eichen, Buchen, Tannen, Birken, Erlen und Ulmen, jedoch keine Obstbaumhölzer. Die äußeren Pfostenreihen durchflochten sie gern mit Zweigwerk. Über die Pfähle legten sie einen Knüppelboden, darüber eine Lehmpackung.

Auf diesen Plattformen, so hieß es weiter, errichteten sie ihre rechteckigen Hütten. Daneben gab es, immer nach dem gewissermaßen geeichten Bild, Vorrats- und vielleicht auch Versammlungshäuser. Die Seeseite schirmten die Pfahlbauleute mit Palisaden. Dämme oder Stege stellten die Verbindung zum Ufer her. Auch der Verkehr von Haus zu Haus ging über hölzerne Brücken. Die gerodete Lichtung diente dem Ackerbau. Das Vieh weidete auf umzäumten Wiesen oder in den nahen Wäldern. Die Ställe lagen am Land. Heu und Stroh wurden in Schobern gestapelt.

Von den »echten Pfahlbauten« unterschied man die schon von Messikommer festgestellten »Packbauten«, deren Unterbau aus Schichten horizontal übereinander gelegter Baumstämme bestand und unmittelbar den feuchten Moorgründen auflag.

Aber schon diese Packbauten behagten der allgemeinen Vorstellung nicht, die an den luftig über den Wassern schwebenden, pfahlgetragenen Hausbühnen auch dann noch festhielt, als die wissenschaftlichen Befunde gar nicht mehr ins Bild paßten. Der Grund ist leicht zu nennen. Die Fremdartigkeit einer solchen Anlage entsprach haargenau der romantisierenden Geschichtsbegeisterung, die auch die archäologische Forschung bis über die Jahrhundertwende hinaus erfüllte. Je seltsamer, desto besser – ob und wieweit ein Pfahlbaudorf in die mitteleuropäische Landschaft und die kulturelle Entwicklung ihrer Bewohner paßte, dieser unbequemen Frage wich man nach Möglichkeit aus.

Für Keller und seine Jünger war das Problem noch verhältnismäßig einfach. Sie waren der Meinung, die Pfahlsiedlungen seien aus Sicherheitsgründen errichtet worden, als Schutz gegen Raubtiere und feindliche Überfälle; sie sprachen daher auch von Seefestungen oder Wasserburgen. Später war mehr von Fischerdörfern die Rede, von Sommerwohnungen, von Getreidespeichern. Selbst hygienische Gründe wurden angeführt. Die Pfahlbauleute, so mutmaßte man, hätten aufs Wasser gebaut, um ihren Abfall kurzerhand »über Bord« werfen zu können. Der See habe also gewissermaßen die Rolle einer ständig funktionierenden Müllabfuhr gespielt. Im übrigen sei die ungewöhnliche Bauweise wahrscheinlich von unbekannten Einwanderern ins Land gebracht worden.

Das entzauberte Pfahlbau-Idyll

Was war nun das Ergebnis der Marathon-Grabung am Federsee? Welche neuen Erkenntnisse lieferte die Arbeit im Sipplinger Kasten?

Nun – als Reinerth den Schlußstrich unter seine Grabungsbilanzen zog, sprach er die Vermutung aus, daß die sagenhaften Pfahlbauten wohl nur als Ufersiedlungen anzusprechen seien.

»Die Untersuchungen des bekannten Moorforschers C. A. Weber an den Seen und Torfmooren Oberschwabens«, so begründete er seinen Verdacht, »haben ... eine nacheiszeitliche Trockenperiode ergeben, die bei sämtlichen Seen eine Senkung des Wasserspiegels um mehrere Meter zur Folge haben mußte. Nun fällt diese Trockenperiode, deren Dauer mit zwei Jahrtausenden nicht zu lange abgeschätzt ist, in die Zeit der Pfahlbauten. Sie erreicht ihren Hochstand in der Bronzeperiode, und damit stimmt die Feststellung überein, daß die Pfahldörfer der Bronzezeit auffallenderweise sehr weit vom Ufer abliegen, während die Steinzeitsiedlungen sich unmittelbar an das Ufergelände anschließen.«

Die Wasserspiegel der Alpenvorland-Seen, so stellte er weiter fest, müssen während der Trockenperiode etwa drei bis vier Meter niedriger gewesen sein. Demnach hätten die heute von den seichten Ufergewässern überspülten Pfahlplantagen – bei Bodman etwa sind sie vom Kahn aus zu sehen – damals auf dem Lande gelegen. Die Seedörfer siedelten zwar am Wasser, nicht aber im Wasser selbst, und ihr Unterbau sicherte sie lediglich gegen Überschwemmungen.

Mit anderen Worten: die Pfahlbauten standen nach Reinerth auf den sumpfigen Uferstreifen der Seen.

Mit dieser These war ein neuer Gesichtspunkt in die Diskussion eingeführt. Die in ihren Traditionen erschütterte Forschung sah sich provoziert. Ein Jahrzehnt wogte der Streit hin und her.

Am Ende einigte man sich auf ein versöhnliches »Sowohl-Alsauch«. Warum sollte es nicht beide Spielarten gegeben haben – Pfahlbauten am und Pfahlbauten im Wasser? Die Pfahlbauweise selbst, diese Feststellung ist wichtig, wurde nicht angezweifelt.

Aber die Ruhe war nur scheinbar. Das Feuer schwelte weiter. Und eines Tages schoß aus der Asche der sanft verglimmenden Diskussion eine Stichflamme empor, die den Streit neu entfachte. Die Theorie, um die es diesmal ging, besagte nicht mehr und nicht weniger, als daß die gesamte Pfahlbaulehre ein romantischer Irrtum gewesen sei.

Es war der **Konservator der Staatlichen Museen in Stuttgart, Dr. Oskar Paret,** der diesen inhaltsschweren Satz gelassen niederschrieb, ein Mann, dessen verblüffende Gedankengänge nicht zuletzt darauf zurückgehen, daß er als Ingenieur zur Archäologie kam. Die ersten temperamentvollen Attacken gegen die nach seiner Meinung überlebten Pfahlbautraditionen ritt er während des letzten Krieges.

Einmal vom Elan des Angriffs mitgerissen, nahm er dann auch verschiedene andere Ziele aufs Korn und gelangte damit zu einem »neuen Bild der Vorgeschichte«, das – viel umstritten und viel befehdet – der Forschung Diskussionsstoff für Jahrzehnte lieferte.

Er setzte sich zunächst, wie vor ihm schon der um das Federseegebiet hochverdiente Oberförster Dr. Staudacher, mit den Widersprüchen der »klassischen« Pfahlbauanschauungen auseinander. Warum eigentlich, so fragte er, sollen die als Bauern ausgewiesenen Pfahlmenschen auf hölzernen Bühnen über Sumpf und Wasser gelebt haben? Welche Strapazen und Erschwernisse nahmen sie damit auf sich! Das Großvieh mußte nachts, getrennt von seinem Besitzer, in Pferchen auf dem Lande bleiben. Die Mütter lebten in dauernder Angst um ihre Kinder, selbst wenn sie ihren quirligen Nachwuchs, wie in der Südsee üblich, an die Leine legten. Und dann der ständig wechselnde Wasserstand! Erhöhte Gefahr bei Hochwasser und Wellengang, stinkender Modder bei Niedrigwasser.

Es müßte schon, so meinte Paret, schwerwiegende Gründe für diese wenig komfortable Wohnweise gegeben haben, wenn sie wirklich praktiziert worden wäre. Welche Gründe könnten das gewesen sein? Angst vor wilden Tieren? Die großen Raubkatzen hatten sich, wenn sie nicht ausgestorben waren, längst in wärmere oder einsamere Gebiete verzogen. Furcht vor bösen Nachbarn? Hundert Schritte vom Pfahldorf Riedschachen lag das Moordorf Aichbühl. Bedürfnisse der Fischerei? Fischfang verlangt durchaus kein Wohnen auf Pfählen. Hygienische Gründe? Ein durch Unrat verseuchtes Wasser ist alles andere als hygienisch.

So hätten also die weiteren Seeufer die Leute aus dem lebensfeindlichen Urwald aufs Wasser gelockt? Doch das stand wieder im schroffen Widerspruch zu dem durch die Funde bezeugten Feldbau, der offene Landschaft verlangt. Überdies drängte der enorme Holzbedarf für Hüttenbau und Herd den Wald auch ohne planmäßige Rodung zurück. Vielleicht suchten die Menschen auf ihren Pfahlbauten Schutz gegen die jährlichen Überschwemmungen bei der Schneeschmelze? Wenn es darum ging, warum bauten sie »vernünftig, wie sie zweifellos waren, nicht ein paar Schritte weiter, landeinwärts auf das höhere Ufer...? Wer trägt ständig Stelzen mit sich, um eine etwaige Pfütze im Weg trocken überschreiten zu können, die er doch ganz einfach umgehen kann?«

Paret vermochte keinen vernünftigen Grund für das Wohnen auf Pfählen in See und Sumpf zu entdecken, es sei denn, man halte sich an Friedrich Theodor Vischers groteske Antwort auf diese Frage: »Weil allda der feuchte Nebel über dem Wasser den Pfnüssel« – auf gut deutsch: den Schnupfen – »zu regelmäßigen Fristen hervorbringt.«

Neben seinen mehr theoretisch begründeten Zweifeln führte Paret ein rundes Dutzend praktischer Einwände gegen die Pfahlbauweise ins Feld. Sie alle gehen, sosehr sie sich im einzelnen voneinander unterscheiden, von der Grundtatsache aus, daß Holz im ständigen Wechsel von Trockenheit und Nässe nur von geringer Dauer ist. Die besten Argumente lieferten ihm einige Rekonstruktionsversuche.

Die 1910 im Attersee errichteten Pfahlbauten waren schon nach acht Jahren so baufällig, daß die Polizei das Betreten verbot. Ähnliche Erfahrungen machte man mit den ersten Pfahlhäusern in Unteruhldingen. Auch der 1911 erbaute Federseesteg war, trotz ständiger Überwachung, nach dreißig Jahren so morsch geworden, daß er vollständig erneuert werden mußte.

Es müßte also, so stellte Paret abschließend fest, das Naturgesetz von der Vergänglichkeit des Holzes widerlegt werden, wenn die Annahme von Pfahlbauten zu Recht bestehen sollte.

Wenn es aber nun keine Pfahlbauten gab – welchem Zweck dienten dann die ungezählten Pfähle in den Seen der Alpen und des Voralpenlandes? Paret fand auch für dieses Problem eine ebenso scharfsinnige wie einfache Lösung.

Nach seiner Meinung legte der durch Pollenuntersuchungen bereits nachgewiesene Rückgang der Seen zweimal – das heißt: in den Jahrhunderten von 2200 bis 1800 v. Chr. und 1200 bis 800 v. Chr., für die allein Pfahlsiedlungen nachgewiesen sind – die in Frage kommenden Siedlungsflächen völlig trocken. Der neuentstandene Strand, der vormalige Seegrund, verwandelte sich in einen idealen Baugrund. Oben hart und fest, konservierte er unter der Oberfläche derart weiche Schichten, »daß die zugespitzten Pfosten für die Hüttenwände, auch die Firstsäulen und die Pfähle des Dorfzaunes ... leicht und ohne das mühsame Ausheben von Pfostengruben ein bis drei Meter tief eingestoßen werden konnten«.

Der Fußboden kam dann auf die Weise zustande, daß man eine dichte Lage von Baumstämmen oder Bohlen, einem Floß vergleichbar, unmittelbar auf den Strand legte und mit einem etwa fußhohen Lehmestrich versah. Stellten sich Schäden ein oder reichte der mit Birkenrinde versetzte Estrich nicht mehr aus, die aufsteigende Feuchtigkeit des alten Seegrundes fernzuhalten, legte man eine

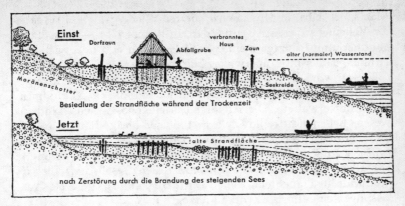

Schnitt durch ein Stranddorf einst und jetzt

neue Holzlage auf die alte auf. Auch die Häuser selbst mußten natürlich von Zeit zu Zeit erneuert werden. Die vom Schlammgrund luftdicht umschlossenen, gleichsam einbetonierten Stämme blieben dabei im Boden stecken. Je länger ein Dorf bestand, desto zahlreicher also die Pfähle, desto unübersichtlicher das Bild, das sich dem Archäologen Jahrtausende später bot...

Als das Klima wieder feuchter wurde, hob sich auch der Seewasserspiegel wieder, ebenso der Grundwasserspiegel der Moore. Die Pfahlmenschen traten den Rückzug in höhergelegene Reviere an. Ihre Siedlungen versanken.

»Die Pfahlbauweise wurde also durch die besonderen Erhaltungsbedingungen, denen die Baureste im Moor- und Seegrund unterliegen, nur vorgetäuscht.« In Wahrheit lag »nicht eine Kette verschlossener, abweisender Sumpf- oder Wasserburgen... um unsere Seen, sondern ein heiterer Kranz von offenen Bauerndörfern wie heute auch«.

»Vischer läßt in seiner Pfahldorfgeschichte Arthur lästern: ›Wißt es, schon ist's im Werk, daß wir andern wegziehen vom See aufs Land! Fest soll's unter uns sein, aufs Trockene wollen wir! Man wird dumm über den trüben Wassern, verschnuppt, hirnverstört, abergläubisch, fürchtet Gespenster, fürchtet den Grippo. Wozu braucht ihr ihn noch?‹ Und er ruft den Pfahlmannen und Pfahlkerlen zu: ›Auf! Auf! Heraus aus dem Klebeschleim und Stankschlamm eures alten Wahns!‹«

»Galt dieser Ruf«, so fragte Paret in seinem Nekrolog, »nicht auch den Vorgeschichtsforschern, auf denen der Pfahlbautraum wie ein Alp lag?«

Stranddörfer auf festem Boden

Man spürt selbst in der stark verkürzten Wiedergabe seines Textes die Vehemenz dieses Angriffs, der ein ganzes Jahrhundert Pfahlbauforschung in Frage stellte, und man kann sich unschwer ausrechnen, daß er nicht unerwidert blieb.

Es war vor allem die schweizerische Forschung, die sich angesprochen fühlte und Traditionen bedroht sah, die sie gleichsam in Erbpacht verwaltete. Die Altväter des eidgenössischen Pfahlbauwesens ließen sich freilich Zeit. Erst als das übrige Europa anfing, die Theorien Parets zu diskutieren, entschlossen sie sich, den Angriff des Außenseiters ernst zu nehmen. Als ihr Sprecher fungierte vor allem der Sekretär der Schweizerischen Gesellschaft für Urgeschichte in Frauenfeld, Keller-Tarnuzzer, der 1948 Parets Auslassungen einer harten Kritik unterzog.

Er verdammte den »überheblichen Ton« der, wie man zugeben muß, kräftig gewürzten Schreibweise Parets, warf ihm ein »Außerachtlassen jeglicher wissenschaftlicher Methode« vor und behauptete, daß er schweizerische Autoren »nur zur Dekoration« zitiert habe. Die sachlichen Einwände betrafen vor allem die Rolle der Klimaschwankungen, die nicht so gravierend gewesen seien, daß sie wesentliche Veränderungen der Seewasserhöhe bewirkt hätten; der Bodensee zum Beispiel hätte, wenn Parets Theorie stimmte, seinen Spiegel um mindestens sechs Meter senken müssen – dann aber hätte er sich, mangels Ablaufs, in eine stinkende Kloake verwandelt. Keller-Tarnuzzers Schlußsatz: »Wir haben vorderhand nicht den geringsten Grund, von den Pfahlbauten Abschied zu nehmen.«

Überdies galt die von Paret veranstaltete Demontageaktion auch im Hinblick auf die leibhaftige Wirklichkeit als fahrlässig. Die Kornspeicher im Wallis, die berühmten Fischersiedlungen im Ochrida-See in Albanien, die Flußdörfer von Donja Dolina an der Save, ja selbst die »Pfahlsiedlung« Venedig wurden als Gegenbeweis zitiert. Gar so vergänglich, hieß es, dürfte der Baustoff Holz also nicht sein.

Trotz solcher und anderer Argumente schwenkte dann aber auch die schweizerische Forschung auf die Generallinie der Paretschen Thesen ein, sicherlich nicht ganz leichten Herzens; denn für sie ging es hier nicht nur um eine wissenschaftliche Neuorientierung, sondern auch um die Revision von Ansichten, die im Geschichtsbild der Eidgenossenschaft fest verankert waren.

An kritischen Stimmen fehlt es auch heute nicht. Im wesentlichen aber scheinen die Paretschen Anschauungen ihre Feuerprobe bestanden zu haben, und zwar auf dem Schlachtfeld selbst, in der Praxis einiger harter Kampagnen, die nicht zuletzt dem Zweck dienten, diese Anschauungen auf Herz und Nieren zu überprüfen. Die Ergebnisse deckten sich keineswegs hundertprozentig mit dem Inhalt der »Paretschen Kampfschriften«, übereinstimmend aber gaben die beteiligten Forscher zu Protokoll, daß die Pfahlbauten alter Vorstellung nicht nachzuweisen seien.

Auch der Prähistoriker der Universität Zürich, Prof. Dr. Emil Vogt, stellte durch seine mehrjährigen Grabungen in Egolzwil einwandfrei fest, daß die dortigen Siedler nicht über Wasser lebten und daß sie beim Wiederansteigen des Sees den Platz verließen. Auch er konnte nicht umhin, die Pfahlbauten »als ebenerdige Stranddörfer« zu deuten. Auch er erklärte kühl, daß die Kellersche Fata Morgana in der Kulturlandschaft der Vorgeschichte keinen rechten Platz mehr habe.

Ist das geistesgeschichtliche Panorama dieser Zeit dadurch ärmer geworden? Sowohl Paret als auch Vogt verneinen diese Frage. Beiden erscheint das neue Bild des damaligen Lebens einheitlicher, natürlicher und logischer. Auch die sogenannte Pfahlbaukultur ordnet sich nun zwanglos in die allgemeine Entwicklung ein – die Entwicklung eines tüchtigen, seßhaften und selbstbewußten Bauerntums.

Die Pfahlbauforschung war also nicht umsonst. Sie bleibt eine der wertvollsten und ergiebigsten Quellen unseres Vorzeitwissens, auch wenn die Strand- und Moordörfer jener Tage nun nicht mehr »auf Pfählen in der Luft schweben, sondern auf festem Grund und Boden liegen«. (Paret)

Komfort unterm Schilfdach

Die Ahrensburger Jäger, so erinnern wir uns, lebten in Zelten aus Rentierhäuten. Auch die Leute aus den großen Mooren auf der dänischen Insel Seeland hatten bereits ein Dach über dem Kopf. Ihre abgerundeten Behausungen hatten einen Durchmesser von fünf Metern und waren mit einem Fußboden ausgepolstert, der aus Reisig und einer Schicht Birken- oder Kiefernrinde bestand: dem vorgeschichtlichen Linoleum. Die Beschaffenheit des Oberbaues konnte von den dänischen Forschern noch nicht geklärt werden.

Mit den Grabungen am Federsee lernten die Prähistoriker nun einen weiteren Wohnplatz der Mittleren Steinzeit kennen: Tannstock. Die Tannstocker Häuser ähnelten denen von Seeland wie ein Ei dem andern. Sie hatten den gleichen ovalen Grundriß, und genau wie im großen Moor von Seeland bedeckte ein federnder Rindenteppich den Boden. Darüber baute sich, wie eindeutig nachzuweisen war, die von einem korbartigen Stangengerüst getragene Reisighütte auf, die mit Baumrinde gegen Zugwind präpariert wurde. Schilf deckte das Dach. Der Eingang befand sich auf der dem See zugekehrten Schmalseite. Gleich daneben lag die Feuerstelle.

In drei Reihen angetreten, umstanden die Eigenheime der Tannstock-Jäger eine zentral gelegene Doppelhütte. Reinerth hielt sie für das Wohngebäude des Dorfältesten und schloß daraus auf eine straffe Organisation der vierzig bis sechzig Seelen zählenden Gemeinschaft. Die Gesamtanlage der Siedlung verriet jedoch die flüchtige Hand einer nomadisierenden Horde, die ihrem unsteten Schweifen jeweils nur für kurze Zeit entsagte.

Diese Art des Siedelns und Weiterziehens behauptete sich beharrlich. Noch das fünftausend Jahre jüngere Dorf Dullenried sah wie ein direkter Abkömmling der Tannstocker Niederlassung aus. Lediglich die Innenausstattung ließ einige Unterschiede erkennen.

Ein sorgfältig gelegter Holzfußboden mit einem handhohen Lehmestrich gab eine wesentlich dauerhaftere und komfortablere Wohnfläche ab. Die Feuerstelle lag ein wenig erhöht. Felle und Matten verhängten die große Eingangsöffnung.

Die alten Formen also – aber für Menschen, die seßhaft geworden waren und anfingen, sich das Leben bequem zu machen.

Nun, da die Annehmlichkeiten des Wohnens einmal entdeckt waren, nahm die Entwicklung eine etwas schnellere Gangart an. Die in die Zeit von 2500 v. Chr. zu datierenden Häuser von Riedschachen stellten sich als Einraumwohnungen von etwa 4,5 mal 3,5 Meter Größe dar, ausgestattet mit einer zentral gelegenen Feuerstelle und dem in die rechte Ecke placierten Backofen. Die achtzig Zentimeter breite Tür führte auf einen offenen Vorplatz, eine Art Terrasse, die durch Vorziehen der seitlichen Hauswände und des Daches in den familiären Wohnbereich einbezogen wurde.

Später schloß eine zweite Giebelwand den Vorplatz ab. So entstand ein kleiner Zweitraum, der als Küche diente und daher auch den Backofen aufnahm. Die Hausfrau fühlte sich in ihrem neugeschaffenen Reich aber offenbar noch recht beengt und setzte eine Erweiterung durch. Zu diesem Zweck wurde die Giebelwand, unter Aufopferung der noch bestehenden Windfangreste, erneut versetzt. Der Wirtschaftsraum maß nun immerhin 2,7 mal 3,4 Meter und hatte damit seine heute noch übliche Normalgröße ungefähr erreicht.

Die Gesamtwohnfläche betrug rund vierzig Quadratmeter. Den Holzboden bedeckte ein Lehmbelag von zehn bis fünfzehn Zentimeter Stärke. Herd und Backofen waren sorgfältig umgepflastert. Und nach des Tages Last und Plackerei streckte man sich auf einer »bemoosten« Schlafbank aus.

Auch die Bautechnik machte in dieser Zeit – zwischen 2500 und

2000 v. Chr. – bedeutende Fortschritte. Schwere Eichenbohlenwände ersetzten die Reisigwände vom Dullenrieder Typ. In Taubried umschlossen die Zimmermeister den Innenraum durch waagerechte Lagen von dünnen Erlen- und Birkenstämmen, die sie durch Wandpfosten seitlich stützten. Die Dächer nahmen Giebelform an, trugen aber weiter Hauben aus Schilf.

Zweiundzwanzig solcher Rechteckbauten bildeten das Dorf Aichbühl, die erste neolithische Niederlassung, die vollständig ausgegraben wurde. Die Häuser standen auf einer Moorwiese dicht am Federsee und kehrten diesem ihre Vorderseite zu. Kleinere Nebengebäude, vorwiegend für Wirtschaftszwecke, gliederten sich an. Knüppelwege verbanden die Vorplätze und förderten den nachbarlichen Verkehr.

Etwa in der Mitte der Siedlung, an einem großen, freien Platz, lag ein langgestreckter Bau aus kräftigen, halb gespaltenen Eichenstämmen. Sein einziger Innenraum enthielt weder Herd noch Backofen oder Schlafbank noch sonst irgendwelche Zeichen der Bewohnung. Reinerth deutete ihn als »ein bevorzugtes, öffentliches Gebäude«, vielleicht ein Versammlungs- oder Kulthaus.

Die Ergebnisse der Federsee-Grabungen fanden am Bodensee und in den schweizerischen »Pfahlbau«-Gebieten vielfache Bestätigung. Das rechteckige Zweizimmerhaus tauchte auch im Sipplinger Grabungskasten auf, ebenso im Wauwyler Moos bei Luzern und in Egolzwil, hier in einer Größe von 13 mal 4 Meter. Überhaupt beherrschte das mehrräumige Holzhaus damals ganz Mitteleuropa.

Vom »Kurvenkomplexbau« zur Lehmgrube

Jeder Archäologiestudent kennt die Namen der Plätze, denen die Erforschung der Haus- und Siedlungsverhältnisse der Jüngeren Steinzeit ihre wichtigsten Erkenntnisse verdankt. Es gruben:

1900	Schliz in Großgartach bei Heilbronn
seit 1911	Goeßler und Bersu am Goldberg bei Nördlingen
1911	Bremer in Eberstadt bei Gießen
1930/34	Buttler und Haberey in Köln-Lindenthal
1932	Frickhinger in Herkheim bei Nördlingen
1930/32	Paret beim Viesenhauser Hof in Stuttgart
1936	Paret bei Eltingen im Kreis Leonberg
1936	Hoffmann bei Daseburg im Kreise Warburg
1936/37	Sangmeister bei Arnsbach im Kreise Fritzlar-Homberg
1938	Uenze bei Gudensberg, ebenfalls im Kreise Fritzlar-Homberg
1938/39	Reinerth im Huntedorf am Dümmersee
seit 1952	Paret in Ehrenstein bei Ulm.

Die bedeutendste dieser Grabungen war die von Köln-Lindenthal. Es gelang dort, ein ganzes Steinzeitdorf freizulegen und zu untersuchen. Anders als im Federseegebiet mußten sich die Forscher jedoch damit begnügen, aus Erdverfärbungen auf das Aussehen der einstigen Siedlung zu schließen. Die Methode ist seit den Limes-Grabungen in den neunziger Jahren des vorigen Jahrhunderts bekannt und seitdem unentwegt verfeinert worden. Aber die Straße der Erkenntnis ist überall mit Irrtümern gepflastert – so auch hier...

Die Kölner Kampagne vermochte einwandfrei die Spuren von vier Bauperioden aufzunehmen. Von der zweiten Periode ab verteilte sich das Dorf auf zwei voneinander getrennte Bereiche, einen Nord- und einen Südring, deren jeder sich mit Palisaden, später auch mit Wall und Graben umgab. Im Nordring zeichneten sich etwa fünfzig rechteckige Pfostenbauten im Boden ab, 5 bis 6 Meter breit und im Durchschnitt 25 Meter lang. Der Südring enthielt eine große Zahl regelloser Gruben, die meist von Pfostenlöchern umgeben waren. Die gleichen unförmigen Erdlöcher waren zwischen den großen Rechteckbauten festzustellen.

Nach den noch vor dreißig Jahren gültigen Vorstellungen deutete man die Erdlöcher als Wohngruben, als »Kurvenkomplexbauten«, wie der wissenschaftliche Terminus hieß. In den Großbauten sah man Speicher, Vorratshäuser und Scheunen, zumal sie keine nennenswerten Kulturreste enthielten.

Die Wohngruben gehörten damals bereits fast ein halbes Jahrhundert zum festen Bestand der prähistorischen Literatur. Als ihr Kronzeuge fungierte der römische Geschichtsschreiber Tacitus, der noch von den Germanen erzählte, sie zögen sich im Winter in unterirdische, mit warmem Mist abgedeckte Quartiere zurück. Man stellte sich diese Erduntersclüpfe zeltartig mit Reisig überdacht vor. Gelegentlich tauchte auch die Vermutung auf, daß die wannenartigen Eintiefungen – mit Holz überdeckt – lediglich als Vorratsraum gedient hätten.

Die Forscher haben die Ungereimtheiten ihrer Wohngrubentheorie sehr bald lebhaft empfunden. Der Boden der »vielen ineinandergeschachtelten Mulden und Grübchen« war durchweg gefährlich uneben; niemals ließ sich ein Zugang feststellen, und der Herd lag, wie Schuchhardt lakonisch bemerkt, nie im Hause, »sondern immer draußen daneben«. Auch Werner Buttler, der Leiter der Lindenthaler Grabung, mußte achselzuckend zugeben, daß eine einleuchtende Erklärung für diese menschlichen Maulwurfsbauten fehle.

Alle Zweifel aber begegneten immer wieder der Gegenfrage:

Wenn keine Wohngruben, was dann? Und lange Zeit mußten die Kritiker die Antwort schuldig bleiben.

Die überraschend einfache Lösung des Problems verdankt die Forschung wiederum Oskar Paret. Die merkwürdigen Eintiefungen – so lautet seine inzwischen von den meisten seiner Kollegen akzeptierte Erlärung – dienten nicht als Behausungen; es handelt sich vielmehr um Gruben, denen die Menschen der Jüngeren Eiszeit den als Estrich und Wandputz benötigten Löß entnahmen. Es waren profane, elende Lehmgruben.

Paret hat ausgerechnet, daß die neolithischen Baumeister für ein Haus vom Riedschachener Typ etwa dreißig bis vierzig Kubikmeter Lehm benötigten. Selbst wenn sie auf trockenem Grunde siedelten, brauchten sie acht bis zehn Kubikmeter pro Hütte, also mindestens den Inhalt eines Loches von 3 mal 5 Meter Größe und 75 Zentimeter Tiefe. Und wirklich entsprachen viele Gruben diesen Maßen.

Was geschah nun mit diesen Mulden weiter? Es war naheliegend, sie als Müllsammelstellen zu verwenden. Was im Haushalt in Scherben oder sonstwie zu Bruch ging, wanderte in diese Abfallgruben. So finden denn die Archäologen »Gefäßscherben, Bruchstücke von Mahlsteinen, Tierknochen, hartgebrannte Lehmbewurfbrocken, Holzkohlenstückchen... wie eingeknetet in den dunklen, fetten Boden, und zwar vom Grubenboden an durch die ganze, oft ein Meter mächtige Einfüllung hindurch«. Gerade dieser immer wiederkehrende Befund hat die meisten Ausgräber an Wohnlöcher denken lassen. Wenn die Leute aber – so lautete Parets Einwand – »aus irgendwelchem Grunde in Gruben wohnen wollten, dann durften sie es doch nicht zur Auffüllung der Gruben kommen lassen«!

Auch für die Pfostenlöcher am Rande der Eintiefungen hat Paret eine plausible Deutung zur Hand. Er denkt an umzäunte Viehpferche oder Suhlstellen für Schweine. Soweit sich die Lehmgruben in unmittelbarer Nähe der Häuser befanden, hält er auch Schutzzäune für möglich.

Schließt man sich seiner Auffassung an, so gewinnt das Bild des steinzeitlichen Dorfes Köln-Lindenthal in der Tat wesentlich »vernünftigere« Züge. Der Südring mit seinen zahlreichen Löchern wäre demnach der allgemeine Viehpferch, der Nordring das eigentliche Dorf gewesen. Und die Menschen hätten nicht wie Ratten in überdachten Löchern, sondern in großen, sauberen Holzhäusern gelebt.

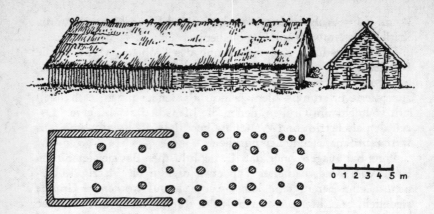

Steinzeitliches Bauernhaus aus Köln-Lindenthal

Die Holz-architektur der Jüngeren Steinzeit

Diese waren wesentlich größer als im Federseeried. Da die konservierenden Moorelemente fehlten, konnte man freilich nur die Pfostenlöcher registrieren, und diese gaben über die innere Aufteilung keine Auskunft. Der Eingang lag aber mit Sicherheit an der Giebelseite. Man wird dann, wie in Riedschachen oder Taubried, zuerst die Küche mit dem Backofen betreten haben, dann die Wohn- und Schlafräume mit den Feuerstellen. Am Ende befand sich vielleicht noch ein Vorratsraum.

»Die beiden äußeren Zeilen«, so lautet Gustav Schwantes' fachmännische Expertise, »gehen in schraffiert gezeichnete dunkle Streifen über, die man als Reste von geflochtenen Wänden deutet. In diesen setzen sich die äußeren Pfostenzeilen fort. Der geringe Durchmesser dieser Wandpfosten deutet an, daß sie nur zum Errichten der Wand bestimmt waren, die keine größere Dachlast zu tragen hatte. Diese Aufgabe fiel vielmehr den drei inneren Pfostenzeilen zu, die bedeutend stärker gewesen sind.«

»Die mittlere Zeile wird den Firstbalken gestützt haben, der in der Sprache des Bauhandwerks Firstpfette heißt, während die seitlich davon verlaufenden Pfostenzeilen offenbar zum Abstützen der sogenannten Seitenpfetten dienten. So ruhte das wuchtige Dach ... auf diesen drei kräftigen Ständerreihen, während die aus Reisig gewundene und mit Lehm gestrichene Wand keinen erheblichen Druck zu ertragen hatte und daher nur durch schwache Hölzer gestützt wurde.«

»Die Häuser überraschen durch ihre riesige Größe, die manchmal 8 mal 30 Meter überschreitet, bei einer Giebelhöhe bis vier

Meter und kaum zwei Meter hohen Seitenwänden. Es gibt keine durch Lage und Größe hervorstehenden Gebäude, die auf Häuptlinge oder sonstige Führer der Gemeinwesen hindeuten. Dieser hochentwickelte Wohnungsbau hat auf deutschem Boden keine Vorläufer; er erscheint ganz plötzlich in vollster Ausbildung als Ergebnis jahrhundertelanger Erfahrungen, die offenbar an anderen Orten gesammelt wurden...«

Die gleichen rechteckigen und ebenerdigen Häuser zeichneten sich auch auf anderen Grabungsplätzen ab, so auf dem berühmten Goldberg bei Nördlingen, bei Gutensberg im Kreise Fritzlar oder in Ehrenstein bei Ulm. Auch die norddeutschen Bauern dürften damals kaum anders gewohnt haben. Bei den Grabungen im Huntedorf stellten die Archäologen ähnliche festgefügte Holzhäuser fest wie am Federsee.

Obwohl sie es an Größe und Genauigkeit nicht mit den selbstbewußten Lindenthaler Gebäuden aufnehmen konnten, fügten sie sich doch naht- und widerspruchslos in das nunmehr gültige Bild der jungsteinzeitlichen Baukunst, das von der bedrückenden Vorstellung der Wohngruben ebenso befreit ist wie von der fragwürdigen Idyllik der Pfahlhütten. Es bleibt das Bild einer rationalen, bäuerlichen Holzarchitektur, die noch lange, lange Zeit die Optik der mitteleuropäischen Siedlungsverhältnisse bestimmte. Noch in der mehr als tausend Jahre jüngeren »Wasserburg« Buchau – die in Wahrheit ebenfalls ein palisadengeschütztes Dorf auf dem Trockenen war – standen ja die gleichen Block- und Flechtwerkhäuser wie in Riedschachen und Aichbühl.

Woher diese bäuerliche Holzarchitektur kam, ist im einzelnen noch nicht geklärt. Die »Blut und Boden«-Verkünder glaubten sie für den sagenhaften nordischen Menschen in Anspruch nehmen zu können. Heute, da keine ideologische Brille den Blick mehr trübt, bekennen sich die meisten Archäologen gelassen zu der Einsicht, daß die Kunst des Hausbaues genauso aus dem Osten kam wie der Ackerbau.

Ackerbauern waren auch die »Pfahlmenschen«. In ihre Tongefäße und Lehmwände eingebacken, fanden sich die flachwurzelnde Hirse, die als die älteste kultivierte Getreideart überhaupt gilt, und die ebenso anspruchslose Gerste, die sicherlich nicht nur verbakken, sondern auch vergoren wurde. Dazu kamen Emmer und Dinkel sowie der sogenannte Pfahlbauweizen. Als Faserpflanze war der Flachs bereits entdeckt, dessen Leinsamen die neolithischen Bauern gern ihrem harten Fladenbrot zusetzten. Auch den Mohn schätzten sie als Öllieferanten. In den von den Frauen betreuten

Steinaxt gegen Stahlaxt

Hausgärten wuchsen Erbsen und Linsen. Der gelbe Wau, ein Resedagewächs, wurde wahrscheinlich seiner Farbkraft wegen angebaut. Hühnerdarm, Ackersalat, Hundspetersilie und andere Unkrautarten sind in den Fundschichten derart reichlich vertreten, daß man sie als Nahrungsmittel betrachten muß.

Den Boden bearbeiteten die Pfahlmenschen mit Holzspaten, Grabstöcken und Hacken. Der Pflug war noch nicht erfunden. Der sicherlich recht mühseligen Erntearbeit dienten hölzerne Hauen und Sicheln mit sägeartig gezahnten Feuersteinschneiden.

Die Haustierhaltung stand bei den Pfahlbauern schon in hohem Ansehen. Die Kinder hatten ihren spitzähnlichen »Pfahlhund«, die Frauen ihre Ziegen, Schafe und Schweine. Unter der Obhut der Männer stand das Rindvieh, das beim Pflügen, wie aus Felszeichnungen hervorgeht, wertvolle Hilfe leistete.

Ihre Weidmannslust galt vornehmlich dem Hirsch, dessen Geweih den Rohstoff für mancherlei Gerät lieferte. Im übrigen jagten sie, was ihnen vor den Bogen kam: den Elch und das Reh, den Ur und den Wisent, das Wildschwein und die Gemse. Die gewaltigen Zähne der Bären bildeten, wie heute noch, eine begehrte Trophäe. Und wer einen Wolf oder eine Wildkatze, einen Luchs oder einen Dachs erlegte, trug im Winter den Pelz des gefährlichen Räubers.

Von den Waffen, die der »Pfahlmann« führte, konservierten Moor und Seeschlamm hervorragend schöne Stücke, so den berühmten Bogen von Bodmann. Die mit Feuersteinspitzen versehenen Pfeile eines solchen Eibenholzbogens besaßen, wie Funde beweisen, eine enorme Durchschlagskraft. Als Schutz gegen die zurückfedernde Bogensehne trug der Jäger eine Steinscheibe an der Innenseite des Unterarms.

Auch der Speer gehörte zur Ausrüstung. Seine schön gearbeiteten, häufig lorbeerblattähnlichen Spitzen waren bis zu dreißig Zentimeter lang. Im Nahkampf griff man zum Dolch aus Knochen oder Stein. Messikommer fand in Robenhausen auch einen Holzdolch, der sicherlich kaum weniger gefährlich war. (Der britische Weltumsegler Cook wurde 1779, wie man sich erinnert, von einem hawaiischen Eingeborenen mit einem Holzdolch ermordet.) Ferner verzeichnen die Grabungsinventare zahlreiche Keulen, Beilhämmer und Doppeläxte.

Allein die Antiquitätenfischer brachten Tausende von Steinbeilen ein, häufig noch in den originalen, recht verschiedenartigen Schäftungen. Die Klingen wurden durchweg aus »vorgeformten« **Steinen des Moränengerölls gefertigt, bisweilen aus Quarzit, Nephrit, Jadeit.**

An Härte und Schärfe standen sie einem modernen Beil nicht

viel nach, wie ein Versuch ergab, den Direktor Rademacher in Köln anstellte. Er ließ zwei gleichartige Buchenstämme von 15 Zentimeter Stärke fällen, den einen mit einer neolithischen Steinaxt, den anderen mit einer Stahlaxt von heute. Die Steinaxt benötigte 13, die Stahlaxt 8 Minuten. Gar so groß war der Unterschied also nicht.

Bei einem ähnlichen Versuch, den der dänische Kammerherr Sehested unternahm, fällte ein Forstarbeiter mit einer Steinaxt in 10 Stunden 26 Fichten mittleren Umfangs.

Die Werkstätten der »Pfahlmenschen« leisteten überhaupt tüchtige und gediegene Arbeit. Selbst in den kleinsten Niederlassungen scheint es geschulte Handwerker gegeben zu haben, die das Zersägen und Durchbohren von Steinen beherrschten. Man nimmt an, daß sie beim Sägen Gerten mit eingesetzten Feuersteinen verwendeten, die sie in einer mit nassem Sand gefüllten Rille hin und her bewegten.

Unterschiedlicher Techniken bedienten sie sich beim Bohren. Entweder höhlten sie den Stein mit einem Meißel und schliffen das so entstandene Loch bis zur gewünschten Rundung aus. Oder sie schlugen eine kleine Vertiefung, füllten sie mit körnigem, feuchtem Sand und ließen einen Stab darin rotieren, den sie zwischen den Händen drehten – ein etwas mühseliges Verfahren, das die Eingeborenen im Urwald von Neuguinea jedoch heute noch anwenden. Diese Methode wurde durch die Einführung des Bogenapparates wesentlich verbessert. Hierbei wurde die Bogensehne um den Stab gewunden, der dann – von der einen Hand fest auf den Stein gedrückt – von der anderen durch eine sägeartige Bewegung zum Kreisen gebracht wird... Rekonstruktionen solcher Instrumente stehen in vielen Museen.

Der ebenfalls vielgeübten Hohlbohrung dienten Röhrenknochen. In unvollendeten Rohstücken fand man häufig noch den Steinzapfen, der zum Schluß übrigblieb. Mit welcher Meisterschaft die neolithischen Steinschmiede zu Werke gingen, beweisen nicht zuletzt die nadelkopfgroßen Löcher in Calcitperlen von kaum drei Millimeter Durchmesser.

Die Waffen- und Werkzeugproduktion war Sache der Männer. Die Zuständigkeit der Frauen erstreckte sich vornehmlich auf Töpfe und Textilien.

Schmuck und Mode bei den »Pfahljungfrauen«

Es waren, wie wir aus den im Ton verewigten Fingerabdrücken wissen, außerordentlich zierliche Hände, die mit der Kunst der Keramik befaßt waren. Da es die Töpferscheibe noch nicht gab, bauten sie das Gefäß aus flachen Lehmriemen auf. Steine, Knochen und Horngeräte dienten zum Glätten und Polieren der Ware. Helle, rauchlose Glut färbte sie braun und rot, rauchiges, rußendes Feuer tiefgrau und schwarz. Außer Töpfen, Krügen und Schalen standen auch Lämpchen sowie Spinnwirtel, Webgewichte und Geräte zum Spulen des Fadens auf dem Fabrikationsprogramm.

Aus zahlreichen Stoffresten – Robenhausen lieferte das Holzgerüst eines Webstuhls – läßt sich unschwer auf die hervorragende Qualität der hausgemachten Textilien schließen. Gängigstes Produkt war eine feste Leinwand, bei der sich Kette und Durchschuß einfach kreuzten. Doch gab es auch Stoffe mit doppelter Musterung; und schon erfreute sich das Herz der Hausfrau an Fransen und Quasten. Ein Tuchstück aus Luscherz am Bieler See zeigt eine blitzsaubere Naht.

Die Kleidung bestand also nicht mehr ausschließlich aus Tierfellen oder primitiven Bastgeflechten. Über modische Dinge schweigen sich die Funde freilich aus. Wenn die Kleider der »Pfahljungfrauen«, wie Lehrer Staub sagt, jedoch so hübsch waren wie ihr Schmuck, war ihr Geschmack nicht übel.

Die Damen trugen dreieckige oder ovale Anhänger aus Stein, Nadeln und Stäbchen aus Hirschhorn, Perlen aus Jadeit oder Quarzit, ja selbst aus Bernstein. Und wenn der Haushaltungsvorstand einen Bären, Wolf oder Eber zur Strecke gebracht hatte, verstand es sich von selbst, daß die blanken Zähne der Tiere zu Ketten und Gehängen verarbeitet wurden. Der Jäger wird dann nicht abgeneigt gewesen sein, sich mit den Schaustücken seines Mutes zu dekorieren. Wieweit er sonst dem auch bei Männern vorhandenen Schmuckbedürfnis nachgab, entzieht sich unserer Kenntnis. Vermerkt sei immerhin, daß der französische Forscher Déchelette die Kupferahlen aus dem schweizerischen Pfahlbau Vinelz als Tätowiernadeln deutete.

Das Kernstück des hausfraulichen Imperiums war natürlich die Küche. Aus dem Küchenabfall zu schließen, war Fleisch noch immer der wichtigste Kalorienspender: gebraten, geröstet und nun auch gekocht. Knochenmark galt weiterhin als Delikatesse.

Als Zukost erschien Brot auf dem Tisch. Eine große Steinplatte, auf der mit schweren Fauststeinen das Korn zerrieben wurde, gehörte zur Grundausstattung des Haushalts. Auch das Mehlgeschäft war eine Sache der vielgeplagten Frauen. Man gab ihnen ihre unhandlichen Handmühlen vielfach noch in die Gräber mit. Das zermörserte Korn wurde mit Wasser vermischt und auf heißen Steinen, mit Asche überdeckt, gebacken. Das Endprodukt war ein fingerdicker, knuspriger Fladen, der die menschlichen Beiß- und Kauwerkzeuge gehörig beanspruchte, aber sehr haltbar war, so haltbar, daß die Herren Löhle und Messikommer, »die beiden Biedermänner«, die nach Staub die ersten »Pfahlbrote« fanden, unschwer seine Zusammensetzung feststellen konnten.

Dazu gab es, wie die Abfälle verraten, eine Art steinzeitliches »Leipziger Allerlei« aus Erbsen, Bohnen und Linsen und sehr viel Obst und Beeren; Äpfel, Birnen, Kirschen, Erdbeeren, Himbeeren, Brombeeren, Vogelbeeren, Holunderbeeren, Schlehen, Hagebutten – und Nüsse: Nüsse in jeder Menge, Haselnüsse und Walnüsse, auch Bucheckern, Eicheln und Kastanien. Insgesamt eine reichgedeckte Tafel also; und eine recht vielseitige Verpflegung, die auch den Anforderungen moderner Ernährungsexperten genügen dürfte.

So gut wie wir über die materiellen Verhältnisse der »Pfahlmenschen« informiert sind, so wenig wissen wir über ihren geistigen Stoffwechsel.

Schädeloperationen gegen Zahnschmerzen

Sie waren ein fleißiges, tüchtiges und praktisches Volk, dessen Aktivität, wie wir annehmen müssen, sich vor allem auf die Bewältigung sachlicher Aufgaben erstreckte. Die Kunst hatte in ihrer Welt keinen Platz. Skulpturen oder bildliche Darstellungen gaben die Fundschichten nirgendwo her.

Die Pfahlbaukultur ordnet sich damit zwanglos in das Gesamtbild der neolithischen Kultur ein, die eindeutig bäuerliche Züge trägt. Diesem bäuerlichen Wesen gemäß repräsentiert vor allem der Hausbau – im weiteren Sinne auch der Grabbau, wie wir noch sehen werden – die große Leistung dieser Zeit. Auch der Handel hatte für die selbstgenügsamen Pfahlmenschen allem Anschein nach nur untergeordnete Bedeutung.

Um so erstaunlicher ist die Rolle der Medizin, insbesondere der Schädelchirurgie und der damals viel geübten Trepanationen. Bei dieser Operation sägte der Steinzeitarzt aus der Hirnkapsel eine rundliche Scheibe, die durchbohrt als Schmuck oder Amulett getragen wurde. Im Berner Museum befindet sich eine ganze Musterkollektion dieser talergroßen Knochenstücke aus dem menschlichen Denkgehäuse. Sie lassen erkennen, daß die auch heute noch recht gefährliche Operation normalerweise an Lebenden vollzogen wurde – vielfach mit gutem Gelingen.

Ob mit Erfolg, ist eine andere Frage. Soweit derartige Eingriffe aus der Völkerkunde bekannt sind, sollen sie nämlich Wahnvorstellungen, Besessenheit oder die Neigung zu epileptischen Anfällen beseitigen. Ähnliche Absichten werden auch die neolithischen Priester-Mediziner gehegt haben. Wahrscheinlich haben sie aber auch versucht, auf diese recht schmerzhafte Weise – Schmerzen zu beseitigen.

Ein trepanierter Toter, der erst kürzlich in einem jungsteinzeitlichen Grab bei Peissen im Saalkreis entdeckt wurde, hatte beispielsweise mehrere hohle Zähne, die ihm zu Lebzeiten heftigste Schmerzen bereitet haben müssen. Die Operation, der man ihn offensichtlich aus diesem Grunde unterzog, hat der Patient überlebt. Ob sie ihn von seinen Zahnschmerzen befreit hat, vermögen wir nachträglich nicht mehr festzustellen. Sehr wahrscheinlich ist es nicht.

Wie gesagt – der Seeschlick hat die kleinen, talergroßen Amulette in großer Zahl bewahrt. Von den trepanierten Hirngehäusen haben sich nur wenige erhalten, und die Friedhöfe der Pfahlmenschen sind bis heute so gut wie unbekannt. Die Fundschichten enthielten zwar manchen Schädel, doch handelte es sich offenbar um Trophäen, die – auf Stangen gesteckt oder an Stricken baumelnd – als Hüttenschmuck dienten. Gelegentlich wurden sie als Trinkgefäße verwendet, wie zwei Schädelbecher aus den schweizerischen Pfahlorten Sütz und Schaffis beweisen. Die makabren Bräuche bezeugen die Fortdauer der altsteinzeitlichen Schädelkulte.

(Diese grausigen Sitten gingen auch in der Folgezeit nicht unter. Die Skythen pflegten bei ihren Gelagen, wie Herodot berichtet, mit den vergoldeten Schädeln ihrer erschlagenen Feinde anzustoßen. Die Kelten bewahrten derartige Beutestücke in ihrer Schatzkammer auf. Und von Paulus Diakonus wissen wir, daß der Langobardenkönig Alboin seine Gattin Rosamunde zwang, aus der Hirnkapsel ihres Vaters zu trinken; sie ließ ihn 572 n. Chr. dafür umbringen.)

Die Schädelfunde erlauben auch einige vorsichtige Rückschlüsse auf das Aussehen der Pfahlmenschen. Die älteren Siedlungen bewohnte ein gedrungener, stiernackiger und kurzköpfiger Menschenschlag. In den jüngeren Seedörfern dominierte ein schlanker, langschädliger Typ, dessen Durchschnittsgröße von 1,65 Meter etwa der der heutigen Franzosen entsprach.

Das Federseegebiet, ein vorgeschichtliches Wunschland

Das außergewöhnlich reiche und vielfältige Fundgut, das seit den Tagen Ferdinand Kellers aus den Seen und Mooren des Voralpenlandes geborgen wurde, verleiht der Pfahlbauforschung noch immer besonderen Rang. Dank ihren Ergebnissen sind wir über keine urgeschichtliche Epoche so genau und lebendig informiert wie über die Jüngere Steinzeit. Vom großformatigen Vorratsgefäß bis zum beinernen Angelhaken liegt das Alltagsinventar des Neolithikums nahezu geschlossen vor.

Obwohl zahlreiche Fundstücke, zumal in den stürmischen Anfangsjahren, von wilden Händlern als wohlfeile Reiseandenken verschachert worden sind, sind die Museen an den Schweizer Seen und am Schwäbischen Meer mit Pfahlbaumaterial noch immer bis zum Dachfirst gefüllt. Die Federseefunde sind zum großen Teil nach Stuttgart und Tübingen abgewandert, doch weiß sich das bodenständige, in der Feierhalle hinter der Buchauer Stiftskirche untergebrachte Federseemuseum neben der größeren und besser dotierten Konkurrenz sehr wohl zu behaupten. Seinen neun Meter langen Einbaum vergißt auch der flüchtige Besucher nicht.

Den nachhaltigsten Eindruck vermittelt das Freilichtmuseum von Unteruhldingen zwischen Meersburg und Überlingen. In unmittelbarer Nachbarschaft eines Strandbades, in dem sommertags Myriaden von Urlaubern die Freuden ihres halbamphibischen Daseins mit Koffermusik und Eis am Stiel genießen, steht dort ein regelrechtes Seedorf auf Pfählen, wie ein Bild aus der Pfahlbaufibel des seligen Keller. Die vielbesuchte Anlage verdankt ihre heutige Gestalt den ideologisch gefärbten Vorzeitanschauungen der dreißiger Jahre, und nichts beweist so sehr die innere Unsicherheit der damaligen Forschung, wie daß sie unter dem Patronat desselben Hans Reinerth entstand, der als erster die Pfahlbauten aus den seichten Ufergewässern auf die Ufer verwies.

Im übrigen kann sich die Einrichtung sehr wohl sehen lassen. Die Bauten entsprechen nach Maß, Form und Material den Erkenntnissen, welche die Grabungen an Bodensee und Federsee lieferten. Auch das Inventar ist nach Vorlagen gearbeitet, die durch Funde tausendfach beglaubigt sind. Die Szenerie »stimmt« also, wenn der Fachmann sicher auch zu bedenken geben wird, daß allein die Verwendung heutigen Werkgeräts zu entstellenden Ergebnissen führen mußte. Doch das ist ein Einwand, der für jede Art von Rekonstruktion gilt, und wer sich von solchen grundsätzlichen Bedenken nicht behelligt fühlt, wird eine Führung durch die Unteruhldinger Pfahlbauten als Gewinn verbuchen.

Die Kenner ziehen das Federseegebiet vor, das sich derartigen musealen Bemühungen bisher verschloß und eine zu Herzen gehende Unberührtheit bewahrte. Um so leichter ist es hier, den Tag und die Zeit zu vergessen und phantasiebeflügelt einen Weg aus der Gegenwart in die längst versunkene Vergangenheit zu finden. Der See weitet sich, das Ried tritt zurück, die Türme von Buchau, die Dächer von Oggelshausen und Tiefenbach verschwinden – eine andere Welt tut sich auf.

Die Menschen leben in einer idealen Umgebung. Viel Sonne scheint auf sie herab. Die Wälder liefern Holz, die großen Lichtungen tragen Korn und Gemüse. Und rundherum wimmelt es von jagdbaren, aber kaum noch gefährlichen Tieren.

Ein Kranz von Dörfern schmückt die Ufer des Sees. Wege und Knüppeldämme stellen die Verbindungen zwischen den einzelnen Niederlassungen her. Ausgehöhlte Bäume kreuzen den See.

Mit Harpunen, Netzen und wohlgefüllten Körben kehren die Fischer vom Fang heim. Die Kinder an Land treiben das Vieh in die Pferche. Aus den offenen Türen der lehmbeworfenen Holzhäuser kräuselt blauer Rauch und verheißt einen geruhsamen Abend.

Die Forscher – wir wissen es längst – halten nicht viel von solchen Träumen. Idyllen liegen in ihren Augen allzusehr in der Nachbarschaft des Irrtums. Dem Zauber des Federseegebietes sind auch sie bisweilen erlegen.

Nicht von ungefähr hat Reinerth von einem »vorgeschichtlichen Wunschland« gesprochen.

SECHSTES KAPITEL

DIE HÜNENGRÄBER – NORDDEUTSCHLANDS PYRAMIDEN

URSPRUNG, WEG UND SCHICKSAL DER GROSSEN STEINKAMMERN

DIE GRANITBRAUT UND IHR BRÄUTIGAM
»NUNMEHR DA DIE MEISTEN GESPRENGET WERDEN...«
JOHAN PICARDTS RIESENSTORY · »DRUIDIOTEN« UND ANDERE DEUTER
GEISTERVISITE IN RAMSLOH · MOLTKE GRUB AUF ALSEN
DOLMEN, GANGGRÄBER, STEINKISTEN · WIKINGER DES MTTELMEERES
DIE STRASSEN DER MEGALITHKULTUR
MISSIONARE EINER ERSTEN WELTRELIGION
ERBBEGRÄBNISSE STEINZEITLICHER GROSSBAUERN
UNTER SCHARFEM BESCHUSS

Eine schnurgerade Straße. Links und rechts Birken. Dahinter Felder. Vielleicht auch sandiges Ödland mit armseligen Sträuchern und Wacholderbüschen. Oder ein magerer Kiefernforst, eines jener fiskalischen »Stangenwäldchen«, die schon Hermann Löns so sehr betrübten... Dann wieder Felder. *Die Granitbraut und ihr Bräutigam*

Und nun ein Dorf. Ein Dorf mit Katzenkopfpflaster, Verkehrsengpässen und polizeilichen Warnschildern. Im Zentrum der alte ummauerte Friedhof und ein gedrungener Kirchturm. Hinter hohen, athletischen Eichen die selbstbewußten Höfe der niedersächsischen Bauern. Strohgedeckte Fachwerkhäuser neben modernen Ziegelscheunen.

Und dann wieder die Straße, die schnurgerade, birkenbestandene Straße. Wieder flaches, allenfalls sanft gewelltes Land, ohne dramatische Akzente. Nicht von ungefähr warnen die Autoreiseführer den Heidetouristen vor dem Einschlafen, besonders im Sommer, wenn der ständige Wechsel von dunklem Schatten und hellem Geglitzer die Augen ermüdet.

Und dann ein Schild, das gewissermaßen in einem Atemzug ein Restaurant mit tausend Sitzflächen, zwei Sälen, drei Gesellschaftsräumen, drei Bundeskegelbahnen und den größten prähistorischen Steindenkmälern Deutschlands annonciert.

Der leise Schock, den man angesichts dieses Angebots empfindet, weicht – einigen philosophischen Gleichmut vorausgesetzt – bei näherer Betrachtung einem Gefühl ausgesprochenen Wohlgefallens. Ein alter Heidjerhof hat sich hier, zwischen Ahlhorn und Wildeshausen, vierzig Kilometer südwestlich von Oldenburg, zu einem vielbesuchten Ausflugslokal gemausert, mit Terrassen und farbigen Sonnenschirmen, die sich, von hohen Bäumen umkränzt, in einem Fischteich spiegeln, auf dem schnatternde Enten und hochmütig schweigende Schwäne schwimmen.

Von dieser gastlichen Stätte aus erreicht man in wenigen Minuten den berühmten »Visbeker Bräutigam« – das mächtigste aller deutschen Hünengräber.

Von Buchen, Tannen und Föhren umstanden, formieren etwa achtzig riesige Findlinge, die glatte Seite nach außen gekehrt, ein Rechteck von 108 Meter Länge und gut 10 Meter Breite. Am Westende liegt die Grabkammer, ein von Flachsteinen gedecktes Geviert von 10 Meter Seitenlänge. Am Ostrand überragt ein hoher, wie ein felsiger Berggrat zugespitzter Block das urtümliche Bett: der steinerne Bräutigam, dem die Überlieferung die Wache über das Denkmal anvertraut hat.

Die Steinkammer war früher bis über die Höhe der Grabbedachung mit Erde aufgefüllt. Sie bildete einen langgestreckten Flachhügel, der aus der Ferne einem niedrigen, aber recht ansehnlichen Wohnhausbau geglichen haben mag. Heute, da die Jahrtausende die verhüllende Erde wieder beseitigt haben, ähneln die verbliebenen Reste dem zyklopischen Skelett eines verendeten Urzeittieres.

Der »Visbeker Bräutigam« bildet den Mittelpunkt eines Hünengräberfeldes, das sich an die Hänge der Aue lehnt, eines Nebenflusses der Hunte. Nur dreißig Meter vom Ostende des Zentralgrabes liegt der »Brautwagen« mit seinen schweren Decksteinen, von denen einer auf 160 Zentner geschätzt wird. Im Nordwesten schließt sich die »Riesenstube« an, ein Bau mit einer ausnehmend großen Grabkammer, die fast den ganzen Innenraum einer langrunden Steinsetzung beansprucht. Am schönsten ist der auf der

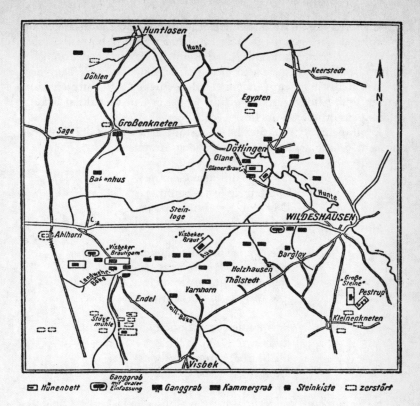

Wildeshausen und Umgebung

Südseite der Aue gelegene »Heidenopfertisch«, der Torso eines von Eichen beschatteten Kammergrabes, deren eine die schwere Deckplatte mühelos emporgehoben hat.

Die »Bräutigamsgruppe« setzt sich auf dem Südufer der Aue, hierzulande »Engelmanns Bäke« genannt, mit einer Reihe von Kammergräbern fort, die weithin als Kellersteine bekannt sind. Dazu kommen südlich von Wildeshausen, in der Nähe des grandiosen bronzezeitlichen Pestruper Gräberfeldes, die Großen Steine von Kleinenkneten und nordwestlich davon, bei Dötlingen, die Glaner Braut mit ihren Trabanten. Den höchsten Ruhm neben dem »Bräutigam« genießt jedoch die »Visbeker Braut«, deren Bett, in sittsamer Entfernung von dem ihres männlichen Pendants, wieder auf dem Nordufer der Aue steht.

Der lokale Sagenschatz enthält eine sehr volkstümliche Deutung der beiden imposanten Steindenkmäler. Eine Tochter des Landes, so erzählen die Leute in der Heide, sollte einem Mann angetraut werden, den ihr gestrenger Vater für sie ausgesucht hatte. Sie liebte aber einen anderen und hatte diesem die Treue geschworen. In ihrer Seelennot bat sie den Himmel, er möge sie am Tag ihrer Hochzeit in Stein verwandeln. Und der liebe Gott hatte ein Einsehen und erfüllte ihren Wunsch, wobei er den verhaßten Bräutigam gleich mitverwandelte.

Ein ungenannter Dichter hat die schicksalsträchtige Mär in Verse gesetzt. Sein Poem endet mit folgenden Strophen:

>Da steht mit dem Gefolge
>in Stein sie festgebannt.
>Das Blut gerinnt im Herzen,
>starr werden Fuß und Hand.
>
>Die Kränze und die Bänder,
>der grüne Myrtenzweig,
>sie werden graue Flechten
>und Moose, braun und weich.
>
>Jahrhunderte vergingen,
>doch ewig tönt das Lied,
>die Mär von treuer Liebe,
>die fest steht wie Granit!

Die Gegend um Wildeshausen gilt als die »klassische Quadratmeile der deutschen Vorgeschichte«. Diesen Rang vermag ihr allenfalls der Hümmling streitig zu machen, eine fast vergessene, weltfremde Landschaft nahe der holländischen Grenze, in der sich eigentlich nur die Ingenieure der deutschen Erdölgesellschaften auskennen, die sehr zum Kummer der Heimatfreunde seit Jahren bemüht sind, auch diesen Teil des Emslandes dem Machtanspruch der Technik zu unterwerfen. Ihren stählernen Bohrgerüsten trotzend, wirkt der Hümmling über weite Strecken aber immer noch wie ein verwunschenes Land.

Die gefühlsträchtigen Kulissen der Heidemaler – windschiefe Katen, gnomenhafte Schafställe, dunkle Moorwässer, verkrüppelte Kiefern und abseitige Sandwege – haben sich hier wie nirgendwo anders behauptet. Ebenso zahlreiche Hünengräber, in kleinen Wäldern verborgen, von Gras und Moos überwachsen, zum Teil noch im deckenden Erdmantel. Allein an der Straße von Groß-Berßen nach Hüven zählt man über zwanzig solcher Steindenkmäler, darunter das unvergleichliche »Königsgrab«, das – auf einen sanft ansteigenden Sandhügel placiert – die fließenden Weiten der Landschaft majestätisch überragt.

So dicht wie auf dem Hümmling oder in der Ahlhorner Heide liegen die steinernen Grabkammern sonst nicht zusammen. Doch gibt es noch eine ganze Reihe berühmter »Riesenstuben«, die jeder Prähistoriker kennt.

Die Lüneburger Heide ist im Baedeker der deutschen Hünengräber vor allem mit den »Sieben Steinhäusern« von Fallingbostel vertreten, der vielleicht schönsten Gruppe von Riesensteingräbern, die es heute noch in Deutschland gibt; aus der Nähe betrachtet, sind es allerdings nur noch fünf, und diese stehen, nicht nur zum Leidwesen der Wissenschaft, auf einem von Panzern und Granaten zerpflügten Truppenübungsplatz.

Die Prospekte der Badeinsel Sylt versäumen nicht, auf den berühmten Denghoog hinzuweisen, ein mächtiges Ganggrab neben der Kirche von Wenningstedt. Auf dem Brutkamp bei Albersdorf in Westholstein erhebt sich ein Steingrab mit einem Überlieger von zehn Meter Größe. Ein Steingrab an der Straße von Albersdorf nach Wrohm trägt den vielgenannten Schalenstein von Bunsoh, den größten neolithischen Kultstein Europas.

Reich an Hünengräbern sind noch immer die Landkreise Harburg und Uelzen sowie das hannoversche Wendland am Unterlauf der Elbe. Den Annenberg im Weichbild der Zonengrenzstadt Helmstedt krönen die Lübbensteine, zwei mächtige Grabkammern aus Braunkohlenquarziten.

Die südlichst gelegenen »Riesenstuben« finden sich im Weserbergland und im Harz. Die Grenze der zyklopischen Hünengrabkultur deckt sich ungefähr mit der des niedersächsischen Bauernhauses und der plattdeutschen Sprache. Insgesamt gibt es (nach einer Aufstellung von Sprockhoff) in der Bundesrepublik noch 538 Riesensteingräber, und zwar

    190 in Schleswig-Holstein
    280 in Hannover
    63 in Oldenburg
    3 in Westfalen
    2 in Braunschweig.

Eine imponierende und dennoch beschämende Zahl. Sie besagt nämlich nicht mehr und nicht weniger, als daß in den letzten 150 Jahren von 100 Hünengräbern nahezu 90 vernichtet wurden.

»Nunmehr da die meisten gesprenget werden...«

Das Zerstörungswerk hat freilich schon früher begonnen. Schatzgräberei war bereits im Altertum ein viel geübter und einträglicher Sport; wahrscheinlich sind auch die Großsteingräber bereits damals Objekte geheimer Ausbeutung gewesen. Dem entspricht in der Regel das magere Fundergebnis bei neueren Grabungen.

Mit dem mehr oder minder systematischen Abbau dürfte spätestens in den Jahrhunderten der christlichen Missionierung begonnen worden sein. Die Kirche konnte damit – wie auch bei der Abtragung der Römerbauten an Mosel, Rhein und Donau – einen doppelten Effekt erzielen: Heidenwerk vernichten und Material für ihre eigenen Bauten gewinnen. Wer die Heide aufmerksam durchwandert, entdeckt in den Mauern der Gotteshäuser tatsächlich zahlreiche erratische Blöcke. So scheint das Steinkammer-Dorado in der Umgebung des »Bräutigams« der karolingischen Alexanderkirche in Wildeshausen manchen Findling geliefert zu haben.

Ein neuer Akt in diesem Drama der Zerstörung begann, als die verfeinerten technischen Mittel der Neuzeit, insbesondere die Erfindung des Pulvers, die schnelle Zerkleinerung der schweren Granitblöcke ermöglichte. Eine Greifswalder Notiz auf dem Jahre 1594 besagt, daß Hünengräber zum Zwecke der Steingewinnung abgebaut worden seien. Zu Beginn des 17. Jahrhunderts ließ das Ludgeri-Kloster bei Helmstedt die Blöcke eines Grabes auf dem Schwarzen Berge zertrümmern und in das Fundament eines neuen Konventsgebäudes versetzen. Dasselbe Schicksal wäre den Lübbensteinen widerfahren, wenn nicht der damalige Herzog Karl von Braunschweig einen derartigen Mißbrauch barsch untersagt hätte.

Trogillus Arnkiel, der als Altertumsfreund bekannte Probst von Apenrade, beklagte sich 1703 darüber, daß die Grabsteine der »uralten, mitternächtlichen Völker« zu gemeinen Brücken verwendet würden. Der Handel mit Findlingen, vor allem nach dem steinarmen Holland, nahm schließlich solche Ausmaße an, daß 1728 ein Dekret der Hannoverschen Landesregierung wenigstens den Export von Hünensteinen untersagte. Auch der um Niedersachsens Urgeschichte hochverdiente Pfarrer Martin Mushard beschäftigte sich 1755 mit der andauernden Vernichtung der Hünenbetten und stellte resigniert fest: »Nunmehr da die meisten gesprenget werden...«

Trotzdem gab es noch zu Beginn des 19. Jahrhunderts Tausende von steinernen Grabkammern in Deutschland. Den Auftakt zu einem neuen Vernichtungsfeldzug gab 1811/12 der von Kaiser Napoleon angeordnete Bau der Heerstraße Wesel–Hamburg, die auf ihrem Lauf viele Steingrabfelder passierte. Die betroffenen Gemeinden erhielten den Befehl, Arbeitskräfte und Material zu stellen. Beides geschah auf eine sehr einfache Weise; die Bürgermeister verpflichteten die gesamte arbeitsfähige Bevölkerung zum Straßenbau, und diese besorgte sich, was sie brauchte, indem sie die großen Steinkammergräber nach Herzenslust sprengte, spaltete und zerschlug. Zahllose Hünenbetten endeten in diesen Jahren als Straßenschotter. Dasselbe Schicksal widerfuhr den Steinpackungen der von der neuen Trasse angeschnittenen bronzezeitlichen Hügelgräberfelder.

Es heißt, daß vor allem die Bauern an dieser ersprießlichen Art der Grabsteinverwertung Gefallen gefunden hätten. Die Riesenstuben dienten fortan also nicht nur dem Ausbau der Chausseen, sondern auch der Fundamentierung von Häusern, Scheunen und Hofmauern. Dazu trug entscheidend bei, daß mit der Aufteilung der Marken viele Grabanlagen, die bisher Gemeineigentum waren, in Privatbesitz übergingen und nach Wunsch veräußert werden konnten. Die Ökonomen, die sich bisher damit begnügt hatten, die Hünengräber als Schafställe und Kartoffelmieten zu benutzen, machten von dieser Möglichkeit satten Gebrauch. Der Steinhandel blühte wieder auf. Tausende von Fuhren gingen nach den Napoleonischen Kriegen allein nach Hamburg, dessen Hafenanlagen manch ehrwürdiges Grab der Altvorderen verschlangen. Auch das deichbaufreudige Holland trat wieder als Großabnehmer auf.

Die Behörden bewiesen unverkennbar guten Willen, diesem Vandalismus Einhalt zu gebieten. Die einen versuchten es mit Paragraphen, wie die Landdrostei von Stade, die 1835 das weitere Abreißen von Hünengräbern unter Strafe stellte, die anderen mit gutem Zureden, wie die Landdrostei Osnabrück, die 1839 ihrer vorgesetzten Stelle in Hannover meldete, sie sei ständig bemüht, den Eigentümern der Gräber »ein Interesse und eine gewisse Pietät für dieselben mitzutheilen«.

Der Erfolg war gering. Vokabeln wie Volkssinn, Ehrfurcht, Vaterlandsliebe und Heimattreue, mit denen die Instanzen eifernd zu Felde zogen, hatten angesichts der klingenden Taler, welche die Straßenbaufirmen für den »Hünenschotter« springen ließen, nur mäßige Überzeugungskraft. Was half es schon, wenn ein passionierter Gräberforscher wie der osnabrückische Obersteuerinspektor Otto Grote 1852 seinen Landsleuten Geschichtsunkunde, Gleichgültigkeit, Eigennutz, selbstsüchtige Roheit und andere schlimme Eigenschaften vorwarf! Seine Worte erreichten bestenfalls einen kleinen Kreis sowieso gleichgestimmter Seelen, nicht aber die Ohren, für die sie bestimmt waren.

Wo die Behörden ein allzu wachsames Auge hatten, versuchten es die Kolonen mit List. So beschlossen 1853 die Gemeindeväter

Verbreitung der Großsteingräber im Kreis Uelzen 1846 und heute

des Dorfes Langen im Kreis Lehe, ein soeben entdecktes Hünengrab zu verkaufen. Da sie mit dem Einspruch der Behörden rechneten, untergruben sie nachts einen Tragstein und führten damit den Einsturz der Kammer herbei. Der Vorsteher von Langen zeigte den Anschlag jedoch an, und das zuständige Amt verbot die weitere Zerstörung. Lange Zeit blieb das ruinierte Denkmal sich selbst überlassen. Erst ein nach Amerika ausgewanderter Sohn des Dorfes, Hanke Henken mit Namen, nahm sich Jahre später bei einem Besuch in der Heimat des geschändeten Grabes an und stiftete einen namhaften Geldbetrag zu seiner Wiederherstellung. An der Übergabefeier, so erfahren wir aus einem zeitgenössischen Bericht, nahmen mit Biedermannsmiene die Übeltäter teil, die seinerzeit das heimliche Attentat verübt hatten.

Auch die heidnische Herkunft wurde im aufgeklärten 19. Jahrhundert noch manchem Riesengrab zum Verhängnis. Im Gelände der Sieben Steinhäuser von Fallingbostel hielt der Begründer der sonst so verdienstvollen Hermannsburger Bauernmission, Pastor Ludwig Harms, wiederholte Erweckungsversammlungen ab und erreichte es, daß zwei der unchristlichen Gräber abgebaut wurden. Ebenfalls um die Jahrhundertmitte rückten die Bewohner der Gemeinde Buchholz einem ganzen Hünenfriedhof des Klecker Waldes zu Leibe, um Baumaterial für die neue Kirche von Jesteburg zu gewinnen. Von sieben oder acht Steinsetzungen blieben nur die Reste eines einzigen Grabes, das später auf Initiative des Hegemeisters Schneemann restauriert wurde.

Juristisch war lange Zeit ungeklärt, wie die Hünengräber zu rubrizieren seien. Als Ende der neunziger Jahre ein Steindenkmal in Waldhusen bei Lübeck durch junge Burschen mutwillig beschädigt wurde und das Gericht fühlbare Strafen verhängte, erhob sich die Frage, ob ein Hünengrab überhaupt ein öffentliches Denkmal sei. Das mit der Sache befaßte Kreisgericht bestätigte zwar die Strafe, ließ die entscheidende Frage aber in der Schwebe. Noch in diesem Jahrhundert konnte es geschehen, daß ein Bauer im Kreise Harburg eine Steinkammer zerstören ließ, um »die neugierigen Hamburger« von seinem Acker fernzuhalten. Solche und ähnliche Vorfälle hatte Prof. Jacob-Friesen sicherlich im Auge, als er 1920 forderte, auch die »privaten« Hünengräber unter Staatsaufsicht zu stellen. »Aufgeklärte Besitzer«, so lautete seine betrübliche Feststellung, seien leider selten.

Betrachtet man das Ergebnis des wahnwitzigen Vernichtungskrieges, den die niedersächsische Landbevölkerung gegen die Grabbauten ihrer Vorfahren führte, so kann man den »grenzenlosen Schmerz« der Forscher verstehen. Von den 219 Hünengräbern, die in der Mitte des vorigen Jahrhunderts im Kreise Uelzen registriert wurden, sind nur noch 17 erhalten, und auch diese zum Teil schwer beschädigt. Wo damals zwischen Nindorf-Haassel und Secklendorf noch 36 Riesensteingräber »in einem fast geschlossenen Zuge aneinandergereiht waren«, findet man heute noch drei. Ähnlich auf Rügen, wo von 229 Gräbern im Jahre 1827 nur 38 übrigblieben, die meisten als Ruinen.

Überträgt man diese Zahlen auf die Gebiete, für die keine exakten Vergleichsmöglichkeiten vorliegen, so kommt man zu dem Schluß, daß im 19. Jahrhundert mindestens fünftausend Hünengräber Opfer des Steinraubs wurden; nur jedes zehnte überstand diese Zeit.

Doch war nicht nur Zerstörungslust am Werk, sondern auch ernsthaftes Bemühen, das Geheimnis der Riesensteingräber zu enträtseln, ihre Geschichte zu erforschen und ihren Bestand zu wahren.

Johan Picardts Riesenstory

Das wundergläubige Mittelalter konnte sich die Entstehung der Megalithgräber, wie die Monumente in der Sprache der Wissenschaft genannt werden, nicht anders vorstellen, als daß die mächtigen Steinblöcke von Riesen oder Hünen aufeinandergetürmt wurden. Zum erstenmal begegnen wir dieser naiven, aber recht bündigen Erklärung in der *Historia Danica* des um 1200 lebenden dänischen Mönches Saxo Grammaticus. Menschen gewöhnlichen Formates, so meinte er, hätten die zyklopischen Bauten nicht errichten können. Also müßte ein Geschlecht von Giganten die Arbeit geleistet haben.

Dabei blieb es noch runde fünfhundert Jahre lang. Wo die Granitdenkmäler der grauen Vorzeit in alten Chroniken erwähnt werden, heißen sie Hünengräber, Hünenbetten oder Riesenkammern. Gelegentlich wird auch der Teufel als Bauherr zitiert, so in der Gegend von Osnabrück, wo einige Steingräber noch heute die Teufelssteine genannt werden.

Ihren Homer fand die Gigantensage aber erst in der Mitte des 17. Jahrhunderts in dem gelehrten und außerordentlich vielseitigen Johan Picardt, den Prof. Jacob-Friesen den ersten Urgeschichtsforscher Niedersachsens nennt. Der Sohn der Grafschaft Bentheim studierte in Leiden Theologie und Medizin und betätigte sich dann mit solchem Erfolg als Moorkolonisator, daß ihn der regierende Graf Wilhelm zu Bentheim 1647 in die Heimat zurückrief, die seiner emsigen Tätigkeit die »Alte Piccardie« sowie den Koevorden-Piccardie-Kanal verdankte. Als Nebenprodukt dieses ausgefüllten Lebens entstand (in holländischer Sprache) die *Kurze Beschreibung von einigen vergessenen und verborgenen Altertümern der Provinzen und Länder zwischen Nordsee, Yssel, Ems und Lippe gelegen*, die – scharf beobachtet und munter fabuliert – dem damaligen Erkenntnisstand genau entspricht und daher kurz zu Worte kommen mag.

»In den Niederlanden, in Deutschland, in der Schweiz, in Frankreich, in Savoyen und England habe ich nirgends Antiquitäten gesehen, die geeigneter für die Altertumsforschung wären als die Steindenkmäler, die aus übereinandergeschichteten Kiesel- und Feldsteinen bestehen... Darunter befinden sich welche, die neun Männer kaum umfassen können. Ein Herr hat mir erzählt, daß er auf dem Hümmling... unter solch einem Steindenkmal hundert Schafe gesehen hat, die dicht zusammengedrängt bei Regen und Sturm Schutz suchten.«

»Sicher ist es, daß diese Steindenkmäler nicht von Menschen unserer Gestalt und auch nicht von Einheimischen errichtet wurden. Diese besaßen nicht die Kraft und die Handfertigkeit, solche gewaltigen Prachtbauten zu errichten, auch hatten sie keine Maschinen oder Instrumente, um solche schweren Steine von weit her durch unwegsames Gelände zu transportieren und schließlich übereinanderzustapeln... Es ist vorgekommen, daß eine Kompanie Soldaten versucht hat, einen der obersten Steine zu bewegen oder herunterzuwälzen, aber trotz aller Anstrengungen dieser 150 Mann rührte sich der Stein nicht von der Stelle...«

»Wie soll man aber diese alten, gewaltigen, fremden Altertümer deuten? Sie sind alle zusammen Begräbnisplätze von grausamen und barbarischen Riesen, Hünen oder Giganten, den Nachkommen von Menschen schrecklicher Gestalt, riesigen Kräften und tierischer Wildheit, die weder Gott noch die Menschen gefürchtet haben...

Bandkeramische Gefäße der Hinkelstein-Leute von Worms.

Trichterbecher aus Schleswig-Holstein.

Gesichtsgefäß der Bandkeramiker, gefunden in Stuttgart-Bad Cannstatt (Jüngere Steinzeit).

Tulpenbecher der Michelsberger Kultur. Fundort: Goldberg/Ries.

Michelsberger Keramik.
Reich an Formen und
Gegensätzen ist diese Tonware. Große, mit Schlick
beworfene Vorratsgefäße
kontrastieren mit feinen
lederbraunen Töpfen, die nur
selten sparsame Muster aufweisen. Höhen 24,5 und
38 cm.

Haushaltgeräte der Michelsberger Kultur. Links: Feuersteinklinge in Hirschhorngriff. Von oben nach unten: Feuersteinpfeilspitzen, runde Spinnwirtel, Knochenmeißel und Knochenspitzen, Feuersteinmesser in Holzschaft.

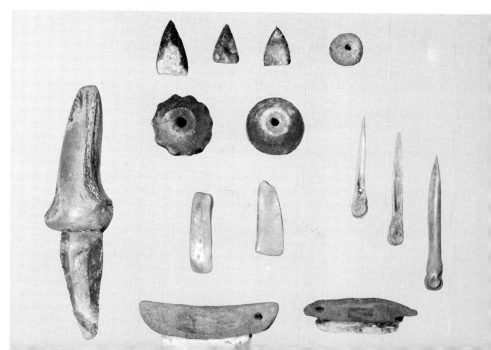

Der Flintdolch von Hindsgavl bei Middelfart.

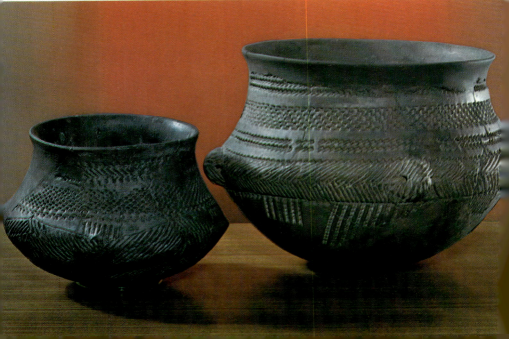

Gefäße der »Rössener« aus Stuttgart-Mühlhau (Jüngere Steinzeit).

Bronzezeitliche Goldschale aus Depenau, Kreis Plön.

Die dreitausendjährige Goldschale aus Gönnebek bei Segeberg, gefunden in einem Grab der Mittleren Bronzezeit.

Bronzene Gürtelschmuckscheibe aus Hadersleben in Nordschleswig (um 1100 v. Chr.).

Bronzemesser der Jüngeren Bronzezeit aus Schleswig-Holstein mit Schiffsverzierung.

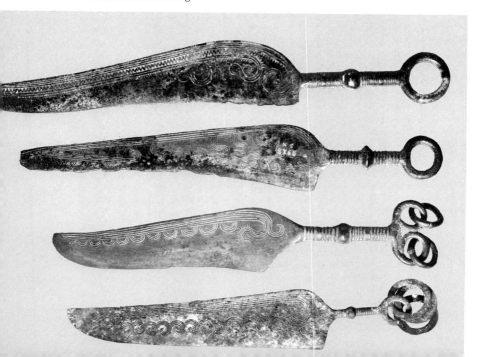

Mädchentracht aus dem Baumsarg von Egtved. Bluse, Gürtel mit Schmuckplatte und »Minirock« aus Schnüren.

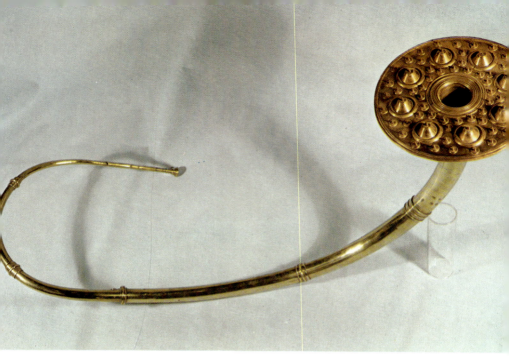

Bronzelure von Garlstedt.

Der berühmte Sonnenwagen von Trundholm – die Nachbildung eines bronzezeitlichen Kultwagens, als Opfergabe in einem Moor versenkt.

Die gewaltigen Riesen sind in dieses Gebiet aus den Ländern Schweden, Norwegen, Finnland und Dänemark gekommen. Alle diese nordischen Länder wimmelten in den allerältesten Zeiten von Riesen, die ursprünglich aus dem Lande Kanaan stammen. Durch ihre Größe und Stärke waren sie die schlimmsten Tyrannen...«

»Wegen dieser Abscheulichkeit waren ihnen alle Menschen feindlich und nur darauf bedacht, das elende Gesindel auf Erden zu vernichten... Wegen ihrer kleineren Größe und weil sie keine richtigen Waffen hatten, versuchten die Menschen, mit schweren Keulen die Beine der Riesen zu zerschmettern, um sie so zu Fall zu bringen. Dadurch waren die Riesen gezwungen, sich in einsame Gegenden, Küsten und Gebirge, die von den Menschen gemieden wurden, zurückzuziehen.«

»Auffallend ist es, daß unsere Steindenkmäler dieselbe Bauart, Länge, Breite, Höhe und Form haben wie die Werke der Riesen in den nordischen Ländern. Glaubwürdige Männer erklärten, daß es sich in Schonen wie in Drenthe um gleichartige Bauten handelt... Es ist somit eine unumstößliche Tatsache, daß sowohl die nordischen wie unsere Steindenkmäler Werke von Riesen sind und errichtet wurden, um ihre Stammesangehörigen darunter zu begraben.«

Um jeglichem Zweifel vorzubeugen, gab Picardt seinem Buch einige Illustrationen bei. Auf einer dieser Zeichnungen zeigt er die Riesen kräftig am Werk, mit kniefreien Röcken oder Lendenschurzen bekleidet, bärtige, struppige Kerle, die auf ihren Rücken und hölzernen Tragen mächtige Findlinge herbeischleppen. Die staunend dabeistehenden Menschen erreichen nicht einmal Gartenzwerggröße. Wie sie mit ihren Spielzeugknütteln die stämmigen Beine der Riesen fällten, bleibt des zeitgenössischen Illustrators Geheimnis.

Der kühle Wind des aufkommenden Rationalismus ging mit Johan Picardts Gigantenmär jedoch ziemlich rüde um. Schon 1714 bereitete ihr der Leibarzt des Fürstbischofs von Münster, Johann Heinrich Cohausen, ein recht profanes Ende.

Der ob seiner scharfen Zunge gefürchtete Medicus ließ in seinem polemisch gepfefferten *Ossilegium historica-physicum* den selig entschlafenen Picardt im Jenseits mit dem Friesenfürsten Surboldt zusammentreffen. Der stellt den Bentheimer Kanalbauer energisch zur Rede, nennt ihn einen Dummkopf und erklärt insbesondere seine Riesenfabel für baren Unsinn. »Wenn wir auch keine Räder und Hebemaschinen hatten, so war uns doch die sehr einfache Methode nicht unbekannt, durch Knüttel und hölzerne Walzen Massen von ungeheuer großem Gewicht nach Wunsch zu bewegen..., nicht zuletzt unter Zuhilfenahme der sehr kräftigen Hebebäume unserer Gliedmaßen.«

Zwar sah der gemeine Mann, so ist Martin Mushards 1755 beendeter Abhandlung über das *Alte bremische Heidentum* zu entnehmen, weiterhin in den Steingräbern das Werk unbegreiflicher, mythischer Kräfte, die Wissenschaft selber aber erübrigte für derlei Ammenmären fortan nur noch ein mildes Lächeln.

Wie die bis zu tausend Zentner schweren Findlinge transportiert und verbaut wurden, bereitete den Gelehrten freilich noch manches Kopfzerbrechen. Es gingen nach Mushards Schrift noch einmal hundert Jahre ins Land, bis eine einigermaßen befriedigende Lösung gefunden wurde. Zwei Männer teilten sich den Ruhm, jener trinkfeste, konsumfreudige König Friedrich VII. von Dänemark, der seinen Hofarchäologen Worsaae wie einen Admiral kleidete und die Entdeckung der Kjökkenmödinger mit Mitternachtsfesten, Trompetenmusik und Ballettvorführungen feierte, und der Bauer Grumfeld aus Westerholte, ein hagerer, ernster und versponnener Niedersachse.

»Durch hölzerne Keile, Schwungbalken und Hebebäume«, so lautete des dicken, aber recht gescheiten Königs Erklärung, »konnte man den Stein ungefähr einen Fuß heben..., danach Balken unter denselben schieben, welche gleichsam als Schienen oder Bahn dienen sollten. Wenn der Stein mit seiner flachen Seite auf diesen Balken ruhte, mußte er wieder auf dieselbe Weise gehoben werden; man konnte dann Rollen zwischen dem Stein und den Balken anbringen, wodurch die Bewegung in hohem Grade erleichtert wurde. Man konnte nun starke Taue aus Tierhaut um den Stein schlingen und an diesen Tauen mit den vereinten Kräften von Menschen und Ochsen ziehen... Die gebrauchten Rollen, welche hinten wegfielen, konnte man vorn wieder unterlegen, ebenso wie die passierten Balken oder Schienen durch andere ersetzt und wieder vorn, eben wie Rollen, benutzt werden mußten.«

Und hier die Theorie des Bauern aus Bersenbrück, überliefert durch die 1864 erschienenen *Nordwestdeutschen Skizzen* des Heimatfreundes Kohl:

»Grumfeld..., der uns von einem Grabe zum anderen begleitete, hatte auch... über die Schwierigkeiten nachgedacht, die unsere alten Vorfahren bei der Zusammenstellung der kolossalen Steinblöcke überwinden mußten, und hatte sich darüber eine ganz eigentümliche Theorie gebildet, die... mir neu und nicht ganz verächtlich schien.«

»Er meinte, die Alten hätten die Steine im Winter auf einer

Schnee- und Eisbahn transportiert. Auf gefrorenem Schnee, so räsonierte er, sei es leicht, die größten Blöcke mit Stricken zu bewegen. Mit Hilfe des Schnees und Eises, glaubte er, hätten sie auch die gewaltigen ›Decksteine‹ auf die kleinen Träger hinaufgebracht. Diese letzteren hätten sie erst in ihrer Ordnung aufgestellt, dann hätten sie dieselben unter Schnee begraben und darauf zu diesem Schneehügel eine lange, allmählich aufsteigende Schnee- und Eisbahn mit Hilfe aufgegossenen Wassers hergestellt.«

»Die großen Blöcke wurden nun nach der Ansicht meines Bauern auf dieser Bahn leicht auf den Gipfel des kleinen Schneehügels hinaufgeschleift und lagen dann, nachdem der Schnee weggeschmolzen, auf den Spitzen ihrer Träger.«

Wahrscheinlich wurden beide Verfahren angewandt, das des Königs und das des Bauern. Erwähnung verdient aber, daß ein heutiger Experte, Prof. Jacob-Friesen, zu dem gleichen Ergebnis gelangte wie der Alte aus Westerholte. Er hatte als Batteriechef im Ersten Weltkrieg mehrfach schwere Geschütze durch Heide und Moor zu transportieren und legte dabei auf hartgefrorenen Winterböden Strecken in drei Tagen zurück, für die er im Sommer vier Wochen benötigte. Bei starkem Frost, so folgert er, wird man also auch bei der »Fortbewegung der Steinmassen« auf Balken und Schienen verzichtet haben.

Wie die Entstehung der Hünengräber war auch ihr Zweck lange Zeit den verschiedenartigsten und unbekümmertsten Deutungen ausgesetzt.

»Druidioten« und andere Deuter

Es mag angehen, daß man sie vielfach für Thingplätze hielt, für Stätten gemeinsamer Beratung, an denen Recht gesprochen und über Krieg und Frieden entschieden wurde. Waren sie auch nicht dafür gebaut, so haben sie doch häufig als Versammlungsorte gedient. Die Bewohner der Gegend um Bremervörde hielten zum Beispiel 1499 an einem Hünengrab, wie es in einer zeitgenössischen Chronik heißt, »ein gemein Landtag« ab. Auch »Denghoog«, der Name des großen Wenningstedter Grabes, bedeutet ja nichts anderes als Thinghügel.

Eine andere weitverbreitete und überaus zählebige Fehldiagnose sprach von vorzeitlichen Altären und Opfersteinen. In dieser Beziehung sind vor allem englische Gelehrte des 17. und 18. Jahrhunderts zu wunderlichen Ergebnissen gekommen. So fand das größte und mächtigste Urgeschichtsdenkmal Europas, das Monument von Stonehenge in Wiltshire, in einem gewissen William Stukeley einen Deuter von ungewöhnlicher Kühnheit. Er trug aus den Schriften von Cäsar, Diodor und Plinius alle Äußerungen über die

Religion der alten Kelten und ihre Priester, die berüchtigten Druiden, zusammen und stellte zwischen ihnen und den geheimnisvollen Steinsetzungen eine innige Verbindung her. Die Phantasien Stukeleys und seiner Gesinnungsfreunde – für die der Amerikaner Geoffrey Bibby das anzügliche Wort »Druidioten« gebrauht – strotzen von mystischen Aufzügen, feierlichen Menschenopfern, die bärtige Priester in weißen Gewändern vollzogen, geheimnisvollen Knochenkammern und anderen Panoptikumsbildern, hielten aber die für die Magie des Blutes stets aufnahmebereiten Gemüter vieler Menschen jahrhundertelang in Bann.

Martin Mushard, der bereits genannte Pfarrer von Geestendorf, glaubte an dem von ihm untersuchten Butzenbett bei Sivern und dem Wilden Schwein bei Buxtehude, »welches von ferne einem großen Hauer gleich siehet, der Pferde scheu machet«, sogar die Rillen bezeichnen zu können, die das Blut der Opfer hinabrann. Nicht ganz so düster wie seine britischen Kollegen, ließ er die »Pagi und Börden« an diesen Kultstätten aber nicht nur zu mystischen Übungen, sondern auch zu Schmaus und Tanz zusammentreten. Aus dem gleichen Grund, so meinte er, seien die ersten christlichen Kirchen häufig in der Nähe der Megalithen entstanden.

Ja, noch 1850 hielt der sonst so verständige hannoversche Forstrat Wächter daran fest, daß die Riesensteingräber Opfertische gewesen seien.

Die einschlägige Literatur kennt noch mancherlei Erklärungen. Der Kopenhagener Arzt Ole Worm sah in den Megalithbauten nicht nur Siegesmonumente, sondern auch steingefaßte Turnierplätze, auf denen die Recken der Vorzeit unter den Anfeuerungsrufen ihrer Gefolgsmänner blutige Zweikämpfe austrugen. Das 1836 erschienene erste *Handbuch der Germanischen Altertumskunde* von Gustav Friedrich Klemm sprach von Helden- und Herrscher-Malen. Daß in der hohen Zeit des Rassismus die Hünengräber als die granitenen Dokumentationen nordisch-germanischer Volkskraft galten, ist noch in frischer Erinnerung.

Ein von des Gedankens Blässe nicht angekränkelter Architekt namens Hermann Wille konzipierte damals die Idee von den *Germanischen Gotteshäusern zwischen Weser und Ems* – dies der Titel seines skurrilen Buches – und deutete die Megalithbauten als »Sokkelmauern überdachter Kultstätten«, in denen die Ahnen bei hohen Schneewehen und bitterer Kälte das winterliche Sonnenwendfest mit Opfermahl und herzhaftem Umtrunk feierten.

Der Kuriosität halber mag auch der 1949 (!) erschienene Zeitungsaufsatz eines unbekannten Schreibers erwähnt werden. Schwarz auf weiß tat er kund und zu wissen, daß man die großen

Steinkammern in der Heide früher für Teufelswerk gehalten habe. Heute aber, so fuhr der Autor im Vollgefühl des aufgeklärten Menschen unserer Zeit fort, »heute wissen wir, daß jene Blöcke nicht vom Teufel auf unsere Heide geschleudert wurden, sondern wohl die Reste von Meteoren sind, die vom Himmel auf sie niederprasselten und sicher für die damalige Zeit eine Katastrophe von gewaltigem Ausmaß ausgelöst haben«.

Man sieht, daß sich die Megalithbauten die seltsamsten Deutungen gefallen lassen mußten und daß die einfachste und jederzeit beweisbare Erklärung dem menschlichen Wunderglauben gegenüber bis heute einen schweren Stand hat – obwohl die Forschung längst alle Zweifel daran beseitigt hat, daß es sich um Grabanlagen handelte.

Schon um 1500, unter dem Einfluß von Renaissance und Humanismus, begannen die Gelehrten ernsthaft über Herkunft und Zweck der Monumente nachzudenken. Als erster besorgte das mit respektabler Gründlichkeit der Thüringer Nicolaus Marschalk, der zuerst in Wittenberg, von 1510 an in Rostock lehrte und die Geschichte Mecklenburgs in zwei Büchern über die Taten der Herulen, Vandalen und Obotriten besang.

Geistervisite in Ramsloh

»Die Herulen«, erzählte er, »bedienten sich einer absonderlichen Art von Begräbnissen, sie trugen auf einem Hügel zusammen einen Haufen Steine, worüber sie einen gewaltigen großen Stein legten...«

Wahrscheinlich hat Marschalk sogar gegraben. Seine Angaben über den Bau der Kammern sind so genau und detailliert, daß sie nicht anders als aus unmittelbarster Anschauung gewonnen sein können.

Außerdem bereicherte er die Wissenschaft um eine Hypothese, die bis heute aktuell blieb – daß nämlich die großen Gräber nur die Großen dieser Welt aufgenommen hätten; in Versen ausgedrückt:

> In Mitten da wurden die Herren begraben,
> oder ander herrlich und mächtige Knaben.

Die kleinen Leute dagegen hätten ihr Untertanenleben in Urnen und Töpfen beendet.

Marschalk galt lange Zeit als unbedingte Autorität. Die nordische Altertumsforschung, der in dem Schwedenkönig Gustav Adolf, dem Retter der Protestanten im Dreißigjährigen Krieg, ein umsichtiger Protektor erwuchs, hat die Werke des Nicolaus Marschalcus, genannt Thurius, noch nach mehr als hundert Jahren kräftig ausgebeutet. So finden sich seine Erzählungen in den *Monumenta Danica* des Ole Worm, alias Olaus Wormius, nahezu unverändert wieder. Die Herren herbergen auch bei ihm in großen Steingräbern, während die Knechte mit tönernen Krügen vorliebnehmen.

Den Spaten nahm erst ein großer deutscher Gelehrter wieder zur Hand. Er hieß Hermann C. Conring, war Professor der seinerzeit hochberühmten Universität Helmstedt sowie Hofmedicus mehrerer Landesherren und gilt bis heute als Begründer unserer Rechtswissenschaft. Dieser »Polyhistor« war auch ein großer Altertumsfreund. Als erster Verfasser einer Orts- und Landesgeschichte berücksichtigte er in seinem 1665 erschienenen Buch *De antiquissimo Statu Helmesstatii* die noch vorhandenen »Antiquitäten«, unter anderem die Lübbensteine, die er -- nachdem er wenigstens eines der beiden Monumente mit seinen Studenten freigelegt hatte -- richtig als Gräber, wenn auch als Riesengräber, erkannte. Der Abt des nahen Klosters Marienthal setzte 1695 die Grabung fort. Von ihrem Ergebnis ist jedoch nichts bekannt.

Conrings Tätigkeit verdient um so mehr Anerkennung, als das »Ausgraben von Gräbern« damals noch auf zahlreiche theologische Bedenken stieß und meist in einem Atemzug mit Leichenschändung genannt wurde. Selbst geistlichen Herren scheint bei solchen Unternehmungen nicht immer ganz wohl gewesen zu sein. Wie anders könnte man es erklären, wenn sogar der nüchterne Mushard kommentarlos von dem schrecklichen Erlebnis berichtet, das seinem Freund, dem Kanonikus von Ramsloh, widerfuhr. Dieser, wie der Pastor von Geestendorf ein begeisterter Spatenforscher, hatte sich an den Steinen von Stenfeld zu schaffen gemacht und sah sich daraufhin nachts von drei schrecklichen Gestalten visitiert. Sie sprachen zunächst in einem unverständlichen Kauderwelsch miteinander, wandten sich dann aber dem angstvoll daliegenden Kanonikus zu und erklärten ihm mit düsterer Stimme »sie wären vor ihr Vaterland als Helden gestorben, würde er verfolgen, sie zu beunruhigen, solte er hinführo weder stern und glück haben«.

Moltke grub auf Alsen

Nach Mushard verglomm das Interesse an den Hünengräbern. Erst die Vorzeitbegeisterung der Romantik entfachte es fünfzig Jahre später wieder. Doch nun waren es mehr die Dichter als die Forscher, die das Thema gewissermaßen in Pflege nahmen. Der einst vielgelesene Ludwig Theobul Kosegarten, der 1818 als Pastor, Professor und Produzent ausschweifender lyrischer Ergüsse in Greifswald starb, besang die Hünengräber auf Rügen. Sein Stralsunder Amtsbruder Friedrich Forchau siedelte zwanzig Jahre später sein *Arkona* betiteltes Heldengedicht ebenfalls zwischen den Steinkammern der Kreideinsel an. Goethes Freund, Graf Christian zu Stolberg, brachte Verse *An die mehreren Aschenkrügen, unter großen Felsstücken, in einem Hünenhügel gefunden und in einer Urne wieder eingegrabenen Gebeine* zu Papier.

Diese und andere literarische Erzeugnisse zeitigten merkwürdige Folgen. Als Marschall Blücher starb, der populärste Haudegen der Befreiungskriege, schlugen Altertumsfreunde allen Ernstes vor, ihn in einem megalithischen Grabmal bei Leipzig, dessen siebzig Meter hoher Erdhügel von einem Riesensteingrab gekrönt werden sollte, beizusetzen. Was dort nicht zustande kam, wurde später in Waterloo als Gefallenenehrenmal, in Krakau als Monument für den Nationalhelden Kosziuszko und, im Kleinformat, in der Berliner Hasenheide als Gedächtnisstätte für den Turner und Freikorpsführer Karl Friedrich Friesen verwirklicht. Selbst wenn der Arzt Johann Christian Reil seine sterblichen Reste in einer neolithischen Steinkiste begraben, der Dichter Moritz August von Thümmel 1817 seinen Leichnam in einen lebenden Eichbaum einmauern ließ, spürt man darin die Fernwirkungen dieses lebhaften Hünengrab-Kultes.

Auch die Kunst schwamm auf der Woge romantischer Vorzeitbegeisterung mit. Von Wilhelm Tischbein, dem Gefährten Goethes in Italien, stammt das Aquarell eines Riesensteingrabes, das heute im Oldenburger Landesmuseum hängt. Ebenso haben der empfindsame Caspar David Friedrich und der »heroische« Friedrich Preller die mächtigen Hünenbetten auf sturmumtoster Heide gern gemalt; ja, noch in Gottfried Kellers Münchner Künstlerzeit taucht dieses Motiv wiederholt auf.

Wo ein solches Hünenbett damals ausgegraben wurde, geschah es mehr zur Unterhaltung als zur Erweiterung des Wissens. Als nach der Eroberung von Alsen im deutsch-dänischen Krieg 1864 die unbeschäftigten Armeen auf den Frieden warteten, schlug selbst der preußische Generalstab – mit Geräten und Hilfskräften bestens versehen – die Langeweile mit »gewaltsamen Erkundungen« der Vergangenheit tot. Moltke, der in seinen Briefen alles andere als ein »großer Schweiger« war, hat seiner Frau darüber wohlgelaunt berichtet.

»Nun muß ich dir noch einen gut gelungenen Witz erzählen«, schrieb er. »Wir haben hier zwei Hünengräber (Hühnergräber, wie Feldmarschall Wrangel sagt) öffnen lassen. Fünfzig Mann unter Leitung des Majors von Bernuth arbeiteten daran ... Unmittelbar vor dem Wegtreten schickte ich Henry« – Moltkes Neffe – »nach dem Schiffszimmerplatz und ließ ein recht altes, halb verfaultes Stück Holz holen, zwischen dessen Moosflecken ich mit Tinte und nach einem hier vorhandenen Runenalphabet... den Namen Bernuth schrieb.« Nachdem das Brett an den Ort der Handlung praktiziert worden war, wurde es später in aller Form entdeckt und entziffert. Der genasführte Major scheint jedoch ein Mann mit Humor gewesen zu sein. Jedenfalls quittierte ihm Moltke, daß er »sich gut aus der Affaire« gezogen habe.

Immerhin lagen in dieser Zeit bereits einige seriöse wissenschaftliche Veröffentlichungen über Hünengräber vor. In Deutschland hatte der Kammerherr Carl von Estorff den Anfang gemacht. Seine 1846 erschienene Arbeit über die *Heidnischen Alterthümer der Gegend von Uelzen* genießt bis heute den Respekt der Fachwissenschaft, nicht zuletzt dank er »Illuminierten Archäologischen Karte«, die dem Werk beigegeben war. Neben Estorff erwarb sich damals der Forstrat Wächter große Verdienste um die Kartographierung der niedersächsischen Hünengräber.

Gut zwei Jahrzehnte später publizierte der britische Arzt Dr. John Thurnam eine nüchterne Beschreibung der südenglischen Megalithbauten, die keinen Zweifel daran ließ, daß man es mit Gräbern zu tun hatte, und zwar mit Erbbegräbnissen, die normalerweise mehrfach benutzt wurden. Zu dem gleichen Ergebnis kam 1870 der Schleswiger Conrad Engelhardt, der als erster versuchte, den internationalen Stand der Forschung zu bestimmen.

Am Ende des Jahrhunderts begab sich der Schwede Oscar Montelius auf die Suche nach der Wiege der Großsteingrabkultur. Sein Schüler Nils Aberg und der Däne Sophus Müller ergänzten in den Vorweltkriegsjahren die bis dahin gewonnenen Erkenntnisse um die genaue Analyse der zugehörigen Waffen- und Geräteinventare. Der englische Religionswissenschaftler Perry sprach 1923 erstmalig die Vermutung aus, daß die Megalithbauten die steinernen Zeugen einer unbekannten Religion seien – eine zunächst heftig befehdete, später in ihren Grundzügen akzeptierte Theorie.

Den deutschen Beitrag zur internationalen Fachliteratur leisteten vor allem Ernst Sprokhoff mit seinem 1938 erschienenen Buch *Die nordische Megalithkultur* und das Ehepaar Leisner, das 1943 die Ergebnisse seiner Forschungen über *Die Megalithgräber der iberischen Halbinsel* bekanntgab. Daneben liegen ungezählte, bis in die jüngste Zeit reichende Grabungsberichte vor, speziell aus Niedersachsen.

Das Thema ist keineswegs abgeschlossen. Jede neue Grabung bringt neues Material. Selbst Nachuntersuchungen an längst zerstörten und »aufgenommenen« Gräbern liefern manchmal erstaunliche Ergebnisse. Die grundlegenden Erkenntnisse der Megalithforschung aber werden davon kaum noch berührt.

Die heutige Forschung kennt eine kaum zu überblickende Reihe von Steingrabtypen, die sich nach Größe, Grundriß und Ausstattung voneinander unterscheiden. Das Bild wird durch viele Misch- und Übergangsformen noch unübersichtlicher. Alle zusammen lassen sich jedoch aus drei Grundmodellen ableiten: dem Dolmen, dem Ganggrab und der Steinkiste.

Dolmen, Ganggräber Steinkisten

Der Dolmen stellt sich als der einfachste und älteste Typus dar: eine Blockkiste von etwa zwei Meter Länge, 50 Zentimeter Breite und 50 bis 80 Zentimeter Höhe. Dazu reichen normalerweise vier bis sechs Findlinge aus, die von einem einzigen Überlieger gedeckt werden. Diese in Deutschland nur in Schleswig-Holstein vorkommenden Kleinkammern dienten vornehmlich als Einzelgrab.

Die jüngeren Dolmenformen zeigen deutlich die Entwicklung zum Erbbegräbnis an. Die Kammern erhielten einen Zugang und wurden breiter, länger und höher. »So entstand aus der niedrigen, sarkophagähnlichen Gruft allmählich ein größerer Raum, in dem man sich wie in einer kleinen Stube aufrecht zu bewegen vermochte.« (Sprockhoff)

Den Abschluß dieser Entwicklung bildete der vieleckige Großdolmen, dessen Vorkommen sich im wesentlichen ebenfalls auf Schleswig-Holstein beschränkt – der eindrucksvollste ist der bereits genannte Brutkamp bei Albersdorf.

Der vieleckige Dolmen brauchte nur noch ein wenig erweitert und mit einem Zugang versehen zu werden, und es entstand das Ganggrab. Die Lehrbücher nennen auch in diesem Fall wieder Dutzende von Typen: Gräber von rechteckiger, trapezförmiger, polygonaler, ovaler und runder Form; Gräber mit langen und kurzen Zugängen sowie solchen von der schmalen und von der breiten Seite; schließlich Gräber mit einer Hauptkammer oder mehreren Seitenkammern.

Begnügen wir uns mit der Feststellung, daß in Deutschland das Ganggrab mit großer Kammer – die von Werlte im Hümmling erreicht eine Länge von 27 Metern – und einem kleinen Zugang vorherrscht, im Gegensatz zu Dänemark, wo die Verhältnisse genau umgekehrt liegen.

Wurde der Gang selbst als Grabstätte benutzt, so spricht man von jenen »gedeckten Galerien«, die der Fachmann vor allem aus der Bretagne und von der Iberischen Halbinsel kennt. Ihr nordisches Gegenstück sind die Steinkisten, die nicht mehr wie die frühen Megalithgräber aus einseitig glatten Findlingen, sondern aus zweiseitig bearbeiteten Platten bestehen. Die größeren wurden oberirdisch errichtet, die kleineren in die Erde versenkt.

Ob Dolmen, Ganggrab oder Kiste, sie alle waren ursprünglich

mit einem Erdhügel bedeckt, der mindestens bis zur Unterkante des Tragsteins reichte. Die Rundhügel hatten einen Durchmesser von 15 bis 25 Meter, eine Höhe von 3 bis 5 Meter. Ein Musterexemplar dieser Gattung ist der Wenningstedter Denghoog, der seine bauliche Form am besten von allen deutschen Megalithgräbern bewahrt hat.

Wesentlich häufiger sind in Norddeutschland und Holland jedoch die Hünenbetten. Sie verhüllten die Grabkammer nicht nur mit einem Erdmantel, sie bauten um den Hügel herum noch eine Mauer aus Findlingsblöcken, je nach Landschaft rechteckig oder oval. Obwohl sie, wie der Visbeker Bräutigam, bei einer Normalbreite von 8 bis 10 Metern eine Länge von über 100 Metern erreichten, schlossen sie normalerweise nur eine Grabkammer ein. Doch waren sie offensichtlich auf Zuwachs berechnet. Die einzelne Kammer liegt jedenfalls immer an einer der Schmalseiten, woraus zu schließen ist, daß man nach und nach die gesamte Anlage für Totenstuben zu beanspruchen gedachte. Auch kennt die Forschung eine Reihe von Hünenbetten mit zwei oder mehr Gelassen.

Die Grabung, die Prof. Jacob-Friesen zusammen mit dem Oldenburger Museumsdirektor Michaelsen vor einigen Jahren an den Großen Steinen von Kleinenkneten – einem Dreikammergrab – veranstaltete, beantwortete auch die Frage nach dem einstigen Aussehen dieser steinzeitlichen Mausoleen. Er wies nach, daß ihr Innenraum ursprünglich »bis zur Oberkante der Einfassungssteine mit Sand ausgefüllt war, so daß dieser Sanddamm nach oben nicht eben abschloß, sondern dachförmig gestaltet gewesen sein dürfte«.

Das Hünenbett glich also, aus geraumer Entfernung betrachtet, einem stattlichen Wohnhaus, und ein Wohnhaus sollte es ja auch sein, ein Wohnhaus der Toten, in denen diese wie zu ihren Lebzeiten ihren traditionsfesten Sippen nahe waren.

Die Gräber waren gleichsam »für die Ewigkeit« gebaut, so akkurat und sauber, daß die Anlagen, die den Anschlägen der Schatzräuber entgingen, noch nach fast viertausend Jahren keinerlei Verfallserscheinungen zeigten. Die Grabkammer des Denghoog zum Beispiel war so gewissenhaft verfugt, daß bei der Öffnung im Jahre 1869 nur eine dünne Staubschicht den Boden und »was auf ihm lag« bedeckte. Auch der Boden selbst erfuhr eine sorgfältige Bearbeitung. Etwa anstehender Kies wurde geebnet und geglättet. Baute man auf nackter Erde, so belegte man sie mit Granitgrus, gebranntem Feuerstein oder gestampftem Lehm. Selbst Plattenpflaster wurde mehrfach festgestellt.

Die Toten wurden in Schlafstellung mit leicht angezogenen

Knien bestattet, gelegentlich zwischen hochkant gestellten Steinen. Freilich fanden Forscher die Skelette nur selten in ursprünglicher Bettung vor. Da es sich um Familiengräber handelte, um »Erbbegräbnisse«, wie wir heute sagen würden, waren Neubelegungen an der Tagesordnung. Dabei pflegte man die Reste der Altinsassen nicht eben zimperlich zusammenzukehren. Ein Grab der Fallingbosteler Gruppe enthielt allein im rechten Teil der Kammer die Fragmente von 15 Schädeln. Ja, hier hatte man nach Erschöpfung der vorhandenen Kapazität dadurch neuen Raum geschaffen, daß man das bis dahin etwa mannshohe Gelaß mit einer 20 bis 25 Zentimeter hohen Sandschicht auffüllte.

Wer waren die Menschen, denen eine derart extravagante Bestattung zuteil wurde? Nicolaus Marschalk sprach, wie man sich erinnert, von »herrlich und mächtigen Knaben« und begründete damit die Hypothese, daß die Beisetzung in den Megalithgräbern dem steinzeitlichen Adel vorbehalten war. Diese Auffassung erfuhr später insofern eine kleine Variation, als man annahm, daß der Sippenhäuptling in der Kammer, seine Leute zwar innerhalb der Steinfassung, aber außerhalb der »guten Stube« bestattet wurden. Grabungen haben für die Richtigkeit dieser Vermutungen jedoch keine Anhaltspunkte ergeben.

Doch hat man vielfach in der Nähe, ja in unmittelbarer Umgebung der Stein-Nekropolen Flachgräber mit genau den gleichen Beigaben gefunden. Die Forscher haben bisher aber wenig Neigung bewiesen, darin eine Bestätigung der Marschalkschen Verse zu sehen. Diese Flachgräber, so meinen sie, könnten sich als ein älterer Brauch bis in die Megalithzeit erhalten haben; außerdem wäre es möglich, sie auf den Einfluß einer neu auftretenden Kultur zurückzuführen.

Eine gewisse Bestätigung hat die alte These jedoch durch die in den letzten Jahren gewonnenen Erkenntnisse über die Herkunft der Megalitharchitektur erfahren.

Wikinger des Mittelmeeres

Die Hünengräber galten lange Zeit als die monumentalen Kronzeugen altgermanischer Kultur. Was alles man zur Ehre der fernen Vorfahren anführte, sah man in ihnen symbolisiert. So wurden sie bald als Ausdruck bäuerlicher Urkraft, bald als Zeichen von Sippentreue, bald als Male faustischer Weltanschauung besungen und gepriesen. Als Herkunftsland kam nur der nebelumwallte Norden in Frage, die Wiege der »nordischen« Rasse und damit aller menschlichen Gesittung. Selbst angesehene Wissenschaftler haben diese Gedanken, wie man sich erinnert, mit großer Beredsamkeit vorgetragen und in ihrem Enthusiasmus nicht gezögert, die mittelmeerischen oder iberischen Megalithkulturen auf die Ausstrahlungen nordischen Geistes zurückzuführen.

Eine ideologisch nicht gebundene Forschung hat, um ein Wort von Friedrich Behn zu zitieren, »diesen schönen Wahn zerstören müssen. Ja, sie erbrachte sogar den zwingenden Nachweis«, daß die Entwicklung den genau entgegengesetzten Verlauf nahm. Die Megalithkultur gelangte auf dem Wege über das Mittelmeer und Spanien–Portugal zu den Gestaden Skandinaviens und Jütlands. Ihre Heimat ist nicht der düstere, mythische Norden, sondern der Nahe Osten, die Heimat der frühen Hochkulturen der Menschheit.

Auch diese Erkenntnis ist nicht gerade neu. Es waren paradoxerweise die beiden berühmtesten nordischen Vorgeschichtsforscher, der Schwede Oskar Montelius und der Däne Sophus Müller, die bereits um die Jahrhundertwende die orientalische Abkunft der Megalitharchitektur glaubhaft machten. Es tut wenig zur Sache, daß der eine mehr an Kleinasien, der andere mehr an Ägypten dachte; denn ganz genau wissen wir es noch immer nicht.

Was wir aber wissen, ist dies: daß es bereits dreitausend Jahre v. Chr. hochzivilisierte Staaten im Nahen Osten gab, Staaten mit Königen und Beamten, Händlern und Soldaten, Bauern und Handwerkern, mit Dörfern und großen Städten, mit Tempeln und Gerichten, mit Gesetzen und Gesetzestexten; und daß sie weit über die Landesgrenzen hinausstrahlten, im Osten bis Indien und China, im Westen über ganz Europa hinweg bis zu den Küsten des Atlantik.

Diese Ausstrahlung ist archäologisch präzis zu belegen. Herbert Kühn nennt einige Beispiele: »Die heutige Forschung hat erkannt, daß das geschliffene Steinbeil eine Nachahmung des Bronzebeiles ist..., das seiner Form nach von der Herkunft aus dem Vorderen Orient spricht. Die Sitte der Megalithgräber, die Sitte der Bemalung der Tongefäße, die Sitte der Beigaben von weiblichen Statuetten, – das alles deutet... auf Vorderasien und Ägypten.«

»Es zeigt sich, daß diese Elemente in ihrer Bewegung vom Orient bis nach Europa immer mehr an Häufigkeit verlieren. Die weiblichen Statuetten etwa sind im Vorderen Orient zahlreich, auf dem Balkan sind sie noch reichlich vorhanden, bis nach Böhmen und Mähren werden sie seltener und seltener, und in Deutschland und Skandinavien erscheinen sie nur ganz vereinzelt. Die Bemalung der Gefäße, reich entwickelt im Vorderen Orient, auch noch sehr lebendig auf dem Balkan und im prähistorischen Griechenland, läßt an Bedeutung nach auf dem Wege nach Mittel- und Nordeuropa; etwa von Prag ab hört sie ganz auf und wird ersetzt durch eine geritzte Linie, die die gleichen Ornamente, vor allem die Spirale, in Ritztechnik wiedergibt...«

»Ein paralleles Beispiel ist etwa die Ausbreitung der heutigen europäischen Kulturelemente, der Nähmaschine, des Fahrrades, der Zigarette nach Afrika hinein. Man kann deutlich erkennen, wie bei der Entfernung von dem Zentrum alle diese Elemente allmählich seltener und seltener werden.«

Schrittmacher waren der Hunger, der Handel und das in allen hochzivilisierten Völkern züngelnde Sendungsbewußtsein.

Die ungeheure Dynamik dieser Epoche war ein Produkt der Seßhaftigkeit. Niemand vermag bis heute zu sagen, wo sich der Übergang von der Jagd zum Ackerbau vollzog. Die heutige Forschung läßt aber keinen Zweifel daran, daß dieser trotz Atomforschung und Raumfahrt bedeutsamste Akt der Menschheitsgeschichte irgendwo in den Weiten des Ostens stattfand, wahrscheinlich in Südwestasien, zwischen Kaukasus, Persischem Golf und Mittelmeer. Jericho I, die älteste bisher bekannte Stadt der Welt, deren imposante Mauern vor etwa neuntausend Jahren entstanden, hat schon überwiegend von der Feldbestellung und der Viehzucht gelebt.

Diese epochale Umwälzung, die in ihren Folgen nur mit der industriellen Revolution der Neuzeit verglichen werden kann, rief eine schnelle Vermehrung der Bevölkerung hervor. Einige tausend Jahre später, nachdem die Reiche der Sumerer und Babylonier ihr Äußerstes an wirtschaftlicher Entfaltung und Rationalisierung geleistet hatten, reichte der Boden nicht mehr aus, die Überzahl an Menschen zu ernähren. Der Kessel barst, die Grenzen brachen, die Zeit der großen Wanderungen begann.

Namenlose Bauernvölker zogen damals donauaufwärts, besetzten die fruchtbaren Lößgebiete, bebauten sie zehn oder zwanzig Jahre bis zur Erschöpfung des Bodens und wanderten weiter, immer dem Lauf des Stromes folgend, über sein Quellgebiet hinaus bis Holland und Belgien – ein einmaliger Kolonisationsvorgang, der das Wissen von Macht und Segen der Erde nach Europa trug.

Daneben eine zweite Bewegung, mit einem gänzlich anderen Pulsschlag: unruhig und unstet wie das Meer, dem sie sich anvertraute. Ein Wandern zur See, ein Hüpfen von Insel zu Insel, eine Okkupation der Küsten. Ein Aufbruch in langen, schmalen Ruderbooten, vielleicht auch mit geschwellten Segeln.

Dieser andere Kolonisationsvorgang setzte wahrscheinlich schon zu Beginn des 4. Jahrtausends v. Chr. ein. Etwa zur gleichen Zeit entdeckte man in Mesopotamien und Ägypten die Verwendbarkeit der Metalle. Die Forschung konnte längst überzeugend belegen, daß die Fahrten der ostmittelmeerischen Wikinger nicht zuletzt der Beschaffung von Erzen dienten. In ihren Kapitänen begegnen wir zum ersten Male dem Typ jener Konquistadoren, die als Händler,

Entdecker und Piraten die Meere bezwangen. Die Industrieprodukte ihrer menschenreichen Heimat im Laderaum, legten sie an fernen Gestaden an, tauschten billigen Schmuck und wohlfeilen Hausrat, faszinierten und betrogen die unwissenden Eingeborenen und gründeten, wenn das Geschäft Erfolg und Dauer versprach, eine Niederlassung.

Die antiken Geschichtsschreiber haben Jahrtausende später den Weg ihrer Zinn- und Goldhandelsflotten beschrieben. Wenn sich ihre geographischen Angaben auch nicht in jedem Fall lokalisieren lassen, so liegen die Hauptstationen dieser Reisen doch eindeutig fest. Diese führten an Malta und Sizilien, Sardinien und Korsika vorbei an die Küsten von Südfrankreich und Spanien, passierten Gibraltar, wandten sich nordwärts, kreuzten die Biskaya und gelangten schließlich nach England und Nordirland.

Genau den gleichen Kurs steuerten die frühen Seefahrer. Den archäologischen Nachweis erbrachten vornehmlich Geräte, Gefäße und Schmucksachen aus Ägypten, das um 2900 v. Chr. als autokratisch regierter Beamtenstaat Großmacht wurde. Am aufschlußreichsten sind gewisse genau zu datierende ägyptische Perlen, die auch die Altersbestimmung der übrigen Funde weitgehend erleichtern. Solche Perlen wurden sowohl in französischen als auch in englischen und irischen Megalithgräbern in großer Zahl gefunden.

Die sichtbarste Spur aber sind die Megalithgräber selber.

Die Straßen der Megalithkultur

Als die frühesten steinernen Beinkammern hat man lange Zeit die ägyptischen Mastabas angesehen, die zunächst aus ungebrannten Ziegeln, später aus sorgfältig behauenen Steinblöcken bestehenden Grabkammern, deren gigantisches Endprodukt die Pyramiden sind. Die Forschung kennt aber heute wesentlich ältere Beispiele steinerner Grabarchitektur, so etwa das berühmte Häuptlingsgrab von Eynan in der Nähe des galiläischen Hule-Sees, das zur Zeit des ersten Ackerbaues vor zehntausend Jahren entstand. Und schon die Bewohner des in die gleiche Zeit zu datierenden ältesten Jericho pflegten ihre Toten, wie noch im 18. Jahrhundert die Bauern von Dithmarschen, unter den Hausböden beizusetzen.

Aber mag auch der Ursprung der Megalithkultur dem Blick im Frühlicht der Menschheitsdämmerung entschwinden, die stärksten Impulse gingen fraglos von Ägypten aus. Die ägyptische Technik freilich, Gewächs einer hochentwickelten städtischen Wirtschaft, war kein transportables Exportgut. So wurde nicht der leicht zu verbauende Ziegelstein, sondern der Naturstein aus gewachsenem Fels der Baustoff der Megalitharchitektur; ihr zyklopischer Charakter ist also zum guten Teil materialbedingt.

Den Weg der großen Grabbauten zu verfolgen ist ebenso einfach wie instruktiv. Da sind die »goldfarbenen Ruinen« der Hagar Kim an der Südküste Maltas mit ganzen Labyrinthen von Steinen und Steinkammern; da sind auf derselben Insel, am Stadtrand von La Valetta, die Katakomben von Hal Saflieni, ein unterirdischer, mehrstöckiger Termitenbau mit zahlreichen Grabkammern, Durchgängen und Treppen, in dem bei der Freilegung im Jahre 1902 die Gebeine von siebentausend Menschen lagen, da ist, neben zahlreichen anderen Vorzeit-Nekropolen, die Gigantija auf der Höhe der Malta vorgelagerten Insel Gozo, mit mehr als tausend Zentner schweren Decksteinen.

Auf Sardinien gehen neben ungezählten »Gigantengräbern« die dreitausend Nuragen – runde, kegelförmige Wehrtürme – auf die Megalithkultur zurück. Auch in Korsika findet der Forscher weite, wild überwucherte Bezirke von Dolmen, Kuppelgräbern und Steinalleen. Dazu kommen die erst in den letzten Jahren erforschten Menhire, riesenhafte, aufrecht stehende Kultsteine, welche die Bildhauer der Vorzeit vielfach mit den Andeutungen menschlicher Körper und Gesichter versahen.

In Südfrankreich, im Mündungsgebiet der Rhône, bildet die Feengrotte von Arles eine Station der Megalithwanderung. In den Tausenden von Steingräbern Spaniens – ihre Zentren liegen bei Almeria, Los Millares und Cadiz – tritt die schriftlose Vergangenheit des Landes deutlicher vor das Auge des Forschers als die durch historische Quellen erhellte Frühzeit. Das gleiche gilt für die Küsten Portugals mit ihren berühmten Felskuppelgräbern.

Das Zentrum der französischen Megalithkultur ist die Bretagne, wo sich nach der Darstellung von Sibylle von Cles-Reden »von der Halbinsel von Quiberon bis tief in den Golf von Morbihan... ein einziger unermeßlicher Friedhof« erstreckt, »dessen weithin sichtbare Hügel, aus der Erde erstandenen Steingräber und riesigen Steinalleen die Landschaft beherrschen«. In Südengland liegt der Silbury Hill, ein Tumulus aus 350 000 Kubikmeter Schotter und Erde, 43 Meter hoch, mit einem Durchmesser von 180 Metern. Und schließlich das gewaltigste und bedeutsamste vorgeschichtliche Denkmal Europas, das prähistorische Nationalheiligtum Englands: Stonehenge nördlich von Salisbury, eine Kultanlage, die aus einem zentralgelegenen »Altarstein« sowie zwei hufeisenförmigen Steinsetzungen, zwei Ringen aus 79 Steinpfeilern und einem Graben von 114 Meter Durchmesser besteht.

Irland zählt noch tausend Megalithgräber, darunter das unvergleichliche Königsgrab von New Grange, das unter einem Hügel von 90 Meter Durchmesser ein Ganggrab von 20 Meter Länge verbirgt, dessen Wandsteine mit magischen Zeichen bedeckt sind. Auf der größten der 90 Orkney-Inseln an der Nordspitze Schottlands, »viele tausend Kilometer von der Ägäis entfernt, unter einem nebligen Himmel und einer müden Sonne«, steht neben vielen anderen Steingräbern das 1150 bereits von den Wikingern aufgebrochene Totenmal von Maes Howe, »die Vision einer Kultur von mediterranem Glanz und unverwelkbarer Kraft«.

Ein Sprung über die Nordsee, und es beginnt das Gebiet der nordischen Megalithkultur, die von ihrem jütländischen Zentrum aus Norddeutschland und Holland eroberte.

Damit ist der Weg der Hünenbauten ungefähr bezeichnet. Normalerweise den Küsten folgend und Inseln als Stützpunkte benutzend, bediente er sich nur einer einzigen Landverbindung – quer durch Frankreich, vom Rhônedelta zur Bretagne (die Straße, auf der noch in römischer Zeit große Mengen britischen Zinnes nach Italien verfrachtet wurden). Die Wanderung dauerte fast tausend Jahre. Die Cheopspyramide entstand um 2700 v. Chr., die Blüte der iberischen Megalithkultur begann um 2400 v. Chr., die norddeutsche Ganggräberzeit wird in die Zeit von 2000 v. Chr. datiert.

Freilich darf man sich die Verbreitung der Megalithkultur nicht als Ergebnis generalstäblerischer Planung oder der Ausfuhr fertiger Bauformen vorstellen. Den Gesamteindruck bestimmt im Gegenteil eine außerordentliche Vielfalt der lokalen Besonderheiten. Nicht nur die Grundrisse und technischen Details sind von Land zu Land, von Provinz zu Provinz verschieden, auch die beigesetzten Toten zeigen die Merkmale verschiedener Rassen, und die Hauptmenge der Beigaben rekrutiert sich aus den örtlichen Kulturen. Mit anderen Worten: Man hat den Eindruck, daß »die Idee zu dem Bau von Megalithgräbern zwar verbreitet war, doch von den verschiedenen lokalen Gemeinwesen angenommen wurde, ohne andere feststellbare Wirkungen auf ihr Verhalten auszuüben« (Childe).

Wie ist das zu erklären?

Missionare einer ersten Weltreligion Der englische Religionswissenschaftler Perry versuchte bereits zu Beginn der zwanziger Jahre, einen Pfad durch das Dickicht dieser Widersprüche zu schlagen. Er verfuhr dabei recht unbekümmert und führte die Megalithkultur auf eine kulturelle Welle zurück, welche die Gedanken der ägyptischen Sonnenreligion weit über Land und Meer trug. Als Mittelspersonen fungierten nach Perrys Meinung nicht nur Rohstoffe suchende Händler, sondern auch leibhaftige Missionare – wobei er eine Personalunion zwischen beiden durchaus für denkbar hielt.

Perrys Thesen riefen einen regelrechten Furor der Fachwissenschaft hervor. Tatsächlich war es den Experten ein leichtes, ihm Fehler nachzuweisen. Der Missionsgedanke aber wurde akzeptiert. Mit ihm war der Weg gefunden, der aus dem Dschungel ins Freie führte.

Ein Handelsschiff, das irgendwo an fremden Gestaden anlegt und Ladung übernimmt, bringt zwar den Ruch der Ferne mit, doch ist es bald wieder vergessen, seine Spur ist flüchtig, wie die aller Schiffe. Geistige Wirkung setzt Seßhaftigkeit voraus. Wenn nun nichts auf Eroberung oder Kolonialisierung hindeutet, was bleibt dann anders, als die Existenz von Missionaren anzunehmen, die Tätigkeit von Verkündern und Propheten?

Ihre Religion freilich ist uns einstweilen ein Buch mit sieben Siegeln. Aus den Funden war lediglich zu schließen, daß sie, aus dem Urerlebnis des ständigen Werdens und Vergehens geboren, »im Schatten einer großen Mutter- und Todesgöttin« stand und um einen machtvollen Jenseitsglauben kreiste. Diese Gedanken fielen bei den unterentwickelten Völkern des damaligen Europa auf einen fruchtbaren Boden, ja, es scheint, als sei »die neue Lehre wie eine Heilsbotschaft empfangen. Ihrem Wesen nach wird sie diesen Völkern, bei denen die Vorstellung vom lebenden Leichnam und einem mütterlichen Prinzip« – man erinnere sich der Höhlenbestattungen – »schon im Paläolithikum verbreitet war, nicht fremd gewesen sein. Neu aber waren vielleicht die konkrete Jenseitshoffnung, die sie bot, ihre magischen Vorkehrungen und Rituale, die gleichsam ein System darstellten, durch das man sich ewiges Leben sichern konnte.« (Cles-Reden)

Von ihrem flackernden Sendungsbewußtsein getrieben, zogen die Megalithmissionare, normalerweise zu Schiff, in immer grauere Fernen. Werden sie ursprünglich den Händlern gefolgt sein, so wurden sie bald deren Schrittmacher. Schließlich erreichten sie Gestade, die für die Kauffahrer uninteressant waren. Frei von weltlichen Motiven, siedelten sie sich an, predigten und bekehrten, begründeten fromme Gemeinden und erwarben den Ruf von Heiligen und Wundertätern. Starben sie, so war es den Zurückbleibenden eine selbstverständliche Pflicht, sie so zu bestatten, daß ihre Leiber bewahrt blieben: in den großen Steingräbern, die zu bauen die Erwecker sie gelehrt hatten.

Inzwischen war die Saat so weit aufgegangen, daß sie selbständig weiterwachsen konnte. Die gewonnenen Gemeinden gingen nun ihrerseits auf Mission aus. Wie in späteren Zeiten dürften es vor allem die Söhne des eingesessenen Adels – profaner ausgedrückt: der Großbauern – gewesen sein, welche die Lehren und Verkündungen der neuen Religion weiterverbreiteten.

Der englische Prähistoriker Gordon Childe ist den hier bereits sichtbaren Parallelen zu späteren Missionsbewegungen methodisch nachgegangen und dabei zu interessanten Ergebnissen gelangt. Wie viele Diener Christi Fürstbischöfe und »kriegerische Prälaten« wurden, so sind zahlreiche Missionare der Megalithreligion, wie Childe vermutet, in die Rolle weltlicher Häuptlinge und kriegerischer Anführer einer streitbaren Bevölkerung hineingewachsen. Auch ihre Lehren scheinen sich, den veränderten Umweltbedingungen entsprechend, vielfach gewandelt zu haben; auffallend ist zum Beispiel, daß die Totengöttin des Nahen Ostens in iberischen Gräbern durchweg als Amazone im kriegerischen Gewand auftritt.

Die Neigung zur regionalen Sonderentwicklung verstärkte sich mit der Entfernung vom Ausgangspunkt. Entscheidend wird dazu beigetragen haben, daß diese erste Weltreligion der menschlichen Geschichte über ihren sozusagen gasförmigen Aggregatzustand nicht hinauskam. Nach allem, was wir von ihr wissen, kannte sie weder Gesetzeslehren noch heilige Bücher, weder einen Dogmenapparat noch ein organisatorisches Zentrum. Mußte sich schon die frühchristliche Kirche mit zahlreichen Richtungen, »Häresien und Schismen« auseinandersetzen, um wieviel mehr, folgert Childe, werden fanatisierte Abweicher und Sektierer ihr Sonderleben in der megalithischen Religion geführt haben. Das Dasein derartiger »Divergenten- und Spaltergruppen« (wie wir heute sagen würden) sieht er vornehmlich durch die zahlreichen lokalen Unterschiede der Grabbauten beglaubigt.

Der sektiererische Charakter der megalithischen Kulte spricht schließlich auch dafür, daß die großen Steinkammern nicht simple Jedermannsgräber waren. Die Monumentalbauten werden ausschließlich der geistlichen und militärischen Führerschaft und ihren Familien vorbehalten gewesen sein. Die nächstgrößeren dienten der Aufnahme des Gefolges. Der unbekannte Gläubige erwarb durch sein Bekenntnis wahrscheinlich nur die Anwartschaft auf einen Platz im Gemeinschaftsgrab, der ihm jedoch ein Weiterleben im Jenseits sicherte. Eine derartige hierarchische Ordnung glaubt Childe jedenfalls für die Felsgräber der Champagne festgestellt zu haben.

Erbbegräbnisse steinzeitlicher Großbauern

In Deutschland waren derart eingehende Untersuchungen bisher nicht möglich; eine Sozialordnung der Gräber kann hier bestenfalls vermutet werden.

Die Riesensteinkammern waren – darin sind sich die Forscher einig – die »Erbbegräbnisse« der Großbauernfamilien. Als solche sind sie fast ausschließlich in der Nähe guter Böden zu finden. Auch die Tatsache, daß sie nur einzeln oder in kleinen Gruppen auftreten, deutet auf ihre »Vergesellschaftung« mit dem Dasein freier Grundbesitzer. Das »paarweise Zusammenliegen« von Hünenbetten und alten Höfen, das man in Nordwestdeutschland bisweilen heute noch beobachten kann, könnte – nach Sprockhoff – den Gedanken an uralte Überlieferung aufkommen lassen. »Jeder freie Bauer des nordischen Kreises besaß offenbar solch ein steinernes Totenhaus.«

Für den Bau brauchte man, wie leicht zu errechnen ist, mehr Arbeitskräfte, als selbst eine ausgewachsene Sippe mit Kindeskindern und sonstigen Anverwandten aufbringen konnte. Die Forschung schließt allein daraus auf Freie und Unfreie oder, vorsichtiger ausgedrückt, auf Großgrundbesitzer und Knechte. Die Gräber der Untergebenen sind einstweilen jedoch nicht bekannt.

Die Funde in den Hünenbetten bezeugen ein starkes und wohlsituiertes Bauerntum. Besondere Merkmale gegenüber dem allgemeinen Bild der neolithischen Kultur sind nicht erkennbar. Die norddeutschen Bauern dieser Zeit waren genau wie die Bewohner Süddeutschlands auf Holzspaten, einfache Hacken und Sicheln mit Flintklingen angewiesen. Auch ihr Anbauprogramm entsprach im wesentlichen dem der »Pfahlmenschen«. Mehr als diese dürften die Erbauer der Hünenbetten sich jedoch, schon wegen der mageren Böden, mit der Viehzucht befaßt haben. (Noch 1870 dienten fast 90 Prozent des Hümmlings als Weide- und Hüteflächen, nur 7,7 Prozent als Acker- und Gartenland.)

Die Jagd ist durch zwei hervorragend erhaltene Bogenstäbe aus Eibenholz belegt, die 1949 von dem Studenten Günther Vogt im Ochsenmoor am Südufer des Dümmer – des norddeutschen »Federseegebietes« – gefunden wurden, der Fischfang durch knöcherne Angelhaken, hölzerne Ruderblätter und einen aus der Hunte geborgenen Einbaum, Geräteherstellung durch zahlreiche »Feuersteinschlagstätten«, Keramikproduktion durch schöne Tongefäße in Trichterbechergestalt.

Wohnhausgrundrisse ergaben die bereits genannten Grabungen im »Huntedorf« und bei Dohnsen im Kreise Celle. Hier wie dort stieß man auf die stereotypen zweiräumigen Pfostenhäuser mit schilf- oder riedgedecktem Pfostendach. »Doch ändert dies nichts an der beklagenswerten Tatsache, daß wir aus denjenigen Gebieten Deutschlands, welche die reichste Besiedlung durch die nordische Megalithkultur erfahren haben, aus Schleswig-Holstein, aus Oldenburg und dem Emsland, aus Mecklenburg, Vorpommern und von Rügen, keine... befriedigenden Funde kennen, die uns eine klare Anschauung davon zu geben vermöchten, wie das Haus der

Erbauer der Riesengräber wirklich ausgesehen haben mag und wie dieses Volk seine Siedlungen anlegte.« Auch Sprockhoff hält es jedoch für »nicht ganz unberechtigt, sich die Häuser der Lebenden äußerlich denen der Toten ähnlich vorzustellen«.

Obwohl also noch manches zu tun bleibt, haben die Forschungen der letzten Jahrzehnte die Landschaft doch weitgehend erhellt. Wir wissen heute, daß die norddeutschen Hünengräber die steinernen Zeugen einer geistlichen Missionsbewegung sind, hinter der sich die Umrisse einer ersten Weltreligion abzeichnen. Auch die in West- und Süddeutschland vorkommenden Menhire – hochragende Steine von vier bis fünf Meter Höhe, am Mittelrhein auch Hinkelsteine genannt – gehören wahrscheinlich dem geistigen Raum der Megalithkultur an, wenn sie auch auf dem Weg über Frankreich zu uns kamen.

Die Ursprünge dieser gigantischen »Funeralarchitektur« reichen, wie wir sahen, über die Zeit der großen ägyptischen Dynastien hinaus in graue Vorzeit zurück. Trotzdem dürfen die Großsteingräber mit einigem Recht als die Pyramiden Europas apostrophiert werden. Was uns in den Monumenten der Pharaonen als »die zur makellosen Form kristallisierte, ins Ungeheure gesteigerte Vollendung dieser Idee« vor Augen tritt, begegnet in den Hünenbetten lediglich in einer primitiveren, gleichsam in seiner bäuerlichen Gestalt. Allein daraus ergibt sich, daß wir es nicht mit der bloßen Übernahme orentalischer Bauformen zu tun haben, sondern mit der schöpferischen Abwandlung des Gedankens der ewigen Behausung.

Da die überkommenen Vorstellungen und Bräuche zum guten Teil weiterlebten, baute man Riesensteingräber häufig in die Nähe heiliger Stätten, »ruhiger Weiher und stiller Seen« etwa, oder in die Nachbarschaft der großen Opfersteine in Wald und Heide, die in Norddeutschland zu Dutzenden bekannt sind. Ja, häufig wird man sie in die traditionellen Kulthandlungen selbst einbezogen haben. So sind die Überlieger zahlreicher Totenkammern, vor allem des Dolmenkreises, mit magischen Zeichen sowie mit jenen näpfchenartigen Aushöhlungen versehen, die sich auch auf den Opfersteinen finden.

Mit anderen Worten: die Hünenbetten sind ein erstes Beispiel für das vitale und eigenwillige Verarbeiten fremder Einflüsse, das einer der Wesenszüge der deutschen Geschichte ist. In den Mythen orientalischer Wanderhirten wurzelnd, hat die bis tief in die Bronzezeit fortwirkende Megalithkultur gerade in Schleswig-Holstein und Niedersachsen Züge angenommen, die auf ein selbstbewußtes, charaktervolles und tüchtiges Bauernvolk hinweisen. Selbst skeptische Forscher sind der Ansicht, daß dieses Bauernvolk sich in seiner rassischen Grundsubstanz bis heute erhalten hat.

Seine Gräber sind die ältesten erhaltenen Bauten unserer Vergangenheit. An dieser Grundtatsache vermag auch die nach dem letzten Krieg vollzogene Umwertung unserer geschichtlichen Werte nichts zu ändern. Man braucht kein Prophet völkischer Art zu sein, um für die wenigen noch verbliebenen Megalithkammern Respekt und öffentliche Pflege zu fordern.

Spricht man mit den Experten über diese Frage, so zucken sie die Schultern. Die Hünenbetten sind zwar, wie es in der Amtssprache heißt, »erfaßt«, katalogisiert und kartographiert, doch bereitet ihre Erhaltung immer noch Sorge, obwohl Fälle von nächtlichem Vandalismus oder gar absichtlicher Zerstörung selten geworden sind. Am meisten bekümmert die Professoren und Heimatpfleger das Schicksal der Steinhäuser von Fallingbostel. *Unter scharfem Beschuß*

Diese vielleicht schönste und großartigste Gruppe deutscher Megalithbauten liegt seit 1937 im Zentrum eines Truppenübungsplatzes, auf dem scharf geschossen wird. Als die Lönssche Heide – der Dichter hat wenige Kilometer von Fallingbostel unter einem Findlingsblock seine letzte Ruhestätte gefunden – damals in ein Manövergelände verwandelt wurde, erschien Reichswehrminister von Blomberg in höchsteigener Person, um die höchstmögliche Schonung der Gräber zu versprechen. Es muß zur Ehre der Truppe gesagt werden, daß sie sich diesem Wort verpflichtet gefühlt hat. Auch die englischen, amerikanischen, dänischen und holländischen Panzerbesatzungen, die nach dem Kriege auf dem 150 000 Morgen großen Übungsplatz ihren Schliff erhielten, haben die Steinhäuser bei ihren Schießübungen weitgehend ausgespart. Und dennoch...

Schon der Weg dahin – der Zutritt ist auf die wenigen blei- und pulverfreien Tage, praktisch also auf das Wochenende beschränkt – wirkt bedrückend. Panzerketten haben die Landschaft zerfurcht. Der Bewuchs ist dahin. Nur wenige Birken, Kiefern oder Wacholderbüsche trotzen dem Zerstörungswerk noch. Ein tristes, kaum getöntes Sandbraun beherrscht das zerfahrene und von Granaten zerpflügte Gelände. Wer Farben sehen will, entdeckt sie am ehesten auf dem Asphalt der Straße, die von großen, opalen Ölflecken schillert.

Die »Steinhäuser« sind durch einen Erdwall und eine Umzäunung gesichert. Dennoch geschieht es bisweilen, daß ein hochbrisantes Geschoß in der Nähe der Gräber einschlägt, Baumkronen zerrupft, Stämme zersplittert. Auch die Steinbauten selber zeigen die Spuren schwerer Verwundungen.

Offensichtlich hat aber gerade diese exponierte Lage ein verstärktes touristisches Interesse hervorgerufen. Seit Jahren sind die ehrwürdigen »Steinhäuser« ein beliebtes Ziel von Betriebsausflügen, Urlaubertouren und Kegelklubfahrten. Es gibt Sonntage, an denen bis zu dreitausend motorisierte Pilger den schweigsamen Totenkammern ihren lärmenden Besuch abstatten.

Ein Omnibus nach dem andern entlädt dann zu kurzer Besichtigung und ausgiebigem Fouragieren seine hochgestimmten Frachten. Lachend, singend, kreischend durchstöbern die Besucher das dürftige Wäldchen. Staunen über die gewaltigen Grabbauten, die zu Füßen zerspellter Kiefern auf dem mageren Heidesand kauern. Enttäuschung über die schmucklose Leere der ungefügen, rohen Kammern.

Zum Abschluß eine Gemeinschaftsaufnahme fürs häusliche Fotoalbum. Ein leises Klick... Die Fahrer lassen die Motoren wieder an.

Auf einer hölzernen Tafel, am Zugang zu der Stätte, die eines der ehrwürdigsten Denkmäler abendländischer Kultur beherbergt, steht geschrieben: »Was den Vätern heilig war, sollen die Enkel ehren.«

Können sie es nicht mehr? Wollen sie es nicht mehr? Haben sie kein Ohr mehr für das leise Raunen der Vergangenheit?

SIEBENTES KAPITEL

TÖPFE UND TELLER VOM MICHELSBERG

WELTGESCHICHTE AUS SCHERBEN GELESEN

GRUBEN, GRÄBER, WALL UND GRABEN
VOM FESTUNGSWERK ZUM VIEHKRAAL
HAUSHUNDE, BEVOR ES HÄUSER GAB
TÖPFE, DIE IM BODEN WACHSEN
»WEIL UNSERE LEIBER VON DER ERDEN SIND«
QUINCTILIUS VARUS SEINEM LIEBEN ZACHARIAS GOEZE
DIE »SWARTEN PÖTTE« DER FRAU LÜHMANN
SCHERBEN – DAS »FÜLLHORN ARCHÄOLOGISCHER WEISHEIT«
KÜRBISFLASCHE, HOLZTOPF UND LEDERBEUTEL
BANDKERAMIKER UND TRICHTERBECHERMENSCHEN
DIE RÖSSENER UND DIE MICHELSBERGER
SCHNURKERAMIKER UND GLOCKENBECHERLEUTE
SCHERBEN, FORSCHER UND GESCHICHTE · DER PANEUROPÄISCHE BECHER
SEGEN DER SESSHAFTIGKEIT · DIE BAUERN VOM MICHELSBERG

Von Karlsruhe bis Untergrombach sind es genau 17 Kilometer. Die Straße, die parallel zu Autobahn und Rhein weiter über Bruchsal nach Heidelberg führt, durchmißt ein blitzsauberes Land mit fruchtbaren Äckern, reichen Obstgärten und verheißungsvollen Weinbergen... Ein rechtes Stück badisches »Musterländles«.

Gruben, Gräber, Wall und Graben

Die Dörfer links und rechts der Chaussee sind zwar keine echten Dörfer mehr, doch scheint ihr Herzschlag ungestört, trotz Großstadtnähe und ständig zunehmender Industrialisierung. Fleiß und Lebensfreude, Beweglichkeit und Gelassenheit halten sich die Waage. Noch wahrt das Leben seinen bäuerlichen Rhythmus, noch gilt, bei allem Freimut, die Kirche mehr als das Kino, noch tragen die Wirtshäuser so vertrauenerweckende Namen wie »Zum Hirschen« oder »Zur Kanne«; oder auch »Zum Prinzen Karl«, womit die Badener beweisen, daß sie ihre großherzogliche Familie nicht vergessen haben.

Den berühmtesten Namen dieser Landschaft aber hat sich das Hotel »Zum Michelsberg« gesichert. Zu eben diesem Michaels- oder Michelsberg führt von Untergrombach ein steiniger, vielfach gewundener Weg empor. An Feldern, baumbestandenen Wiesen und »Zwitscherhecken« vorbei, steigt er steil an, erreicht in schnellem Lauf das Plateau der Höhe und endet an einem barocken Kirchlein, neben dem sich, wie selbstverständlich, ein Wirtshaus etabliert hat.

Es tut gut, hier ein wenig Atem zu schöpfen. Von den Stufen der Michaelskapelle genießt der Besucher einen grandiosen Ausblick. Weit breitet sich die Rheinniederung zu seinen Füßen aus, meist etwas im Dunst liegend, so daß ihre Konturen leicht verschwimmen. Felder, Wiesen, Weingärten, kleine Waldstücke, Dörfer mit roten Dächern, Straßen, Kiesgruben, glitzernde Teiche. In der Ferne silbern der Rhein, blau verdämmernd die Pfälzer Berge. Und an klaren Tagen die mächtigen Türme des Doms von Speyer.

Wendet man sich zurück, begrenzen bewaldete Berge das Bild. Hinter diesen Bergen liegt der Kraichgau, das Hügelland zwischen Odenwald und Schwarzwald, zwischen Rhein, Neckar und Enz, zwischen Karlsruhe, Heidelberg und Heilbronn. Eine vergessene Welt, deren Dörfer nur auf kurvenreichen Nebenstraßen zu erreichen sind.

Der Michelsberg bildet eine 272 Meter hohe Bastion, die der Kraichgau ins Rheintal vorschiebt. Steil fällt er nach drei Seiten ab. Die vierte ist mit dem Gebirgsmassiv durch einen muldenförmigen Sattel verbunden. Eine hervorragende, fast unangreifbare Naturfestung also; überdies wie zur Besiedlung geschaffen: in der Nähe uralter Verkehrswege liegend, in einer gastlichen, sichtbar gesegneten Umgebung, unter milder, fast südlicher Sonne.

Als steinzeitliche Höhensiedlung genießt der Michelsberg in der Tat hohen wissenschaftlichen Ruhm, mehr aber noch als Patenstation der Michelsberger Keramik – ein Begriff, der jedem Abc-Schützen der Urgeschichte geläufig ist.

Der Oberst a. D. von Cohausen, Konservator in Wiesbaden, entdeckte 1884 die ersten Spuren prähistorischen Daseins auf dem Michelsberg, und zwar »in der Gestalt von ein paar Scherben«, die er unverzüglich den Karlsruher Sammlungen zuschickte. »An sich wertlos«, so hieß es in seinem Begleitschreiben, »können sie doch einen kleinen Beitrag zur Altertumsstatistik jenes ausgezeichneten Punktes geben.«

Karl Schumacher, der damalige Leiter der großherzoglichen

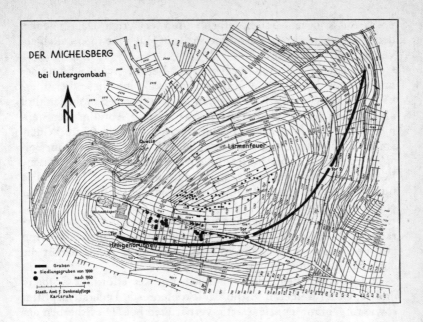

Sammlungen, ging der Fundmeldung 1888/89 mit dem Spaten nach. Eine weitere Kampagne leitete zehn Jahre später der Karlsruher Ingenieur A. Bonnet. Ihre »Untersuchungen ergaben eine durch einen Graben befestigte Höhensiedlung, deren zahlreiche Siedlungsgruben und Gräber eine eigenartige, dem Pfahlbaukreis nahestehende Tonware enthielten. Man erklärte daher diese und verwandte Höhensiedlungen als Landsiedlungen der Pfahlbaukultur, erkannte jedoch später die Sonderstellung der Gruppe und gab ihr den Namen Michelsberger Kultur.« (Dauber)

Die Grabungen gaben der Wissenschaft Stoff für Jahrzehnte, obwohl die Experten von heute über die damals angewandten Methoden den Kopf schütteln.

Die archäologische Technik lag noch in den Anfängen. Den urkundlichen Wert der Erdverfärbungen hatte man gerade erst erkannt. Die detaillierte zeichnerische Aufnahme der einzelnen Schichten gehörte noch nicht zum festen Programm. Es wurden auch keine geschlossenen Flächen erfaßt, sondern nur einzelne interessante Fundstellen. Man grub ja vor allem, um etwas zu finden, und überließ auch das zum guten Teil ungeschulten Hilfskräften, die – vielfach unbeaufsichtigt – munter drauflos schaufelten und das Ergebnis ihrer Anstrengungen den leitenden Professoren in

Form von Knochen- und Scherbenhaufen servierten. Daß die dabei den Wünschen ihrer Auftraggeber weitgehend entgegenkamen, versteht sich von selbst.

Die moderne Forschung begegnet den Berichten von Schumacher und Bonnet demnach mit einiger Skepsis. Wenn diese die innerhalb der Umwallung festgestellten 90 Fundgruben unbedenklich als Gräber sowie Wohn-, Herd-, Vorrats- und Abfallgruben definierten, so löst eine derart detaillierte Ausdeutung heute Widerspruch aus. Untersuchungen in den letzten Jahren haben zum Beispiel ergeben, daß der in der Jüngeren Steinzeit noch vorhandene Waldboden längst abgeschwemmt ist, Schumacher und Bonnet also nur die untersten Teile besonders tiefreichender Gruben und Löcher erkunden konnten.

Trotz solcher und vieler anderer Bedenken – ihre Bilanzen verraten doch ein gehöriges Quantum an Sachkenntnis, Scharfsinn und Beobachtungsgabe, und es steht außer Frage, daß sie für die damalige Zeit eine fundierte Arbeit leisteten.

Bonnet unterschied »flache, mulden- und kesselförmige Gruben« und registrierte überall Asche, Holzkohlenreste, Feuersteinsplitter sowie rotgebrannten, ziegelartig verhärteten Löß. Die Scherben der »Hüttenplätze« waren teils verglüht, teils »zu einer blasigen, federleichten Masse, die auf dem Wasser schwimmt, aufgetrieben«. Die Frage nach Gestalt und Anlage der Michelsberger Siedlung beantworteten diese Relikte nicht. Doch ließen sie auf eine Zerstörung durch Feuer schließen.

Die Bewohner des Dorfes – oder wie sonst man die Siedlung benennen will – waren Bauern, vermutlich mit reichem Viehbesitz. Die bis zu 5 Meter Durchmesser großen Gruben vermittelten in dieser Hinsicht recht wertvolle Aufschlüsse. Die daraus geborgenen Reste des lehmartigen Hüttenbewurfes enthielten die Spelzen von Gerste und Emmer. Regen Fleischkonsum bezeugten die Knochen von Rind, Schwein, Schaf und Ziege. Auch Hirsch und Hund, Fuchs und Pferd waren durch Skelettreste vertreten.

Am ergiebigsten aber waren die Gräber. Sie lieferten den Forschern das gesamte Haushaltsinventar der Michelsberger. Nach Schumacher: »Koch-, Vorrats- und Wassergefäße, Krüge, Becher, Schöpfer, Schüsseln, Näpfe und Backteller, ferner Handmühlen, Schleifsteine und verschiedene Werkzeuge aus Stein, Knochen und Horn.«

Wall und Graben vermochten Schumacher über eine Strecke von etwa 270 Metern festzustellen. Weitere 350 Meter konnten nach einer Grabung im Jahre 1950 in das Michelsberger Kartenbild eingetragen werden. Diese 620 Meter Grabenstrecke sicherten jedoch nur die Süd- und Ostseite der Höhe, also knapp die Hälfte der Anlage. Da der übrige Teil wahrscheinlich abgespült ist, wird man sich wohl mit diesem Ergebnis begnügen müssen.

Was fehlt, läßt sich jedoch unschwer ergänzen. Man gewinnt dann das Bild einer etwa 400 mal 250 Meter großen Umwallung, die das Plateau ellipsenförmig umgab. Sie bestand aus einem Graben von kastenartigem Querschnitt und einer Sohlenbreite von 3 bis 3,50 Meter, einem Erdaufwurf von unbekannter Höhe und einer Palisade.

Ein befestigtes Dorf also?

Die Wissenschaft kennt mehrere solcher »Fortifikationen« und hat sich mit einigen von ihnen sehr gewissenhaft beschäftigt. Dazu gehört das von Hans Lehner zu Beginn dieses Jahrhunderts untersuchte Erdwerk von Mayen in der Eifel. Es sicherte wie das Michelsberger Wallsystem ein Plateau, das nach mehreren Seiten steil abfiel und Fernsicht in alle Himmelsrichtungen gewährte. Lehner stellte auch hier ein unregelmäßiges Oval fest, das – 360 mal 220 Meter groß – ebenfalls aus Graben, Wall und Palisade bestand. Auffallend war die große Zahl der Durchlässe, die den Ring in Abständen von 30 bis 75 Metern unterbrachen.

Vom Festungswerk zum Viehkraal

Elf solcher Tore ließen sich einwandfrei nachweisen, sechs weitere konnten nach Lage der Dinge »erraten« werden. Gewisse Spuren wiesen darauf hin, daß diese Lücken zumindest zeitweilig verrammelt wurden. Siedlungsreste irgendwelcher Art gab der Boden aber nicht her.

Ähnliche Befunde ergaben die Grabungen bei Plaidt an der Nette, auf dem Hezzenberg und dem Wartberg bei Heilbronn sowie auf dem Goldberg bei Nördlingen. Auch das Köln-Lindenthaler Steinzeitdorf lag, wie erinnerlich, hinter einer Art von Befestigung. Alle diese Erdwerke wurden jedoch durch die riesige Anlage in den Schatten gestellt, die Hans Lehner, damals Direktor des Rheinischen Landesmuseums in Bonn, vor dem Ersten Weltkrieg in Urmitz bei Andernach entdeckte.

Das Urmitzer Wall- und Grabensystem lehnte sich halbkreisförmig an den Rhein an, dessen Durchschnittswasserstand es nur um 12 Meter überragte. Mit einer Breite von 1275, einer Tiefe von 840 Meter war es mit Abstand das größte aller neolithischen Erdwerke – mit seinen enormen Maßen selbst für heutige Verhältnisse eine beachtliche Leistung. Auch hier zeichneten sich die Reste einer Pfahlmauer deutlich im Boden ab. Ihr waren zwei Sohlgräben vorgelagert, der innere 9 Meter, der äußere 8 Meter breit, beide etwa 2 Meter tief. Und wieder führte eine ungewöhnlich hohe Zahl von

Landbrücken in die mächtige Anlage. Graben 1 wurde durch etwa 25, Graben 2 sogar durch rund 50 Durchlässe zerstückelt.

Lehner hat in seinem berühmt gewordenen Aufsatz über den *Festungsbau der Jüngeren Steinzeit* diesem Befund eine Deutung gegeben, die für Jahrzehnte die Vorstellungen vom Neolithikum verklärte. Er war der Meinung, sowohl in Urmitz als auch in Mayen »ungeheure Erdfestungen« entdeckt zu haben – Fliehburgen, in die sich die umwohnende Bevölkerung bei drohender Gefahr zurückzog. Daher die vielen Tore, die, wie er vermutete, nach der Einschleusung der Frauen, Kinder und Viehherden verrammelt wurden. Die »wehrhafte Mannschaft« sah er im Geiste auf dem Wall zwischen den beiden Gräben zur Abwehr des Feindes postiert – eine militärisch etwas fragwürdige Annahme.

Von seiner eigenen Theorie fasziniert, wußte er alle Bedenken souverän zu zerstreuen. Als man ihn darauf aufmerksam machte, daß das Mayener Erdwerk keinen Tropfen Quellwasser enthielt, tröstete er sich und seine Kritiker damit, daß es ja Vorratsgefäße gab und Raubzüge und Belagerungen damals wohl nicht allzu lange dauerten.

Eine »direkte Nachwirkung der neolithischen Befestigungskunst« auf die späteren Ringwälle vermochte er jedoch nicht festzustellen, und er war ehrlich genug, diesen Schönheitsfehler selbst zu vermerken. Doch glaubte er für die große Zahl der Durchlässe in dem »hunderttorigen Theben« eine Parallele zu finden und in dem Lager der Griechen vor Troja die gleichen fortifikatorischen Prinzipien wie in Urmitz entdecken zu können. Vor weiteren Schlüssen warnte er freilich, und die Kluft zwischen den imposanten Festungsbauten am Rhein und deren Verwandten im ägäischen Kulturkreis versuchte er gar nicht erst zu überbrücken. Seine Thesen strahlten eine suggestive Wirkung aus. Die mächtigen Erdbefestigungen der Steinzeitbauern behaupteten sich jahrzehntelang im Bild der deutschen Urgeschichte. Aber auch sie mußten sich in den letzten Jahrzehnten eine gründliche Demontage gefallen lassen.

Es war auch diesmal der Stuttgarter Oskar Paret, der sie mit Breitseiten gewichtiger Argumente zusammenschoß. Mit Zweck und Aufgabe einer Festung, so erklärte er, verträgt sich weder die große Zahl der sogenannten Tore noch der Bau eines Walles zwischen zwei Gräben. Energisch stellte er auch die von Schumacher vertretene These einer »ungemein starken Bevölkerungsdichte jener Gegend« in Abrede. Die Festung hätte 20 000 bis 30 000 Menschen Zuflucht geboten. Mit solchen Massen könnte aber für die Jüngere Steinzeit nicht gerechnet werden, zumal sie ja einen noch mächtigeren Gegner voraussetzten.

Wenn die großen neolithischen Erdwerke aber keine Fliehburgen waren, welchen Zwecken dienten sie dann? Oskar Paret hatte eine sehr profane Erklärung zur Hand: Diese Festungen waren keine Festungen, sondern Viehkraale. Sie waren Pferche »mit nach innen gekehrter Front«, in der Reihenfolge Wall, Graben, Palisade.

Zu dem gleichen Schluß kam Kurt Tackenberg (heute Ordinarius für Vorgeschichte in Münster), nachdem er 1933 bis 1936 das größte jungsteinzeitliche Erdwerk Niedersachsens archäologisch durchforscht hatte, die 15 Hektar große Beusterburg, deren 2 Kilometer lange Wälle im Wald zwischen Rottebach und Nordbach, unweit Hildesheim, noch gut zu erkennen sind. Die Grabung ergab eine Reihe von Übereinstimmungen mit den rheinischen Anlagen: dieselbe Ellipsenform, dieselbe Reihenfolge von Vorwall, Sohlgraben und Palisade, derselbe Mangel an Siedlungsresten im Innern; und wieder die große Zahl von »Toren«, die den Wall in Abständen von 35 Metern unterbrachen. Auch hier deutete demnach alles darauf hin, »daß die Anlage keine Festung war, sondern daß sie dazu diente, Vieh eingefriedet zu halten, daß ihr also eher der Name Viehkraal zukommt«.

Tackenberg tat noch ein übriges. Von der Überlegung ausgehend, daß eine längere Einstallung von Tieren einen erhöhten Phosphorsäuregehalt des Bodens zur Folge haben müßte, ließ er 1947 verschiedene Erdproben chemisch untersuchen. Das positive Ergebnis entsprach den Erwartungen. »Da im Innern des Erdwerkes Besiedlungsspuren fehlen, bleibt nur übrig, die Anreicherung des Bodens mit Phosphorsäure auf Tiere zurückzuführen...«

Noch eine letzte Beobachtung wies in diese Richtung. Auf dem Vorwall fanden sich deutlich wahrnehmbare Reste von Lagerfeuern. Lagerfeuer auf einem Festungsring? Man braucht kein Cäsar, kein Napoleon, kein Moltke zu sein, um die Unsinnigkeit einer solchen Annahme zu ermessen. Auch diese Aschespuren auf dem Vorwall lassen sich nur erklären, wenn man annimmt, daß sie von Viehwächtern herrühren, die nachts die eingefriedeten Tiere hüteten.

Vom Festungswerk zum Viehkraal, vom Steinzeitfort zum Freiluftstall – es war für die Verfechter der Lehnerschen Theorie sicher nicht leicht, die Fata Morgana neolithischer Pionierleistungen schwinden zu sehen. Aber die Urgeschichte kennt keine endgültigen Ergebnisse. Neue Grabungen schaffen neue Tatbestände. Neue Tatbestände machen auch vor lieb gewordenen Vorstellungen nicht halt. Sosehr der Prähistoriker der Kombinations- und Vorstellungskraft bedarf, um aus seinen spröden, spärlichen Befunden ein lebendiges Bild versunkenen Daseins zu gewinnen, so wenig darf er sich aufs Träumen verlegen. Wer sich der Vergangenheit gar nähert, um vorgefaßte, vorfabrizierte Meinungen bestätigt zu sehen, wird sein Ansehen bald verspielt haben.

Die Verwandlung der jungsteinzeitlichen Festungen in Viehgehege hat auch die Szene dieser Epoche weitgehend verwandelt. Daß die Michelsberger mit primitivem Gerät riesige Wälle aufwarfen, daß sie zu großen organisatorischen Leistungen fähig waren, daß in ihrer gesellschaftlichen Struktur also bereits echte obrigkeitliche Instanzen wirksam waren – das alles behauptet seinen Platz. Stärker als bisher aber tritt der Grundzug der Michelsberger Kultur hervor, einer bäuerlichen Lebensform, die nicht nur vom Ackerbau, sondern auch von der Tierhaltung bestimmt war.

Damit ist ein weiterer sehr bedeutsamer Fortschritt gegenüber der Älteren Steinzeit bezeichnet. Das Paläolithikum kannte das Tier nur als Objekt jägerischer Leidenschaft. Das Neolithikum hatte es bereits in den menschlichen Hausstand aufgenommen.

Wie kam es dazu? Welche Motive führten zur Zähmung und Züchtung von Tieren? Und wer machte dabei den Anfang?

Haushunde, bevor es Häuser gab

Den Anfang machte der Hund, der bis heute des *Homo sapiens* bester Kamerad geblieben ist.

Die ersten Begleiter aus dem Riesenreich der Fauna dürften freilich aasfressende Vögel gewesen sein, wie umgekehrt der Urmensch wahrscheinlich dem Raubtier folgte, um an dessen Beute teilzuhaben. Auch Mäuse und Ratten, Schaben, Fliegen, Motten und anderes ekliges Getier waren wohl von jeher die ungebetenen Gesellschafter menschlichen Lebens, die verhaßten Nutznießer menschlicher Mühsal.

Um so bereitwilliger werden die wandernden Jägerhorden dem Hund Gastrecht gewährt haben; denn er trat nicht nur als Mitkonsument auf, sondern auch als Mitjäger, als schneller, ausdauernder und instinktsicherer Jagdgenosse.

»Man kann sich leicht vorstellen, wie die Freundschaft zwischen Jäger und Hund begann. Zuerst stahl der Vierbeiner sich seinen Beuteanteil und wurde durch Steinwürfe verscheucht, dann, als der Jäger einmal große Beute gemacht hatte, warf er wohl auch gutgelaunt diesen oder jenen Knochen aus seinem Überfluß zu dem Rudel hinüber, das da gierig, zudringlich und scheu zugleich das Lager umdrängte.«

»Wolf und Hund jagen in der Meute. Wie auch die menschlichen Jäger treiben sie die Beute vor sich her. Aber dabei sind die Tiere noch flinker und wendiger. Außerdem haben sie einen vorzüglichen Geruchssinn und ein Gehör, das sicher auch das der primitiven

Menschen übertroffen hat. Dadurch verrieten die Tiere dem Jäger, wo Beute zu finden war...«

»Hunden ist außerdem ein starker Trieb zur Verteidigung des Wohnreichs und des Eigentums angeboren. Wir können dies bei ihren Kämpfen mit ihresgleichen täglich beobachten, wenn es um einen Knochen geht oder auch darum, daß plötzlich ein fremder Eindringling im Revier erschienen ist. Die Meute, die das Lager des steinzeitlichen Jägers umringte, sah dieses bald als Eigentum oder eigenes Revier an und verteidigte es gegen zwei- oder vierbeinige Fremde.« (Hartenstein)

Von der bellenden Wach- und Alarmgesellschaft profitierten vor allem die Frauen, wenn sie in Abwesenheit der jagenden Männer allein im ungesicherten Lager zurückblieben. Eines Tages wird dann ein verletztes oder krankes Jungtier ihren Mutterinstinkt angesprochen und damit Aufnahme in der Lagergemeinschaft gefunden haben. Nicht von ungefähr hat man demnach die ersten Hunde als »Schmarotzer der Lagerfeuer und der Weiber« bezeichnet.

Das schließt nicht aus, daß der Hund auch als Fleischtier diente, wie in China und Peru noch heute.

Mensch und Hund scheinen sich dann schnell aneinander gewöhnt zu haben. Der Hund wurde »Haustier«, bevor es eigentliche Häuser gab. Von Hunden benagte Knochen in den Kjökkenmödinger-Haufen der Ostsee verrieten dem dänischen Forscher Steenstrup, daß bereits die Muschel- und Austernesser der Mittleren Steinzeit ihre Behausung brüderlich mit dem Hunde teilten. Selbst die Maglemose-Leute lebten mit ihm, wie später festgestellt wurde, schon in inniger Gemeinschaft. Die Pfahlbaumenschen hatten ihren »Torfhund«, einen kleinen, spitzähnlichen Kläffer, ähnlich dem heutigen Finnenhund. Auch ein großer, wolfshundähnlicher Typ gehörte mit »zur Familie«. Ähnlich wird es bei den Michelsbergern gewesen sein.

Der Hund kam freiwillig zum Menschen, vielleicht auch die Katze, die freilich, charaktervoller als er, die Vorzüge der Häuslichkeit nicht mit der Aufgabe ihrer »Persönlichkeitswerte« honorierte. Was wir sonst an Haustieren kennen, bedurfte der Domestikation, um sich an die Gesellschaft und Herrschaft der Menschen zu gewöhnen. Rind, Schaf, Ziege, Schwein, Pferd – sie alle mußten erst gezähmt werden, ehe sie ihren Nacken unter das Joch der Unfreiheit beugten.

Macht zu haben über das Tier, das ihn bedrohte und ernährte, dieser Trieb lebte, wie wir sahen, schon im Urmenschen. Wenn er aus tierischen Knochen tierische Abbilder formte, wenn er die Wände seiner Höhlen mit Tierzeichnungen bedeckte oder wenn er in eben diesen unzugänglichen Höhlen gefangene Wildbären hielt, so stand dahinter immer dasselbe Verlangen, eine Art Bann auszuüben über die Geschöpfe, die ihm das Schicksal zum Gefährten bestimmt hatte.

Von solchen Bräuchen bis zu regelmäßigen Opferungen war es dann nur ein Schritt. Waren ihm die Jagdgötter wohlgesonnen, konnte er ihnen leicht einen Teil der Beute zurückschenken. Was aber sollte er tun, wenn das Glück sie ihm verweigerte? Der Gedanke lag nahe, für die Zeit der mageren Strecke einen kleinen Vorrat an Opfertieren anzulegen, auf den man zurückgreifen konnte, wenn die Götter grollten.

»Die ersten Sakralherden«, so nimmt man an, bestanden aus Rindern, die – wie heute noch in Innerafrika – in riesigen Reservationen lebten, im übrigen aber sich selbst überlassen waren. Die Möglichkeiten von Zucht und Milchwirtschaft waren noch nicht entdeckt; auch als Arbeitstier trat das Rind seinen Dienst erst später an.

Die Menschen begnügten sich damit, besonders ausgesuchte Tiere an den Opfertagen zu schlachten und Teile von ihnen rituell zu verspeisen. Es war ein recht natürlicher Vorgang, daß sie an dieser ungefährlichen Art des Fleischbezugs Gefallen fanden. Da sich die Herden in den vor Raubwild geschützten Gehegen zudem schneller vermehrten als in der Freiheit, blieb eines Tages sowieso nichts anderes übrig, als die überschüssigen heiligen Tiere dem profanen Konsum zuzuführen.

Man wird sich diese Entwicklung, die überdies recht ungleichmäßig verlief, als eine Sache von Jahrtausenden vorzustellen haben. Manche Detailfrage bedarf auch hier noch der Beantwortung. Zum Beispiel ist bisher ungeklärt, warum von den in Mitteleuropa heimischen Rinderarten der Ur und nicht der Wisent gezähmt wurde. Im übrigen war es eine phänomenale Leistung, ausgerechnet den mächtigsten Waldbewohner seiner Zeit gleichsam an Haus und Hof zu gewöhnen: einen Koloß von zwei Metern Höhe, von dessen Aussehen wir uns ein genaues Bild machen können, da der letzte Ur – genauer: die letzte Urkuh – erst 1627 in Masovien getötet wurde.

Wesentlich größer als das heutige Rind, trugen die Ahnen unseres Milchviehs ein schwarzbraunes, im Winter zottiges Fell. Über den Rücken zog ein breiter, heller Aalstrich. Hell waren auch die Innenseiten von Bauch und Beinen, nur die nackte feuchte Stelle zwischen Nasenlöchern und Lippen umzog ein weißer Rand. In die breite, fast quadratische Stirn fiel eine dunkelhaarige Tolle. Der schönste Schmuck aber war das weit ausschwingende Gehörn, das aus dem weißen Ansatz ins Bläuliche überging und in schwarzen, auswärts gebogenen Spitzen endete.

Ein majestätisches Tier, das als Symbol der Kraft und mütterlichen Fruchtbarkeit in die Mythologie zahlreicher Völker einging.

In seiner Wildform ist das Urrind schon für die zweite Zwischeneiszeit nachzuweisen. In der Gesellschaft des Menschen taucht es, nicht viel später als der Hund, schon bei den Kjökkenmödingern auf. Dem Rind gesellten sich frühzeitig Schaf und Ziege zu, ein wenig später auch das Schwein, das damals noch den in Freiheit lebenden Wildtypen ähnelte und selbst bei den Moorbauern abnorme Größen erreichte.

Dagegen ging das Pferd, vom Osten her kommend, erst am Ende der Jüngeren Steinzeit in den menschlichen Hausstand ein.

Hoch zu Roß darf man sich die Michelsberger also nicht vorstellen. Doch ist anzunehmen, daß sie die Tierzucht bereits als eine überaus einträgliche Tätigkeit erkannt hatten und die Größe der Herden das soziale Ansehen ihrer Besitzer bestimmte. Noch die Römer bemaßen den Reichtum eines Mannes nach der Kopfzahl seiner Tiere, der *capita* – ein Begriff, aus dem später das Wort Kapital entstand. Ebenso ist das Wort *pecunia* Geld aus *pecus* = Vieh abgeleitet.

Trotzdem waren die Michelsberger wohl in erster Linie Ackerbauer, fleißig und wurzelfest, einfach in ihrer Lebensführung; ungenial, aber tüchtig.

Symptomatisch für ihren geistigen und zivilisatorischen Standard war ihre Keramik, die einer ganzen Kultur ihren Namen gab.

Das Kapitel Keramik spielt in der Urgeschichtsforschung noch immer eine beherrschende Rolle, schon deshalb, weil der größte Teil der urgeschichtlichen Hinterlassenschaft aus Töpferwaren besteht. Oder jedenfalls aus deren Resten: aus Scherben. Daher auch der anzügliche Name »Scherbenwissenschaft«.

Töpfe, die im Boden wachsen

Der Anfang war überaus kurios. Das Mittelalter – tief im Wunderglauben befangen und frei von jeglichem historischen Empfinden – hielt die irdenen Gefäße, die der Pflug eines Bauern oder die Hacke eines Bauhandwerkers bald hier, bald dort aus dem Boden holte, für Naturprodukte und erfand sogar einen eigenen Terminus technicus dafür: *Ollae naturales* nannte es die keramischen Erzeugnisse der Ahnen – selbstgewachsene Töpfe.

Der fragwürdige Ruhm, die erstaunliche Fabel von den selbstgewachsenen Töpfen erfunden zu haben, gebührt dem Landstrich zwischen Weichsel und Warthe. Erstmalig berichtete die zwischen 1456 und 1460 entstandene *Historia Poloniae* des Lemberger Erzbischofs Dlugosz, genannt Longinus, daß auf den Feldern in der Nähe von Posen »allerlei Töpfe unter der Erde entständen, und zwar rein aus sich, ohne menschliche Mitwirkung bei den mannigfachen Formen, ähnlich denen, die bei den menschlichen Mahlzeiten im Gebrauche sind«. Zwar seien sie zart und weich, während sie noch im Geburtsnest unter der Erde lägen, würden aber, sobald man sie herausnehme, durch den Wind und die Sonne hart und fest und zeigten sich nach ihren verschiedenen Formen und Größen ganz wie die von den Töpfern geschaffenen.

Im Jahre 1416, so erzählt der gelehrte Kirchenfürst weiter, vernahm der österreichische Fürst Ernst, ein Verwandter des Königs Jagelo, von den selbstgezeugten Töpfen, doch schien ihm die Geschichte nicht recht glaubhaft. Er schickte also einen Ritter, daß dieser selbst die sonderbare Naturerscheinung sehe und prüfe.

»Der König Jagelo aber kam, um seinen Verwandten... von diesem Zweifel zu befreien, selbst auf das Feld von Nochow... und befahl, vor den Augen des Gesandten an verschiedenen Stellen zu graben. Und wirklich fand man eine Menge Töpfe von verschiedener Form und Größe, wunderbar von der Natur geschaffen und durchaus gleich der Handarbeit von Töpfern. Er zeigte dies dem Gesandten des Fürsten Ernst, welcher mit großem Interesse das Naturwunder verfolgte.«

Worauf Jagelo, »um die Richtigkeit der Sache zu bestätigen«, dem Delegierten seines königlichen Vetters etliche Wundertöpfe überreichen ließ. Der zog mit ihnen hochbeglückt von dannen.

Die Anschauung war, ähnlich wie der Keraunenglaube, zählebig wie jede Dummheit und machte jahrhundertelang die Runde. Sebastian Münster nahm »die von der Natur formierten Häfen, so man auss dem ertreich zeiicht und trocknet«, bedenkenlos in seine 1544 zu Basel erschienene *Kosmographia* auf. Drei Jahrzehnte später ließ Kaiser Rudolf II. auf einer Treuefahrt durch Schlesien den Glücksberg bei Greisitz durchwühlen, fand einige der sagenhaften »von Gott und der Natur gewirkten Töpfe« und war darüber so begeistert, daß er den Platz mit einer hölzernen Gedenksäule versah – dem ersten Denkmal der deutschen Altertumskunde.

Was gekrönten Häuptern recht, war dem gemeinen Volke billig. Es erzählte sich, daß man die Töpfe am leichtesten im Mai ergrabe, weil sie in dieser Jahreszeit bis dicht unter die Oberfläche kletterten. In Trebnitz bei Breslau zogen die Bürger vornehmlich zu Pfingsten aus, um die geheimnisvollen Gefäße zu finden, als deren Verfertiger gelegentlich auch Zwerge und andere Unterweltler genannt wurden. Ein gewisser Johann Seyfried bildete 1694 einen selbstgewachsenen Topf in einer der damals vielgelesenen Wunderfibeln ab. Im Jahre 1819 wärmte ein sogenannter »Inbegriff der Geographie des Großherzogtums Polen« die alte Fabel wieder auf. Ja, noch 1894 berichtete Johanna Mestorf, die von 1873 bis 1909 das Kieler Museum leitete und für ihre verdienstliche Tätigkeit als erste deutsche Frau mit dem Professortitel ausgezeichnet wurde, von einem Landsmann, der an »selbstgewachsene Töpfe« glaubte.

Andererseits kam eine Theologenkommission, der auch Martin Luther angehörte, nach Prüfung etlicher Tongefäße, die bei Sitzenrode in Thüringen entdeckt worden waren, bereits 1529 zu dem verständigen Ergebnis: »... man heldet dafür es sey hievor etwa ein sepulcrum gewesen.«

»*Weil unsere Leiber von der Erden sind*«

    Luthers Ausflug nach Sitzenrode führt in die Geburtsjahre der deutschen Altertumsforschung. Sie war ein Kind des Humanismus. Lateinischen Geblüts, beschränkte sie sich zunächst freilich auf einige große Städte – wie die humanistischen Hochburgen Augsburg, Nürnberg und Wien – und die Sammlung römischer Inschriften und Grabsteine. Die vergleichsweise bescheidene Hinterlassenschaft der durch antike Autoren kaum erhellten deutschen Urgeschichte wurde bestenfalls am Rande registriert.

    Das wurde anders, als nach dem Ende des Dreißigjährigen Krieges eine neue Welle der Altertumsbegeisterung Deutschland überspülte. Die Megalithkammern bildeten dabei, wie wir sahen, den sichtbaren Ausgangspunkt. Doch stellte sich bald heraus, daß die einfachen Erdgräber und Urnenhügel »der Heyden« weit weniger gestört und daher wesentlich interessanter waren. Gräber zu öffnen und Urnen zu sammeln, gehörte von da an zu den legalen Sonntagsbeschäftigungen des gebildeten Bürgertums; auch die Kuriositäten und Antiquitäten sammelnden Fürsten nahmen häufig daran teil.

    Das erste Produkt dieser Grabungsleidenschaft war eine unübersehbare »Urnenliteratur«. Als seien die Schleusen eines Stausees geöffnet, ergoß sich um die Wende des 17. zum 18. Jahrhundert eine gewaltige Flut von Urnen-, Grab- und Grabungsbüchern über Deutschland.

    Es erschienen (um nur einige Beispiele zu nennen):

    1666 *Erbauliche Gedanken von der Asche* von M. Benjamin Gerlach, Pfarrer zu Herrenstedt; ein pietistisches Geistesprodukt, das zu folgendem Schluß gelangt: »Weyland waren wir in Finsternus / und unsere blinde Vorfahrt fuhr im Rauch und Dampff / in die finstere Oerter. Nunmehr / Gott lob! sind wir Licht im HERREN.«

    1688 die *Kurtze Beschreibung der Heidnischen Todten-Töpffe / in welchen die Heiden ihrer verbrannten Todten übrigbliebene*

Gebein und Aschen aufgehoben/unter der Erden beigesetzt/Und bei den jetzigen Zeiten in der Chur- und Marck Brandenburg Hauffenweise ausgegraben werden / aufgesetzet von M. Gotthilff Treuern, der selbst über hundert Gräber geöffnet haben will und sich folgendermaßen über die Sitte der Beigaben äußert: »Denn die abgöttischen Völcker brachten allen Hausrath des Verstorbenen.../ desgleichen seine Kleider / Gewehr und anders / so er gehabt / und stellten es um das Grab herum / auf dass er sich dessen in der anderen Welt auch habe zu gebrauchen...«

1688 die *Dissertatio de urnis feralibus* von Johann G. Frank, in deren Mittelpunkt die Grabsitten der alten Germanen stehen.

1695 die *Beschreibung des Leichenbrandes und der Todtenkrüge* von David Sigmund Büttner, der sich selbst »Diener am Wort Gottes zu Quernfurt« nannte und exakte Grabungsberichte mit ausschweifenden moralisierenden Betrachtungen über das Los der im Höllenfeuer verschmorenden Heiden verband.

1701 das *Mausoleum in Museo* von Johannes Christophorus Olearius, der aus der Form einer Urne bereits auf das zugehörige Volk zu schließen wagte.

1703 *Der uralten mitternächtlichen Völker Leben, Thaten und Bekehrung* von Trogillus Arnkiel, dem Probst von Apendra, der sein Kapitel über die Urnen mit dem schönen Satz schloß: »weil unsere Leiber aus der Erden sind, werden dieselbe am besten denen irdenen Gefäßen anvertrauet«.

1714 *Masslographia oder Beschreibung des Schlesischen Massel im Oels-Bernstädtischen Fürstentum* von Pastor Leonhard David Hermann, deren umfänglichster Teil der Beschreibung des großen Urnenfriedhofs auf dem Töppelberg galt.

Quinctilius Varus seinem lieben Zacharias Goeze

Als Nachzügler in dieser auf die wesentlichsten Namen beschränkten Aufstellung – die »Urnenliteratur« wird insgesamt auf etwa 2 000 Titel geschätzt – trat der Pfarrer Andreas Albert Rhode aus Hamburg (später Eichede) auf, ein nüchterner Norddeutscher, der energisch all die Geschichten und Fabeleien beiseite schob, die immer noch serviert wurden. So machte er sich in seinen 1719/20 erschienenen *Cimbrisch-Hollsteinischen Antiquitäten Remarques*, die in wöchentlichen Lieferungen von je acht Blatt bei den »ordinären Gazettiers vor 1 Schilling« zu kaufen waren, darüber lustig, daß Hühner, die mit Korn aus Urnen gefüttert würden, dickere Eier legten. Vielleicht werde man eines Tages, so spottete er, noch auf den Gedanken kommen, daß Kinder, die »aus einer Urne getaufft« würden, besser gediehen, am Ende sogar dem Fegefeuer entgingen.

Andreas Albert Rhode verstärkt den Anteil der Geistlichkeit an der Begründung der deutschen Altertumskunde. Neben den meist ländlichen Seelenschäfern stellen die Schulmeister die nächstgrößere Gruppe. Der eine wie der andere Berufsstand erwarb sich damit unbestreitbare Verdienste, die um so höher veranschlagt werden müssen, als ihre Urnenleidenschaft ja mancherlei Vorurteilen ausgesetzt war, nicht zuletzt dem Vorwurf, daß es unchristlich sei, die Asche und Gebeine der Toten aus ihrer Ruhe zu stören.

Am geschicktesten hat diesen Vorwurf Leonhard David Hermann, der Pastor von Massel, pariert. Es sei geradezu, so setzte er sich entrüstet zur Wehr, ein göttliches Gebot, die »heydnischen Götzen und Greuel« auszurotten. Niemand dürfte meinen, »der auf den Töppelberg kommt, und daselbst den Berg mit einer dickbesäeten Menge Gebein und Schürbe ansichtig wird, als hätten wir das allein... mit unserem Aufgraben verursacht, sondern Gott hat es getan, weil er nach seinem gerechten Gerichte die daselbst begrabenen Abgötter in ihren Gräbern nicht wil liegen lassen, sondern schmeißet sie selbst durch Wetter und Wind heraus...« Und dann donnernd in alttestamentarischem Zorn: »Hat Gott über sein hochgeliebtes Volk eine so schreckliche Straffe... verordnet«, wie sie nach dem Propheten Jeremias die Juden traf, »... wieviel mehr muß der gerechte Eifer des HERRN die abgöttischen Heyden treffen, die hier zu Massel des Greuels viel gemacht.«

Die meisten Ausgräber versuchten jedoch, der Sache wesentlich angemessener, ihre Tätigkeit mit geschichtsfreudigen Argumenten zu begründen. Das geschah, dem Geschmack der Zeit entsprechend, häufig in Versen. Der Breslauer Prorektor Stieff verwandte sich zum Beispiel mit folgendem hübschen Poem für die Hermannschen Grabungen in Massel:

> Zürnt, Helden, nicht, dass wir mit Euren Knochen spielen,
> Wir legen Euren Ruhm hierdurch noch mehr ans Licht.
> Weil uns vom Altertum der rechte Kern gebricht,
> So müssen wir den Rest aus Euren Knochen wühlen,
> Und jeder muss gestehen, dass Urnen und Gebein
> Der Schlüssel aller Welt und ihrer Sitten seyn.

Die einfachste und kürzeste Formel fand jedoch Andreas Albert Rhode, als er im Hinblick auf die alten Kimbern schrieb: »Denn woher sollen wir recht Nachricht von ihrem, damahligen Zustande haben, wenn wir sie nicht aus der Erde holen!«

Solch trefflichen Bemerkungen zum Trotz konnte es aber geschehen, daß der Oldenburger Johann Justus Winkelmann auf ein Grabungsgesuch hin von seinem Fürsten die lakonische Antwort erhielt: »Wann ihr wisset, was in den Hügeln ist, warum wollet ihr selbige eröffnen?«

Die Entwicklung war aber nicht mehr aufzuhalten, zumal die zahlreichen Veröffentlichungen auch recht solide Kenntnisse in der Grabungstechnik verbreiteten. Rhodes Verfahren zum Beispiel genießen bis heute den Respekt der Fachleute. Der Pastor von Eichede pflegte bereits »durch die melirte Erde« hindurch bis zum gewachsenen Boden zu graben und bediente sich bei seiner Arbeit nicht nur eines kleinen Handspatens, sondern auch eines Spezialmessers zum »Putzen« der Erde genau wie seine modernen Kollegen. Er verfluchte deshalb auch die wilden Gräber, die ihm seine sorgfältigst geöffneten Tumuli nächtlicherweise »den Säuen gleich« durchwühlten.

Noch immer glaubte das Volk nämlich in den Urnen der Altvorderen unendliche Reichtümer verborgen. Es kam vor, daß unternehmende Leute einen anerkannten Ausgräber als Schatzsucher zu engagieren trachteten, gegen »beste Verpflegung« und die Versicherung, ihn im Erfolgsfalle mit Tausenden von Dukaten zu belohnen.

Selbstverständlich ließ sich auch der studentische Übermut an der Urnengräberei aus. Der schwäbische Dechant Feuerlein fand eines Tages in einem soeben geöffneten Grabhügel eine Totenvase mit der Aufschrift: »PORCELLE«, zu deutsch: du Ferkel. Der Danziger Philipp Cluverius nannte eine Münze mit der Aufschrift »Arminius Cheruscorum Dux« stolz sein eigen. Und die Schüler des Osnabrücker Ratsgymnasiums praktizierten ihrem grabungsfreudigen Rektor Zacharias Goeze 1726 eine Urne, »von der Art, wie sie nachts unter dem Bett zu stehen pflegt«, in die vor Aufregung zitternden Hände, obendrein mit einer Widmung des Herrn Quinctilius Varus versehen.

Die »swarten Pötte« der Frau Lühmann

An dieser Art der »Urnenbuddelei« hat sich dann lange Zeit nichts geändert. Noch aus dem Jahre 1869 kennen wir eine Tagebucheintragung des schlesischen Gutsinspektors Schlutius über »ein festliches Urnengraben mit Naturalverpflegung durch die Damen, mit Coffee und frischen Kartoffeln«.

»Da der schon um 1 Uhr vorausgegangene, fleißige und geübte Arbeiter Koschote«, so fährt er gutgelaunt fort, »bei unserer Ankunft in der 3ten Stunde mit seinem Spieß schon 5 Urnenstätten auf der neu in Credit kommenden Waldstelle ermittelt hatte, so entwickelte sich bald ein lebhaftes, vielgestaltiges Tableau! Hier legten sich Damen sans gêne an die, in Arbeit stehende, Grube, um das erste kleine Gefäß ... zu erhaschen, doch oft auch – zu zerbrechen; dort wurde eine schon gehobene Urne, Schaale oder Topf, vom dicht eingelagerten Sand gereinigt, dort staunt ein neuer Gast über die geringe Tiefe und Anzahl der Gräber... Hier plagen sich Damen mit der Anfachung des nötigen Coffee-Feuers... und zanken sich um das... mitgebrachte Wasser, welches auch die Kartoffeltöpfe füllen soll, während einzelne derselben... heimlicherweise den Schoßhund am Milchfläschchen saugen lassen... Zwischen all diesem Trouble läuft der Dirigent umher und befiehlt dem Koschote und bittet die Damen, doch nicht durch Hast und weibliche Ungeduld die schönen Gefäße zu gefährden!«

In dieser behaglichen, fast fontanischen Tonart geht es weiter. Bald ist der »Coffee fertig, die Kartoffeln kochen«. Man lagert sich ins Gras und konsumiert die dargebotenen Gottesgaben »mit staunenerregender Geschwindigkeit«, wobei die Damen »nicht des noch immer rastlos fortwühlenden Koschote« vergessen. Auch trifft, in Gestalt einiger ehrsamer Bürger von Trachenberg, Besuch am Schauplatz ein, der zwar den angebotenen »Coffee« verschmäht, sich aber gern mit einem kleinen Grabgefäß als Andenken erfreuen läßt.

Daß fast alle größeren Urnen zu Bruch gingen, erwähnt der Schreiber nur am Rande – wahrscheinlich war es die Regel. Immerhin gelang es ihm, einige unversehrte Tongefäße zu bergen, die er zum größten Teil »den Damen Bischoff und ihrem Breslauer Besuch« überließ. Für seine eigene Sammlung behielt er nur einige kleinere Stücke sowie einen Streithammer von Granit.

Erst spät, so schließt der liebenswürdige, keines Kommentars bedürftige Grabungsbericht, kehrte »die ganze Carawane... in anscheinend befriedigter Stimmung... bei köstlicher Beleuchtung des Himmels nach dem Städtlein zurück«.

Die ergötzlichste Urnengeschichte aber erzählt Johanna Mestorf, die hagere Kieler Professorin, in ihrer Veröffentlichung über die Grabungen in Hindorf. Das dortige Gräberfeld »erstreckte sich unter den Garten einer Bauernfrau, welche das Urnenlager gleichsam als Topfmagazin betrachtete und dasselbe zum eigenen Bedarf, wie zum Nutzen ihrer Freunde und Nachbarn ausbeutete. Kam eine Frau und bat um einen ›swarten Pott‹ zu häuslichem Gebrauch, da nahm Frau Lühmann den Spaten, ging in den Garten und grub einen aus.«

Die gute Frau Lühmann war aber keineswegs die einzige praktische Hausfrau, die vorurteilsfrei die Urnen ihrer Ahnen in Küche und Keller verwendete. In Eiderstedt zum Beispiel benützte, ebenfalls nach dem Zeugnis von Johanna Mestorf, eine Bäuerin jahrelang ein solches Tongefäß als »Einmachtopf für eingekochte Früchte« und trennte sich nur ungern davon, »obwohl man ihr einen neuen Topf als Ersatz für denselben gab«. Der Apotheker Hartmann aus Tellingstedt erstand eine Urne, die als Farbentopf gedient hatte, der Arzt Dr. Hartmann aus Marne ein vorgeschichtliches Gemäß, in dem die Besitzerin Eier einzulegen pflegte.

In der Gegend von Tondern gar »verwerthete eine Frau eine Urne zum Aufbewahren des Schwarzsauers«, eines unter Zusatz von Blut mit Essig und Gewürz gekochten Fleischgerichtes, das nach Bedarf erwärmt wird. Die Reste werden – oder wurden damals jedenfalls – wieder in das Vorratsgefäß hineingeschüttet und mit Fett übergossen.

»Ich erwähne dieses culinarischen Verfahrens«, heißt es in einer Fußnote der gelehrten Autorin, »weil es meiner Ansicht nach ein so alterthümliches Gepräge hat, daß es gar wohl bis in die Zeit der Urnengräber zurückreichen kann.«

Scherben – das »Füllhorn archäologischer Weisheit«

Die Urnen, die nicht zerschlagen, nicht aufs Vertiko gestellt oder im Haushalt gebraucht wurden, waren Lust und Freude begeisterter Sammler. Im 18. Jahrhundert ließ man sie gern in Zinn fassen und stellte sie, mit Sinnsprüchen über Leben und Tod versehen, in sogenannten Urnenpyramiden zur Schau. Vielfach gingen sie in die Kunst- und Kuriositätenkabinette deutscher Duodezfürsten oder reicher Patrizier ein, wo sie als Zeugnisse des Bildungseifers ihrer Besitzer in der Nachbarschaft von Naturwundern und exotischen Souvenirs behütet wurden.

Die berühmte Gottorpsche Sammlung enthielt Steinbeile und urtümliche Töpferware neben überseeischen Masken, konservierten Fischen und ägyptischen Götzenbildern. Und in der Nürnberger Stadtbibliothek stand, nach dem Zeugnis von Leibniz, ein »Memorabilien-Schrank«, den altertümliche Gefäße mit allerlei Abstrusitäten teilten: einem Ei, das angeblich ein Hahn gelegt hatte, einem gehörnten menschlichen Schädel, mexikanischen Teufeln und dergleichen Seltsamkeiten mehr.

Langsam begann man jedoch die keramischen Erzeugnisse der Altvorderen als historische Dokumente zu begreifen und zu deuten. David Sigmund Büttner wies schon 1695 etliche »Todtenkrüge« den Germanen zu, »weil sie nicht von solcher Schönheit sind, daß sie der Pracht und dem Reichtum römischer Urnen gleichen...« Die Hermannsche *Masslographia* bildete Tongefäße vom Töppelberg bei Massel als »unstreitigen Beweis von der Moralität der heydnischen Quaden und Lygier« ab. Einen entscheidenden Schritt nach vorn tat zur gleichen Zeit Johann Christian Olearius, Verfasser des *Mausoleum in Museo*, als er aus der Ähnlichkeit einiger an verschiedenen Orten gefundenen Urnen auf Wanderungen der zugehörigen Völkerschaften schloß.

Das war ein revolutionärer, überaus fruchtbarer Gedanke, dessen Zeit allerdings noch nicht gekommen war; es währte noch ein ganzes Jahrhundert, bis man anfing, die Keramik, die der Boden in verschwenderischer Fülle freigab, methodisch zu analysieren.

Die »Scherbenkunde«, die sich daraus entwickelte, darf ohne Übertreibung als eine der großen Forschungsleistungen der Neuzeit angesprochen werden, als eine Leistung, die um so mehr wiegt, als sie eine Gemeinschaftsarbeit von Wissenschaftlern ist, die, in der Stille wirkend, an dem Ruhm der großen Ausgräber kaum je beteiligt waren.

Das Ergebnis stellt sich dem Nichtarchäologen als eine Art Geheimwissenschaft dar. Das Material der ur- und frühgeschichtlichen Keramik, die Beimengungen, die Technik der Herstellung, das alles ist heute bekannt. Die Formen und die Art der Verzierungen sind katalogisiert, Fundort und Fundbedingungen registriert. In Myriaden von Veröffentlichungen, die fast ausschließlich aus derartigen Detailangaben bestehen, ist dieses Wissen heute gespeichert – unübersehbar selbst für den Experten. Wie es in der Sprachwissenschaft Sanskrit- oder Suaheli-Spezialisten gibt, so kennt die archäologische Forschung Spezialisten für die Syntax und Grammatik der Keramik, die in ihren Scherbenkästen wie in einem offenen Buch zu lesen vermögen.

Mit dem Wissen um die Details ausgerüstet, konnten die Forscher die Zentren der einzelnen Kulturen (und diese selbst) erkunden, ihr allmähliches Entstehen, ihre Blüte, ihren Verfall verfolgen, Einflüsse fremder Kulturen feststellen, deren Wege nachschreiten und somit schließlich auch die Grundtatsachen der historischen Entwicklung klären.

Unansehnliche Scherben wurden die Wegweiser durch das Dunkel der Ur- und Frühgeschichte oder, wie Heinrich Schliemann es ausdrückte, »das Füllhorn archäologischer Weisheit«.

Nach dem heutigen Stand der Wissenschaft gilt die Keramik etwa von der Mittleren Steinzeit an als das eigentliche »Leitfossil« der Forschung – schon die Kulturen der Jüngeren Steinzeit werden ausschließlich nach ihr benannt. Die Tongefäße teilen diese Aufgabe vom Beginn der Bronzezeit an mit Objekten aus Metall: Waffen, Fibeln und Werkzeugen aller Art. Doch bleiben sie diesen gegenüber schon deshalb in Vorteil, weil sie in wesentlich größeren Mengen anfallen (die Zahl der Fundstücke erreicht bei größeren Grabungen leicht eine Million und mehr). Denn während es das natürliche Schicksal metallener Gegenstände ist, »im Alter umgeschmiedet oder umgegossen zu werden«, eignet den Stein- und Tongeräten überzeitliche Dauer; sie zerspringen, zerscherben oder werden zerschlagen, bleiben in der Substanz aber erhalten – zum Segen der Archäologie, die in ihnen, bis ins Mittelalter hinein, die notwendigen Orientierungspunkte im Gelände der kulturhistorischen Entwicklung findet.

Dazu kommt, daß die Keramik von allen Kulturrelikten die deutlichste Sprache spricht. »Seine Töpfe macht sich das Volk jederzeit selbst. In diesem Alltagsgerät drückt es seine Eigenart unverhohlen aus, zeigt es sich gewissermaßen in Schlafrock und Pantoffeln, während es Schmuck und Waffen vielfach von auswärts bezieht und mit ihnen im fremden Prunkgewande erscheint. Die Töpferei spricht die heimische Sprache der vorgeschichtlichen Völker, wie es in gleicher Reinheit sonst nur Hausbau und Grabbau tun. Aber sie geht uns hilfreicher zur Hand als diese Schöpfungen, weil sie immer da ist, uns überall begegnet, uns auf Schritt und Tritt verfolgt, während die anderen weit seltener auftreten, oft nur unter besonders günstigen Umständen sich finden lassen.« (Schuchhardt)

Kürbisflasche, Holztopf und Lederbeutel

Die Anfänge des Töpferwesens liegen im Morgengrauen der Menschheitsdämmerung. Die Ältere Steinzeit kannte noch keine Gefäße. Wenn der Mensch Hohlmaße benötigte, bediente er sich seiner Hände. Reichten sie nicht aus, benutzte er Muschelschalen als Trink- und Eßgefäße. Eines Tages köpfte er einen Flaschenkürbis, höhlte ihn aus und gebrauchte die festwandige Hülle als Flasche. Höhlte er Holz aus, konnte er sogar Feuer, mit Asche zugedeckt, über weite Strecken transportieren. Den gleichen Effekt erzielte er mit Holzgeflechten. Und aus den Fellen der erlegten Tiere stellte er vermutlich schon in der Urzeit Lederbeutel her.

Mit Kürbisflasche, Holztopf und Lederbeutel begnügte er sich Zehntausende von Jahren. Erst in der Mittleren Steinzeit – die älteste Keramik unserer Zonen ist die der Kjökkenmödinger – erfand er die Kunst, aus Ton Gefäße herzustellen. Nach einer alten Schulbuchgeschichte geriet ein mit Lehm oder Ton abgedichtetes Korbgeflecht in die Nähe des Lagerfeuers, wurde steinhart, und irgendein Edison der Urzeit kam auf den erhellenden Gedanken, auf das Flechtwerk zu verzichten...

Möglich, daß es so war; möglich, daß die epochale Erfindung sich auch auf andere Weise »einfand«. Sicher ist nur, daß die früheste Keramik der Menschheit das vorausgegangene Behelfsinventar in Form und Zierat nachahmte. (Carl Schuchhardt, der sich mit den Anfängen der Töpferei ausgiebig beschäftigt hat, hielt das für einen sehr natürlichen Vorgang, der auch im Leben der Neuzeit häufig zu beobachten sei. »Als das Leuchtgas erfunden war, verwandte man zunächst Kronen mit dem alten Kerzenmotiv; als dann das elektrische Licht kam, trat es in den Formen der hergebrachten Gaskronen auf. Erst langsam reifte die Einsicht, daß man eine elektrische Birne einfach an einen Faden zu hängen brauchte, sie als Blume gestalten, ein ganzes Bukett zusammenstellen könne... Es dauert immer eine Zeit, bis man für den neuen Stoff auch die für ihn geeignetsten Formen findet.«)

Da ist zunächst also die Kürbiskeramik, die außer an der Donau vor allem in Spanien und Südfrankreich zu Hause war, wo man die ihres Fleisches entledigte Frucht noch heute gern als Gefäß benützt. Ihre vielfach wechselnde Gestalt gab der Produktion von vornherein eine Reihe verschiedenartiger Formen mit auf den Weg, von der bauchigen Flasche des Chiantiwein-Typs bis zu Birnen- und Gurkenformen. Auch die Umschnürungen, an denen solche Gefäße getragen wurden, gingen in das Repertoire der steinzeitlichen Töpfer ein.

Der Norden und Nordwesten bewahrte vor allem das Flechtwerkerbe, speziell in den Spiraldrehungen der Tonwulste und in den derben Randverzierungen mit ihren Zickzack- und Fischgrätenmustern. Auch das Holz vollbrachte in dieser Region »eine Ewigkeitsleistung«, und zwar in Gestalt des Schoppens, dessen zylindrische Form ein direkter Abkömmling des Baumstammes ist.

Als drittes Element erschien, ebenfalls schon in den Gründerjahren des Töpferwesens, der »Beutelstiel« am Rhein, der sich im wesentlichen mit den Erzeugnissen des Michelsberger Kulturhorizontes deckt. Im Gegensatz zu der straffen, »scharfknickigen Struktur der Korbflechterei« und der kugeligen Natürlichkeit der Kürbisgefäße haben die Michelsberger Produkte »etwas Weiches, Hängendes«. Sie erinnern an umfängliche, prall gefüllte Beutel, die durch oben eingelegte Ringe gespannt oder durch Schnüre unterhalb der Mündung gerafft werden.

Schuchhardt berichtet, daß ihn diese Erzeugnisse auf den ersten Blick an die Ledergefäße der alten Ägypter und Juden gemahnten (hebräisch bezeichnet *nebel* sowohl den Lederschlauch wie den Tonkrug), und gründlich, wie er war, stellte er seine Vermutung durch ein Experiment auf die Probe. Er hängte ein rundes, an einem Ring befestigtes Stück Leder ins Wasser und belastete es mit einem Stein. »Nach wenigen Stunden hatte sich der flache Beutel der einfachsten Michelsberger Näpfe gebildet, und zwar infolge der Beschwerung..., mit der eigenartigen Spitze, die sich gerade bei den Gefäßen des Michelsberger Typus und auch bei den Kjökkenmödingern findet.«

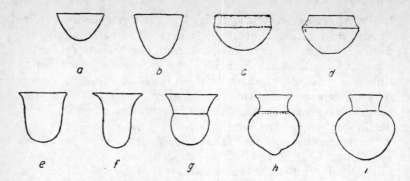

Formenreihe der Michelsberger Keramik

Der Weg von diesem Napf zur Leitform des Michelsberger Typs, dem spitzbodigen Tulpenbecher mit weit ausladendem, poliertem Rand, war dann nicht mehr weit. Auch die eierförmigen Gefäße mit Trichterrand und die Blumentöpfen gleichenden halbkugeligen Näpfe gingen zwanglos aus dieser Ahnenreihe hervor.

Ein Ledersachverständiger bestätigte Schuchhardts These. Nichts einfacher, erklärte er, als rundliche, geschweifte Becher aus Leder zu machen. »Man müsse das Werkstück aus den Hinterbacken des Pferdes oder der Kuh schneiden, wo das Leder am geschmeidigsten sei. Dann ›schlage‹ man es über einen runden Stein, mache es naß und knete und ziehe es so lange, bis die gewünschte Form erreicht sei.«

Je mehr man sich freilich von den Anfängen entfernt, desto komplizierter wird das Bild der neolithischen Keramik, um so vielfältiger und differenzierter werden auch die Kräfte, welche die Optik der Töpfereierzeugnisse bestimmen. Die verschiedenen Zivilisationsgruppen – und es werden im Laufe der Zeit immer mehr – erscheinen wie die Akteure eines Schauspiels häufig gleichzeitig auf der Bühne. Sie verschwinden, tauchen wieder auf, stellen Beziehungen her, bestehen nebeneinander. Gerade diese Gleichzeitigkeit mehrerer Kulturgruppen, manchmal auf engem Raum, hat den Forschern viel Kopfzerbrechen bereitet, und es hat lange gedauert, bis sie sich entschlossen, allein der Sprache der Funde zu vertrauen.

Heute wissen wir, daß Mitteleuropa zumindest am Ende der Jüngeren Steinzeit geradezu »balkanisiert« war, »so wie noch jetzt etwa im Morgenlande an manchen Stellen Araber, Türken, Juden, Zigeuner, Armenier, Neger usw., durch Kleidung, Sitten und Gebräuche, Sprache und körperliches Aussehen verschieden, in Gruppen nebeneinander hausen« (Schwantes).

Die Kürbisformen finden sich am reinsten in den technisch hervorragenden Erzeugnissen der Bandkeramiker. Als »Leitfossil« gilt ein den unteren Teil der hartschaligen Frucht nachahmender Napf mit koketten Spiral-, Mäander- und Bandschlingenlinien. Zu dieser Spiralkeramik trat später die schon 1866 bei Worms festgestellte Hinkelsteiner »Stichreihenkeramik«, die Bandornamente aus eingetupften Punkten bevorzugte. Häufig waren in die Gefäße der Bandkeramiker menschliche Gesichter modelliert. Warzen und Knubben dienten als Aufhänger.

Bandkeramiker und Trichterbechermenschen

Weitere Kennzeichen der bandkeramischen Kultur sind eine breite, beilartige Ackerbauhacke und ein hobelartiges Werkzeug unbekannter Zweckbestimmung, das in den archäologischen Inventaren als »Schuhleistenkeil« geführt wird. Das weibliche Schmuckbedürfnis befriedigten vor allem die Schalen der im Mittelmeer heimischen Spondylusmuschel. Kleidernadeln versahen die Bandkeramiker gern mit Elfenbeinköpfen, die Haut färbten sie mit Rötel. Ihre Toten beerdigten sie meist in Hockergräbern. (Brandgräber stellen eine »Besonderheit der westdeutschen Bandkeramik« dar.)

Die Spuren der Bandkeramiker finden sich vornehmlich in den Lößgebieten zu beiden Seiten der Donau. Als die eigentlichen »Kronlande« sprechen die Forscher Österreich, die Herzegowina und Bosnien an. Bedeutende Funde lieferten auch Böhmen und Mähren. Im Westen erstreckte sich die Donaukultur rheinabwärts über Worms, Mainz, Frankfurt, Köln – wo Buttler und Haberey das berühmte bandkeramische Dorf Köln-Lindenthal mit seinen großen Rechteckbauten ausgruben – über Aachen bis Lüttich. In Norddeutschland reichte sie bis vor die Tore von Braunschweig und Stettin.

Als Ganzes wirkt die Bandkeramik ebenso fremdartig wie aus einem Guß. Stilanalysen weisen in die Richtung der frühen Hochkulturen des Vorderen Orients. Weitläufige Verwandte wurden unter anderem in Thrakien und Troja festgestellt.

Den Flechtwerkstil repräsentiert die nordische Megalithkeramik.

Bandkeramische Gefäße der Hinkelsteinleute von Worms

In ihren Mustern zeichnet sich beispielsweise die Technik der Korbherstellung deutlich ab. Neuerdings wollen die Forscher freilich auch religiöse Elemente in den Gefäßverzierungen entdeckt haben, welche die Töpfer offenbar mit Stempeln und spitzen Hölzern in den weichen Ton gravierten.

Die Unterschiede zum Donaustil sind augenfällig. »Das Ornament der Bandkeramik ist atektonisch..., es ordnet sich nicht dem Gefäßkörper unter, sondern lebt wie unabhängig von dem Träger... in selbständiger Form. Das Ornament der Megalithkultur dagegen ist dem Träger untergeordnet, es ist ausgerichtet auf den Rand, die Schulter, den Henkel, es unterstreicht die Form, es ist tektonisch.« (Kühn)

Auch die Formenwelt zeigt einen anderen Charakter. Typische Erzeugnisse sind neben Schalen, Satten und Näpfen, hochhalsige und weitbauchige Terrinen, die leitmotivisch vorkommenden Kugelflaschen und jene Trichterbecher, die dieser Spielart der Keramik ihren Namen schenkten.

Die Trichterbecherkeramik scheint in Spanien heimisch, von wo ihre Ursprungslinien weiter nach Ägypten weisen. Ihr deutsches Zentrum lag wie das der Megalithkultur in Schleswig-Holstein und auf Rügen. Eine Westgruppe war im Emsland zu Hause, eine riesige Ostgruppe griff weit über die Weichsel hinaus, eine Südgruppe erreichte mit ihren Ausläufern Böhmen-Mähren und die Ukraine.

Die Rössener und die Michelsberger Abkömmlinge auf deutschem Boden siedelten sich vor allem in Mitteldeutschland an. Nach ihren Fundorten Baalberg, Salzmünde, Walternienburg-Bernburg und dem Havelland benannt, führen sie in den Stilfibeln der Scherbenexperten ein jeweils scharf umrissenes Sonderdasein. Ein weiterer Trabant zeichnet sich in der Gegend von Glogau als Nostitzer Gruppe ab.

Während Band- und Trichterbecherkeramik ganz Mitteleuropa sowie Teile von Südost- und Osteuropa überfluteten, drang die Rössener Keramik kaum über den deutschen Boden hinaus. Sie war gewissermaßen die erste bodenständige deutsche Kultur überhaupt, die – symptomatisch genug – Anregungen »von draußen« zu einem kraftvollen Einzelstil verarbeitete.

Während ihre Gefäßformen zum größten Teil der donauländischen Töpferei entlehnt sind, erscheint ihre Ornamentik »wie von geflochtenen Körben abgenommen«, also megalithisch beeinflußt. Dabei ist – als wenn sich der deutsche Kulturpartikularismus hier erstmalig zu Wort meldete – ein Hang zu Eigenbrötelei und gebietlichen Sonderformen unverkennbar.

Der Weg der »Rössener« aus ihrem Stammland bei Merseburg über Eberstadt bei Gießen, Frankfurt, Heidelberg und Straßburg bis nach Schaffhausen, Zürich und Liechtenstein ist leicht zu verfolgen.

»In den Abfallgruben der Rössener Gattung herrschen noch die Knochen von Jagdwild vor, neben den zahlreichen Hirschhornhämmern ein Beweis, wie sie bei ihrer Ankunft im Süden noch ausgesprochene Jäger waren.« Erst allmählich nahmen sie – nach Schumachers Feststellungen – von den Bandkeramikern den Ackerbau an und lernten wie diese Haustiere halten und züchten. In ihren Siedlungsgewohnheiten blieben sie sich jedoch treu. Ihre Häuser lassen nach Lage und Größe einen Zug zum Individualismus erkennen.

Wie die Rössener haben auch die Michelsberger verschiedene Impulse kraftvoll verarbeitet. Man hat ihre »Lederkeramik« früher unbedenklich einem großen Westkreis zugeordnet, als dessen wichtigster Ableger in der Schweiz die Cortaillod-, in Frankreich die Chassey- und in England die Windmill-Hill-Kultur firmieren. Diese These begegnet heute jedoch zahlreichen Bedenken, da neuere Grabungen auf die Übernahme von Trichterbecherelementen hindeuten. Andere Eigenarten verweisen auf östlich-donauländische Einflüsse.

Bleibt die Herkunft einstweilen ungeklärt, so zeichnet sich, zumindest in Deutschland, das Bild der Michelsberger Kultur um so klarer ab. Das Gesamtinventar ist zwar reich an Formen und Gegensätzen, stellt jedoch mit Tulpenbecher und Backteller zwei so charakteristische Erzeugnisse heraus, daß die Spur leicht aufzunehmen ist. Außer dem Michelsberg sind der nahe Auberg bei Bruchsal, Großumstadt bei Darmstadt, der Goldberg bei Nördlingen, Neckargartach bei Heilbronn, Neubamberg im Kreise Alzey und Schierstein bei Wiesbaden die wichtigsten Fundorte.

Die Häuser der Michelsberger ähnelten denen der Rössener. Ihre Grabsitten sind noch wenig erforscht. Auffallend ist ihr starker Verbrauch an Feuerstein – die Jaspisbergwerke am Isteiner Klotz sind vielleicht von ihnen in Betrieb genommen.

Die Horgener, Sipplinger und Schussenrieder Gruppen weisen manche Ähnlichkeit mit den Michelsbergern auf und konzentrieren sich wie diese auf den deutschen Südwestraum. Eine grobe, aber recht vielseitige Keramik, eine variable Knochenindustrie und feingeschliffene Äxte gelten als ihre Kennzeichen. Sie vertreten vor allem die »Pfahlbaukulturen«, die im Detail – wie wir heute wissen – recht uneinheitlich sind und daher nicht mehr als geschlossene Gruppe geführt werden.

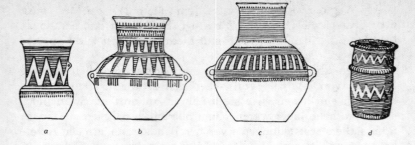

Schnurkeramische Gefäße aus Thüringen

Schnur-
keramiker
und Glocken-
becherleute

Ein weiterer, wieder ganz selbständiger Stil tritt mit der Schnurkeramik ins Bild. Ihr »Leitfossil« ist die rundliche Amphore und der hohe, geschweifte Becher, die – teils horizontal, teils vertikal – mit zunächst echten, später imitierten Schnureindrücken verziert sind.

Als Waffe benutzten die Schnurkeramiker eine feingeschliffene, schlanke Streitaxt.

Das Ursprungsland der Schnurkeramiker, die ihre Geheimnisse nur langsam preisgeben, scheint Südrußland zu sein. Vielleicht läßt sich von dort, über den Kaukasus hinweg, ebenfalls eine Brücke zu den frühen Hochkulturen des Nahen Ostens schlagen. In Deutschland war Sachsen-Thüringen ihr »Stammesherzogtum«. Von dort dehnten sie ihren Einfluß über das Main-Neckar-Gebiet und zur Elb- und Odermündung aus.

Mit den Menschen der Megalithkultur lebend, bestatteten sie ihre Toten jedoch in Grabhügeln, häufig in »Erbbegräbnissen« über- und untereinander, die, nach Schwantes, an den damals schon bestehenden Straßen lagen, ähnlich wie zwei Jahrtausende später die Friedhöfe der Römer.

In Thüringen setzten sie ihre Leute auch in Kisten aus flachen Steinplatten bei. Die berühmteste ist, dank ihrem bedeutungsvollen Dekor, das bereits im vorigen Jahrhundert entdeckte Merseburger Grabdenkmal.

Die Keramik der »Thüringischen Kultur« ist ausschließlich aus Gräberfunden bekannt. Wohnhäuser oder gar Siedlungen wurden noch nicht festgestellt. Es dürfte sich demnach um ein unruhiges, wanderfreudiges Volk gehandelt haben, vielleicht – da mit ihm das gezähmte Pferd in unsere Breiten kam – um das erste Reitervolk der europäischen Geschichte, das mit vehementer Gewalt in die bestehenden Bauernkulturen einbrach.

Es bleiben, wenn man von Splittergruppen absieht, die Glockenbecherleute, die gegenüber den Schnurkeramikern wieder einen mächtigen westlichen Impuls verkörpern. Charakteristikum ihrer materiellen Kultur ist das schön geformte, mit Dreiecken, Winkelmustern und Zickzackbändern verzierte Gefäß, dessen Namen sie tragen, sowie eine Arm- und Daumenschutzplatte aus Horn oder Schiefer, offenbar ein unentbehrliches Requisit ihrer Bogenschützen.

Unstet wie die Schnurkeramiker haben auch die Glockenbecherleute fast ganz Europa nomadisch durchmessen, auch ihre Wege sind fast ausschließlich durch Gräber gekennzeichnet. Sie begannen ihre Wanderung in Spanien, vielleicht sogar in Nordafrika, und setzten sie von der Iberischen Halbinsel aus in zwei Richtungen fort: an den Küsten des Atlantik und der Nordsee entlang nach England, Holland und Dänemark; über Südfrankreich rhôneaufwärts ins Donautal und Elbe-Quellgebiet.

Als sie am Rhein angekommen waren, führten sie Gegenstände aus einem bislang unbekannten Material mit sich: Pfeilspitzen und Dolche aus Kupfer, Vorboten eines neuen Zeitalters, Zeichen eines gewaltigen zivilisatorischen Umbruchs, der nach 500 000 Jahren Steinzeit die Weltherrschaft der Metalle begründete.

Scherben, Forscher und Geschichte

Soweit der archäologische Steckbrief der neolithischen Völker – unbekannter und ungenannter Mächte, deren Kommen und Gehen sich dem Forscher durch so periphere Erscheinungen wie Tongefäße, Flintwerkzeuge und Bestattungssitten mitteilt. Wir haben gesehen, daß schon im 18. Jahrhundert die Frage aufgeworfen wurde, welche Schlüsse das spröde und makabre Fundgut zuläßt, das als Ergebnis mehr oder minder planmäßiger Grabungen die Kisten und Regale der Museumsmagazine füllt.

Wir wissen auch, daß Generationen von Wissenschaftlern sich Gedanken darüber machten, ob es nicht geradezu vermessen sei, mit wenig mehr als einigen Scherben ausgerüstet die Geister der Geschichte zu zitieren.

Was trotz aller Bedenken schließlich doch geleistet wurde, stellt sich als eine übernationale Gemeinschaftsarbeit von riesigen Dimensionen dar, die selbst da, wo sie nur einen so begrenzten Ausschnitt wie West- oder Mitteleuropa betrifft, Erfahrungen vom Nordkap bis Nordafrika, vom Atlantik bis Innerasien auswertet. Konkret gesprochen: Funde in Palästina oder Anatolien können über Nacht bedeutsam werden für die Beurteilung von Funden, die in Württemberg oder Niedersachsen eingebracht werden. Das setzt freilich voraus, daß über jeder Grabung – ob am Euphrat oder

Rhein – genau Buch geführt wird, daß das gewonnene Material jedermann zugänglich archiviert oder wenigstens lückenlos veröffentlicht wird, und schließlich: daß bei der historischen Auswertung absolute Abstinenz in Ideologie und sogenannter Weltanschauung geübt wird.

Diese Bedingungen werden nicht immer erfüllt. Es gibt frischfröhliche Ausgräber, die vor lauter Arbeit nicht dazu kommen, die Ergebnisse ihrer Arbeit festzuhalten; es gibt Berge von Fundgütern, die ungeordnet in den Magazinen verkommen; und es gibt Gelehrte, die dem Druck oder den Lockungen außerwissenschaftlicher Instanzen erliegen und mit ihren Analysen, vorsichtig ausgedrückt, ihren Tribut an amtlich erwünschter Glaubens- und Linientreue entrichten.

Doch selbst wenn das nicht der Fall ist (und es muß zur Ehre der deutschen Prähistoriker gesagt werden, daß sie sich, bis auf wenige Ausnahmen, offiziellen Lehrmeinungen nach Kräften verschlossen haben) – auch Gelehrte sind sterblich; auch sie hegen ihre Lieblingsthesen, ihre vorgefaßten Meinungen, auch sie gehen gern einmal Seitenwege. Überdies lassen zahlreiche Fälle nicht nur eine Deutung zu, sondern deren zwei oder mehrere. Schließlich sind die Dinge dauernd in Fluß, so daß auch die gleichsam »fertigen« Ergebnisse der ständigen Korrektur bedürfen.

Aus all diesen Gründen ist die urgeschichtliche Literatur nicht frei von Widersprüchen. Was gestern der Weisheit letzter Schluß war, gilt heute vielfach bereits als überholt, und die Auffassungen der älteren Koryphäen werden von den jüngeren Experten durchaus nicht immer geteilt. Beispielsweise ist die Frage, wieweit die neolithischen Kulturen in Deutschland gewissermaßen Landesprodukte, wieweit sie östliche oder westliche Importe waren, noch immer Gegenstand recht gegensätzlicher Meinungen.

Trotz solcher und anderer Divergenzen zeichnet sich die Weltgeschichte der Jüngeren Steinzeit aber wenigstens in ihren Grundtatsachen mit festen Konturen am Horizont ab.

Der paneuropäische Becher

Sie begann, soweit sie Deutschland betrifft, mit dem Auftritt der Bandkeramiker, jenes fremdartigen Ostvolks, das – nach einer langen Wanderung – etwa um 3000 v. Chr. Mitteleuropa erreichte, die fruchtbaren Lößgebiete besetzte und die Donaukultur schuf. Die Bandleute stellen sich dem Historiker, wie wir sahen, als ein über weite Räume verstreutes Bauernvolk dar. Wo sie erschienen, rodeten sie den Wald mit Feuer und Steinbeilen, bauten Emmer, Nacktweizen und Einkorn an und zogen nach Erschöpfung des Bodens weiter: ein offenbar friedlicher, heiter in den Tag hinein

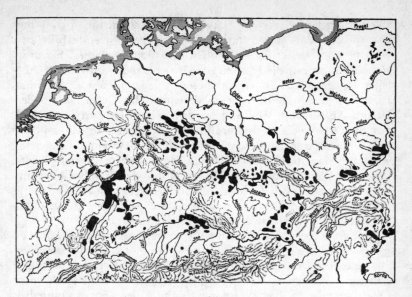

Verbreitung der Donaubauern in Deutschland (nach Wahle)

lebender Menschenschlag, der sich vorwiegend vegetarisch ernährte und mit dem Kult der Großen Mutter einem blutwarmen Fruchtbarkeitsmythos anhing.

Trotzdem waren die Bandleute expansiv. Sie scheinen ihre Ausdehnung, die nicht nur auf ihre orientalische Art des Raubbaues am Boden, sondern auch auf ihre biologische Tüchtigkeit zurückging, jedoch mit unkriegerischen Mitteln praktiziert zu haben, indem sie vorwiegend leere Räume besetzten.

Langsam aber wurde der Raum knapp. Und als die Bandkeramiker – und mit ihnen die Rössener – die Ufer des Rheins erreicht hatten, mußten sie ihren Wandertrieb wohl oder übel zähmen. Sie trafen hier auf die Menschen der frühen Pfahlbauten und die Cortaillod-Leute, eine bereits bodenständig gewordene Bevölkerung westmittelmeerischer Herkunft, die stark genug war, sich in ihren Moor- und Seerandsiedlungen zu behaupten. Hoch- und Oberrhein sowie die Ketten des Jura bilden die durch Funde deutlich markierte Grenze, über die nur die Rössener mit einigen Kolonien hinausgingen.

In Norddeutschland hatten um diese Zeit die Trichterbechermenschen ihre Macht fest etabliert, die Reste der Urbevölkerung aufgesogen und eine eigenständige Kultur geschaffen, die als die zweite tragende Kraft der Jüngeren Steinzeit historischen Rang beansprucht. Von einem starken Sendungsbewußtsein erfüllt, bewies sie auch weiterhin eine außerordentliche Dynamik. Sie missionierte nicht nur die Küsten, sondern entsandte auch etliche Ableger landeinwärts. In einem dieser Ableger glaubt die heutige Forschung die Michelsberger zu erkennen. Im Gegensatz zu der älteren Auffassung, welche diese dem Westkreis zurechnete und von der Ostschweiz aus in nördlicher Richtung sich ausdehnen ließ, hält sie also eine rheinaufwärts gerichtete Bewegung für wahrscheinlich. Ob so oder anders – die Michelsberger rückten »weitgehend in die Positionen der Rössener« und der Pfahlbauleute ein, erschlossen aber auch die bis dahin noch unbebauten Höhen.

Der Rhein blieb die große natürliche Grenze, welche die Ost- und Westkulturen voneinander schied.

Erst um 2000 v. Chr. gerieten die aufgestauten Fluten in Bewegung. Den Vorgang löste jedoch nicht ein plötzlicher Dammbruch aus; gleichsam rieselnd und sickernd, spülten westliche Strömungen die bestehenden Kulturen fort. »Schnell werden Hoch- und Oberrheintal«, so hat Wolfgang Kimmig diese Entwicklung beschrieben, »mit westlichen Einflüssen durchsetzt, die Barriere des Jura wird überwunden, bis zum Bodensee und zur oberen Donau brandet die westliche Flut. Dabei ist oft nicht zu unterscheiden, wieweit wirklich neue Menschengruppen oder nur fremde Kultureinflüsse im Spiele sind.«

Stärkste Kraft dieser westlichen »Roll-back-Bewegung« waren die Menschen der Horgen-Sipplinger-Kultur, die, aus Nordfrankreich stammend, südwärts bis in die Alpentäler von Graubünden, nordwärts bis Dänemark und Südschweden wanderten.

Die Horgener Wanderung stellt jedoch nur ein kurzes, dramatisches Zwischenspiel dar, das kaum hundert Jahre in Anspruch nahm. Mit vehementer Gewalt brachen danach von jenseits der Weichsel die Schnurkeramiker in Deutschland ein und stellten das west-östliche Gleichgewicht wieder her.

Ihr Erscheinen hat etwas von der niederbrechenden Gewalt eines Orkans. Wahrscheinlich in der Kalmückensteppe, in der Ostukraine und in der Gegend von Moskau zu Hause, trieben sie – mit hervorragenden Steinäxten bewaffnet und vermutlich beritten – riesige Viehherden vor sich her und setzten sich, wenn sie geeignete Weideplätze fanden, unbekümmert um die heimische Bevölkerung fest. In Norddeutschland siedelten sie sich neben den Megalithmenschen an. Mehr Viehzüchter als Ackerbauer, mehr Wanderhirten als seßhafte Bauern, begnügten sie sich jedoch mit den leichteren Böden.

Obwohl sie sicherlich nicht das immer noch gesuchte indogermanische Urvolk waren, gehörten sie höchstwahrscheinlich der indogermanischen Völkerfamilie an. Das Rassenbild des »nordischen« Heidjers dürfte nicht zuletzt ein Erbteil dieser schnurkeramischen Zuwanderung sein. Auch für Süddeutschland wurden sie zu einem Blutspender, dessen Kraft und Beständigkeit selbst die neue westliche Woge, den Einbruch der Glockenbecherleute, überdauerte.

Die Streitaxthirten wanderten als ganzes Volk, die Bechermenschen in kleinen, wohlgerüsteten Gruppen. Die Schnurkeramiker suchten vorwiegend Weideland, die Glockenbecherbanden Rohstoffe und – geschäftliche Kontakte. Ihre Unternehmungen erinnern an die bewaffneten Handelsexpeditionen des frühen Kolonialzeitalters. Wie diese fühlten sie sich von Bodenschätzen unwiderstehlich angezogen, hielten sie sich an die natürlichen Verkehrsstraßen, führten sie in ihrem Gepäck allerlei Tauschware mit. Außer Kaufleuten begleiteten auch Handwerker die kriegerischen Trupps – Metallgießer und Schmiede vor allem. Einer von ihnen, in einem mährischen Grab entdeckt und durch eine steinerne Form ausgewiesen, erntete als ältester europäischer Vertreter seiner Innung posthumen Ruhm.

Die konstruktive Leistung der Becherleute übertrifft die der anderen neolithischen Völkerschaften; biologisch scheinen sie sich nur in England behauptet zu haben. Sie verdrängten zwar »die priesterliche Aristokratie der Megalith-Baumeister« und ließen sich in deren Gräbern bestatten, gingen aber, zahlenmäßig allzu schwach, bald in den Gemeinschaften auf, denen sie sich zugesellten. Das war in Südfrankreich, in den Pyrenäen, in der Bretagne so, auch an der Donau und an der oberen Elbe. In Mittel- und Westdeutschland wurden sie von den Schnurkeramikern absorbiert. Sie übernahmen von ihnen die Streitaxt und die Bestattungsbräuche und bewahrten von ihren Traditionen nur den »paneuropäischen Becher«, den der Amerikaner Geoffrey Bibby für ein sichtbares Zeichen des Bierkonsums hält.

»Die Leichtigkeit, mit der allem Anschein nach diese kleinen Gruppen von fremdem Stamm, die große Mengen bequem transportabler Reichtümer bei sich führten, unbelästigt kreuz und quer durch Europa ziehen, wäre damit erklärbar, daß sie bereit und in der Lage waren, den Ansässigen berauschende Getränke zu verkaufen... Ob die Bechermenschen die Erfinder des Bieres waren, wissen wir nicht, doch ist es ein reizvoller Gedanke, daß vielleicht, wenn diese wandernden Händler einen der Ihren in fremder Erde, fern seinen heimatlichen Sierras, begruben, der letzte rituelle Akt darin bestand, seinen gewohnten Humpen bis zum Rand mit Bier zu füllen und ihn griffbereit mit in sein Grab zu stellen.«

Segen der Seßhaftigkeit So grotesk, ja geradezu kabarettistisch dieses Bild auf den ersten Blick erscheinen mag, es bezeichnet doch die fundamentale Wandlung, die Europa in den zweieinhalb Jahrtausenden der Jüngeren Steinzeit durchlebte.

Am Ende dieser Epoche fertigen die Menschen bereits Dolche aus Kupfer, Gefäße aus Ton, Schmuck aus Gold und Bernstein. Der Handel überwindet weite Gebiete. Der Ackerbau liefert das tägliche Brot und, wenn wir bei Bibbys Biertheorie bleiben, den Stoff für den stärkenden, beseligenden Gerstensaft. Völkerschaften verschiedenster Herkunft und Zungen sind in den menschenleeren Kontinent geströmt, einen riesigen Schmelztiegel, in dem Einheimische und Zuwanderer bereits zu einem untrennbaren Gemenge geworden sind.

Die Urbevölkerung, soweit sie überlebte, hat tausenderlei Einflüsse verarbeitet und sich den Lebensformen derer von draußen angeglichen. Aber auch diese haben einen harten Prozeß der Anpassung durchgemacht, sie haben dem Boden und Klima dieser Breiten ihren Tribut entrichtet – Europa hat sie zu Europäern gemacht.

Das Licht jedoch, das diesen Erdteil erhellte – wir stellen es heute gleichmütig fest, da es seine weltgeschichtliche Leistung nicht im geringsten mindert –, das Licht kam aus dem Osten: aus Mesopotamien, aus Ägypten, aus Kleinasien. Zwei mächtige Impulse der frühen Hochkulturen erreichten in der Jüngeren Steinzeit unsere Breiten, der eine zu Land, der andere zur See. Donauaufwärts die Bandkeramik. Auf dem Weg über den Atlantik und die Biskaya die Megalithkultur. Sie brachten Europa den Ackerbau und die Religion.

Der Übergang zum Ackerbau stellt sich dem Historiker als die erste große Revolution der Weltgeschichte dar. Bis dahin hatte es der Mensch der Natur mehr oder minder überlassen, ihn zu ernähren. Mit den ersten Körnern jedoch, die er ausstreute, um ihre Frucht zu ernten, nahm er sein Schicksal selbst in die Hand. Nun erst erfüllte er seinen göttlichen Auftrag, Herr zu sein über Pflanzen und Tiere und die Welt wohnlicher, seinen Wünschen und Bedürfnissen gefügig zu machen.

Dieser Vorgang veränderte nicht nur sein äußeres Leben von Grund auf, er ließ den Menschen auch zu sich selber kommen. Indem er seßhaft ward, entwickelte sich sein Gefühl für Zeit und Raum. Indem er unabhängig wurde, begann er seine Kräfte zu begreifen. Indem er Distanz gewann, gewann sein Leben Form, Intensität und Tiefe.

»Wer irgendwo dauernd wohnt«, so hat Hans Freyer diesen Weg der menschlichen Selbstentdeckung beschrieben, »verliert die irrende und suchende Lebensart nicht nur aus seinen Beinen, sondern auch aus seinen Augen, und seine Seele wird heimisch unter den heimischen Gegenständen. Die Toten ruhen nun nicht mehr in rasch vergessenen Gräbern in offener Wildnis, sondern im Haus der Lebenden oder dicht dabei. Sie sind nicht mehr weg, sondern sie sind da.«

»Glaube und Aberglaube entsteht erst jetzt; nur an der Grenze zwischen dem Innen und Außen, dort wo der Nachtwind an die Wand der Häuser schlägt, geht er um. Erst bei den seßhaften Pflanzenbauern hat sich das Zauberwesen samt all seiner Dumpfheit und Scheußlichkeit entfaltet; aber es ist nur die düstere Kehrseite der ungeheuren Intensivierung, die das Leben auf festem Grunde bedeutet.«

»Welche Sammlung der Sinne, welche Dichtigkeit des Bewußtseins, welches Gefüge des Alltags muß sich ergeben, wenn der Mensch nicht mehr zwischen treibenden Situationen schweift, sondern im Banne eines dauernden Raumes lebt!«

Folgerichtig begegnen wir in der Jüngeren Steinzeit zum erstenmal einer großen, fast möchte man sagen: weltumspannenden Religion, der Megalithgrab-Bewegung, die – wie das Christentum aus dem östlichen Mittelmeer stammend – über den europäischen Regionalkulturen den Bau einer gemeinsamen Ideologie errichtete, wobei es durchaus zum Bilde Europas gehört, daß Sektierer und Häretiker eine schnelle Aufsplitterung in zahlreiche Gruppen und Grüppchen bewirkten.

Auch im sozialen Bereich war die Jüngere Steinzeit eine Epoche rascher Entwicklung. Neben die Großfamilie trat die Dorfgemeinschaft. Es bildeten sich die ersten Führerschichten, die geistliche Elite der Megalithpriester etwa oder das militärische Führerkorps der Bechermenschen. Die Waffen wurden vielseitiger und gefährlicher, und die Zähmung des Pferdes und seine Abrichtung als Reittier machten sich Krieger und Händler in gleicher Weise zunutze.

Tiere traten in den Hausstand ein. Die Menschen lebten nicht mehr im Freien, sondern in festen, stroh- oder schindelgedeckten Häusern. Der Gerätebestand erweiterte sich beträchtlich. Die Techniker erfanden das Verfahren der Steindurchbohrung und das Wagenrad. Die Kunst der Keramik schuf einen bisher unbekannten Komfort im Haushalt und das Grundinventar der Kochkunst.

Die Weberei schenkte feste und wärmende Stoffe. Die Händler holten Bernstein und Muschelgehäuse von den Küsten der Ostsee und des Mittelmeeres und brachten mit ihrer Ware und ihren Erzählungen den Ruch von Weite und Ferne mit.

Und immer zahlreicher wurden die Menschen. Immer mehr Völker gingen auf Wanderschaft. Immer enger wurde der Raum.

Die Bauern vom Michelsberg Werfen wir einen Blick auf das Deutschland der Jüngeren Steinzeit, entdecken wir dennoch unübersehbare, riesige Urwälder. Darin eingebettet jedoch, vornehmlich auf größeren Lichtungen, Bergen und den Hochufern der Flüsse, die Rudel kleiner Dörfer, geschlossener Siedlungen mit Wall und Graben, Hütten, Scheunen und Tiergehegen. Rundherum Weiden und Äcker. Und zwischen den einzelnen Siedlungen Trampelpfade und schmale Wege, die – dem natürlichen Wellengang der Landschaft folgend – die Verbindung mit der Außenwelt herstellten.

Eines dieser Dörfer lag auf dem Michelsberg, von einem zwei Meter hohen Erdaufwurf und einer Holzpalisade umgeben. Seine Bewohner lebten ohne Hast. Der Acker, obwohl nur mit Hacke oder Grabstock bearbeitet, trug Frucht genug, den knurrenden Magen zu füllen. Und gab es einmal eine Mißernte, so halfen Milch und Fleisch der Herden über den mageren Winter.

Die Bauern vom Michelsberg wohnten in kleinen, rechteckigen Zweiraumhäusern. Die Männer bestellten die Äcker und gingen auf Jagd. Die Frauen versorgten das Vieh, versahen die Haus- und Gemüsegärten und widmeten sich der Töpferei und Weberei. Die Kinder tollten mit ihren kläffenden Spitzhunden durchs Dorf und halfen, herangewachsen, die Rinder, Ziegen und Schweine hüten.

Wenn einer starb, so begrub man ihn inmitten der Lebenden, häufig unter dem Estrich des Hauses; die Kinder in kesselförmigen Gruben, mit angezogenen Beinen auf dem Rücken liegend, die Erwachsenen gestreckt oder in Hockerlage, wohl versehen mit Töpfen und Bechern für das neue Domizil.

Auf diese Gräber stieß viertausend Jahre später der Spaten der Forscher, auf Knochen, verfärbte Erde und jene merkwürdigen, beuteligen Gefäße, die sich von allen bis dahin bekannten Formen unterschieden. Sie nannten sie Michelsberger Gefäße und gaben damit einer ganzen Kultur den Namen.

Auch darüber sind nun schon wieder nahezu achtzig Jahre vergangen. Und die Experten von heute haben an den Grabungstechniken der bärtigen Autoritäten von damals manches auszusetzen... Was tut's? Auch eine unzulängliche Grabung vermag Geschichte zu machen.

ACHTES KAPITEL

ODYSSEUS KAM DOCH NICHT ZUM NIEDERRHEIN

GESCHICHTE EINES IRRTUMS UND SEINE GESCHICHTLICHEN HINTERGRÜNDE

VIEL WIRBEL UM EIN TACITUS-ZITAT · HANDELSWAREN DER STEINZEIT
KUPFERBERGBAU VOR 4000 JAHREN · DAS JAHRTAUSEND DER SEEFAHRT
DIE STRASSEN DES BERNSTEINS · DER GOLDSCHATZ AUF DER FENSTERBANK
STILLE RESERVEN FÜRS JENSEITS · DIE PHARAONENGRÄBER DES NORDENS
FELDARBEIT MIT PFLUG UND OCHSEN · WUNDER DES BRONZEGUSSES
PELERINEN, KIMONOS UND ILLYRISCHE RÖCKCHEN
DAS KÖNIGSGRAB VON SEDDIN · DIE ILLUSTRIERTEN RASIERMESSER
RELATIVE UND ABSOLUTE CHRONOLOGIE
DIE NORDISCHEN SEEVÖLKER IN ÄGYPTEN
DAS ENDE DER MASSILIA-FAKTOREI IN DUISBURG

Nach Duisburg fährt man nicht zum Vergnügen. Duisburg ist eine Industriesiedlung wie nur wenige in Deutschland. Ein Produkt von Kohle, Stahl und Schiffahrt.

Viel Wirbel um ein Tacitus-Zitat

Die Halbmillionenstadt unterhält den größten Binnenhafen Europas mit 50 Kilometer Kaianlagen und 10 Quadratkilometer Wasserfläche. Sie liegt unter einer Dunstglocke, die der Rauch riesiger Eisenwerke, Walzstraßen, Kupferhütten, zinkverarbeitender Betriebe und Petroleumraffinerien bildet. Sie hat riesige Zechen, die selbst unter dem Hafenbecken ihre Kohle abbauen. Sie hat einen der modernsten Bahnhöfe der Bundesrepublik.

Duisburg hat rund 30 Kilometer Rheinfront, und wer von einer der fünf Rheinbrücken einen Blick auf die Stadt wirft, sieht überall die Stahlskelettbauten der großen Verwaltungssilos emporschießen.

Im Kriege schwer zerschlagen, hat die Stadt mit viel Kraft und Elan wieder aufgebaut. Eine Stadt der Arbeit und der aufgekrempelten Ärmel. Eine Stadt von heute – fleißig, zufassend, wohlhabend, auf ständige Erweiterung und Vergrößerung bedacht.

Aber vielleicht gerade weil Duisburg so ganz Gegenwart und Zukunft ist, weisen die Stadtväter gern darauf hin, daß es vielleicht die älteste Stadt Deutschlands sei: eine Gründung des Odysseus, der auf seiner zehnjährigen Irrfahrt auch an den Ufern des Niederrheins angelegt habe. Oder wenn sie allzu erstaunten Mienen begegnen: daß es jedenfalls ein bedeutender Umschlagplatz an der Rhône-Rhein-Elbe-Bernsteinstraße gewesen sei. Oder, wenn auch das noch Zweifeln begegnet: daß mit Sicherheit schon Jahrhunderte v. Chr. irgendwo im Gelände der Ruhrmündung eine bedeutende Handelsniederlassung bestanden habe.

Ihren Verkünder fanden diese Thesen in dem Duisburger Geologen und Vorgeschichtsfreund Eduard Wildschrey, der 1940 in einem Zeitungsaufsatz folgende lapidare Sätze zu Papier brachte: »In den Kriegsberichten der letzten Tage ist Marseille mit dem Rhônetal wiederholt genannt worden. Für Duisburg sind Stadt und Land von ganz besonderer Bedeutung: das Rhein-Rhône-Tal ist der ›Korridor Mitteleuropas‹, um den sich seit altersgrauer Vorzeit die ganze mitteleuropäische Geschichte dreht... Und Marseille ist die Mutterstadt von Duisburg! Von da aus ist unsere Heimatstadt vor undenklichen Zeiten... gegründet worden.«

»Um das Städtepaar Marseille-Duisburg, vielleicht in Verbindung mit Hamburg, das damals noch den keltischen Namen ›Treva‹ führte, drehte sich der mitteleuropäische Verkehr. Das waren nämlich die Umschlagplätze des Bernsteins, der im Altertum fast noch mehr geschätzt wurde als das Gold. Auf diesem Wege hat auch die griechische Kultur die allerwertvollsten Anregungen empfangen, die bis in die Neuzeit fortwirken...«

»Vor wenigen Jahren hat man in Marseille ein griechisches Fort ausgegraben. Von da zogen die griechischen Kaufleute aus, die die griechische Faktorei in der Duisburger Unterstadt gründeten und von hier aus nicht nur den Bernstein, sondern auch weltbewegende Kulturanregungen mit nach dem Süden brachten!«

Viel Zeitenwind und Phantasie auf einmal. Doch wie begründete Wildschrey sein farbiges Tableau?

Das Stichwort steht bei Tacitus. Der römische Geschichtsschreiber berichtet im 3. Kapitel seiner *Germania* von einem niederrheinischen Ort namens Asciburgium, den Ulixes – so nannten die Römer den Odysseus – »auf seiner langen, sagenhaften Irrfahrt« ins Leben gerufen habe. Es werde erzählt, daß dort ein Altar »mit seines Vaters Laertes Namen« gestanden habe. Auch von Denksteinen und Gräbern mit griechischen Inschriften ist beiläufig die Rede.

Das Ganze stellt sich, wie der Duisburger Syndikus C. V. Weisse bereits 1765 schrieb, als ein »artiges Märlein dar, welches ohne Zweifel von den Römern herkommt, die sich bei uns ... niedergelassen und mit unseren Töchtern sich beweibt hatten«.

Der Name Asciburgium taucht dann später auch bei den antiken Geographen Ptolemäus und Markianos auf. Beide sprechen ausdrücklich von einem rechtsrheinischen Ort.

Linksseitig verzeichnet eine spätrömische Straßenkarte das Kastell Asciburgium.

Das ist alles, aber diese wenigen Hinweise genügten, Generationen von Forschern und Heimatfreunden zu beschäftigen.

Es war nicht schwer, das Wort Asciburgium in dem Namen des sieben Kilometer von Duisburg entfernten Ortes Asberg wiederzufinden. Es gelang auch, auf Asberger Gelände die Spuren eines römischen Kastells nachzuweisen, und zwar genau da, wo es von der römischen Straßenkarte verzeichnet wird; linksrheinisch also. Man brauchte nur noch die Angaben des Ptolemäus und Markianos als »fälschliche Informationen« zu bezeichnen, und das Asciburgium-Problem konnte zu den Akten gelegt werden.

Da aber trat die Duisburger Lokalforschung auf den Plan. Ihr Bannerträger Eduard Wildschrey hatte dabei das Glück, in den Geographen Richard Hennig einen tüchtigen und anerkannten Gelehrten als kampffreudigen Bundesgenossen zu finden.

Hennig hatte bereits mit viel Fleiß und Scharfsinn eine Reihe antiker Sagen auf ihren verkehrswirtschaftlichen und wirtschaftspolitischen Kern untersucht und sowohl in den homerischen Epen als auch in der Herakles- oder Atlantissage handfeste Hinweise auf die Handelsverhältnisse im frühen Altertum entdeckt. Sollte nicht auch – so fragte er mit einigem Recht – die von Tacitus zitierte Überlieferung vom Besuch des Odysseus am Niederrhein auf uralte Geschäftsbeziehungen zwischen Griechenland und Germanien deuten?

Er brauchte nicht lange zu suchen, um eine passende Verbindung zu finden. Das Zauberwort hieß: Bernsteinhandel. Zogen nicht schon in altersfernen Zeiten die mittelmeerischen Kaufleute aus, um das »Gold des Nordens« zu erwerben? War nicht zumindest seit der Wende vom dritten zum vierten Jahrtausend so etwas wie ein schwunghafter Handel zwischen grauem Norden und blauem Süden festzustellen?

Handelswaren der Steinzeit Damit ist nicht gesagt, daß der Handel um die Wende vom dritten zum zweiten vorchristlichen Jahrtausend gleichsam erfunden wurde. Handel hat es immer gegeben, zumindest in der primitiven Form des Tauschverkehrs. Die prähistorische Forschung kann für diese Behauptung zahlreiche Beweise erbringen.

Meistgefragte Ware des vorbronzezeitlichen Marktes war der Feuerstein.

Das Universalmaterial der Steinzeit wurde überall in großen Mengen gebraucht, stand aber keineswegs überall ausreichend zur Verfügung. Reichlich versehene Flintprovinzen wechselten mit ausgesprochenen Notstandsgebieten der Flintversorgung ab. Dazu kam, daß sich der nächst dem Topas, Korund und Diamanten härteste Stein im »bergfrischen« Zustand am leichtesten verarbeiten ließ.

So entstanden schon früh regelrechte Feuersteinbrüche, in denen der kostbare Rohstoff methodisch – und sicher nicht nur für den eigenen Bedarf – abgebaut wurde. Solche Abbaustätten sind in den meisten Ländern Europas als »geologische Orgeln« bekannt. In Polen erschlossen die Forscher ein Flintgrubenfeld mit mehr als 700 Schächten. Das Steinrevier vom Grimes Graves in England zählt 254 Schächte, das von Spiennes in Belgien bedeckt eine Fläche von 50 Hektar. Die leistungsfähigsten deutschen Abbaustätten lagen auf Rügen, bei Maurach am Bodensee und in Thüringen.

Die Größe ihrer Absatzgebiete müßte auch modernen Wirtschaftsmenschen Respekt einflößen. Die Pfahlbauern am Bieler und Neuenburger See in der Schweiz fertigten ihre Geräte vor allem aus Rügener Flintknollen. Thüringer Steinprodukte gelangten bis nach Ostpreußen, und der Qualitätsstein von Grand Pressigny in Mittelfrankreich legte bis zu einigen niedersächsischen Fundorten 800 Kilometer zurück.

Mit einem planmäßigen Handelsverkehr hatten derartige Wanderungen freilich wenig zu tun. In Afrika geschieht es bisweilen heute noch, daß eine billige Halskette, ein Wecker oder eine Petroleumlampe auf dem Tauschweg den Kontinent durchmißt. Ein derartiger Stafettenhandel wird auch gewisse steinzeitliche Waren von Lager zu Lager, von Dorf zu Dorf getragen haben. Sie bewegten sich dabei jeweils nur eine kurze Strecke, fanden einen neuen Besitzer, wanderten mit ihm ein Stück weiter, gingen erneut in andere Hände über und brachten es auf diese Weise zu höchst erstaunlichen Kilometerleistungen.

Der indirekte Handel schließt den Direktverkehr, auch über weite Strecken, nicht aus. Dieser wird sich überall da entwickelt haben, wo die Ware gewissermaßen »Markeneigenschaften« oder modi-

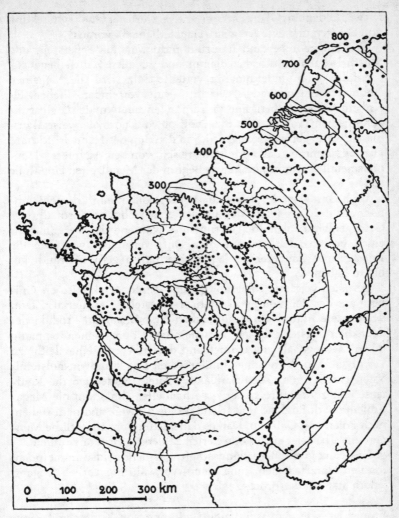

Feuersteinhandel in der Jungsteinzeit.
Verbreitung von Geräten des Grand-Pressigny-Typus.
(Nach Hue, ergänzt von Jacob-Friesen)

schen Charakter erwarb und damit eine gesteigerte Konsumbereitschaft erzeugte. Die in der Ofnethöhle gefundenen, zu Schmuck verarbeiteten 400 Muschelgehäuse der mittelmeerischen *Columella rustica* machen einen derart »gezielten« Handel schon für die Mittlere Steinzeit wahrscheinlich. Auch die in die Jüngere Steinzeit datierten 45 Sichelmesser des Hortfundes von Trendelbusch im

Kreise Oldenburg-Land setzen die gewerbsmäßige Herstellung von Geräten und eine Art von »Hausierhandel« voraus.

Das Angebot bestand natürlich nicht nur aus Feuerstein und Muschelschalen. Auch das überall und zu allen Zeiten begehrte, ebenfalls recht ungleichmäßig verteilte Salz wird die Menschen schon früh einander nähergebracht – und verfeindet – haben. Elfenbein hat vielfach riesige Entfernungen überwunden. Selbst die keramischen Produkte der Steinzeit, obwohl normalerweise Hausmacherware, gerieten gelegentlich in den Sog des Handels. Richard Hennig vermutet, daß auch Meteoreisen, von den Ägyptern »Himmelsmetall« genannt, lange vor Beginn der Metallzeiten eine Rolle spielte.

Und dann eben der Bernstein, jenes fossile honigfarbene Baumharz aus der Tertiärzeit, das auf den ersten Blick an durchsichtiges Gold gemahnt, obendrein brennt und während des Verglimmens einen betäubenden, balsamischen Duft verbreitet, von dem die Priester und Zauberer der Vorzeit sicherlich gern Gebrauch gemacht haben.

Bernsteinverzierte Silberdolche sind bereits in kretischen Gräbern aus der Zeit von 2500 v. Chr. festgestellt. Das hier als Zierat verwendete Material war nordischen Ursprungs, ein Produkt der deutschen Küsten, dessen Bernstein sich durch einen einmalig hohen Säuregehalt auszeichnet und dessen Wege daher leicht zu verfolgen sind. Von seiner jütländischen und schleswig-holsteinischen Heimat aus – den Samlandbernstein entdeckten die Kaufleute erst 2000 Jahre später – verhandelten ihn schon die Megalithleute nach England und Irland, in die Schweiz und nach Italien, nach Polen und Galizien. Daß es dabei häufig um beachtliche Mengen ging, beweist ein 13 000 Perlen zählender Hort aus Jütland.

Das ganz große Bernsteingeschäft, das dem goldschimmernden, fossilen Harz fast den Rang einer Weltwährung verlieh, begann jedoch erst mit der Bronzezeit.

Kupferbergbau vor 4000 Jahren

Bronze ist, wie man weiß, eine Legierung von Kupfer und Zinn. Die Kunst des Kupfergusses war bereits im alten Babylon, vor rund 5 000 Jahren, bekannt. Die dortigen Metallurgen haben auch bereits versucht, das allzu weiche Material durch Zusätze von Blei und Antimon zu härten; offenbar ohne Erfolg.

Die erste bekannte Kupfer-Zinn-Mischung findet sich in der Statue des um 2500 v. Chr. lebenden ägyptischen Königs Pepi. Demnach dürfte das Geheimnis der Bronzeherstellung vor etwa 4 500 Jahren entdeckt worden sein. Das »klassische« Mischungsverhältnis – 90 Prozent Kupfer, 10 Prozent Zinn – wurde freilich erst um 2200 v. Chr., nach jahrhundertelangem Experimentieren, ermittelt. Wo das geschah, weiß niemand. Vielleicht in Spanien, dessen große Kupferlager in den britischen und bretonischen Zinnvorkommen die nahe, notwendige Ergänzung fanden; vielleicht in den neuerungsfreudigen Stadtkulturen des Nahen Ostens; vielleicht sogar in Indien – am wahrscheinlichsten an verschiedenen Stellen zugleich.

Die Erfindung machte ihren Weg und verschaffte nicht nur den Produktionsländern, sondern auch den Rohstoffgebieten eine ungeheure Bedeutung. Das waren für die Beschaffung des Kupfers: die Insel Cypern (die dem Metall den Namen gab), Spanien, Italien, Ungarn, das Salzkammergut in Österreich sowie Mitteldeutschland mit seinen vogtländischen und thüringischen Adern.

»Zum guten Teil hat man«, wie vor allem die Untersuchung der Gruben Mitterberg und Bischofshofen bei Salzburg ergab, »im Tagebau gearbeitet. Lange, tiefe Furchen an den Berghängen und Reihen von tiefen Trichtern zeigen die alten Stellen des Abbaues und sind gefüllt mit Massen des ›tauben‹ Gesteins, das man nicht brauchen konnte. Aber vielfach hat man auch unter Tage gearbeitet, hat einen Schacht tief hinunter geschlagen und ihn unten, wo die Metalladern liefen, großräumig erweitert.« (Schuchhardt)

Die etwa einen Meter breiten Schächte wurden normalerweise schräg ins Erdreich hinein gegraben. In den bis zu zwanzig Meter tiefen, dunklen Löchern bildeten übereinanderliegende Baumstämme eine Art Treppe. Zur Musterausstattung gehörte außerdem eine Haspelwinde, eine einfache Seilanlage, die – oberirdisch einem Ziehbrunnen gleich – mit Hilfe einer Kurbel bedient wurde.

Die Sohle des Stollens ließ man, wenn eben möglich, leicht ansteigen, um das Grundwasser abzuleiten und die Arbeitsstelle vor Ort trocken zu halten. Die Wände und Decken wurden sauber verzimmert. Der Lufterneuerung in den Schachtanlagen, bergmännisch Wetterführung genannt, scheint man dadurch nachgeholfen zu haben, daß man große Matten in fächelnde Bewegung versetzte.

Trotz solcher und anderer bis ins hohe Mittelalter kaum veränderter Schutzeinrichtungen kamen natürlich Unfälle vor. Mehrfach sind in den verlassenen Mitterberg-Stollen die Leichen verunglückter Bergleute entdeckt worden. In einer bronzezeitlichen Kupfergrube Spaniens fand man 20 tote Kumpels, die während der Mittagspause von niedergehendem Gestein begraben worden waren. Sie trugen bereits die im Mittelalter üblichen Kappen und das berühmte »Arschleder«, das bis heute einen unerläßlichen Bestandteil des bergmännischen Feiertagswichses bildet.

Dem Abbau des Erzes ging das Feuersetzen voraus, die

»Gebrächmachung« des Gesteins, wie die Bergleute des Mittelalters sagten. Man entzündete einen Scheiterhaufen, erhitzte den Fels auf Backofenglut und schreckte ihn mit kaltem Wasser ab. Das bröcklig gewordene Gestein wurde dann durch Keilhauen oder Pickel abgearbeitet und in Ledersäcken ans Tageslicht gehaspelt.

Als Zinnlieferanten behaupteten die Bretagne und vor allem Britannien – Zinn hieß im alten Ägypten *pitran*, d. h. britannisches Erz – jahrtausendelang fast ein Monopol. Der Zinnbergbau war wesentlich einfacher als der Betrieb einer Kupfergrube. Zudem wurde Zinn zum guten Teil aus sogenannten Seifen gewonnen, zinnhaltigen Sanden, die entweder in Flußläufen oder in deren unmittelbarer Nähe als Lagersande vorkamen. So war vor allem das englische Zinn ein »Waschprodukt«. Die kleineren deutschen Vorkommen im Harz und im böhmisch-sächsischen Grenzgebirge wurden dagegen bergmännisch ausgebeutet.

Das Jahrtausend der Seefahrt

Solche kleineren Vorkommen änderten aber nichts an der Grundtatsache, daß Kupfer und Zinn sehr ungleichmäßig verteilt waren. Folgerichtig erwuchs aus dieser Konstellation eine erste Frühblüte des Welthandels.

Und ganz von selbst ergaben sich internationale arbeitsteilige Ordnungen. Das in den Sandseifen von Cornwall und Devonshire gewonnene Zinn zum Beispiel wurde von den meererfahrenen Inselbewohnern über den Kanal befördert. Dort übernahmen Händler die schweren Barren und verfrachteten sie auf dem Landweg ins Rhônedelta, von wo schnelle Kauffahrer die wertvolle Ware in ihre Bestimmungsländer brachten.

Die ersten regelmäßig benutzten Seeverbindungen bestanden bereits vorher. Schon die Ausbreitung der Megalithkultur ist ja, wie wir sahen, ohne Schiffe nicht denkbar. Nun aber begann, mit dem Norweger Brogger zu sprechen, das »Große Jahrtausend der Seefahrt«.

»Die für Bronze benötigten Rohstoffe... mußten aus ganz verschiedenen Gebieten herbeigeholt werden, und dazu waren neue Fähigkeiten und besondere Verfahren erforderlich, die nur die ›Großfirmen‹, mit ihrem Verständnis für die Produktionsmöglichkeiten und die Marktlage, bieten konnten. Nach den Quellen der Rohstoffe richtete sich in gewissem Grade der Verlauf der neuen Reisewege. Zuerst traten die Iberische Halbinsel, die Bretagne, Cornwall und Irland in den Vordergrund...« Das Mittelmeer wurde weiterhin auf den Routen der Megalithmissionare befahren. Auch über die gefährliche Nordsee führten regelmäßige Passagen. Die berühmten Felsbilder von Norwegen und Schweden deuten

Keramik der Älteren Hallstattzeit.
Oben: gefunden in Gomadingen, Kreis Münsingen;
unten: gefunden in Hundersingen, Kreis Saulgau.

Der »Goldene Hut von Schifferstadt« – ein spätbronzezeitliches Prunkstück des Historischen Museums der Pfalz (Speyer).

Der »Hohmichele« bei Hundersingen – das größte keltische Fürstengrab in Deutschland.

Die Heuneburg bei Hundersingen. Blick von der Donau aus.

Bronzegefäße der Jüngeren Hallstattzeit aus Hundersingen, Kreis Saulgau, und Tannheim, Kreis Biberach.

Goldgegenstände der Jüngeren Hallstattzeit aus württembergischen Fürstengräbern.

Klapperfibel der Hallstattzeit.
Fundort: Mehlstetten,
Kreis Tuttlingen.

Schmuck der Späten Hallstatt-
und Frühen Latène-Zeit.
Figürchen, an Fingerringen
befestigt. Höhe 2,7 cm.
Fundort: Stuttgart-Uhlbach.

Die Säule von Pfalzfeld – eine Kultpyramide aus keltischer Zeit.

Keltischer Halsring (troques) aus Trichtingen, Kreis Rottweil.

Goldener Armring der Früh-Latène-Zeit, gefunden in Rodenbach.

Goldfibeln aus dem berühmten Reinheimer Fürstengrab (1962).

darauf hin, daß die Seefahrt bei den Anrainern der Nord- und Ostsee schon damals eine überragende Rolle spielte. »Sicher kann man in den Mittelmeerländern und gewissen Seegebieten von Westeuropa ebenso große Schiffe und Flotten gehabt haben, doch ist kaum der Schlußfolgerung auszuweichen, daß die in den norwegischen und schwedischen Felsgravuren verewigten Schiffe in Skandinavien wohl die Höchstleistung der europäischen Seefahrt während der Bronzezeit verkörperten.« Brogger spricht in diesem Zusammenhang die Vermutung aus, daß die Schiffahrt durch Berufsseeleute betrieben wurde, ja, daß vielleicht schon damals der Beitrag des rohstoffarmen Norwegen zum westeuropäischen Seehandel aus Schiffen und Seefahrern bestand.

Das Gesetz des »Immer weiter«, der Urtrieb aller Entdecker, ließ sie unwahrscheinliche Strecken in ihren Nußschalen zurücklegen. Diese frühen Seefahrer gelangten, wie Funde beweisen, zu den Kanarischen Inseln und zu den Azoren, sie legten auf Madeira an, sie landeten an den afrikanischen Küsten. »Sie kannten keine Landesgrenzen, brauchten weder Paß oder sonstige Ausweise, noch Fahrkarten. Die Welt stand offen. Die Erde war frei, und sie wanderten darüber hin, als seien tausend Meilen nur ein vergnügliches Abenteuer.«

»Wir könnten auch sehr wohl daran glauben, daß der Seeweg nach Amerika während der Bronzezeit entdeckt worden ist ... damit hätten wir vielleicht zum Teil die Erklärung, wieso die amerikanischen Völker in einer Bronzezeit lebten, als die Europäer in der nächsten großen Ära der Seefahrt zu ihnen kamen ... Die Geschichte Atlantis, die Plato berichtet, fände damit eine neue, natürliche Erklärung – es wäre die Geschichte der großartigen Entdeckungen, die von Seeleuten in der Bronzezeit gemacht wurden und wieder verlorengingen.«

Um 2000 v. Chr. wurde die Bronze auch in Mitteleuropa heimisch, am ehesten da, wo abbauwürdige Rohstofflager ihre Einbürgerung begünstigten. Das war, wie wir sahen, nicht zuletzt in Mitteldeutschland der Fall, dem eine absonderliche Laune der Schöpfung eine natürliche Originalbronze in Gestalt zinnhaltiger Kupferadern geschenkt hatte. Anders lagen die Dinge in Norddeutschland, das von der Natur weniger freigebig bedacht worden war und den begehrten neuen Werkstoff daher bezahlen mußte.

Die Straßen des Bernsteins

Das geschah zum kleineren Teil mit Fellen, zum größeren aber mit Bernstein, dem Gold des Meeres. Das verhärtete, schön gezeichnete Harz wurde das Produkt, mit dem sich die Küstengebiete der Nordsee und hernach auch die der Ostsee in den beginnenden

Großraumverkehr einschalteten. So bietet der Bernsteinhandel, mit Alexander von Humboldt zu sprechen, »ein merkwürdiges Beispiel von dem Einflusse dar, den die Liebe zu einem einzigen... Erzeugnis auf die Eröffnung eines inneren Völkerverkehrs und auf die Kenntnis großer Länderstrecken haben kann«.

Die Liebe zu dem fossilen Harz schuf die ersten leistungsfähigen Nord-Süd-Verbindungen in Deutschland, schuf die berühmten Bernsteinstraßen, deren Lauf wiederum zahlreiche Funde markieren. Auch literarische Quellen treten nun erstmalig als Arbeitsmaterial der Vorgeschichte in Erscheinung. Doch sind sie noch für lange Zeit so ungenau, daß sie mehr Verwirrung als Klarheit stiften.

Die umstrittenste Stelle steht bei Herodot. Der Vater der Geschichtsschreibung nennt als Heimat des Bernsteins den Eridanus, einen Fluß, der weit hinter Europa »in das Nordmeer fließt«. Schon die Gelehrten des Altertums haben über die Verschwommenheit dieser Angabe die Haare gerauft und unbekümmert um das herodotische Nordmeer vornehmlich die Rhône und den Po, an deren Mündungen Bernstein umgeschlagen wurde, für den Erianus gehalten.

Ovid verschaffte dem Fluß literarische Reputation. Der lateinische Dichter erzählt in seinen Metamorphosen die Geschichte von dem ungeratenen Helios-Sprößling Phaeton, der von seinem Vater die Erlaubnis erhielt, den Sonnenwagen einmal um die Erde zu kutschieren. Bald gingen dem unerfahrenen und leichtfertigen Jüngling jedoch die feurigen Rosse durch, er kam der Erde zu nahe und erzeugte einen riesenhaften Flächenbrand. Himmelsvater Zeus erzürnte diese Untat so sehr, daß er den Missetäter mit einem olympischen Blitz in den Eridanus schleuderte. Die trauernden Schwestern, die den Bruder dort bestatteten, verwandelte er überdies in Pappeln, deren Blätter Bernsteintränen weinten.

Aber selbst Ovids schöner Naturmythos half nicht weiter. So hat man schließlich sämtliche nordwärts fließenden Ströme Deutschlands, vom Rhein bis zur Weichsel, in den Kreis der Betrachtung einbezogen. Am Ende entschied man sich für die Elbe.

In der Tat führte von der Elbmündung aus bereits in der Steinzeit eine Straße quer durch den Kontinent zum Schwarzen Meer – der Weg, oder sagen wir ruhig: der Trampelpfad, dem zwei Jahrtausende später die Argonautensage ein Denkmal setzte. Die an der Durchfahrt durch den Bosporus gehinderten griechischen Helden fuhren, wie Apollonius Rhodius erzählt, nach dem Raub des Goldenen Vlieses donauaufwärts, schlugen sich durch Böhmen, erreichten die Elbe und fanden über die Nordsee und Gibraltar ins

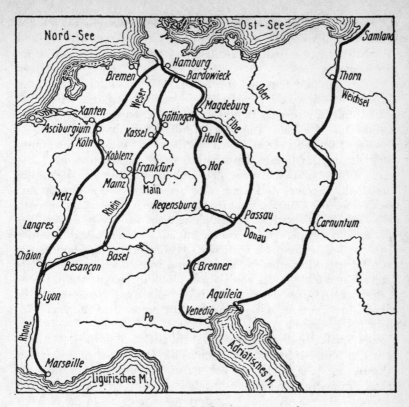

Der ungefähre Verlauf der vorgeschichtlichen Bernsteinstraßen

Mittelmeer zurück. Ein abenteuerlicher Zug, der den handelsgeschichtlichen Hintergrund des alten Mythos enthüllt.

Die älteste Bernsteinstraße in Deutschland deckte sich zum guten Teil mit dieser »Argonautenstraße«. Sie führte von der Elbmündung – und der ihr vorgelagerten sagenhaften Insel Abalus, die man heute mit dem versunkenen Eiland Südstrand vor Eiderstedt identifiziert – stromaufwärts bis zur Saale und gabelte sich dort. Während die eine Trasse weiter der Elbe folgte und sich dann der Moldau anvertraute, wandte sich die andere der Saale zu und nahm von dort aus Kurs auf die Donau. An der Innmündung vereinigten sie sich wieder, erkletterten gemeinsam den Brenner und erreichten über das Eisack-Etsch-Tal das Po-Delta und die Adria.

Diese erste der drei deutschen Bernsteinstraßen bewältigte den Handelsverkehr eines ganzen Jahrtausends; erst nach der Gründung von Massilia-Marseille durch griechische Kolonisten gewann auch der Rhein-Rhône-Weg Bedeutung, mit ihm, wie Hennig und Wildschrey meinten, der Umschlagplatz Asciburgium an der Ruhrmündung.

Dazu kam in den letzten vorchristlichen Jahrhunderten, nach der Wiederentdeckung der samländischen Vorkommen, die dritte Bernsteinstraße, die von der Weichsel aus über Oder und March auf die Donau zustieß und bei Aquileja die Adria erreichte.

Diese frühen Straßen spielten im Alltag und in der Vorstellungswelt der beiden letzten vorchristlichen Jahrtausende eine bedeutende Rolle. Nach Aristoteles galt die Elbe-Brenner-Adria-Passage als »heilige Straße«, auf welcher der friedliche Wanderer nicht nur den Schutz der Götter, sondern auch die Gunst der Anlieger genoß. Die Händler wirkten schon damals wie ein Sauerteig. Sie verkörperten das Element der Unruhe im allzu steten Gleichmaß des Lebens. Sie weckten Neugier und Abenteuerlust. Sie berichteten von fernen, wunderbaren Ländern, und wenn auch in ihrem Zugvogeldasein leicht etwas von Gaukelei und hirnverwirrender Phantasterei war, so weiteten sie doch den Blick und bewiesen allein durch ihre Existenz, daß die Welt nicht hinter dem nächsten Gebirgszug zu Ende war.

Die Straßen hielten, wie wir sahen, nach Möglichkeit Fühlung mit den Flüssen. Stromab benutzten die Händler daher gern den Wasserweg. Die bedienten sich dabei kleiner, roh gezimmerter Schiffe mit geringem Tiefgang, vielleicht in der Art von Flößen, die sie am Zielort als Rohholz verkauften – wie es bis in die Neuzeit auf vielen Strömen der Erde üblich war.

Der Rückweg war beschwerlicher. Die flußaufwärts führenden Pfade wanden sich durch Wald und Dickicht und waren, wenn sie auf Sümpfe, Gewässer oder Gebirge trafen, zu manchem Umweg gezwungen. Regenfälle verwandelten sie in unpassierbare Moräste; wahrscheinlich ruhte im Winter der Verkehr ganz. Selbst wenn man annimmt, daß die mitgeführten Waren Trägern oder Lasttieren aufgebürdet oder sogar mit Ochsenwagen transportiert wurden, wird eine solche Handelsreise nicht viel anders ausgesehen haben als vor fünfzig Jahren eine Expedition in den afrikanischen Busch.

Der Goldschatz auf der Fensterbank Um so überraschender ist der Aktionsradius dieser frühen Handelspioniere. Schwere italienische Bronzegefäße gelangten in die schwedische Landschaft Skane, ein Grab bei Gnesen enthielt eine bronzene Isis aus Ägypten, eine fränkische Höhle barg ägyptische Bronzegewichte. Im Landkreis Memel wurde eine hethische Bronzefigur aus der Zeit um 1200 v. Chr. gefunden. Ein Pfahlbau im Neuenburger See gab ein Hängebecken skandinavischer Herkunft frei. Im Nildelta fanden sich Waffen aus Skandinavien. Umgekehrt gelangte ein ägyptisches Krummschwert des bronzenen Jahrtausends nach Ostergötland in Schweden.

Den erstaunlichsten Beweis für die Vielfalt und Weite der bronzezeitlichen Handelsbeziehungen lieferten jedoch die in englischen, schwedischen und ostpreußischen Gräbern entdeckten Kaurimuscheln. Die Schalen dieser ausschließlich im Roten Meer und im Indischen Ozean lebenden Schneckenart »sind nachweislich schon im 10. und 9. Jahrhundert v. Chr. in den nördlichsten Teilen Europas als Schmuckstücke bekannt gewesen ... Kann es ein wunderbareres Zeugnis geben für die Ausdehnung eines Fernhandels von weltweitem Ausmaß in einem Zeitalter, das man noch vor einigen Jahrzehnten als versunken in tiefe Barbarei ansah?« (Hennig)

Auch das Gold, das betörendste und edelste aller Metalle – von den Sumerern schon vor mehr als 5000 Jahren begehrt und geliebt –, fand damals den Weg in unsere Breiten und wurde, wie Bronze und Bernstein, eine Handelsware erster Ordnung. Zum größten Teil aus Irland, zum kleineren wohl aus Siebenbürgen bezogen, rief es vor allem im nordischen Raum eine Goldschmiedekunst von erlesener Formkultur ins Leben. Trotzdem begegnet man auch dort zahlreichen Importen.

Importe und heimische Erzeugnisse zu unterscheiden, ist freilich nicht immer ganz leicht. So ist zum Beispiel bis heute ungeklärt, ob die goldenen Schalen von Gönnebeck und die Sonnenscheibe von Glüsing – die Prunkstücke des an Goldfunden so reichen Schleswiger Landesmuseums – landeseigenen oder ausländischen »Ateliers« entstammen.

Vermutlich aus südlichen Regionen kommen die berühmten Goldgefäße von Langendorf, die seinerzeit nicht nur ihrer Schönheit, sondern auch ihres merkwürdigen Schicksals wegen Aufsehen erregten.

Der »Kathenmann Pich«, der sie 1892 von der Feldarbeit heimbrachte, hielt sie nämlich für Messinggeräte und stellte sie als Blumentöpfe aufs Fensterbrett. Als sie nach zwei Jahren immer noch blank wie am ersten Tage waren, schickte er seine Ehehälfte mit den beiden Gefäßen zu einem Goldschmied im nahen Stralsund. Dieser beorderte die gute Frau umgehend ins Museum.

Rudolf Baier, der damalige Leiter des Instituts, freute sich, wie er später bekannte, gerade aufs Mittagessen, als die Kätnerin bei ihm eintrat, brachte aber beim Anblick des Schatzes keinen Bissen mehr herunter. Noch größer war die Aufregung bei den Pichs, als er einen Tag später in Langendorf erschien und die beiden »Blumentöpfe« mit einem vollen Jahreslohn honorierte ... Womit er sie wahrscheinlich noch sehr billig erworben hatte.

Als Halbfabrikat scheint das bronzezeitliche Gold gern in der Form von Spiraldrähten vertrieben worden zu sein, die von den Händlern unauffällig unter der Kleidung an Arm und Beinen getragen werden konnten. Allein 67 solcher Spiraldrähte enthielt der 1913 beim Bau eines Arbeiterwohnhauses entdeckte Goldfund von Eberswalde, einer der schönsten bronzezeitlichen Schätze, den die Berliner Sammlungen jahrzehntelang wie ein Kleinod hüteten, bis er im April 1945 im Zoobunker durch »höhere Gewalt« wieder verlorenging.

Neben den 67 Spiraldrähten befanden sich in dem hohen Tontopf, der als Tresor diente, mehrere Stück Rohgold, etliche Hals- und Armbänder sowie acht »köstliche Trinkschalen«, papierdünn und aus einem Stück getrieben – wahrscheinlich südeuropäischer Herkunft und ins 10. Jahrhundert v. Chr. zu datieren.

Schuchhardt hielt den ungewöhnlichen Fund für den Hausschatz eines semnonischen Edelings, »der zu leben wußte«. Andere Forscher sprachen von einem Opferschatz. Die meisten entschieden sich für einen »Depotfund«.

Stille Reserven fürs Jenseits

Mit dem Wort »Depotfund« taucht ein Begriff auf, der nirgends so häufig wiederkehrt wie in der bronzezeitlichen Literatur. Die Experten verstehen darunter Kollektionen von Werkzeugen, Waffen, Schmucksachen oder sonstigen Wertobjekten, »die meist geschlossen absichtlich in den Boden gebracht wurden«. Im einzelnen unterschieden sie:

1. Händlerdepots, die durchweg Wirtschaftsgüter enthalten;
2. Werkstättendepots, die aus zerbrochenem oder unbrauchbarem Gerät bestehen, das wahrscheinlich wieder eingeschmolzen werden sollte;
3. Schatzdepots, die Kostbarkeiten, das heißt den Besitz reicher Leute, bergen.

In jedem dieser Fälle darf angenommen werden, daß äußere Gefahr oder der Wunsch, eine »stille Reserve« anzulegen, das Motiv der Vergrabung war; die Absicht, das versteckte Gut zu gegebener Zeit wieder hervorzuholen, blieb aber aus irgendwelchen Gründen unverwirklicht.

Daneben gibt es die sogenannten »Gabenhorte«. Es bestand zum Beispiel der Brauch, den Göttern nach siegreichem Kampf einen Teil der Beute zu opfern. Ebenso scheinen die Sonnenwendfeiern vielfach Anlaß zu lebhafter Spendentätigkeit gewesen zu sein.

Sicherlich gab auch seinen Obolus, wer aus privaten Gründen den Überirdischen Dank zu schulden glaubte. Als Opferstätten konkurrierten Quellen, Brunnen und Teiche mit Mooren und »heiligen Hainen«.

Der seltsamsten Sitte aber begegnet man in Gestalt der »Selbstausstattungen für das Jenseits«. Der Tote brauchte, wie allgemeiner Glaube war, für sein nachmaliges Dasein das gleiche Inventar wie in seinem irdischen Leben. Offenbar hatten aber zahlreiche ängstliche Gemüter das (wahrscheinlich berechtigte) Gefühl, daß ihren Angehörigen in dieser Hinsicht nicht zu trauen sei, und so legten sie sich schon bei Lebzeiten ein kleines Depot für das nächstfolgende Dasein an.

Es ist in der Praxis nicht immer leicht, Sinn und Zweck des jeweiligen »Verwahrfundes« zu bestimmen. Wie der Goldfund von Eberswalde ist auch der kaum minder berühmte »Musterkoffer von Koppenow« bis heute Gegenstand kritischer Betrachtung. Als die 65 Zentimeter lange Holzlade Ende des vorigen Jahrhunderts aus einem pommerschen Moor auftauchte, hielt man sie zunächst für den Bauchladen eines reisenden Händlers, der ihren Inhalt – unter anderem: ein Bronzeschwert, eine Sichel, mehrere Beilsorten sowie Knöpfe, Anhänger und Gewandnadeln – in Hausiererart anbot. Virchow dagegen sah in dem »in der That sehr sonderbaren Fund« die Ausrüstung eines bronzezeitlichen Vertreters, der sich damit begnügte, Bestellungen auf die mitgeführten Gegenstände entgegenzunehmen. Neuerdings neigt man dazu, dem »Musterkoffer« den ökonomischen Charakter überhaupt abzusprechen und ihn unter die Opfergaben einzureihen.

Von solchen methodischen Schwierigkeiten abgesehen, haben die Verwahrfunde die Forschung jedoch außerordentlich bereichert. In Homburg vor der Höhe wurde 1880 ein Depot mit Hunderten von Lanzenspitzen, Sicheln, kleinen Äxten, Messern, Ringen, Armbändern und Haarnadeln gehoben. Ein unterirdischer Tresor bei Ackenbach im Bodenseegebiet enthielt über einen Zentner bronzezeitliche Ware. Drei dicht beieinanderliegende Fundstellen in Hartlieb bei Breslau gaben nahezu 27 Zentner Rohbernstein frei. Und in der Bretagne entdeckte man einen Schatz von 4000 Bronzebeilchen.

Solche Bronzebeilchen zirkulierten wahrscheinlich als Kleingeld. Auch die 137 Bronzeringe aus einem Versteck bei Wabern in der Schweiz dürften die Rolle der noch nicht erfundenen Münzen gespielt haben. Das beliebteste Zahlungsmittel aber waren Metallbarren, die man nach Bedarf in kleine und kleinste Teile zerhacken konnte. Gerade diese Barren finden sich in den Depots der wandernden Händler in großen Mengen. Am Ende der Bronzezeit liefen auch die bereits bei den Sumerern so beliebten Maße und Gewichte als Zahlungsmittel um.

Die Pharaonengräber des Nordens

So wichtig die Depots für das Studium der Bronzezeit sind, die beredtesten Mittler historischer Erkenntnis bleiben die Gräber. Die Welt des Nordens kennzeichnet noch geraume Zeit das Nebeneinander von Steinkammer und Flachhügelgrab, die des Südens das Hockergrab im Michelsberger Stil. Dann wird der Umbruch auch im Bestattungswesen sichtbar – es beginnt die große Zeit des Hügelgrabs.

Den Forscher interessieren vor allem die auf schnurkeramische Übung zurückgehenden Hügelgräber mit Einbauten. Meist handelt es sich um hausähnliche Konstruktionen, die nicht nur recht umfangreiche Beigabenkollektionen liefern, sondern auch wertvolle Hinweise auf Bautechniken und Baumaterialien. Unter den Hügelschüttungen des Ostseeraumes ruhen die Toten häufig in schiffsähnlichen Unterkünften. Die wertvollsten Erkenntnisse aber verdankt die Wissenschaft den vielzitierten, vor allem in Schleswig-Holstein und Jütland vorkommenden Baumsargbestattungen.

Die sowohl unter Erdhügeln als auch frei im Moor vorkommenden »Totenbäume« bestehen aus gespaltenen und ausgehöhlten Eichenstämmen, deren hoher Gerbsäuregehalt nicht nur die Toten selbst, sondern auch deren Kleidung und sogar die hölzernen Beigaben hervorragend konserviert.

»Der einzigartige Erhaltungszustand dieser Bestattungen hat... noch einen anderen Grund. Nachdem der Baumsarg auf den Boden gestellt war, wurde er mit Heidesoden bedeckt, die Pflanzendecke nach unten, und so aus immer neuen Lagen ein Hügel aufgewölbt. Dabei bildete sich sofort eine zusammenhängende Schicht von Ortstein, der nun mit einer dichten Folge von Kapseln das Grab vollkommen luftdicht abschloß... In den durch den Hügel gelegten Schnitten sind die einzelnen Schichten seines Aufbaues deutlich abzulesen, die einstige Pflanzendecke hebt sich in dunklerer Färbung vom hellen Heideboden ab.«

»Das Zusammentreffen so vieler günstiger und in solcher Verbindung einmaliger Voraussetzungen macht die Baumsarggräber zu kulturgeschichtlichen Quellen allererster Ranges, sie bedeuten für den Norden dasselbe wie die Pharaonengräber für das ägyptische oder die Königsgräber von Ur für das sumerische Leben.« (Behn)

Eigentümlich fundarm, wenigstens an Metallgegenständen, sind dagegen die Urnenfriedhöfe, die sich von ihrem lausitzischen Kern-

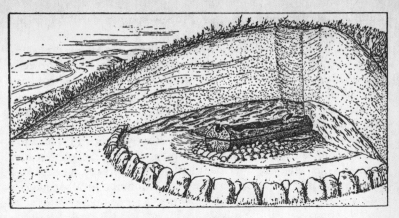

Halbausgegrabenes bronzezeitliches Baumsarggrab
(dargestellt in Anlehnung an einen Hügel von Harrislee bei Flensburg)

gebiet aus am Ende der Bronzezeit bis Süd- und Norddeutschland ausbreiteten. Sie zeigen eine neue Art der Bestattung an, deren Herkunft noch nicht eindeutig ermittelt wurde. Die Forschung verdankt ihnen vor allem eine Fülle keramischen Materials, das wiederum für die Entschlüsselung der historischen Vorgänge dieser Zeit wichtig war.

Die Kenntnis der bronzezeitlichen Siedlungsgewohnheiten nährt sich im wesentlichen noch immer von den bereits genannten Grabungen in Buch und Buchau. Interessante Hinweise auf die damals üblichen Hausformen geben aber auch die häufig vorkommenden Grabhausbauten, »die in kleinerem Maßstab die Häuser der Lebenden nachahmen«, wie etwa das vielgenannte Grab von Leubingen, das unter einem Hügel von 8,50 Meter Höhe und 34 Meter Durchmesser einen nahezu mannshohen Holzbau mit direkt auf dem Boden stehendem Holzdach barg. Auch die im Gefolge der Brandbestattung vielerorts auftauchenden Hausurnen haben dem Bild der bronzezeitlichen Hausarchitektur manche Züge hinzugefügt.

Ebenfalls in der Bronzezeit entstanden die ersten Wehrbauten. Sie liegen fast ausschließlich auf ost- und mitteldeutschem Gebiet, zwischen Mitteloder und Mittelelbe, und ihre Erforschung ist vor allem mit dem Namen Carl Schuchhardt verknüpft, der an ihnen die Technik der »Pfostenlochdiagnose« bedeutend weiterentwikkelte. Die bekanntesten dieser Burgen sind die Römerschanze bei Potsdam, der Baalshebbel bei Starzeddel und der Ringwall von Lossow.

Dazu kommen ungezählte Einzelfunde, die als Ergebnisse von

Zufallsgrabungen und sonstigen Erdbewegungen den Weg in die Museen fanden.

Stein um Stein hat die Wissenschaft damit ein Material zusammengetragen, das sich zu einem zuverlässigen Mosaik bronzezeitlichen Lebens zusammensetzt. Die geschichtliche Szenerie liegt zum guten Teil noch im dunklen oder bedarf zumindest noch der genauen Ausleuchtung – das Alltagsbild hat alles, was wir wünschen: Konturen, Farbe, Inhalt.

Wie die Leute lebten, wie sie arbeiteten, wie sie sich kleideten und schmückten, ja, fast möchte man sagen: wie sie lachten und weinten, das alles ist uns heute dank der Arbeit des Spatens und der genauen Analyse der Funde und Befunde greifbar gegenwärtig.

Feldarbeit mit Pflug und Ochsen

Das »gute Wetter« der Jüngeren Steinzeit hielt noch einige Jahrhunderte an. Das Klima-Optimum, durch Pollenanalyse und Vegetationsforschung ausgiebig erkundet, dürfte sogar in die beginnende Bronzezeit gefallen sein. Es war demnach im Durchschnitt zwei Grad wärmer als heute, auch wesentlich trockener, trotz mancher langwährender Feuchteperioden. Man wohnte, bildlich gesprochen, 1 000 Kilometer südlicher und machte von den Möglichkeiten transalpinen Freiluftlebens wahrscheinlich reichlich Gebrauch. Der stärkeren Sonnenzuteilung entsprach der Bewuchs. Es gab zwar, vor allem in Süddeutschland, weite Dürreflächen, die allenfalls ein wenig Viehzucht erlaubten, im übrigen aber bestimmten Eichenmischwälder und lichte Parklandschaften das Bild.

Der Bauer hatte es also verhältnismäßig leicht, das notwendige Ackerland zu roden – wozu ihn seine extensiven Wirtschaftsmethoden ständig zwangen. Wohl kannte er in dem Haken- und Sohlpflug nun schon zwei Arten von Pflügen, doch vermochte er mit ihnen den Boden nur aufzureißen, nicht umzubrechen. Zudem hatten beide nur geringen Tiefgang. Er pflügte deshalb über Kreuz. Unter einem Grabhügel auf Amrun konnten die Gelehrten ein derartiges Kreuzfurchenfeld einmal »in natura« begutachten.

Das Pferd ging noch nicht vorm Pflug. In den orientalischen Kulturen schon im 3. Jahrtausend v. Chr. als Zugtier abgerichtet, behauptete es in der mitteleuropäischen Bronzezeit seine adlige Stellung als Reittier. Zwar verrichtete es, wie Felszeichnungen und plastische Darstellungen beweisen, gelegentlich Spanndienste, doch werden diese ausschließlich kultischen Zwecken gegolten haben; die Form der Wagen hat sogar den Gedanken an kultische Wagenrennen aufkommen lassen.

Als Pflugtiere dienten – ebenfalls durch Felszeichnungen beglaubigt – Ochsen und Rinder. Die Arbeit auf dem Felde, bisher mehr oder minder eine Sache der Frau, ging damit in die Zuständigkeit des Mannes über. Das Anbauprogramm vom Weizen bis zur Hirse ergänzten zwei aus dem »Unkrautstande« hervorgegangene Getreidearten: Roggen und Hafer. Für die Ernte standen fortan bronzene Sicheln zur Verfügung. Im übrigen hielt man noch lange Zeit an dem bewährten, technisch ausgereiften Steininventar fest.

Den Geräteschmied gab es, wie wir sahen, schon vor undenklichen Zeiten. Mit dem Beginn der Metallepoche traten zwangsläufig neue Berufe auf: Bergleute, Seefahrer, Händler, um nur die wichtigsten Beispiele zu nennen. Während ihre Tätigkeit sich jedoch auf bestimmte Regionen beschränkte, übte bald in jeder größeren Niederlassung der Bronzegießer seine Kunst aus.

Wunder des Bronzegusses

Sein Instrumentarium war primitiv, seine Technik kompliziert, seine Produktion bewundernswert.

»Einfache Gegenstände«, so hat Gustav Schwantes die Arbeit des Bronzegießers mit Kennerschaft beschrieben, »wurden in Formen aus Stein, gebranntem Ton oder Bronze gegossen. Diese bestanden aus zwei Teilen, die beim Gießen zusammengeklappt wurden. Durch eine Öffnung ließ man die flüssige Bronze einlaufen. Da nun die beiden Teile der Form nie vollständig aufeinanderpaßten..., entstand die sogenannte Gußnaht, die an... unvollendeten Bronzen noch zu sehen ist. Durch Feilen, Hämmern und Bearbeiten mit harten Bronzemeißeln wurden die frisch gegossenen Geräte für den Gebrauch zurechtgearbeitet...«

»In Dänemark hat man auf der Arbeitsstätte eines Bronzegießers allein 525 Bruchstücke von Schmelztiegeln und zahlreiche Reste tönerner Gußformen für verschiedenartige Geräte entdeckt. Manche Funde enthalten nur alte, abgenutzte und zerbrochene Geräte, die wohl zum Einschmelzen bestimmt waren.«

»Vielfach formte man von dem zu gießenden Gegenstand zunächst ein Modell aus Wachs. Dieses wurde mit einem Mantel aus Ton umgeben, dann erwärmte man das Ganze. Das Wachs schmolz und lief... heraus. Nachdem die Form gebrannt worden war, goß man das Metall durch die eine Öffnung ein, wobei die Luft durch die andere entwich. Da die Form immer aufs neue gebildet werden mußte, fielen die Gegenstände verschieden aus. Daher findet man... kaum zwei Geräte, die einander völlig gleichen.«

»Oft bildete man zunächst einen Tonkern und überzog diesen mit Wachs, in dem der Gegenstand sehr sorgfältig modelliert wurde. Die Wachsschicht wurde dann wieder mit Ton umhüllt. Nun

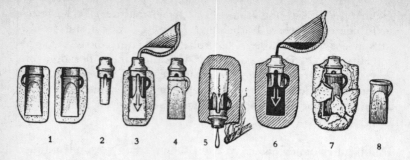

Guß eines Tüllenbeiles im Wachsausschmelzverfahren

(1) In eine zweiteilige Steinform ... (2) setzte man einen Lehmkern ... (3) und ließ durch dessen Gußkanal Wachs in die Steinform einfließen. (4) Das Wachsmodell mit Lehmkern wurde (5) mit Lehm umkleidet. Durch Ausschmelzen des Wachses entstand ein Hohlraum, in den (6) die flüssige Bronze gegossen wurde. Nach Erkalten der Bronze zerschlug man (7) die Lehmform und reinigte und schliff (8) das Beil.

beseitigte man das Wachs durch Ausschmelzen, und der Hohlraum zwischen den beiden Tonmassen bildete die Höhlung, in die die Bronze gegossen wurde. Damit der innere Tonkern seine Lage behielt, hatte man vor dem Ausschmelzen des Wachses dünne Bronzestäbe durch die beiden Tonteile und die Wachsschicht gesteckt. Die Stäbe mußten nach dem Guß beseitigt werden...«

»Auf diese umständliche Weise goß man viele der prächtigsten und größten Bronzesachen, zum Beispiel die Griffknäufe der Schwerter, große Beile und die schönen Hängegefäße der norddeutschen und skandinavischen Bronzezeit... Oft ist der Guß so dünn wie Papier und dabei sehr ebenmäßig. Es ist fraglich, ob unsere neuzeitlichen Gießer die Geräte noch in derselben Güte anfertigen könnten.«

Einige der ständig wiederkehrenden Funde sind damit bereits genannt. Es versteht sich von selbst, daß die Erfindung des Bronzegusses nicht zuletzt der Waffenproduktion zugute kam. Zur Rüstung der Krieger gehörte fortan das Schwert – das unvergleichliche Bronzeschwert mit seinen reich verzierten Griffen. Dazu die Kampfaxt, wie jenes handwerklich und funktionell eine Höchstleistung. Lanzen und Pfeile wurden mit bronzenen Spitzen bewehrt. Für den Nahkampf lieferten die Bronzegießer den langen Dolch. Den Bronzehelm versahen sie, der moralischen Wirkung zuliebe, gern mit ausgewachsenem Stiergehörn: ein frühes Beispiel psychologischer Kriegführung.

Der männlichen Schönheitspflege dienten bronzene Rasiermesser, deren Schneiden zum Teil heute noch so scharf sind, daß sie auch mit kräftigen Bärten keine Umstände machen. Eine bronzene Spange hielt den mantelartigen Umhang zusammen. Arme und Finger des besitzenden Mannes schmückten schlichte Metallreifen... Für die Reise ins Jenseits gab man ihm außerdem in einem Lederbeutel ein nie versagendes Feuerzeug mit, bestehend aus Schlagstein, Schwefelkiesknollen und Zunder.

Die dankbarsten Abnehmer aber werden die Bronzegießer – und mit ihnen die Bronzeschmiede, die insbesondere die Kunst des Treibens, Ziehens und Schlagens zur Perfektion entwickelten – in den Frauen gefunden haben. Die Frauen freuten sich des blanken, schimmernden Metalls mit der Naivität unverdorbener Naturkinder; viele schwelgten geradezu in Schmuck. Bronzene Halskragen und gedrehte Halsringe waren ihrer ständigen Nachfrage sicher, ebenso Armspiralen und Armmanschetten, die sie obendrein gern mit klappernden Gehängen versahen.

Auch die schönen bronzenen Hängebecken dürften ein Teil des weiblichen Putzes gewesen sein. Die Damen trugen sie wahrscheinlich am Gürtel und bewahrten in ihnen Kämme, Nadeln, Spangen und Kosmetika, so daß man sie wohl mit einigem Recht als bronzezeitliche »Kulturbeutel« bezeichnen darf. Das wichtigste Stück aber war die in einem Mitteldorn auslaufende, spiralverzierte oder durchbrochene Gürtelscheibe, die in Leibeshöhe ihren Platz fand. Gewöhnlich untertassengroß, erreichte sie in Jütland die Größe eines Tellers.

Sehr bald drang die Bronze auch in den Haushalt ein (obwohl sich die Steingerätschaften zum Teil noch jahrhundertelang hielten). Sie scheint alle nur denkbaren Wünsche erfüllt zu haben: vom Messer bis zum Kochkessel, von der Nähnadel bis zum Hammer, von der Schale bis zum Eimer. Und alles verschwenderisch dekoriert, wobei Voluten, Spiralen und verschlungene Bandmuster bevorzugt wurden.

Eine Spezialität der nordischen Bronzemanufakturen waren die Luren. Das dänische Wort bezeichnet ein Blasinstrument mit geschweifter Röhre und flacher Schallscheibe, dessen Klangfarbe zwischen Waldhorn und Tenorposaune liegt. Die Forschung kennt etwa 50 solcher Instrumente, die durchweg paarweise in norddeutschen, dänischen und südschwedischen Mooren die Jahrtausende überdauerten.

Einige Luren sind so gut erhalten, daß sie noch verwendet werden können. Kopenhagen feierte lange Zeit den Sommerbeginn mit Lurensignalen vom Dach des Nationalmuseums, bis der Direktor des Instituts um den Bestand der Instrumente fürchtete. Auch hat man sie mit Erfolg in moderne Orchester eingebaut; ein experimentierfreudiger Komponist schrieb sogar ein eigenes Opus für Luren. Im Niedersächsischen Landesmuseum in Hannover zeigen Lurensignale den Beginn jeder neuen Stunde an.

Felsdarstellungen lassen vermuten, daß sie vornehmlich bei kultischen Festen in Aktion traten. Ihre vielbewunderte technische Präzision setzt einen ungewöhnlich geschickten Handwerkerstand voraus. Das vorzeitbegeisterte Dänemark hat sich daher der Luren als Qualitätsmarke für seine Milcherzeugnisse versichert; ja, man nennt dort Gütezeichen jeglicher Art kurz und bündig »Lurenmarken«.

Pelerinen, Kimonos und illyrische Röckchen

Dem Metallgerät verdankt die bronzezeitliche Kultur ihre Solidität und Gediegenheit. Auch die Technik der Holzbearbeitung machte wesentliche Fortschritte. Zwar gab es den »gelernten« Zimmermann wahrscheinlich nur im Schiffbau, doch ließen zumindest die Reste von Buchau die geschulte Hand des Fachmannes erkennen.

Von prinzipiellen Änderungen unberührt, beherrschte weiter der rechteckige Pfostenbau – einräumig oder zweiräumig, mit Vorhalle und eingebautem Herd – das Bild der Hausarchitektur. Mitteldeutschland wird auch die durch das Leubinger Grab überlieferten Langzeltbauten gekannt haben, deren Giebeldächer bis auf die Erde reichten. Selbst Rundhütten waren im Gebrauch, doch ist sich die Forschung nicht ganz sicher, ob es sich hier um Wohnbauten, um Speicher oder gar um Grabhäuser handelte.

Als Sitzgelegenheiten dienten neben massiven Holzblöcken einfache, deftige Eichenholzstühle sowie praktische Falthocker jenes »Ratzeburger Typs«, der in einer authentischen Rekonstruktion im Schleswig-Holsteinischen Landesmuseum zu bewundern ist. Mit hölzernen Riegeln waren die Türen zu schließen, mit hölzernen Schiebenfenstern die darmbespannten Lichtöffnungen. Dank den konservierenden Eigenschaften der Eichensärge kennen wir auch einige Holzgeräte der Bronzezeit: S-förmige Schöpflöffel, Tassen und Schalen aus weißem Lindenholz sowie Birkenrindebehälter, die an die biedermeierlichen Spanschachteln der Großmutterzeit erinnern.

Die wertvollsten Aufschlüsse lieferten die jütländischen Baumsärge den Textilforschern. Sieht man von den unansehnlichen Stoffetzen der Pfahlbau-Kulturen ab, so enthielten die hölzernen Totenladen das älteste Spinngut der Welt, und zwar in einem derart hervorragenden Zustand, daß man es nicht nur auf Rohmaterial, sondern auch auf Webtechnik und Farbe testen konnte. Labor-

Rekonstruktion
eines bronzezeitlichen
Klappstuhles
(nach K. Kersten)

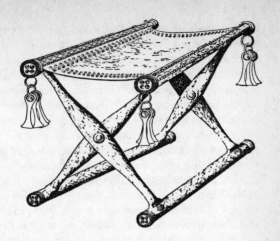

untersuchungen ergaben, daß die Gewebe aus der Wolle des Urschafes hergestellt wurden, einer mit dicken, kurzen Stichelhaaren durchsetzten Wolle, die dem Endprodukt einen lodenähnlichen Charakter verlieh. Taft- und Körperbindungen bestimmten die Struktur der gewalkten und dadurch schmiegsam gemachten Stoffe. Für kleine, farbige Effekte benutzte man den Saft von Farbstauden. Der Waid lieferte das Blau, der Wau (aus der Familie der Resedagewächse) das Gelb, die Färberröte ein helles Türkischrot.

Der Mann wickelte sich in eine viereckige, längliche Tuchbahn, die über der rechten Schulter durch einen Lederriemen, ein Bändchen oder einen Doppelknopf gehalten wurde. Um die Hüfte legte er einen Gürtel, Schultern und Arme bedeckte er mit einem pelerinenartigen Umhang, den am Hals eine Spange schloß. Die Beine blieben frei bis zu den Knien. Die Füße bekleideten Fußlappen und sandalenähnliches hackenloses Schuhwerk. Auf dem Kopf trug er eine wollene Kugelkappe.

Die Frauen hielten es mit Rock und Bluse. Der Rock fiel weit und faltig bis zum Knöchel; in der Taille gegürtet, griff er über das Kimonojäckchen, das wahrscheinlich über den Kopf gezogen wurde. Ihr glatt zurückgekämmtes Haar beutelten sie in ein artiges Haarnetz, von dem man bis heute nicht weiß, ob es gehäkelt, gestrickt oder geflochten wurde.

Die bescheidene Tracht des Nordens, der erst der Bronzeschmuck festliche Kleidsamkeit verlieh, galt jahrzehntelang als Symbol der hohen Sittsamkeit unserer weiblichen Ahnenschaft. Um so überraschter, ja geradezu peinlich berührt war man, als 1922 im Egtved-Moor in Jütland ein Eichensarg mit den sterblichen Resten einer jungen Frau ans Tageslicht geholt wurde, deren wohlerhaltenes Röckchen bereits eine Handbreit über den Knien endete. Ein Röckchen, das überdies gänzlich aus Schnüren bestand...

Es setzte alsbald, wie selbst ein Patriot wie Carl Schuchhardt nur kopfschüttelnd registriert, eine lebhafte Erörterung darüber ein, ob eine derart unschickliche Kleidung überhaupt möglich gewesen sei, »ob die hier Bestattete nicht eine Fremde gewesen sei oder doch ein junges Mädchen, ein halbes oder ganzes Kind. Aber die Leichenreste erwiesen doch ein Alter von etwa 20 Jahren, und der mitbestattete Säugling deutete auf Mutterschaft. Auch der weitere Gedanke, daß ein langes, leinernes Untergewand unter dem zierlichen Hüftröckchen getragen sei, fand keinen festen Anhalt; es zeigten vielmehr einige Bronzefigürchen des Nordens, daß es die Tracht mit dem kurzen Schnürröckchen in der Tat gegeben hatte...«

Weitere Nachforschungen wiesen die illyrische Herkunft dieser Mode nach, die – durch die ewige Sonne der frühen Bronzezeit begünstigt – den Weg von Dalmatien in den damals recht lieblichen Norden gefunden hatte.

Die von weltanschaulichen Sorgen weniger geplagten Dänen wahrten in dieser Diskussion eine schmunzelnde Reserve. Geschäftstüchtig steckten sie aber vor einigen Jahren eine gutgewachsene junge Dame in ein nachgemachtes Egtved-Röckchen (das sie der attraktiveren Wirkung wegen noch um eine weitere Handbreit kürzten) und schickten sie als lebende Gallionsfigur der dänischen Textilindustrie nach Kalifornien. Die dortigen Zeitungen berichteten begeistert, daß man in Europa schon vor 3 000 Jahren Miniröckchen getragen habe.

Das Königsgrab von Seddin

Was Feld und Garten lieferten, reichte für mehr als das tägliche Brot. Man blieb aber bescheiden und begnügte sich weiterhin mit den aus gemahlenem Getreide bestehenden Fladen, denen die wohlmeinende Hausfrau gelegentlich ein wenig Honig hinzufügte. Da sich aus den gleichen Bestandteilen – Honig, Hirse, Gerste, Weizen, Roggen oder Hafer – mit Hilfe von Wacholder, Pilzen oder Baumrinde ein kräftiges Bier herstellen läßt, wird man auch keinen Durst gelitten haben.

Die Siedlungen dieser Zeit lassen keinen klaren Plan erkennen, zumal sie häufig zerstört und überbaut wurden. Die Häuser traten gleichsam in Rudeln auf; allenfalls sparten sie in der Mitte einen unbebauten Platz aus, so in Buchau, in Perleberg, auch in der lausitzschen »Volksburg« Baalshebbel. Am Rande der 160 Hektar großen Grabungsfläche von Buch zeichnete sich eine Reihe von acht kleineren Häusern ab, die ihre Giebel sämtlich zur »Straße« kehrten. Am Ende der Straße lag ein größeres Gebäude, das Albert Kiekebusch, der Leiter der Kampagne, als Herrenhaus ansprach, während er die kleineren Behausungen für die Hütten der Hörigen hielt. Da sich in dem Großbau am Ende der Straße keine Siedlungsspuren fanden, neigt man heute dazu, in ihm so etwas wie ein dörfliches Beratungshaus zu sehen.

Soweit die sozialen Verhältnisse der Bronzezeit bisher erforscht sind, zeigen sie ein Überwiegen mittelgroßen Besitzes an; mit anderen Worten: das Dasein eines freien Bauerntums (das gewisse Schichtungen natürlich nicht ausschließt). Spuren politischer Organisationen findet man erst am Ende der Epoche. Ihre Kronzeugen sind die Wehrbauten der Lausitzer Kultur, deren planvolle Anlage Autorität und Befehlsgewalt voraussetzt.

Auch das vielbesungene »Königsgrab von Seddin« im brandenburgischen Kreis Westprignitz verweist auf die Entstehung solcher Eliten. Etwa zur Gründungszeit Roms gebaut, enthielt es unter einem Hügel von 85 Meter Durchmesser und 11 Meter Höhe ein neuneckiges steinernes Grabgelaß, mit dessen Anlage 150 Arbeiter ein ganzes Jahr beschäftigt gewesen sein dürften.

Die Grabkammer umschloß drei Bronzeurnen, deren größte die Asche eines Toten barg, der – wie eine genaue Untersuchung ergab – in prächtiger Pelzkleidung verbrannt worden war: eine hochgestellte Persönlichkeit also. In den beiden kleineren fanden sich die Reste von zwei jungen Frauen. Wahrscheinlich war die fürstliche Ehegattin, begleitet von einer Dienerin, ihrem Herrn und Gebieter in den Tod gefolgt. Noch im Mittelalter lebte dieser Brauch, wie wir von arabischen Schriftstellern wissen, bei den Wikingern am Schwarzen Meer weiter.

Fragen nach dem geistigen Leben begegnet die prähistorische Forschung meist mit großer Zurückhaltung. Das gilt auch für die im materiellen Bereich so erfolgreich erkundete Bronzezeit. Im Lesen und Schreiben lebten die Menschen unserer Breiten weiterhin im Zustand der Unschuld. Ihre Sprache ist unbekannt; es besteht auch keine Möglichkeit, aus den Bodenfunden auf sprachliche Entwicklungen zu schließen.

Die illustrierten Rasiermesser

Ein immenses Material bietet sich jedoch dem Kunsthistoriker dar. Zunächst als profaner Schmuck. Die Schmuckkünstler arbeiteten mit wenigen Elementen: Spiralen, konzentrischen Kreisen, Strahlenkränzen, Bandmustern und Voluten, doch verstanden sie mit ihrem Pfund zu wuchern. So gelangen ihnen – bei lupenreiner geometrischer Präzision – Stücke von faszinierender Rhythmik. In ihnen ist nichts von der »träumerischen Ruhe« eines orientalischen

Teppichmusters, sondern Spannung, Dynamik, Bewegung. Doch hat man in diesen »gegenstandslosen Linienphantasien« so etwas wie fugische Ordnungen entdeckt. »Ein Chaos für das faule Auge, sind sie«, wie Wilhelm Pinder einmal schrieb, »eine Polyphonie für das fleißige.«

Es fehlt auch nicht an bildlichen Darstellungen. Einige von ihnen sind in Italien beheimatet, die meisten jedoch im hohen Norden, und zwar auf Felsen, die, der Sonne zugeneigt, inmitten fruchtbarer Felder liegen und als eine Art Bilderschrift unmißverständlich zum Betrachter sprechen.

Ihr Hauptmotiv sind Schiffe – Schiffe mit schön geschwungenen Vorder- und Achtersteven, Schiffe mit Ruderern, Schiffe mit merkwürdigen großen Scheiben in der Mitte, die ebenso leicht als Segel wie als Sonnenscheibe zu deuten sind. Auch Menschen treten als Bildobjekte auf: Krieger, die zum Speerwurf ausholen, eine Kampfaxt schwingen, Streitwagen fahren oder Reiterwettkämpfe austragen; Männer, die Luren blasen; Bauern, die rinderbespannte Pflüge führen; selbst Springer, Voltigierer und sonstige Akrobaten... Daneben auch hier wieder Kreise, Spiralen, Radkränze und anderer geometrischer Zierat.

In Deutschland kennt man derartige Felsbilder nicht. Doch tiefen sich in zahlreiche, meist an Ackerrändern liegende Findlinge schalenartige Näpfchen sowie Hand- und Fußabdrücke. Recht häufig kommen auch auf diesen »Schalensteinen«, genau wie auf den nordischen Felsbildern, Sonnenräder, Äxte und geschäftete Beile vor.

Einmalig in der Weltgeschichte der Kunst sind die illustrierten Rasiermesser dieser Zeit. Das Repertoire ihrer außerordentlich feinen Ritzlinienkunst deckt sich auffällig mit dem der Felsgalerien. Wieder erkennt man vornehmlich Schiffe, dazu Schlangen, Delphine und andere maritime Symbole, aber auch Pferde, Stiere und Vogelköpfe, die stereotypen Sonnensymbole nicht zu vergessen. Ein seltsamer, doch leicht zu erklärender Brauch: Haar und Bart galten damals (man denke an den biblischen Simson) als Sitz der Kraft, und ihre Pflege hatte, wie heute noch bei manchen Naturvölkern, sakrale Bedeutung.

Mit Kunst in unserem Sinne hatten alle diese Zeichnungen also genausowenig zu tun wie die Höhlenmalereien der Eiszeitleute. Sie waren eine Sache der Magie, Mittel frommen Zaubers, bildgewordene Mythen. Wir können den Kult, für den sie zeugen, nicht benennen, seine Symbole aber sind uns unmittelbar gegenwärtig, sein Zeremoniell erscheint uns greifbar nahe.

Gegenstand der kultischen Verehrung war die Sonne, die man an den Küsten des Nordens von einem Schiff getragen glaubte. Da-

Schiffsbilder von nordischen Felszeichnungen

neben gab es aber auch, wie in der griechischen Mythologie, die von einem Wagen gezogene Sonne, am schönsten dargestellt durch den 57 Zentimeter langen Sonnenwagen von Trundholm, den 1902 ein dänischer Bauer in Seeland in Bruchstücken aus seinem Acker pflügte und der heute in Kopenhagen als Nationalheiligtum verehrt wird. Bruchstücke von Sonnenscheiben, die wahrscheinlich wie die Trundholmer Sonne auf einen sechsrädrigen Wagen montiert waren, sind auch in Schleswig-Holstein und Ostfriesland gefunden worden.

Die Forschung kennt eine große Zahl solcher kultischen Geräte. Bekannt ist die bronzene Trommel von Balkakra in Schonen, die wahrscheinlich wie die Luren der akustischen Begleitung religiöser Veranstaltungen diente. Ein bronzenes Fahrgestell aus Peckatel in Mecklenburg trägt einen »Weihwasserkessel« von 38 Zentimeter Durchmesser, der vielleicht der Regenbeschwörung diente. Auf dem Wagen von Strettweg in der Steiermark – heute im Joanneum in Graz – hebt eine weibliche Figur eine bronzene Schale. Von einem Kultwagen aus Stade bei Hamburg wurde ein 12 Kilogramm schweres Rad gefunden – ein Meisterstück des bronzezeitlichen Handwerks.

Dazu kommen zahlreiche Schalen, Anhänger und Nadeln mit Sonnenmotiven. Auch auf den Hängegefäßen und Halsringplatten der Damen, ja sogar auf Pinzetten erscheinen kultische Symbole. Die häufigste Verwendung fand neben der Sonnenscheibe selbst die Waffe des Sonnengottes, die Streitaxt, die auch der Boden in zahlreichen Formen und Variationen erhielt, vom schmückenden Miniaturbeilchen bis zur überdimensionierten, in Mooren versenkten Kultaxt.

Über die Herkunft des Axt- und Sonnenkultes sind sich die

Rasiermesser der jüngeren Bronzezeit aus Mehlbek (Kreis Steinburg) mit Schiffs-Dreiwirbel- und Sonnendarstellung (nach Kersten)

Gelehrten noch nicht einig. Ihre Mitläufer, die ja zeitweilig den Ton angaben, hielten ihn für ein urgermanisches Geistesprodukt. Die ideologisch nicht engagierte Forschung ist in dieser Hinsicht zurückhaltender. Immerhin könnte er von den halbnomadischen Streitaxtvölkern, die am Ende der Jüngeren Steinzeit vom Südosten her bis in die Siedlungsgebiete der niederdeutschen Steingrableute eindrangen und dort seßhaft wurden, mitgebracht worden sein. Die Entwicklung hat sich dann aber nicht isoliert im hohen Norden vollzogen. Die Sonnenverehrung war vielmehr über weite Teile Europas verbreitet und hat sicher auch von den mittelmeerischen Kulturen kräftige Impulse empfangen.

Relative und absolute Chronologie

Es wird der Bodenforschung häufig der Vorwurf gemacht, daß sie über der fachlichen Detailarbeit ihr eigentliches Ziel – die Aufdeckung der geschichtlichen Vorgänge – aus dem Auge verliere. Auch die Wissenschaft selbst meldet gelegentlich ihre Bedenken an. Haben wir uns, so lauten ihre zweiflerischen Fragen etwa, nicht allzusehr auf das Klassifizieren, Kategorisieren, Katalogisieren verlegt? Folgen wir nicht einem Übermaß an Systemleidenschaft? Ist es wirklich so wichtig, ob ein Gefäß dieser oder jener Periode angehört, sollten wir uns nicht vielmehr bemühen, den Menschen sichtbar zu machen, der dieses Gefäß schuf, brauchte und fortwarf?

In der Tat haben bisher nur wenige Wissenschaftler den Versuch unternommen, über die Beschreibung des archäologischen Materials hinaus zur echten Geschichtsschreibung zu gelangen. Andererseits setzt eine verläßliche Darstellung historischer Vorgänge die zeitliche Ordnung und Aufgliederung des Fundstoffes voraus. Erst wenn es gelingt, sein Alter genau festzulegen, vermag er eine Brücke zur Darstellung geschichtlicher Kräfte und Vorgänge zu bilden; denn die Chronologie ist das Rückgrat der Geschichtsschreibung – auch der Urgeschichtsschreibung.

Dabei ergeben sich zwei Stufen der Erkenntnis: die der relativen und der absoluten Chronologie.

Der Schwede Oskar Montelius hat mit zwei glasklaren Sätzen erklärt, was darunter zu verstehen ist. »Die relative Chronologie beantwortet die Frage, ob ein Gegenstand älter oder jünger als andere Gegenstände ist. Die absolute Chronologie zeigt uns, aus welchem Jahrhundert vor oder nach Christi Geburt jener Gegenstand stammt.«

Das hört sich sehr einfach an, umreißt aber ein außerordentlich kompliziertes Problem, eines der zentralen Probleme der Vorgeschichtsforschung überhaupt. Eine zeitliche Einordnung des Fundstoffes ist nämlich nur möglich, wenn das gesamte prähistorische Sammelgut nach einheitlichen Prinzipien bearbeitet wird. Die Beschäftigung mit chronologischen Fragen erfordert darüber hinaus einen außerordentlichen Scharfsinn. Chronologische Fragen werden deshalb meist mit einer Leidenschaft und Ausdauer disputiert, die für den Laien ebenso überwältigend wie unverständlich ist.

Professor Miloicic, heute Ordinarius in Heidelberg, war als junger, aber bereits renommierter Vertreter seiner Wissenschaft von Paul Reinecke, dem Altmeister der bronzezeitlichen und keltischen Chronologie, zu einer Silvesterfeier geladen. Kaum erschienen, wurde er von seinem Gastgeber beiseite genommen und in ein Gespräch über chronologische Probleme der süddeutschen und ungarischen Bronzezeit verwickelt. Nach etwa drei Stunden, um Mitternacht, erfuhr die Unterhaltung eine kurze Unterbrechung, die dazu diente, dem neuen Jahr unter dem Geläut der Münchner Kirchenglocken den fälligen Willkommensgruß zu entbieten. Fünf Minuten nach zwölf jedoch nahm Reinecke den Faden wieder auf und spann ihn abermals drei Stunden weiter. Beim Abschied bedankte er sich, wie Miloicic auf einer Tagung in Speyer einmal unter allgemeiner Heiterkeit erzählte, für den anregenden und interessanten Abend.

Daß derartige Gespräche kompliziert wie Einsteinsche Formeln sind, sei nur am Rande vermerkt. Dabei bedienen sich die Gelehrten fast immer der gleichen Tricks – sie führen Funde unbekannter Zeitstellung auf genau datierte Funde zurück. Ein Beispiel:

»In einem bei Tinsdahl im Kreise Pinneberg gefundenen Tonkrug lagen Bronzegegenstände der Periode I« – deren besondere Kennzeichen also bereits als bekannt vorausgesetzt werden –, »ein Randleistenbeil, eine Lanzenspitze, ein bronzener Halskragen, mehrere Armbänder, zehn Bernsteinperlen, bronzene Ohrringe – und drei Nadeln mit schräg durchbohrtem Kugelkopf.«

»Dieser Nadeltyp ist mitteldeutschen Ursprungs. Er gelangte mit anderem Handelsgut nicht nur in die Nähe Hamburgs, sondern auch nach Südengland, wo sich in der Grafschaft Wessex ein frühbronzezeitliches Zentrum mit reichen Häuptlingsgräbern befindet. Die Gräber umschließen einen Zeitraum von etwa 150 Jahren. Die Kugelkopfnadel gehört nach den Beifunden in die jüngere, als Wessex-II bezeichnete Phase. Typisch für den Wessex-II-Abschnitt sind unter anderem eigentümliche, segmentierte Fayence-Perlen, sie stammen aus dem Orient. Man findet sie auch in ägyptischen Bestattungen aus der Zeit um und kurz vor 1400 v. Chr.«

»Damit sind zugleich alle im Tinsdahler Hortfund vertretenen Funde in die Zeit um 1400 v. Chr. bestimmt. Eine einzige derartige Kettenverbindung kann freilich Fehlerquellen enthalten. Daher wird stets versucht, die gewonnene Datierung durch andere Verbindungsglieder zu überprüfen.«

Das nur als Kostprobe; mit der ausdrücklichen Feststellung, daß Karl W. Struve dieses von ihm angeführte Beispiel »eine der noch unkompliziertesten Gleichungen zwischen dem Norden und Ägypten« nennt.

Jede genaue Datierung nun bildet einen Schritt weiter auf dem steinigen Weg der Erkenntnis. Mögen auch die Gestalten und Ereignisse des so gewonnenen Geschichtsbildes namenlos bleiben, ihre Wirkungen zeichnen sich eines Tages greifbar nahe ab, und das historische Panorama gewinnt Umriß und Farbe.

Die nordischen Seevölker in Ägypten

Ein auf die beherrschenden Linien beschränktes Bild der bronzezeitlichen Geschichte zeigt zunächst eine Übergangsperiode, die an das Auftreten der Schnurkeramiker und Glockenbecherleute anknüpft. Ihr gemeinsames Kennzeichen ist die Hockerbestattung. Lokale Unterscheidungsmöglichkeiten erlauben die Kennzeichnung dreier verschiedener Gruppen: des Aunjetitzer Kreises, der sich zwischen Mittelelbe, Donau und Warthe einrichtete, der Straubinger Kultur, die ihre Fühler von Bayern bis zum Mittelrhein ausstreckte, und die der Wormser Adlerbergleute, die das Mittelrheingebiet behaupteten. Alle drei erschlossen sich der Bronze verhältnismäßig schnell. Das offenbar schon damals bedächtigere Norddeutschland dagegen nahm sich Zeit, nützte diese Zeit aber, die Technik der Steinbearbeitung auf einen vorher nie gekannten Höchststand zu führen.

Etwa vom 16. vorchristlichen Jahrhundert an beherrschte dann für vierhundert Jahre die Hügelgräberkultur den deutschen Raum. Ihre Herkunft ist umstritten. Wahrscheinlich haben östliche Zuwanderungen eine Rolle gespielt; manches sieht auch nach einer Renaissance schnurkeramischer Elemente aus, so die wiederauflebende Vorliebe für die Viehzucht und die Zunahme des langschädligen Bevölkerungsanteils. Die Ablösung der Übergangskulturen scheint aber stärker auf wirtschaftliche Expansion – man spricht geradezu von einer »Wirtschaftsoffensive des Donauraumes« – als auf kriegerische Handlungen zurückzugehen.

Die Hügelgräberkultur strahlte über fast ganz Deutschland aus. »Wie ein ausschwärmendes Bienenvolk sucht und findet diese neue Gemeinschaft bisher ungenutzte Siedlungsräume, die sie planmäßig besetzt. Zum ersten Male werden jetzt die Mittelgebirgszonen, die Schotterflächen des bayerischen Isar-Umlandes und die Sandgebiete des Hagenauer Forstes im Elsaß erschlossen. Vom Böhmerwald bis hinüber nach Ostfrankreich, von Vogelsberg und Rhön bis hinunter zum Jura finden sich jetzt... die oftmals dicht gestreuten Grabhügelgruppen einer Hirtenbauernbevölkerung, die bei aller Aufspaltung in lokale Kreise doch von erstaunlicher Einheitlichkeit in ihren Kuluräußerungen ist.« (Kimmig)

Allein der nordische Kreis – in dieser Zeit auf die jütische Halbinsel, Südschweden und Teile von Norwegen beschränkt – wahrte eine gewisse Selbständigkeit, vor allem dank den Leistungen seiner Bronzehandwerker. Zwischen Nord und Süd bildete sich eine Mischgruppe, deren Lebensäußerungen freilich mehr auf Rhein und Donau als auf die Eider verweisen. Hier wie dort vollzog sich die Entwicklung in Ruhe und Ausgeglichenheit.

Um die Mitte des 13. Jahrhunderts aber begann eine Epoche neuer, großer Wanderungen, eine neue Zeit des Drängens und Gedrängtwerdens, die das Kartenbild Europas und seiner mittelmeerischen Nachbarländer wieder von Grund auf änderte.

Der Unruheherd lag wahrscheinlich in den Lößgebieten der Donau, in Ungarn und Siebenbürgen. Der Anlaß des Bebens ist schwer zu erkennen. Die Forscher haben eine Reihe von Gründen und auslösenden Faktoren angeführt: die Entdeckung des Eisens, die Erfindung des Streitwagens, Raumnot und Überbevölkerung, klimatische Katastrophen, selbst den Untergang des sagenhaften Atlantis. Die endgültige Antwort auf diese Frage steht aber noch aus. Um so genauer lassen sich die Wirkungen dieses Völkeraufbruchs verfolgen.

In den griechischen Annalen erscheint im Laufe des 13. Jahrhunderts die dorische Wanderung, die das großmykenische Reich zerstörte. Um 1200 v. Chr. ging Troja unter, das »stolze Ilion«, an dessen Belagerung nachweislich Krieger vom Balkan teilnahmen, fiel das Hethiterreich dem Ansturm der aus Europa zuwandernden Phryger zum Opfer, verzeichnete Syrien die Zerstörung seiner Hauptstadt Ugarit und erbebte Ägypten unter dem Ansturm »nor-

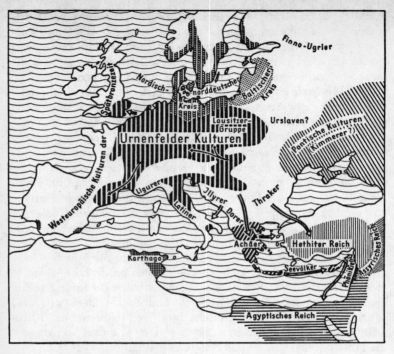

Kulturgruppen und Völkerbewegungen zwischen 1200 und 700 v. Chr. (vereinfachte Darstellung in Anlehnung an Miloicic)

discher Seevölker«: zum erstenmal 1227 v. Chr., als die mit den Nordvölkern verbündeten Libyer den Pharao Merenptah zum Kampfe zwangen; zum zweitenmal 1194 v. Chr., als Ramses III. die gesamte militärische Kraft des Nillandes aufbieten mußte, um die landsuchenden Eindringlinge aus dem Norden an den Grenzen Syriens zurückzuschlagen; ein drittes Mal 1190, als die gerade abgewehrten Invasoren erneut die Grenzen Ägyptens bedrohten.

Unter ihnen waren die aus der Bibel bekannten Philister die gefährlichsten. Ägyptische Reliefs stellen sie mit Weibern, Kindern und Ochsenkarren dar. Ein Volk auf Wanderschaft.

Zur gleichen Zeit trat in Mitteleuropa die Urnenfelderkultur auf, als deren Ursprungsgebiet die weite pannonische Ebene zwischen Karpaten, Ostalpen und den Gebirgen des nördlichen Balkans ermittelt wurde. Sie verbreitete sich über ein Gebiet, das von der unteren Weichsel westwärts über den Rhein nach Frankreich reichte. Die durch zahlreiche Funde bezeugte Expansion rief ein mächtiges Brodeln hervor, scheint aber keine größeren Kriege ausgelöst zu haben. Die lokalen Kulturen wurden also weniger vernichtet als assimiliert.

Das ruhige Gleichmaß des Lebens der Mittleren Bronzezeit aber war dahin, die Gelassenheit des bäuerlichen Lebens wich einer Betriebsamkeit, die alle Bereiche des Daseins durchdrang... Die Welt wirkt mit einem Mal wie stimuliert.

Die Siedlungsdichte nahm zu, mit ihr die wirtschaftliche Kapazität. Die Bronzeindustrie erreichte ihre Hochblüte, an Rhein und Aare entstanden bedeutende Goldwäschereien. Neue Geräte verließen die Werkstätten. Die tausendjährige Epoche der Streitaxt ging zu Ende, das Schwert gewann seine endgültige Form als Hiebwaffe. Blechgeschirre, Schilde und Helme wurden offenbar »in Serie« hergestellt. Die Keramik entwickelte die ersten Manufakturen. Modische, schnell abgenutzte Formen eroberten den Markt.

Auch der Trend zur gesellschaftlichen Differenzierung verstärkte sich. Eine vollentwickelte Handwerkerschaft trat gleichberechtigt neben den Bauernstand. Aristokratische Herrenschichten meldeten ihre Ansprüche an. Das reiche kultische Leben – auch der Norden zehrte vom Symbolgut der Urnenfelderkultur – läßt an einen eigenen Priesterstand denken.

Und dann die Kaufleute! Die meisten Verwahrfunde stammen aus der Urnenfelderzeit, und ob man sie nun als Opfer-, Schatz- oder Händlerdepots ansieht – auch sie beweisen die Unternehmungslust dieser Epoche. Das Dasein war zwar gefährlicher, aber auch reicher, vielfältiger, lebendiger geworden.

Die Formen des Handels blieben sich noch jahrhundertelang gleich. Ebenso die Handelsgüter: Metallbarren, Waffen, kostbarer Schmuck, Salz, Leder, Felle und Bernstein. Ja, der nordische Bernstein behauptete bis weit in die Römerzeit seine Stellung als Favorit in den Schmuckschatullen der mittelmeerischen Frauen.

Von dieser Tatsache gingen auch Eduard Wildschrey und sein wesentlich seriöserer Kollege Richard Hennig aus, als sie in Gedanken den Weg der massiliotischen Bernsteinaufkäufer von der Rhône zum Rhein und weiter zur Nordsee nachgingen.

Nach ihrer Meinung genügten die Hinweise antiker Autoren, um einen Handelsweg – eine Bernsteinstraße – zwischen Massilia und dem Unterlauf der Elbe als sicher anzunehmen. Wenn es aber diese Trasse gab, so meinten sie, müßte es auch ohne Bodenfunde möglich sein, den günstigsten Umschlagplatz zwischen Marseille und Hamburg festzulegen. Hennig versuchte das, indem er sich von geographischen, wirtschaftlichen und sprachlichen Überlegungen leiten ließ.

Das Ende der Massilia-Faktorei in Duisburg

Die massiliotischen Händler – so argumentierte er – werden zunächst rhôneaufwärts gezogen sein. Von Lyon aus konnten sie über den Oberlauf der Rhône die Reuß oder über das Saônetal die Mosel erreichen. Hier wie dort stiegen sie auf Schiffe um, die sie in bequemer Talfahrt zum Rhein und weiter stromabwärts brachten.

Da sie vor der gewalttätigen, tückischen Nordsee – wie die antike Literatur immer wieder bezeugt – einen »heillosen Respekt« hatten, beendeten sie ihre Fahrt am Niederrhein, und zwar an einer Stelle, von der sich eine Landverbindung zur Unterelbe herstellen ließ. Dafür kam, da diese nach Möglichkeit den Wasserläufen folgten, nur die Mündung eines rechtsrheinischen Nebenflusses in Frage, am ehesten der Lippe und der Ruhr.

Gegenüber der Ruhrmündung lag – wie bekannt – in römischer Zeit das Kastell Asciburgium. Die Römer aber pflegten ihren Festungen und Kastellen die heimischen Namen schon bestehender Orte zu geben. War es nicht denkbar, daß dieser Patenort rechtsrheinisch lag, wie ja auch Ptolemäus und Markianos behaupteten? Und hatte die Sprachforschung den Namen Asciburgium nicht längst als Eschenburg, das heißt (da die Esche ein Synonym für Schiff war) als Schiffsstätte gedeutet? Und warum sollte diese Schiffsstätte nicht noch zu Tacitus' Zeiten bestanden haben?

Ein Blick auf die Karte, und Wildschrey sah das Problem hundertprozentig gelöst. In der Duisburger Altstadt ließ sich nämlich ein uralter, vorrömischer Ruhrlauf nachweisen, und genau an dieser Stelle traf der von Osten kommende Hellweg mit der von Süden kommenden Mainzer Straße zusammen. Eines weiteren Beweises – das war seine unerschütterliche Überzeugung – bedurfte es angesichts dieses erstaunlichen Tatbestandes nicht mehr.

»Dort in Duisburg an der Beckstraße und Kühlingsgasse in der Gegend der Münzstraße, dort war es, wo die weitgereisten germanischen Handelsherren, die Vorläufer der späteren Hanseaten, sich mit den keltischen und griechischen Handelsherren aus Massilia zusammenfanden. Dort trafen die Welten des germanischen Nordens und des Mittelmeergebietes zusammen in friedlichem Handels- und Kulturaustausch.«

Auch Hennig kannte keine Bedenken, das vielgesuchte Asciburgium in die Duisburger Altstadt zu verlegen. Anders als Wildschrey stellte er seine Anschauungen jedoch nicht als der Weisheit letzten Schluß dar. Er sprach ausdrücklich von einer Arbeitshypothese, »die der Forschung das weitere Vordringen erleichtern« sollte.

Man wird ihm in der Tat zugestehen müssen, daß nicht nur die Ergebnisse der Spatenarbeit, sondern auch »geographische, zumal geologische und allerlei andere naturwissenschaftliche Erwägungen, ebenso Sagenelemente und handelsgeschichtliche Ermittlungen Anspruch darauf haben«, von der Vorgeschichte beachtet zu werden. Das ist in diesem Fall auch geschehen. Bisher jedoch ohne Erfolg.

Sowohl in Moers-Asberg als auch im Duisburger Stadtgebiet – nicht zuletzt in der Altstadt, wo größere »Kahlschläge« die Arbeit des Spatens erleichterten – hat man nach dem Kriege die Hennigschen Vermutungen durch Grabungen überprüft. Das Ergebnis war in jedem Fall negativ. Weder auf der linken noch auf der rechten Seite des Rheins fanden sich irgendwelche Spuren einer vorrömischen Siedlung, geschweige denn einer massiliotischen »Faktorei«.

Die Straßen, die sich nach Wildschreys Meinung schon um 500 v. Chr. in Duisburg trafen, sind wahrscheinlich erst in der fränkischen Zeit entstanden. Überhaupt scheint es zweifelhaft, daß es die vor zwanzig Jahren noch als absolut gesichert geltende Route von Marseille zur Nordseeküste gegeben hat – und wenn, so wird sie ihren Weg von Mainz aus über die Wetterau zur Weser gesucht haben. Bernsteindepots sind – was schon Hennig als das schwächste Glied seiner Gedankenkette empfand – zwischen Elbe und Rhône ohnehin nicht entdeckt worden.

Nach dem derzeitigen Stand der Forschung wird man also über die Wildschreyschen Phantasien zur Tagesordnung übergehen müssen. Hätten sie ihre archäologische Feuerprobe bestanden, dürfte Duisburg Rang und Würde der ältesten deutschen Stadt beanspruchen. Da die Bodenforschung über ein dürres »Nein« nicht hinausgelangte, wird es diesen Titel auch in Zukunft der Konkurrenz von Trier und Mainz, Worms und Kempten und anderen keltogermanischen Niederlassungen überlassen müssen.

Schon vor den Römern gab es nämlich auch in Deutschland so etwas wie städtische Gemeinwesen. Und bereits mit dem Ende der »goldenen Bronzezeit« war die Wende erreicht, wo – mit Schuchhardt zu sprechen – »die bleiche Unbenanntheit ihrer Träger rotwangigen Völkernamen Platz zu machen« begann. Mit gutem Gewissen können wir fortan von Kelten und Germanen sprechen: von Kelten im Süden, von Germanen im Norden des mitteleuropäischen Raumes.

NEUNTES KAPITEL

DER »HOHMICHELE« UND DIE HEUNEBURG

KELTENART, KELTENKUNST UND KELTENFÜRSTEN

ZENTRUM WÜRTTEMBERGISCHER VORGESCHICHTE
DIE GRIECHENFESTUNG ALS MORGENGABE
GROSSE WELT IM PROVINZALLTAG
HOHEPRIESTER DER KELTENKUNDE
»ENFANTS TERRIBLES« DES ALTERTUMS
HALLSTATT UND DIE HALLSTATT-KULTUR
LATÈNE – DER STIL DER »ANTI-KLASSIK«
FÄSSER, FÜRSTEN UND VASALLEN
GRIECHISCHE SCHALEN IN SCHWÄBISCHEN GRÄBERN
DIE SCHMUCKSCHATULLE EINER KELTISCHEN FÜRSTIN
»HOHMICHELE« – GRÖSSTER GRABHÜGEL MITTELEUROPAS
DIE CHRONIK DER HEUNEBURG

Wer kennt schon Hundersingen? Wer kennt Binzwangen, Ertingen oder Beuren und wie die Dörfer und Flecken im Donauried alle heißen... Und wer kennt die Hundersinger Heuneburg?

Von Riedlingen aus, einem schönen, alten Städtchen in der Nähe des berühmten Zwiefalten, fährt man – in Richtung Sigmaringen – etwa sieben Kilometer donauaufwärts und hält dann, genau westlich, auf Binzwangen zu. Das Land, obwohl zwischen 400 und 500 Meter hoch, ist hier flach wie ein Nudelbrett. Nur das linke Flußufer geht steil und unvermittelt in einen bewaldeten, mäßig hohen Hügelzug über.

Zentrum württembergischer Vorgeschichte

Zwischen Binzwangen und Hundersingen, zwei schwäbischen Allerweltsflecken, hebt sich aus diesem Hügelzug ein merkwürdiges Gebilde – ein Tafelberg mit spitz zulaufendem Schiffsbug und glatt abfallenden Wänden. Sein fortifikatorischer Charakter ist unverkennbar; man könnte sich sehr gut vorstellen, daß artilleriesichere Kasematten in ihm versteckt sind. Daß er ein Werk aus Menschenhand ist, zeigt sich auf den ersten Blick.

Die Mächtigkeit der Anlage ist am ehesten zu ermessen, wenn man sich ihr, nach einer kurvenreichen Fahrt auf schmalen Feld- und Waldwegen, von der »Landseite« nähert. Noch heute, nachdem zweieinhalb Jahrtausende ihre einebnende Arbeit geleistet haben, muß man gut zehn Meter steigen, um das Innere der Befestigung zu erreichen. Es bildet einen trapezförmigen Raum von 200 mal 300 Meter Größe, der beackert wird.

Wendet man sich zurück, so entdeckt man, daß die meistgefährdete Südwestseite durch ein raffiniertes System hintereinanderliegender Wälle und Gräben gesichert war. Diese zogen ursprünglich bis zum Hochufer des Flusses. So entstand zwischen Hauptwall und Donau, zu Füßen der heute grasbewachsenen Steilhänge, noch ein Vorwerk, das einen Angriff von dieser Seite fast unmöglich machte.

Auch die Wahl des Platzes verrät Erfahrung im Kriegshandwerk. Unbehindert wandert der Blick vom Ostrand der Burg über die ebene Talaue mit ihren zahllosen Ackerrechtecken – ein Panorama, das erst in zwölf Kilometer Entfernung von dem 766 Meter hohen Bussen verstellt wird. Ebenso flach dehnt sich das Donauried nach Süden; wer Glück und scharfe Augen hat, kann bei günstigem Wetter die bizarre Linie der Alpengipfel von der Zugspitze bis zum Tödi im Berner Oberland verfolgen.

Die Heimat der Heuneburg, das württembergische Oberamt Riedlingen, ist eine der archäologisch reichsten und interessantesten Landschaften der Bundesrepublik, das süddeutsche Gegenstück zu der »klassischen Quadratmeile der norddeutschen Vorgeschichte« um Wildeshausen und Pestrup in Oldenburg.

Die Forschung kennt in diesem Raum außer zahlreichen Hügelgräbern fünf Viereckschanzen und drei Burgen der Kelten. Die größte von ihnen, ebenfalls Heuneburg genannt, ist die von Upflamör, ein kompliziertes, uneinheitliches Werk, das offenbar stückweise entstand und heute derart tief im Wald liegt, daß es nur wenigen geländegängigen Experten bekannt ist. Als Ergebnis mustergültiger Planung stellt sich demgegenüber die Altenburg dar, deren Wälle und Gräben sich vorbildlich dem natürlichen Faltenwurf der Alblandschaft einfügen.

Mittelpunkt des Gebietes war jedoch von jeher die Hundersinger Heuneburg, wie zahlreiche große Grabhügel in ihrer unmittelbaren

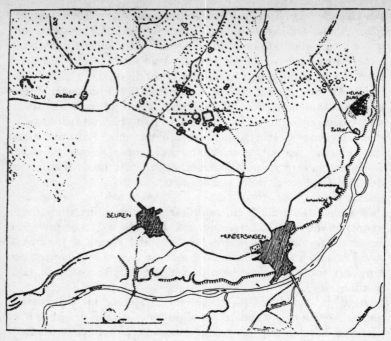

Die Heuneburg und Umgebung

Umgebung vermuten lassen. Von der Höhe der Befestigung gut zu erkennen, liegt am Rande der Ertinger Höhen die fichtenbestandene Kuppe des »Rauhen Lehen«, gleich jenseits der Donau der »Bettelbühl« und ein Stück flußaufwärts, am diesseitigen Steilhang, die »Baumburg« und der »Lehenbühl«. Zwei Kilometer waldeinwärts, westlich der Heuneburg, hebt sich aus einer ganzen Gruppe von Grabhügeln der mächtige »Hohmichele«, der größte vorgeschichtliche Grabhügel Mitteleuropas, dessen Kuppe bis zu den Kronen der umstehenden Bäume aufsteigt. Als »Hauptnekropole der Burgherren« gelten aber die vier Grabhügel am Rande des nur 400 Meter entfernten »Gießübel« – die berühmten Hundersinger Fürstengräber, auf denen einige der schönsten Gold- und Bronzestücke des Stuttgarter Landesmuseums stammen.

Mit der Öffnung der Hundersinger Fürstengräber begann 1876 die Reihe der Kampagnen, die der Heuneburg internationalen Ruhm eingebracht haben. Die wichtigsten Entdeckungen fallen freilich in das letzte Jahrzehnt.

Im Jahre 1948 wurde die Heuneburg erstmalig genau vermessen. Gleichzeitig traf sich unter Führung von Kurt Bittel, dem Erforscher der Hethiterhauptstadt Bogazköy, eine Sachverständigengruppe zu einem archäologischen Lokaltermin, einer sogenannten »Begehung«. Die Gelehrten wußten, daß sie es mit einem keltischen Fürstensitz zu tun hatten und daß dieser der gleichen Zeit angehörte wie die ins 5. und 6. vorchristliche Jahrhundert datierten Gräber ringsum. So klar und übersichtlich sich die Anlage nun präsentierte, auf genauere Fragen blieb sie die Antwort schuldig.

Wo lagen die Tore der grandiosen Befestigung? Was bedeuteten die Terrassen auf der Donauseite? Und woher kamen die merkwürdigen weißen Gesteinsbrocken, die überall in der Grasnarbe der Hänge und auf den Feldflächen des inneren Burgbereichs zu entdecken waren?

Diesen Überlegungen folgte eine größere Grabung im Sommer 1950. Schon die ersten Schnitte durch die Umwallung führten zu erstaunlichen Ergebnissen. Die Profile zeigten die Spuren verschiedener übereinanderliegender Wehranlagen, deren älteste eine Siedlung der frühen Urnenfelderzeit bedeckte. Damals bereits hatte also der Hügel die Gestalt angenommen, in der er uns heute noch begegnet.

Der umwallte Fürstensitz genügte bald den wachsenden Ansprüchen nicht mehr und machte einer großsprecherischen Mauer Platz, bei der offensichtlich mittelmeerische Erfahrungen Pate standen. Die neue Technik scheint sich aber nicht bewährt zu haben, und so kehrten die Baumeister der beiden letzten Anlagen zu heimischen Verfahren zurück.

Alle diese Befestigungen gingen in Flammen auf. Spätestens um die Mitte des 4. Jahrhunderts v. Chr. ist die Heuneburg endgültig zerstört worden.

Zukünftige Grabungen werden vielleicht einmal die Hintergründe dieser Katastrophe erhellen. Einstweilen interessiert vorzugsweise die Mauer der zweitältesten Umwallung, die in den Profilen an vierter Stelle erscheint und daher kurz als »Periode IV« firmiert. Was ist das Besondere dieses Bauabschnittes?

Die Ausgräber erfanden, um die Vorgänge jener Zeit anschaulich zu machen, einen keltischen Fürsten, der sich nicht nur auf die Kunst des Herrschens, sondern auch auf die des Handelns verstand. Seine Geschäftsfreunde saßen in Massilia, der griechischen Kolonie im Rhônetal, und belieferten ihn mit Produkten des gehobenen Bedarfs: rhodischen Bronzekrügen, attischen Trinkgefäßen, provençalischen Amphoren und natürlich mit Wein, mit Wein in großen Mengen, vornehmlich griechischen und südfranzösischen

Die Griechenfestung als Morgengabe

Gewächsen... Denn der Fürst war, wie die meisten seiner Stammesgenossen, ein Freund von Geselligkeit und fröhlichem Umtrunk.

Er zahlte mit Fellen, Feldfrüchten und Bernstein, den er selbst teuer erstand, aber mit Gewinn weiterverkaufte. Vielleicht unternahm er gelegentlich auch einen Beutezug, um Gefangene zu machen. Denn Sklaven waren ebenfalls ein begehrter Artikel.

Eines Tages reiste er selbst nach Massilia, sei es aus Neugier, Übermut oder Langeweile, sei es, um neue Beziehungen anzuknüpfen. Als Repräsentant eines zwar unterentwickelten, aber konsumfreudigen Landes hofiert und in der massiliotischen Gesellschaft gleichsam weitergereicht, lernte er eine junge Dame südlicher Kreszenz kennen, in deren dunkle Augen er sich auf der Stelle versah. Da auch sie an dem wohlsituierten jungen Hünen mit blondem Haar und Hängeschnurrbart Gefallen fand, kam ein Ehevertrag schnell zustande, und in die Residenz an der oberen Donau zog, ein wenig frierend und blasiert, die reiche Kaufherrentochter aus dem Süden.

Mit ihr erschien ein griechischer Baumeister aus Massilia, den der Heuneburg-Fürst engagiert hatte, um der Königin seines Herzens eine königliche Burg zu bauen. Der Grieche entwarf eine neuartige Lehmziegelmauer mit rechteckigen Wehrtürmen, die auch dem fürstlichen Auftraggeber gefiel. So ganz traute er seinem mittelmeerischen Hofarchitekten freilich nicht, und so gab er Befehl, die pompöse Umwallung nur an der am wenigsten gefährdeten Nordseite aufzuführen.

Nun begann eine erregende Zeit. Die Heuneburg verwandelte sich in eine riesige Baustelle. Wohin man blickte, wurden unter Aufsicht südlicher Spezialisten Ziegel aus Lehm, kiesigem Sand und Häcksel geformt, jeder 40 mal 40 Zentimeter groß und 7 Zentimeter dick. Die fertigen Placken trockneten an der Luft und wurden dann Stück für Stück einem Steinsockel von einem Meter Höhe aufgesetzt. Die fertige Mauer war 3 Meter dick, 4 Meter hoch und schob alle 10 Meter einen 7,5 Meter breiten rechteckigen Turm aus der Fluchtlinie. Das Ganze erhielt einen sauberen, glatten Lehmverputz.

Es war ein stolzer Bau, der landauf, landab nicht seinesgleichen hatte. Die Leute kamen von fern her, ihn zu bestaunen. Und die reisenden Händler nahmen die Kunde mit in den Süden und berichteten von dem reichen und mächtigen Manne im Donauland, der einer Tochter Massilias eine griechische Festung als Morgengabe bauen ließ.

Sehr schnell stellte sich aber heraus, daß dieser Import doch nicht

der richtige gewesen war – die Ziegel wurden feucht, und die bombastische Mauer zeigte bald hier, bald dort Schlagseite.
Damit kehren wir in die kühle Luft der Wissenschaft zurück.

Diese Lehmziegelmauer der Heuneburg – gleichgültig, wie sie entstand – war in der Tat ein Fremdling. Sie kam von weit her und wurde niemals heimisch in unseren Gefilden. Trotzdem war sie alles andere als ein Findelkind unbekannter Herkunft. So seltsam sie sich auf einer künstlichen Erhöhung am Oberlauf der Donau ausmachte, so genau zeigt sie doch die Kräfte an, die um die Wende vom 6. zum 5. vorchristlichen Jahrhundert in Süddeutschland lebendig waren.

Große Welt im Provinzalltag

Schon am Unterbau war die Hand geschickter Techniker zu erkennen. Die Steine aus den fünf Kilometer entfernten Brüchen des heutigen Dollhof waren sauber geschichtet, die großen, glatten jeweils an den Außenrändern. An manchen Stellen ließ sich sogar, wie Bittel bemerkt, »das Bestreben beobachten, möglichst regelmäßige, waagerechte und senkrechte Fugen zu erzielen«. Der Sockel lag in einem Lehmverband und war nach oben durch kleine und kleinste Steine »abgeglichen«. Dieser Unterbau trug die monumentale, durch horizontale Holz- und Steineinlagen gefestigte Lehmmauer sicher über die Unebenheiten des Geländes.

Die Umwallung verriet also eine umsichtige Organisation, verriet Instanzen, die gewohnt waren, zu planen, zu befehlen und geschulte Kräfte – Steinbrucharbeiter, Ziegler, Zimmerleute – ihrem Können entsprechend einzusetzen. Eine solche Organisation setzt Macht und Verfügungsgewalt voraus. Ihr Einzugsgebiet wird nicht übermäßig groß gewesen sein; innerhalb ihres Bereiches aber war sie unumschränkt wirksam.

Macht im Duodezformat entwickelt leicht ein starkes Repräsentationsbedürfnis. Auch der bramarbasierende Stil der Heuneburg IV gibt die Mentalität eines reichgewordenen ländlichen Kraftmeiers vollendet wieder. Die Geste galt ihm offenbar mehr als der Zweck, die Fassade mehr als die Funktion.

Kennzeichnend dafür war auch, daß sich die Burgbesatzung in den trutzigen Bastionen – von der Bebauung der Innenräume wissen wir bisher nichts – zwar häuslich, aber gänzlich unmilitärisch einrichtete. Die holzverkleideten Turmgelasse dienten offensichtlich als behagliche Wohn- und Zechstuben. Waffen wurden in ihnen nicht gefunden, wohl aber Trinkgefäße, Schalen, Kannen – das Inventar eines wohlgemuten, fröhlichen, provinziellen Alltags...

All das läßt den Heuneburgfürsten recht gegenwärtig werden. Er spielte große Welt, obwohl er wahrscheinlich über das Dasein eines aristokratischen Grundbesitzers noch nicht hinausgewachsen war. Immerhin dürfte er ein weitgereister Mann gewesen sein, der das Bauen mit Lehmziegeln vielleicht aus eigener Anschauung kannte.

Der Lehmziegel, heute noch in Spanien, Makedonien und weiten Teilen Asiens gebräuchlich, ist eine »Erfindung der steinlosen Trockenzone des Vorderen Orients«. Griechenland kannte ihn bereits in der Jüngeren Steinzeit, Rom verwandelte sich erst unter Augustus aus einer Lehmziegelsiedlung in eine Marmorstadt. Die Lehmbauweise hat also Jahrtausende der mittelmeerischen Architektur mitbestimmt, nicht zuletzt den Festungsbau.

»Ein vorzüglich erhaltenes Beispiel einer griechischen Stadtmauer mit Lehmziegelaufbau haben die jüngsten Grabungen in Gela (Sizilien) erbracht. Stellt man das Bild dieser wohl erst dem 4. Jahrhundert angehörenden Mauer neben das der Heuneburgmauer, so leuchtet die Verwandtschaft ein, zugleich wird aber auch der Abstand klar zwischen einem griechischen Bauwerk und der ›barbarischen‹ Nachahmung. Im Ausstrahlungsbereich der griechischen Welt trifft man Stadt- und Burgmauern in Lehmziegeltechnik von Skythien über Makedonien und Etrurien (Arretium) bis hin nach Spanien (Tarragona); in diesen Kreis darf man die Heuneburg als abgelegenen Außenposten mit einreihen...«

»Noch klarer treten die Zusammenhänge mit der griechischen Welt hervor, wenn man neben der Mauertechnik die Führung der Mauer im Gelände, den geraden Zug, die scharfwinkligen Ecken und Haken und vor allem die rechteckigen Bastionen betrachtet. Das alles sind Züge, die einst dem griechischen Wehrbau aus dem Orient übermittelt wurden, die wir dann immer wieder an griechischen Burg- und Stadtmauern finden und die aus dem griechischen Bereich auch Eingang in die benachbarten ›barbarischen‹ Räume gefunden haben...«

»Auch hier also erscheint die Anlage der Heuneburg IV als ein abseitiger Vetter in einer griechisch bestimmten mediterranen Familie.« (Dehn)

Und die historische Konsequenz?

Bereits im 6. vorchristlichen Jahrhundert bestanden zwischen Süddeutschland und der mittelmeerischen Welt enge Kontakte. Als Initiator dieser Beziehungen spielte der Handel weiterhin die entscheidende Rolle, doch wirkte der regelmäßige Güteraustausch über das ökonomische Leben hinaus. Der Wirtschaftsverkehr schleuste nicht nur die Waren des Südens, sondern auch südliche Lebensgewohnheiten, Bauformen und geistige Vorstellungen nach Deutschland ein.

Umgekehrt begann man damals in Griechenland – zur Zeit Solons und hundert Jahre vor Perikles – sich für das regsame, intelligente und künstlerisch hochbegabte Volk der Kelten zu interessieren.

Hohepriester der Keltenkunde

Um 600 v. Chr. sprach der Massilische Periplus, das erste erdkundliche Nachschlagewerk der Antike, von keltischsprechenden Völkern im Nordteil der Iberischen Halbinsel. Um 500 v. Chr. erwähnte Hekatäus von Milet, der Begründer der griechischen Geographie, die keltische Stadt Nyrax, mit der er wohl das österreichische Noreia meinte; Massilia lag nach seinen Angaben auf ligurischem Gebiet in der Nachbarschaft der Kelten. Fünfzig Jahre später berichtete Herodot, daß die Donau in der Heimat der Kelten entspringe. Ephorus, ein Autor des 4. vorchristlichen Jahrhunderts, rechnete die Kelten zusammen mit den Skythen, Persern und Libyern zu den vier großen barbarischen Völkern seiner Zeit. Eratosthenes, um 250 v. Chr. Direktor der Bibliothek von Alexandria, nannte sie »weit verbreitet im westlichen und transalpinen Europa«.

Zwei Schwerpunkte zeichnen sich in diesen Zitaten deutlich ab: Süddeutschland und Nordspanien. Auch die Bodenforschung hat den Raum zwischen Alpen und Pyrenäen als Heimat der Kelten eingekreist. Als Kernland kommt nach den heute gültigen Vorstellungen, die zu einem guten Teil auch von den Ergebnissen der Sprachwissenschaft bestimmt werden, jedoch vornehmlich das Donauquellgebiet in Frage, mit anderen Worten: die Heuneburg-Landschaft.

Trotzdem wissen wir von der Aufkunft der Kelten noch immer herzlich wenig. Sicher ist nur, daß sie nicht zugewandert, sondern aus einem noch nicht genau zu analysierenden biologischen und kulturellen Schmelzprozeß hervorgegangen sind. Mit einiger Vorsicht läßt sich allenfalls sagen, daß die Hügelgrableute und Urnenfeldermenschen der ausklingenden Bronzezeit vereint an der keltischen Wiege Pate standen oder besser: an der Wiege der Urkelten; denn frühstens von 700 v. Chr. an kann man die Kelten ein Volk mit gemeinsamer Sprache und Kultur nennen.

Dann aber fluteten sie stürmisch über Süd- und Westdeutschland, Ostfrankreich und die angrenzenden schweizerischen Randgebiete hinaus und erfüllten, ohne staatsbildenden Ehrgeiz zu entwickeln, ganz Mittel- und Westeuropa mit ihrem Temperament, ihrer Vitalität und gänzlich unverwechselbaren Lebensart.

Ein halbes Jahrtausend gaben sie den Ton an. Als Alexander der Große von seinem Zug nach Indien träumte, galten sie als die stärkste politische und militärische Kraft des Kontinents. Das mag erklären, warum die Vorgeschichtsforschung bis zur Mitte des vorigen Jahrhunderts keltisch und vorrömisch gleichsetzte. Mehr noch:

die Kelten waren damals die verhätschelten Schoßkinder der Altertumsfreunde überhaupt. Alle großen Leistungen und Erfindungen wurden kurzerhand ihrem Konto gutgeschrieben, am stärksten natürlich in Ländern keltischer Blutbeimischung.

Die Engländer feierten die Kelten als die Erbauer der Hünengräber. Die Schweizer nahmen sie als Bewohner der Pfahlbauten in Anspruch. In Frankreich schrieb der Archäologe Salomon Reinach noch um 1900 die folgenden Sätze gelassen nieder: »Die Kelten sind das älteste Volk auf Erden; ihre Sprache, die die Mutter aller anderen ist, ist im heutigen Bretonischen in der ursprünglichen Reinheit erhalten. Sie waren geniale Philosophen, deren Lehre in den walisischen Bardenschulen fortlebt. Die Dolmen sind die Altäre, auf denen die Druiden ihren Göttern Menschenopfer darbrachten, die ›Alignements‹ waren ihre Sternwarten.«

Auch in Deutschland trieb die »Keltomanie« sonderbare Blüten. In dem einst viel gelesenen Pfahlbauten-Buch des Gymnasialdirektors Reinhold Pallmann traten sie als die Väter des Handels auf. Daß sie die Erfindung der Bronze, Deutschlands Urbewohner und die Schöpfer von Sitte, Recht und Ordnung gewesen seien, schrieb einer dem anderen nach. Noch 1880 empörte sich der Begründer des Römisch-Germanischen Zentralmuseums in Mainz, Ludwig Lindenschmit der Ältere, »daß jedes ungewöhnlich geformte Steinchen, welches bei den Gräberfunden zutage kam, zu einem keltischen Steinschnitzbildwerk« werde. »Es fehlte wenig, so hätte sich die Weihe ›keltischer Symbolik‹ über das ganze Mineralreich verbreitet.«

Freilich muß man den Hohenpriestern der Keltenkunde mildernde Umstände zugestehen. Es ist tatsächlich nicht ganz leicht, in den Bannkreis dieses Volkes zu treten, ohne von ihm fasziniert zu sein. Alle seine Äußerungen beweisen ein außergewöhnliches Maß an menschlicher Substanz, und seine Fehler sind genau »so liebenswert wie seine Tugenden«.

»Enfants terribles« des Altertums

Die klassischen Schriftsteller rühmten den hohen und kräftigen Körperwuchs der Kelten. Auch die helle Haut und die hellen Augen fanden ihre Bewunderung. Allerdings ist dabei zu berücksichtigen, daß sie sich fast ausschließlich mit der Oberschicht beschäftigten, deren »germanisches« Erscheinungsbild sich von dem des niederen Volkes deutlich abhob.

Ihr naturblondes Haar pflegten die Kelten so lange in Kalklauge zu baden, bis es hart und strähnig wie die Mähne eines Pferdes war; nach einem irischen Text wurde es sogar so steif, daß man einen Apfel daran aufspießen konnte. Den mittelmeerischen Menschen erschienen sie in dieser Zurichtung wie Satyr- und Pansgestalten. Dazu trug sicher bei, daß ihr struppiger Nietzsche-Schnurrbart den Mund verdeckte und beim Essen in der Speise hing. Daher auch des Diodor unvergleichlich treffendes Bild: »Wenn sie trinken, fließt das Bier gleichsam durch eine Reuse.«

Die Bodenforschung hat diese Merkmale im wesentlichen bestätigt. Seehundbärte und Pferdemähnen sind auch durch zeitgenössische Skulpturen überliefert. Das rassische Bild verschwindet unter diesem stilisierten Aufputz. Bei der jüngeren Führungsschicht herrschte jedoch der Langschädel vor.

Mit einer Mischung von Staunen, Respekt und amüsiertem Entsetzen haben die »Alten« auch die Charaktereigenschaften der Kelten registriert.

Strabo nannte sie kriegstoll, hitzig und gewandt in der Schlacht, im übrigen aufrichtig, arglos und frei von Bösartigkeit. Wurden sie gereizt, stellten sie sich unverzüglich zum Kampf. Durch gütiges Zureden aber waren sie leicht zu gewinnen. Höflichkeit und gute Manieren standen bei ihnen hoch im Kurs, ihre Gastfreundschaft kannte keine Grenzen.

Als Familien- oder Stammesangehörige bewiesen sie Pflichtgefühl und Verantwortungsbewußtsein. Größere Zusammenschlüsse aber liebten sie nicht, und offenbar waren sie weder gewillt noch fähig, längere Zeit im Joch des Kollektivs zu gehen. Daher ihr extremer Individualismus, ihr Eigensinn, ihre fortwährende Bereitschaft, Anstoß zu nehmen und sich zu entrüsten.

Ihr Bedarf an Staat war also nur gering entwickelt. Ein keltisches Imperium zu gründen, besaßen sie wohl Macht und Mittel, nicht aber die inneren Voraussetzungen. Wo sie staatsbildend auftraten, stand dahinter fast immer ein starker persönlicher Ehrgeiz und ein mächtiger Familien-Clan, ein »Klüngel«, wie man im (ehemals keltischen) Rheinland heute sagt. Sie gegeneinander auszuspielen, war daher leicht. Cäsar hat das in Gallien meisterhaft verstanden.

Spartanische Einfachheit war nicht ihre Sache. Vielmehr lebten sie gern gut, und mit großer Begabung widmeten sie sich der Kunst des Essens und Trinkens. Der keltische Weinkonsum trug wesentlich zur Intensivierung des Güteraustausches mit dem Süden bei.

Auch ihre Art zu sprechen hat bei den mittelmeerischen Chronisten manches Kopfschütteln erregt. Die Kelten ergingen sich gern in Rätseln und Andeutungen, vergrößerten und verkleinerten nach Belieben und ließen sich vom Strom der Rede willig treiben. Sie verlangten jedoch nicht, daß man ihre Worte auf die Goldwaage legte.

Den alten, abgeklärten Völkern des Südens schienen sie im

Dauerzustand der Gärung zu leben. Römer und Griechen sahen in ihnen ewige Kinder, »enfants terribles« freilich, wie es bei Jacques Moreau heißt. Für alle keltischen Stämme zwischen Alpen und Biscaya galt nach ihrer Meinung der Satz des Cato über die Gallier, den Theodor Mommsen »auf unübertreffliche geistreiche Weise« übersetzt hat: »Zwei Dinge sind es, auf welche die Gallier Wert legen: auf die Glorie und den Esprit.«

Mit anderen Worten: Krieg zu führen, war eine ihrer großen Leidenschaften. Ihre größere Leidenschaft war, nach gewonnener Schlacht heimzukehren und mit ihren Siegen zu prahlen. Ihre größte Leidenschaft aber: in Saus und Braus zu leben, geistreiche und zugespitzte Reden zu führen und dem Alltag ein Höchstmaß an Genuß abzugewinnen.

Ihre politische Begabung war demnach gering entwickelt. Große Geschichte haben sie nicht gemacht. Mit ihren kulturellen, handwerklichen und industriellen Leistungen aber wirken sie bis in unsere Zeit fort.

Hallstatt und die Hallstatt-Kultur

Bereits um 1000 v. Chr. kam mit der Urnenfelderkultur das Eisen, zunächst als östliches Importgut, nach Mitteleuropa. Das neue Metall diente vornehmlich als Schmuck. Eiserne Messer oder gar Schwerter waren mindestens zweihundert Jahre noch ausgesprochene Raritäten.

Erst um 800 v. Chr. begann die Epoche des Eisens und damit, nach der Stein- und Bronzezeit, die dritte Periode der vorgeschichtlichen Zivilisation.

Die Forschung teilt diese Epoche in zwei Perioden ein: in die Ältere Eisenzeit, die von etwa 800 bis 500 v. Chr. dauerte, und in die Jüngere Eisenzeit, die das halbe Jahrtausend bis Christi Geburt ausfüllt; kürzer und gängiger: in die Hallstatt - und die Latène-Zeit.

Hallstatt, heute ein Ort mit 1500 Einwohnern, liegt am Westufer des Hallstätter Sees, im oberösterreichischen Salzkammergut. Die bis dicht an die Ufer herantretenden Berge enthalten große Salzlager, die bereits vor mehr als 2500 Jahren bergmännisch ausgebeutet wurden. Der Salzabbau wiederum ließ einen Ort heranblühen, der damals ein Zentrum des europäischen Handelsverkehrs war.

Die vom senkrecht niedergetriebenen Hauptschacht ausstrahlenden Stollen des vorgeschichtlichen Grubenbetriebes sind seit langem bekannt, samt allem Inventar: Leitern und Steigbäumen, Fakkeln und Leuchtspänen, Picken und Stempelbengeln, hölzernen Trögen und ledernen Körben. Zweimal – 1573 und 1734 – gab der

Berg auch zwei wohlerhaltene Salzmumien frei, über die in den Chroniken allerlei erstaunliche Dinge nachzulesen sind... Leider begrub man sie, ohne sie genau untersucht zu haben.

Hallstatts wissenschaftlichen Ruhm begründete aber nicht allein das prähistorische Salzbergwerk, sondern auch das große Gräberfeld auf einer Höhe außerhalb des Ortes: das größte vorgeschichtliche Gräberfeld, das überhaupt je erschlossen wurde – das größte und großartigste.

»In der Ausstattung der Gräber nicht nur mit Dingen des täglichen Bedarfs, sondern auch wertvollen Gegenständen, wie großen Gefäßen aus Bronze, spiegelt sich mit zwingender Eindringlichkeit der ungeheure Reichtum wider, der sich aus dem Salzhandel an dieser Stelle angehäuft hatte... Die Gräber von Hallstatt werden an Pracht und Ausstattung in Europa nur von den Schachtgräbern auf der Burg von Mykenae und vereinzelten etruskischen und skythischen Fürstengräbern übertroffen, in der geschlossenen Masse durchweg so reicher Bestattungen stehen sie einzig da.« (Behn)

Den ersten Spatenstich sozusagen tat 1846 der Bergwerksinspektor Johann Georg Ramsauer, der ausgezogen war, ein abbauwürdiges Kieslager zu suchen, und ein Grab mit zwei Skeletten, einem bronzenen Schmuckband und einer Urne entdeckte. Ein anderer hätte sich vielleicht mit diesem Fund begnügt und der makabren Stätte schnell den Rücken gedreht – nicht so der Inspektor Ramsauer, der ein sehr nüchterner, wißbegieriger und methodisch vorgehender Mensch war. Also grub er vorsichtig weiter und legte auf einer Fläche von nur 4 Quadratmetern noch 7 Skelette frei, dazu Schmuck und sonstige Beigaben.

Als korrekter Beamter meldete er seine Entdeckung nach Wien, wo er in dem Kustos der Kaiserlichen Münz- und Antiquitätensammlung, Baron von Sacken, einen uneigennützigen Förderer fand. Von ihm mit den notwendigen Mitteln und Hilfskräften ausgestattet, deckte Ramsauer im darauffolgenden Sommer weitere 58 Gräber mit 262 Beigaben auf. Schließlich widmete er seine ganze Freizeit der Erforschung »seines« vorgeschichtlichen Friedhofs. Als er seine Kampagne nach 19 Jahren beendete, hatte er nicht weniger als 993 Gräber geöffnet und daraus 6084 Gegenstände geborgen – genug, ein ganzes Museum mit Nadeln, Broschen, Gürteln, Halsbändern, Ohrgehängen, Dolchen, Speerspitzen, Beilen, bronzenen Kesseln und irdenen Vasen, Schalen und Schüsseln zu füllen.

Weitere 1500 Gräber kommen auf das Konto späterer Forschungen. Noch heute enthält die Hallstätter Nekropole mindestens 500 ungestörte Grabhügel, ein einmaliger Fall, der erlaubt, die Ergeb-

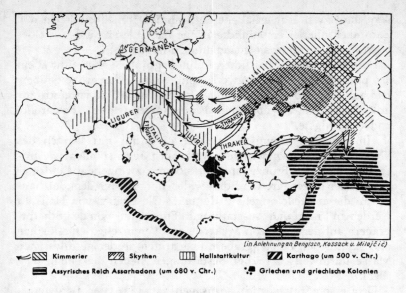

→ Kimmerier Skythen Hallstattkultur Karthago (um 500 v. Chr.)
Assyrisches Reich Assarhadons (um 680 v. Chr.) Griechen und griechische Kolonien

Die Hallstatt-Kultur im europäischen Kartenbild

nisse von gestern mit den Methoden von heute immer wieder zu überprüfen.

Schon Ramsauer war es klar, daß die Berge von Beigaben des Hallstätter Gräberfeldes eine geschlossene, bis dahin unbekannte Kultur repräsentierten. Durch ständige Fundvergleiche und Stilanalysen gelang es der Forschung dann, den Lebensraum dieser Kultur genau einzugrenzen. Als ihr Kerngebiet stellen sich die Alpen dar. Das Hallstatt-Imperium aber reichte bedeutend weiter: von den Ostalpen bis Burgund, von der Mainlinie bis Mittelitalien. Unter diesem gemeinsamen Dach entwickelten wiederum drei Provinzen eine Art von Autonomie: der ostalpine norditalienische Raum, der heute den Venetern und Illyrern zugeordnet wird; das Zentralmassiv, in dem der Name der Raeter stellvertretend für eine Reihe von Völkerstämmen steht; und schließlich das nördliche und westliche Alpenvorland – die Heimat der Kelten.

In der hallstättischen Hinterlassenschaft dieses Gebietes leben die Traditionen der Urnenfelderzeit am sichtbarsten weiter. Das gilt für die Metallkunst wie für die Töpferei, deren Typen offenbar marktbeherrschend blieben. Freilich entdeckte die hallstättische Zierfreude neue dekorative Elemente, deren besondere Ausdruckskraft »in dem Zusammenwirken von farbigen Flächen und Bändern, weißer Inkrustation und ausgeklügelten geometrischen Ziermustern beruht... Diese bunte Kerb- und Ritzkeramik, deren Zentrum wohl kaum zufällig im Gebiet der konservativen... Schwäbischen Alb gelegen ist, gehört zum Besten, was vorzeitige Töpferei hervorgebracht hat.« (Kimmig)

Die Bronze behauptete sich noch lange Zeit. Ja, die Bearbeitungstechniken erreichten erst jetzt den Höchstgrad der Vollendung, vornehmlich im Treiben, Ziehen und Schlagen. Die Meisterschaft der Bronzeschmiede kam vor allem der Schmuckkunst zugute, die mit ihren Arm- und Halsreifen bronzezeitliche Moden erfolgreich wiederbelebte.

Das Waffenhandwerk der frühen Hallstattzeit bediente sich zwar in zunehmendem Maße des Eisens, begnügte sich aber mit dem überkommenen Formenbestand – auch hier also Restauration, ein Leben und Schaffen aus Traditionen, eine Renaissance bodenständiger Elemente.

Erst das späte 7. Jahrhundert v. Chr. brachte neue Unruhe. Man glaubt darin die Auswirkungen der Wanderungen der Kimmerier und Skythen zu erkennen, zweier östlicher Reitervölker, die unter Führung eines mächtigen Kriegeradels vom Dnjestr her über Polen und Schlesien bis in die Mark Brandenburg, südlich der Karpaten bis in die ungarische Tiefebene eindrangen.

Die Impulse dieser Bewegung wurden der frühkeltischen Kultur Süddeutschlands durch den östlichen Hallstatt-Raum vermittelt. Sie äußern sich in der zunehmenden Bedeutung von Klapperblechen, Rasseln und Bommeln, die als Schmuck und Talismane eine Doppelfunktion ausübten. Die fast schon vergessenen Gewandfibeln erlebten eine triumphale Wiederkehr. Im Waffenwesen löste der Kavaliersdolch das Schwert wieder ab. Überhaupt scheint sich in der Rüstung damals ein tiefer Wandel vollzogen zu haben. Es hat den Anschein, daß mit der Aufstellung von Lanzenträger- und Bogenschützeneinheiten der erste Schritt von der individuellen zur kollektiven Auseinandersetzung getan wurde.

Das Bild der späteren Hallstatt-Kultur zeigt außer kimmerischen, skythischen und illyro-venetischen Zügen aber auch Ausstrahlungen der etruskischen Kultur an, vor allem der etruskischen Goldschmiedekunst, die ihrerseits wieder Verbindungen mit dem griechischen Raum erkennen läßt. Die Emanationen der mittelmeerischen Welt erreichten das nördliche Alpenvorland demnach nicht nur über Massilia, sondern auch über Norditalien.

Das frühkeltische Herzland an Oberdonau und Oberrhein war damals einem Kreuzfeuer von Einflüssen ausgesetzt. Die Funde erwecken den Eindruck, daß es seinen Markt bereitwillig auswärtigem Werk- und Gedankengut öffnete und sich dabei zeitweilig einer gewissen Überfremdungsgefahr aussetzte. Die Gräber der reichen Hallstatt-Zeit lassen diese Gefahr ebenso erkennen wie die Lehmziegelmauer des Heuneburgfürsten.

Doch dann geschah das Wunder – alle diese Einströmungen wurden souverän verarbeitet; es bildete sich ein neuer, selbstbewußter und völlig eigenständiger Stil – der Latène-Stil: nach der Eiszeitkunst die erste große künstlerische Eigenleistung nördlich der Alpen.

Latène – der Stil der »Anti-Klassik« Patenstation des Latène-Stils ist eine Fundstätte am Neuenburger See in der Westschweiz. Ihr Entdecker war jener Oberst Schwab, den wir bereits als einfallsreichen Scherbenfischer und Pfahlbauforscher kennenlernten. Eine imponierende Persönlichkeit übrigens: schwer und hochgewachsen, mit martialischen, energischen Zügen – ein befehlsgewohnter Soldat, obwohl er den Gehrock der Uniform vorzog.

Der eigentliche Entdecker war freilich sein Adlatus Kopp, der im November 1857 am Ostende des Sees, knapp zwanzig Meter vom Ufer entfernt, einen merkwürdigen Unterwasserhügel fand und aus dem steinernen Aufbau ein Eisenschwert ans Tageslicht holte.

Im Frühjahr 1858 begann der Oberst den Hügel mit seinen Greifern, Schaufeln und Zangen zu durchwühlen. Drei Jahre suchte er die Stelle mit militärischer Gründlichkeit ab. Er fand eine große Zahl eiserner Waffen, darunter fast fünfzig Schwerter, die alle unterhalb des Knaufs mit stilisierten Ranken und Tierfiguren verziert waren.

Schwerter dieser Art waren bereits bekannt und durch Münzfunde in die letzten vorchristlichen Jahrhunderte datiert. Da man sie ausschließlich in Gebieten gefunden hatte, die für diese Zeit als keltisch bezeugt waren, kannten auch Schwab und nach ihm Ferdinand Keller keine Bedenken, sie den Kelten zuzuschreiben. Als man nun umgekehrt daranging, den gesamten keltischen Lebensraum nach Waffen und Geräten mit dem Dekor der Schwabschen Schwerter abzusuchen, blieben die Erfolgsmeldungen nicht aus – 1874 beim Internationalen Kongreß für Anthropologie und Archäologie in Stockholm empfing der Latène-Stil gleichzeitig mit der Hallstatt-Kultur seine wissenschaftliche Taufe.

Seine Eigenart ist bereits angedeutet. Er geht vom rein geometrischen Zierat ab und wendet sich – modern ausgedrückt – der Welt des Gegenständlichen zu, die er in seinen Darstellungen aber unter reichlicher Verwendung von Palmetten, Ranken und Voluten durchstilisiert.

Das Ergebnis ist eine außerordentlich dynamische Kunst von

erregender Rhythmik und Phantastik, deren Freude an grotesken Fratzen die Dämonenwelt der gotischen Wasserspeier und höllischen Unholde zum guten Teil vorwegnimmt.
Sie bedient sich dabei durchweg kleiner und kleinster Formate. Was sie an Götterbildern, menschlichen Gesichtern und glotzäugigen, spitzohrigen und schnauzbärtigen tierischen Spukgestalten allein auf Gewandspangen und Armreifen untergebracht hat, grenzt jedoch ans Wunderbare. Die Großplastik ist selten, bezeugt jedoch das gleiche Können, so etwa die Säule von Pfalzfeld, die – auf dem Hunsrück gefunden – heute im Bonner Landesmuseum steht, oder der Heidelberger Doppelkopf im Badischen Landesmuseum Karlsruhe: zwei Werke magisch-religiöser Kunst, die auch das menschliche Gesicht in Ornament verwandeln und mit Zauber- und Symbolkraft erfüllen.

In ihrer Gesamtheit repräsentiert die keltische Kunst – ausgereift seit etwa 450 v. Chr. – eine der fruchtbarsten europäischen Kunstepochen überhaupt. In der gleichen Zeit, da die griechischen Bildhauer ihr klassisches Schönheitsideal formulierten, gedieh nördlich der Alpen diese gänzlich andere Spielart der Kunst, die abseits der »edlen Einfalt, stillen Größe« der mittelmeerischen Kunst ihren eigenen expressiven und visionären Stil entwickelte.

»Den Griechen waren Kreis und Kugel ein in sich ruhendes Gebilde, der vollkommenste Körper«, so hat Paul Jacobsthal, früher Archäologieprofessor in Marburg, später in Oxford, die Polarität von klassischer und keltischer Kunst einmal umschrieben, »keltische Form empfängt ihr Gesetz von Dynamik und Funktion eines Gerätes her. Hier offenbart sich ein völlig unklassisches Gefühl. Griechisches Ornament entreißt der pflanzlichen Wirklichkeit ihr abstraktes Gesetz, ihre Idee. In den keltischen Schalen und Schildbeschlägen hingegen ist die organische Natur in einem ganz anderen Sinne gegenwärtig, hier ist eher Erinnerung an Schwellen im Frühling, an saftige Blüten – oder an Eingeweide, Weichteile... Der Keltenstil ist weltgeschichtlich von großer Bedeutung. Er antizipiert Rhythmen und Formprinzipien, die erst Jahrhunderte später wiederkehren und zur Wirkung kommen.«

Er weist sogar merkwürdig aktuelle Züge auf. Ein Pariser Museum stellte vor einigen Jahren Bronzen, Kleinplastiken und Götterbilder der Kelten zusammen mit Bildern und Skulpturen der »Moderne« aus. Die Verwandtschaft war – ob Mache oder innerer Gleichklang, diese Frage wurde ebenso heftig wie ergebnislos diskutiert – bannend und beklemmend zugleich.

Bei aller Phantastik, aller Skurrilität und Unwirklichkeit eignet der keltischen Kunst jedoch eine aristokratische Gediegenheit und

Strenge, die sich von der Verspieltheit und Bombastik der späthallstättischen Formenwelt vorteilhaft unterscheidet. Solidität und handwerkliche Sauberkeit zeichnen die Latène-Kultur überhaupt aus. Die gesamte Hinterlassenschaft dieser Zeit – typisch, daß das Schwert den Kavaliersdolch nun wieder ablöste – ist wie aus einem Guß, trotz der vielfältigen Einflüsse, die in ihr weiterbrodeln.

Der neue Stil hat den Forschern manche Rätsel aufgegeben. Sosehr sie auch suchten, sie fanden keine Erklärung für die Plötzlichkeit seines Auftretens. Nichts deutet zum Beispiel auf einen Wechsel der Bevölkerung oder gar irgendwelche gewaltsamen Veränderungen hin. Hallstatt und Latène wachsen aus dem gleichen ethnischen und politischen Nährboden. Man wird sich also wohl damit bescheiden müssen, diesen Wandel als ein unerklärbares geistiges Phänomen hinzunehmen – es gibt ja auch im Leben des Einzelmenschen überraschende Reifeprozesse, die mit dem Verstand allein nicht zu begreifen sind.

Sicher ist jedoch, daß die Initialzündung von den Fürstenhöfen ausging. Die Konstellation war denkbar günstig: ein gesundes formal begabtes und aufnahmebereites Bauern- und Handwerkertum auf der einen Seite, auf der andern eine hellwache, intelligente Führungsschicht von merkwürdig apolitischem Charakter und mäzenatischem Ehrgeiz. »Man ahnt hier eine ›keltische Renaissance‹, die kleinen Zellen entspringt und die Menge zu den großen Zügen mitreißt.« (Wahle)

Fässer, Fürsten und Vasallen

Auch diese keltischen Fürsten haben die antiken Autoren stark interessiert, vielleicht weil sie in ihnen eine Lebensform regeneriert sahen, die ihnen selbst nur noch aus der Literatur bekannt war. Das Leben an den Höfen des keltischen Feudaladels erinnert in der Tat an homerische Verhältnisse. Die Fürsten – oder wie sonst man sie nennen will – geboten über weite Landflächen, die sie durch Leibeigene und Knechte bewirtschaften ließen. Der Besitz großer Äcker und Viehherden verschaffte ihnen auch die führende Rolle im Fernhandel, und Reichtum und eingespielte Beziehungen stellten schon damals ein festgefügtes Machtfundament dar.

Sichtbarer Ausdruck dieser Macht war die Gefolgschaft, die der Fürst, auch darin einem homerischen Helden gleich, um sich scharte: eine rauhbeinige Kameraderie, die als Trinkkumpanei, Leibwache und Privatarmee vielschichtige Funktionen ausübte und deren Zahl Maßstab des Ansehens war. Dieser Clan – das Wort ist keltischen Ursprungs – setzte sich aus den »überzähligen« Söhnen benachbarter Fürstenhäuser, den Mitgliedern unterworfener und entmachteter Familien, abhängigen Schuldnern und jenen abenteuerfreudigen

Landsknechtsnaturen zusammen, die zu allen Zeiten in den Wach- und Zechstuben der Herren anzutreffen sind.

Der für beide Teile gültige Moralkodex schrieb dem Grundherrn vor, seine Vasallen durch großzügige Geschenke und häufige Gelage bei guter Laune zu halten. Solche Veranstaltungen nahmen häufig den Charakter allgemeiner Volksbelustigungen an. Poseidonios berichtet von einem gewissen Luernios, der auf einer abgesteckten Fläche zahlreiche Fässer mit Bier und ein derart riesenhaftes kaltes Büfett auffahren ließ, daß tagelang jeder, der Lust hatte, an der Gasterei teilnehmen konnte. Noch in den irdischen und walisischen Epen des frühen Mittelalters ist von solchen Dokumentationen fürstlicher Fürsorge und Großherzigkeit häufig die Rede. »So entstanden Gesellschaften, deren Leben seinen Höhepunkt in großen Festen erreichte, in denen man seine Kraft, seinen Reichtum, seine Geschicklichkeit zeigen und sozialen Wert, Ansehen, Rang und Klientschaft gewinnen konnte.« (Moreau)

Den Gefolgsmann verpflichtete die Annahme eines Geschenkes zu unverbrüchlicher Treue. Er stand fortan mit seinem Leben für die Ziele und Interessen seines Fürsten ein, ja, seine Bindungen reichten über das Grab hinaus. Mit echtem Entsetzen spricht Poseidonios von einem Ritus, der in der Tat die erschreckenden Abgründe hinter der heiter-spektakulären Lebensart der Kelten sichtbar macht. Es kam vor, daß ein Klient seinen Herrn um ein letztes Geschenk bat. Erhielt er dieses, so teilte er es mit seinen Freunden, streckte sich auf seinem Schild zum Schlafen aus und ließ sich mit einem Dolch abkehlen. Er übernahm damit für seinen Herrn die Aufgabe eines Quartiermachers im Jenseits und ging gleichzeitig das Versprechen ein, ihm auch dort in gleicher Weise wie im irdischen Dasein zu dienen.

Solche Bräuche sind freilich nur aus der Spätzeit der keltischen Kultur überliefert. Da sie sich der Bodenforschung entziehen, bleibt offen, ob und wieweit sie etwa schon zur Zeit des Heuneburgfürsten das Verhältnis des Herrn zu seinen Klienten bestimmten. Die Wahrscheinlichkeit spricht dafür; denn sie entstammen alt-indogermanischem Gedankengut und gelangten spätestens mit den skythischen Reiterzügen nach Mitteleuropa.

Sicher ist, daß die Bildung einer Führungsschicht um 500 v. Chr. so gut wie abgeschlossen war; vermutlich war die Fürstenwürde bereits erblich. Auch hatte sie schon ihren eigenen Lebensstil entwickelt, der sich von dem der Untergebenen bewußt absetzte. Ein Blick auf den Bebauungsplan des späthallstättischen Adelssitzes auf dem Nördlinger Goldberg läßt das deutlich erkennen. Der fürstliche Wohnbezirk hielt sichtlich auf Distanz. Während er selbst die sichere Nordspitze der Höhe beanspruchte, gruppierten sich die Häuser, Scheunen und Ställe der hörigen Bauern in gebührlicher Entfernung um ihn. Selbst die Ausrichtung der Gesindebauten auf das Herrenhaus ist symptomatisch für die neue Sozialstruktur.

Am sichtbarsten aber bezeugen die Gräber – die berühmten keltischen Fürstengräber – die Entwicklung einer aristokratischen Elite.

Griechische Schalen in schwäbischen Gräbern

Wieder richtet sich der Blick auf die Heuneburg. Im Jahre 1876 – Schliemann legte zur gleichen Zeit die fünf Gräber der ältesten Fürsten von Mykene mit ihren phantastischen Goldschätzen frei – begannen Erdarbeiter einen der vier Hügel im »Gießübel« abzutragen, um mit dem so gewonnenen Boden Vertiefungen im nahen Talhof auszufüllen. Dabei stießen sie auf ein Grab, das dann unter Leitung von Eduard Paulus dem Jüngeren, dem damaligen Konservator der Stuttgarter Sammlungen, ordnungsgemäß geöffnet wurde. Zwei weitere Hügel folgten. In allen drei Gräbern wurde eine eingetiefte hölzerne Kammer gefunden. Am kostbarsten war jedoch Grab 1 ausgestattet. Es enthielt außer Wagen und Pferdegeschirr goldene Halsreifen, Bronzegefäße, Dolche sowie Bernsteinschmuck und Keramik. Paulus war von dem Befund so überwältigt, daß er spontan den Begriff »Fürstengrab« prägte, der bald von der Fachwelt übernommen wurde.

Ein Jahr später beschloß die Stadt Ludwigsburg, einen Wasserhochbehälter zu errichten, und zwar in der sieben Meter hohen Erhebung, die auf einer Anhöhe bei Pflugfelden lag. Durch die Hundersinger Funde alarmiert, ging man bei den Bauarbeiten vom ersten Tag an mit größter Wachsamkeit zu Werke. Die heimliche Hoffnung erfüllte sich; denn schon nach wenigen Tagen traf der Spaten auf die Spuren einer holzverschalten Grabkammer.

In ihr ruhte ein Toter mit goldenem Kopf- und Armreif. Er trug in seiner Rechten einen eleganten Kavaliersdolch mit Bernsteineinlage und war auf einer Bastunterlage, den Blick nach Norden gerichtet, bestattet worden. Zu seinen Füßen standen ein Bronzeeimer und ein bronzenes Becken, wertvolle italische Einfuhrwaren, in denen noch spärliche Speisereste zu entdecken waren. Auch ein mehrfarbiges ägyptisches Glasfläschchen, mit duftenden balsamischen Ölen gefüllt, war dem hohen Herrn mitgegeben worden. Ein prächtiger Reisewagen vervollständigte die fürstliche Grabausstattung: ein vornehmes Gefährt mit vier achtspeichigen Rädern aus Birken- und Birnbaumholz und einem dick gepolsterten Wagenkasten aus Eisenblech.

Die Öffnung des Ludwigsburger Hügels weckte das Interesse an einer ähnlichen Erhöhung zu Füßen des Hohenasperg: dem sogenannten Kleinaspergle, das sich ebenfalls wie ein Schildbuckel aus der Landschaft hob, mit 60 Meter Durchmesser und 8 Meter Höhe 7 000 Kubikmeter fassend.

Am 19. Mai 1879 begann der bereits mehrfach genannte Stuttgarter Geologe Oskar Fraas mit der Grabung, »und zwar wurde von der Westseite aus ein gezimmerter Stollen in den Hügel getrieben. Langsam schritt die Arbeit fort, neun Tage lang zeigte sich immer derselbe steinfreie, zuweilen mit Asche vermengte Boden im Licht der Grubenlampe. Am Abend des 28. Mai traf man 18 Meter vom Stolleneingang auf eine mit Holzmoder und Erde gefüllte Grabkammer, die in den folgenden drei Tagen ausgeräumt wurde.«

Die schönste Entdeckung gelang dem Sohn des Grabungsleiters, dem Gymnasiasten Eberhard Fraas, den die Neugier und der ungestillte Forschungsdrang seiner siebzehn Jahre eines Abends noch einmal in den düsteren Stollen zurücktrieb. Im Schein einer blakenden Stallaterne kniete er vor der modergefüllten Gruft nieder und begann sie mit den Händen vorsichtig zu durchwühlen. Er fand außer mehreren Goldblechreifen zwei schwarz gefirnißte Tonschalen, die er in seinen Rucksack packte und eine Stunde später seinem Vater auf den Schreibtisch stellte.

Es waren zwei Meisterwerke griechischer Töpferkunst, zwei Schalen aus Kerameikos, der Handwerkervorstadt Athens, saubere und gekonnte Erzeugnisse des perikleischen Zeitalters. Offenbar war sich auch ihr früherer Besitzer ihres Wertes bewußt gewesen; denn als sie zerbrachen, hatte er sie durch einen heimischen Goldschmied restaurieren lassen. Dieser löste die schwierige Aufgabe in recht geschickter Weise, indem er die zerstückten Gefäße mit Hilfe von Bronzestiften und verzierten Goldblechen wieder zusammenfügte.

Der Besitzer? Nun, die Schalen waren sicherlich der Stolz einer hochgestellten Dame gewesen, deren Reichtum und Schmuckfreude auch die übrigen Beigaben erkennen ließen. Da fand man die schönsten Bronzesachen, unter anderem ein Becken von einem Meter Durchmesser und eine Schnabelkanne etruskischer Form, deren Rand und Handgriffe jedoch Fratzen und Grimassen aus dem Dämonenaufgebot der keltischen Vorstellungswelt zierten. Auch zwei große Trinkhörner lagen bei der Asche der Fürstin, meisterliche Goldarbeiten mit etruskischen und skythischen Symbolen. Um den Hals hatte die Dame ein silbernes Kettchen getragen, um den Arm einen Gagatreifen und als Gewandschmuck eine korallenbesetzte Goldbrosche. In der Urne befand sich arabischer Weihrauch.

Es war für Fraas eine herbe Enttäuschung, daß er nach diesem vielversprechenden Auftakt das Hauptgrab bereits von mittelalterlichen Schatzsuchern ausgeraubt fand. Trotzdem konnte er mit dem Ergebnis zufrieden sein. Auch die Herren vom Kleinaspergle hatten ihren Wohlstand zu nutzen und zu zeigen verstanden. Auch sie hatten ihre Verbindungen zur Welt. Auch sie sorgten dafür, daß die heimischen Goldschmiede keinen Mangel an Aufträgen litten, und unschwer kann man sich vorstellen, daß diese »Hoflieferanten« ausschließlich für den Bedarf der Residenz arbeiteten.

Hundert Jahre etwa lagen zwischen den Gräbern von Ludwigsburg und Kleinaspergle. Welche Entwicklung aber, welche Kraft der Aneignung und Verarbeitung! Welch nachtwandlerische Sicherheit auf dem Wege zu einem eigenen Stil – zu einer originär keltischen Kunst.

Es sind in der Folgezeit noch zahlreiche keltische Fürstengräber entdeckt und untersucht worden – in Cannstatt, bei Villingen, bei Dürkheim, in Rodenbach bei Kaiserslautern, in Waldalgesheim bei Bingerbrück, bei Schwarzenbach im inneren Hunsrück. Die Schwerpunkte treten auf der Karte deutlich hervor. Sie liegen zwischen Altmühl und Regen, nordwestlich von Regensburg, im schwäbischen Raum und in der Landschaft zwischen Mittelrhein, Hunsrück und Saar. Zählt man die böhmischen, schweizerischen und burgundischen Grabhügel dazu, mögen es fast zweihundert sein.

Die Schmuckschatulle einer keltischen Fürstin

Soweit sich ihre kugelförmigen Rücken im Gelände abzeichnen, sind sie inzwischen allesamt untersucht. Doch gibt es auch andere, unsichtbare. Eines von ihnen – eines der reichsten keltischen Fürstengräber überhaupt – wurde erst vor wenigen Jahren in Reinheim an der Blies entdeckt, nahe der saarländisch-lothringischen Grenze.

Eine flache Bodenwelle im Bliestal, der »Katzenbuckel« genannt, wurde 1952 beim Abbau von Sand und Kies plötzlich »fündig«. Es waren nur wenige unansehnliche Dinge, die der Sandgrubenbesitzer vor dem Zugriff der Schaufelbagger in Sicherheit brachte: einige Schädelknochen, wenige Scherben, ein bronzener Halsreif. Aber sie genügten, dem Abbaubetrieb erhöhte Aufmerksamkeit zu schenken. Als im Frühjahr 1954 der Fund eines kleinen Bronzefigürchens sowie Erdverfärbungen gemeldet wurden, entschloß sich das Staatliche Konservatoramt Saarbrücken kurzfristig zu einer Grabung. Die Leitung übernahm Dr. Josef Keller.

Schon nach wenigen Tagen zeigten sich die Spuren einer vermoderten Eichenholzkammer: 3,46 Meter lang, mindestens 2,70 Meter breit. Doch kein Skelett, nicht einmal der »Schatten« eines Skeletts. Nur Beigaben, zahlreiche wertvolle Beigaben, alle ungestört und wohlerhalten, so daß man unbeschwert auf Stand und Geschlecht des Menschen schließen konnte, der hier seine letzte Wohnung gefunden hatte.

Es handelte sich um eine Frau, um eine sehr reiche Frau, die zu ihren Lebzeiten eine wohlgefüllte Schmuckschatulle besessen hatte. Eine Fürstin also, eine Dame von Rang und Welt; und eine Sammlung von Kostbarkeiten, mit der sie auch heute noch bestehen könnte. Sie trug, als man sie in ihrer Eichenholzkammer zur Ruhe bettete:

> einen gedrehten Halsreif aus Gold;
> eine goldene Zierscheibe in der Mitte der Brust;
> eine bronzene Maskenfibel auf der linken Seite der Brust;
> einen schweren Armreifen aus Gold am rechten Handgelenk;
> einen Armring aus klarem Glas am linken Unterarm;
> einen Armring aus Schiefer am linken Unterarm;
> einen goldenen Fingerring mit durchbrochenem Zierat an der rechten Hand;
> einen einfachen offenen Fingerring aus Gold ebenfalls an der rechten Hand;
> eine korallenverzierte Bronzefibel unterhalb der rechten Hand.

Dazu kam ein bronzener Handspiegel mit Koralleneinlage. In Höhe der linken Schulter stand ein Behälter aus vergänglichem Stoff, der mehr als 120 Bernsteinperlen enthielt. Außerdem: ein Bernsteinamulett in Form eines menschlichen Fußes, zahlreiche Glasperlen in den verschiedensten Farben, Ringe aus Glas und oxydiertem Metall, Glieder einer feinen Eisenkette, Schmucksachen aus Jaspis, Hornstein und Quarzit, zwei Anhänger in Form männlicher Bronzefigürchen und anderes mehr.

Damit nicht genug, fanden sich in der Grabkammer noch eine vergoldete, reich verzierte Bronzekanne von 50 Zentimeter Höhe, zwei Bronzeteller mit einem Durchmesser von 28 Zentimeter, zwei breite Goldbänder mit getriebener und durchbrochener Ornamentik, eine Zierscheibe aus Gold und Eisen sowie – außer organischen Resten – das Fragment eines bronzenen Fingerringes.

Einige Stücke dieses ungewöhnlichen Fundes sind von erlesener Schönheit, so der bronzene Handspiegel mit seinen stilisierten menschlichen Figuren und fischblasenförmigen Blättern, andere von einmaliger Art, so die kokette Hahnenfibel mit dem »minutiös gezeichneten Gefieder«. Die prunkvollste Arbeit überhaupt ist die halbmeterhohe Bronzekanne, ein bauchiges Gefäß mit schlankem

Fuß und schlankem Hals, das in Linienführung und Ornamentik ein bestechendes Formgefühl offenbart.

Stilistisch sind die Kostbarkeiten der Reinheimer Fürstin wie aus einer Hand. Zwar lassen sich auch in ihnen skythische, thrakische, ja sogar persische Elemente entdecken, doch gleichsam nur als Erinnerungsgut an ferne, weit zurückliegende Formerlebnisse.

Ja, die keltische Kunst war nun selbständig geworden. Was an fremden Symbolen und Motiven in ihr weiterlebte, war nur mehr eine Art Spielmaterial, mit dem sich die Phantasie der keltischen Meister souverän beschäftigte. Im übrigen hatten sie längst ihre eigene Handschrift gefunden. Ihre Kunst war autark geworden, auch im wirtschaftlichen Sinne. Während in Ludwigsburg und im Kleinaspergle die Importe noch einen bedeutenden Raum eingenommen hatten, präsentierte sich die gesamte Reinheimer Kollektion als Produkt heimischer Werkstätten.

Fünfzig Jahre nach Perikles traten Süd- und Südwestdeutschland in die Blütezeit der Latène-Kultur ein. Es begann das perikleische Zeitalter der keltischen Kunst.

»Hohmichele« – größter Grabhügel Mitteleuropas

Nachuntersuchungen in Reinheim ergaben, daß der »Katzenbukkel« ursprünglich mehrere Gräber enthalten hatte. Von ihnen war der Hügel der Fürstin der unscheinbarste. Die größeren, darunter allem Anschein nach der Großbau eines Fürstengrabes, wurden – nach Jose Kellers Grabungsbericht – wahrscheinlich schon in vorrömischer Zeit ausgeraubt und planiert.

Immer wieder stößt man bei Grabungen auf die Spuren derartiger Eingriffe. Auch der mächtigste keltische Grabhügel in Mitteleuropa, der »Hohmichele«, ist schon vor Zeiten das Opfer habgieriger und gewissenloser Schatzsucher geworden.

Er liegt etwa zwei Kilometer von der Heuneburg entfernt, inmitten ausgedehnter Wälder. Im Mittelalter umwob ihn ein dichtes Gespinst von Sagen und allerlei Wundermären. Auch hat er zeitweilig als Thingplatz gedient. Um die Mitte des vorigen Jahrhunderts wühlten Dachse ein Messer aus ihm heraus, das später als hallstättisch erkannt wurde.

Nach der Öffnung der Hundersinger Hügel stand auch der »Hohmichele« auf dem Programm der schwäbischen Vorgeschichtsforscher. Doch kamen sie über eine erfolglose Probegrabung nicht hinaus. Erst 1937 wurden die Mittel für eine »archäologische Großaktion«, wie man damals sagte, bewilligt. Die Grabungsleitung lag in den Händen der SS, die notwendigen Bodenbewegungen leisteten Angehörige des »Arbeitsdienstes«. Sie trugen den fast 14 Meter hohen, im Durchmesser 80 Meter zählenden Hügel um gut

7 Meter ab und gruben dann einen 4 Meter breiten Gang durch die künstliche Erdaufschüttung. Nach neunmonatiger Arbeit legten sie das Hauptgrab frei.

Es bestand aus der obligaten, festgefügten, überdachten Holzkammer. Die Bohlen waren im Durchschnitt 8 Zentimeter dick und 30 Zentimeter breit, die Stützpfosten des Daches noch deutlich erkennbar. Das alles wies auf eine ungewöhnlich großartige Bestattung hin, die fraglos einem der Heuneburgfürsten zuteil geworden war. Das Grab aber war leer. Ja, es war mit einer Sorgfalt ausgeraubt, die noch nachträglich Respekt erheischte. Trotz ausgiebiger Suche fand man in dem 5,60 mal 4,55 Meter großen Raum nur noch vier schmale Goldblechstreifen, einen eisernen und einen bronzenen Ring sowie einige Gewandfetzen.

Immerhin wurden im folgenden Jahr noch einige Nebengräber entdeckt, darunter eine Kammer von 2,45 mal 3,00 Meter Größe, in der ein Mann, eine Frau und ein Wagen Unterkunft gefunden hatten.

Das dennoch recht magere Ergebnis gewann allenfalls durch einige technische Details an Bedeutung. Beispielsweise konnte man nachweisen, daß die 26 000 Kubikmeter Erde des »Hohmichele« mit Hilfe von Körben aufgeschüttet worden waren. Eine Hundertschaft starker Männer dürfte also mindestens ein Jahr mit der Errichtung des Mals beschäftigt gewesen sein.

Fast zwanzig Jahre lang gab der »Hohmichele« dann das traurige Bild einer Ruine ab. Die zahlreichen, mit Kipploren aufgefahrenen Lehmhalden machten den Zugang fast unmöglich. Die Hauptkammer hatte sich in einen schilfumwachsenen Weiher verwandelt, in dem Frösche und Kröten lebten.

Erst 1955 wurde das Grabmal wieder zur alten Höhe aufgeschüttet; fünfundsiebzig Stufen führen heute auf die Kuppe des Buckels. Dort oben steht ein Gedenkstein, von dem der Besucher erfährt, daß der »Hohmichele« als Totenhügel keltischer Geschlechter bereits im 6. Jahrhundert v. Chr. aufgeführt wurde. Die Forstdirektion Tübingen hat ihn ihren Gefallenen zweier Weltkriege geweiht.

Auch das letzte der vier »Hundersinger Fürstengräber«, ein Mausoleum von 52 Meter Durchmesser und 4 Meter Höhe, war bereits ausgeraubt, als es 1954 geöffnet wurde. Die damals begonnenen, bis heute noch andauernde Grabung Siegwalt Schieks zeitigte trotzdem eine Reihe interessanter Ergebnisse. Dank den sublimen Grabungsmitteln von heute vermag die Forschung ja nicht nur Schätze zu entdecken, sondern im Boden selbst wie in einem offenen Buch zu lesen.

Die Chronik der Heuneburg

Die Grabkammer war mit gewohnter Gründlichkeit durchwühlt und durchsucht. Die Räuber hatten von oben her einen trichterförmigen Schacht in den Hügel geführt und die Decke der damals noch nicht eingebrochenen Kammer durchschlagen. Verschiedene Anzeichen deuteten darauf hin, daß dies bereits wenige Jahre nach der Bestattung geschehen war.

Unter der ausgeleerten Kammer aber fand Schiek die Spuren von zwei übereinanderliegenden Häusern, die beide in Flammen aufgegangen waren. Der jüngere Bau hatte die respektable Größe von 11,5 mal (mindestens) 21,4 Meter und war überdies durch einen Palisadenzaun gesichert. Der Brandschutt des älteren Hauses barg einige Gußformen für Armringe; vielleicht hatte sich in ihm also eine Gießerei eingerichtet.

Die Chronik der Heuneburg wurde durch diesen Befund um einige weitere wichtige Tatbestände ergänzt. Während des frühen 6. Jahrhunderts ließ sich, so kann man heute mit Sicherheit sagen, »eine über besondere Machtmittel verfügende Persönlichkeit« – die wahrscheinlich im »Hohmichele« ihre letzte Ruhestätte fand – einen über der Donau liegenden Hügel als Festung ausbauen. Bald danach entstanden auf der jetzigen Gräberkuppe Häuser und Hütten, die zum Teil handwerkliche Betriebe aufnahmen. Aus Gründen, die wir nicht kennen, brannten sie nach einiger Zeit ab.

An Stelle von Grabhügel 4 erhob sich wenig später, vermutlich zur Zeit der Lehmziegelmauer, ein neues, mit einem Palisadenzaun gesichertes Gebäude, das sich dank seiner Größe und Ausführung von seinem Vorgänger deutlich unterschied.

»Auch dieses Haus ist abgebrannt, die Stätte wurde als Grablage für einen vornehmen Toten benutzt. Aus der Art, wie die ganze Grablage mit dem dazugehörigen großen Kreisgraben auf das Gebäude bezogen ist, können wir mit Sicherheit sagen, daß hier eine Bestattung im Hause erfolgte. Daß der Tote der Eigentümer des Hauses war, können wir nur vermuten.«

Auch dieses Bauwerk, das vielleicht dem Haushofmeister des Heuneburg-Fürsten, sicher aber einem Mann der Oberschicht gehörte, ging in Flammen auf. Wahrscheinlich verbrannte der Eigentümer zusammen mit seinem Haus. Seine Asche wurde an Ort und Stelle beigesetzt, eine uralte Sitte, für die es zahlreiche Beispiele gibt.

Zur gleichen Zeit wurden auch die übrigen Hügel errichtet, und zwar, wie man heute genau sagen kann, Hügel 1 für die Herrenschicht, Hügel 2 und 3 für die Gefolgschaft, vielleicht auch für das Gesinde.

Das Ergebnis der Schiekschen Grabung läßt erkennen, welche

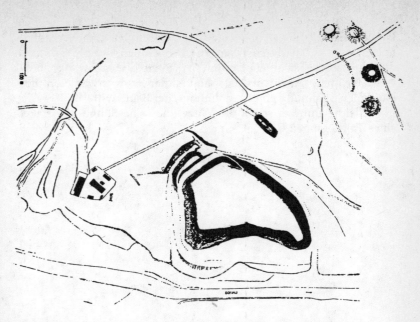

Die Heuneburg und die Gruppe der vier Hundersinger Fürstenhügel

Möglichkeiten sich der Heuneburg-Forschung noch eröffnen werden, wenn sie über kurz oder lang auch den Innenraum der Burg unter die Lupe nehmen und sich den bisher ungelösten Problemen zuwenden wird.

Wie wohnte der Heuneburg-Fürst? Wie hausten seine Vasallen? Gab es Plätze und Unterkünfte für die Menschen, die nur in Zeiten der Gefahr in der Residenz Zuflucht suchten? Und wie war die Verteidigung organisiert? Gab es Verpflegungsmagazine, Waffenwerkstätten, Waffenkammern? Fragen über Fragen, welche die Wissenschaft vermutlich noch jahrzehntelang beschäftigen werden.

Aber schon heute gilt die Heuneburg als eine jener Stätten, von der aus die prähistorische Forschung einen unmittelbaren Zugang zur Vergangenheit gewann. Den Herren des befestigten Sitzes kennen wir nicht. Aber allein die Lehmziegelmauer verrät, welcher Art er war. Ein unruhiger Geist, der, reich und mächtig geworden, aus der Enge seines Landes hinausdrängte in die Welt, mit der er Handel trieb und deren zivilisatorische Errungenschaften er sich anzueignen trachtete.

Welcher Stolz und welche Ungeduld mag ihn erfüllt haben, als sein griechischer Hofarchitekt die große Schaumauer mit den rechteckigen Bastionen aufführte, ein Werk, wie es keiner ringsum im

Lande besaß. Und welch sonderbares Gefühl mag ihn ergriffen haben, wenn er an klaren Tagen von den Zinnen dieser Mauer aus die Alpenspitzen sah – ein Gefühl, in dem vieles mitschwang: Fernweh, Neugier, Abenteuerlust; und sicher auch etwas von der lauernden Spannung eines Jagdhundes, der Beute wittert.

Vielleicht ahnte er schon die Wege, die seine Söhne und Enkel eines Tages gingen.

ZEHNTES KAPITEL

DER RING VON OTZENHAUSEN

DAS GRÖSSTE VORGESCHICHTSDENKMAL DEUTSCHLANDS

STEINE FÜR 3000 EIGENHEIME · ERDAUFWÜRFE UND GERÖLLAWINEN
DIE LAUSITZER BURGEN
SCHWERTKÄMPFER UND DEICHSELAKROBATEN
SCHAUGEFECHTE VOR DER FRONT · DIE NACKTEN UND DIE SCHÄDELJÄGER
ANKARA SPRACH KELTISCH WIE TRIER
DAS SELTSAMSTE IMPERIUM DER GESCHICHTE
UNTER GERMANISCHEM DRUCK
MAUERBAU OHNE MÖRTEL · DAS ENDE ALS STEINBRUCH
BAUHERREN WAREN DIE TREVERER

Eine riesige Steinhalde zieht sich, etwa 500 Meter weit zu überblicken, über die gewölbte Bergkuppe: 10 bis 12 Meter hoch, an der Grundfläche 30 bis 40 Meter breit. Ein Wall aus Steinen, Geröll und Felsbrocken. Links und rechts Wald, dem es in zweitausend Jahren nicht gelungen ist, die zyklopische Befestigung zu überwinden. Das ist der Ringwall von Otzenhausen bei Nonnweiler im Saarland. Das imposanteste, großartigste, gewaltigste Denkmal der deutschen Vorgeschichte überhaupt. Ein Werk, das alle gewohnten Dimensionen sprengt.

Steine für 3000 Eigenheime

Das Wort Saarland läßt an Kohle und Eisen denken, an die Feuer der Hochöfen, die Glut der Abstiche, die Untertagewelt der Gruben. Aber das Saarrevier ist in weite, unübersehbare Wälder eingebettet, die nur in dem Dreieck zwischen Saarbrücken, Neunkirchen und Dillingen Platz für Fabriken, Stahlwerke und Zechen machen. Wer je auf die Mettlacher Saarschleife, das Prunkstück der Saarlandschaft, hinabgeblickt hat, wird sich dieser Sinfonie in Grün erinnern.

Am schönsten aber ist der Hochwald im nördlichen Teil des Landes, das Quellgebiet von Nahe und Prims, das unmittelbar an den ernsten Hunsrück anschließt – ein Stück unbekanntes Deutschland. Auch die Orte, die sich in diesem Waldgebirge verstecken, führen ein nahezu namenloses Leben. Man kennt allenfalls Hermeskeil, ein Städtchen mit knapp fünftausend Einwohnern, dessen Kneipp-Anlagen sich bei den Anhängern der Wasserbehandlung großer Beliebtheit erfreuen. Von dort sind es nur noch wenige Kilometer bis Nonnweiler oder Otzenhausen, zwei herzlich unbedeutenden, aber schön gelegenen Flecken unterhalb des siebenhundert Meter hohen Dollberges.

Eine Fahrstraße führt bis an den Fuß des Gipfels, wo eine Orientierungstafel dem Besucher die Mühe der eigenen Erkundung abnimmt. Gleichgültig, wie man sich dem Wall nun nähert, ob man auf einem Forstweg gemächlich zu ihm aufsteigt oder ihn gleichsam im direkten Angriff nimmt, man steht nach wenigen Minuten vor den Resten dieser riesenhaften Befestigung, die stellenweise den Eindruck erweckt, als sei der ganze Berg eine künstliche Steinanhäufung.

Der Ring hat die Form eines abgerundeten Dreiecks von fast 500 Meter Seitenlänge. Den spitz zulaufenden Südwinkel schützte ein Vorwall gleicher Konstruktion und Größe. Es wird vermutet, daß der Raum zwischen Innen- und Außenmauern in Zeiten der Gefahr vor allem der Unterbringung der Herden diente.

Insgesamt sicherte der Ring eine 185 000 Quadratmeter große Fläche. Die fast 2 500 Meter langen Wälle allein bedecken nahezu 50 000 Quadratmeter. Die heute noch vorhandenen Steinmassen werden auf 230 000 Kubikmeter geschätzt.

Für den Bau eines modernen Einfamilienhauses benötigt man etwa 80 Kubikmeter Steine. Aus den Steinen des Otzenhauser Ringes könnte man also fast 3 000 Eigenheime errichten. Das wäre eine Stadt von mindestens 15 000 Einwohnern.

Erdaufwürfe und Geröllawinen Der »Hunnenring« von Otzenhausen – eine verballhornte Form von Hünenring – ist aber keineswegs die einzige prähistorische Befestigung des Hochwaldes und der umliegenden Gebirgszüge. Ein Blick auf die Karte zeigt, daß das Hochland zu beiden Seiten der Mosel mit Ringwällen geradezu gespickt ist. Nirgendwo sonst findet man eine derartige Massierung von vorzeitlichen Fortifikationen.

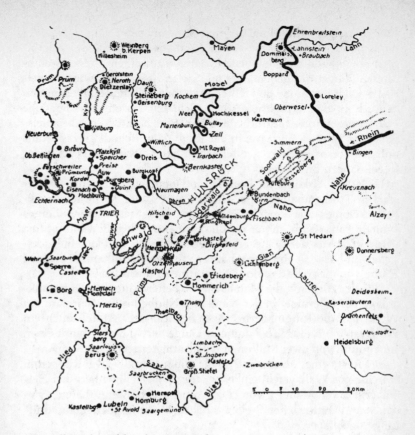

Ringwälle in der Eifel und im Hunsrück

Noch vor wenigen Jahrzehnten glaubten die Experten, in ihnen mehrere, von Südwest nach Nordost ziehende Festungslinien erkennen zu können. Die erste verlief nach ihrer Meinung links der Mosel über die Eifelhöhen. Mit dem »Hunnenring« begann die zweite, die sich angeblich vom Hochwald bis zum Binger Rheinknie spannte. Eine dritte Linie sahen sie durch vorgeschichtliche Anlagen bei Saarbrücken, St. Ingbert, Lichtenberg und St. Medart markiert.

Als rückwärtiges Zentrum dieser »Festungszone« galt der in der Nähe von Dürkheim gelegene Donnersberg, ein dachförmiger, weithin sichtbarer Gebirgsstock mit einem riesigen Wallsystem, das nahezu 4 Quadratkilometer umschloß.

Heute hat man sich auch von diesen romantisierenden Vorstellungen freigemacht. Man begnügt sich mit der Feststellung, daß diese Befestigungen in gewissen Landschaften häufiger vorkommen als in anderen. Die Ansicht, daß sie auf einen großen umfassenden Plan zurückgehen, am Ende vielleicht so etwas wie eine keltische »Maginotlinie« darstellten, hält man jedoch für unbegründet.

Auch in den rechtsrheinischen Gebieten lassen sich derartige Häufungen vorgeschichtlicher Fortifikationen entdecken, beispielsweise im Taunus, im Harz, in der Rhön. Hier überall gibt es Wallanlagen von staunenerregender Mächtigkeit. Freilich sind sie in der Regel nahezu unbekannt.

Da ist der Altkönig im Taunus, ein Doppelwall aus 4 bis 5 Meter starken Trockenmauern, die Alfons Paquet vom Turm des Frankfurter Domes aus um das Haupt des 798 Meter hohen Berges funkeln sah, »noch immer weißlich, ob auch durch Bewaldung fast verdeckt«. Aus der Nähe betrachtet, ein kaum minder eindrucksvolles Bild als das von Otzenhausen: riesige Geröllhalden, die eine Fläche von mehr als 210 000 Quadratmeter umschließen.

Wie der Altkönig die Mainebene, so beherrschte die Heidetränkanlage bei Oberursel in der Nähe von Nauheim die Wetterau, ein Werk, das die Ringmauern zweier benachbarter Gipfel durch ein Wallsystem von fast 10 Kilometer Länge verband und damit einen Innenraum von zwei Millionen Quadratmetern sicherte.

Die Reste einer ähnlichen Anlage, die gleichfalls zwei Kuppen in ein einziges Wallsystem einbezog, trägt der Heiligenberg bei Heidelberg, zwei Mauern von 1 900 und 2 900 Meter Länge, von denen an verschiedenen Stellen 6 bis 10 Meter hohe Steinaufschüttungen geblieben sind.

Durch zahlreiche erhaltene Steinunterbauten gibt sich auch die Milseburg in der Rhön zu erkennen. Der gleichen »Verteidigungszone« gehört die Steinsburg bei Römhild in Thüringen mit ihren 11 Kilometer langen Mauern an. Die größten süddeutschen Werke sind der 111 Hektar sichernde Burgstall von Finsterlohr an der Tauber, der berühmte Heidengraben bei Urach und der Ringwall von Manching, hinter dem sich eine ganze städtische Siedlung verbarg.

Dazu kommen ungezählte Ringwälle, die nur den Forschern bekannt sind.

»In der Regel erscheinen sie als mehr oder – meistens – weniger hohe, lang sich hinziehende Ausschüttungen aus bemoosten Steinblöcken von handlicher oder traglicher Größe. Kalkmörtelspuren sind nur selten vorhanden. Andere Wälle... bestehen aus steiniger Erde, wie sie an Ort und Stelle ausgehoben und aufgeschüttet wurde. Durch Witterungseinflüsse, besonders aber wenn Ackerbau am

Platze betrieben wurde, sind sie vielfach verschliffen und zum Teil dem Erdboden nahezu gleichgemacht. In anderen Fällen ragen sie noch meterhoch aufgetürmt wie von gestern vor uns auf. Eine grabenartige Eintiefung begleitet sie fast regelmäßig längsseits, wenn auch oft infolge Zuschwemmung nur in mehr oder weniger deutlichen Spuren.« (Steiner)

Tief im Wald versteckt, geben sie sich meist nur als Erdaufwürfe zu erkennen. Soweit sie aus Stein bestanden, sind sie – da unvermörtelt – in sich zusammengefallen oder als Baumaterial abgefahren worden. Vielfach bedecken sie, als sei eine Steinlawine niedergegangen, die Berghänge als Geröll und Kleinschlag – so etwa an der Loreley, am Petersberg bei Bonn oder an der (germanischen) Grotenburg bei Detmold, wo »in der Saison« täglich Tausende aufsteigen, ohne von den Resten der großen Wälle Notiz zu nehmen.

Andererseits ist nicht jede Unebenheit im Gelände eine vorgeschichtliche Fortifikation. Schon mancher Wall hat sich bei näherer Betrachtung als mittelalterliche Landwehr oder altes Viehgehege erwiesen. Die Steinwälle auf der angeblich neolithischen Höhenfeste bei Oltingen im südlichen Baden wurden später als natürliche Anhäufungen erkannt, wie sie sich – nach Behn – »bei fortschreitender Entsteinung der Weinberge von selbst bilden«.

Das mag erklären, warum die Ringwallforschung noch in den Anfängen steckt. Bisher ist nicht einmal die genaue Zahl der vorgeschichtlichen Wehranlagen ermittelt worden. Doch ist sie mit mindestens einem halben Tausend sicher nicht zu hoch geschätzt.

Die Welt war niemals friedlich. Der Kampf ums Dasein und der Wille zum Überleben haben schon die Gedanken der Urmenschen beherrscht. So ist unschwer auszurechnen, daß es bereits in der Eiszeit manche blutige Auseinandersetzung um Höhlen oder Jagdgebiete gegeben hat. Wehranlagen dieser Epoche sind aber nirgendwo festgestellt. Sie sind auch kaum denkbar. Denn Befestigungen von einiger Dauer setzen Seßhaftigkeit voraus.

Die Lausitzer Burgen

Seßhaft wurde der Mensch unserer Breiten erst in der Jüngeren Steinzeit. Die großartigen Erdwerke, die er damals schuf, waren jedoch – wie wir sahen – keine Festungswerke, sondern allenfalls Viehkrale oder Marktplätze. Auch die Holzpalisaden der Dörfer dienten in der Hauptsache der nächtlichen Sicherung der Herden.

Erst in der Bronzezeit begannen die Menschen in Deutschland Verteidigungsanlagen zu bauen, und zwar zunächst in Ostdeutschland, im Raum der Lausitzer Kultur. Die Schrittmacher dieser frühen Pionierkunst waren die Illyrer. Mit den großen Wällen in der

Art des Otzenhausener Ringes verglichen, nehmen sich ihre Festungen freilich mehr wie Sandkastenmodelle aus.

Immerhin haben sie in ihren Rundburgen auch den Ringwall in seiner zwergenhaften Urform erfunden. Einige der bekanntesten sind bereits genannt: die Römerschanze bei Potsdam, der Baalshebbel bei Starzeddel und der Wall von Lossow an der Oder. Insgesamt sind 17 Burgwälle der Lausitzer Kultur erforscht, die alle dem 8. oder 9. vorchristlichen Jahrhundert angehören.

Die Technik des illyrischen Wallbaues hat Carl Schuchhardt vor allem bei der Grabung »Römerschanze« studiert. Er fand auf beiden Seiten des rundlichen Erdrückens je eine Reihe großer Pfostenlöcher. »Die beiden Reihen waren 3¼ Meter voneinander entfernt. So dick war also die Wallmauer gewesen. Die Holzfronten waren, wie der Befund ergab, verbrannt. Das Erdmaterial war dann nach vorn und hinten vorgestürzt und hatte so die heutige Wallform geschaffen. Die alte Höhe... war aber noch zu errechnen. Man mußte nur das vor den Pfostenlinien lagernde Material wieder zwischen den Linien auftürmen, um den alten Zustand zu erhalten. Damit ergab sich eine Holzerdemauer von 3¼ Meter Dicke und 6 oder 6½ Meter Höhe.«

Die Lausitzer Festungspioniere bewiesen bereits ein beträchtliches Geschick in der Kunst, sich natürliche Hindernisse – Sümpfe, Flußniederungen, Steilhänge – dienstbar zu machen. Das Innere der Burgen war bewohnt, wie man am Beispiel des nur 80 mal 100 Meter großen Baalshebbel einwandfrei nachweisen konnte. Funde in Lossow ließen vermuten, daß die illyrischen Festungen – wahrscheinlich die »Residenzen« ländlicher Stammesfürsten – auch Kultbauten und sonstigen Heiligtümern Schutz gewährten.

Eine neue Epoche im Festungsbau setzte mit der späten Hallstatt-Zeit ein. Träger der Entwicklung waren wieder einmal die Kelten, die sich auch in dieser Beziehung als überaus intelligent und erfindungsreich erwiesen. Ja, sie waren nicht nur ein Volk tüchtiger Kunsthandwerker und Händler, sie brachten es auch als Kriegervolk zu hohen Ehren.

Schwert-
kämpfer und
Deichsel-
akrobaten

Ihre Kriegsleidenschaft überwog allerdings, wie aus den Berichten der antiken Historiker hervorgeht, ihr taktisches Verständnis. Sich todverachtend in wildem Ungestüm auf den Gegner zu stürzen, lag ihrem furiosen Temperament mehr, als ihn auszumanövrieren. Ihre Fürsten und Häuptlinge nahmen im Lauf der Zeit manche Einsichten an, die Masse verschmähte sie und zog noch in den Gallischen Krieg als eine Armee ebenso hitziger wie unberechenbarer Einzelkämpfer.

Dieser Mentalität widerspricht die Einrichtung eines stehenden Heeres. In Zeiten der Gefahr aber stellten sich alle waffenfähigen Männer zum Kriegsdienst. Sie marschierten und fochten nach Familien, Sippen und Stämmen geordnet. Das Kommando übte der eingesessene Adel aus, der auch den Heerführer bestimmte. Er wählte ihn jeweils für die Dauer eines Feldzuges. Daß eine derart lockere Organisation nicht genügte, größere Verbände – der helvetische Treck, der im Jahre 58 v. Chr. von Cäsar bei Bibracte zur Umkehr gezwungen wurde, umfaßte mehr als 350 000 Menschen – rationell einzusetzen, hat nicht zuletzt die Auseinandersetzung mit den Römern bewiesen.

Die Bewaffnung machte manchen Wandel durch. Über alle modischen Veränderungen hinweg behauptete sich jedoch das Schwert – ja, dem Schwert gehörte die ganze Liebe des keltischen Kriegers. Es diente vor allem als Hiebwaffe im Nahkampf. An den reich verzierten Scheiden waren häufig noch Messer oder Dolche angebracht. Am Ende der Latène-Zeit kam eine Art Kavalleriesäbel auf, der an Bronze- oder Eisenketten am rechten Schenkel getragen wurde.

Zur Normalausrüstung gehörten ferner zwei oder drei Wurfspieße, die der Krieger zusammen mit dem Schild in der linken Hand trug, sowie eine Lanze (das Wort geht auf das keltische *lancia* zurück). Der griechische Geograph Strabo erwähnt auch die keltischen Bogenschützen und Schleuderer. Ebenso ist aus seinen Schriften eine hölzerne Wurfwaffe bekannt, mit der die Kelten selbst einen Vogel im Flug trafen.

Der ursprünglich nur von den Häuptlingen getragene Helm war in der Spätzeit Allgemeingut. Es gab die verschiedensten Modelle, von Typen, die an preußische Pickelhauben erinnern, bis zu ausgesprochenen »funktionalistischen« Formen mit Nackenschutz und Wangenklappen. Manche Helme waren überdies, wie Diodor berichtet, mit schreckenerregenden Hörnern versehen, manche trugen Vogelschwingen oder Abbilder von Göttern und Ungeheuern.

Diodor hat auch die keltischen Langschilde beschrieben, fast mannshohe, ovale oder sechseckige Gebilde, die um die Mitte des 3. vorchristlichen Jahrhunderts üblich wurden. Meist aus Holz gefertigt, waren sie mit einem Schildbuckel versehen, dessen Wölbung den auf der Rückseite befindlichen Handgriff schützte. Auch die Schilde wurden gern dekoriert und mit Tapferkeitssymbolen geschmückt. Der berühmteste ist der Bronzeschild von Battersea, der in der Nähe von London aus der Themse gefischt wurde: ein Galastück mit Emaileinlagen, wahrscheinlich ein Opfer für die zuständige Flußgottheit.

Eine keltische Spezialität waren die mit zwei Pferden bespannten Streitwagen, deren Kampfesweise Cäsar unübertrefflich beschrieben hat. »Zuerst jagen sie in allen Richtungen herum, werfen ihre Geschosse und bringen gewöhnlich schon durch die Wildheit ihrer Pferde und das Gerassel der Räder die feindlichen Glieder in Verwirrung. Haben sie sich zwischen den feindlichen Reitergeschwadern eingenistet, so springen die Kämpfer von den Wagen ab und kämpfen zu Fuß.«

»Unterdessen ziehen sich die Wagenlenker allmählich aus dem Gefecht zurück und stellen sich mit den Wagen so auf, daß sich die Kämpfer leicht zu ihnen zurückziehen können, wenn sie von der feindlichen Übermacht bedrängt werden. So bewahrt diese Waffe zugleich die Beweglichkeit der Reiterei und die Standhaftigkeit des Fußvolkes im Gefecht.«

»Durch tägliche Übung haben die Wagenlenker eine außerordentliche Gewandtheit erlangt. Sie parieren die Pferde im vollen Lauf, selbst auf ziemlich steilen Abhängen, machen kurze Wendungen, laufen auf der Deichsel hin und her, stellen sich auf das Joch und sind von da aus rasch wieder im Wagen.«

Schaugefechte vor der Front

Dem Kampf Mann gegen Mann ging auf keltischer Seite ein Zeremoniell voraus, das in fataler Weise an den Auftritt von Schaubudenboxern erinnert. Die Häuptlinge schritten gewichtig vor der Front auf und ab, brüllten wie Preisstiere und grölten wilde Kriegsgesänge, rühmten ihre edle Abstammung, ihren Blutdurst und die Zahl der getöteten Gegner, schlugen auf die Schilde, fuchtelten mit den Waffen, zeigten ihre schwellenden Muskeln, beschimpften ihre Feinde und steigerten sich in eine wölfische Wut hinein. Dazu bliesen – wiederum nach Diodor – »barbarische Trompeten«, die einen »rauhen, zum Kriegsgetümmel passenden Ton« erzeugten.

Nach dieser lärmenden Ouvertüre kam es meist zu Einzelgefechten zwischen den Anführern hüben und drüben. Die keltischen Helden pflegten sich dabei, wie Dionys von Halikarnaß mit spürbarer Distanz beschreibt, »wie Wildschweine« auf den Gegner zu stürzen und gleich Holzhackern auf sie einzuschlagen. Dabei »führten sie kreuz und quer ziellose Streiche, als ob sie... ihren Feind mit einem einzigen Schlag durchhauen wollten...«

Daß selbst die stärksten Matadore derartige Kraftentladungen nur kurze Zeit durchstanden, ist verständlich. Ein geübter Fechter, der sich auf die Kunst der Parade verstand, ließ sie die Luft zersäbeln und stach die ermatteten Löwen dann ab.

Die Mannschaften nahmen indes die Rolle aufmerksamer Zuschauer ein und begnügten sich mit frenetischen Anfeuerungsrufen. Den Ausgang der solistischen Darbietungen quittierten sie als eine Art Gottesurteil. Gewannen ihre Fürsten, so warfen sie sich ebenfalls kampflüstern ins Getümmel, wobei sie genauso blindwütig draufloshieben wie diese. Verloren jene, so kam es vor, daß sie sich auch selbst verloren gaben und in wilder Flucht davonstoben. Wie sie stets bereit sind, Krieg anzufangen, notierte Cäsar mit einiger Verwunderung, »fehlt es ihnen andererseits an der nötigen Festigkeit und Ausdauer im Unglück«.

Der gleiche Cäsar bemerkt aber auch, daß sie außerordentlich anstellig und »geschickt in der Nachahmung« waren. In der Tat wurde ihre Kampfesweise im Lauf der Zeit rationeller, nicht zuletzt dank der Berührung mit den Römern. Bewaffnete Reiter übernahmen die Rolle der Streitwagenkrieger, die bramarbasierenden Beschimpfungen unterblieben, ja, die keltischen Fürsten eigneten sich die Grundelemente der Kriegführung an. Der Gallier Vercingetorix verfügte zweifellos über die gleichen taktischen Einsichten wie sein römischer Gegner Cäsar. Seine Armee freilich blieb eine schwer zu führende, militärischer Organisation unzugängliche Masse. Vor Alesia genügten 1 000 germanische Reiter, um einen Heerbann von 60 000 Arvernern kopfscheu zu machen.

Der individuellen Tapferkeit der keltischen Krieger zollen die antiken Historiker jedoch hohes Lob. Mit einer Mischung von Respekt und Entsetzen verzeichnen sie immer wieder, daß die wilden Streitscharen häufig nackt ins Gefecht gingen, allenfalls mit goldenen Armreifen oder Halsringen geschmückt.

Die Nackten und die Schädeljäger

So traten etwa die Gaesaten – ein Volksstamm, der nördlich der Alpen wohnte, sich aber dem Zug der Insubrer und Bojer nach Italien angeschlossen hatte – im Jahre 225 v. Chr. in der Schlacht von Telamon völlig unbekleidet vor der Hauptkampflinie an.

Ob auf Todesverachtung, Kraftmeiertum oder magische Vorstellungen zurückzuführen – die Sitte ist vielfach überliefert. Nackte Krieger erscheinen sogar auf keltischen Münzen, und auch die Bildhauer von Pergamon haben ihre keltischen Gegner, die Galater, meist im Naturzustand abgebildet.

Noch häufiger erwähnen die antiken Texte einen Brauch, den die Lobsinger der Kelten gern verschweigen. Die Krieger dieses Volkes waren passionierte Kopfjäger. Sie schlugen ihren getöteten Feinden den Schädel ab und banden ihn an das Zaumzeug der Pferde. Zu Hause nagelten sie die Beutestücke wie Großwildjäger an die Wände.

Die Häupter besonders qualifizierter Feinde rieben sie mit Zedernöl ein, vergoldeten sie auch wohl und bewahrten sie in einer Lade, die sie wie ihren Augapfel hüteten und nur hohen Gästen zeigten. Dabei schworen sie Stein und Bein, daß sie diese Trophäen um keinen Preis der Welt veräußern würden.

Der vergoldete Schädel des 216 v. Chr. gefallenen römischen Konsuls Postumius wurde – laut Livius – von den Barbaren als heiliges Gefäß verwendet, aus dem die Priester und Tempelvorsteher tranken. Dieser Ritus beweist deutlich, daß auch die keltische Kopfjägerei kultische Bedeutung hatte.

Der siegreichen Schlacht folgte ein ausgelassenes Siegesfest. Nach Polybios gab es dabei Unmengen berauschender Getränke und Berge von Schweinefleisch, das teils geröstet, teils gesotten aufgetragen wurde. Die Verteilung der Stücke unterlag – genau wie die Sitzordnung – den allgemeinen Rangvorstellungen. Aus irischen Erzählungen ist zum Beispiel bekannt, daß der König Anspruch auf die Keule, die Königin Anspruch auf das Lendenstück hatte. Der Rosselenker wurde mit dem Kopf des Keilers geehrt.

»Knochenreste aus kontinentalen keltischen Gräbern deuten auf eine ähnliche Verteilung hin; Athenäus, der Poseidonius zitiert, berichtet, daß der Schenkel dem Tapfersten zustand. Während des Essens saßen die Kelten des Kontinents um niedrige Tische, beim Mahl im Freien auf Heu oder ausgebreiteten Fellen, im Hause unmittelbar auf dem Fußboden. Zu den Getränken und dem Fleisch wurde Brot gereicht...«

»Den Höhepunkt des Banketts bildeten musikalische Darbietungen und die Lieder der Barden, von deren Lob oder Spott der Ruf eines Fürsten abhing. Diese höfischen Lobgesänge hielten sich in Irland bis weit in historische Zeiten, solange es Fürsten gab, die ihnen Gehör schenkten und die Sänger belohnten.« (Powell)

Ankara sprach keltisch wie Trier — Der Mangel an staatsbildender Kraft und militärischem Genie hat diese Genußmenschen, Lebenskünstler und Individualisten aber nicht gehindert, einen Siedlungsraum zu erobern, der in der Zeit seiner größten Ausdehnung von Kleinasien bis Spanien reichte, vom Schwarzen Meer bis zum Atlantik.

Es ist auch in diesem Fall unmöglich, das Urmotiv der großen Wanderung zu nennen. Wahrscheinlich wirkten mehrere Faktoren zusammen: der Druck der Germanen, Übervölkerung, Abenteuerlust. Ganz klar aber lassen sich die Richtungen des Aufbruchs bezeichnen: Süden, Osten, Westen.

Um 400 v. Chr. fielen keltische Stämme nach Überschreiten der Alpenpässe in Oberitalien ein. Die Römer nannten sie Gallier; Polybios sprach zwei Jahrhunderte später von den Galatern. Aber aus den Werken von Diodor, Cäsar und Strabo geht klar hervor, daß Gallier, Galater und Kelten nur verschiedene Namen für das gleiche Volk waren.

Die wahrscheinlich in Süddeutschland und der Schweiz beheimateten Völkerschaften durchzogen in einem einzigen Sturmlauf die ganze Halbinsel, warfen die Etrusker nieder, brandschatzten Apulien und Sizilien, schlugen 387 v. Chr. die Römer an der Allia und äscherten Rom ein. Nur das – angeblich von Gänsen gerettete – Kapitol hielt ihren wütenden Angriffen stand. Schließlich erkauften die Eingeschlossenen den Abzug der Belagerer durch ein hohes Lösegeld. Beim Abwiegen der vereinbarten tausend Pfund Gold benutzten die Gallier falsche Gewichte.

Als sich die Römer darüber beklagten, warf der feindliche Anführer Brennus auch noch sein Schwert in die Waagschale und sprach dazu höhnisch das berühmt gewordene Wort »Vae victis« – »Wehe den Besiegten« –, das seitdem, wie Livius berichtet, einem römischen Ohr unerträglich war.

Die keltischen Zuwanderer behaupteten sich noch zwei Jahrhunderte in Oberitalien, gründeten Mailand, trieben mit ihren Verwandten nördlich der Alpen einen ersprießlichen Handel und unterwarfen sich erst 192 v. Chr. – nachdem die unglückliche Schlacht von Telamon im Jahre 225 v. Chr. sie bereits schwer dezimiert hatte – der römischen Herrschaft. Gallia Cisalpina nannten die Römer die neugebildete Provinz, deren südliche Verwaltungsgrenze der Rubicon bildete.

Schon im 5. vorchristlichen Jahrhundert hatten andere keltische Stämme die ungarische Tiefebene überschwemmt. In immer neuen Wellen fluteten sie dann über Siebenbürgen weiter und erreichten die Ukraine und das Schwarze Meer. Aus den balkanischen Bergen sandten sie 335 v. Chr. eine Delegation zu Alexander dem Großen, dessen Frage, was sie am meisten fürchteten, ihr Sprecher mit dem stolzen Satz beantwortete: »Nichts, es sei denn, daß der Himmel einstürzt.«

In Gruppen, die zu unterscheiden bis heute sehr schwierig ist, brachen sie um 280 v. Chr. in Griechenland ein und verheerten Delphi. Dort spaltete sich der riesige Heerbann. Mehrere Stämme wandten sich nördlich, wurden in Jugoslawien seßhaft und gründeten Belgrad. Andere bildeten ein keltisches Königreich in der Gegend von Adrianopel, das Byzanz zu Tributzahlungen zwang und kulturell bis Südrußland ausstrahlte. Zwei weitere an dem Delphi-Überfall beteiligte Völkerschaften, die Trokmer und Tolistoagier, marschierten zu den Dardanellen, lasen unterwegs die Tectosagen auf und setzten nach Kleinasien über.

Mit etwa 20 000 Menschen, darunter 10 000 Bewaffnete, faßten die Galater, wie sie in den zeitgenössischen Quellen genannt werden, im anatolischen Bergland Fuß und verdingten sich dort bei den Königen Nikomedes von Bithynien und Mithradates II. von Pontus als Söldner. Doch begannen sie bald auf eigene Faust Krieg zu führen, wobei sie – nach einer Inschrift in Priene – Gehöfte und Häuser in Brand steckten, viele Griechen umbrachten, die Heiligtümer entehrten, die Götter schändeten und Gefangene auf grausamste Weise niedermetzelten.

Der Syrerkönig Antiochos Soter (»der Retter«) schlug sie 275/274 v. Chr. unter Mitwirkung von Elefanten und siedelte sie auf der phrygischen Hochebene im weiteren Umkreis des heutigen Ankara an. Sie blieben jedoch gefährlich, beteiligten sich an allen Kriegen, welche die Halbinsel erschütterten, und erschienen mit ihren Raubscharen immer wieder vor den reichen kleinasiatischen Küstenstädten, von denen Pergamon sozusagen ihr Erbfeind wurde. Der *Sterbende Galater*, eines der großartigsten Bildwerke der pergamenischen Schule, hält die adligen Züge eines ihrer Anführer fest.

Erst die Römer vermochten die Urkraft dieser Stämme zu bändigen. Der galatische Stammesverband aber bestand fort. Er war nach heimatlichem Muster organisiert, und seine 300 Abgeordneten tagten in einem Heiligtum, dessen Name Drunemeton überliefert ist. Der Apostel Paulus richtete an die Galater seine bekannte Epistel, die als die Magna Charta der frühen Christenheit gilt.

Sie waren damals längst hellenisiert, hatten aber für den Hausgebrauch ihre keltische Sprache beibehalten. An ihr hielten sie auch weiterhin zäh fest. So konnte der heilige Hieronymus noch in der Mitte des 4. Jahrhunderts n. Chr. verwundert feststellen, daß die Menschen in Galatien einen ähnlichen Dialekt sprächen wie die an der Mosel und Trier lebenden Treverer... Seit der Elefantenschlacht des Antiochos Soter waren damals 650 Jahre vergangen.

In der Bretagne, in Irland, Schottland und Wales sprechen heute noch etwa zwei Millionen Menschen keltische Dialekte. Irland ist sogar bestrebt, die Reste des Gälischen wieder zur Nationalsprache aufzufrischen. In diesen Refugien hat sich das Keltische also fast zweieinhalb Jahrtausende erhalten.

Spanien war, wie wir sahen, bereits um 600 v. Chr. zum guten Teil keltisch; protokeltisch, wie manche Forscher sagen. Weitere Keltenzüge führten der Iberischen Halbinsel in den folgenden Jahrhunderten mehrfach frisches Blut zu, die heimischen Elemente behaupteten sich jedoch; es entstand die sogenannte keltoiberische Mischkultur.

In Frankreich dagegen, das im Lauf des 5. und 6. Jahrhunderts erobert und, wie es bei Moreau heißt, »unter die Fürstengeschlechter und ihre Gefolgschaften aufgeteilt« wurde, assimilierte sich die ansässige Bevölkerung vollständig.

Von Frankreich griffen die Kelten nach England über und setzten sich zunächst in Cornwall, Wales und Schottland fest. Die nächste Etappe war Irland, wo sie sich bis ins frühe Mittelalter wie in einem Naturschutzpark behaupteten. Im 3. vorchristlichen Jahrhundert folgte eine zweite Einwanderungswelle aus der Champagne und Marnegegend, die vor allem Mittelengland dem Einfluß der Latène-Kultur erschloß.

Damit war ganz Westeuropa einschließlich der britannischen Insel keltisch geworden. Von Galatien bis Spanien und Irland reichte der Siedlungsraum, der von keltischen Stämmen überlagert, von keltischen Fürsten beherrscht wurde.

Freilich war es ein Reich ohne Zentrum, ohne eigentliche Staatsgewalt. Er besaß weder eine einheitliche Rechtsprechung noch eine Schrift noch war es überhaupt nach irgendwelchen verbindlichen Grundsätzen aufgebaut. Über das Nebeneinander mehr oder minder gut organisierter Stammeskönigtümer ist es nicht hinausgelangt, ja, es hat sich nicht einmal in Zeiten gemeinsamer Gefährdung zu gemeinsamem Widerstand zusammenfinden können.

Das seltsamste Imperium der Geschichte

Die Einheit dieses Reiches stellten Sprache, Religion und Kultur her. Die Kelten schufen damit das seltsamste Imperium der Geschichte, in dem der Staat nichts, die gemeinsame Art des Lebens alles war. Ihre geistige Wirkung überdauerte deshalb ihren Niedergang. Auch dort, wo sie nur kurze Zeit auftraten, wo sie geschlagen oder zurückgedrängt wurden, blieb ihr Einfluß meist noch lange Zeit lebendig.

Der Grad der Keltisierung war freilich verschieden. Wie in Spanien, so leistete zum Beispiel auch in England die ansässige Bevölkerung in verschiedenen Landesteilen hartnäckigen Widerstand, der sich archäologisch durch die Fortexistenz ihrer heimischen Kulturen nachweisen läßt. Fest steht aber, daß die Kelten um 250 v. Chr. die stärkste schöpferische Kraft nördlich der Alpen waren. Ihr Potential durchdrang Mittel- und Westeuropa damals in einem Maße, daß die weltgeschichtlichen Vorgänge im nahen Mittelmeerraum – der Niedergang Griechenlands, Roms Aufstieg und Kampf mit Karthago – hier kaum registriert wurden.

Trotzdem bestimmten am Ende die Römer und nicht die Kelten das Schicksal Europas. Die Entwicklung mag melancholisch stimmen, sie beweist jedoch nur, daß ein Großauftritt in der Geschichte außer Intelligenz, Lebensart und kulturellem Vermögen auch Disziplin und Staatsbegabung voraussetzt. An beiden fehlte es den Kelten.

Ihre Expansion ging, wie Bodenforschung und Sprachwissenschaft bis ins Detail belegen können, vor allem auf die Fähigkeit zurück, niedergeworfene Völker gewissermaßen geistig zu vereinnahmen und ihnen »sogar ihren eigenen Namen aufzuerlegen«. Darin lag aber, wie Jacques Moreau schreibt, eine große Gefahr.

In dem Maße nämlich, »als sie sich von ihrer Heimat entfernten, wurde die herrschende Keltenschicht immer dünner und schwächer inmitten einer zahlenmäßig überwiegenden Bevölkerung. Bezeichnungen wie Keltoligurer, Keltiberer, Gallogriechen, Keltothraker und Keltoskythen, durch die die antiken Historiker sich bemühten, über die allgemeine Keltenbezeichnung hinaus Unterschiede vorzunehmen, beweisen eindeutig, daß das Ergebnis der am weitesten vorgetriebenen Wanderungen die Entstehung von Mischvölkern war, in denen die Kelten nur eine Minderheit bildeten... Dazu kommt noch, daß den Kelten ihre besten Soldaten verlorengingen, als diese als Söldner in fremdem Dienst ihre Heimat und ihre Stämme in großen Massen verließen.«

Das derart geschwächte unorganisierte Reich aus den Angeln zu heben war für Rom nur eine Frage der Zeit. Der Kampf gegen die keltische Macht begann in Norditalien und setzte sich in Spanien und Südfrankreich fort. Im Jahre 50 v. Chr. hatte Cäsar nach einem mehrjährigen harten Feldzug, in dem er über die Tapferkeit der Kelten ebenso staunte wie über ihre Querköpfigkeit und Unfähigkeit zum rationalen Denken, die Besetzung Galliens abgeschlossen. Ein Vierteljahrhundert später wurde Galatien römische Provinz. Im Jahre 16 v. Chr. kapitulierte das inneralpine Königreich Noricum, ein Jahr später steckten die in Süddeutschland lebenden Räter und Vindeliker die Waffen, im Jahre 10 v. Chr. beugten sich die Völker der ungarischen Tiefebene dem römischen Joch. Hundert Jahre danach war auch Britannien eine Beute des Imperiums geworden.

Unter germanischem Druck

Aber nicht nur die Römer waren die Totengräber des Keltenreiches, sondern auch die Germanen. Ja, den Germanen gegenüber standen die wanderfreudigen, unruhig in die Ferne drängenden Kelten von Anfang an in der Defensive. Im 6. Jahrhundert reichte ihr Siedlungsraum – vorsichtig ausgedrückt: ihre Einflußzone – bis zu einer Linie, die von dem heutigen Emden an der Ems entlang zur Oberweser führte, den Harz einschloß und südlich von Halle die Sudeten erreichte. Als der siegreiche Gajus Julius Cäsar mit seinen

Legionären am Rhein erschien, waren die Kelten in Deutschland auf ihr Kerngebiet an der oberen Donau zurückgeworfen.

Es ist bis heute nicht gelungen, die Geschichte dieser kelto-germanischen Auseinandersetzung zu erhellen. Noch immer sieht sich die Forschung zahlreichen Unklarheiten und Widersprüchen gegenüber. Selbst eine so elementare Frage, was als keltisch, was als germanisch anzusprechen sei, bleibt vielfach unbeantwortet.

Die Belgen, von Cäsar ausdrücklich das tapferste Volk der Gallier genannt, waren wahrscheinlich keltisierte Germanen. Die Eburonen und Segner, ihrem Namen nach Kelten, galten den Römern als Germanen. Auf keltische Abstammung deutet der Name des Königs Bojorix, der die germanischen Kimbern von Schleswig nach Italien führte. In die gleiche Richtung weist die Tatsache, daß sich dem abenteuerlichen Zug der Kimbern und Teutonen zahlreiche keltische Scharen anschlossen.

Um das Bild noch verworrener zu machen, saßen zwischen Kelten und Germanen Stämme und Völkerschaften, die weder keltisch noch germanisch waren. Ihr Kerngebiet dürfte das Aller- und Weserland gewesen sein. Ortsnamen wie Verden und Minden, Hameln und Höxter oder Flußnamen wie Weser und Leine, Werra und Lippe sind nach heutiger Auffassung der Sprachwissenschaft einer vorindogermanischen Bevölkerung zuzuordnen, deren Beziehungen in den Mittelmeerraum bis nach Kleinasien weisen. Dieser »Nordwestblock« hat sich, wie der Kieler Sprachwissenschaftler Hans Kuhn vermutet, zwischen den großen Blöcken bis in die römische Zeit behauptet. Vielleicht gehörten ihm sogar die Chatten und Cherusker an, die »germanischen« Stämme also, die sich der römischen Okkupation am entschiedensten widersetzten.

An der Grundkonstellation des letzten vorchristlichen Halbjahrtausends in Deutschland ändert diese Feststellung freilich nichts. Die Kelten hatten sich bereits in der Zeit, da sie mehr als den halben Kontinent eroberten, eines mächtigen germanischen Druckes zu erwehren. Während sie von Spanien bis Kleinasien als Angreifer auftraten, wichen sie hier Schritt um Schritt zurück.

Die große Zahl der Ringwälle und Ringwallsysteme ist nicht zuletzt auf diese Situation zurückzuführen.

Auch diese Anlagen offenbaren ihre Erfindungsgabe. Die Kelten waren nicht nur furiose Krieger, sondern auch geniale Festungsbauer.

Sie bauten ihre Burgen am liebsten auf Bergzungen, die mit dem Massiv des Höhenrückens nur durch eine schmale Landbrücke ver-

Abschnittswälle, Ringabschnittswälle und Ringwälle

bunden waren. Ebenso begaben sie sich gern in den Schutzwinkel zusammenfließender Wasserläufe. Die keltische Idealfestung vereinigte beide Vorzüge, so etwa der Michelsberg bei Kelheim, dessen Fuß von Donau und Altmühl umspült wird. Wo die Natur derart bevorzugte Plätze verweigerte, machte man doch von natürlichen Hindernissen nach Kräften Gebrauch. Viele Wälle lagen im tiefen Urwald, hinter unzugänglichen Sümpfen oder hohen Felsformationen.

Fanden die keltischen Festungsbauer eine Bergzunge mit steil abfallenden Seitenwänden, verriegelten sie die schmalste Stelle der Landbrücke durch Wall und Graben. Häufig legten sie noch einen zweiten Verteidigungsabschnitt an. In dieser Art verfuhren sie, um nur einige Beispiele zu nennen, auf dem Michelsberg bei Kipfenberg, auf dem Hünstollen bei Göttingen oder auf der Pipinsburg bei Osterode, deren hundert Meter hohes Gipsmassiv fast senkrecht aus dem Vorland des Harzes aufsteigt. Auch die »Hochburg« zwischen Trier und Cordel, eine schroffe Felsbastion im Kylltal, verwandelten sie durch eine einfache »Wall-und-Graben«-Sperre in eine fast uneinnehmbare Festung, ebenso den grandiosen Felsvorsprung von Castel bei Serrig an der Saar.

Die Wehrbauforschung spricht in diesem Fall von einer Abschnittswallbefestigung. Der Mauerbau beschränkte sich dabei auf die kurze Strecke quer über den Bergrücken, »während an den übrigen, von Natur aus unangreifbaren Seiten der Burg, Mauern in der Regel völlig unnötig waren. Nur in den Fällen, wo die rückwärtigen Teile dennoch, wenn auch nur in beschränktem Maße, angreifbar waren, konnte auch hier eine Absperrung nötig werden. In vielen Fällen genügten dafür aber schon Dickichtpflanzungen, lebende Dornhecken, ›Gebücks‹, d. h. wildwachsendes niedriges Buschwerk, Astverhaue oder Pfahlwerke am Rande der Höhe. Auf diese Weise war eine Flankensicherung je nach Bedarf mit mehr oder weniger einfachsten Mitteln zu erreichen.« (Steiner)

Genügte der Schutz durch die natürlichen Hänge nicht, zogen die keltischen Festungsbaumeister einen Wall um das ganze Bergplateau. Dieser brauchte an den abfallenden Flanken meist nicht sehr hoch zu sein, da die Verteidiger hier ohnehin günstiger postiert waren als der Angreifer; auch konnten sie bei genügend abgesteilter Böschung auf einen Graben verzichten. Um so höher pflegten sie in einer solchen Situation den meist gefährdeten Querwall aufzuführen. Der Mustertyp eines solchen Ringabschnittswalles ist der Ring von Otzenhausen.

Die dritte Form schließlich, die für die Gesamtspezies den Namen hergab, ist der eigentliche Ringwall. Er entstand überall da, wo

Schutz nach allen Seiten notwendig war und ist im Gebirge wie in der Ebene zu finden. Das großartigste Beispiel gibt der Ringwall von Manching bei Ingolstadt ab, von dessen 7 Kilometer langer Ummauerung noch gut 1 000 Meter erhalten sind.

Auch die Detailarbeit verrät, soweit heute noch festzustellen, große fortifikatorische Begabung. Der Zugang eines Abschnittswalles befand sich, vom Verteidiger her gesehen, meist in der rechten äußersten Ecke der Sperrmauer, so daß sich der Feind nicht voll entwickeln konnte. Außerdem bot er den Verteidigern die durch den Schild nicht bedeckte rechte Seite dar.

Das Tor selbst lag häufig erst am Ende einer künstlichen Verengung zwischen Wand und Mauer. Die angreifenden Scharen verfingen sich hier wie in einer Falle und gerieten in einen Hagel von Abwehrgeschossen. Gegen ein derart gesichertes Tor einen Sturmbock aufzufahren war nahezu unmöglich. Bei ringartiger Umwallung wurde der gleiche Effekt dadurch erzielt, daß man den Mauerdurchbruch zurückwinkelte oder die Mauerschenkel aneinander vorbeiführte.

Wichtig für den Verteidiger war die Wasserversorgung. Die Erbauer des Otzenhausener Ringes schlossen zu diesem Zweck eine Quelle am Hang durch einen Vorwall in die Befestigungsanlage ein. War das nicht möglich und blieb auch eine Brunnengrabung erfolglos, legte man unterirdische Zisternen oder andere künstliche Wassersammelstellen an.

Bewunderung verdient noch heute die Technik der Ummauerung. Die Kelten begnügten sich nicht damit, die überkommenen illyrischen Holz-Erd-Wälle nachzuahmen. Ihr Verdienst ist es, erstmalig in Mitteleuropa den Stein verwendet zu haben, obwohl sie ein geeignetes Bindemittel nicht kannten. Mit welcher Meisterschaft sie ihn unvermörtelt verbauten, hat Cäsar in seinem Bericht über die Kämpfe um Avaricum im Jahre 52 v. Chr. beschrieben.

Mauerbau ohne Mörtel

»Man legt auf den Erdboden rechtwinklig zur Richtung des Mauerzuges Balken nebeneinander mit jeweils zwei Fuß Abstand. Sie werden nach innen zu befestigt und mit viel Erdmaterial bedeckt, an der Außenfront aber werden die genannten Zwischenräume mit großen Steinen ausgefüllt. Ist diese Schicht gelegt und zusammengefügt, so wird eine zweite Lage von Balken darübergelegt, und zwar mit den gleichen Abständen.«

»Die Balken berühren einander nicht, man wahrt die gleichen Zwischenräume, legt einzelne Steine dazwischen, und alles wird fest zusammengehalten. In dieser Weise wird der ganze Bau weitergeführt, bis die Mauer die richtige Höhe hat. Das Bild der Mauer ist abwechslungsreich und nicht unschön, denn im Wechsel folgen einander die in geraden Linien angeordneten Balken und Steine.«

»Außerdem ist diese Bauweise für eine erfolgreiche Verteidigung der Städte sehr vorteilhaft, weil der Stein gegen das Feuer, das Holz gegen den Mauerbrecher Schutz gewährt; da das Holzwerk zudem durch Längsbalken von meist vierzig Fuß Länge im Innern verbunden ist, kann es weder durchschlagen noch auseinandergerissen werden.«

Solche »Trockenmauern aus Bruchstein mit Holzdurchschuß«, die Cäsar *murus gallicus* nennt, sind vor allem in Frankreich festgestellt worden. Die Forscher begegneten ihnen zum erstenmal 1868 auf dem Mont Beuvray der gallischen Bundeshauptstadt Bibracte, die kurz vor Christi Geburt auf Befehl des Augustus geräumt wurde. Insgesamt sind heute über dreißig keltische Festungen bekannt, die mit einem *murus gallicus* umwallt waren. In Deutschland sind die von Otzenhausen und Manching sowie der Burgstall bei Finsterlohr im Taubertal die bedeutendsten.

Doch überwiegt bei uns eine ältere Technik, die auf das Kastenwerk verzichtet. Statt dessen bilden – nach der Darstellung von Wolfgang Dehn – »drei Reihen tief eingegrabener senkrechter Pfosten in der Längsmauer ... das Grundgerüst; die aufeinander ausgerichteten Pfosten werden durch Queranker miteinander verbunden, in Stein aufgesetzte Fronten begrenzen« den Wall. Diese Technik wurde sowohl bei der Römhilder »Steinsburg« wie beim »Altkönig« oder beim Ringwall von Preist im Kreise Bitburg angewandt. Auch bei der letzten Heuneburg-Befestigung bedienten sich die keltischen Baumeister des hierzulande üblichen Verfahrens.

Zwei reine Trockenmauern aus keltischer Zeit, die mittelmeerische Einflüsse verraten, haben sich im Elsaß erhalten: der Wall von Frankenberg bei Schlettstadt und die unvergleichliche »Heidenmauer« auf dem Odilienberg bei Straßburg. Zehn Kilometer lang zieht sich die aus Rotsandsteinquadern bestehende Befestigung – eine zyklopische Anlage, die 100 Hektar Fläche umkreist –, noch heute bis zu 3 1/2 Meter hoch und fast 2 Meter breit über den Ostrand der Mittleren Vogesen. Wahrscheinlich wurde sie von den Mediomatrikern als Bollwerk gegen die südwärts drängenden Germanen errichtet.

Viele keltische Ringwälle wurden von den Germanen übernommen, instand gesetzt, dem neuen Frontverlauf entsprechend »umgedreht« und je nach Bedarf verkleinert oder vergrößert, wie etwa die bereits genannte Heidetränkanlage bei Oberursel am Rande der Wetterau. Hier verbanden die neuen Herren zwei ältere Rundburgen auf der Altehöfe und Goldgrube durch eine Ringmauer und schlossen sie somit in ein riesiges Verteidigungswerk ein. Auch die Wallanlage auf dem Donnersberg in der Pfalz »ist nicht das Ergebnis einmaligen Ausbaues, sondern längerer, zeitlich und völkisch verschiedener Entwicklungen« (Behn).

Die römischen Kriegsberichter erwähnen die Ringwälle der »Barbaren« als respektable Hindernisse. Germanicus zerstörte im Jahre 15 n. Chr. Mattium, den befestigten Vorort der Chatten. Aber noch während des domitianischen Chattenkrieges in den achtziger Jahren des ersten nachchristlichen Jahrhunderts machten die Taunusburgen den Legionären schwer zu schaffen.

Auch das frühe Mittelalter stellte die alten heidnischen Wälle gern wieder in Dienst. So wurden zumal im 10. nachchristlichen Jahrhundert, in der Zeit der Ungarneinfälle, zahlreiche Keltenburgen (wie auch manche römische Befestigung) wiederhergerichtet. Neue Gräben entstanden, noch vorhandene wurden vertieft, die verstürzten Wälle wieder hochgezogen. Bisweilen setzte man Mörtelmauern auf die alten Trockenmauern und bewehrte sie mit festen Türmen.

Das Ende als Steinbruch

Wer es auf sich nimmt, den Ringwall von Kipfenberg im Altmühltal zu ersteigen, findet zum Beispiel außer drei Abschnittswällen der Hallstattzeit einen tiefen in Felsen gehauenen Graben, einen 5 Meter hohen Wall und die Fundamente eines großen quadratischen Gebäudes aus dem 10. Jahrhundert. Die äußerste Bastion der Zungenburg nimmt die Ruine einer dem Erzengel Michael geweihten Kapelle ein.

Auch die Pipinsburg im Harz, die erst in den letzten Jahren vom Niedersächsischen Landesmuseum unter Leitung von Martin Claus gründlich untersucht wurde, trug vom 10. Jahrhundert ab wieder eine Befestigung. Die 1365 zerstörte mittelalterliche Burg lag an der Nordspitze des Plateaus und nahm ein Quadrat von 50 Meter Seitenlänge ein. Bei ihrem Bau wurden ausgiebig Steine einer älteren, bisher nicht genau datierten Trockenmauer verwendet.

Vielfach haben solche Um- und Anbauten das ursprüngliche Bild derart entstellt, daß selbst die Experten einige Zeit brauchen, den Befund zu entwirren. Aber auch da, wo die alten Wälle nicht wieder benutzt wurden, ergeben sich mancherlei Schwierigkeiten.

Wurden sie erstürmt oder nach längerer Belagerung genommen, zerstörte sie der Gegner in der Regel dadurch, daß er das Holzgerüst in Flammen aufgehen ließ. Lehmfüllungen brannten dabei vielfach zu einer ziegelartigen Masse zusammen, die in der Frühzeit der Wehrbauforschung gern als Relikt vorgeschichtlicher Ziegelmauern angesehen wurde. Mauern aus vulkanischem Gestein gerieten dagegen leicht »in Fluß«; es entstanden dann die geheimnisvollen Schlackenwälle, volkstümlich auch »Glasburgen« genannt, über deren Entstehung die abwegigsten Theorien umgingen. (Die Bauern der Umgebung pflegten sich darüber meist weniger Gedanken zu machen, sondern die Schlacke zur Einfassung und Pflasterung von Garten- und Ackerwegen abzufahren.)

Die nicht zerstörten Ringwälle verfielen bald. Das Holzskelett faulte, und die Mauern sackten zusammen. Lagen sie am Berg, rutschten sie die Hänge hinab, als sei eine Steinlawine zu Tal gegangen. Diese Geröllhalden beutete spätestens das baufreudige Mittelalter als billige Steinbrüche aus. Das unrühmliche Verfahren wurde bis in die jüngste Zeit angewendet. Um dem Steinraub auf der Steinsburg bei Römhild ein Ende zu bereiten, ließ ihr verdienter Erforscher, Professor Alfred Goetze, den Wall schließlich mit Zementbrei ausgießen.

Die Kalksteine der Ringmauern von Manching wurden – teils als Kalk, teils als Stein – auf der Donau bis weit über Ingolstadt hinaus verschifft. Auf dem Altkönig und in Otzenhausen rettete die Unzugänglichkeit des Geländes den Bestand. Otzenhausen profitierte zudem davon, daß die Umgebung – man denke an Trier und das Moselland – mit römischen Bautrümmern, das heißt: mit bearbeitetem Steinmaterial, reichlich versehen war.

In Kubikmetern gemessen, übertrifft die keltische Hinterlassenschaft in Deutschland die der Römer daher immer noch um ein Vielfaches.

Auch das mag dazu beigetragen haben, daß die Erforschung der Ringwälle noch in den Anfängen steckt. Zwar ist seit den ersten Ringwallstudien – 1830 im Trierer Land, 1840 in der Wetterau – und den sachverständigen Untersuchungen des bayrischen Generals von Popp und des preußischen Pionieroberst von Cohausen am Ende des Jahrhunderts manche wertvolle Arbeit geleistet: die großen Wälle, von der Römhilder Steinsburg bis zum Uracher Heidengraben, wurden allesamt vermessen und kartographiert. Doch fehlt es bis heute an einer Generaluntersuchung, wie sie in den neunziger Jahren des vorigen Jahrhunderts dem römischen Limes zuteil wurde.

Angesichts der Größe und der Kosten einer solchen Aufgabe, von gewissen »Grenzschwierigkeiten« ganz abgesehen, ist auch nicht damit zu rechnen, daß ein solches Projekt in absehbarer Zeit in Angriff genommen wird. Die Forschung wird sich weiterhin mit den Ergebnissen einzelner Regionalgrabungen begnügen müssen, in der Hoffnung, daß sie aus ihnen eines Tages das große Mosaik vom Werden und Vergehen der keltischen Ringwälle zusammensetzen kann.

Auch die große Grabung von Otzenhausen steht noch aus, obwohl es die Gelehrten seit 150 Jahren immer wieder auf den Ring gezogen hat. Bei den Akten der *Gesellschaft für nützliche Forschungen* in Trier liegt der Bericht über einen Besuch, den der Graf Villers von Burgesch dem umwallten Plateau mit einigen sachverständigen Begleitern abstattete. Ein anderer gelehrter Amateur, der Oberstleutnant Schmidt – der »Straßen-Schmidt«, wie er wegen seiner Verdienste um die Erforschung der rheinischen und moselländischen Straßen des Imperiums genannt wird –, sprach nach mehreren Besichtigungen in den Jahren 1828/29 den unbekannten Erbauern der Festung seine generalstäblerische Anerkennung aus.

Bauherren waren die Treverer

Der Trierer Josef Steininger widmete um die Jahrhundertmitte dem »Ring« in seiner *Geschichte der Trevirer* eine vortreffliche Beschreibung. Der Pfarrer Wagener aus Nonnweiler ging ihm 1855 erstmalig mit dem Bandmaß zu Leibe. Eine zweite Vermessung lieferte 1898 der Hegemeister Hees aus Hermeskeil. Die ersten Grabungen veranstaltete 1883 der Trierer Museumsdirektor Felix Hettner.

Ungezählte Male war der Wall auch das Ziel von Gemeinschaftsausflügen gelehrter Vereinigungen. Für »hohe Besucher« wurde eines Tages sogar eine Treppe vom Plateau zur Höhe des Walles errichtet. Koryphäen wie Virchow und Schumacher zollten ihm uneingeschränkte Bewunderung und plädierten für eine genaue Untersuchung. Von jenseits der Grenzen kamen französische und luxemburgische Forscher und kletterten auf den riesigen Steinhalden herum.

Mit den jeweiligen Besuchern und Bearbeitern wechselten auch die Meinungen über den Ring. Mal wurde die »ungeheure Verschanzung« für den Sitz eines keltischen Gaugrafen gehalten, mal für eine Fluchtburg der alten Treverer, mal für eine Festung zum Schutz des spätrömischen Trier. Graf Villers von Burgesch glaubte einen »Opfertisch« der Megalithzeit entdeckt zu haben und damit – genau wie der Oberförster Habermann, der von einem Ring-Besuch ein Steinbeil heimbrachte – eine Besiedlung bereits in der Jüngeren Steinzeit nachweisen zu können. Hettner fand eine 13 Zentimeter große Bronze-Diana sowie Stücke eines steinernen Wildebers und schloß daraus auf eine keltoromanische Kultstätte in römischer Zeit.

Aber das alles waren mehr Vermutungen und Kombinationen als durch Funde erhärtete Schlüsse. Erst 1936/37 gelang es Wolfgang Dehn, durch zwei erfolgreiche Grabungen wenigstens die elementaren Tatsachen der Ring-Geschichte zu klären.

Auch Dehn fand eine Reihe neolithischer Geräte, welche die Annahme rechtfertigten, daß schon die Menschen der Jüngeren Steinzeit den Schutz des unzugänglichen Berges suchten. Der riesige Wall jedoch war, wie Scherben- und Gerätefunde eindeutig belegten, ein Werk des letzten vorchristlichen Jahrhunderts, einer Zeit also, da das Land sowohl von den Germanen als auch von den Römern bedroht war. Als Erbauer kamen jedenfalls nur die Treverer in Betracht, die sich später, nach anfänglich heftigem Widerstand, mit der römischen Besatzung gut vertrugen. In den unruhigen Zeiten, die dem Zusammenbruch des Imperiums vorausgingen, hat der Ring wahrscheinlich wieder als Fluchtberg gedient, ebenso während der Normannenstürme am Ende des 9. Jahrhunderts.

Der Wall war ein echter *murus gallicus*, wie zahlreiche bis zu 17 Zentimeter lange Eisennägel bewiesen, welche die hölzernen Innenkonstruktionen verbanden. Das Mauerfundament war tief in die abfallenden Hänge versenkt. Die außen mit Steinen verkleidete Mauer trug einen Wehrgang, der von der Innenseite her über eine rampenähnliche Erd- und Geröllaufschüttung erreicht wurde.

Die 6 Meter breite Toranlage war vermutlich überdacht und gewährte zwei gepflasterten Durchfahrten von je 2,50 Meter Breite Ein- und Auslaß. Das Pflaster ließ sich im Innern der Festung noch ein gutes Stück weiterverfolgen. Das Tor war insofern geschickt placiert, »als es von unmittelbar benachbarten Teilen des Innenraumes stark überhöht und daher gut zu sichern war«. Nicht weit davon, in der Nordwestecke des umwallten Raumes entsprang eine Quelle; »ein Wassersammelbecken befand sich vermutlich unterhalb von ihr dicht am Randwall in einer heute noch deutlich in Erscheinung tretenden Vertiefung« (Dehn).

Auch vor dem Hauptwall zeichnete sich eine kleine Eintiefung ab, möglicherweise ein nicht vollendeter Graben. Der übrige Befund verriet eine technisch hervorragende, sorgfältig ausgeführte Arbeit, die von erfahrenen Festungsbaumeistern geplant und überwacht wurde – ein Werk wie aus einem Guß, ganz wie es Cäsar beschrieben hat. Kampfspuren waren nicht zu entdecken.

Der 10 Hektar große Innenraum – heute ein unebenes, teils bewachsenes, teils felsiges Plateau, auf dem eine Schutzhütte mit bildlichen Darstellungen vom einstigen Aussehen des »Ringes« steht – enthielt in römischer Zeit ein Heiligtum. Wo Hettner die hübsche, kleine Diana fand – genauer gesagt: eine romanisierte Artio, die keltische Schwester der göttlichen Waldamazone –, entdeckte Dehn die Spuren eines nahezu quadratischen Tempelchens von etwa Zimmergröße, und zwar ein steinernes Fundament sowie eine große Zahl eiserner Nägel. Auf dem Steinsockel erhob sich demnach ein Holzbau, ein Holzfachwerkbau wahrscheinlich, wie man ihn auch aus anderen kelto-romanischen Tempelbezirken kennt. Scherben und Münzen datierten das Heiligtum ins 3. nachchristliche Jahrhundert, eine bescheidene, unauffällige Anlage, die jedoch beweist, daß der Otzenhausener Ring nach der römischen Okkupation eine Stätte der Verehrung und Erinnerung blieb.

Der Erinnerung woran?

An die Residenz und Stammesburg eines keltischen Fürsten? An die stärkste Festung zwischen Saar und Rhein? Oder an den stadtähnlichen Hauptort der Treverer?

Die Fragen sind einstweilen nicht zu beantworten.

Der Erfolg der Grabung Dehns war dadurch beeinträchtigt, daß die besonderen Bodenverhältnisse des »Ringes« auf 2 700 Quadratmeter aufgedeckter Fläche nur einige Pfostenlöcher und zwei Hausgrundrisse erkennen ließen. Immerhin konnte man daraus folgern, daß der Innenraum bewohnt war. Einige wenige Spuren verwiesen zudem auf die Tätigkeit einer Waffenschmiede. Doch das war eigentlich schon alles. Und kein Prähistoriker wird vermessen genug sein, aus diesen dürftigen Angaben ein Bild des Lebens im Otzenhausener Ring zu entwerfen.

Das Äußere der Festung mit ihren 6 bis 8 Meter hohen und ebenso dicken Mauern ist unschwer zu rekonstruieren. Ihre Bedeutung, ihre Rolle, ihr Schicksal nicht. Den Besucher wird das angesichts der unvergleichlichen Szenerie des verfallenen Walles kaum bekümmern.

Überdies trat das Panorama, das hier bisher nicht zu gewinnen war, an einer anderen Stelle um so deutlicher hervor: in Manching bei Ingolstadt, wo der Forschung in den letzten Jahren ein Blick in ein keltisches *oppidum* gelang wie nie zuvor und nirgendwo sonst in Deutschland.

ELFTES KAPITEL

DÜSENAUFKLÄRER ÜBER MANCHING

DIE STAMMESHAUPTSTADT DER VINDELIKER

DIE RIESENRAUPE AUF DEM ROLLFELD
ALS DER WALL NOCH PFAHL HIESS
ZENTRUM DER INTERNATIONALEN OPPIDUM-FORSCHUNG
DIE KELTENSTÄDTE FRANKREICHS
KELHEIM WAR SO GROSS WIE NINIVE
KEINE MEDAILLENCHANCEN FÜR MANCHINGER VIEH
GLASSCHMUCK FÜR DIE DAMEN
ZWEI ARME TEUFEL FANDEN EINEN SCHATZ
DIE VIELGELIEBTEN REGENBOGENSCHÜSSELCHEN
MODERNE KUNST AUF ALTEN MÜNZEN
OLYMPIER, DÄMONEN UND MATRONEN
MACHT UND LEHRE DER DRUIDEN
DAS JAHR BEGANN AM 1. NOVEMBER · DAS KELTISCHE VERMÄCHTNIS

D er Oberst stand am Rande der Rollbahn und blinzelte in den weißgrauen Himmel. Soeben kam eine Düsenmaschine »vom Feindflug« zurück. Heulend setzte sie auf, tat noch einen kleinen Sprung und rollte aus.

»Eine miserable Landung«, sagte der Oberst. Aber auch in der Fliegerei, fügte er wie entschuldigend hinzu, sei noch kein Meister vom Himmel gefallen. Und so ein Düsenflugzeug sei launisch wie eine Araberstute, wenigstens in der Hand eines Anfängers.

Die Riesenraupe auf dem Rollfeld
Dann bückte er sich und hob eine verschmutzte Glasscherbe auf, kaum fingernagelgroß, säuberte sie sorgfältig und steckte sie in die Tasche. »Eine hübsche Scherbe«, sagte er, »2 000 Jahre alt. Keltische Arbeit. Das erste Glas, das in Deutschland hergestellt wurde.«

Wieder setzte eine Maschine lärmend auf der Betonbahn auf. Der Oberst blickte ihr kritisch nach. »Ein Aufklärer«, sagte er. Und er erzählte, daß es Kameras gebe, mit denen man aus 5 000 Meter Höhe einen Groschen auf der Straße fotografieren könne.

Dann bückte er sich wieder, hob ein verblichenes Knochenstück auf und betrachtete es prüfend. »Rehrippe«, sagte er lakonisch. In dienstfreien Stunden, fuhr er fort, suche er das Grabungsgelände immer wieder ab. Erstaunlich, was da zu finden sei: Scherben, eiserne Nägel, Schweinezähne, Graphitreste und dergleichen mehr.

Seine Aufmerksamkeit wandte sich wieder der Fliegerei zu. Drei Schulflugzeuge brausten, vielleicht 500 Meter hoch, in genau bemessenen Abständen über den Platz. Diesmal schien auch der Oberst zufrieden. »Na, das klappt«, sagte er gutgelaunt.

Er hob ein Gefäßstück auf und legte es zu einem kleinen Scherbenberg, den er bereits gesammelt hatte. »Eine eigenartige Vorstellung«, sagte er, »daß hier, kaum einen Meter unter unseren Füßen, eine ganze keltische Stadt lag, mit Straßen, Häusern, Handwerkervierteln. Und heute Betonbahnen, Radartürme, Überschallmaschinen. Es ist manchmal nicht ganz leicht, das zu begreifen.«

Aus der Luft, berichtete er, sei das Areal der alten Stadt noch deutlich zu erkennen. Ihre Grenzen hätten sich der Landschaft unverlierbar eingeprägt. Der Zug der Mauer sei auch dort, wo man sie längst abgetragen habe, leicht zu verfolgen, da sie die Einteilung der Felder bestimme. Die Rollbahn zeichne sich auf der fast kreisrunden einstigen Siedlungsfläche als eine Art Betonschneise zwischen Zentrum und Ostrand ab. Die Flugplatzgebäude nähmen den Südostteil des Geländes ein, das Außenfort der früheren Festung Ingolstadt sowie das Dorf Manching den Westteil.

Das Dorf Manching, so war weiter zu hören, war früher ein kleiner, unbekannter Flecken zwischen dem Donautal im Norden und dem Feilenmoos im Süden, gut 60 Kilometer von München, knapp 10 Kilometer von Ingolstadt entfernt. Die am Ortsrand vorbeiziehende Autobahn und der Flugplatz haben es aber nicht nur an die große Welt herangerückt, sondern auch völlig umgekrempelt. Kasernen und Wohnsiedlungen entstanden. Kinos kamen, neue Straßen wurden gebaut, die alten asphaltiert. Die Wirtshäuser und Ladengeschäfte erhielten moderne Fassaden, die Bauern verdienten ein Heidengeld mit dem Verkauf von Bauland, und die Kiesgrubenbesitzer wurden Millionäre.

Während über dem Dorf Manching die Sonne einer unverhofften Konjunktur aufging, zogen über dem Wall von Manching dunkle Wolken auf. Etwa 800 Meter des damals noch 2 Kilometer langen Mauerzuges wurden 1936 abgetragen. Während des Krieges gruben sich Flakbatterien auf dem kiefernbestandenen Reststück ein. Weitere 20 Meter fielen einem Fluchtweg zum Opfer, den ein besorgter Flugplatzkommandant nach den ersten Luftangriffen bauen ließ. Auch die feindlichen Bomben, die das Rollfeld schließlich in eine Trichterlandschaft verwandelten, sparten den Wall nicht aus.

Seine heutige Verfassung stimmt demnach etwas traurig. Noch immer rund vier Meter hoch, ist er nahezu unwegsam geworden. Zahlreiche Löcher, Kerben und hohlwegartige Einschnitte verraten, daß er jahrhundertelang Objekt der Zerstörung war. Baumwurzeln liegen bloß, und der Fuß stolpert über formlose Brocken weißen Kalkgesteins... Kein Wunder, daß vor einigen Jahren ein Motorsportverein der Umgebung auf den verrückten Gedanken kam, auf dem ehrwürdigen Keltenwall ein Moto-Cross-Rennen zu veranstalten. Den bayrischen Denkmalpflegern gelang es erst in letzter Stunde, das Projekt zu Fall zu bringen.

Als der Wall noch Pfahl hieß

Als der Domkapitular Andreas Buchner aus Eichstätt zu Beginn der zwanziger Jahre des vorigen Jahrhunderts in Manching Station machte, beschatteten den Wall die Kronen fünfhundertjähriger Eichen. Der geistliche Herr sammelte Material über den rätischen Limes – die Teufelsmauer, wie das mächtige Grenzbollwerk des Imperiums damals genannt wurde – und suchte an der Paar die Spuren der in einem spätrömischen Reisehandbuch genannten Straßenstation Vallatum. Mehr aber als die dürftigen Mauerreste »am südlichen Ende des Dorfes beim Schloßhof« beeindruckte ihn der »weitschichtige, noch ziemlich hohe Wall«, der damals, wie auch der Limes, gemeinhin der »Pfahl« hieß.

Er schritt ihn in seiner »ganzen fast zirkelförmigen Linie ab« und fand ihn durchweg »noch sehr gut erhalten«; nur im Norden war »eine Stelle von 500 bis 600 Schritten demoliert«. Dicke Steine lagen dort auf den Feldern, und in der Erde selbst, so erfuhr er von den Bauern des Dorfes, seien wiederholt »große gehauene Quaderstücke« gefunden und zum Häuserbau verwendet worden.

Das alles, so notierte Buchner, deute auf eine ansehnliche Niederlassung, zumal bei den Bauern »die Tradition« herrsche, »ihr Dorf sey einst eine große Stadt gewesen«.

Diese Vorstellung ging nicht zuletzt auf die Waffen, Geräte und Münzen zurück, welche die Äcker der Umgebung immer wieder freigaben. So wurden 1841 am jetzigen Paar-Übergang in Manching mehrere eiserne Schwerter und ein Radreifen gefunden. Am Ende der fünfziger Jahre lieferte der Schuldienstacker eine – bald wieder verschollene – Kollektion von »Bronzeschüsselchen«. Etwa zur gleichen Zeit fanden zwei Tagelöhner im nahen Irsching einen Topf mit mehr als tausend keltischen Goldmünzen. Zwanzig Jahre danach wurden auf dem Leisenhart-Feld innerhalb der Umwallung zahlreiche Geräte- und Gefäßstücke, Waffenreste, Schmucksachen und Teile eines Pferdegeschirrs geborgen. Der gleiche Bauer, der schon bei der Sicherung dieses Fundes eine mehr als zweifelhafte Rolle spielte, fand kurze Zeit später nach seinen eigenen Worten einen »ganzen Haufen« Bronzenadeln, die herauszugeben er aber strikt ablehnte, da er sie seinen Kindern »zum Gespiel« gegeben hatte.

Dem Leisenhart-Fund, dessen Hauptstücke nach mancherlei Schwierigkeiten von den Museen in Ingolstadt, München und Berlin erworben wurden, kommt insofern eine besondere Bedeutung zu, als er Paul Reinecke zur Charakterisierung der Latène-Stufe D diente. Der Großmeister der keltischen Chronologie bezog auch das Material zur Kennzeichnung der Latène-Stufe C aus Manching, und zwar von dem großen Gräberfeld am Steinbickel, das in den neunziger Jahren beim Kiesabbau angeschnitten wurde. In der Nachbarschaft des Friedhofs stieß man auf ein Eisenschlackenfeld, ebenso an mehreren Stellen des östlich von Wall und Autobahn liegenden Feilenforstes.

Trotz aller Funde wurde aber keine größere Grabung veranstaltet. Man begnügte sich damit, das Gelände im Auge zu behalten und den Wall von Zeit zu Zeit zu inspizieren. Seinen Bestand zu wahren, reichten die Kräfte der Heimatpfleger und historischen Vereine jedoch nicht aus. So wurden Teile der alten Ringmauer beim Bau des Außenforts der Festung Ingolstadt niedergelegt (das, heute geschleift, im letzten Krieg noch einmal traurigen Ruhm erwarb, als es Stätte standrechtlicher Erschießungen wurde). Auch der Straßen- und Wegebau, Ackerbegradigungen, Durchbrüche und der fortdauernde Steinraub fügten dem Wall schwere Schäden zu.

Dennoch war er noch zu wesentlichen Teilen erhalten, als 1936 das umliegende Gelände für den Bau eines Militärflugplatzes in Anspruch genommen wurde. Die gesamte Süd-, Ost- und Nordostseite zeichnete sich noch deutlich sichtbar ab. Im (heute noch bestehenden) Südostteil erreichte der Wall eine Höhe von $4^{1}/_{2}$ Metern, auf dem Rest der Strecke begnügte er sich mit 2 bis 3 Metern. Im Norden, wo er längst niedergelegt war, markierten Steine seine Spur.

Die Dringlichkeit des Flugplatzprojektes – man arbeitete auch nachts bei Scheinwerferlicht – duldete keine Unterbrechung durch wissenschaftliche Arbeit. Immerhin gelang es dem Vorsitzenden des Historischen Vereins in Ingolstadt, Dr. Josef Reichart, das an-

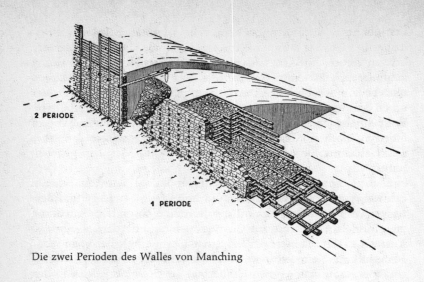

Die zwei Perioden des Walles von Manching

fallende Fundgut wenigstens teilweise zu bergen und untersuchen zu lassen. Es handelte sich, wie erwartet, vornehmlich um Gegenstände aus dem letzten vorchristlichen Jahrhundert: Schwerter, Lanzenspitzen, Nägel, Ton- und Graphittonscherben, Glasperlen, Fibeln und Münzen – fast ausschließlich Zufallsfunde, welche die Bestände der Museen bedeutend vergrößerten, auch wohl manche private Tasche füllten, aber keine weitergehenden Schlüsse erlaubten.

Selbst als bei den Einebnungen innerhalb des Walles am sogenannten Hundsrücken ein Gräberfeld aufgedeckt wurde, reichte die Zeit nicht für eine methodische Untersuchung aus. Wenn es gutging, bargen die Arbeiter die Funde, sammelten sie und lieferten sie später ab. Die meisten Skelette und Beigaben aber fanden auf dem Umweg über eine Kipplore den Weg in die Erde zurück.

Die einzige systematische Grabung – die erste in Manching überhaupt – galt der Umwallung. Karl Heinz Wagner, der Leiter der Untersuchung, konnte zwei Bauperioden feststellen. Die ältere Anlage war, wie bereits erwähnt, in der Art eines *murus gallicus* errichtet. »In einer späteren Baumaßnahme wurde die sorgfältig gesetzte Außenfront der älteren Steinmauer herausgerissen und etwa 0,7 Meter weiter nach außen zwischen senkrechten Pfosten, die in der Außenfront sichtbar waren, wieder aufgeführt und mit Erde hinterschüttet. Die genauere Zeitstellung dieser beiden Perioden konnte nicht ermittelt werden, es spricht jedoch nichts dagegen, sie beide in die spätkeltische Zeit zu verweisen.«

Erst als 1955 der Plan gefaßt worden war, den Flugplatz wieder instand zu setzen, konnte der Innenraum erstmalig wissenschaftlich untersucht werden. Da gleichzeitig eine mehrere Kilometer lange Betonbahn entstand, mußten die Ausgräber auch diesmal manche äußere Erschwernis in Kauf nehmen, doch standen sie nicht unter dem gleichen Zeitdruck wie 1936. Die erste Grabung, noch im Sommer 1955, dauerte vier Monate, die zweite 1957 drei Monate. In beiden Kampagnen zusammen wurden rund 11 000 Quadratmeter Fläche aufgedeckt.

Zentrum der internationalen Oppidum-Forschung

Seitdem ist Jahr um Jahr auf dem Flugplatz gegraben worden, zum guten Teil unmittelbar neben der Rollbahn, die heute über die alte Keltenfestung hinaus bis ins Vorgelände des Walles reicht. Die wissenschaftliche Arbeit auf einem Militärflugplatz war zwar einigen formellen Schwierigkeiten ausgesetzt, hatte aber auch ihre Vorteile. »Weiträumigen Sondierungen und großflächigen Grabungen waren keinerlei Schranken durch Besitzgrenzen, Feldwirtschaft oder Bebauung gesetzt, und der Einsatz moderner Maschinen für gröbere Erdarbeiten konnte in erheblichem Umfange Zeit, Arbeitskräfte und Geld sparen.« (Krämer)

Überhaupt war man diesmal bemüht, die Versäumnisse und Sünden der Vergangenheit nach Kräften wiedergutzumachen. Die Leitung übernahm im Auftrag des Bayerischen Landesamtes für Denkmalpflege und der Römisch-Germanischen Kommission in Frankfurt der Erste Direktor der RGK, Dr. Werner Krämer. Wie bei vielen bedeutenden Grabungen in Deutschland half auch hier die Deutsche Forschungsgemeinschaft, indem sie das Projekt mit Mitteln ausstattete, wie wissenschaftliche Untersuchungen sie heute erfordern.

Obwohl die Grabungen noch längst nicht beendet sind, steht heute bereits fest, daß sich der Aufwand gelohnt hat. Manching lieferte »die bisher bedeutendste wissenschaftlich gewonnene Fundmasse und die aussagefähigsten Siedlungsbefunde über die Kelten und das vorrömische ›Städtewesen‹ in Mitteleuropa«. Mit andern Worten: der Militärflugplatz bei Ingolstadt ist das Zentrum der internationalen Oppidum-Forschung geworden.

Die keltischen Städte – Cäsar gebraucht ausdrücklich das Wort *oppidum* (gelegentlich auch *urbs*) im Gegensatz zu *vicus* = offenes Dorf und *aedificium* = Einzelhof – sind ein Produkt jener Ruheperiode, die den großen Wanderungen im 5. und 4. vorchristlichen Jahrhundert folgte.

Die Keltenstädte Frankreichs

Die ersten Oppida entstanden wahrscheinlich in Südfrankreich, wo sich die keltische Welt in der Gegend von Massilia unmittelbar mit der mittelmeerischen Zivilisation berührte. Später dürften die keltischen Stadtbaumeister auch aus dem Kontakt mit dem griechisch-makedonischen Kulturkreis wertvolle Anregungen gewonnen haben.

Die Verbreitung der befestigten Oppida beschränkte sich auf den Raum von Frankreich bis Ungarn, das Kerngebiet der spätkeltischen Zivilisation. In Frankreich haben zweifellos die Züge der Kimbern und Teutonen sowie die immer spürbarer werdende Bedrohung durch die römischen Waffen die Entwicklung beschleunigt.

Daneben gab es – nicht zuletzt in Deutschland, wie wir sahen – eine große Zahl umwallter Fliehburgen, die nicht ständig oder nur dünn besiedelt waren, bei Gefahr aber die umwohnende Bevölkerung mitsamt den Herden aufzunehmen vermochten.

Als Cäsar sich entschloß, ganz Gallien zu erobern, waren die Oppida längst die natürlichen Mittelpunkte des Landes geworden, die Zentren von Handel, Handwerk und Gewerbe, Verwaltung und Religion. Durchweg an strategisch wichtigen Punkten des mittelfranzösischen Berglandes gelegen, leisteten sie den eisenklirrenden Legionären und ihren Belagerungsmaschinen harten Widerstand. Als die stärksten und wichtigsten Bergfestungen nennt Cäsar neben vielen anderen:

Alesia, die Hauptstadt der Mandubier (auf dem Mont Auxois bei Alise-Sainte-Reine), wo sich das Schicksal des aufständischen Vercingetorix erfüllte;

Avaricum, die Hauptstadt der Bituriger, nachmals Sitz der römischen Provinzbehörden von Aquitanien, in der Nähe des heutigen Bourges;

Bibracte, einen wichtigen Handelsplatz im Gebiet der Häduer, auf dem Mont Beuvray bei Autun;

Gergovia, die stärkste Festung der Arverner auf dem Mont Gergoy, 6 Kilometer südlich von Clermont-Ferrand, wo Cäsars Armee das Heer des Vercingetorix vergebens belagerte;

Uxellodunum, die Hauptstadt der Cadurcer, das heutige Puy d'Issolud an der Durance.

Insgesamt gab es nahezu hundert (bekannte) Oppida in Gallien; elf allein im Gebiet der Suessionen. Dreimal erscheint ein Ort namens Noviodunum = Neuburg oder Neustadt auf der Karte: als Oppidum der Häduer die Keimzelle von Nevers, als Oppidum der Helvetier die von Nyon, als Oppidum der Suessionen die von Soissons.

Die französische Oppidum-Forschung begründete Napoleon III., der nicht nur ein passionierter Putschist und Casanova, sondern auch ein tüchtiger Historiker war. Mit den Vorarbeiten zu seiner Cäsar-Biographie beschäftigt, ließ er 1861–1865 Alesia untersuchen. Dieses war jedoch römisch überbaut, so daß die darunterliegenden keltischen Schichten den damaligen Grabungstechniken größtenteils zum Opfer fielen.

Ein genaueres Bild gewann die französische Forschung durch die von 1867 bis 1901 dauernden Schürfungen in Bibracte, der von einem 5 Kilometer langen Wall umgebenen Burgfestung auf dem 822 Meter hohen Mont Beuvray. Gabriel Bulliot und Joseph Déchelette, die Leiter der »Jahrhundertgrabung«, legten ein »äußerst differenziertes Gemeinwesen« frei. Auf dem von ihnen bearbeiteten Gelände zeichneten sich klar drei verschiedene Quartiere ab: ein Handwerkerviertel, das Wohnviertel der Nobilität und das Forum aus römischer Zeit.

Das Handwerkerviertel erstreckte sich nach der Beschreibung von Joachim Werner zu beiden Seiten der Straße, die vom Haupttor zur Stadtmitte führte. »Hier reiht sich eine Hütte an die andere. Die Gebäude haben einen meist unregelmäßigen, viereckigen Grundriß und sind von verschiedener Größe; sie sind, soweit der Grabungsbefund zuverlässig ist, einräumig. Pfostenbauten wechseln mit Hütten, die auf einem eingetieften Sockel aus Bruchsteinmauerwerk ruhen.«

»Die Wände bestanden, nach dem gefundenen Hüttenbewurf zu urteilen, aus Fachwerk mit starkem Lehmverstrich, die Fußböden zumeist aus gestampftem Lehm. Auffallend ist die unregelmäßige Lage der Häuser, die zueinander in keiner Beziehung stehen und deren Eingänge sich nur in einigen Fällen zur Straße öffnen. Die zahlreichen Kleinfunde erlauben die Bestimmung der meisten Baulichkeiten, die zugleich Werkstätten und Wohnungen der Handwerker sein dürften. Die Gebäude hinter dem Tor sind Eisenschmelzen, es folgen dann Schmiedewerkstätten und schließlich die Arbeitsstätten der Bronzegießer und Emailleure. Neben gallischen und endrepublikanischen Münzen fanden sich eiserne Werkzeuge, Eisenluppen, Werkstattabfall und fertiggestellte Geräte...«

»Erstaunlich ist die große Anzahl der Hütten, aus welchen sich dieser Stadtteil zusammensetzt. Sie beherbergen handwerkliche Kleinbetriebe, die in der Arbeitsteilung in Eisenschmelzen und Schmieden, Bronzeguß- und Emaillewerkstätten Zeugnis von einer sehr weitgehenden Differenzierung der Gewerbe geben. Vergleichbar den modernen ›Zugs‹ im Orient gab es keine Großwerkstätten, sondern zahlreiche kleine Handwerker, die ihre untereinander sehr einheitlichen Erzeugnisse an Ort und Stelle an Händler und Verbraucher absetzten.«

Das Wohnviertel enthielt zahlreiche Großbauten von unverkennbar lateinischem Grundriß, darunter eine nahezu quadratische *villa urbana* von 70 Meter Seitenlänge, mit großem Innenhof und 30 Räumen. Den Funden nach handelte es sich um den Sitz eines vornehmen Häduers, der sich offenbar – wie die meisten gallischen Fürsten – schnell entschlossen hatte, von der zivilisatorischen Mitgift der neuen Herren Gebrauch zu machen. Überhaupt fanden Bulliot und Déchelette zahlreiche Spuren rascher Romanisierung: Fußbodenheizungen, italisches Geschirr und spätrepublikanische Münzen. Auch die in Bibracte gepflogene Sitte, die Asche der Verstorbenen in Weinamphoren zu Hause aufzubewahren, weist eindeutig in den Süden. Nur die Bautechnik blieb noch geraume Zeit dieselbe. Auch das Bibracter Villenviertel bestand aus strohgedeckten Fachwerkbauten, die auf lehmgebundenen Fundamentmauern ruhten.

Auf dem Forum des alten Bibracte, unter der heute noch stehenden Martinskapelle, entdeckte Bulliot die Reste eines kleinen quadratischen Tempels, der die von den Römern befohlene Räumung der Stadt im Jahre 5 v. Chr. mindestens bis ins hohe 4. Jahrhundert überstand. Wie in Otzenhausen wurde also das verlassene Oppidum ein Wallfahrtsort, der von der einheimischen Bevölkerung vielleicht an den hohen Festtagen des Jahres aufgesucht wurde. Diese Tradition blieb auch in christlicher Zeit lebendig. Bis ins 19. Jahrhundert wurde auf dem längst vereinsamten Berg am ersten Mittwoch im Mai eine Messe zelebriert, zu der die Gläubigen von weit her herbeiströmten. Gleichzeitig fand in der alten Ummauerung ein Jahrmarkt statt, der in ganz Mittelfrankreich berühmt war.

»So sehen wir in Bibracte nach dem archäologischen Befund alles vereint, was in Ergänzung zu den Berichten des Cäsar eine keltische Stadt der Spät-Latène-Zeit kennzeichnet: ein Kulturplatz für den ganzen Stamm und die sich daran knüpfende Bedeutung als Versammlungs- und Messeplatz, der Sitz der gewerblichen Produktion in einem eigenen Stadtviertel und schließlich die Wohnstätte der Nobilität, deren Klienten als Bauern und kleine Grundbesitzer weit im Stammesgebiet verstreut wohnten.« (Werner)

Nach den erfolgreichen Grabungen von Bibracte übte die französische Oppidumforschung jedoch jahrzehntelang Enthaltsamkeit. Von einigen kleineren Unternehmungen in Böhmen und Mähren abgesehen, wurden auch im übrigen »keltischen« Europa keine neuen Erkenntnisse gewonnen. Um so interessanter waren für die gesamte Fachwelt die Untersuchungen in Manching, die zum ersten Male eine Keltenstadt des letzten vorchristlichen Jahrhunderts mit dem ganzen hochentwickelten Instrumentarium moderner Grabungstechnik angingen.

Die meist in Bayern und Württemberg liegenden deutschen Oppida gehen zum Teil auf ältere Ringwallanlagen zurück. Reinecke nennt als Beispiele unter anderen die Passauer Altstadt, die auf einem »ringsum abgesetzten Hügel« angelegt war; den Staffelberg bei Staffelstein in Oberfranken und den Stätteberg bei Neuburg an der Donau, die auf isolierten größeren Felsklippen über Hochflächen Platz gefunden hatten; außerdem Kelheim und Frauenberg-Weltenburg im Bezirksamt Kelheim, die sich dem Schutz steilwandiger Bastionen anvertraut hatten. Gleichzeitig mit den großen Umbauten und Erweiterungen im letzten vorchristlichen Jahrhundert, bei denen die französischen Oppida vielleicht Pate standen, kam es zu zahlreichen Neugründungen, von denen Manching fraglos die bedeutendste war.

Kelheim war so groß wie Ninive

Umbauten und Neubauten bedienten sich der überkommenen Befestigungsmittel. Doch wurden nun wesentlich größere Areale als vorher durch Wallbauten geschützt. Am Heidengraben bei Grabenstetten auf der Schwäbischen Alb, der gewaltigsten Oppidumanlage Deutschlands, sicherten die keltischen Baumeister die 6 Kilometer lange »Stadtmauer« noch durch einen Vorwall von 30 Kilometer Länge, der eine Fläche von 1 500 Hektar abgrenzte. Er übertraf damit selbst den berühmten Mauerring von Syrakus um 3 Kilometer. Die babylonische Mauer war, um nur einige Beispiele zu nennen, 18 Kilometer lang, die von Ephesos 11, von Agrigentum 10, von Messene 9 Kilometer. Die servianische Mauer von Rom erreichte 8 Kilometer Umfang.

An Fläche bedeckten:

Kelheim	650 Hektar
Manching	400 Hektar
Donnersberg	150 Hektar
Staffelberg	40 Hektar

Auch diese Zahlen halten einen Vergleich mit den Städten der frühen Hochkulturen und der Antike aus. Es umschlossen:

Rom	1370 Hektar
Ninive	674 Hektar
Agrigentum	500 Hektar
Ephesos	316 Hektar
Samos	126 Hektar

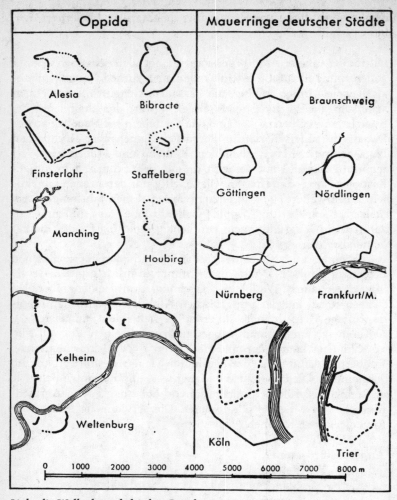

Links die Wallanlagen keltischer Oppida,
rechts die Mauerringe mittelalterlicher deutscher Städte

Dagegen brachte es Bibracte nur auf 135, Alesia auf 97, und Gergovia auf 75 Hektar.

Freilich war in den süddeutschen Oppiden wohl nur ein Teil der Fläche bebaut, so daß sie bei Gefahr auch die umwohnenden Bauern mit ihrem Vieh und ihrer Habe aufnehmen konnten. Sie übten also eine doppelte Funktion aus: »Einmal waren sie befestigte stadtähnliche Siedlungen, daneben aber auch vorsorglich angelegte, stark geschützte Refugien für größere Mengen der Bewohner des flachen Landes.« (Reinecke)

Als stadtähnliche Siedlungen hatten sie vor allem wirtschaftliche und verwaltungstechnische Zwecke zu erfüllen. Je mehr solcher Aufgaben sie übernahmen, um so mehr veränderte sich der Charakter dieser Oppiden. Auf eine kurze Formel gebracht: Aus den bewohnten Festungen wurden befestigte Wohnplätze.

Äußerlich gibt sich diese Entwicklung, die im letzten vorchristlichen Jahrhundert allem Anschein nach recht schnell vonstatten ging, dadurch zu erkennen, daß die neuen Oppida zum Teil in der Ebene angesiedelt wurden. Auch bei der Gründung von Manching dürften neben politischen Erwägungen wirtschaftliche und verkehrstechnische Überlegungen eine wesentliche Rolle gespielt haben.

Das Oppidum Manching lag am Kreuzungspunkt zweier Straßen: dem alten Ostwestweg am Südufer der Donau, »der den Verkehr durch das Areal des Walles zwang und in römischer Zeit zur Donausüdstraße ausgebaut worden ist«, und einer viel benutzten Südnordverbindung, die wenige Kilometer weiter die Donau querte. Auch die zentrale Lage im Siedlungsgebiet der Vindeliker dürfte für die Standortwahl mitbestimmend gewesen sein.

Keine Medaillenchancen für Manchinger Vieh

Das überschwemmungsfreie, aber durch Moore geschützte Gelände war, wie die beiden älteren Friedhöfe auf dem Steinbichel und auf dem Hundsrücken beweisen, bereits besiedelt, als der Befehl zum Bau des Oppidums erging. Doch handelte es sich wahrscheinlich nur um einige bescheidene ländliche Gehöfte. Der verantwortliche Baumeister – die Anwendung der Murus-Gallicus-Technik läßt an einen Gallier denken – kannte jedenfalls keine Bedenken, sie zu planieren. An der Südseite führte er den Wall unmittelbar über ein bäuerliches Anwesen hinweg – ein Beweis dafür, daß hinter seinen Plänen ein souveräner Wille stand.

Die verschiedenen Gewässer, neben der Paar den heutigen Igelsbach und den Egelgraben, ließ er abschnüren, umleiten und an den Fuß des Walles führen, so daß sie den Schutz der Festung verstärkten.

Die Steine der 7,5 Kilometer langen, wahrscheinlich mit 4 Durchlässen versehenen Mauer kamen von jenseits der Donau, vielleicht aus der Gegend von Mehring, vielleicht aber auch aus den stromaufwärts anstehenden Neuburger Brüchen. Nach Reineckes Berechnungen verschlang der Mauerbau gut 100 000 Kubikmeter Steine, dazu das Holz ganzer Wälder und viele Tonnen Eisennägel.

Die für die Außenfront benötigten Steine wurden »quaderartig zugerichtet«. Die Stellen, an denen diese Steinmetzarbeiten im Innern des Ringes ausgeführt wurden, sind zum Teil bekannt. Die größte von ihnen maß 60 mal 120 Meter und wird noch heute »Steinbückel« oder »Im Steinigen« genannt.

Die Höhe der Mauer betrug 3 bis 5 Meter, ihre Stärke durchschnittlich 3 Meter. Die Rückseite lehnte sich an eine Erdaufböschung von 12 Meter Breite.

Zwischen dem Wall und dem in der Mitte angesiedelten Oppidum befand sich eine 400 bis 500 Meter breite unbebaute Zone, die vermutlich als Viehweide diente. Daß die Bewohner des Oppidums große Herden unterhielten, wurde durch die Nachkriegsgrabungen einwandfrei bewiesen.

Bei den Grabungen von 1955 bis 1958 fielen nicht weniger als 276 428 Tierknochen an, die von dem Tieranatomischen Institut der Universität München Stück um Stück untersucht wurden. Die Experten stellten fest, daß nur 563 Knochen von Wildtieren stammten, und zwar von 21 Hirschen, 1 Elch, 10 Rehen, 6 Wildschweinen, 2 Bären, 6 Kolkraben und 2 Seeadlern. Die Jagd war also – berücksichtigt man die Menge des Fundgutes – nahezu bedeutungslos geworden.

Die restlichen 275 865 Haustierknochen verteilten sich auf rund

    2 500 Schweine
    1 600 Rinder
    1 550 Schafe und Ziegen
      250 Hunde
      189 Pferde
       30 Hühner

Schwein, Rind, Schaf und Ziege waren demnach die Favoriten der Manchinger Viehhalter. Die Durchschnittsgröße der Tiere lag allerdings erheblich unter der heutigen, »wohl infolge der noch unzulänglichen Winterhaltung«. Auf einer Konkurrenz moderner Hochleistungsviehs hätten sie keine Medaillenchancen gehabt.

Erst nach dem Weidering begann das eigentliche Oppidum. Um über die Innenbesiedlung »rasch und einigermaßen gründlich Aufschluß zu erhalten«, ließ der Leiter der Grabung 1955 in einer Gesamtlänge von 7,5 Kilometer 80 Zentimeter breite Baggerschnitte ziehen. Das Ergebnis war positiver, als er zu hoffen gewagt hatte. »Auch da, wo beim Flugplatzbau 1936/37 größere Erdabtragungen stattgefunden hatten, gaben wenigstens noch die Reste tieferer Gruben Zeugnis von der Besiedlung, welche sich ... noch erheblich über das vom Flugplatz betroffene Gelände nach Westen erstreckte. Es ergab sich also für die besiedelte Fläche mindestens eine Längenausdehnung von 1,5 Kilometer in Ost-West-Richtung. Die Intensität der Spuren und die Stärke der Kulturschicht an den einigermaßen erhaltenen Stellen ließen kaum Zweifel daran, daß es sich um eine Dauerbesiedlung gehandelt hat.« (Krämer)

Die nachfolgenden Flächenabdeckungen bekräftigten dieses erste Ergebnis. Auch aus den Spuren häufiger An- und Umbauten ließ sich schließen, daß das Oppidum keine Eintagssiedlung war. Die offensichtlich auf die Himmelsrichtungen bezogene Bebauung verriet Plan und Methode. Neben kleineren Haus- und Hüttengrundrissen zeichneten sich die Reste von Großbauten ab. So wurde ein 6 Meter breiter, über 80 Meter langer Ständerbau angeschnitten. An einer anderen Stelle tauchte eine große rechteckige Anlage auf, deren Innenraum zahlreiche Siedlungsspuren enthielt. Vielleicht eine Einfriedung.

Über die Gesamtanlage des Oppidums läßt sich nach den bisherigen Grabungen, die wahrscheinlich weniger als ein Prozent der bewohnten Fläche erfaßten, noch nicht viel sagen. Da Stein noch nicht als Baumaterial verwendet wurde, bestimmten Holz- und Fachwerkbauten das Bild. Die Siedlungsspuren deuten auf eine große Bevölkerungsdichte hin. Zahlen zu nennen ist bisher jedoch unmöglich.

Den meisten Raum widmen die Manchinger Grabungsbilanzen einstweilen den mehr als hundert senkrecht in den Boden getieften, durchweg rundlichen Vorratsgruben – eine Besonderheit keltischer Niederlassungen, die auch in anderen Ländern angetroffen wurde. Diese Silos – nach Powell eine »Folgeerscheinung größerer Ernteerträge auf Grund verbesserter Ackerbaumethoden« – dienten in der Hauptsache wohl zur Aufbewahrung von Getreide. In England meist mit einem Korbgeflecht ausgekleidet, waren sie in Manching zum guten Teil mit Holz verschalt. Der Bodenfeuchtigkeit wegen wurden sie freilich nur wenige Jahre benutzt und dann mit Abfall und Erde wieder zugeworfen.

Der heutige Ausgräber zählt sie zu den wertvollsten Quellen archäologischer Erkenntnis. Auch in Manching lieferten sie ein immenses Fundmaterial.

Die Kelten waren begabte Ackerbauer, die zu ihrer Zeit vermutlich die intensivste Landwirtschaft in Europa betrieben. Mit Respekt und Staunen haben die antiken Autoren ihre fortschrittlichen Agrarmethoden beschrieben. Sie kannten die Geheimnisse der Koppelwirtschaft, der Fruchtfolge, der Bodenbearbeitung und wußten vom Nutzen des Düngers – mit Kalk und Mergel zum Beispiel trieben sie einen schwunghaften Handel.

Glasschmuck für die Damen

Frankreich vor allem erschien den Reisenden des Altertums als das Gelobte Land. Der Geschichtsschreiber Polybios, der im 2. Jahrhundert v. Chr. die Cisalpina besuchte, stellte bewundernd fest, daß es Hirse »über alle Maßen« gab, daß »Getreide im Überfluß« vorhanden und die Preise für Weizen und Gerste erheblich niedriger waren als zu Hause. »Vom Wohlleben... auf dem Gebiet der Ernährung«, berichtete er weiter, »kann man sich folgendermaßen am besten eine Vorstellung machen: Wer reist, spannt im Gasthaus nicht etwa aus, indem er sich das Nötige auf Rechnung setzen läßt, sondern er fragt, für welchen Pauschalpreis der Wirt ihn aufnimmt... Und selten überschreitet ein Wirt diesen Preis.«

Wißbegierig, geschickt und allem Neuen aufgeschlossen, waren sie aber auch tüchtige Handwerker und Händler. Die Leistungen in der Landwirtschaft gingen zum guten Teil auf die hervorragende technische Ausstattung der Bauern zurück. Pflugmesser und Räderpflug sind keltische Erfindungen, die – anders als die südlichen Hakenpflüge – auch die Bearbeitung schwerer und steiniger Böden erlaubten. Selbst eine Art von Mähmaschine wird von den Schriftstellern erwähnt. Sie ähnelte einem zweirädrigen Karren, schnitt die Ähren oben am Halm ab und ließ sie in einen Kasten fallen. Solche Werkzeuge und Maschinen setzen vertrauten Umgang mit dem Eisen voraus. In der Tat gebührt den Kelten neben vielen anderen Verdiensten auch der Ruhm, die mitteleuropäische Eisenindustrie begründet zu haben. Der Abbau ging über die reinen Oberflächenvorkommen freilich kaum hinaus. Er erstreckte sich im wesentlichen auf Sumpf- und Raseneisen, Braun- und Roteisen, Bohnerze und Ockererden, die heute ihres geringen Erzgehaltes wegen keines Blickes mehr gewürdigt werden.

Bergmännische Betriebe waren selten. Auf dem heutigen Camp d'Affrique bei Nancy lag ein wallgeschütztes Revier, dessen Stollen von den Hängen bis zu 100 Meter tief in den Berg stießen. Auch die kärntnisch-steirischen Betriebe, die das berühmte norische Erz lieferten, drangen tief in die Berge ein, ebenso die Erzgruben auf Elba, die bereits um 500 v. Chr. industrielle Abbauverfahren entwickelten.

In Deutschland begann die Eisenproduktion frühestens 200 Jahre später. Abbauspuren finden sich vor allem im Siegerland und bei Kelheim, auf der Höhenzunge zwischen Donau und Altmühl, die heute Ludwigs I. bombastische Befreiungshalle trägt. Die bis zu 7 Kilometer langen Schürffelder, die auch im Mittelalter noch ausgebaut wurden, vermittelten eine recht genaue Kenntnis der Abbaumethoden.

»Das Eisenerz«, so hat Paul Reinecke die dort geübten Verfahren geschildert, »wurden in recht primitiver, nach heutigen Begriffen unproduktiver und unrentabler Weise verhüttet. Soweit nötig, hat man das Erz zerkleinert und gereinigt und dann mit Holzkohle, wohl schichtenweise und mit etwas Kalkzusatz gemengt... Verhüttet wurde dann in einfachen, runden, in den Boden eingetieften lehmverschmierten oder Lehm gebauten Öfen über Tag. Für beide Formen besitzen wir Bodenzeugnisse.«

»Wichtig bei dem Verhüttungsprozeß war die Luftzufuhr für das Feuer; in die Ofengrube oder den Ofen wurden Tondüsen eingeführt, durch die aus einfachen Blasebälgen (wohl aus Fell) Luft... in die Öfen geblasen wurde... Es genügte dann, die Masse bis auf rund 700 Grad zu erhitzen..., und in verhältnismäßig kurzer Zeit... war die Reduktion der Erze beendet und das Eisen als schwammartige, mit Schlacken gemischte Masse ausgeschieden. Die Rohluppe wurde der Ofenstelle entnommen bzw. der Ofen zerschlagen, die Schlacke von dem schmiedbaren Eisen abgeklopft und noch eingeschlossene Schlacke... durch Aushämmern beseitigt.«

»Aus dem gebrauchsfähigen Schmiedeeisen fertigte man in den Alpen wie in der Zone unmittelbar nördlich davon für den Handel wie als Vorrat Barren in Form von Doppelpyramiden... das Gewicht solcher Barren schwankte zwischen 3 und 7 Kilogramm. Von verschiedenen Fundstellen besitzen wir sogenannte ›Entwürfe‹ zu Schwertern und Lanzenspitzen, die wohl, fabrikmäßig angefertigt, als angefangene Fabrikate in den Handel gebracht wurden.«

In dieser Weise wurde auch in der Umgebung von Manching Eisenerz gewonnen und verhüttet. Das nahe Feilenmoos birgt zum Beispiel umfangreiche Schlackenhalden. Innerhalb des Walles befanden sich, durch zahlreiche Herdschlacken ausgewiesen, die Schmiedewerkstätten, die dem Eisen die endgültige Form gaben.

Die keltischen Schmiede genossen sozusagen Weltruf. Bereits vor der großen Gallier-Invasion lebte – nach Plinius – der helvetische Schmied Helicon in Rom, den alle Welt als einen König seines Berufes ehrte. Auch bei den Kelten selbst standen die Schmiede in hohem Ansehen; in der irischen Sagenwelt sind sie sogar den Göttern gleichgesetzt.

Noch die rostzerfressenen Waffen und sonstigen Eisengeräte von Manching lassen den hohen Stand des keltischen Schmiedehandwerks erkennen. In großen Mengen fielen zerbrochene Schwerter, Schwertketten, Schildbuckel und Lanzenspitzen an, daneben zahlreiche Geräte, deren heute noch gültige Formen ein klares »funktionalistisches« Denken verraten – zum Beispiel Haumesser, Ringmesser, Nagelmesser; Nadeln, Scheren und Pinzetten; Hobel,

Sägen und verschiedene Beilformen. Auch die Werkzeuge zur Eisenbearbeitung – Feilen und Meißel, Punzen und Ahlen, Treiber und Stichel, Hämmer und Zangen – könnten in einer Fibel moderner Zweckgeräte sehr wohl bestehen.

An die Bronzegießer des Oppidums erinnerten steinerne Gußformen und Reste von Schmelzöfen. Ihre meist recht gut erhaltenen Arbeiten verraten außer handwerklichem Können ein Gefühl für Gediegenheit und Eleganz. Sie liebten Punzmuster und hübsche Profilierungen und kannten sich in allen Techniken der Metallverzierung aus. Am schönsten sind ihre Fibeln und sonstigen Schmuckstücke mit Korallenbesatz und Blutemaileinlagen, die dank zweitausendjährigem »Edelrost« noch bedeutend an dekorativer Wirkung gewonnen haben.

Die Töpfer des Oppidums arbeiteten bereits mit der Drehscheibe und lieferten eine saubere Fabrikware, welche die handgemachte, bäuerliche Keramik dieser Zeit an Feinheit übertrifft. Ihre Produktion reichte offenbar aus, zumindest den Alltagsbedarf an Tafelgeschirr, Vorratsgefäßen und (bis zu 10 Liter fassenden) Töpfen zu befriedigen. Auch das feuerfeste Graphittongeschirr, dessen Rohmaterial in die Passauer Gegend weist, wurde wahrscheinlich »am Ort« erzeugt. Nur die großen Wein- und Öl-Amphoren kamen aus Italien, genau wie ihr begehrter Inhalt.

Eine Überraschung bildeten die zahlreichen Stücke von Glasschmuck, welche die Siedlungsschichten enthielten. Darunter befanden sich Rohglasstücke, die eine Glasfabrikation im keltischen Manching als sicher erscheinen lassen – die erste, die nördlich der Alpen festgestellt wurde.

Die Kunst der Hohlglaserzeugung scheint den keltischen Handwerkern freilich noch nicht vertraut gewesen zu sein. Außer verschiedenfarbigen, großen und kleinen Ringperlen stellten sie vornehmlich Glasarmbänder für die Damen des Oppidums her, reich verzierte gelbe, blaue, purpurne und violette Armreife, von denen man eine noch plastische Glasmasse rotieren ließ. Die sonstigen Verzierungen wurden mit Hilfe von Schablonen aufgetragen. Das Fertigfabrikat konnte sich jedenfalls sehen lassen, und auch die Töchter des Landes haben sich, allem Anschein nach, gern mit dem glitzernden Glasschmuck dekoriert.

Ob es ein eigenes Handwerkerviertel gab, diese Frage ist bislang nicht beantwortet. Mit Sicherheit aber gab es außer Grob- und Feinschmieden, Bronzegießern, Töpfern und Glasmachern auch Schneider, Schuster und Zimmerleute. Selbst knochenverarbeitende Werkstätten sind durch Funde beglaubigt worden.

»Städtische Zivilisation im antiken Sinne aus den gewonnenen

Resten zu erschließen, fällt dem Laien oft nicht leicht. Man muß ihm sagen, daß beispielsweise eine scharf begrenzte quadratische Verfärbung in einer ›Keller‹grube nur von einem wohlgefügten truhenartigen Behältnis herrühren kann; daß zylindrische Röhrenknochen das Vorhandensein von Schränken mit Türscharnieren bekunden, wie sie damals auch in italischen Häusern standen und von Pompeji her bekannt sind; oder daß das reichliche, in bestimmten Bezirken gehäufte Auftreten primitiv aussehender und doch zweckvoller Schlüssel unterschiedlichster Größe nicht lediglich als antiquarische Kuriosität, sondern darüber hinaus als ein Indiz gewisser ökonomischer und soziologischer Verhältnisse gewürdigt sein will. Erst die Summe solcher Detailbeobachtungen vermittelt einen rechten Begriff davon, bis zu welchem Grad ›städtischen‹ Lebens nach mittelständischem Muster die spätlatènezeitlichen Kelten gediehen waren.« (Kunkel)

Auch daß der Handel eine bedeutsame Rolle spielte, ist aus solchen Beobachtungen zu folgern. Wie alle Kelten unterhielten die Vindeliker Wirtschaftsbeziehungen in jede Himmelsrichtung. Von der Ostsee bezogen sie Bernstein, Fibeln kamen aus Tirol und dem Tessin. Böhmen lieferte Lignitarmringe, Italien außer Öl und »Originalabfüllungen« südlicher Weine Tonschälchen, Mosaikgläser und chirurgische Instrumente... Demnach übten auch Ärzte in dem Oppidum ihre Praxis aus.

Über die Struktur und Ordnung des Handels schweigen sich die Funde bisher aus. Ob er eine Sache der Privatinitiative oder der öffentlichen Hand war, ist ebensowenig zu beantworten wie die Frage, ob die umfänglichen Magazin- und Siloanlagen Wirtschaftsgüter oder Eigenvorräte enthielten. Ebenso ist einstweilen ungeklärt, »in welchem Umfang fürstliche Monopole über Zoll und Geldwesen hinaus die Gesamtwirtschaft des Oppidums beherrschten«.

Die Münzprägung war jedenfalls ein fürstliches Privileg, und auch in Manching bestand, wie Funde von Tonformen beweisen, eine Münzprägestätte.

Die Kenntnis des keltischen Münzwesens in Deutschland ist eine Wissenschaft für sich. Ihr Geburtstag sozusagen ist ein Apriltag des Jahres 1858, an welchem in dem nur wenige Kilometer von Manching entfernten Dorf Irsching der schon erwähnte Schatz mit nahezu 1000 vindelikischen Goldmünzen gefunden wurde.

Zwei arme Teufel fanden einen Schatz

Die glücklichen Finder waren zwei Tagelöhner aus dem Irschinger »Filialdorf« Knodorf, der Maurer Max Hintermeier und sein Halbbruder Georg Eder. Die beiden Männer warfen auf dem mit der Plannummer 849¹/₂ bezeichneten Acker des Bauern Ignatz Pflugmacher gerade einen Entwässerungsgraben aus, als sie plötzlich auf schwarze Scherben und kleine gewölbte goldglänzende Plättchen stießen, die sie zunächst für »Soldatenknöpfe« hielten. Doch dann sahen sie sich die daumennagelgroßen, blanken Rundstücke näher an und entdeckten auf ihnen merkwürdige Verzierungen: Vogelköpfe und übergroße Augen, drachenähnliche Fabeltiere, pflanzliches Rankenwerk und geometrische Figuren... Lauter »unmilitärisches Zeugs« also.

Sie folgerten daraus, daß es vielleicht doch keine Uniformknöpfe seien, und zogen es deshalb vor, dem Grundbesitzer Pflugmacher, der kurz darauf zu einer Inspektion erschien, ihre Entdeckung zu verheimlichen. Wieder allein, durchwühlten sie den Boden wie Maulwürfe und füllten ihre Taschen randvoll mit den rätselhaften Scheibchen. Als sie am gleichen Abend ihre Beute zählten, kamen sie auf nahezu 1 000 Stück.

Sollten es am Ende doch Münzen sein? Vierzehn Pfund Goldmünzen? Ein unwahrscheinlicher, schwindelerregender Reichtum.

Hintermeier schickte seine Frau mit vier sorgfältig gewaschenen Exemplaren nach Geisenfeld »zum Goldarbeiter«. Der zahlte, ohne zu zaudern, 2 Gulden für jedes Stück. Das war in einer Zeit, da man für einen Gulden 5 Pfund Ochsenfleisch bekam oder 20 Maß Kelheimer Weizenbier, eine Menge Geld. Rund 40 Mark nach heutigem Wert.

Im Mai wanderten die beiden Schatzbesitzer zur Kirmes nach Ingolstadt, die Taschen voll harter, blanker Währung. In Ingolstadt gingen sie zum Goldschmied Wappmannsberger, boten ihm einige ihrer »Goldknöpfe« zum Kauf an und kassierten für jeden 7¹/₂ Gulden. Anschließend erstanden sie am Stand des Kurz- und Schnittwarenhändlers Weiß ein Jankertuch und etliche andere »Monturgegenstände«, die sie ebenfalls mit ihrem Ackergeld beglichen.

Die Leute von Irsching schüttelten die Köpfe, als sie die beiden armen Teufel in neuer Kluft von der Ingolstädter Dult heimkehren sahen und fragten sie bald geradeheraus, ob sie am Ende einen Schatz gefunden hätten.

Derart ins Gerede gekommen, schlug den Findern das Gewissen. Sie begaben sich zum Flurbesitzer Pflugmacher, zählten ihm, als kleine Anzahlung auf die Wahrheit, 11 Münzen von seinem Acker auf den Tisch und baten ihn, das fachmännische Urteil des Gutsbesitzers Weinzierl von Großmehring einzuholen. Da der erkrankte Pflugmacher keine Neigung bewies, sich der Sache anzunehmen, gingen sie am darauffolgenden Sonntag (man schrieb inzwischen

Irische Opferschale aus keltischer Zeit.

Schmuck aus dem keltischen Fürstengrab Waldalgesheim.

Handspiegel aus dem Reinheimer Fund – rechts eine Nachbildung.

Der »Heidengraben« bei Grabenstetten, Kreis Reutlingen.

Der Ringwall von Otzenhausen.

Details des Silberkessels aus Gundestrup – einer keltischen Arbeit, die in ein dänisches Moor gelangte. Oben: Kopf; unten: Kopf mit erhobenen Armen, Mensch mit Rad in der Hand, geflügelte Pferde und andere Tiere

Darstellung des keltischen Gottes Cernunnos vom Silberkessel aus Gundestrup.

Opferszene vom Silberkessel von Gundestrup.

Modell des keltischen Walles von Manching.

Eiserne Werkzeuge des 1. Jahrhunderts v. Chr., gefunden in Bayern – Hakenschlüssel, Schere, Beile, Messer und Dreizackgabel.

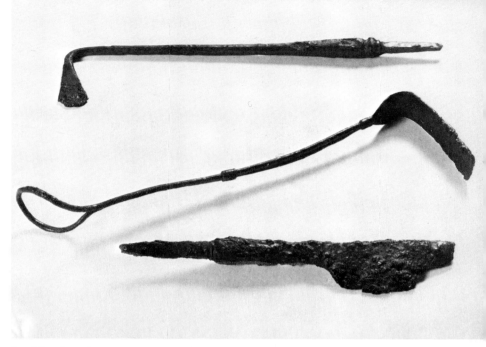

Ärztliches Besteck aus Eisen von München–Obermenzing
(2. Jahrhundert v. Chr.).

Goldmünzen, sogenannte Regenbogenschüsselchen, aus dem Irschinger Fund.

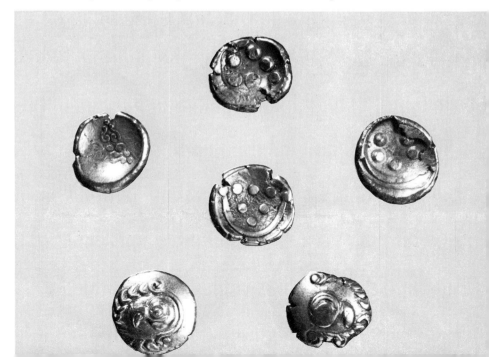

Frauenschmuck aus Manching – Armringe aus blauem oder farblosem Glas, Bronzearmring, Fibelpaar und Glasperlenketten.

Geschlossener Grabfund der Jüngeren Eisenzeit aus Andelfingen, Kanton Zürich – Bronzearm- und -halsringe sowie Gewandhaften, mit roter Koralle belegt.

den 27. Juni 1858) feiertäglich gekleidet selbst zum Weinzierl und stapelten – froh, ihr Gewissen endlich erleichtern zu können – 865 Goldstücke vor ihm auf: den immer noch recht erklecklichen Rest des Fundes.

Als ihnen der Gutsbesitzer bestätigte, daß es sich um pures Gold handele und daß ihnen ein sehr hoher Finderlohn winke, brachen sie, wie es in dem später aufgenommenen amtlichen Protokoll heißt, in Tränen aus.

Die aktenkundig gewordene Angelegenheit fand in dem Landrichter Ritter von Grundner in Ingolstadt einen uneigennützigen, sorgfältigen und verantwortungsbewußten Bearbeiter. Nachdem er noch 52 der bereits verkauften Münzen wieder aufgestöbert hatte, konnte er der Kgl. Regierung in München die Ablieferung von insgesamt 917 historischen Goldstücken melden. Diese verlangte zunächst nicht weniger als zwei Drittel des Fundgutes, ließ sich aber von dem verständigen Landrichter belehren, daß bei derartigen Ansprüchen in Zukunft wohl keine Fundablieferungen mehr zu erwarten seien, und bequemte sich zu dem von ihm vorgeschlagenen Vergleich. Danach sollte das Kgl. Münzkabinett 85 ausgesuchte Stücke erhalten, der Rest verkauft und der Erlös zwischen dem Besitzer des Fundackers, der Gemeinde Irsching und den beiden Entdeckern geteilt werden.

So geschah es auch. Mitte 1859 erschienen in einer Reihe großer Zeitungen – unter anderem dem *Münchener Boten*, dem *Abendblatt zur Neuen Münchener Zeitung*, der *Augsburger Abendzeitung* und dem *Korrespondenten von und für Deutschland* in Nürnberg – längere Bekanntmachungen, in denen auf die Möglichkeiten zum Erwerb von Irschinger Goldmünzen hingewiesen wurde, das Stück, je nach Größe und Schönheit, für 9 oder 10 Gulden. Der amtlich festgesetzte Feingoldwert betrug 8 Gulden 16^{2}/$_{3}$ Kreuzer.

Als einer der ersten prominenten Kunden ließ Albert von Sachsen-Coburg, der Gemahl der Königin Victoria von England, 12 Münzen anfordern. Auch Justus von Liebig, der große Chemiker, kaufte ein Dutzend »Irschinger«. Joseph Victor von Scheffel, der Dichter des *Ekkehard*, wünschte außer 3 Münzen auch Auskunft »über die Art und Weise, wie der Schatz von Irsching zur Zeit seiner Auffindung in der Erde geborgen lag«, fand sein Interesse aber schnöde mißachtet. »Drei Stück zu 30 Gulden gegen Postnachnahme versendet«, besagt Grundners lakonischer Vermerk auf Scheffels Brief.

Unter den übrigen Abnehmern befanden sich Staatsminister, Professoren, Gutsbesitzer, Pastoren, Lokomotivführer, Gesandte, Offiziere, Regierungsdirektoren, Privatiers, Postschaffner, Apotheker sowie Antiquitätenhändler und einige Münzkabinette. Eine Münze behielt der Gutsbesitzer Weinzierl aus Großmehring. Der Rest wurde – eingeschmolzen.

Die Endabrechnung lautete:

abgeliefert:	917 Goldmünzen
an das Kgl. Münzkabinett:	85 Goldmünzen
an Gutsbesitzer Weinzierl:	1 Goldmünze
verkauft:	301 Goldmünzen
eingeschmolzen:	530 Goldmünzen

Der Gesamterlös belief sich auf 7 235 Gulden. Davon entfielen

auf den Bauern Ignatz Pflugmacher	1 200 Gulden
auf die Pfarrgemeinde Irsching zum Bau eines neuen Schulhauses	2 000 Gulden
auf die Halbbrüder Max Hintermeier und Georg Eder	4 035 Gulden

Das letzte Protokoll trägt das Datum vom 20. Dezember 1860. Georg Eder unterzeichnete es, wie alle übrigen, mit drei Kreuzen. Er konnte leider nicht schreiben.

Die vielgeliebten Regenbogenschüsselchen

Der Irschinger Schatz war nicht der erste Goldfund keltischer Münzen. Im Jahre 1751 wurde in Gagers an der Glonn, einem Dorf der Pfarrei Sittenbach unweit Aichach, ein Gefäß mit fast 1 500 Goldstatern entdeckt. Scheffel bezog sich in seinem Brief an den Ritter von Grundner ausdrücklich auf den Schatz von Podmokl in Böhmen, der über 3 000 Münzen enthielt. Weitere Münzhorte sind aus Westerhofen (wieder in der Nähe von Manching), Siegenburg, Menning und Dünzing bekannt. Auch die württembergischen Vorgeschichtsakten verzeichnen zahlreiche keltische Münzdepots.

Die Goldstücke hatten hier wie dort die gleiche schüsselartige Form, die tatsächlich auf den ersten Blick an einen Uniformknopf erinnert. Im Volksmund hießen sie »Regenbogenschüsselchen«, und die Wissenschaft hat dieses poetische Wort übernommen. Was es bedeutet, ist nicht ganz klar. Nach Paret waren die Leute auf dem Lande vielfach der Meinung, »der Regenbogen bediene sich ihrer, um nicht schmutzig zu werden, wenn er auf der Erde aufstehe, oder aber es sei Gold vom Regenbogen abgetropft; fand man sie doch besonders gern nach dem Regen, wenn sie reingewaschen weithin glänzten«.

Wie den »Keraunen« schrieb man auch den Regenbogenschüsselchen geheimnisvolle Wirkungen zu. Sie galten als Schutz gegen Blitzschlag und bösen Blick. Alte Kräuterweiber und Schäfer verordneten gegen Fieber ein Wässerchen, in dem Regenbogenschüsselchen gekocht waren. Kranken Kindern träufelte man davon so viel auf die Zunge, als das »Gottesschüsselchen« faßte. Auch durch Abschaben gewonnener Goldstaub wurde in vielen Hausapotheken aufbewahrt. Werdende und stillende Mütter trugen Regenbogenschüsselchen zum Wohle ihres Nachwuchses auf der Brust. Und als Familienbesitz wurden sie von Generation zu Generation weitervererbt.

Dazu trug sicher bei, daß die merkwürdigen Reliefs auf den Münzen wie Zeichen aus einem Buch der schwarzen Magie anmuteten. Der Ritter von Grundner, der die Irschinger Goldstater in 15 Gruppen klassifizierte, fand zum Beispiel auf 190 Prägungen 6 zu einer Pyramide aufgestellte Kugeln, bei anderen waren es 3, 4 oder 5 Kugeln. Auf 181 Stücken war eine Art Seepferdchen, vielleicht ein Miniaturdrache, abgebildet. Auf einigen wenigen Exemplaren erschienen gelockte Menschenköpfe oder Vogelphysiognomien mit riesigen Augen. Als Andreas Buchner während seiner Reise »auf der Teufelsmauer« in Ingolstadt einkehrte, wies man ihm ein Goldstück, das auf der einen Seite zwei Adler, auf der anderen sechs erhabene Punkte zeigte. Er hielt es für eine morgenländische oder gotische Münze.

Die Herkunft der Schüsselchen war danach noch jahrzehntelang Streitobjekt. Der eine schrieb sie »alten ägyptischen Völkern«, der andere den Hunnen zu. Das Verdienst, sie richtig als keltisch erkannt zu haben, gebührt dem Konservator des Kgl. Münzkabinetts in München, Dr. Streber, der nach sorgfältiger Untersuchung des Irschinger Schatzes zu dem Ergebnis kam, daß nur die Vindeliker, die Kelten des Alpenvorlandes, als die Schöpfer dieser Münzen in Frage kämen.

Die ersten Münzen überhaupt entstanden um 700 v. Chr. in den ionischen Städten Kleinasiens. Das griechische Mutterland übernahm die Erfindung und prägte, zumal im 5. und 4. vorchristlichen Jahrhundert, Stücke von einer solchen Schönheit, daß sie bis heute das Entzücken der Sammler bilden. Nach Rom gelangte die Prägekunst in der Mitte des 3. Jahrhunderts. Aber bereits hundert Jahre früher wurden in Massilia Silbermünzen geschlagen, die auch bei den benachbarten Keltenstämmen umliefen.

Die südgallischen Stämme blieben dieser kolonialgriechischen Silberwährung noch lange Zeit treu, bis sie, mehr und mehr unter römischen Einfluß geratend, den römischen Silberdenar übernahmen. Die mittelgallischen Stämme, die um die Mitte des 2. Jahrhunderts die ersten eigenen Münzwerkstätten einrichteten, übernahmen dagegen die makedonischen Goldstater. Von solchen regionalen Unterschieden abgesehen, war ganz Frankreich dem Geldverkehr erschlossen, als Cäsar mit der Unterwerfung des Landes begann.

England hinkte nach. Es bediente sich noch während der beiden ersten römischen Invasionen in den Jahren 55 und 54 v. Chr. vorzugsweise jener berühmten eisernen Geldstangen, die der geldgewohnte Cäsar als eine Kuriosität ausdrücklich erwähnte. In Irland bestand damals noch eine echte Naturalwährung, bei der Sklavinnen den beliebtesten Umrechnungskoeffizienten abgaben. Eine hübsche, junge Leibeigene repräsentierte beispielsweise den Wert von sechs Kälbern oder drei Milchkühen. In *cumal* – dem irokeltischen Wort für Sklavin – drückte man »auch den Preis eines Streitwagens oder eines Stück Landes aus. Daß ausgerechnet die Bezeichnung für eine Leibeigene zum Währungsbegriff wurde, läßt vermuten, daß Sklavinnen sehr begehrte Handelsobjekte waren – eine Sitte, die sicher durch den römischen Sklavenmarkt Eingang gefunden hatte.« (Powell)

Während die westkeltischen Münzen ganz klar auf griechischrömische Vorbilder verweisen, bildete sich rechts des Rheins eine bisher nur schwer erklärbare Sonderform heraus: eben die vielgeliebten Regenbogenschüsselchen. Ihre Wiege stand wahrscheinlich in Altbayern oder Schwaben, vielleicht auch in Böhmen. Ihre Verbreitung jedenfalls beschränkte sich auf ein Gebiet, das vom Elsaß und der Nordschweiz über Württemberg und Bayern bis Hessen und Böhmen reichte.

Sie hatten im Durchschnitt ein Gewicht von 7,540 Gramm, entsprachen also dem deutschen Zwanzigmarkstück der Vorweltkriegszeit, das auf 7,965 Gramm geeicht war. Die »Schüsselchen« bestanden ursprünglich aus Gold, dem eine geringe Menge Silber zugesetzt war. Der Silbergehalt nahm später zu; auch wurden häufig andere Metalle zugesetzt.

Dem Umlauf tat diese Münzverschlechterung offenbar keinen Abbruch. Das »Regenbogengeld« war bis zur römischen Okkupation das gebräuchlichste Zahlungsmittel in Süddeutschland.

Wie die meisten keltischen Münzen waren auch die »Schüsselchen« nicht beschriftet, und so ist es häufig nicht ganz leicht, ihr Ursprungsgebiet zu bestimmen. Überdies ist es nach den heutigen Erkenntnissen nicht mehr ganz angebracht, von Stammesprägungen zu sprechen. Eher dürfte es sich, um ein Wort von Ulrich Kahrstedt zu zitieren, um »Magnatenprägungen« handeln – um Produkte privater Münzstätten, die einem autoritär regierenden Fürsten unterstanden und vornehmlich für dessen Bedarf arbeiteten.

Eine solche »privilegierte fürstliche Münze« gab es auch in Manching. »Zu den zweifellos bedeutsamsten Funden« gehörten nämlich Stücke von Tonformen, in denen die Schrötlinge der früheren Geldwerkstätten gegossen wurden. »Die mikroskopische Untersuchung der Gußformen und die Analyse der winzigen anhaftenden Metalltröpfchen« durch das Bayrische Landeskriminalamt ergaben nun, »daß die meisten Schrötlinge aus derselben Legierung bestanden haben müssen wie einige bei unserer Grabung gefundenen sogenannten ›vindelikischen Regenbogenschüsselchen‹.« (Krämer)

Man konnte also zumindest diesen Typ in Manching lokalisieren. Vielleicht wird es eines Tages sogar möglich sein, die Lage der »Münze« genau zu bestimmen. Daß die Irschinger und Westerhofener Prägungen Manchinger Produkte waren, ist so gut wie sicher.

»In der Nacht vom 2. auf 3. September 1936«, so beginnt die Geschichte eines weiteren Manchinger Münzfundes, um dessen Rettung sich der Vorsitzende des Historischen Vereins Ingolstadt, Dr. Josef Reichart, verdient machte, »wurde unter ziemlich komplizierten Verhältnissen – wenn auch ohne feurigen Pudel und sonstigen Zutaten – ein kleiner Schatz von Silbermünzen gehoben. Ungefähr auf der Grenze der Plannummern 1842 und 1865... stach ein Arbeiter... mit der Schaufel Erde ab und warf sie auf den nebenstehenden Rollwagen. Dabei stieß er auf einen enghalsigen Topf, in den er teils aus Neugier und teils weil es ihm Spaß machte, ein Loch schlug. Und da ihm weiter nichts auffiel, kam der Topf mit der nächsten Schaufel Erde in die Kipplore, die ihn ungefähr einen Kilometer weit nordöstlich beförderte.«

Moderne Kunst auf alten Münzen

»Als dort der Wagen ausgeleert wurde, rollte der Topf einem Arbeiter aus Mainburg vor die Füße. Dieser Mann hatte schon früher in seiner Heimat Münzen gefunden und nahm sich deshalb Zeit, versuchsweise auch einmal den so unvermutet erschienenen Topf auszuschütten. Und nach einigen kräftigen Schüttlern blinkte es silbern zu seinen Füßen. Der Schrei, den ihm die Überraschung auspreßte, lockte auch seine Arbeitskameraden herbei, und wie Habichte stürzten sie sich auf die weißschimmernden Geldstücke. Der Löwenanteil verblieb natürlich dem Mainburger, der den Topf samt dem restlichen Inhalt in seine Schlafstelle nach Manching verbrachte und dort unter seinem Bett verstaute.«

»Herr Hauptlehrer Jobst, Feldkirchen, der am 3. September die

Überwachung auf sich genommen hatte, hörte von dem Fund und erwarb einige Münzen. Infolge dieser rechtzeitigen Benachrichtigung war es möglich, bereits am Abend des gleichen Tages den größten Teil der Münzen dem Historischen Verein zu sichern. »Insgesamt 116 Stück, darunter eine meisterliche Fälschung: ein Eisenrundling mit Silberbelag.

Außer den »Goldschüsseln« waren also auch andere Münzsorten im Umlauf. So wurden bei der Flugplatzgrabung neben den Manchinger Prägungen Münzen der Römischen Republik, der Leuker und der (im Gebiet des heutigen Besançon siedelnden) Sequaner festgestellt; dazu sogenannte Quinare, die den tectosagischen Völkern zugeschrieben werden, einem Stamm, der um 500 v. Chr. in Mitteldeutschland saß, dort von den Germanen verdrängt und teils in Kleinasien, teils in Südgallien, teils in Mähren eine neue Heimat gewann. (Auf ihren Namen geht übrigens möglicherweise das heute noch gebräuchliche Wort »Welsche« zurück.)

Die von Josef Reichart sichergestellten Silbermünzen waren zum überwiegenden Teil helvetischer Herkunft. Die Diagnose erleichterte in diesem Fall ein bereits bekanntes Prägemotiv, das von den Münzexperten als »rotierendes Bündel« bezeichnet wird. Dieses seltsame Motiv wiederum geht, wie eine eindeutig festzulegende »Ahnenreihe« beweist, auf einen wallenden Lockenkopf zurück, der ursprünglich auf einer makedonischen Münze das Licht der Welt erblickte.

Derartige Ahnenreihen sind den Numismatikern zu Dutzenden bekannt. Der Vorgang ist immer derselbe: die ersten Nachbildungen versuchen das Original genau zu übertragen; bald aber machen sich die keltischen Münzkünstler selbständig und wandeln es nach Belieben ab – sie vergröbern, vereinfachen, abstrahieren.

Der Historiker Jacques Moreau gibt für diesen Vorgang ein instruktives Beispiel. Die Belgen wählten außer dem makedonischen »Philippos« einen tarentinischen Stater als Muster, der auf der Kopfseite ein Hera- oder Amphitrite-Bildnis, auf der Rückseite eine Reiter- oder Dioskurendarstellung zeigt. Schon »auf den ersten belgischen Statern an der Küste wird der Kopf zu einem Wirrwarr von S-artigen Linien, welche die Haare darstellen. Der Schleier der Amphitrite wird zu einem senkrechten Stab, die Victoria ... verwandelt sich in wehende Haare, und die beiden Rückseiten des Philippos und des tarentinischen Staters werden zu einem einzigen Bild zusammengefügt, wobei das Zweigespann durch ein Pferd mit Rad symbolisiert wird.«

»Die Bellovaker setzten die Tendenz zur Stilisierung fort; die Haare erfüllen auf Kosten des Gesichtes fast die ganze Bildfläche;

der Lorbeerkranz ist nur als Sparrenreihe angedeutet. Auf der Rückseite bleibt ein sehr stark stilisiertes Pferd übrig, während Wagenlenker, Reiter, Victoria und Wagen einfach als krummlinige Striche über dem Rücken des Pferdes erscheinen.«

»Um 75 v. Chr. weisen die den Atrebaten zugeschriebenen Münzen eine noch stärkere Stilisierung auf; alle Bildelemente der Bellovakerprägungen sind zwar vorhanden, aber kaum noch erkennbar. Später werden diese Münzen in Südwestbelgien nachgeprägt. Dabei erfährt der Kopf die äußerste Stilisierung. Der Lorbeerkranz ist kaum erkennbar; als Hauptelement erscheinen in der Mitte zwei halbmondförmige Locken, die zusammen einem griechischen Epsilon ähneln.«

Die Gelehrten haben diese Entwicklung lange Zeit als »Degeneration« bezeichnet, als Ergebnis künstlerischer Unfähigkeit. Hier Barbarismus, dort »edle Einfalt, stille Größe« – das war etwa die Formel, die ihnen ihre Wertmaßstäbe lieferte. Seit die erregende Modernität der keltischen Kunst entdeckt worden ist, erfreuen sich aber auch die keltischen Münzen erhöhter Schätzung.

Wenn von dem Philipp-Kopf des makedonischen Staters im Rheinland nur das große Auge im Profil blieb, so sieht man darin nicht mehr künstlerisches Unvermögen, sondern einen Vorgang der Verdichtung, der, unbekümmert um die Wirklichkeit, das jeweilige Motiv auf ein sinnfälliges Zeichen zurückführt: ein Pferd wird durch ein hufeisenförmiges Gebilde ausgedrückt, ein Wagen durch zwei Radkreise, ein Reiter durch zwei gekrümmte Striche – ein Lockenkopf, wie auf den helvetischen Münzen des Manchinger Silberfundes, durch ein »rotierendes Bündel«.

Aber nicht nur diese »Bildstenogramme«, sondern auch die übrigen Formelemente des keltischen Prägestils – geometrische und pflanzliche Ornamente, streng stilisierte menschliche Gesichter und phantastische Tierfiguren – zeigen die Verwandtschaft mit der keltischen Plastik und Reliefkunst an. Ebenso leicht ist es, von diesen Dämonen, Masken und Symbolen her Verbindungslinien zu gewissen Spielarten gegenwärtiger Kunst herzustellen.

Für die Kelten war die Welt ein Mythos. Sie lebten in einem Zauberreich der Magie. Wie viele Alltagsgegenstände – Kannen, Schalen, Fibeln, Ringe, Armbänder – unter den Händen ihrer Handwerker unversehens kultischen Charakter annahmen, so haben sie auch ihre Münzen vielfach mythologisiert.

Olympier, Dämonen und Matronen

Was wir über die keltische Religion wissen, ist freilich dürftig. Die heute bekannten Fassungen der inselkeltischen Sage sind allenfalls 1 000 Jahre alt und von der Kirche verschiedentlich »gereinigt«

worden. Sie können also nur mit Vorsicht als Quellen benutzt werden. Es bleiben Cäsars Hinweis auf die rituellen Gewohnheiten der Gallier und einige Verse des im ersten nachchristlichen Jahrhundert lebenden Geschichtsschreibers Lukan. Im übrigen ist die Forschung auf archäologisches Material angewiesen, das überwiegend aus der römischen Zeit stammt.

Ein einheitliches Bild der keltischen Religion ist bisher also nicht gewonnen. Die Meinungen der Experten weichen vielfach voneinander ab, und es sieht nicht danach aus, als ob sich daran in absehbarer Zeit etwas ändern wird. Fest steht aber, daß es so etwas wie einen gemeinsamen auf indoeuropäische Traditionen zurückgehenden keltischen Olymp gab – was nicht ausschließt, daß die Eigenschaften und Zuständigkeiten seiner Angehörigen vielfach von Land zu Land wechselten.

Lukan erwähnt drei Götter namentlich: Taranis, Esus und Teutates. Viele Gelehrte glauben in ihnen die keltischen Hauptgötter überhaupt zu erkennen, vergleichbar mit Jupiter, Mars und Merkur. Andere sind der Meinung, diese Namen seien »völlig obskur« und könnten – ihrer Bedeutung nach mit den keltischen Worten für »Donner«, »Herr« und »Volk« verwandt – jedem beliebigen Regionalgott beigegeben werden.

Die keltische Religion kannte offenbar viele solcher Provinzgötter. Bei den Belgen stand ein dreiköpfiger Gott in hohem Ansehen, bei den Häduern der Hammer- oder Schlegelgott, der als latinisierter Sucellus später seinen Herrschaftsbereich von der Rhône bis zur Mosel ausdehnte. Zentralfrankreich huldigte dem »sitzenden Gott«, der Mittelrhein einem Reiter mit kniendem Riesen, der in der Römerzeit zahlreiche »Jupiter-Gigantensäulen« krönte. Die an der Mosel lebenden Treverer verehrten den Smertrios, der recht kriegerische Züge trug.

Unter diesen Provinzialgewaltigen gab es recht originelle Gestalten. Lukan erzählt von einem verrunzelten Kahlkopf namens Ogmios, von dessen Zunge aber das Öl der freien Rede troff. Sein Mundwerk war deshalb nach allgemeiner Vorstellung durch feine goldene Ketten mit den Ohren der Menschen verbunden. Entsprechende Darstellungen finden sich vornehmlich auf Münzen. Den irdischen Gott Dagda beschreibt die Sage als einen ungeschlachten, im kurzen Knechtsgewand auftretenden Gesellen, der seine riesige Keule auf einem Wagen hinter sich her zog. Außerdem war er im Besitz eines Zauberkessels, der ihm ewige Jugend und riesige Kräfte verlieh.

Viele keltische Götter hatten Tiergestalt oder waren mit tierischen Attributen versehen, wie der gallische Gott Cernunnos, der ein Hirschgeweih trug und meist von einer Schlange mit Widderkopf begleitet war. Moccus, der Schweinegott, trat nur in Gesellschaft eines Ebers auf. Einen Bären führte die Göttin Artio mit sich, eine Stute die vielgeliebte Epona, die Schutzherrin der berühmten keltischen Pferdezucht. Zahlreiche göttliche oder gottähnliche Tiere ergänzten das mythische Aufgebot: Widder und Stiere, Hunde und Hasen, Kraniche und Reiher, Raben und Tauben, meist zu einer Dreiheit vereinigt.

Die bekannteste Dreiheit allerdings präsentiert sich in menschlicher Gestalt. Es sind die Matronen, die wohlmeinenden Beschützerinnen von Acker und Flur, die vor allem im Rheinland als fruchtbringende, freundliche Muttergottheiten geschätzt wurden.

Der keltische Götterhimmel wies also eine überaus reiche Besetzung auf – von den Großgöttern gleichsam internationaler Provenienz bis zu den stillen, segenspendenden Matronen, die in diesem dämonisch-grotesken Reigen wie Figuren eines freundlichen, ländlichen Pastoralkultes wirken. In ihrer Gesamtheit zeigt die keltische Götterwelt fraglos indogermanische Struktur. Doch weisen zahlreiche Züge auf ältere, heimische Kräfte hin. Was aus dem einen, was aus dem andern Fundus hervorging, wird wahrscheinlich nie restlos enträtselt werden.

Die Mittler der Religion waren die Druiden, eine ebenso berühmte wie berüchtigte Priesterkaste, deren Rang und Funktion vor allem durch Cäsar exakt beschrieben worden ist.

Macht und Lehre der Druiden

Sie standen »an der Spitze des gesamten Gottesdienstes« und waren sowohl für die öffentlichen als auch für die privaten Opfer zuständig. Gleichzeitig oblag ihnen die Rechtsprechung. Ob über einen Mord, über Grenzstreitigkeiten oder Alimente zu befinden war, sie sprachen das Urteil. Fügte sich der Beklagte – der auch ein ganzer Stamm sein konnte – ihrem Spruch nicht, so konnten sie ihn von der Teilnahme am Opfer ausschließen, das heißt: aus der Gemeinschaft ausstoßen. »Die Priester besaßen also eine große Macht, und das Leben des Individuums wie des Staates hing von ihren Entscheidungen ab. Die Bannbefugnis ist immer eine gefährliche Waffe, und die Exkommunikation, die die Druiden verhängten, schnitt dem Betroffenen im gesellschaftlichen Verkehr die Wurzeln ab.« (de Vries)

Als streng gegliederte und vom gemeinen Volk abgesonderte Kaste gehorchten die Druiden autoritären Gesetzen. Die Führung war dem Würdigsten und Angesehensten vorbehalten. Starb er, so folgte ihm der, »der sich unbestritten vor allen auszeichnete«. Erhoben mehrere den gleichen Anspruch, so stimmten die Druiden ab. Gelegentlich fochten sie aber auch, wie Cäsar bemerkt, den Streit mit den Waffen aus.

Druide zu werden, war nicht leicht. Die Ausbildung dauerte zwanzig Jahre. Wie bei den Brahmanen in Indien hatte der Lehrling die heiligen Texte auswendig zu lernen. Die Gallier zur Zeit Cäsars kannten zwar das griechische Alphabet und pflegten sich dessen »in geschäftlichen und privaten Angelegenheiten« zu bedienen, die Priester aber gaben ihre Kenntnis mündlich weiter. Einmal verhinderten sie damit eine unziemliche Popularisierung ihres Wissens, zum anderen sahen sie in diesem fortwährenden Gedächtnistraining ein ausgezeichnetes Mittel zur Schulung der Verstandeskräfte.

Vielleicht verbarg sich hinter diesem Brauch auch die Vorstellung, daß es unwürdig sei, »die unsagbaren Dinge in seelenlose Buchstaben einzufangen. Auch die Alten wußten«, so heißt es bei Jan de Vries, »daß der Buchstabe tötet; die Tradition bleibt nur dann eine lebendige, sich immer wieder offenbarende Quelle der Erkenntnis, wenn sie im Gedächtnis der Weisen fortbesteht.«

Die Druiden lehrten die Unsterblichkeit der Seele und die Seelenwanderung. Ihre Anschauungen beeindruckten auch die antike Welt. Diogenes Laertius, ein Geschichtsschreiber des 3. nachchristlichen Jahrhunderts, stellte sie neben die persischen Magier, die babylonischen und assyrischen Chaldäer und die indischen Gymnasophisten, um darzutun, daß auch bei den barbarischen Völkern die Philosophie geblüht habe.

Einmal im Jahr traten die Druiden, die als Priester weder Kriegsdienste leisteten noch Steuern zahlten, an einem geweihten Ort zur Vollversammlung zusammen, in Gallien beispielsweise im zentral gelegenen Carnutenlande. Ihre Entscheidungen hatten Gesetzeskraft und waren auch für die weltliche Obrigkeit verbindlich. Das sieht stark nach einer Theokratie aus, in der die Geistlichkeit die unbeschränkte Führung hat.

Jan de Vries spricht denn auch von den Stammeshäuptlingen als von einer Art »Vordergrundfiguren«.

Da die Druiden zudem über große Schätze und wahrscheinlich auch riesige Domänen verfügten, handelten die Römer durchaus konsequent, als sie die gefährliche Bruderschaft verboten.

Den Vorwand gaben die schrecklichen Blutopfer ab, welche die Kelten unter ihrer Regie den Göttern darbrachten.

Die schaurigen Opferriten sind von den gewiß nicht übermäßig empfindsamen römischen Autoren wiederholt mit allen Ausdrücken des Entsetzens beschrieben worden. Wenn jemand krank werde oder schweren Kämpfen und Gefahren entgegenziehe, so heißt es bei Cäsar, pflege er – unter Leitung der Druiden selbstverständlich – ein Menschenopfer zu veranstalten oder wenigstens zu geloben. »Sie gehen nämlich von dem Satz aus: Die unsterblichen Götter könnten nur dadurch besänftigt werden, daß für ein Menschenleben ein anderes dargebracht werde.«

Solche Opfer fanden auch »von Staats wegen« statt. Cäsar berichtet von Phantomen aus Reisig und Weidenruten, die, mit lebendigen Menschen angefüllt, feierlich entzündet und samt ihrem Inhalt verbrannt wurden. Normalerweise unterwarf man Verbrecher dieser Art der Einäscherung. Waren keine zur Hand, so kannte man jedoch keine Bedenken, sich unschuldiger Menschen zu bedienen. Erst in der Spätzeit gingen die Druiden dazu über, ersatzweise Tiere zu opfern.

Nach Lukan wandten die Druiden das Verbrennungszeremoniell jedoch nur bei Opfern für den Gott Taranis an. Die Opfer des Teutates wurden in einem wassergefüllten Faß ertränkt, die des Esus an einem Baum aufgehängt. Wahrscheinlich symbolisierten diese Tötungsarten die verschiedenen Elemente, die den verschiedenen Göttern unterstanden: das Feuer dem Taranis, das Wasser dem Teutates, die Erde dem Esus.

Auch Frauen waren bisweilen an der Durchführung von Opferriten beteiligt. Im Gegensatz zu ihren männlichen Kollegen bedienten sie sich jedoch eines Dolches. Ihre Aufgabe war es vor allem, aus der Reaktion der Betroffenen die Zukunft zu ergründen. Nach Diodor sagten sie wahr sowohl aus der Art des Hinfallens wie aus dem Zucken der Glieder und dem Fließen des Blutes. Die keltischen Seherinnen genossen einen großen Ruf. Noch lange nach dem Verbot des Druidenordens gehörten sie dem Hofstaat römischer Kaiser an.

Einige Bodenfunde haben die Beschreibungen der antiken Autoren bestätigt. Im Britischen Museum in London steht eine irische Opferschale, die Paul Jacobsthal »zu den vollendetsten Erzeugnissen des Kunstgewerbes aller Zeiten« rechnet. Aus einem dänischen Moor stammt der unvergleichliche Silberkessel von Gundestrup, ein Meisterwerk keltischer Kunstschmiede, das ebenfalls kultische Bedeutung hat. Bei einem Durchmesser von 65 Zentimeter mehr als 17 Pfund schwer, wurde der Kessel aus reliefgeschmückten Silberplatten zusammengesetzt, die außen mehrere große Götterbüsten mit allerlei mythologischen Zutaten zeigen. Auf einem der verschiedenen Reliefs im Innern ist eine Szene wiedergegeben, die als Darstellung eines Ertränkungstodes à la Teutates gedeutet wird. Da der Kessel vermutlich von der mittleren Donau stammt, beweist er zugleich die Verbreitung derartiger Riten, die allem Anschein nach von Rumänien bis Irland in der gleichen Weise praktiziert wurden.

Das Jahr begann am 1. November

Die Opferszenen fanden auf Berggipfeln, in der Nähe abgelegener Gewässer oder in der Stille der Wälder statt. In den heiligen Hainen standen wahrscheinlich kleine Tempel aus Holz und Fachwerk. Zumindest enthielten sie Plätze für Weihegaben, auch besonders gekennzeichnete Bäume oder Quellen, an denen Spenden für die Götter niedergelegt wurden.

Im Umgang mit den Himmlischen waren die Kelten nicht kleinlich. Nach Diodor lagen in den Weihebezirken große Mengen an Gold und Silber umher. Doch rührte niemand sie an, aus Furcht, den Unmut der Götter oder – was schlimmer war – den Zorn der Druiden zu erregen. Viele Votivgaben wurden eigens hergestellt. Der silberne Torques von Trichtingen, heute im Württembergischen Landesmuseum in Stuttgart zu sehen, dürfte schon wegen seines Gewichtes von fast 14 Pfund nie einem profanen Zweck gedient haben.

Die höchsten regelmäßig wiederkehrenden Kulttage im Jahr waren die Jahreszeitenfeste. Am 1. November – die christliche Kirche verlegte später das Allerheiligenfest auf diesen Termin – feierten die Kelten das Ende der Weidesaison, mit ihm den Beginn eines neuen Jahres. Aus derselben Hirtentradition gingen die Feiern am 1. Mai hervor. Wenn an diesem Tag die Herden an brennenden Holzstößen vorbeigeführt und damit, wie es der Glaube wollte, seuchenfest gemacht wurden, war damit zugleich die Mitte des Jahres begrüßt.

Der 1. Februar, der das Halbjahr noch einmal halbierte und mit dem Beginn der Säugezeit der Schafe zusammenfiel, wurde wahrscheinlich als Fruchtbarkeitstag begangen. Am 1. August, zur Halbzeit der zweiten Jahreshälfte, versuchte man dagegen die Götter für die Einbringung der Ernte günstig zu stimmen – und nicht etwa, wie Powell betont, für die Ernte zu danken.

»Für Dankbarkeit gab es keinen Platz in der magischen Gedankenwelt. Das Ritual, genau befolgt, hatte nur den Sinn, das zu erreichen, was man sich wünschte.«

Durch Grabungen in den letzten Jahren sind auch in Deutschland verschiedene kultische Weihebezirke festgestellt worden, in denen derartige Jahresfeste veranstaltet wurden.

Der größte ist der Goloring bei Koblenz, der 1948/49 von Dr. Josef Röder, dem Direktor des dortigen Museums, untersucht wurde. Röder stellte eine kreisrunde Fläche mit einem Durchmesser von 175 Meter fest, die von einem Graben und einem Wall umzogen war. Der Zugang war etwa 40 Meter breit. In der Mitte befand sich ein Erdaufwurf von 90 Meter Durchmesser. Im Zentrum dieser Erhöhung zeichnete sich ein Loch ab, das groß und tief genug war, einen hohen Holzmast aufzunehmen, der wahrscheinlich, einem Maibaum gleich, bunt bewimpelt und geschmückt wurde.

Heute von alten Bäumen beschattet, war der auf der Sonnenseite eines niedrigen Bergrückens liegende Festplatz ursprünglich sicher von weit her zu sehen. Er reichte aus, alle erwachsenen Stammesmitglieder zu einem kultischen Zeremoniell zu vereinigen. Auch war Platz genug für eine Reihe von Rahmenveranstaltungen: gemeinsame Beratungen etwa, Spiel und Tanz und einen kirmesähnlichen Marktbetrieb.

Als eigentliche Kulthandlungen werden, wie Josef Röder meint, »Umgangsriten in des Wortes weitester Bedeutung anzunehmen sein, mögen sich diese nun in Form langsamer Umschreitungen, lebhafter Tänze oder auch von Umritten oder Umfahrungen mit Roß und Wagen vollzogen oder mag auch nur die kreisrunde Aufstellung der Gemeinde um den bedeutsamen Mittelpunkt die Hauptrolle gespielt haben«.

Verwandte der in die frühkeltische Zeit datierten Anlage sind vor allem in Irland festgestellt worden. Da verschiedene Anzeichen auf eine Auswanderung rheinischer Kelten nach Irland hindeuten, ist der Goloring also auch für den Historiker interessant. In Deutschland fand die Forschung eine ähnliche Anlage auf dem 968 Meter hohen Wurmberg bei Braunlage im Harz, dessen felsiger Untergrund außer einer dünnen Grasdecke nur verkrüppelte Kiefern und Föhren trägt. Doch ist bis heute nicht restlos geklärt, in welche Zeit sie zu datieren ist; das heißt: ob sie überhaupt keltisch ist.

Wesentlich jüngeren Datums als der Goloring sind die zahlreichen Viereckschanzen, die sich – insgesamt etwa 250 – in Süddeutschland und Frankreich im Gelände erhalten haben. Es handelt sich um quadratische Erdwerke von 50 bis 100 Meter Seitenlänge, die man bis in die jüngste Zeit für die Umwallungen befestigter Gehöfte oder für Viehhürden hielt.

Nach den jüngsten Untersuchungen von Klaus Schwarz hat man es hier ebenfalls mit kultischen Anlagen zu tun, die höchstwahrscheinlich den traditionellen Jahresfesten oder sonstigen feierlichen Umzügen dienten.

Auch das Oppidum Manching hatte seine Viereckschanze. Sie liegt, deutlich erkennbar, am Rande der Autobahn, 2 Kilometer südlich der Abfahrt zum heutigen Dorf Manching. Das Bild des vindeli-

Das keltische Vermächtnis

kischen Fürstensitzes wird durch diese Anlage um einen wichtigen Zug ergänzt.

Der riesige Wall, das Handwerkerviertel, der Eisenverhüttungsbetrieb, die fürstliche Münzprägeanstalt und schließlich der heilige Bezirk, das alles weist auf eine Siedlung hin, die im Leben des Stammes bedeutsame Funktionen versah. Man wird das Oppidum Manching also guten Gewissens als die Stammeshauptstadt der Vindeliker bezeichnen dürfen. Als solche paßt sie sich zwanglos in die historische Szene der letzten Jahrzehnte des letzten vorchristlichen Jahrhunderts ein.

Joachim Werner hat die Situation an der Schwelle des dann beginnenden neuen Zeitalters mit folgenden knappen, aber inhaltreichen Sätzen umrissen. »Die Aufgliederung des Handwerks nach Gewerben, welche ihre Tätigkeit an Mittelpunkten von Handel und Verkehr ausüben, das Vorhandensein eines Zollwesens und der Beginn der Geldwirtschaft kennzeichnen das Keltentum des letzten vorchristlichen Jahrhunderts. Bereits beginnt die Schrift einzudringen. In all diesen Äußerungen des Wirtschaftslebens und der nationalen Organisation zeigt sich das Keltentum den Völkern des Mittelmeerraumes näher verwandt als dem Germanentum, das in seinen bäuerlichen Lebensformen verharrte.«

»Das Vorstoßen zu einem städtischen Leben und zu einer stärkeren Differenzierung der Bevölkerung war eine der wesentlichsten Grundlagen der schnellen Romanisierung... Es scheint kein Zufall zu sein, daß es auf europäischem Boden stets nur Völker und Länder mit Stadtwesen, differenzierter handwerklicher Produktion, eigener Münzprägung und intensivem Handel waren, welche ohne starke Reaktionen dem römischen Reich und damit dem Mittelmeerraum angegliedert werden konnten. Neben den Kelten in Gallien, Britannien und den Donauländern gehören auch die Daker in Siebenbürgen zu dieser Gruppe. Vor dem parthischen Feudalstaat und dem freien germanischen Bauerntum machte dagegen die römische Expansion halt.«

»So wird man wohl sagen können, daß die Oppida bei den Kelten die Romanisierung wesentlich begünstigten und daß andererseits das Fehlen eigener Verwaltungsmittelpunkte die römische Durchdringung des germanischen Nordwestdeutschland während der zwanzigjährigen Besetzungszeit unter Augustus entscheidend hemmte. Zweifellos kann diese Beobachtung mit erklären helfen, daß Arminius die Tat der germanischen Befreiung gegen eine Weltmacht vollbringen konnte, während sie dem Vercingetorix und dem Decebalus für ihre Völker versagt blieb.«

Mit der Okkupation Süddeutschlands durch die Römer hörte das

Oppidum Manching auf zu bestehen. Es läßt sich bis heute nicht beweisen, daß es am Ende des kurzen, erbarmungslosen Alpenkrieges, den das Imperium in den Jahren 16 und 15 v. Chr. gegen die keltischen Stämme Süddeutschlands führte, von den Legionen des Tiberius zerstört wurde. Doch spricht auch nichts gegen diese Annahme. Das Ende war jedenfalls ein Ende mit Schrecken. Die Grabungen der letzten Jahre haben alle Zweifel in dieser Hinsicht beseitigt.

In den erwähnten Abfallgruben fanden sich neben Scherben, Geräten und zerbrochenen Waffen – um in der dürren Sprache der archäologischen Statistik zu sprechen – 2 235 Einzelknochen Erschlagener, die von insgesamt 81 vorwiegend männlichen Personen herrührten, und zwar:

  9 Kleinkindern
  5 Fünf- bis Zehnjährigen
 13 Elf- bis Fünfzehnjährigen
 20 Fünfzehn- bis Vierzigjährigen
 25 Vierzig- bis Fünfzigjährigen
  9 Menschen höheren Alters

Der Zorn – oder soll man sagen: die Vernichtungsmethodik? – der Eroberer traf also vor allem die wehrfähigen Jahrgänge. Doch wurden auch Kinder, ja sogar Säuglinge nicht geschont. Mit den Erschlagenen machten die Räumkommandos kurzen Prozeß. Es gab keine Ordnung mehr, die für eine angemessene Bestattung hätte sorgen können. Das Oppidum Manching blieb allem Anschein nach als Trümmerstätte zurück und wurde nicht wieder aufgebaut. Archäologisch ausgedrückt: die Funde brechen mit der Spät-Latène-Zeit zunächst abrupt ab.

Erst um 50 n. Chr. entstand in der nächsten Nachbarschaft das Kastell Oberstimm, das vielleicht einige Funktionen der aufgelassenen Festung übernahm. Werner Krämer weist in diesem Zusammenhang auf die seit langem gehegte Vermutung hin, daß der »Barthelmarkt, ein uralter großer Viehmarkt, der heute noch alljährlich in Oberstimm auf dem Gelände des ehemaligen Kastellvicus abgehalten wird«, letztlich auf den in das Kastell verlegten Markt des Manchinger Oppidums zurückgeht.

Die Forschung weiß dann nur noch von einer Straßenstation Vallatum, die nach zwei spätrömischen Quellen in der Gegend von Manching lag und ihren Namen wohl von dem alten Ringwall entlieh. Möglicherweise hat sie innerhalb des Mauerzuges gelegen. Darauf verweisen jedenfalls einige Schatzdepots mit römischen

Eisen-, Bronze- und Silbersachen, die bei den Bauarbeiten 1955 gefunden wurden.

Jahrhundertelang scheint das Donaumoos bei Manching dann nahezu unbewohnt gewesen zu sein. Erst in der bajuwarischen Zeit, frühestens von 550 n. Chr. an, hat es sich langsam wieder bevölkert. Auch das Dorf Manching, 844 n. Chr. als Mandechingen zum erstenmal beurkundet, wird damals entstanden sein. Im frühen Mittelalter kam eine kleine Burg dazu, die aber bereits im 15. Jahrhundert wieder verödete. Dorf und Burg und später auch die Festung Ingolstadt haben dann den alten Ringwall nach Kräften ausgeweidet. Seine Erbauer, die alten Kelten, waren zu dieser Zeit längst vergessen.

Als der Domkapitular Andreas Buchner aus Eichstätt zu Beginn des vorigen Jahrhunderts Manching besuchte, fand er an der äußeren Mauer der Kirche »in Stein gehauene ... Figuren, zwei Löwen ähnliche Gestalten und drei Köpfe«, die ihm recht sonderbar vorkamen. »Wird noch in Erwägung gezogen«, so fährt er fort, »daß wir die an Ort und Stelle gefundenen Münzen nicht kennen, so bekommt eine Vermutung, daß eine Colonie Orientaler nach den Zeiten Constantins d. G. sich hier angebaut, keinen geringen Zuwachs an Wahrscheinlichkeit.«

Heute wissen wir, daß nicht eine »Colonie Orientaler«, sondern die keltischen Vindeliker die Urheber jener rätselhaften Münzen waren. Wir wissen weiter, daß diese Kelten eines der schöpferischsten Völker Europas waren und daß sie zu der Entstehung der abendländischen Kultur genauso beigetragen haben wie Griechen, Römer und Germanen.

Ihre Unruhe, ihr Leichtsinn, ihre Erfindungskraft, ihr musisches Genie, ihr Individualismus, ihr politisches Unvermögen, ihre ständige Aufgebrachtheit, ihr immerwährender Hader, ihre Kriegslust, ihre Freude am guten Leben – das alles macht bis heute einen Teil des europäischen Wesens aus.

Als Volk sind die Kelten bis auf einige Reste untergegangen. Ihr Temperament schäumt und brodelt in uns weiter.

Die Grabung Manching wird fortgesetzt. Und es ist anzunehmen, daß man in den nächsten Jahren noch viel von ihr hören wird. Denn wo in aller Welt gibt es das ein zweites Mal: eine Grabungsstelle auf einem modernen Militärflugplatz? Einen zweitausendjährigen Ringwall neben einer kilometerlangen Rollbahn? Düsenmaschinen in der Luft – in der Erde aber die Reste einer längst versunkenen Stadt?

ZWÖLFTES KAPITEL

DIE STERNSEHER DER EXTERNSTEINE
WEGE UND ABWEGE DER GERMANENKUNDE

IM HERZEN DES LIPPERLANDES
DER TEUFELSSTEIN UND DAS KREUZIGUNGSRELIEF
JERUSALEM IM TEUTOBURGER WALD · DAS HEILIGTUM ALS STRASSENFORT
»HAUPTGÖTZENSITZ DER DEUTSCHEN«
DER PRIESTERFÜRST DER SONNENWARTE
PFERDERENNEN IM HEILIGEN HAIN
DIE SUCHE NACH DEM INDOGERMANISCHEN URVOLK
DIE ERDVERHAFTETEN UND DIE HIMMELSSTÜRMER
DER AUFBRUCH DER KIMBERN UND TEUTONEN
AQUAE SEXTIAE UND VERCELLAE · GERMANISCH GLEICH BARBARISCH
NOAH — STAMMVATER DER DEUTSCHEN · VON RHENANUS BIS RANKE
DER FALL KOSSINNA · HERMAN WIRTHS URLICHTRELIGION
DIE NEUE TEUTOBURGER WALDSCHLACHT
TODESRUNE ODER GALGENZEICHEN? · WIEGE DER WELTURMYTHEN

Auf dem unter schattigen Bäumen liegenden Parkplatz an den Externsteinen könnte ein ganzes motorisiertes Regiment in Fliegerdeckung gehen. Und wer an einem schönen Wochenend im Sommer sich vom Strom der Pilgerscharen zu der nahen Felsgruppe mittreiben läßt, fühlt sich in das Gewühl eines Umsteigebahnhofs versetzt. Dreißig-, vierzig-, ja fünfzigtausend Besucher an den großen Tagen der Saison werden von den lokalen Instanzen nicht als ungewöhnlich gewertet. *Im Herzen des Lipperlandes*

Die Externsteine sind einer der stärksten Magneten des innerdeutschen Tourismus, vergleichbar dem Drachenfels bei Königswinter, dem Schloß Mespelbrunn im Spessart oder der Wieskirche bei Schongau in Bayern. Schon die Fahrt ins Herz des Lipperlandes ist eine rechte Augenweide. Die Straßen schlängeln sich auf und ab, passieren Wälder, Wiesen und ausgedehnte Ackerfluren und geben den Blick auf schöne, alte Bauerngehöfte frei – von Eichen beschirmte Fachwerkhäuser, über deren Deelentüren fromme Sprüche stehen, aber auch herzhafte Bosheiten wie: »Allen, die vorübergehen und mich kennen, gebe Gott, was sie mir gönnen« oder »Wer an den Weg baut, hat viele Meister«.

Die Wälder hierzulande sind tief, still und dicht. Nirgendwo sonst gibt es so mächtige Buchenbestände und, neben dunklen Fichten- und Tannenkolonien, so viele Birken, Erlen und Ebereschen. Die Wanderwege erscheinen auf den Karten wie Spinnennetze, trotzdem vergehen manchmal Stunden, ehe man einem Menschen begegnet. Allenfalls trifft man in den Tälern auf bescheidene Bauernstellen oder weidende Rinderherden, die sich wie im Allgäu durch ihr blechernes Gebimmel bemerkbar machen. Hoch in der Luft ziehen die Segelflieger des Lagers Oerlinghausen lautlos ihre Kreise.

Aber auch der Schau- und Bildungstourist kommt auf seine Kosten. Ihn locken vielbesuchte Badeorte wie Salzuflen und Meinberg, herrlich patinierte Städte wie Lemgo, Blomberg oder Schwalenberg, feudale Herrensitze wie Barntrup, Lopshorn oder Bösingfeld und viele alte Burgen, Klöster und Kirchen. Und dann natürlich »Lippe-Detmold, eine wunderschöne Stadt«, die Hauptstadt des ehemaligen Fürstentums. Eine Bilderbogenresidenz mit einem efeubewachsenen Renaissanceschloß in einem herrschaftlichen Park mit »holländischen« Kanälen, welche die Verbindung mit dem Sommersitz Friedrichsthal herstellen, und vielen Gassen und Gäßchen, in denen der Geist »des hierorts geborenen und unglücklich gestorbenen« Christian Dietrich Grabbe umgeht, den Heine einen »betrunkenen Shakespeare« nannte.

Eine breite Fahrstraße führt von Detmold zum »Hermann« hinauf, wie man im Lippischen sagt, wenn man vom Denkmal des Cheruskerfürsten Arminius spricht, des Siegers in der Schlacht im Teutoburger Walde. Zweiundvierzig Jahre lang hat der Bildhauer Ernst von Bandel an diesem seinem Lebenswerk gearbeitet, einsam in seiner Berghütte wie ein Waldschrat hausend, ehe er bei der Weihe des Denkmals 1875 zum alten Kaiser in die Kutsche steigen durfte. Ein respektables Werk übrigens, 54 Meter hoch, von denen allein 7,5 Meter auf das in den Himmel weisende Schwert des Befreiers entfallen.

Und schließlich die Externsteine, die gewaltige Felsgruppe bei Horn, zehn Kilometer von Detmold in einer Senke des Teutoburger Waldes gelegen und wie alle Sehenswürdigkeiten im früheren Fürstentum Lippe auf wohlgepflegten Straßen zu erreichen.

Vier riesige Felsen – einige weitere verstecken sich in den nach Osten anschließenden Hängen – bauen sich senkrecht vor dem Betrachter auf. Zwei gewaltige, breit hingelagerte Blöcke zur Linken und zur Rechten; in der Mitte zwei turmähnliche Gesteinsbildungen, die in 25 Meter Höhe eine luftige Brücke verbindet. Zwischen dem riesigen Block zur Linken und dem ersten der beiden ragenden Felspfeiler verschwindet die Straße nach Paderborn wie in einem finsteren Loch.

Der Teufelsstein und das Kreuzigungsrelief

Der Ostfelsen trägt den viel bewunderten Wackelstein, der seit undenklichen Zeiten den Eindruck erweckt, als werde er im nächsten Augenblick herabstürzen. Die Lipper waren fest davon durchdrungen, daß sie es hier mit Teufelswerk zu tun hatten. Als nach Herzog Widukinds Bekehrung – so erzählten sie – die Menschen im Sachsenlande den rechten Glauben annahmen, gedachte der Höllenfürst die Externsteine zu seinem irdischen Stützpunkt auszubauen. Als er sich ans Werk machte, fand er aber auch dort schon eine fromme Gemeinde vor. Das ergrimmte ihn derart, daß er mit einem Felsbrocken nach einem Priester warf, der mit dem Kruzifix des Weges kam. Der Stein nahm unterwegs jedoch eine andere Richtung an und landete auf der Höhe des großen Felsens, wo er heute noch liegt. Der Pferdeschwänzige stob daraufhin eilig von dannen, doch stieß er vorher noch einen gotteslästerlichen Fluch aus – der Stein, so drohte er, werde eines Tages die letzte lippische Prinzessin, zumindest aber eine Bürgerfrau aus Horn erschlagen.

Was den Teufel in so argen Zorn versetzte, macht den eigentlichen Ruhm der Externsteine aus. Sie waren jahrhundertelang eine christliche Wallfahrtsstätte und haben aus dieser Zeit mancherlei Erinnerungen bewahrt. Mittelpunkt der Verehrung ist bis heute das 3,60 Meter breite und fast ebenso hohe Relief an der Nordostecke des Westfelsens, das als »Kreuzabnahme von den Externsteinen« in die kunstgeschichtlichen Handbücher einging.

Das monumentale Werk eines unbekannten Künstlers des 12. Jahrhunderts gilt als »die älteste deutsche Plastik mit einer überlebensgroßen mehrfigurigen Szene, die nicht nur zur Zeit ihrer Entstehung ohnegleichen dastand, sondern auch heute noch in Europa als in den natürlichen Felsen gearbeitete Großplastik kein Seitenstück hat... Das Bildwerk beruht zwar auf durch die Tradition vermittelten Anregungen, die aber selbständig und schöpferisch verarbeitet wurden. Nie ist es gelungen, ein direktes Vorbild dafür zu entdecken, sosehr man auch danach gesucht hat.« (Fuchs)

Goethe hat dem gestaltenreichen Relief, dessen eigentlicher Entdecker Berlins großer Bildhauer Christian Daniel Rauch war, einen

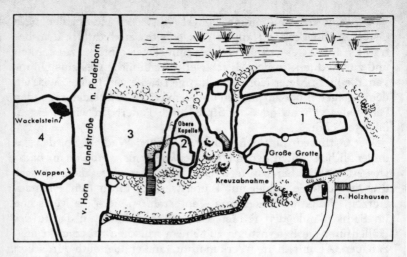

Die Externsteine

ausführlichen Essay gewidmet. Er rühmte die Einfalt und den Adel des Bildes und lobte »vorzüglich den Gedanken, daß der Kopf des herabsinkenden Heilandes an das Antlitz der zur Rechten stehenden Mutter sich lehnt – ein schönes würdiges Zusammentreffen ... ob es gleich der Größe einer so erhabenen Mutter zukommt«. Auch machte er auf ein interessantes kompositorisches Detail aufmerksam. Ein den Leichnam »herablassender Teilnehmer« scheine auf einen niedrigen, unter dem Gewicht des Mannes niedergebogenen Baum getreten zu sein, »wodurch die dann immer unangenehme Leiter vermieden ist«.

Das Werk, als dessen Schöpfer er sich einen »mönchischen Künstler« vorstellte, sei seiner ganzen Art nach »ein östliches Altertum« zu nennen. Die »Östlichkeit« glaubte er sowohl durch »die gestauchte Form des Kreuzes, die sich der gleichschenkligen des griechischen nähert«, als auch durch die Darstellung von Sonne und Mond belegen zu können. Er holte an dieser Stelle sehr weit aus und wies auf die Lehre des im 3. Jahrhundert n. Chr. lebenden Persers Mani hin, der in der Weltgeschichte einen dauernden Kampf zwischen den Mächten des Lichtes und der Finsternis sah.

»Daß eine Spur von Manichäismus durch das Ganze gehe«, suchte er durch die Feststellung zu bekräftigen, »daß, wenn Gott der Vater sich über dem Kreuze mit der Siegesfahne zeigt, in einer Höhle unter dem Boden ein Paar hart gegeneinander kniende Männer von einem löwenklauigen Schlangendrachen als dem bösen Prinzip umschlungen sind, welche, da die beiden Hauptweltmächte einander das Gleichgewicht halten, durch das obere große Opfer kaum zu retten sein möchten.«

Auch nach Goethe hat das mysteriöse Relief noch zahlreiche Geister beschäftigt: Kunsthistoriker, Religionsphilosophen und eine unübersehbare Menge begeisterter Laien. Aber die Externsteine bergen noch manches Geheimnis.

Links von dem großen Hochrelief steht eine verwitterte Steinfigur, die wahrscheinlich den Apostel Petrus darstellt. Zur Rechten öffnet sich eine in den Fels gehauene Grotte, deren Eingang ein Hohlbild krönt, das einen Adler, vielleicht auch eine Taube wiedergibt. Neben der Tür, in zwei Meter Höhe, zeichnen sich die Reste einer lateinischen Inschrift ab, darunter aber grinst eine ebenfalls in den Felsen eingehauene Teufelsfratze.

Die 10,20 Meter lange und 3,10 Meter breite Grotte hat vier große Öffnungen, die als Fenster oder Türen gedient haben mögen. Im Innern befindet sich ein in den Boden eingetieftes Becken unbekannter Zweckbestimmung. In die Wand eines Nebenraumes wurde ein Zeichen in der Art eines Galgens eingeritzt, andere sagen: eingearbeitet.

Vor der Grotte steht ein 1,93 Meter langer Sargstein, dessen trogförmiges Bett sich zur Kopfseite hin verjüngt. Oberhalb des Sargsteins gähnt die Öffnung einer nur schwer zugänglichen Höhle von beklemmender Enge. Wendet man sich zurück, so gelangt man zu einem Steinblock, von dem aus Hermann der Cherusker am Abend vor der Varusschlacht die Parole ausgegeben haben soll.

An unlesbaren Inschriften vorbei klettert eine Treppe zu Fels 3 hinauf und weiter zu jener schmalen, leicht gewölbten Brücke, die sich zu Fels 2 hinüberschwingt. Sie führt in eine kleine, nach der Nordostseite offene Kapelle von 5,46 mal 3,10 Meter Größe und von dort zu einer in den Felsen gehauenen Nische, in deren Rückwand ein kreisrundes Fenster gefügt ist. Davor steht ein aus dem Stein gearbeiteter Altar mit verschiedenen, nicht mehr klar erkennbaren Vertiefungen.

Steigt man noch einige Stufen höher, erreicht man den Gipfel des Felsens, in den ein viereckiges Loch von 27 Zentimeter Durchmesser und 26 Zentimeter Tiefe eingemeißelt ist.

Was bedeutet das alles?

Um 1033, tausend Jahre nach dem Kreuzigungstod des Erlösers, beschloß der Bischof Meinwerk von Paderborn, in Verbindung mit dem Kanonikerstift Busdorf die Kirche des hl. Grabes in Jerusalem nachzubauen. Um sich die notwendigen Pläne zu verschaffen, *Jerusalem im Teutoburger Wald* sandte er den Abt Wino von Helmarshausen auf eine Studienreise ins Heilige Land. Die nach dessen Angaben entstandene Busdorfkirche wurde 1036 geweiht. Das Bistum Paderborn fühlte sich von diesem Tag an den heiligen Stätten in Jerusalem besonders verbunden.

Um 1093, zwei Jahre vor dem Beginn des ersten Kreuzzuges, kaufte das Paderborner Kloster Abdinghof von einer adligen Familie, die zu beiden Seiten des Gebirges in Horn, Kohlstätt und Holzhausen ansässig war, die Externsteine für 14 Pfund Silber und etliche andere Wertobjekte. Die kirchlichen Experten sind der Meinung, daß die Mönche von Abdinghof von vornherein die Absicht hatten, dort die drei wichtigsten Felsenheiligtümer der Kirche des Hl. Grabes nachzubilden: das Grab Christi also, die Kreuzauffindungsgrotte und die Golgathakapelle. Derartige Nachbildungen gab es damals nicht nur in der Paderborner Busdorfkirche. Hier an den Externsteinen aber konnten sie erstmals wie die Originale aus dem Fels gehauen werden. Eine Wallfahrt nach Jerusalem war fortan also gewissermaßen im eigenen Lande möglich.

Die Benediktiner brachten die Erfahrungen mit, die sie an der weiterbestehenden Bauschule von Bischof Meinwerk gesammelt hatten, und leisteten demgemäß gründliche und großzügige Arbeit. Gewisse Anzeichen deuten aber darauf hin, daß sie ihren frommen Zwecken bereits vorhandene Höhlen dienstbar machten. So dürfte die große Grotte in Fels 1 zum guten Teil schon vorher bestanden haben. Die Fenster aber, die verschiedenen Wandnischen und die hier und da sichtbar geglätteten Wände gehen auf die in allen Steinmetztechniken wohlbewanderten Mönche zurück.

Nur die Höhlung links von der »Adlertür« ließen sie, wie sie war, da auch die alte Zisterne, in der nach der Legende die hl. Helena die drei Kreuze fand, der Grabkirche in Jerusalem unbearbeitet eingefügt worden war. Während der Hauptraum der Kreuzkapelle in Fels 1 demnach der Helenakrypta in Jerusalem entspricht, hat man sich den natürlichen Felsengang als Pendant der eigentlichen Kreuzgrotte zu denken.

Der von einem Rundbogen überwölbte Steinsarg am Fuß des ersten Felsens stellt sich in dieser Konzeption als eine Nachbildung des Felsengrabes Christi dar. Er hat die Form eines jener Arkosolgräber, die in den Katakomben von Rom, Neapel und Syrakus zahlreich zu finden sind. Zwei ähnliche Steinsärge, vermutlich aus der gleichen Zeit, stehen im Paderborner Diözesanmuseum. Auch Bischof Bernward von Hildesheim wurde 1022 in einem solchen Bogennischengrab bestattet.

Die heute nicht mehr zugängliche, neun Meter über dem Stausee liegende Höhlung hatte in dem Felsenheiligtum wohl keine selbständige Funktion. Sie ist nur 1,20 Meter hoch, 1,30 Meter breit und 1,40 Meter tief, also selbst bei bescheidensten Ansprüchen nicht als Wohnung zu bezeichnen. Trotzdem neigt man heute dazu, sie als Zelle eines Klausners anzusehen, als eine sogenannte Reklusenzelle, in der sich Menschen, die ganz ihrem Gott leben wollen, für den Rest des Lebens einmauern ließen. Aber selbst dafür scheint die Räumlichkeit etwas beschränkt; vielleicht ist die geplante Eremitage nicht ganz fertig geworden, weil der erste Asket vor Vollendung des Werkes starb und sich hernach kein zweiter fand, der sich einer freiwilligen Einschließung unterwarf.

Auch der zweite Felsen übernahm mit dem Einzug der Benediktiner wichtige Funktionen. Von der »Arminius-Kanzel« aus werden ihre Prediger zu den Wallfahrern gesprochen haben. Die kirchliche Forschung nimmt an, daß die Externsteine zumindest am 14. September, dem Tag der Kreuzerhöhung, Ziel zahlreicher Pilger waren. Der Hauptgottesdienst wird an diesem Tage vor dem zweiten Felsen stattgefunden haben, der in der Höhe jene noch als Torso vorhandene Kapelle trug, die ebenfalls aus einer natürlichen Höhlung herausgemeißelt wurde. Die Mönche schufen damit ein einmaliges Gegenstück zu dem Sacellum auf dem Golgathafelsen und nahmen dafür gern in Kauf, daß diese nicht in der üblichen Ostrichtung lag. Solche Ausnahmen gab es auch anderswo.

Das viereckige Loch auf dem Felsplateau zu erklären, ist nun nicht mehr schwer. Es nahm das Kreuz auf, das von dieser höchsten Stelle der Externsteine aus die Heiligkeit des Ortes verkündete und den Gläubigen der näheren und weiteren Umgebung als Wegweiser diente.

Im Jahre 1115 weihte Bischof Heinrich von Paderborn, wie die Inschrift an der unteren Grotte bezeugt, die Wallfahrtsstätte Externsteine. Über ihr weiteres Schicksal liegen nur vage Nachrichten vor. Aus kirchlichen Urkunden geht lediglich hervor, daß die Paderborner Mönche das Heiligtum bis 1369 betreuten, ihre Obliegenheiten dann aber einem Priester aus Horn übertrugen, der dafür mit einem Haus und einigen Morgen Land honoriert wurde.

Das Heiligtum als Straßenfort

In dieser Zeit ließen sich die ersten Eremiten an den Steinen nieder. Einer von ihnen ist sogar dem Namen nach bekannt: 1469 beschwerte sich nämlich der Horner Priester Kord Mügge bei dem Edlen Herrn Bernhard zur Lippe, daß der »Clus Jacob von den Egesterensteynen« seinen Posten nach Verwüstung seiner Zelle böswillig verlassen habe.

In der Nachreformationszeit scheinen dann recht unerfreuliche

Zustände geherrscht zu haben. Am Ende des 16. Jahrhunderts notierte der Verdener Abt Heinrich Duden, daß die an den Externsteinen behausten Klausner oder Einsiedler »wegen ausgeübter Räuberei gefaßt, verjagt und ausgerottet« worden seien. Noch härter geht der evangelische Pfarrer Johannes Piderit, genannt Pideritius, in seinem 1627 in Rinteln erschienenen *Chronicon comitatus Lippiae* mit den dortigen Eremiten zu Gericht. Der Teufel selbst, so berichtet er in knorrigem Lutherdeutsch, habe »die Geistlichen und Diener der Kapellen zu allerhand Unordnung, Unzucht, Mordt und Rauben beredet«, so daß sie »den frembden Reisenden Tag und Nacht heimblich in Holtz und Felde nachgefolgt, das Ihrige abgenommen, auch offt ermordet und umb das Leben gebracht« hätten.

Die Räubergeschichten mögen ein wenig übertrieben sein, doch trugen sie jedenfalls dazu bei, daß Graf Simon von Lippe 1616 die Einkünfte der zu den Externsteinen gehörenden Ländereien der Horner Stadtschule zuwies und die Paderborner Niederlassung damit um ihre materielle Grundlage brachte.

Einige Jahrzehnte danach – 1654 – beabsichtigte der Großherzog Ferdinand von Florenz die Externsteine zu kaufen. Der Vertrag kam jedoch trotz längerer Verhandlungen nicht zustande. Wenig später ließ Graf Hermann Adolf zur Lippe die Felsen durch mehrere Bastionen in eine kleine Festung mit Wachlokal und Aussichtsturm verwandeln. Als er 1666 starb, hatte jedoch niemand mehr Interesse an dem kostspieligen Straßenfort, und so verfiel es bald wieder.

Erst die energische Fürstin Pauline, die zu Beginn des vorigen Jahrhunderts für ihren unmündigen Sohn die Regentschaft versah, ließ die Trümmer der Anlage entfernen. Auch die verfallenen Treppen wurden unter ihrem Kommando wiederhergestellt und der Durchgang zwischen Felsen 3 und 4 so weit vergrößert, daß eine Passage für die Straße nach Paderborn entstand.

Ein farbiger Bilderbogen aus jener Zeit benutzt die Externsteine als romantische Kulisse eines friedlichen ländlichen Panoramas: im Vordergrund eine Bäuerin am Stock, dahinter ein paar Kühe, die ein Hirt zur Tränke führt, in der Ferne eine herrschaftliche Kutsche, an der Chaussee zwei Häuser mit roten Dächern und schließlich die mit Bäumen und Sträuchern bewachsenen Felsen selbst...

Ein Idyll, das nichts von der Aufregung ahnen läßt, welche die Externsteine hundert Jahre später verursachten.

Strenggenommen hatte die Aufregung freilich schon begonnen. Im Spätsommer 1820 besuchte der Hofrat Wilhelm Dorow aus Bonn mit dem Preußischen Staatskanzler Fürst von Hardenberg die Externsteine und unterzog sie einer genauen Besichtigung. Dieser Wilhelm Dorow, ein gebürtiger Königsberger, war einer der vielseitigsten Gelehrten seiner Zeit. Zunächst in diplomatischen Diensten tätig, hatte er als Kurgast im ehemals römischen Wiesbaden die Altertumswissenschaft entdeckt und einen bedeutenden Ruf als Ausgräber und Sammler erworben. Er galt als tüchtiger Etruskologe, schuf die Grundlage des heutigen Landesmuseums in Bonn und war überdies ein gewandter und witziger Schreiber. Über seinen Ausflug zu den Externsteinen hat er in dem Buch *Die Denkmale germanischer und römischer Zeit in den Rheinisch-Westfälischen Provinzen* ausführlich berichtet.

Hauptgötzensitz der Deutschen

Am stärksten hatte ihn das große Relief angesprochen. Um es aus der Nähe betrachten zu können, ließ er Leitern ansetzen und das »kolossale Steinbild« von Moos befreien, ebenso das darunter befindliche »Drachenstück«, in dem er »den Kampf und den Sieg des Christentums über das Heidentum« dargestellt sah. Er taxierte das Relief als ein Werk der karolingischen Zeit. Dabei ließ er sich offensichtlich von einer Äußerung des Reformators Hermann Hamelmann leiten, der schon im Jahre 1564 von Karl dem Großen als dem Begründer der Wallfahrtsstätte Externsteine gesprochen hatte.

Dorow ging aber noch einen Schritt weiter. Er notierte so volkstümliche Bezeichnungen wie »Blutloch« (für das Schlitzfenster an der unteren Grotte) oder »Blutkessel« (für das runde Bodenbecken in dieser Kapelle), glaubte in der Petrusfigur einen »heidnischen Priester« zu erkennen, der in der einen Hand ein Schwert, in der anderen ein Beil hielt, und folgerte daraus, daß »dieses größte und bewunderungswürdigste Nationaldenkmal unseres Vaterlandes« ohne Zweifel ein heidnisches Heiligtum gewesen sei – ein »Hauptgötzensitz der Deutschen«.

Damit war das Stichwort gefallen, das – damals kaum vernommen – in der Folgezeit eine heute kaum noch begreifliche Verwirrung stiftete. Die Externsteine als Kulturzentrum der alten Germanen, als Glaubenshort der Ahnen!

Das Bild, das Dorow sehr vorsichtig und nur mit andeutenden Strichen skizziert hatte, wurde fünfzig Jahre später von einem gewissen Gottlieb August Benjamin Schierenberg, der sich selbst einen Dilettanten nannte, zu einem volkstümlichen, vaterländischen Historiengemälde erweitert, das unbekümmert um alle Überlieferungen die geschichtlichen Tatsachen sträflich mißachtete.

Deutschlands Olympia (Secretiora Germaniae) oder vom Gottesgericht über Roms Sieggötter lautete der voluminöse Titel seines Buches, dem 1879 noch eine Schrift über den *Externstein zur Zeit des Heidentums in Westfalen* folgte.

Der deutsche Olymp – das war für ihn die Horner Felsgruppe im ebenso schönen wie biederen Lipperland. Olymp und Delphi gleichermaßen! Denn in die untere Grotte wies er eine germanische Seherin ein, eine Vorgängerin der sagenhaften Veleda, von der Tacitus erzählt. Den Felsen 2 mit der Hochkapelle weihte er dem erdgeborenen Gott Tuisko.

Der römische Feldherr Varus stellte nach Schierenbergs »Vermuthungen und Untersuchungen« die Externsteine dann als eine Art Garnisonkirche des römischen Hauptquartiers in den Dienst des persischen Lichtgottes Mithras (der frühestens hundert Jahre später von den Legionen entdeckt wurde). »Da er dadurch die religiösen Gefühle der Deutschen verletzte, so rief Arminius das Volk zur Verteidigung seiner Götter und ihrer Heiligthümer, zum Religionskriege auf, und Varus mit seinem ganzen Heere ging dabei unter... Auf diesem nämlichen Felsen errichtete nun das deutsche Volk ein Siegesmahl«: die berühmte Irminsäule, die dann achthundert Jahre – bis zur Zerstörung durch den Franken Karl – Nationaldenkmal blieb, das Herz des freien Germaniens.

Die »Kreuzabnahme« hielt auch Schierenberg für eine christliche Arbeit. In dem rätselhaften, völlig unkenntlichen unteren Relief sah er dagegen einige Prominente der Edda personifiziert: Sigurd, Brunhilde und den Drachen Fafnir. Die Edda selbst erklärte er zu einem originaldeutschen Geistesprodukt, das erst durch Emigranten und Vertriebene aus dem Sachsenland in den germanischen Norden gelangte.

Doch sowohl Dorow als auch Schierenberg sind nun Randfiguren der Tragikomödie um die Externsteine. Ihr Hauptakteur ist ein Mann, dem das Schicksal – nomen est omen – den Namen Wilhelm Teudt verliehen hatte und der als rüstiger Sechzigjähriger die germanische Vorgeschichte auf seine Weise zu ergründen begann.

Der Priesterfürst der Sonnenwarte

Seine Augen sahen alles anders. Das große Relief, so räumte er ein, möge in seiner gegenwärtigen Gestalt aus karolingischer Zeit stammen. Aber schon der untere Teil sei sichtlich heidnischen Ursprungs. Seiner Meinung nach hatte sich auch darüber ein heidnisches Steinbild befunden, das dann freilich von den fränkischen Bilderstürmern teils weggemeißelt, teils umgearbeitet worden sei. Bei näherer Untersuchung gewann er sogar den Eindruck, »als ob die vier Teile des Kreuzes nachträglich zwischen die Figuren hineingesteckt wären, um dann ein leidliches Kreuz zu bilden«. Den Baum des Nikodemus, der – von Goethe so sehr gelobt – die Funktion einer Leiter versieht, deutete er als »die umgeknickte Irminsul«, wozu gerechterweise erklärt werden muß, daß nicht Teudt, sondern einer seiner Gefolgsmänner, der Oberregierungsrat Dr. Koerner, der Urheber dieser Hypothese war.

Das »Grab Christi« verwandelte sich in der neuen Sicht in eine Kulteinrichtung, die den alten Germanen zu symbolischen Sarglegungen nach Freimaurerart gedient hatte – daher auch die zahlreichen Runenzeichen in den steinernen Sargwänden, darunter der »Hammer des Thor«. Die Reklusen-Kapelle wertete er als Tresor des Irminsul-Schatzes. Die untere Grotte dünkte ihm eine »Nachbildung des Mutterschoßes der Erde, in den die Wintersonne eingegangen ist«, die Galgenzeichnung an der Nordwestwand des Nebenraumes eine Rune des Todes, den der Sonnengott am Tag der Wintersonnenwende erleidet.

Zentrum seiner Mutmaßungen war aber das Sacellum auf Fels 2. Wilhelm Teudt stellte fest, daß die Kapelle genau in Richtung des Sonnenaufgangs am Tag der Sommersonnenwende lag, und schloß daraus messerscharf auf ein Heiligtum der sternkundigen Ahnen – auf ein germanisches Observatorium. Wichtigstes Beweisstück vorzeitlichen Sternsehertums war ihm der steinerne Altartisch in der Apsis der luftigen Kapelle. Er stellte ihn als Träger eines Schattenstabes dar, für den ihm ein babylonisches Relief das Vorbild lieferte.

Dieser Schattenstab war für ihn das mystische Instrument schlechthin. Denn »nicht die glühenden und grellen Sonnenstrahlen selbst sind es, die die höheren göttlichen Kräfte bringen – sonst hätten ja alle Menschen ohne weiteres daran teil... Man erlangt diese höheren Gaben nur dann, wenn das Grobsinnliche von den Strahlen abgestreift ist, im Schatten; und auch dann nur unter der Voraussetzung, daß der von Menschenhand aufgebaute Schattenwerfer von beauftragten Händen gehalten wird. Auf diesem wohlverwahrten Wege werden die Kräfte zu einem Strom, welcher Entfernung, Luft und Materie überwindend auch den heiligen Tisch durchfließt, auf den ihn berührenden obersten Priester übergeht und zugleich den an der Hand Herangeführten erfüllt.«

Diese Deutung verdichtete sich zu der Vorstellung, »daß einst... in der Sonnenwarte der priesterliche Fürst seine Hand an den Ständer mit dem Schattenwerfer gelegt hat, um die empfangene Kraft durch Berührung dem folgenden weiterzugeben und daß alle von dem Wert und der Bedeutung dieser feierlichen Handlung... überzeugt gewesen sind«.

Daß über dem Sonnenheiligtum, auf der Höhe des Felsens, die ragende Irminsul stand, verstand sich für Teudt von selbst; ebenso daß Karl der Große bei der erzwungenen Bekehrung der Sachsen nicht nur die Säule mit roher Gewalt zerstören ließ, sondern auch das Jahrtausende alte Zentrum germanischer Astralmystik.

Pferderennen im heiligen Hain

Teudt hat dann auch die nähere und weitere Umgebung der Externsteine in seine Gedankengespinste einbezogen und überall Zeugen für die Tätigkeit priesterlicher Astronomen entdeckt. Immer mehr wurden ihm die Externsteine der mythische Mittelpunkt des Landes, zu dem die Stämme der alten Deutschen an den hohen Festtagen des Jahres ihre Delegationen entsandten. Das Endprodukt war ein visionär geschautes Wunschgermanien von erhebender Einfalt.

Einer seiner Kritiker, der Bünder Oberstudienrat Prof. Dr. Friedrich Langewiesche, hat das überwältigende Gesamttableau mit folgenden Worten beschrieben: »Da steht im Gestirnsheiligtum auf den Externsteinen der Priester und schaut hinüber über die heiligen Linien mit ihren germanischen Heiligtümern und hinauf zu Sonne, Mond und Sternen. Unten am Felsen harrt ehrfurchtsvoll die festliche Gemeinde und drängt hinein in das Halbdunkel der Felsengrotte mit ihrer geheimnisvollen Rune und hinab zu dem Felsengrab.«

»In der Gelehrtenschule auf dem ›Sternhof‹ Oesterholz lauschen lernbegierige Jünglinge den Worten sternkundiger Weisen; die Wälle und Mauern des ›Sternhofes‹ entsprechen in ihrer Richtung den Azimuten mythologisch bedeutsamer Gestirne für das Jahr 1850 v. Chr. Und sternförmig laufen die Grenzen der Sigambrer, Marsen, Brukterer, Angrivarier und Cherusker auf die Mark Oesterholz zu. Alle fünf Stämme und die benachbarten Chatten und Dulgubnier wallen alljährlich in großen Pilgerzügen auf den Markenstraßen dorthin.«

»Teuderi-Paderborn, die volkreiche Bundeshauptstadt der vereinigten Stämme, ist zur Zeit großer Feste in der Osningmark der Hauptverkehrspunkt für die... zusammenströmenden Massen. Lange Pilgerzüge beleben dann die herrliche Feststraße zu dem ›Hügelheiligtum zwischen den Lauen‹.« (Lau nach Teudt soviel wie heiliger Hain.) »Von der Lopshorner Trift her hört man das Stampfen und Wiehern heiliger Rosse; die jüngsten Fohlen sieht man im Eckelau; auf der Rennbahn im Langelau aber tummeln sich flinke Rosse und Reiter, das Königslau bildet das Erbbegräbnis der Fürsten, das Lindelau die Gerichtsstätte; an den Grabhügeln zwischen diesen vier Lauen befindet sich das ›Hügelheiligtum‹, und das alte

Gemäuer im nahen Kohlstädt ist der Turm der Veleda, die Grotenburg aber die Teutoburg.«

Das war, alles in allem, ein berauschendes Bild altgermanischer Kulturhöhe, das seinen Schöpfer selbst derart faszinierte, daß er sich auch durch wohlbegründete Zweifel und den Nachweis faustdicker Irrtümer nicht beirren ließ. Trotzdem war er, was auch seine Gegner bereitwillig zugaben, ein ehrenwerter Mann, intelligent und wohlbelesen und alles andere als ein Falschspieler.

Wie erklärt sich das? Wo lag der Quell seiner Phantasie? Was stand hinter den ausschweifenden Visionen Wilhelm Teudts, was hinter seinem Haß gegen alles, was sich Wissenschaft nannte?

Diese Fragen führen tief in die Problematik der Germanenkunde überhaupt.

Die Germanen sind ein Teilvolk der großen indogermanischen Völkerfamilie, deren Entdeckung ein Verdienst der Sprachforschung ist. Der Mainzer Franz Bopp wies 1816 als Fünfundzwanzigjähriger erstmalig auf die nahe Verwandtschaft des Altindischen mit dem Persischen, Griechischen, Lateinischen und Germanischen hin und legte damit den Grundstein zu einer Wissenschaft, die neben der Bodenforschung den stärksten Anteil an der Erforschung der Urgeschichte hat.

Die Suche nach dem indogermanischen Urvolk

In der Retorte der Sprachwissenschaft entstand dann so etwas wie eine indogermanische Ursprache, die wiederum eine emsige Suche nach dem dazugehörigen indogermanischen Urvolk auslöste. Dieses ist bis heute nicht gefunden. Viele Prähistoriker neigen sogar dazu, es für eine Fiktion zu halten. Doch gab es zumindest eine Gruppe von Völkern, die sich nicht nur in ihrer Sprache, sondern auch in ihrem Denken und Fühlen und in der Art ihres Lebens ähnlich war.

Die Methoden, mit denen diese Kenntnisse erworben wurden, sind überaus kompliziert. Das Ergebnis besagt klipp und klar, daß den verschiedenen indogermanischen Völkern gewisse Waffen und Geräte sowie bestimmte politische, rechtliche und religiöse Vorstellungen gemeinsam waren.

Ihre Waffen waren – nach Schwantes – das Schlachtmesser, das Beil, die Schleuder, Pfeil und Bogen und der Speer. Ihre Herden bestanden vornehmlich aus Schafen und Rindern, vielleicht auch aus Ziegen. Daß sie ihren Wohlstand nach der Zahl der Tiere bemaßen, beweist der Gleichklang der Worte für Vieh und Geld. Vieh heißt lateinisch *pecus*, altindisch *pacus*, gotisch *faihu*; Geld lateinisch *pecunia*, gotisch *faihu*, angelsächsisch *feoh*.

Die größte Rolle spielte jedoch das Pferd. Die Sprachwissenschaft kennt zahlreiche Personennamen, die auf besondere Pferdeliebe oder einen ungewöhnlichen »Pferdeverstand« hinweisen. Den Göttern wurden vor allem Pferdeopfer dargebracht, und aus dem Wiehern der Rosse glaubten die Priester die Zukunft vorhersagen zu können.

Der Ackerbau trat demgegenüber in seiner Bedeutung zurück. Zumindest die östlichen Stämme scheinen jederzeit bereit gewesen zu sein, ihre Felder zugunsten besserer Weidegründe aufzugeben. Die Häuser wurden aus Holz gebaut, kleine Gewässer mit Ruderbooten befahren.

Dagegen fehlt ein gemeinsames Wort für Meer, es fehlen alle Begriffe, die auf Schiffahrt hindeuten. Schon daraus ergibt sich, daß die Küsten der Nord- und Ostsee nicht die Urheimat der Indogermanen gewesen sein können, wie einmal offizielle Lehrmeinung war. Da auch kein gemeinsames Wort für Wald bekannt ist, bleibt auch das Waldland Thüringen, das ebenfalls lange Zeit als indogermanische Völkerwiege galt, außer Betracht.

Ein Volk, das riesige Herden unterhielt, gelegentlich ein wenig Ackerbau trieb, das Unterwegssein aber jeder anderen Lebensform vorzog, kann nur – folgert die Sprachforschung weiter – in einem Steppengebiet heimisch gewesen sein. Man muß aber mindestens bis in die Weiten nördlich des Schwarzen Meeres gehen, um eine Landschaft zu finden, aus der die berittenen Wanderhirten aufgebrochen sein mögen. Wahrscheinlich lag ihre Heimat noch weiter östlich, jenseits des Kaspischen Meeres, an der Schwelle Mittelasiens.

Diese Annahme wird dadurch bekräftigt, daß sich die Sprachen der indogermanischen Ostvölker – der Slawen, Perser und Inder – wesentlich weniger gewandelt haben als die der Westvölker. Je näher ein Volk seinem Ursprung bleibt, um so reiner und unverfälschter erhält sich seine Sprache; je weiter es sich davon entfernt, um so stärker melden sich andere Einflüsse »zu Wort«. Folgerichtig enthält das Germanische schon in seinem frühesten Bestand zahlreiche nichtindogermanische Ingredienzien.

Die geschichtlichen Vorgänge, die sich aus diesen Erkenntnissen ergeben, hat Heinrich Dannenbauer mit folgenden Worten skizziert: »Die Indogermanen, ein kraftvolles, bewegliches Reitervolk der südosteuropäischen und mittelasiatischen Steppen, breiten sich nach Westen aus über die dort hausenden älteren Ansiedler verschiedener Rassen ... Sie kolonisieren, gründen Herrschaften, unterwerfen die ältere Bevölkerung, vermischen sich mit ihr. Dabei drücken sie der älteren Bevölkerung ebenso ihren Stempel und ihre Sprache auf, wie sie von der Kultur und Sprache der Unterworfenen mehr oder minder stark beeinflußt werden... In langer Entwicklung wachsen die beiden Völker zusammen und bilden allmählich eine neue Volksart, eine neue Sprache und Kultur, die Elemente beider Teile in sich vereinigt, wie das Kind das Erbe des Vaters und der Mutter trägt.«

»So entsteht aus der Vereinigung von indogermanischen Eroberern mit der unterworfenen älteren Bevölkerung das griechische Volk, die griechische Sprache und Kultur, deren Eigenart sehr viel von der vorindogermanischen Rasse aufzeigt: die Mehrzahl der griechischen Götter ist nicht indogermanischer Herkunft, sondern Erbe der älteren Ansiedler, und was wir heute griechisches Schönheitsideal heißen, ist mit hoher Wahrscheinlichkeit ebenfalls den vorindogermanischen Bewohnern Griechenlands zu danken.«

»So breiten sich die späteren Italiker in mehreren Wellen nacheinander über ligurische, etruskische und andere Stämme aus und entwickeln sich zu einem neuen Volk mit eigenem Charakter: nüchtern, politisch begabt, staatengründend. So bildet sich in Indien unter dem Einfluß einer hochkultivierten älteren Bevölkerung zusammen mit den Wirkungen eines heißen, erschlaffenden Klimas die indische Volksart, vereinigen sich andere Indogermanen mit älteren Ansiedlern in Mitteleuropa zu den Kelten – kurz, überall Mischungen von indogermanischen Eroberern und Herren mit anderen Völkern, überall Auseinandersetzung mit anderen Kulturen, überall Umbildung der eigenen und der unterworfenen Kultur zu einer neuen von besonderem Charakter, Entstehung einer neuen Sprache, einer neuen Volksart.«

Auch in das Nord- und Ostseegebiet drangen diese Einwanderer ein. Sie kamen, wie erinnerlich, aus dem thüringischen Raum, mit ihnen die schnurverzierten Töpfe, die steinernen, feingeschliffenen Streitäxte und die Einzelgräber, so daß ihr Weg elbe- und oderabwärts archäologisch leicht zu verfolgen ist.

Die Erdverhafteten und die Himmelsstürmer

In Küstennähe trafen sie auf die Megalithleute, die Erbauer der Hünengräber: jenes kernige, bodenverwachsene Bauernvolk, das, aus westlichen Bereichen kommend, die bereits ansässige Jäger- und Fischerbevölkerung unterworfen, missioniert und an die Akkerarbeit gewöhnt hatte.

Die Streitaxthirten setzten sich neben den Megalithbauern fest. Während diese weiterhin auf ihren fetten Marschböden saßen, nahmen sie selbst mit den mageren Geest- und Heideflächen vorlieb, die ihre Herden ernährten. Langsam setzte aber auch hier die gegenseitige Durchdringung ein.

Die Zuwanderer bedienten sich sehr bald der hervorragenden

Feuersteinwerkzeuge der Steingrabmenschen, übernahmen auch deren Keramik und beerdigten ihre Toten nicht mehr in Hockerstellung, sondern in Strecklage. Bei den Megalithbauern wich die Familiengruft dem Einzelgrab. Die Bodenforschung kann diesen Angleichungsvorgang durch sehr anschauliche Beispiele belegen. So enthielten die Gräber von Ostorf am Schweriner See neben megalithischen Tonwaren und Geräten Jagdtrophäen eindeutig »thüringischer« Herkunft. Auch die Menschen selber hatten hier bereits den Weg zueinander gefunden. Die Rundköpfe der Eingesessenen lagen einträchtig neben den Langschädeln der heimisch gewordenen Fremden.

Aus der Vermischung beider Völker gingen die Germanen hervor. Sie waren also genau wie die Kelten und Illyrer das Produkt einer recht umfänglichen Rassenmischung. Die beiden Hauptkräfte bestimmen bis heute das äußere Bild der germanischen Großfamilie. Von den Hünengrabbauern stammen die breiten Schultern, der kräftige Körperbau, das breitflächige, fast viereckige Gesicht und der »fälische Dickschädel«; von den indogermanischen Streitaxtkriegern der hohe Wuchs, die langen Glieder, die hellen Augen, der schmale Schädel mit dem charakteristischen Hinterhaupt und wahrscheinlich auch das rotblonde Haar – lauter Kennzeichen, die wir ja auch bei der keltischen Führerschaft antrafen.

In der Sprache vollzog sich damals die erste germanische Lautverschiebung. Aus der Berührung mit der Megalithkultur resultierte eine durchgreifende Änderung der indogermanischen Konsonanten. Neue Laute wurden eingeführt, der Akzent auf den Stamm verlagert, alte grammatische Formen abgestoßen und durch neue ersetzt – um nur einige der revolutionierenden Vorgänge zu nennen.

Auch der germanische Volkscharakter entstand aus dieser Begegnung. Die zwei Seelen in der Brust des »nordischen Menschen«, die rätselhaften Widersprüche seines Wesens, die geheime Polarität seiner Natur sind ein Produkt der Verschmelzung von Megalithmenschen und Streitaxtleuten. Ackerbauer und Abenteurer, Händler und Helden, Wagner- und Faustnaturen, Soldaten und Dichter, Praktiker und Phantasten, die Erdverhafteten und die Himmelsstürmer – sie alle gelten seitdem als repräsentativ für germanische Art.

Wann dieser um 2000 v. Chr. beginnende Vorgang beendet war, ist schwer zu sagen. Das steingefaßte Einzelgrab hat das Hünengrab um 1700 v. Chr. verdrängt. Man hat es sich zeitweise sehr leicht gemacht und bereits in dieser Zeit den Abschluß einer Entwicklung datiert, die wahrscheinlich wesentlich länger gedauert hat. Man ist heute in dieser Beziehung etwas vorsichtiger geworden und möchte allenfalls den Begriff »Urgermanen« zulassen. Von solchen mehr methodischen Überlegungen abgesehen, steht jedoch fest, daß das germanische Kerngebiet – Südschweden, Jütland und Schleswig-Holstein bis zur Elbmündung – nach der Invasion der Wanderhirten von weiterer Zuwanderung verschont blieb.

Jedoch haben die großen zivilisatorischen Impulse des nächsten Jahrtausends auch die germanischen Stammlande erreicht. Die nordische Bronzezeit ist, wie wir sahen, ohne den Handel mit dem Süden nicht denkbar. Erst die Einfuhr von Kupfer, Zinn und Gold hat die Höchstleistung der damaligen germanischen Kunstschmiede ermöglicht. Auch die Kultzeichnungen auf den schwedischen Felsen, das Eindringen südlicher Formen der Bronzebearbeitung und die Übernahme der Brandbestattung deuten auf einen ständigen Konnex mit der mitteleuropäischen, ja selbst mit der mittelmeerischen Welt hin.

Dennoch lebte der Norden im Schlagschatten der Ereignisse, in einem von Kriegen und Völkerbewegungen ausgesparten Naturschutzpark der Geschichte. Die ungeheure Vitalität und die unerschöpflichen seelischen Reserven, welche die Germanen später in ihrem fünfhundertjährigen Kampf mit den Römern bewiesen, waren nicht zuletzt ein Produkt dieser ungestörten Außenlage. Ihre Entwicklung vollzog sich, frei von hektischen Sprüngen, in vollkommener Ruhe. Sie hatten Zeit zur Reife. Selbst die tausendjährige stetige Ausweitung ihres Siedlungsgebietes hatte etwas von der Gelassenheit eines gigantischen Naturvorganges.

Bis zum Jahre 1000 v. Chr. schoben sie ihre Grenzen im Osten bis Stettin, im Westen bis zur Wesermündung, im Süden bis zu einer Linie vor, die etwa vom Elbknie bei Magdeburg bis zum Oderknie bei Angermünde lief. Ein Vierteljahrtausend später hatten sie auf der Verlängerung dieser Linie im Osten die Weichsel, im Westen die Ems erreicht. Aus dieser Position drangen sie im Verlauf der nächsten 250 Jahre bis Schlesien und über den Niederrhein nach Belgien vor. Um 300 v. Chr. überschritten sie in breiter Front den Oberlauf der Weichsel; im Westen näherten sie sich der Mosel.

Je weiter sie sich von ihrem Ausgangspunkt entfernten, um so mehr gliederten sie sich in einzelne Stämme auf. Wie im Westen und Süden der keltische Einfluß, so hinterließ im Osten der illyrische Einfluß seine Spuren. Am Ende dieser Zeit sind dann deutlich drei Gruppen zu unterscheiden: außer den Nordgermanen die Ostgermanen, deren mächtigste Stammesgruppe die Goten waren, und die Westgermanen, die Tacitus in die Ingävonen an der Nordsee, die Herminonen an der oberen und mittleren Elbe und die zwischen Rhein und Weser siedelnden Istävonen aufteilte.

Der Aufbruch der Kimbern und Teutonen Diese fast tausend Jahre beanspruchende Ausweitung des germanischen Siedlungsraumes ist weder genau zu datieren noch zu benennen. Die erste von den Historikern verzeichnete Wanderung verbindet sich mit den Namen der Kimbern, Teutonen und Ambronen, die um 115 v. Chr. von ihren Wohnsitzen in Schleswig-Holstein und an der Nordseeküste aufbrachen und sich wie eine riesige Flutwelle über den Kontinent ergossen.

Hinter diesem Aufbruch stand die nackte Not. Die Siedlungsgebiete der drei Stämme waren wahrscheinlich übervölkert, überdies hatten riesige Sturmfluten weite Teile des bebauten Landes vernichtet. Sie gingen also nicht eigentlich auf Eroberung aus, sie suchten neue Ackerflächen, neuen Lebensraum – neue Heimat.

Die Kimbern zogen zunächst elbeaufwärts, wandten sich, als sie in Böhmen auf Widerstand stießen, zur Donau und drangen über die Steiermark nach Kärnten ein, das damals von den keltischen Tauriskern besiedelt war. Hier stießen sie 113 v. Chr. auf die Römer, die das an Bodenschätzen reiche inneralpine Königreich Noricum als ihr Interessengebiet betrachteten. Der Konsul Cn. Papirius Carbo lockte sie in eine Falle, büßte seine Hinterlist aber mit einer schmählichen Niederlage, die Rom zum ersten Mal die Kampfkraft dieses Wandervolkes spüren ließ.

Die Kimbern nahmen ihren Vorteil jedoch nicht wahr. Vielmehr wandten sie sich wieder nördlich, trafen im Maingebiet die Teutonen und marschierten mit ihnen gemeinsam nach Südfrankreich – armselige, landhungrige Völkerschaften, die ihre Kinder, Frauen und Alten auf lederüberdachten Karren mit sich führten. Die Männer stampften neben den Wagen her, griffen auch wohl kräftig in die Speichen, wenn die Zugtiere ermüdeten oder die Fahrzeuge im Morast steckenblieben. Zwischen den Gespannen trotteten die blökenden Herden mit. Bewaffnete Reiter bildeten Vorhut und Nachhut des endlosen Trecks und sicherten die Flanken, um das Ausbrechen des Viehs zu verhindern.

In Südfrankreich stellte sich dem Zug der Konsul M. Junius Silanus entgegen. Die vereinigten Stämme baten um Siedlungsraum und Saatgetreide und eroberten sein Lager, als er ihre Wünsche abschlägig beschied. Nach diesem Erfolg erhielten sie Zulauf aus ganz Gallien, das sie nun plündernd und brandschatzend jahrelang durchstreiften.

Die schwerste Niederlage bereiteten sie den Römern 105 v. Chr. bei Arausio auf dem linken Rhôneufer, dem heutigen Orange. Sie vernichteten drei Heeresgruppen, deren Befehlshaber freilich gegeneinander intrigierten, töteten achtzigtausend Legionäre und vierzigtausend Troßknechte und erbeuteten deren Waffen, Vorräte und Kassen. Die gesamte bewaffnete Macht des werdenden Imperiums war damit zerschlagen. Die Alpenpässe lagen offen. Bestürzt und voller Angst erwartete Italien die Invasion der schrecklichen Nordseevölker.

Diese ließen aber auch diesmal die Gunst der Stunde ungenutzt verstreichen. Die beiden Gruppen trennten sich. Während die Teutonen weiterhin kreuz und quer durch Gallien zogen, überstiegen die Kimbern die Pyrenäen, beunruhigten Spanien, wandten sich nach Frankreich zurück und vereinigten sich wieder mit dem teutonischen Heerbann. Nun endlich beschlossen ihre Anführer, den Löwen in seiner Höhle selbst anzugreifen und in zwei großen Trecks nach Italien zu marschieren – die Kimbern über den Brenner, die Teutonen über Südgallien und die Seealpen.

Die Lage hatte sich inzwischen aber wesentlich verändert. Wieder einmal hatte das bedrängte Rom in der Stunde der Gefahr den »starken Mann« gefunden, und zwar in Gestalt des Generals Gajus Marius, eines erfahrenen und hartgesottenen militärischen Praktikers, der einige Jahre zuvor den Krieg gegen König Jugurtha von Numidien glücklich beendet hatte. Erneut zum Konsul gewählt, brachte er das Kunststück fertig, vornehmlich aus dem arbeitslosen Proletariat der Stadt eine neue Armee zu formieren – eine Armee aus Habenichtsen und Abenteurern, die nicht der Gedanke an das Vaterland, sondern ein ansehnlicher Sold, die Hoffnung auf Beute und die Begeisterung für ihren Befehlshaber zusammenschweißte.

Aquae Sextiae und Vercellae

Zwei Jahre trainierte Gajus Marius die ihm blind ergebenen Legionen durch harte und ständige Übungen und bereitete sie systematisch auf den Kampf mit den wilden Scharen aus dem grauen Norden vor. Dann marschierte er den Teutonen nach Südfrankreich entgegen, igelte sich an einem günstigen Platz an der Rhône ein und ließ den Gegner das verschanzte Lager drei Tage vergeblich berennen. Blutig abgewiesen, verzichteten die Teutonen auf eine Belagerung und wanderten weiter.

Auf den Wällen des Lagers standen indes die marianischen Legionen und sahen den feindlichen Heerbann mit Kind und Kegel vorüberziehen. Sechs Tage dauerte der Vorbeimarsch, sechs Tage rollten die knarrenden Planwagen der Teutonen und Ambronen; sechs Tage Gejohle und höhnische Zurufe, ohne daß der eiserne Marius etwas unternahm. Erst als die germanische Nachhut den

Blicken entschwunden war, folgte er dem schwerfälligen Treck, überholte ihn auf Nebenstraßen und stellte sich ihm bei Aquae Sextiae, dem heutigen Aix-en-Provence, entgegen.

In der folgenden Schlacht errang die römische Kriegskunst einen totalen Sieg über die rohe Kraft der fellbedeckten Krieger aus dem Norden. Hunderttausend Germanen sollen in diesem Kampf gefallen sein. Nach Plutarch benutzten die Bewohner der Umgebung die in großen Mengen bleichenden Gebeine später, ihre Weinberge damit zu umzäunen. Auch war die Erde vom Blut und Fleisch der Erschlagenen so gesättigt, daß sie mehr Frucht trug denn je.

Zur gleichen Zeit hatten die Kimbern bereits das Etsch- und Eisacktal erreicht. Statt nun geradewegs auf ihr Ziel loszumarschieren, sandten sie wieder eine Delegation nach Rom und baten um Land und Saatgut, ja, so groß war ihr Respekt vor der mächtigen römischen Republik, daß sie ihre Unterwerfung anboten. An den Ausläufern der Alpen bezogen sie während des Winters Quartier, tollten nackt im Schnee herum und benutzten ihre mannshohen Schilde als Rodelschlitten. Als der Frühling kam, versammelten sie sich zu neuer Wanderschaft. Da trat ihnen bei Vercellae am Po das wohlgerüstete, siegreiche Heer des Marius entgegen.

Es geschah nun etwas, was nicht nur die römischen Historiker noch lange beschäftigt hat. Bojorix, der König der Kimbern, forderte seinen Gegner durch Boten auf, Termin und Schauplatz einer Schlacht zu bestimmen, da die Götter sich offenbar für einen Zweikampf zwischen Römern und Kimbern entschieden hätten. Der von moralischen Skrupeln nicht geplagte Marius ging kühlen Herzens auf das treuherzige Angebot ein, bestimmte den nächsten Tag und die nahegelegenen Raudinischen Felder als Zeit und Ort des vorgeschlagenen Treffens und ließ seine Truppen schon in der Nacht zur Umzingelung des arglosen nordischen Kriegsvolkes ausrücken.

Die Kimbern hatten sich noch nicht bereitgestellt, als sie am nächsten Morgen von den Stoßkeilen der marianischen Söldner zersprengt wurden. Es war ein heißer Tag, und die Riesen vom Nordmeer schwitzten und stöhnten vor Hitze. Der Kampf konzentrierte sich auf die kimbrische Wagenburg. Die Weiber standen wie üblich auf den Karren, trommelten mit den Händen auf die Lederverdecke, stießen irdene Gefäße aneinander und feuerten ihre mit Blei in den Gliedern kämpfenden Männer an.

Am Ende griffen sie selbst zu den Waffen und schlugen erbittert um sich. Viele von ihnen stürzten sich, um der Schande der Gefangenschaft zu entgehen, in die Schwerter der geschlagenen Krieger, warfen sich vor die Hufe der ausbrechenden Ochsen oder hängten sich und ihre Kinder an den Deichseln der Planwagen auf. Es war ein Inferno, wie es selbst die blutgewohnten Römer noch nicht erlebt hatten.

Damit hatte sich auch das Schicksal der Kimbern erfüllt. Rom atmete befreit auf und bereitete dem Sieger von Aquae Sextiae und Vercellae einen triumphalen Empfang. Die Angst aber zitterte nach. Der Schrecken setzte sich fest. Der *furor teutonicus* wurde nicht vergessen.

Germanisch gleich barbarisch

Das Gefühl der Bedrohtheit, das von dieser ersten Begegnung mit den Germanen zurückblieb, bestätigte sich, als Cäsar knapp fünfzig Jahre später auf den suebischen Heerkönig Ariovist traf, der 71 v. Chr. auf den Hilferuf eines keltischen Stammes mit 15 000 Kriegern in Gallien eingefallen war und nach kurzer Zeit Roms Herrschaft im Süden Frankreichs ernsthaft bedrohte. Wieder bedurfte es eines mächtigen militärischen Aufgebotes und der Führungskunst eines genialen Feldherrn, um diese zweite germanische Invasion abzuwehren. Cäsars kurzfristige Feldzüge in die düsteren rechtsrheinischen Wälder taten ein übriges, das alte Grauen wieder zu beleben.

Die Germanen galten fortan als die große Gefahr. Sie wurden der Alpdruck des Imperiums. Folgerichtig begannen die römischen Historiker und Publizisten sie nach Kräften zu schmähen und herabzusetzen. Sie stellten sie als ungeschlachte Waldmenschen dar, die tapfer und todverachtend, aber unbeleckt von den Segnungen der Kultur und unfähig zur Bildung sich gegenseitig befehdeten und auf Raub auszogen. Auch des Tacitus ehrenvolle Volks- und Landeskunde änderte an dieser Klassifizierung nicht mehr viel.

Für die Welt des Altertums war germanisch gleich barbarisch, und zwar nicht im ursprünglichen Wortsinn von fremd und unverständlich, sondern in der Vulgärbedeutung von roh, ungeschliffen und gewalttätig.

Die fünfzehnhundert Jahre später unter den Fittichen des Humanismus entstandene Germanenkunde hat sich vom ersten Tag an gegen diesen Vorwurf verwahrt. Mehr als das – sie ist dagegen mit einer erbitterten Vehemenz und Leidenschaft Sturm gelaufen. Das deutsche Volk, das etwa ist der Grundtenor zahlreicher Historien aus der Zeit der humanistischen Geschichtsbegeisterung, habe es nicht nötig, sich ständig mit den »Alten« zu beschäftigen und diese als seine geistigen Ahnen zu verherrlichen. Die deutsche Geschichte sei nicht ärmer als die des klassischen Altertums. Auch unsere Vorfahren seien keine Hinterwäldler, auch sie seien ein großes Volk, reich an Künstlern, Philosophen und großen Kriegsherren, gewesen.

Noah – Stammvater der Deutschen

So heißt es in der Vorrede zu Sebastian Francks 1538 erschienenem *Germaniae Chronicon*. »Germania ist, gutherziger Leser, bissher... in so dicken finsternus vergraben bliben, das auch die historischreiber... Germaniam als ein barbarisch, untüchtig volck überhüpfen... Demnach wil ich in disser meiner Chronick deutlich anzeygen, das Deutschland nit weniger dann die Griechen und Latiner an künsten, redlichen tapferen thaten und weisen räthen seind gewesen...« Fast gleichlautend stellte Johannes Turmair, genannt Aventinus, in seiner *Bairischen Chronik* fest, »das unser vorvordern nit als grob übelkönnend ungeschickt leut, als etlich wänen, gewesen sein« und daß sie »in den alten taten und geschichten nit minder sein denn die Römer und Kriechen«. Ähnlich ließen sich Conrad Peutinger und Conrad Celtis, Willibald Pirkheimer und Jacob Wimpfeling und viele andere humanistische Patrioten vernehmen.

Sogar Luther war nicht frei von derartigen Ressentiments. Griechen und Römer, auch die Hebräer, heißt es bei ihm, hätten ihre Ruhmestaten genau verzeichnet, so daß ihre Leistungen aller Welt bekannt seien, bei den Deutschen dagegen fehlten die Geschichtsschreiber.

Auch Sebastian Franck führte die Unterbewertung der deutschen Geschichte – deutsch und germanisch wurden der Einfachheit halber gleichgesetzt – nicht zuletzt auf den »unfleiss der hinlessigen teutschen historischreiber« zurück. Pirkheimer verdächtigte die Römer, aus Feindschaft gegen die alten Germanen Geschichtswerke, die Günstiges über sie berichteten, unterdrückt zu haben. Und Wimpfeling meinte, daß man von den Herzögen und Kaisern der Germanen genauso viel hören würde wie von »den Scipionen, Catullen und Metellen«, wenn sie nur ihre verdienten Chronisten gefunden hätten.

In dieser Weise klang es damals aus allen Himmelsrichtungen. Ein ganzer Chor von Stimmen sang das Preislied von deutscher Art und Größe, wenn auch verschieden nach Färbung und Stärke. »Mehr Stammesgefühl bei dem Tübinger Kanzler Naukler oder bei Albert Krantz, dem Geschichtsschreiber Niedersachsens, mehr Abneigung gegen Franzosen und Italiener bei Wimpfeling oder Hutten, Überschwenglichkeit und kritiklose Übertreibung bei dem Tübinger Heinrich Bebel und Franziskus Irenikus, dann wieder nüchterne, nur auf die Erforschung der Wahrheit gerichtete kritische Arbeit bei Beatus Rhenanus, streng theologisch-moralische Auffassung bei Sebastian Franck und Melanchthon – aber alle diese scheinbar so verschiedenen Klänge, die uns aus leichten Gelegenheitsschriften, unhandlichen Folianten, philologischen Kommentaren und gelehrten Untersuchungen entgegenschallen, sie vereinigen sich zum vollen Akkord im Preis des deutschen Volkes.« (Dannenbauer)

Es war nur natürlich, daß sich in dieses Konzert begeisterter Stimmen auch falsche Töne mischten, daß man anfing, Phantastereien und Wunschträumen nachzuhängen und sich der Wahrheit auch dort nicht verpflichtet zu fühlen, wo sie offen zutage lag. Ein eigentümlicher Imperialismus bemächtigte sich der berauschten Gemüter. Die Finnen und die Sarmaten, die Polen und die Ungarn, die Rätier und die Noriker, die Pikten und die Scoten wurden kurzerhand »eingemeindet«. Auch die Galater galten den Humanisten als Germanen; der Paulus-Brief an die Galater, so erklärte Aventin, wäre an Deutsche geschrieben. In gleich großzügiger Auslegung der geschichtlichen Tatsachen gelangte Irenikus zu dem Ergebnis, daß der Skythe Anacharsis, einer der sieben Weisen des Altertums, ein Deutscher gewesen sei, die Deutschen also die Philosophie erfunden hätten.

Alle diese Geschichtsklitterer schöpften aus dem Quell einer monumentalen Fälschung: den *Fragmenten des Chaldäers Berosus*, die 1498 unter dem Patronat des italienischen Dominikanermönches Annius von Viterbo veröffentlicht worden waren. Die Publikation – eine der folgenreichsten literarischen Mystifikationen überhaupt – kombinierte nicht ungeschickt Texte des Tacitus mit Zitaten aus der Bibel und brachte auf diese Weise ein schlechthin umwerfendes Geschichtsgemälde zustande.

Danach war kein Geringerer als Archenkapitän Noah der Stammvater der Deutschen. Der Patriarch zeugte nach glücklich bestandener Sintflut, so lautete die erstaunliche Kunde des Berosus, mit seiner Frau Terra einen Sohn, den er Thuyscon nannte. Dieser Thuyscon wiederum hatte viele Söhne, deren bedeutendste Inghaenon, Istevon, Herminon, Marsus, Gambrivius, Suevius, Vandalus, Teutanes, Hercules und Hunus waren – womit denn die germanischen Stämme auf lauter Noah-Enkel zurückgeführt worden waren. Der Thuyscon-Sohn Mannus herrschte, wie ausdrücklich festgestellt wurde, im sechsten Regierungsjahr der Semiramis bei den Sarmaten am Rhein.

Symptomatisch ist nun, daß dieses unbekümmert produzierte Falschgeld von den gelehrtesten Köpfen der Zeit für bare Münze genommen wurde. Nahezu die gesamte Aristokratie des deutschen Humanismus hat den Pseudo-Berosus ausgewertet und die Geschichte Noahs und seiner deutschen Enkel verbreitet, von denen einer das ABC erfand, ein anderer die ersten Schulen in Deutschland baute, ein dritter die großen Städte am Rhein gründete. Das alles in fernen, babylonischen Zeiten, da noch kein Grieche, geschweige denn ein Römer, des Lesens oder Schreibens kundig war.

Noch eine zweite Fälschung ging damals um: der *Hunibald* des Abtes Johannes Trithemius, eine Schrift über den Ursprung der Franken, in der dargelegt wurde, daß diese von den Trojanern abstammten und bereits fünfhundert Jahre v. Chr. ein großes westeuropäisches Reich beherrschten. Auch die Spuren des falschen Hunibald lassen sich im humanistischen Schrifttum mühelos verfolgen; auch er hat den Verklärern der deutschen Vorgeschichte für lange Zeit Argumente und Stichworte geliefert.

Noch zu Beginn des vorigen Jahrhunderts verfochten namhafte Gelehrte seine Echtheit, ja, noch Gustav Klemms 1836 erschienenes *Handbuch der germanischen Altertumskunde* zitierte ihn als legitime Quelle.

Von Rhenanus bis Ranke

Trotz solcher Fehlleistungen gebührt den deutschen Humanisten der Ruhm, die wissenschaftliche Germanenkunde begründet zu haben. Allein mit der Veröffentlichung zahlreicher griechischer und lateinischer Texte zur deutschen Frühgeschichte – unter anderem der 1455 wiederentdeckten *Germania* des Tacitus – erwarben sie unbezahlbare Verdienste. Auch durch die Sammlung von Inschriftsteinen und die ersten zaghaften Grabungsversuche bereiteten sie den Boden, auf dem spätere Generationen weiterbauen konnten.

Ihre Bücher über den Ursprung und das Leben der Germanen sind zwar, soweit ernst zu nehmen, durchweg nicht mehr als Sammlungen antiker Textzitate, doch enthalten sie manche zutreffende Darstellung. Was etwa, nach verschiedenen recht unzulänglichen Preludien der Meisterlin, Pirkheimer und Peutinger, der Elsässer Beatus Rhenanus, einer der großen Gelehrten dieser Zeit, in seinen 1531 herausgekommenen *Drei Büchern germanischer Geschichte* berichtete, genießt bis heute den Respekt der Forschung. Der in Schlettstadt geborene, später in Basel ansässige Weggenosse des Erasmus von Rotterdam leistete mit diesem Werk eine »höchst achtenswerte kritische Arbeit«, brachte Ordnung in den Wust widersprüchlicher antiker Nachrichten, fegte die Fabeleien seiner Kollegen energisch vom Tisch und erkannte mit sicherem Blick die besondere Art des deutschen Südens und Westens.

Die folgenden Generationen sind über seinen Wissensstand kaum hinausgelangt: weder der Rhenanus-Schüler Wolfgang Lazius noch der Danziger Philipp Cluverius; auch nicht der kursächsische Staatsmann Heinrich von Bünau, der Leipziger Professor Johann Jacob Mascov und der Leibniz-Sekretär Johann Georg Eccard, die alle drei schon dem rationalistischen 18. Jahrhundert angehörten, den Berosus und andere Falsifikate kaum noch eines Blickes würdigten und in ihrer kühlen, abwägenden Haltung dem Objekt ihrer Darstellung durchaus gerecht wurden.

Ohne die Altvorderen in unzulässiger Weise zu idealisieren oder herabzusetzen, zeichneten sie das im Grunde heute noch gültige Bild – das Bild eines kraftvollen, kriegstüchtigen, auf seine Unabhängigkeit bedachten Bauernvolkes, das fern dem zivilisatorischen Raffinement der Mittelmeerländer in einer angemessenen und moralisch höchst achtbaren Ordnung lebte.

Erst mit dem Beginn des 19. Jahrhunderts trat die Germanenkunde in einen neuen Abschnitt ihrer Entwicklung ein. Sprachwissenschaft und Bodenforschung erschlossen zahlreiche neue Quellen, von denen auch die großen Historiker und Germanisten dieses Jahrhunderts wesentlich profitierten. Mommsen und Ranke, Dahn und Müllenhoff, um nur einige der bedeutendsten zu nennen, sie alle haben die von den Nachbarfächern gewonnenen Erkenntnisse in ihren Werken berücksichtigt und damit die überkommenen Vorstellungen wesentlich ergänzt und gefestigt.

Gleichzeitig meldete sich aber auch der alte »Teutonismus« in der Germanenkunde wieder zu Wort. Das Vaterländische durchdrang die Vorzeitforsuung vielfach in einem Maße, daß von einer voraussetzungslosen Wissenschaft nicht mehr die Rede sein konnte. Den Nährboden für den wild ins Kraut schießenden Ahnenstolz bildeten vor allem die zahlreichen Geschichts- und Altertumsvereine, die in der ersten Hälfte des vorigen Jahrhunderts in ganz Deutschland entstanden. So verdienstlich die Mitarbeit begeisterter Laien in diesen Vereinigungen war, so führte sie doch häufig zu recht grotesken Ergebnissen. Wie schon einmal resultierten aus der Frontstellung gegenüber dem klassischen Altertum Mißdeutungen und Fehlschlüsse wunderlicher Art. Am Ende nahmen die alten Germanen im Olymp der europäischen Kulturvölker wieder den ersten Rang ein.

Der Fall Kossinna

Bemüht, sich von den wotansbärtigen Bannerträgern germanischer Geschichtsverklärung nicht beschämen zu lassen, trug auch die zünftige Wissenschaft zur Verwirrung der Geister bei. Wegbereiter dieses abartigen Nationalismus in der Vorgeschichtsforschung war der erste Inhaber eines Lehrstuhls für Vorgeschichte in Deutschland: Gustaf Kossinna, ein gebürtiger Tilsiter, der von der Sprachwissenschaft zur prähistorischen Disziplin kam. Anders als sein Antipode Carl Schuchhardt war er daher auch kein Mann der praktischen Grabungsarbeit, sondern ein Cäsar des Schreibtischs, ein unermüdlicher Sammler und Ordner von »Kleinaltertümern«, der in der Stille seiner Klause eine neue (oder wenigstens beinahe neue) Methodik der Funddeutung entwickelte.

Motto seiner Arbeit war der vielzitierte Satz: »Scharf umgrenzte archäologische Kulturprovinzen decken sich zu allen Zeiten mit ganz bestimmten Völkern oder Völkerstämmen.« Die moderne Forschung hat bewiesen, daß die vorgeschichtliche Wirklichkeit wesentlich komplizierter war, als dieser Satz besagt. Wie alle Vereinfachungen hat Kossinnas These jedoch eine starke Wirkung ausgeübt und zahlreiche Wissenschaftler und Dilettanten fasziniert.

Mit Hilfe seiner »siedlungsarchäologischen« Methode begann Kossinna nun die germanische Geschichte neu auszuloten, wobei er – anders als seine Kollegen – von den historisch erwiesenen Tatbeständen rückwärts tastete, von der Eisenzeit zur Bronzezeit, von der Bronzezeit zur Steinzeit. Sein System leistete ihm dabei recht gute Dienste, da es im wenig gestörten germanischen Raum über weite Strecken durchaus anwendbar ist. Doch ging es ihm gar nicht so sehr darum, die Hieb- und Stichfestigkeit seines Verfahrens darzutun, viel mehr lag ihm an dem Nachweis, daß die Germanen zu Unrecht als Barbaren bezeichnet würden.

Der alte Komplex also, das alte Aufbegehren gegen die angebliche Überbewertung der griechisch-lateinischen Kultur!

»Mögen wir«, so hieß es bei Kossinna, »die bronzezeitliche Metallindustrie Süddeutschlands und der Schweiz oder Frankreichs und Englands oder Ostdeutschlands und Ungarns oder Österreichs oder selbst Italiens untersuchen, keine dieser Industrien kann an die nordisch-germanischen Erzeugnisse heranreichen...«

Und dann ganz im Stil der humanistischen Patrioten, die ebenfalls ungezählte Pfeile gegen ihre lateinisch denkenden Kollegen verschossen hatten: »Wie lange soll es noch währen, daß die deutsche Vorgeschichte von den ersten Vertretern der germanischen Wissenschaft, den Germanisten der Berliner Akademie, mit völliger Nichtachtung übersehen wird? Wie lange noch soll die deutsche Archäologie die großzügigen Organisationen entbehren, die sich die Vertreter der römischen, griechischen, ägyptischen und orientalischen Archäologie... seit vielen Jahrzehnten in so überschwenglich reicher Weise zu verschaffen gewußt haben?«

Und schließlich: »Begeisterung und leidenschaftliche Hingabe zu wecken, dazu ist keine nationale Wissenschaft geeigneter als unsere Prähistorie!«

In dem Titel eines 1911 in Berlin gehaltenen Vortrags und bald darauf erschienenen Buches *Die deutsche Vorgeschichte, eine hervorragende nationale Wissenschaft* fanden diese Anschauungen schließlich ihre wie ein Schlagwort wirkende Formel.

Kossinna selbst wird als ein integrer, wenn auch leicht verletzbarer und daher schwieriger Mann beschrieben. Daß er ein kenntnisreicher, vielbelesener Gelehrter war, der sich um das Studium der Vorgeschichte manches Verdienst erwarb, bestreiten auch seine Gegner nicht. Anregend in all seiner Einseitigkeit, gehörte er dennoch der Wissenschaft.

Die Folgen aber waren schrecklich.

Ein ganzer Schweif von Schülern und Jüngern, von Heimatfreunden, Schmalspurwissenschaftlern und Auch-Forschern heftete sich nämlich an seine Fersen und begann die Glaubenssätze des Meisters zu interpretieren und in seinem Sinne die germanische Urgeschichte zu erhellen. Die zünftige Wissenschaft – jahrzehntelang vor allem in Kossinnas Erzfeind Carl Schuchhardt personifiziert – kam dabei schlecht weg, vor allem »die klassizistische und weltbürgerliche Seite«, wie es in Teudts Diktion heißt.

Herman Wirths Urlichtreligion

Die »Schularchäologie« hat damals viel einstecken müssen: Unverständnis, Neid auf die Erfolge Andersdenkender, Eingleisigkeit im Denken, »innere Verständnislosigkeit und hochmütige Ablehnung gegenüber der seelischen Aufbruchsbewegung« – das waren noch die geringsten Kaliber des Trommelfeuers an Beschimpfungen, das auf sie herniederprasselte.

Einen jener Phantasten, die Zulauf wie Wundertäter fanden, haben wir schon kennengelernt – jenen Hermann Wille, der die Hünenbetten in der Heide als die Grundmauern überdachter Kultstätten ansah, erbaut von den Chauken (die erst zweitausend Jahre später zwischen Weser und Ems siedelten). Wie Teudt war auch er ein Um- und Neudeuter von Format. Alte Schafställe wurden in seiner Sicht zu Wohnhausbauten der Ahnen, obwohl sich in keinem auch nur die Spur eines Herdes fand. In den Tempeln der Steinzeitgermanen, die er auf sturmumtoster Heide ansiedelte, ließ er Wintersonnenwendfeste feiern, ohne zu fragen, ob es diesen Brauch zu Zeiten der Megalithbauern überhaupt schon gab. Daß seine »germanischen Gotteshäuser« auf dem Hümmling und in der Ahlhorner Heide dicht wie Herdentiere beieinander lagen, war ihm offenbar gar nicht aufgefallen.

Wille war aber, mit Verlaub gesagt, ein Waisenknabe neben Herman Wirth, dem Erfinder der Urlichtreligion, die vom eisigen Norden her die ganze Welt mit ihren kulturspendenden Strahlungen erfüllte.

Der gebürtige Holländer, der in Leipzig Germanistik, Geschichte und Musik studiert hatte, bevor er 1909 in Berlin Dozent für niederländische Sprache wurde, nahm am Ersten Weltkrieg als Freiwilliger auf deutscher Seite teil, und das Kaiserreich war großzügig genug, seine Wehrfreudigkeit mit dem Professorentitel zu honorieren und damit seine wissenschaftliche Reputation zu beglaubigen. Wirth blieb dann in Deutschland, begeisterte sich schonungslos für alles Nordische, sammelte mit dem niederwalzenden Eifer eines Roboters, was ihm auf die Ausbreitung nordischen Gedankengutes hinzudeuten schien, und publizierte am Ende der zwanziger Jahre Bücher mit so lapidaren, bedeutungsschweren Titeln wie *Was heißt deutsch?*, *Der Aufgang der Menschheit* und *Die heilige Urschrift der Menschheit*.

Auch Wirth hatte zu den störenden Realitäten dieser Welt kein rechtes Verhältnis. Doch beschränkte sich sein Gedankenfluß nicht auf den kargen Raum zwischen Weser und Ems. Er wirbelte, wie ihm einer seiner Gegner einmal vorwarf, die entlegensten Völker, Zeiten und Länder durcheinander.

»Einen in der Mitte senkrecht durchstrichenen Kreis«, so heißt es in dem Text eines Kritikers, der sich den Offenbarungen der polaren Lichtreligion anscheinend mit Hartnäckigkeit verschloß, »benutzen wir nach Herman Wirth als ›Einsteigequelle in die angeblich unzugängliche Geisteswelt der Vorzeit‹. Der senkrecht geteilte Kreis ist das Symbol der weißen Rasse, deren Gottglauben sich im Sonnenlauf offenbart. Die Wiege dieses elementaren Gottglaubens sieht Herman Wirth in dem eisigen Norden. Der Jahreskreislauf der Sonne in den Polargebieten muß auf die dort wohnenden Urväter unserer weißen Rasse (nach Wirth Nordatlantiker) einen tiefen Eindruck gemacht haben.«

»Durch Generationen... dauernde Beobachtungen erkannten sie schließlich die Sonnenwendepunkte... und stellten natürlich sofort tiefsinnige Betrachtungen über ihre Beobachtungen an. In den Eisboden ihrer Heimat ritzten sie zunächst ihren Gesichtskreis als Kreis ein, halbierten ihn und trugen die Stellen der Sonnenwende ein. Es entstand so von selbst das Rechtskreuz..., das Symbol der Menschen als freies Gotteskind, dem die Wiederkehr ebenso beschieden ist wie dem Feuerball, und dessen sittliche Aufgabe es ist, ›aufrecht‹ zu handeln und ›recht‹ zu tun...«

»Da Zeit und Raum für Wirth nicht existierten, so läßt er zuerst seine Nordatlantiker im ewigen Eis der nördlichen Polarwelt einige Jahrhunderttausende lang leben, bis er plötzlich entdeckt, daß die Urväter der weißen Rasse ja eigentlich nichts zu leben haben. Drei Eiszeiten lang haben die Nordatlantiker ohne Beschwerden sich im Norden aufhalten können, aber erst die drohende vierte Vereisung zwang nach Wirth die Nordatlantiker, ihre Stammsitze zu verlassen und gen Süden auszuwandern...«

»Sie kamen in Gebiete, in denen andere Sonnenlaufverhältnisse herrschten. Sofort teilten sie auch ihr heiligstes Symbol, den Kreis, in anderer Weise auf. So entsteht das Malkreuz mit seinen verschiedensten Spalt- und Abwandlungsformen. Der Schlüssel der Schrift ist gefunden...«

»Die Wiedergabe des Kreises und seine daraus entstandenen Ableitungen wurden die religiösen Ideogramme der Atlantiker. Ihr ganzes Leben und ihr ganzes Tun war auf den strengen Wechsel des vierfach geteilten Kreises abgestimmt. Die Sprache der Atlantiker wurde der rhythmische Ausdruck der Jahreszeiten. Die einfachen und naturhaften Atlantiker änderten alle Vierteljahre in ihren Wörtern die Vokale und gaben den einzelnen Wörtern noch eine jeweils veränderte kultische Bedeutung bei.«

»Den Namen unseres naturhaft denkenden Heilsapostels Herman Wirth haben zum Beispiel die Atlantiker im Frühling Wirth, im Sommer Worth, im Herbst Werth, im Winter Warth und im Frühling wieder Wirth mit jeweils wechselnder Bedeutung ausgesprochen.« (Glaser)

Angesichts dieses metaphysischen Unfugs nimmt es nicht wunder, daß Hermann Wirth (der sich selbst Sohn eines friesischen Geschlechtes nannte) auch die Echtheit der *Ura-Linda-Chronik* beschwor. Das 1862 in Holland erschienene moderne Gegenstück des Pseudo-Berosus gab angeblich den Text einer humanistischen Handschrift wieder, die ihrerseits auf Chroniken aus dem 13. und 9. Jahrhundert zurückging. Sie berichtete die Schicksale der Familie Over de Linden vom Jahre 2193 v. Chr. an und wurde, was nicht schwer war, sofort nach Erscheinen als Fälschung und Eulenspiegelei erkannt. Herman Wirth, wie gesagt, war anderer Meinung. Ja, er brachte das Kunststück fertig, einer von ihm betreuten deutschen Ausgabe der Chronik eine enthusiasmierte und gläubige Lesergemeinde zu sichern.

Was die Auseinandersetzung mit all diesen Phantasten so schwer machte, war die Tatsache, daß es sich fast ausschließlich um solide und kreuzbrave Leute handelte, die für ihre Ideen nicht nur lebten und eiferten, sondern auch persönliche Opfer brachten.

Auch Wilhelm Teudt, dem Sternseher von den Externsteinen, wurden immer wieder Uneigennützigkeit, eiserner Fleiß, Beredsamkeit, guter Wille und andere wertvolle Eigenschaften bescheinigt.

Dennoch war er der Schlimmste von allen.

Die neue Teutoburger Waldschlacht

Man muß ihm freilich zugute halten, daß er in einer Landschaft lebte, die zu geschichtlichen Träumereien leicht verführt. Schon Goethe hat (während eines Pyrmonter Aufenthaltes) den gefährlichen Zauber »dieser Gegend« empfunden. »Hier ist noch die Umwallung eines Berges sichtbar, dort eine Reihe von Hügeln und Tälern, wo gewisse Heereszüge und Schlachten sich hätten ereignen können. Da ist ein Gebirgs-, ein Ortsname, der dorthin Winke zu geben scheint, herkömmliche Gebräuche sogar deuten auf die frühesten, roh feiernden Zeiten, und man mag sich wehren und wenden, wie man will, man mag noch so viel Abneigung beweisen vor solchen aus dem Ungewissen ins Ungewisse verleitenden Bemühungen, man findet sich wie in einem magischen Kreise gefangen...«

Teudt verwahrte sich jedoch ausdrücklich gegen den Vorwurf des Lokalpatriotismus, obwohl sein Großvater in Detmold geboren war, sein Vater dort als Landesbaurat gelebt hatte. Er selbst wirkte zunächst als Pastor im Bückeburger Ländchen, verzichtete dann aber auf »geistliche Titel und Rechte« und widmete sich als Direktor und Mitbegründer des Keplerbundes der »Förderung der Naturerkenntnis«.

Erst als er Anfang der zwanziger Jahre – bereits ein reifer Sechziger – ins Land der Väter zurückgekehrt war, fiel es ihm sozusagen wie Schuppen von den Augen.

In seinen Schriften berief er sich ausdrücklich auf Kossinna. Seine Ergebnisse waren jedoch nicht so sehr eine Sache der Forschung als vielmehr der Intuition und ahnungsvollen Versenkung, und er kannte durchaus keine Bedenken, sich zu dieser seiner »Methode« öffentlich zu bekennen. So gab er 1931 auf einer Diskussion in Bielefeld freimütig zu, daß alle seine Behauptungen sich auf »Indizienbeweise« stützten und »daß er aus der angeborenen geistigen Erbmasse seines germanischen Blutes... in unterbewußtem Erinnern diese ganze geistige Schau gewonnen habe«.

Trotzdem – oder gerade deswegen – gewann er eine unübersehbare Gefolgschaft. Dazu trug bei, daß er für seine Hirngespinste mit unbestreitbar organisatorischem Geschick und dem Zungenschlag des gelernten Theologen zu werben verstand. Er gründete die »Vereinigung der Freunde germanischer Vorgeschichte e. V Detmold«, zu deren Direktor er sich selbst ernannte, und schrieb das Buch *Germanische Heiligtümer*, das – von einem angesehenen Verlag herausgegeben – in kurzer Zeit ein halbes Dutzend Auflagen erlebte.

Er nahm darin – wie Kossinna, nur mit wesentlich gröberem Geschütz – die professionelle Wissenschaft unter Dauerfeuer und erwarb nicht zuletzt damit den Beifall Tausender unverstandener Amateure, die seinen nebulosen Ideen widerstandslos erlagen. Ihr gemeinsames Publikationsorgan war die von Teudt ins Leben gerufene Zeitschrift *Germanien*, in der zumal sein engerer Freundeskreis unter so arteigenen Pseudonymen wie Arendt-Franssen, Freerk Haye Hamkens oder Frjdap Beiträge zur »Erkenntnis deutschen Wesens« schrieben.

»Jetzt beginnt der deutsche Geist seine Weltschlacht zu schlagen, und diesmal werden wir siegen«, stellte einer seiner Jünger in einem Aufsatz fest, der unter der bezeichnenden Überschrift *Die neue Teutoburger Waldschlacht* erschien.

Man könnte über diese »neue Teutoburger Waldschlacht« den Mantel des Schweigens decken, wenn Wilhelm Teudt und seine »Teudtobolde« nicht eines Tages staatliche Anerkennung erfahren hätten. Im Jahre 1933 wurden die Externsteine zum deutschen Nationaldenkmal gekürt. Ein Jahr später übernahm der Reichsführer SS Himmler den Vorsitz der Externstein-Stiftung. Es folgte eine »aufs Monumentale gerichtete« Umgestaltung der Umgebung, der vor allem der ungermanischer Idyllik verdächtige Stauweiher zum Opfer fiel.

Wilhelm Teudt nannte sich in dieser Zeit bereits Professor. Seine »Vereinigung der Freunde germanischer Vorgeschichte« fungierte seit 1936 als eine der tragenden Säulen der als »Deutsches Ahnenerbe« auftretenden »Studiengesellschaft für Geistesurgeschichte«. Im Herbst desselben Jahres, am Tage nach dem Erntedankfest, wurde mit Wagnermusik und Pimpfenfanfaren die Detmolder »Pflegestätte für Germanenkunde« als selbständiges Institut des reichsamtlichen »Ahnenerbes« eröffnet und Teudt mit dem Ehrenbürgerbrief der alten lippischen Residenz ausgezeichnet.

Der Sieg schien vollkommen. Zur Ehre der deutschen Forschung muß aber gesagt werden, daß sie in dieser Situation klar und unmißverständlich gegen Teudt und seine hohen Protektoren Stellung bezog.

An Kummer gewöhnt, hatte sie die Detmolder Astralphantasten und ihre Mitläufer bis dahin kurz abgetan, je nach Temperament mit harten oder ironischen Worten. Nun aber, da Teudt und die Externsteine gewissermaßen zu einer öffentlichen Einrichtung erhoben wurden, verdichtete sich ihr Widerstand.

Das erste große Kontra kam aus der Feder des Klerikers Alois Fuchs, der 1934 den christlichen Charakter der Gedenkstätte überzeugend dartat und dabei mit den Teudtschen Gedankengängen nicht eben glimpflich umging. Das Schlußwort sprach 1943 in einer

Todesrune oder Galgenzeichen

außerordentlich kritischen Untersuchung Friedrich Focke, der darüber hinaus auch die höchst zweifelhaften Methoden und Ergebnisse der 1934 an den Externsteinen durchgeführten Grabung Stück für Stück zerpflückte.

Diese Grabung hatte nach Meinung ihres Leiters, Prof. Julius Andree, jeglichen Zweifel an dem vorchristlichen Charakter der Kultstätte beseitigt. Seine Behauptungen stützten sich vor allem darauf, daß er über dem gewachsenen Boden eine Schicht von Sandsteinschutt (aus den Höhlen und Zellen der Felsen) feststellte und darüber eine Decke mit vorgeschichtlichen Scherben. Nur hat er diese Scherben nie öffentlich vorgelegt.

Focke fand auch keinen Hinweis auf die von Teudt und Andree festgestellte Zerstörung des germanischen Stern-Heiligtums durch karolingische Missionare. Das »Observatorium« auf der Höhe des zweiten Felsens mit dem mythischen Einfall der ersten Strahlen der Sommersonne erklärte er aus der natürlichen Richtung der Steine. Auch historische Argumente für die Fortdauer des Sonnenwendkultes im Mittelalter hielten seiner genauen Durchleuchtung nicht stand.

Eine ausgesprochen profane Deutung hatten sowohl Fuchs als auch Focke für die vielgenannte rätselhafte Rune in der unteren Kapelle. Herman Wirth, in dessen welterhellender Urlichtreligion die Externsteine eine bedeutsame Rolle spielten, hielt die unbeholfene Ritzzeichnung für das Zeichen des »vorwintersonnenwendlichen Heilbringers und Gottessohnes« und schloß daraus sogar auf einen jungsteinzeitlichen Tempelbetrieb. Wirths und Teudts Gegner entschieden sich für eine simple Galgenzeichnung, deren Urheber wahrscheinlich einer jener Missetäter war, die das Amt Horn hier gelegentlich einsperrte. Galgenzeichen auf Richtschwertern waren um 1600 keine Seltenheit, und auch im Lippischen gab es Eisen, mit denen man Zigeunern, Streunern und Verbrechern einen Galgen auf den blanken Rücken brannte.

Am umwerfendsten aber war die Untersuchung der Wälle von Oesterholz, die in Teudts astronomischen Mutmaßungen gleichsam die Festpunkte abgaben. Zunächst war aus den Akten des lippischen Staatsarchivs zu entnehmen, daß sie allesamt erst im 18. Jahrhundert entstanden waren. Grabungen bewiesen dann, daß auch unter den »gemeinen Gartenmauern« keine vorgeschichtliche Astronomenschule lag. Der große »Beobachtungshügel« gar stellte sich bei näherer Betrachtung als ein »moderner« Kehrichthaufen dar.

Das alles trug dazu bei, daß selbst die Funktionäre der damaligen offiziellen Vorgeschichtspflege schließlich von Teudt abrückten. Schon 1937 nahmen sie ihm mit sanftem Druck die Zeitschrift *Germanien* aus der Hand, kurze Zeit später auch die »Pflegestätte für Germanenkunde«. Und als er – nach der Darstellung eines Unentwegten äußerlich noch immer ein echt germanischer Recke »mit der hohen Stirn, den buschigen Brauen und den gemeißelten Zügen, die ebenso eiserne Willenskraft wie stählerne Beharrlichkeit künden« – 1940 seinen achtzigsten Geburtstag feierte, erhielt er zwar noch die Goethe-Medaille und zahlreiche Telegramme und Glückwunschadressen, doch täuschte das alles nicht darüber weg, daß man seiner Phantastereien überdrüssig geworden war.

Den Rest besorgte der Krieg. Es wurde still um die Sternseher der Externsteine. Der Spuk zerrann, der germanische »Lichtdienst« erlosch.

Nun ist der alte Zustand wiederhergestellt. Die etwas gewaltsamen Veränderungen aus den dreißiger Jahren sind rückgängig gemacht. Der große Felsen an der Nordostseite der Gruppe spiegelt sich wider in dem kleinen See, der durch Aufstauen der Wiembeke entstand.

Wiege der Welturmythen

Das vom »Naturwissenschaftlichen und historischen Verein für das Land Lippe« herausgegebene Faltblatt verschweigt die Ära Teudt und spricht von den Externsteinen nur als einem christlichen Heiligtum.

Aber der alte Streit schwelt weiter, und es sieht nicht danach aus, als ob er in absehbarer Zeit beigelegt würde.

In den Verkaufsbuden an den Externsteinen liegt neben der gleichsam offiziellen Verlautbarung des »Historischen Vereins« eine Veröffentlichung, die den ursprünglich christlichen Charakter der Stätte entschieden in Frage stellt, von der Möglichkeit eines keltischen Höhlenkultes spricht und sich vornehmlich gegen die »Galgentheorie« von Fuchs und Focke richtet.

Eine andere Publikation, für die der Sohn jenes Professors Langewiesche verantwortlich zeichnet, der von der »wahrhaft dichterischen Vorstellungskraft« Wilhelm Teudts sprach, stellt die »Externsteine als Schauplatz der Welturmythen« dar und behauptet nicht mehr und nicht weniger, als daß sie »nicht allein ›heidnisch‹ im Sinne der christlichen Auffassung, sondern höchstwahrscheinlich sogar der Ausgangspunkt alles religiösen Denkens und Empfindens der Menschheit gewesen sind«. ... Was mit zahlreichen Edda-Zitaten und Hinweisen auf so fernliegende Dinge wie Inka-Reliefs und Philistervasen belegt wird.

Insgesamt hat die Zahl der Veröffentlichungen über die Externsteine nach dem Zweiten Weltkrieg das runde Dutzend bereits wieder überschritten. Die monumentale Felsgruppe, die kein Wagner-Regisseur hätte besser placieren können, übt also noch immer eine magische Wirkung aus. Nirgendwo sonst scheinen der Phantasie derartige Schwingen zu wachsen wie beim Anblick der Externsteine.

DREIZEHNTES KAPITEL

KLEINE DÖRFER MIT GROSSEN NAMEN

ZENTREN DER BODENFORSCHUNG IM GERMANISCHEN SIEDLUNGSRAUM

WEGWEISER ZU VORGESCHICHTSZIELEN
»LATEINISCHE« UND ANDERE BAUERN
DIE PRIVATGRABUNG EINES SECHZEHNJÄHRIGEN
DAS RÄTSEL VON JASTORF · GAB ES EINE »KELTISCHE HANSA«?
EIN MANN VON HEUTE — 2 000 JAHRE ALT
MAN TRUG »SHORTS« UND »BREECHES«
MENSCH UND TIER UNTER EINEM DACH
DIE LETZTE MAHLZEIT DES TOLLUND-MANNES
DAS ALSEN- UND DAS NYDAM-SCHIFF
FREIE, FREIGELASSENE UND SKLAVEN
DIE LETZTE ENTSCHEIDUNG LAG BEIM THING
RACHE — EIN GEBOT DER SITTLICHKEIT
ASGARD, MIDGARD UND WALHALL · DER »HOLZMANN« AUF DER HEIDE
OPFER-BACCHANALE FÜR DEN GOTT DES KRIEGES
AN DER SCHWELLE DER DEUTSCHEN RUHEZEIT

V on der Autobahnabfahrt Soltau-Ost bis Uelzen sind es noch knapp fünfzig Kilometer. Nach etwa zehn Kilometern fährt man durch Munster, die Stadt am Rande des großen Truppenübungsplatzes, mit den dazugehörigen Kinos, Sonntagstanzdielen und Soldatenbräuten. Hinter Munster beginnt die große Stille.

Wegweiser zu Vorgeschichtszielen

Die Straßen schneiden, durch keinerlei Hindernisse gebremst, wie mit dem Lineal gezogen durchs Land. Alle fünf oder sechs Kilometer ein Dorf. Keine Fabriken, kaum eine Tankstelle, ja kaum ein Auto – fast, als ginge die Reise direkt in die Vergangenheit.

Ein kleines Flüßchen schlängelt sich durch das fast unberührte Bauernland mit seinen großen Höfen – die Ilmenau, die aus der Lüneburger Heide kommt und nach 120 Kilometern gemächlichen Fließens bei Hoopte in die Elbe mündet.

In einer Senke, die sacht zu den Ufern der Ilmenau abfällt, liegt dann Uelzen, eine alte Stadt, die aus einem ottonischen Kloster des Bistums Verden erwuchs, im Mittelalter Lüneburg und Celle Konkurrenz machte, nach den schweren Zerstörungen des Dreißigjährigen Krieges aber zu einem kleinen Landflecken herabsank; heute eine Kommune mit knapp 30 000 Einwohnern und das Einkaufs- und Geschäftszentrum der bäuerlichen Umgebung mit zahlreichen land- und forstwirtschaftlichen Behörden und Institutionen.

An die mittelalterliche Blüte erinnert nur noch die Marienkirche mit ihrem wuchtigen quadratischen Turm, dem »Prahlhans«, wie er hierzulande genannt wird, da er sich in der Weite der norddeutschen Flachlandschaft unübersehbar in Szene setzt.

Der fast 1 500 Quadratkilometer große Zonengrenzkreis, dessen natürlichen Mittelpunkt Uelzen bildet, ist dank seinen guten Kleiböden und zahlreichen Wasserläufen der fruchtbarste Landstrich weit und breit und hat die Menschen schon vor Jahrtausenden zur Ansiedlung gereizt. Als der Freiherr von Erstorff 1846 seine berühmte *Illuminierte archäologische Karte* von Uelzen und Umgebung publizierte, waren auf ihr nicht weniger als 10 000 urgeschichtliche Grabstätten eingetragen, außerdem zahlreiche Opfersteine sowie Burgwälle und Landwehren.

Von den damaligen mehr als 200 Großsteingräbern sind freilich, wie berichtet, nur 17 geblieben, und statt 6 500 Hügelgräbern zählt man nur noch etwa 1 000. Aber selbst mit seinen schwer dezimierten Beständen verfügt der Landkreis Uelzen noch über eine der reichsten urgeschichtlichen Hinterlassenschaften in Deutschland.

Darunter befinden sich zahlreiche klar erkennbare Objekte, die auch den Touristen ansprechen. Neunzehn eindrucksvolle Zielpunkte hat der Bodendenkmalpfleger des Kreises, Dr. Friedrich Carl Bath, in den letzten Jahren ausgeschildert, und zwar:

die Kammergräber bei Lehmke, Barnsen und Kettelstorf,
die Hünenbetten bei Haassel, Kahlstorf und Thondorf,
die Steinkisten bei Melzingen und Uelzen,
den Opferstein bei Melzingen,
den Elwertstein bei Lehmke,
die Hügelgräberfelder bei Addenstorf, Bünstorf, Holdenstedt, Süstedt, Holthusen II und Bargfeld,
die Burgwälle bei der Woltersburger Mühle und bei Bode und
die Landwehr bei Schostorf.

Ein rundes Dutzend weiterer Ziele mußte vorerst – auch Wegweiser kosten Geld – ausgespart werden. Die jeweilige Bedeutung und

Eigenart der Objekte soll den Besuchern noch durch Tafeln mit Lageplänen und kurzen textlichen Erläuterungen nahegebracht werden.

Eine kleine Handkarte mit den vielfach in Busch und Wald versteckten »Altertümern« ist in Vorbereitung.

Eines der schönsten und besterhaltenen Hügelgräber, mit 22 Meter Durchmesser auch eines der ansehnlichsten, hat der Luftkurort Bevensen im Kreise Uelzen in eine moderne Wald- und Gartensiedlung einbezogen. Als Grünanlage unter alten Kiefern wird es von der Wohnstraße sacht umgangen – ein vorzeitliches Erinnerungsmal inmitten eines Ferienortes, das in den Prospekten mit Recht als eine Besonderheit hervorgehoben wird.

Dazu kommen verschiedene Fund- und Grabungsstellen, die äußerlich nicht oder kaum erkennbar sind, in der urgeschichtlichen Literatur jedoch eine bedeutende Rolle spielen, zum Beispiel die Hügelgräber in der Melzinger Heide, die im letzten Jahrzehnt vom Niedersächsischen Landesmuseum in Hannover bearbeitet worden sind, darunter ein Langhügel, der über 300 Jahre »in Gebrauch« war. In die Übergangsperiode von der Stein- zur Bronzezeit datiert, haben die Melzinger Gräber vor allem für die Verschmelzung der Megalithbauern mit den schnurkeramischen Wanderhirten und damit für die Inkubationszeit des Germanentums instruktives Material geliefert.

Ein Halbjahrtausend jünger ist der wertvolle Hort, den 1951 ein Acker des Hofbesitzers Rätzmann in Bargfeld freigab, ein Depot, das außer goldenen Haarspiralen, bronzenen Zierknöpfen und Nieren-, Arm- und Beinringen einige chronologisch bedeutsame Fibeln enthielt, aus denen sich die Südausdehnung der bronzezeitlichen Germanen sowie die zahlreichen Kulturverflechtungen des Ilmenaulandes ablesen ließen.

Ein weiterer Hortfund der Mittleren Bronzezeit wurde 1957 von dem Bauern Werner Schulz aus Ostedt eingebracht – ein Beweis dafür, daß die Erde des Kreises Uelzen noch lange nicht erschöpft ist.

Die bekanntesten Grabungsstätten aber sind die Urnenfriedhöfe von Wessenstedt, Jastorf, Ripdorf und Seedorf – die »Patenstationen« der germanischen Kulturen vom Ende der Bronzezeit bis zum Erscheinen der Römer in Deutschland. Die Dörfer liegen nördlich von Uelzen, unweit Bevensen, und verdanken ihren Ruhm dem Eifer, der Intelligenz und dem Unternehmungsgeist eines Sechzehnjährigen – einer kleinen Privatgrabung des jungen Gustav Schwantes.

Lateinische und andere Bauern

Gustav Schwantes, später Museumsdirektor und Ordinarius für Vor- und Frühgeschichte an der Universität Kiel, war eine universelle Begabung. Er musizierte, schrieb Gedichte und galt nicht nur unter Prähistorikern, sondern auch unter Botanikern als unbedingte Kapazität. Er entdeckte die Heide-Nachtkerze, schuf das Afrikahaus des Kieler Botanischen Gartens und genoß als Kakteenfachmann internationales Ansehen. Zudem war er ein hervorragender Stilist, der auch den Nichtfachmann zu fesseln verstand, und nicht zuletzt ein wohlmeinender, fast väterlicher Lehrer, dessen Schüler bis heute eine rechte Schwantes-Gemeinde bilden.

Damals, im Jahre 1896, als er seine erste Urne heimbrachte, war er freilich nicht mehr als ein Pennäler, der seine Ferien bei »Onkel Heinrich« in Sasendorf, dem Bruder seiner Mutter, zu verbringen pflegte und dort den Grabungsspaten betätigte – eine Leidenschaft, die in der mütterlichen Familie offenbar erblich war. Ein anderer Onkel nämlich, Onkel Georg aus Seedorf, hatte eine bedeutende Sammlung hinterlassen, die – inzwischen von einem Museum erworben – ihm über das Grab hinaus den Nimbus einer bedeutenden Persönlichkeit verschafft hatte.

In dem Hofbesitzer Heinrich Meyer aus Haarstorf lernte der junge Schwantes zudem einen »lateinischen Bauern« kennen, der sein Studium in München nicht nur der Agronomie, sondern auch der Urgeschichtsforschung gewidmet hatte und seinem jungen Freund wenigstens das ABC der Grabungstechnik vermitteln konnte. Heinrich Meyer drückte ihm auch das bereits mehrfach zitierte Buch des Kammerherrn von Estorff über die *Heimischen Altertümer der Umgebung von Uelzen* in die Hand, außerdem den 1852 erschienenen Bericht des Engländers John Mitchell Kemble über seine Grabungen im nahen Oldenstadt.

Schwantes hat sich dieses Berichtes auch später gern erinnert, weil er »in trefflicher Weise den Zustand der Landschaft an der Ilmenau im Jahre 1854« widerspiegelte, an dem sich bis 1896 eigentlich nur wenig geändert hatte. Ja, manches hat davon noch heute seine Gültigkeit.

»Wer sich unter der Lüneburger Heide eine dürre Sandwüste denkt«, so hieß es in Kembles Vorwort, »braucht nur im Sommer die anmutige Umgebung von Uelzen zu besuchen, um seinen Irrtum gewahr zu werden. Überall wird er blühende Dörfer mit ihrer schönen freundlichen Umzäunung von Laub- und Nadelholz antreffen, deren Fluren der arbeitsamen Bevölkerung einen reichen Überfluß an Lebensmitteln gewähren...«

»Manchem mag dieser Anblick Fremdartiges und Überraschendes darbieten; man hat sich nur zu sehr daran gewöhnt, die ›Heide‹

als eine Art thebaische Wüste sich zu denken, wo nichts fehlte als etwa ein paar fromme Einsiedler, um für eine syrische oder ägyptische Einöde zu gelten. Dem ist aber nicht so; ja schwerlich wird eine Gegend des Königreiches ein erquickenderes, erfreulicheres Bild des Fleißes und der Wohlhabenheit liefern können. Überall ruht das Auge des Sachkundigen auf hoffnungsvollen Gegenständen.«

»Hier Felder von tiefem, schweren Klee..., da kräftiger, bräunlicher Roggen, weiter die Sommerfrüchte in üppigem Wuchse oder Flachs mit den lieblichen blauen Blüten, und Kartoffelfelder, deren Früchte der welterfahrenste Gutschmecker für ausgezeichnet erklären muß. Auch fehlt es nicht an künstlich angelegten Rieselwiesen, an Obst- und Kohl- und Kräutergärten, an Rüben und gelben Wurzeln...«

Nach dieser erfrischenden Schilderung folgen Betrachtungen über die Notwendigkeit der Stallfütterung, des »ordentlichen Düngens der Felder« und des Urbarmachens bisher ungenutzter Ödlandstrecken. Dabei stoße man immer wieder auf rasenbedeckte Steinhaufen oder künstlich angelegte Steinpflasterungen. »Solche mit Steinen ausgefüllte Hügel, solche mit Pflaster bedeckten Flekken sind aber die Begräbnisplätze der Urzeit, und glücklich ist es, daß sie auf diese Weise verschont geblieben sind.«

»Denn sosehr sich der Mensch über die immer mehr um sich greifenden Fortschritte der Kultur freuen muß, so ist es doch nicht ganz wegzuleugnen, daß die Resultate derselben für den Altertumsforscher eine traurige Seite haben. Der Bauer, welcher die ihm zugefallene ›Heidekoppel‹ urbar machen will, bekümmert sich wenig um die Grabhügel, die er ebnet, oder die Urnenlager, die er mit unerbittlicher Hand zertrümmert; findet er bei Gelegenheit ›olle Pötte‹, so zerschlägt er sie in dem Wahn, Gold oder Silber darin zu treffen, oder falls er sich die Mühe gibt, die Urnen nach Hause zu tragen, so liefert er sie als Spielzeug seinen Kindern; und damit sind sie verloren.«

»Wie der Tagelöhner bei solchen Arbeiten verfährt, braucht man nicht näher zu schildern... Er weiß nicht einmal, daß er alte Gräber unwiederbringlich ruiniert. Was in denselben liegt, merkt er entweder gar nicht, oder falls Metall darin ist, bricht er es auf der Stelle entzwei, in dem Wahn, Gold gefunden zu haben; dann in seiner Hoffnung getäuscht, wirft er die Bruchstücke verdrießlich weg oder verhandelt sie um ein paar Groschen dem herumziehenden Hausierer, welcher sie sofort dem Schmelztiegel oder, was fast ebenso schlimm ist, den Händen des Privatsammlers übergibt...«

»Durch diese Betrachtungen«, so beendet der Engländer Kemble sein ländliches Sittenbild, »fühlte sich der Unterzeichnete veranlaßt, im Interesse des Historischen Vereins für Niedersachsen einen Teil des Amtes Oldenstadt einer strengen wissenschaftlichen Prüfung zu unterwerfen.«

Die Privatgrabung eines Sechzehnjährigen

Auch die erste Urne, die der Schüler Gustav Schwantes fand, war bereits zerschlagen. Ihre Reste lagen auf der Sohle einer Kiesgrube bei Seedorf, enthielten aber noch ein Paar Segelohrringe. Schwantes begann zu graben und entdeckte noch einige von einem Steinmantel umgebene Gefäße mit bronzenen Nadeln und anderen bescheidenen Beigaben.

Wieder in Hamburg, ging er mit seinen irdenen Töpfen zum Völkerkundemuseum und zeigte sie dem Abteilungsleiter für Vorgeschichte, Dr. K. Hagen. Der erklärte sie und ihren Inhalt für Latène-Ware und empfahl ihm, seine praktische Arbeit im Gelände durch die Lektüre von Sophus Müllers *Nordischer Altertumskunde* und Ingvald Undsets Abhandlung über *Das erste Auftreten des Eisens in Nordeuropa* zu ergänzen.

Nunmehr auch theoretisch gerüstet, opferte Schwantes seine Ferien fortan ausschließlich der »Urnenbuddelei«. In der großen Sommerpause, während der »Kartoffelferien« im Herbst, zu Ostern, zu Pfingsten und sogar um die Weihnachtszeit trieb er, meist in Begleitung seines Bruders Curt, sein Wesen auf den Äckern von Sasendorf und Umgebung. Er nahm dabei manche Anstrengung auf sich, aber noch im hohen Alter war er der Meinung, daß diese glücklichen Jahre »bei weitem die Folgen von Herzerweiterungen aufwogen«, die er sich »bei der vom ärztlichen Standpunkt ... geradezu sträflich unsinnigen Durchführung« seiner Grabungen zuzog.

Das Hauptquartier war der Sasendorfer Hof. In aller Herrgottsfrühe erhoben sich die beiden Schwantes-Jungen, schulterten ihr schweres Gepäck und marschierten ein oder zwei Stunden zur Grabungsstelle. Sie bevorzugten dabei stille, wenig begangene Wege, um unnötiges Aufsehen zu vermeiden.

In der weltentlegenen Heitbracker Heide arbeiteten sie einmal wochenlang, ohne außer dem Landbriefträger einen Menschen zu erblicken.

»Die Mittagsmahlzeit bestand aus herrlichem, säuerlichem Lüneburger Brot und Speck, wie wir es von den ländlichen Arbeitsleuten gelernt hatten. Der Trunk dazu wurde in einer Flasche aus dem in der Nähe dahinrieselnden Bach geschöpft ... Beim Trinken mußten wir uns nur davor hüten, die jungen Stichlinge, die sehr häufig in die Flasche hineinkamen, ... mitzutrinken.«

Bei Sonnenuntergang ging es zurück. »In jeder Hand eine bandagierte Urne«, wanderten sie die gleichen beschwerlichen Wege wie frühmorgens, gewissermaßen auf leisen Sohlen, wie Indianer auf dem Kriegspfad. Ein kräftiges Abendessen noch, das in Onkel Heinrichs Rauchfang merkliche Lücken hinterließ, und sie sanken todmüde in die strohgefüllten Bauernbetten.

So ganz war ihre Tätigkeit aber doch nicht verborgen geblieben. Eines Abends – gegen Ende der Ferien – hielt der Hofbesitzer Schrader aus Jastorf die schwerbepackten Heimkehrer an und erzählte ihnen, daß er auf einem Hang an der Ilmenau offenbar einen ganzen Urnenfriedhof entdeckt habe. Gustav Schwantes sah sich die »Örtlichkeit« mit den bereits geschärften Augen des angehenden Experten an, nickte befriedigt und entschied sich, den Jastorfer Friedhof im nächsten Urlaub in Angriff zu nehmen.

Doch dann erlebte er die erste große Enttäuschung seines Archäologendaseins. Als er einige Zeit später mit seinem Spaten anrückte, fand er den Platz restlos durchwühlt vor. Schulkinder hatten sich – ob unter Leitung ihrer Lehrer oder nicht, war nicht mehr zu erfahren – des Geländes angenommen und es wie Maulwürfe durchwühlt.

Schwantes – nun schon im hoffnungsvollen Alter von siebzehn Jahren – ließ sich aber nicht entmutigen und begann noch am selben Tag mit einer kleinen Nachlese. Diese ließ sich über Erwarten günstig an, da die Jastorfer Schulkinder die Gräber zwischen den Gräbern zum größten Teil übersehen hatten. So konnte er noch insgesamt 160 Bestattungen untersuchen, die letzten sogar mit Hilfe eines Tagelöhners, den ihm das Provinzialmuseum in Hannover zur Verfügung stellte.

Schon die Heitbracker Funde hatten ihm schlaflose Nächte bereitet. Was er nun in Jastorf aus der Erde holte, ließ ihn fast an seiner Einsicht zweifeln. Wie empfohlen, hatte er sich Ingvald Undsets Buch über die nordeuropäische Eisenzeit verschafft, ja, er trug es nach ausgiebigem Studium gleichsam als prähistorische Taschenfibel ständig mit sich herum. Der norwegische Forscher – der Vater der Dichterin Sigrid Undset – galt damals als einer der besten Urgeschichtskenner Europas. An seinem Urteil zu zweifeln, wäre Vermessenheit gewesen.

Schwarz auf weiß war nun bei ihm zu lesen, daß erst die keltische Latène-Zivilisation, gleichzeitig mit der Brandbestattung, das Eisen nach Nordeuropa gebracht habe. Der Schüler Schwantes hatte seine Funde Stück für Stück mit den Abbildungen in Undsets Buch verglichen und dabei festgestellt, daß seine Seedorfer Urnen und

Das Rätsel von Jastorf

ihre Beigaben tatsächlich der »Latène-Gesittung« angehörten. Die Heitbracker und Jastorfer Inventare aber – und das war es, was ihn so sehr beunruhigte – paßten in keiner Weise ins Bild.

Die Gräber unterschieden sich schon in der Anlage. Die Urnen von Jastorf und Heitbrack standen nicht frei im Erdboden, sondern waren von einem Mantel aus Geröllsteinen umgeben; auch deckte sie kein Erdhügel. Entscheidend war aber, daß die Beigaben, vor allem die eisernen Fibeln, überhaupt keine Ähnlichkeit mit den gängigen und bereits weitgehend bekannten Latène-Erzeugnissen zeigten.

Man darf Schwantes glauben, daß ihn diese Feststellung regelrecht verstörte. Auf der einen Seite die Aussage eines weltbekannten Gelehrten, auf der anderen Seite ein Befund, der absolut nicht zu dieser Aussage passen wollte. Was steckte hinter diesem Widerspruch?

»Um dahinterzukommen, las ich immer wieder und wieder in Ingvald Undsets dickem Buch, sitzend auf der Bank in Onkel Heinrichs herrlichem Bienenzaun, diesem idyllischen Platz zum Ausruhen, wie ich ihn nie geeigneter gefunden habe, umschwärmt von den Immen, deren ruhiges Gebrumme wohltuend auf die Nerven wirkt wie etwa der monotone Wellenschlag am Strande.«

»Wohl fand ich bei Undset zahlreiche Urnen und Metallsachen aus anderen norddeutschen Urnenfriedhöfen, die den unseren aufs genaueste entsprachen. Warum aber führte sie der große Forscher unter dem Namen Latène, wo doch nichts an ihnen an die keltische Fundgruppe erinnerte? Anzunehmen, daß hier vielleicht ein Irrtum des verehrten Mannes vorliege, lag meinem damaligen Denken völlig fern.«

»Wie sollte es angehen, daß ein Gelehrter von Weltruf wie Undset Funde, die auf keltischem Gebiet nicht vorkommen, trotzdem mit dem Namen Latène belegte, wenn er dafür nicht voll berechtigt gewesen wäre? Der Zweifel aber blieb und nagte in mir weiter.«

Eine Stunde in der Hamburger Stadtbibliothek half dem jungen Zweifler weiter. Im Archiv für Anthropologie las er eine von der Kieler Museumsdirektorin Johanna Mestorf verfaßte Besprechung eines neuen Buches von Oskar Montelius, in dem die überaus gelehrte Dame beiläufig erklärte, ihr schwedischer Kollege sei genau wie sie der Meinung, daß das Eisen bereits in der Hallstatt-Zeit in den germanischen Norden gelangt sei.

»Dieser Abend in der Stadtbibliothek war für mich, wie man verstehen wird, von geradezu ungeheurer Bedeutung, und ich empfinde noch heute, wie in mir alles in eine kochende und brodelnde Aufregung geriet und aus dem Wirbel der Gedanke schließlich die

Erkenntnis hervortrat: Da hast du endlich die Lösung des Rätsels von Jastorf!«

»Also nicht nach Laténe sollten weiterhin meine Gedanken schweifen, sondern nach Hallstatt, und das erste Ergebnis war schon in jener denkwürdigen Stunde die Erkenntnis, daß die Jastorfer Urne mit dem langen Hals... tatsächlich eine Hallstatt-Form darstellte...« Damit war aber auch alles andere, »was wir bei Jastorf und Heitbrack gefunden hatten, endlich deutbar, eben aus dem großen Schatz der hallstättischen Formenwelt heraus, die ich bisher bei Vergleichen außenvor gelassen hatte«.

Der junge Schwantes war von dieser Entdeckung so berauscht, daß er während der Weihnachtsferien, die er wie üblich in Sasendorf verbrachte, der sachverständigen Johanna Mestorf einen ausführlichen, bebilderten Bericht über seine Grabungen im Kreise Uelzen schickte. Da er es für ungebührlich hielt, eine Expertin von solchem Rang schlichtweg als Fräulein Mestorf anzusprechen, begann er seinen Brief mit der eigens für sie erfundenen Titulatur »Eure Autorität«.

»Ihre Autorität« nahm tatsächlich Kenntnis von seinen einsamen Grabungen. Nicht nur, daß sie ihm ermunternd antwortete, sie pflichtete auch seinen immer noch recht schüchtern vorgetragenen Auffassungen völlig bei und sprach damit zugleich das entscheidende Wort für den weiteren Lebensweg von Gustav Schwantes.

Mit Leib und Seele verschrieb er sich endgültig der Urgeschichtsforschung.

Nun, nachdem das Kernproblem gelöst war, machte die Arbeit schnelle Fortschritte. Andere Grabungsplätze bestätigten die Jastorfer Erkenntnisse. Johanna Mestorf hatte in ihrem Brief bereits angedeutet, daß ihr dieselben hallstättischen Formen auch aus Osthannover und Schleswig-Holstein bekannt seien. Es war eine Sache fachlicher Kleinarbeit, ähnliche Inventare auch in Mecklenburg und Pommern, in Brandenburg und in der Altmark sowie in den westlichen Teilen der Provinz Hannover nachzuweisen.

Ein Blick über die Grenzen in die übrigen germanischen Gebiete zeigte dann, »daß auch außerhalb des zentralen Jastorf-Kreises so viele Entsprechungen oder Anklänge an die Formenwelt von Jastorf vorkamen, daß es gerechtfertigt erschien, den Begriff Jastorf-Gesittung auch auf das mehr randliche Gelände... auszudehnen«.

Es gelang weiter, auch die Kulturen vor und nach Jastorf typologisch und geographisch einzugrenzen, und zwar ebenfalls von Grabungsplätzen im Kreise Uelzen aus.

Hofbesitzer Heinrich Schröder, dem Schwantes die ersten Spatenerfahrungen verdankte, entdeckte in Wessenstedt einen Friedhof, dessen Grabausstattungen noch in die Vor-Jastorf-Zeit wiesen. Die jüngeren waren, dank der Vorarbeit des Kammerherrn von Estorff und des Engländers Kemble, eigentlich schon bekannt. Ihr äußeres Kennzeichen waren jene keltischen Formen, die Schwantes bereits bei seinen ersten Grabungsversuchen in Seedorf festgestellt hatte und die so haargenau den Undsetschen Theorien entsprachen. Zwischen »Jastorf« und »Seedorf« fügte sich »Ripdorf« unauffällig ein – ein Übergangsstil, der deutlich das langsame Eindringen von Latène-Merkmalen erkennen ließ.

Als Schwantes 1911 auf Wunsch von Carl Schuchhardt *Die ältesten Urnenfriedhöfe bei Uelzen und Lüneburg* in einer Gesamtdarstellung behandelte, konnte er die vorrömische Eisenzeit im germanischen Norden als in folgende Stufen aufgliedern:

Wessenstedt	(800–600 v. Chr.)
Jastorf	(600–300 v. Chr.)
Ripdorf	(300–150 v. Chr.)
Seedorf	(150– 0 v. Chr.)

Vier kleine Dörfer des Landkreises Uelzen erwarben damit, wenigstens in der wissenschaftlichen Welt, kontinentalen Ruhm.

Gab es eine »keltische Hansa?«

Wessenstedt stellt den Übergang von der Bronzezeit zur Eisenzeit dar. Die Forschung kennt aus dieser Zeit noch zahlreiche Nachbestattungen in bronzezeitlichen Hügelgräbern. Doch treten dann in ständig wachsender Zahl flache Urnengräberfriedhöfe mit dicht beieinanderliegenden Brandbestattungen auf. Die Keramik beschränkt sich auf einfache, zweckmäßige Formen. In den Beigaben erscheinen die ersten Eisenerzeugnisse, simple und technisch unzulängliche Schmuckstücke aus heimischen Erzvorkommen, und zwar aus den in der Heide, in Mecklenburg und im deutsch-dänischen Grenzgebiet vorkommenden Raseneisenerzen, die – ähnlich wie im Süden – von den Bauern selbst verhüttet wurden. Man spricht deshalb auch von Bauerneisen.

Die Gewinnung von Eisen und die Herstellung eiserner Gegenstände läßt auch in der Jastorf-Zeit kaum Fortschritte erkennen, zumal die Kunst der Bronzegießer weiter geübt wurde, im skandinavischen Norden freilich mehr als im norddeutschen Flachland. Den Stil der Keramik kennzeichnen weiterhin Nüchternheit und profane Zweckmäßigkeit. Die dürftigen Beigaben bestehen im wesentlichen aus schlichten Gewandnadeln und Gürtelhaken, die trotz ihrer Armseligkeit auf den reichen Formenbestand der nordischen Bronzezeit hinweisen. Schwantes glaubt denn auch, daß eine – wahrscheinlich wegen einer merklichen Klimaverschlechterung – zugewanderte Bevölkerungsgruppe aus dem Norden diese zwar bescheidene, aber durchaus eigenständige Kultur trug. Einflüsse »von draußen« sind allenfalls in den Randbezirken festzustellen.

Es ist daraus zu schließen, daß der florierende Nord-Süd-Handel der Bronzezeit damals unterbrochen war, ja, daß die Wege vom germanischen Norddeutschland zum keltischen Süddeutschland geradezu verriegelt waren. Es ist viel darüber gerätselt worden, welche historischen Tatbestände sich hinter dieser auffälligen Erscheinung verstecken mögen. Das Problem ist jedoch bis heute nicht gelöst.

Schwantes zitierte in diesem Zusammenhang den schwedischen Forscher Sune Lindquist, der die Abschnürung auf eine Art »keltischer Hansa« zurückführte, welche »die handelspolitischen Kräfte des Keltentums« kontrollierte. Der Gedanke scheint auf den ersten Blick reichlich phantastisch. Da aber aus dem frühen Mittelalter »eine recht gute Parallele zu den Verhältnissen zur Jastorf-Zeit« bekannt ist, »bedingt durch den Einfall der Avaren, durch den die ehedem so lebhaften Handelsbeziehungen des Nordens zur arabischen Welt völlig gestört wurden«, war zumindest Schwantes geneigt, dieser Hypothese »einen erheblichen Wahrheitsgehalt beizumessen«.

Wie dem auch sei – um 300 v. Chr. wandelten sich die Dinge wieder. Die Änderung ging zweifellos von den Germanen aus, die von dieser Zeit an recht energisch nach Süden drängten. Die Einflüsse, die damit im Norden spürbar werden, mögen zunächst durch keltisches Beutegut ausgelöst worden sein – möglich, daß sich darunter auch einmal ein keltischer Schmied befand. Doch kam auch der für Jahrhunderte unterbrochene Handel wieder in Gang. Mit der Eroberung Böhmens durch den Markomannenfürsten Marbod, der von den germanischen Stämmen Norddeutschlands kraftvoll unterstützt wurde, erreichte der Import keltischer Geräte und Techniken um Christi Geburt seinen Höhepunkt.

Archäologisch bezeugt diese Auseinandersetzung mit den politisch und militärisch schwächer werdenden, kulturell aber weiterhin leistungsfähigen Kelten zunächst die Ripdorf-Stufe.

Während die Keramik, wie üblich, sich nur langsam ändert, zeigt der Fibelmarkt das Einströmen der Latène-Formen deutlich an. Wichtiger aber ist die qualitative Verbesserung der germanischen Erzeugnisse. Die Handwerker wurden im Umgang mit dem Eisen zusehends sicherer, lernten sehr schnell und vermochten den heimischen Bedarf bis auf größere Prunkstücke nahezu vollständig zu decken. Insgesamt gewann Schwantes aus den Gräbern der Ripdorf-Stufe das Bild einer erstarkenden Volkswirtschaft, die gerade dadurch, daß sie sich fremden Anregungen öffnete, an Leistungsfähigkeit zunahm.

Diese Entwicklung setzt sich in der letzten Periode der vorrömischen Epoche, der Seedorf-Zeit, konsequent fort.

Das »nordische« Metall- und Kunstgewerbe erlebte eine echte Renaissance. Wenn auch die Formen der Gürtelhaken, Nadeln und Fibeln, mehr noch als in der Ripdorf-Zivilisation, dem großen keltischen Reservoir entliehen wurden, so verrät doch die außerordentlich sorgfältige Verarbeitung einen weiteren Zuwachs an Geschmack, Geschick und handwerklichem Können.

Am Ende dieser Entwicklung, auf den Friedhöfen der späten Seedorf-Zeit, finden sich – wie in den Gräbern der Bronzezeit – wieder »Gebilde von klassischer Schönheit«.

Ein Mann von heute – 2000 Jahre alt

Die Untersuchung der germanischen Urnenfriedhöfe zeigte also recht wertvolle Ergebnisse. Trotzdem wäre es um die Germanenforschung schlecht bestellt, wenn sie ihr Wissen ausschließlich auf die spärlichen und sehr einseitigen Beigaben der Brandgräber gründen müßte. Immerhin haben die Brandbestattungen auch die Kenntnisse vom damaligen Wohnungsbau wesentlich bereichert – und zwar durch die vielgenannten Hausurnen.

Hausurnen sind von Schweden und Dänemark bis Vorderasien und Japan bekannt. Am Ende der Bronzezeit von Italien aus nach Deutschland gelangt, sind sie in verschiedenen Landstrichen jahrhundertelang festzustellen, vor allem im Vorland des Harzes, in der Altmark und in Mecklenburg. Im Gebiet der Weichselmündung treten sie zusammen mit den originellen Gesichtsurnen auf.

Über ihren dokumentarischen Wert wird freilich gestritten, zumal sie sich zu einem guten Teil mit Andeutungen begnügen und nicht immer feststeht, ob es sich um Wohnhäuser oder Speicher handelt. Es gibt jedoch, besonders aus der Frühzeit, zahlreiche Aschengefäße, die sogar technische Details, wie etwa die Konstruktion des Fachwerks, sehr genau wiedergeben. Zumindest für sie gilt die Feststellung Friedrich Behns, daß der baugeschichtliche Wert dieser tönernen Gebilde deswegen so unvergleichlich hoch ist, weil wir in ihnen Nachbildungen ganzer Häuser besitzen, »während uns die Ausgrabungen selten mehr als die Grundrisse und im besten Falle ein paar Einzelheiten vom Oberaufbau geben können«.

Da die Germanenforschung aber auch zahlreiche solcher Grundrisse und Oberbautenreste kennt, kann sie ein ziemlich genaues Bild vom damaligen Hausbau entwerfen.

Die meisten und wertvollsten Erfahrungen hat die Wurtenforschung beigesteuert. Die Wurten, auch Warfen, Werften oder Terpen genannt, sind kleine flutsichere Wohnhügel, die sich, sechs bis sieben Meter hoch, an den Küsten der Nordsee aus dem tellerflachen Land erheben. Im Durchschnitt fünf bis zehn Hektar groß, sind sie auch heute noch – nachdem die Meeresküsten längst eingedeicht worden sind – zum überwiegenden Teil besiedelt.

Was sie für die Bodenforschung so interessant macht, ist die Tatsache, daß sie durchweg bereits in vorgeschichtlicher Zeit entstanden und in ihrem Innern zahlreiche Kulturschichten bergen. Man rechnet, daß die Wurtenbewohner alle fünfzig bis achtzig Jahre ihre baufällig gewordenen Häuser abrissen, eine frische Lage Mist und Erde auftrugen und darauf neue Bauten errichteten.

Da die aufgelassene Siedlung »jeweils durch die abdeckenden Erd- und Mistschichten gegen die Einwirkung der Luft abgeschlossen wurde, waren die organischen Stoffe weitgehend vor Verwitterung geschützt. So sind in den Siedlungshorizonten die Hausgrundrisse zum überwiegenden Teil in Holz erhalten. Aber auch Gewebe, Wolle, Leder, Häute, bearbeitete Knochen und Holzgeräte, Samen und Pollen von Natur- und Kulturpflanzen treten in gutem Erhaltungszustand auf.« (Haarnagel)

Die Wurtenforschung hat vor allem in Holland eine Heimstatt gefunden. Eine international anerkannte Modellforschung führte der Prähistoriker A. E. van Giffen von 1931 bis 1934 auf der Warft Ezinge durch. Es gelang ihm dabei, die Entwicklung des auch für Niedersachsen gültigen Bauernhaustyps über mehr als anderthalb Jahrtausende hinweg vom 4. vorchristlichen bis zum 13. nachchristlichen Jahrhundert zu verfolgen.

Die deutsche Forschung leistete zur gleichen Zeit durch die Ausgrabung der Warft von Hodorf in Holstein einen wertvollen Beitrag zur Naturgeschichte des germanischen Hauses. Die größte deutsche Wurtenkampagne – 1954 begonnen, aber bis heute nicht beendet – galt der Feddersen Wierde, einem alten Wohnhügel in der Nähe von Mulsum, unweit der Küste zwischen Bremerhaven und Cuxhaven, der von den Zeitungen in den Rang eines »Troja des Nordens« erhoben wurde. Auch die ebenfalls erst in jüngster Zeit untersuchte Warft Tofting im Mündungsgebiet der Eider lieferte der Siedlungskunde wertvolle Ergebnisse.

Als ähnlich »fündig« erwiesen sich die Marschen Schleswig-Holsteins, am »fündigsten« eine Flachsiedlung in Ostermoor bei

Brunsbüttelkoog am Westausgang des Nordostseekanals, die im Herbst 1954 aufgedeckt wurde.

Neben den Urnenfriedhöfen und Wurten verdankt die germanische Archäologie den deutschen und dänischen Mooren ihre wertvollsten Erkenntnisse. Die »vier großen Moorfunde«, deren Namen und Daten nahezu mythischen Ruhm genießen, wurden bereits im vorigen Jahrhundert eingebracht, und zwar in Vimose und Kragehul auf Fünen sowie in Thorsberg und Nydam in der Nähe von Flensburg. Den fünften und reichhaltigsten von allen – mit mehr als tausend »Altertumsgegenständen« – sicherte die Forschung von 1950 bis 1957 im Illerup-Tal südwestlich von Aarhus.

Die interessanteste, zumindest erregendste Fundgruppe aber stellen die Moorleichen dar. Sie haben – nach Jankuhn – bereits im 17. Jahrhundert größtes Aufsehen erregt und sind vor allem im vorigen Jahrhundert mehrfach wissenschaftlich untersucht worden. Die letzte zusammenfassende Bearbeitung schätzt die Zahl der bisher in Dänemark, Nordwestdeutschland und Holland bekanntgewordenen Moorleichen auf etwa fünfhundert. Der Moorschlick hat auch sie vielfach so hervorragend konserviert, daß sie auf den ersten Blick Schlafenden gleichen. Nur eine leichte Dunkelfärbung deutet darauf hin, daß sie vielleicht schon vor mehr als zweitausend Jahren diese Welt verließen.

So wirkte das Gesicht des Mannes von Tollund – der während des letzten Krieges in Dänemark gefunden wurde, als Brennstoffmangel die Bevölkerung zwang, wie in alten Zeiten in den Mooren Torf zu stechen – wie das eines Lebenden. »Ein nicht besonders großes, ziemlich schmales Gesicht; ein Typ, dem man ... noch heute begegnen kann. Die Nase ist stark und gut gesetzt, ein wenig schief vom Druck des Torfs; aber das ist auch das einzige, was verändert ist.«

»Die Furchen der schönen Stirn sind ruhig. Das Spiel um die geschlossenen Augen ist unberührt bewahrt, mit jeder einzigen kleinen launigen Runzel. Der Mund ist geschlossen, die Lippen sind kräftig und fein gezeichnet, und ein unzerstörter Zug besonnener Sicherheit liegt auf den Mundwinkeln. Es ist das Gesicht eines Mannes..., der soeben die Augen geschlossen hat und einen Moment schlummert. Die milde, unerschütterliche Ruhe eines Bauernaristokraten.«

»Die Archäologie steht hier einmal still. Nicht aus falscher Pietät und nicht aus Ungewißheit über Art und Charakter des Fundes, aus Gewißheit vielmehr: daß dieser Fund nicht nur ein Museumsstück ist, nicht nur ein Objekt, das typologisch, rassisch und psy-

Tongefäße aus Ripdorf, Kreis Uelzen.

Keramik der Jastorfer Kultur.

Gesamtansicht der Externsteine bei Horn in Lippe, die lange Zeit als altgermanisches Heiligtum galten.

Die »Kreuzabnahme« an den Externsteinen.

Nachbildung des Thorsberger Prachtmantels (Textil-Museum in Neumünster).

Gegenstände aus dem Moorfund von Illerup (1952).

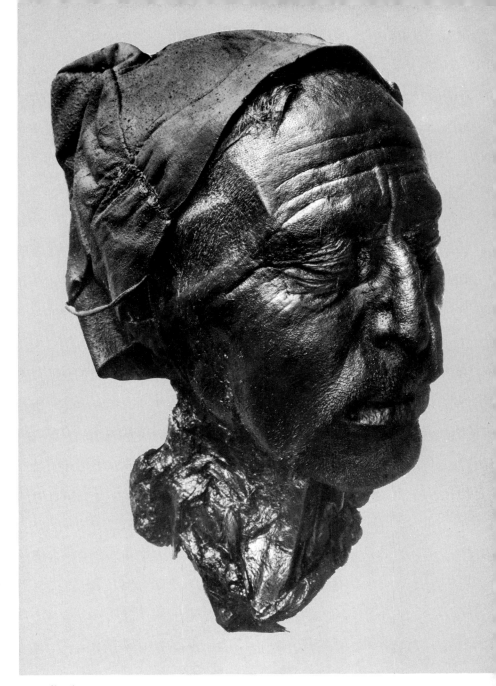

Der Tollund-Mann.

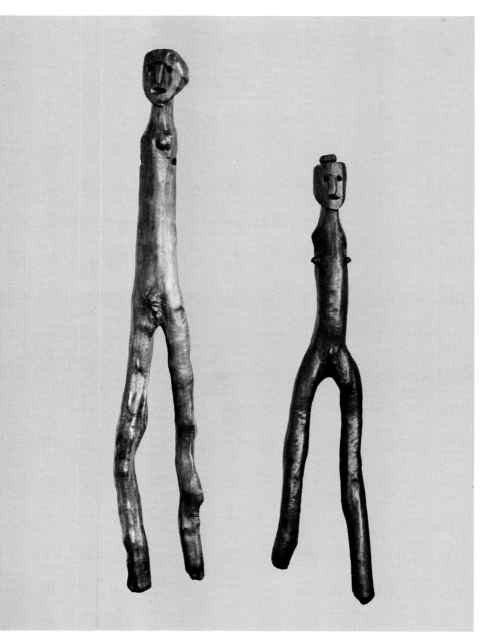

Überlebensgroße Holzfiguren (Götterdarstellungen) der Eisenzeit aus dem Aukamper Moor bei Braak, Kreis Eutin.

Kopf der männlichen Götterfigur aus Braak bei Eutin.
Ganze Figur 2,75 m hoch.

Kopf der weiblichen Götterfigur aus Braak. Ganze Höhe 2,38 m.

Das 25 Meter lange Eichenboot von Nydam, ein germanisches Schiff aus dem 4. Jahrhundert n. Chr.

chologisch untersucht werden muß – sondern ein Mensch.« (Lauring)

Die Toten der dänischen, norddeutschen und niederländischen Moore bestätigten das Bild, das die antiken Schriftsteller und Bildhauer von den Germanen entwarfen. Es handelte sich durchweg um hochgewachsene, breitschultrige Gestalten mit den Muskelpaketen trainierter Athleten. So erklärte ein Marinearzt der Vorweltkriegszeit nach genauer Untersuchung einer Moormumie, daß der Mann »an Körperkräften und Ausdauer ... den kräftigsten unter unseren heutigen Marineheizern und Matrosenartilleristen, welche ausgesucht starke Leute sind, weit überlegen« gewesen sein müsse.

Man trug »Shorts« und »Breeches«

Auch den Römern imponierte die brachiale Kraft und der für ihre Begriffe riesenhafte Wuchs der Germanen. Ihr Trost war, daß die nordischen Recken bei aller explosiven Kampflust – hierin den Kelten gleich – in einem längerwährenden Feldzug die notwendige Ausdauer vermissen ließen. Während sie an Kälte und Hunger gewöhnt waren, machten ihnen, wie Tacitus betont, Hitze und Durst schwer zu schaffen.

Als besondere Kennzeichen verzeichnen die antiken Autoren die helle Haut, die blauen Augen und das rotblonde Haar, das die in den Kampf ziehenden Krieger mit Hilfe eines Gemisches aus Talg, Asche und pflanzlichen Stoffen gern flammendrot färbten. Im übrigen pflegten die Germanen ihr Haar sehr sorgfältig und drehten es zu einem kunstvoll verschlungenen Knoten über dem rechten Ohr zusammen. Der Moorschädel aus Osterby im Kreise Eckernförde hat einen solchen Haarknoten gewissermaßen im Original überliefert. Ihn zu tragen war aber ausschließlich dem freien Manne vorbehalten. Leibeigene und Knechte wurden kahlgeschoren.

Die meisten Moormänner waren glatt rasiert. Ebenso geht aus zahlreichen Rasiermesserfunden hervor, daß Stoppeln verpönt waren. In der Römerzeit hat die Mode dem persönlichen Geschmack offenbar mehr Spielraum gegeben. Römische Reliefs und Skulpturen zeigen jedenfalls manch germanischen Vollbart. Die Langobarden, die vor ihrem Zug zum Süden in der Gegend von Uelzen, Lüneburg und Bardowiek siedelten, verdankten ihren wallenden Kinnsäcken sogar den volltönenden Namen.

Moorfunde, literarische Quellen und plastische Darstellungen haben uns auch über die germanische Kleidung hinreichend informiert. Neu im Vergleich zur wärmeren Bronzezeit waren die »nach wohldurchdachtem Schnitt« gefertigten Beinlinge, germanisch *Bruch* genannt. Das Wort lebt in dem englischen *Breeches* weiter, und tatsächlich erinnert die neben der kurzen Kniehose übliche Knöchelhose mit angearbeitetem Stoffstrumpf ein wenig an die heutige Breeches-Hose. Die »Shorts« vervollständigten Unterschenkelbinden. Die »Strumpfschuhe« bestanden aus Fell oder Leder und wurden mit Riemen geschnürt.

Die jungen Männer gingen mit nacktem Oberkörper. Die Alten, vor allem aber die Reichen, trugen ein wollenes Untergewand mit Ärmeln, das nach Tacitus eng anlag und die Gliedmaßen deutlich modellierte. Darüber warfen sie ein Umschlagtuch, das der römische Autor für einen Mantel hielt. Den schönsten Umhang dieser Art lieferte der um 1860 von dem Flensburger Lehrer und nachmaligen Kopenhagener Professor Conrad Engelhardt eingebrachte Thorsberger Moorfund.

Dieser »Prachtmantel« stellte sich dem Fachmann als »ein aus feinen Wollfäden gewebtes Tuchstück« dar. »Kette und Schuß sind beim Weben in hellen und dunklen, mit Indigoblau gefärbten Streifen geordnet. Im Köpergewebe verbinden sich diese Längs- und Querstreifen zu einem Karreemuster. Dieses Tuchstück ist an allen vier Seiten mit besonders festen Einfassungskanten... abgeschlossen. Es handelt sich hier... um Kanten, die mit dem Köpergewebe in einem Arbeitsgang entstanden sind – eine Höchstleistung der Weberei zur Eisenzeit.«

»Über die genaue Drapierung dieser zum Mantel geordneten Decke hat erst 1949 der Moorleichenfund von Hunteburg Aufschluß gegeben«, und zwar dank einigen Stopfstellen im Gewebe, die den genauen Sitz der Fibeln verrieten. Karl Schlabows Untersuchungen ergaben, daß die gut zweieinhalb Meter langen Decken stets doppelt genommen wurden. »Bei einer Breite von 1,80 Meter hing dann der Wollstoff 1,30 Meter von den Schultern herab. Die Enden wurden nach vorn zusammengezogen und an der rechten Schulter mit einer Fibel befestigt.«

»Der bei dieser Ordnung entstehende Faltenfall läßt die Oberschenkel frei und behindert nicht das Schreiten. Darüber hinaus läßt die Ordnung zu, daß durch Zurückschlagen der... Seitenstücke über die Schulter die Arme frei zum Gebrauch werden. Der reiche Faltenfall gestattet aber auch ein vollständiges Einhüllen des ganzen Körpers.«

Die Rolle dieses Mantels übernahmen bisweilen gegerbte und sorgfältig zusammengenähte Reh- und Schaffelle. Die Fürsten bevorzugten ausländische Pelze. Den Friesen wird bis in die Neuzeit eine Vorliebe für kostbares Rauchwerk nachgesagt.

Nach Tacitus trugen die Frauen die gleiche Kleidung wie die Männer. Zeitgenössische Darstellungen – die Moorfunde lassen uns in diesem Fall im Stich – beweisen jedoch, daß diese Feststellung allzu summarisch war. Sie zeigen Germaninnen in lang herabwallenden, hemdartigen Gewändern, die auf beiden Schultern durch eine Spange geschlossen und unterhalb der Brust und um die Hüften gegürtet und reich drapiert wurden. Darunter zogen sie ein leinenes, ärmelloses Hemd, das ebenfalls bis auf die Füße reichte. Sicherlich hatte Tacitus also recht, wenn er mit einem Seitenblick auf die lockere römische Weiblichkeit den germanischen Frauen bestätigte, daß sie »in wohlbehüteter Keuschheit« lebten.

Als Charakteristikum der germanischen Kleidung gilt ihre außerordentliche Zweckmäßigkeit. Modischen Einflüssen war sie deshalb wenig zugänglich.

Zweckmäßigkeit und Nüchternheit waren auch die Kennzeichen des germanischen Hauses. Und genau wie die Kleidung verweist die Architektur auf die Klimaverschlechterung in den nachbronzezeitlichen Jahrhunderten. Das Wetter war wesentlich feuchter und kühler geworden. Häufige Überschwemmungen und ungemütliche Winter zwangen die Menschen, sich feste Behausungen zu schaffen – sich selbst und dem Vieh. Da der germanische Norden den Stein noch nicht als Baumaterial entdeckt hatte, waren sie dabei auf Holz und Lehm angewiesen.

Mensch und Tier unter einem Dach

Etwa im 3. bis 2. Jahrhundert v. Chr. entstand das Einheitshaus für Mensch, Vieh und Vorräte, das in seiner weiterentwickelten Gestalt noch heute die norddeutsche Hauslandschaft bestimmt. Schon damals zeichneten sich deutlich zwei Typen ab: »in den Küstengebieten der südlichen Marsch ein langes Haus mit Stall und Wohnteil, das von der Giebelseite her aufgeschlossen und das seinem Grundriß nach die Vorform des späteren Niedersachsenhauses bilden könnte; nördlich davon an der Schleswiger Westküste und in Jütland ein Haus mit einer großen Querdiele, nach Art des ›Kimbrischen Hauses‹, das in diesem Raum bis in die Neuzeit hinein fortlebt«. (Jankuhn)

Die wichtigsten Entdeckungen fallen in die letzten Jahrzehnte. Bei Einswaarden im Wesermündungsgebiet legte Werner Haarnagel, der Leiter der Außenstelle Wilhelmshaven des Niedersächsischen Landesmuseums Hannover, drei Häuser aus der Zeit um Christi Geburt frei, drei stattliche Gebäude, dessen größtes 17 Meter lang und 6,5 Meter breit war. Der Haupteingang lag an einer der beiden Schmalseiten. Im Innern standen zwei Reihen kräftiger Pfosten, die Platz für eine breite Diele ließen. Links und rechts vom Mittelgang waren Boxen für die mit dem Kopf zur Außenwand stehenden Tiere abgeteilt. Vor den Boxen lagen Matten aus Rutengeflecht.

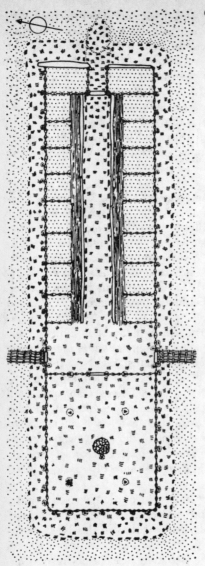

Grundriß eines germanischen Hauses auf der Feddersen Wierde

Am Ende des Ganges befand sich der aus Lehm gebaute und mit Scherben umpflasterte Herd, der den Mittelpunkt des Wohn-, Schlaf- und Arbeitsraumes bildete. Licht spendeten die Flammen des Herdfeuers und allenfalls kleine Luken.

Die starken Ständerreihen in der Mitte des Hauses trugen das

Dach. Die Wände bestanden aus einem dünnen Rutengeflecht, dessen Skelette daumendicke Pfosten bildeten. In gleicher Weise waren die Trennwände der Boxen gearbeitet.

Dieses dreischiffige Hallenhaus kehrte in der ebenfalls von Werner Haarnagel untersuchten Feddersen Wierde mehrfach wieder, durchgehend von der vorrömischen Eisenzeit bis ins 3. und 4. nachchristliche Jahrhundert. Neu war lediglich die Wand zwischen dem Wohnteil und den Ställen. Der Mittelgang bestand aus Sodenpakkungen, die gegen die seitlichen Jaucherinnen durch Rundhölzer und Bohlen abgesetzt waren.

Den »kimbrischen Typ« repräsentierten die von Albert Bantelmann 1956 freigelegten Häuser von Ostermoor bei Brunsbüttelkoog. Das Dach lastete auch hier auf zwei Pfostenreihen im Innern. Die Türen lagen jedoch an den Längsseiten. Offenbar stand das Vieh auch nicht in Kojen.

Ähnliche Verhältnisse traf Bantelmann auf der Warft Tofting an. Er stellte elf »gemeinsame Eigenarten« fest, die für die Hausbautechnik im damaligen Schleswig-Holstein und Jütland typisch sind:

1. Die Häuser sind bis auf wenige Ausnahmen mit ihren Längsachsen ostwestlich gerichtet.
2. Die Breite schwankt um 5 Meter, kann bis zu 4 Meter herabsinken und übersteigt 6 Meter nur in einem Fall.
3. Die Eingänge liegen stets an den Längsseiten, meistens auf der Südseite des Hauses, es kommen auch zwei gegenüberliegende Eingänge in der Nord- und Südwand vor.
4. Mensch und Tier lebten unter einem Dach; es wurden in einigen Fällen Anzeichen einer Trennwand zwischen Wohn- und Stallteil gefunden.
5. Der Fußboden des Wohnteiles liegt meistens höher als der des Stallteiles. Beim Bau der Häuser wurde das Gefälle vielfach künstlich hergestellt, auf der Marsch durch Auftragen des Wohnteils, auf der Geest auch zum Teil durch Eintiefung in den Untergrund.
6. Der Westteil wurde als Wohnraum bevorzugt.
7. Der Wohnteil war auf der Geest mit einer Lehmdiele, in Tofting mit einer Kleidiele versehen.
8. Die Diele auf einem Hausplatz wurde bei länger dauernder Besiedlung durch Überlagerung von jüngeren Dielen erneuert. Jedesmal wurde die Herdstelle neu errichtet.
9. Die Herde bestehen in den nordjütischen Häusern vorwiegend aus festgestampften Lehmplatten, in Tofting aus Kleiplatten;

ihre Oberfläche ist meistens eben, manchmal zur Mitte etwas gewölbt, seltener ganz schwach muldenförmig ausgebildet. Die Lehmplatten der nordjütischen Herde sind durch ein Steinpflaster, die Kleiplatten in Tofting durch Scherbenpflaster unterbaut. Die Verschiedenheit des Materials ist durch die Steinarmut der Marsch zwanglos erklärbar.

10. Auf Grund der Grabungsfunde bei abgebrannten Häusern kann angenommen werden, daß zum mindesten bei einem Teil der Gebäude die äußere Dachhaut in Nordjütland aus Heidesoden, in Tofting aus Grassoden bestand.
11. Für den Aufbau der Außenwände sind sowohl Erde und Soden als auch Flechtwerk benutzt worden.

An mittelmeerischen Gewohnheiten gemessen, waren die Wohnverhältnisse im germanischen Norden also recht primitiv. Die Hygiene hatte unter den stroh-, schilf- oder torfgedeckten Dächern keine Bleibe. Die Schmalseite gegen den vorherrschenden Westwind gestellt, die Hauptfront zur Mittagssonne gerichtet, gewährten diese Häuser jedoch Schutz und Wärme. Das Nebeneinander von Mensch und Tier erleichterte auch die Arbeit. Nicht von ungefähr gelten sowohl das niedersächsische als auch das »kimbrische« Bauernhaus, die sich aus den damaligen Typen entwickelten, als betriebswirtschaftliche Musteranlagen.

Zwischen den Häusern der zweitausendjährigen Marsch- und Geestdörfer verlief so etwas wie eine Straße. Auf der Feddersen Wierde wurde auch eine radiale Anordnung um einen Mittelplatz festgestellt. Daß es daneben auch Einzelhöfe gab, ist aus Grabungen ebenso bekannt wie aus der Literatur.

Tacitus zum Beispiel weist ausdrücklich darauf hin, daß die Germanen gern »gesondert und voneinander getrennt« wohnten. Aber auch er weiß von Gruppensiedlungen zu berichten, die freilich nicht nach römischer Art »mit eng nebeneinanderstehenden Häusern« errichtet wurden; vielmehr ließ jeder »um sein Haus einen freien Raum, vielleicht zur Sicherung gegen Feuersgefahr, vielleicht auch aus Unerfahrenheit im Bauen«.

Die letzte Mahlzeit des Tollund-Mannes

Doch spielten sicher auch andere Motive mit. Auf der Feddersen Wierde entdeckten die Ausgräber in den Schichten aus dem 1. nachchristlichen Jahrhundert Zäune und Gräben, die jeweils »mehrere Wirtschaftsbetriebe der Siedlungen... gegen andere mit gleicher Umgrenzung« absetzten. Haarnagel schloß daraus, daß die bäuerlichen Familien dieser Zeit in »Zweckverbänden zusammengefaßt waren«. Hundert Jahre später war jedes einzelne Gehöft eingefriedet. »Die Familienverbände hatten sich offenbar in selbständige Familienbetriebe aufgelöst.«

Keine Spur also von kollektivem Leben oder Gemeinschaftsbesitz. Die Funde deuteten vielmehr auf selbständiges Wirtschaften und damit auf ein kräftiges, wohlentwickeltes Bauerntum, dessen Kernzelle die Familie war.

Dem entsprach auch die Einteilung der Felder. Unter der Oberfläche der seit undenklichen Zeiten nicht mehr genutzten Geestgebiete Dänemarks hat man zahlreiche längliche Ackerrechtecke gefunden, deren unterschiedliche Größen und klare Abgrenzungen persönliches Eigentum voraussetzen. Sie wurden um 1930 von dem dänischen Forscher Gudmund Hatt kartiert und als die Felder eisenzeitlicher Bauern nachgewiesen.

Klar zeigte sich nämlich, »wie die Vorzeitmenschen breite oder schmale, kurze oder sehr lange, aber immer rechteckige Äcker anlegten. Immer wurde ein Streifen zum Nachbaracker freigelassen, und darauf häuften sich im Laufe der Zeit Steine und Erde..., so daß lange benützte Äcker höhere Wälle führen als neuangelegte.«

»Auf den Wällen saßen die Bauern und hielten Mittagspause, Lehmtöpfe zerbrachen, blieben zwischen den Steinen liegen und bieten nunmehr glänzende Datierungsmöglichkeiten, so daß wir mit völliger Sicherheit sagen können, in welchen Jahrhunderten die Äcker tatsächlich benützt wurden. Unter den naturgewachsenen Streifen zwischen den Äckern arbeiten die kleinen Ausgrabungsspaten besonders sorgfältig und finden, daß diese Äcker seinerzeit in ursprünglichem Laubwald angelegt worden sind, und zwar am liebsten in einem Laubwald mit schon damals vorhandenen Heidekrautlichtungen. Offensichtlich war die Rodung mit primitiven Geräten dort am leichtesten...«

»Und noch eins: wir finden hie und da einen großen, alten Acker mit recht hohen Begrenzungswällen, der durch zwei niedrige und somit junge Begrenzungswälle in drei gleich große, kleinere Äcker aufgeteilt worden ist. Das kann nur heißen, daß drei gleichberechtigte Söhne ihren Vater beerbt haben. Sogar etwas von den juristischen Formen der zweitausendjährigen Dörfer wird uns damit lebendig...« (Oxenstierna)

Die großen Moore haben auch die Pflüge, deren sich die germanischen Bauern der Eisenzeit bei ihrer schweren Ackerarbeit bedienten, in großer Zahl freigegeben, ganz oder in Stücken. Sie ähneln den primitiven Geräten, die schon in der Bronzezeit gebräuchlich waren, und dienten wie diese nur der Kultivierung leichter Böden. Die schweren Böden hat wohl erst – vom Beginn der nachchristlichen Zeit an – der keltische Radpflug mit Vorschneidemesser und Streichbrett erobert.

Die Germanen der vorrömischen Epochen bauten vor allem Gerste an, nachdem Weizen und Hirse, mehr oder weniger, ein Opfer der Klimaverschlechterung geworden waren. Der bereits am Ende der Bronzezeit auftretende in Nordafrika und Kleinasien beheimatete Hafer behauptete sich. Am besten bekam das feuchtkühle Wetter dieser Jahrhunderte dem widerstandsfähigen Roggen, der – seit langem bekannt, aber wenig beachtet – fortan eine bedeutsame Rolle im Nahrungshaushalt des germanischen Nordens spielte.

Das reife Getreide wurde mit Sicheln geschnitten und durch Schlagen mit Stöcken entkörnt. Den Dreschflegel lernten die Germanen erst von den Römern kennen.

In den Hausgärten, die weiterhin den Frauen unterstanden und – im Gegensatz zu den Feldern – kräftig mit Stallmist gedüngt wurden, gediehen vor allem Flachs, Raps und Leindotter. Auch Saubohnen waren bereits bekannt, stellenweise auch Erbsen und Rüben.

Der gerodete Boden wurde abwechselnd als Acker und Weide genützt. Die Viehzucht dürfte aber zumindest in den Küstengebieten vor der Felderwirtschaft rangiert haben. Man kennt dort Grundrisse von Häusern, die Kojen für mindestens 32 Rinder enthielten, eine recht ansehnliche Herde also. Die Toftinger Knochenbeute bestand zu 66,1 Prozent aus Kuhknochen, zu 22,9 Prozent aus Schafknochen. Im Binnenland wurde – auf der Grundlage von Eichelmast – vor allem Schweinezucht betrieben. Der westfälische Schinken galt schon in römischer Zeit als Feinschmeckerware.

Die Kulturschichten der Feddersen Wierde enthielten außerdem Reste von Reh und Hirsch, Fischgräten und das Geflecht einer Fischreuse. Demnach wurden auch Jagd und Fischfang betrieben.

Auf den viehreichen Marschen wird Fleisch den Küchenfahrplan weitgehend bestimmt haben. Cäsar nennt außerdem Milch und Käse. Grundlage der Ernährung blieben jedoch Kornbrei und Fladen, eine einfache, reizfreie Kost, die gelegentlich dadurch verbessert wurde, daß die Hausfrau das vor dem Zermahlen geröstete Getreide mit Raps und Leindotter mischte. Dazu kamen, wie schon der griechische Forschungsreisende Pytheas um 330 v. Chr. berichtete, Wildfrüchte und Wurzeln.

Der Tollund-Mann bestätigte diese Angaben. Sein Magen enthielt ein Gemisch von zermörsertem Getreide, Dotter und Hanf sowie den Samen zahlreicher Unkrautarten, wie Knöterich, Spörgel, Gänsefuß, Ackerveilchen und Hohlzahn. Daß es sich hier nicht um eine bittere Henkersmahlzeit handelte, bewiesen Essensreste in

Tongefäßen, die dasselbe Gemenge von Getreidekörnern und Unkrautsamen enthielten.

Offenbar war die Nahrungsdecke also knapp. Und wenn Fleisch und Korn nicht reichten, mußte das »tägliche Brot« mit Unkraut gestreckt werden. Das ergab einen Brei von penetrantem Geschmack, genießbar nur für unempfindliche Zungen und strapazierfähige Eingeweide... Doch danach fragte Küchenmeister Hunger nicht.

Hauptgetränk war das Bier, nach Tacitus ein Saft, der »unter Verwendung von Gerste oder Weizen bereitet« wurde und den man im Süden als den unzulänglichen Versuch betrachtete, Wein herzustellen. Aus Honig und Wasser brauten die Hausfrauen den berauschenden Met. Auch die Geheimnisse der Obstweinproduktion aus Äpfeln, Birnen oder Schlehen war ihnen wohl bekannt.

Tag und Nacht hintereinander beim Trunk zu verbringen, wurde, wie wir von Tacitus wissen, keinem Germanen übelgenommen. Es kam dabei häufig zu Streitigkeiten, die mit Totschlag und Verwundung endeten. Aber sie berieten auch »über die Wiederversöhnung von Feinden, die Anknüpfung verwandtschaftlicher Beziehungen und die Aufnahme in den Fürstenstand, ja, auch über Krieg und Frieden bei solchen Gelagen«, da nach ihrer Meinung die Seele zu keiner anderen Zeit aufgeschlossener und begeisterungsfähiger war.

Das Alsen- und das Nydam-Schiff

Wie noch vor fünfzig Jahren wurden im bäuerlichen Haushalt die verschiedensten handwerklichen Arbeiten ausgeübt. Auf der Feddersen Wierde konnten (nach Haarnagel) folgende Tätigkeiten durch Funde nachgewiesen werden: Spinnen, Weben, Mahlen von Getreide, zimmermannsgerechte Bearbeitung von Holz, Drechseln, Verarbeitung von Leder, Knochen und Metallen, Flechten von Binsen und Weidenzweigen und das Formen und Brennen von Tongefäßen.

Die meisten dieser Arbeiten werden die langen Winter ausgefüllt haben. Die Frauen spannen, webten, flochten, nähten und stellten die Töpfe und sonstigen Gefäße her. Die Männer arbeiteten »in Holz und Metall«, und sicher führten sie kleinere Reparaturen an Haus und Gerät selber aus. Doch hatte selbst ein so kleines Dorf wie das auf der Feddersen Wierde seine Werkstätten. Sie lagen »auf den Hofplätzen der kleineren bäuerlichen Betriebe im Kern der Siedlung. Die Handwerker waren also nebenbei Kleinbauern.«

Zu den schönsten Funden der Grabung gehörten die sieben unvollendeten Ahornschalen aus einer siebzehnhundert Jahre alten

Drechslerwerkstätte. Auch Tischler wird es gegeben haben, wenn auch ihr Fabrikationsprogramm über einfache Tische, Schemel und Schlafbänke nicht hinausreichte. Bemerkenswert die Beherrschung aller Zimmermannstechniken – »so war die Herstellung von Vierkantzapfen, Rund- und Vierkantlöchern, von Nut und Schwalbenschwanz, von Holznägeln und Zapfenschloß bereits bekannt«.

Mehr noch als die Hausreste der Wurten bezeugen die in den Mooren gefundenen Schiffe das Können der germanischen Zimmerleute. Das älteste ist ein auf der Hirschsprungkoppel der Insel Alsen gefundenes Boot aus Lindenholzplanken, 11 Meter lang, 2 Meter breit, 60 Zentimeter tief und ohne jegliche Verwendung von Metall gebaut. Eine bewundernswerte Konstruktion.

»Hut ab vor einer Arbeit wie dem Bau des Hirschsprungbootes«, hat (nach Schwantes) der norwegische Schiffsingenieur Johannessen das Alsen-Boot beschrieben. »Selbst wenn es in unseren Tagen entstanden wäre, würde ich das nämliche sagen. Nun ist es aber über zweitausend Jahre alt! Wenn man die geringen technischen Hilfsmittel jener Zeit erwägt, die in der Hauptsache aus Axt, Hammer, Stemmeisen, Messer und Bohrer bestanden, begreift man, daß hinter einer derartigen Arbeit eine Erfahrung und Übung steht, eine Einsicht in die Technik des Bootsbaues und ein Verständnis für die baugemäßen Eigenschaften des Holzes, daß sie einem die größte Hochachtung abnötigen; werden sie doch heutzutage nicht überboten!«

Seiner Konstruktion nach entspricht das zwanzig Mann fassende Boot des dänischen Nationalmuseums in Kopenhagen den Schiffen, die der Prähistoriker von den illustrierten Rasiermessern und nordischen Felszeichnungen kennt. Darauf verweist nicht nur die verlängerte Kielplanke, sondern auch die leichte Bauart des Schiffes. Die Nordsee der rauhen eisenzeitlichen Witterungsperiode benötigte kräftigere Fahrzeuge mit höheren Steven und Bootswänden. Mit welchem Geschick und Sachverstand sich die germanischen Schiffbauer auf die neuen Verhältnisse eingestellt haben, beweist das berühmte Boot von Nydam, das – etwa fünfhundert Jahre jünger als das Alsener Boot – 1864 von Conrad Engelhardt nördlich Flensburg geborgen wurde.

Genaugenommen waren es sogar zwei Boote, eins aus Kiefern-, eins aus Fichtenholz. Das Kiefernboot ging aber während des Krieges 1864 verloren. Die Forscher bedauern seinen Verlust um so mehr, als es, wie aus einer Detailzeichnung des Stevens hervorgeht, entwicklungsgeschichtlich zwischen dem Alsen- und dem Nydam-Schiff zu rangieren wäre.

Das klinkergebaute Eichenboot – heute der Stolz des Schleswig-

Holsteinischen Landesmuseums für Vor- und Frühgeschichte in Schleswig – stellt sich als ein außerordentlich schnittiges, seiner Konstruktion und Linienführung nach durchaus modernes Seefahrzeug dar. Das 3,26 Meter breite, 22,84 Meter lange Schiff hatte – nach Jankuhn – bei einer Belastung mit 45 Mann, den dazugehörigen Waffen und Ausrüstungsgegenständen sowie dem notwendigen Proviant einen Tiefgang von 50,7 Zentimetern und mittschiffs eine Höhe von 62 Zentimetern über Wasser. Es wurde von 36 Ruderern bewegt, je 18 auf jeder Seite.

Den Techniker mag interessieren, daß es statt eines Kiels lediglich eine verstärkte Kielplanke besitzt. »Die Verbindung der einzelnen Planken untereinander erfolgte durch Eisennieten, die Dichtung durch Wollstoff und eine zähklebrige Masse. Die Verbindung zwischen der Plankenhaut und den Spanten geschah wie bei allen nordeuropäischen Schiffen des Altertums durch Bindung mittels Bastschnüre. Das Steuerruder war auf der Steuerbordseite befestigt.«

Das gab, alles in allem, ein meertüchtiges Fahrzeug ab, mit dem auch die stürmische Nordsee befahren werden konnte. Zwar weist es bereits in die Mitte des 4. nachchristlichen Jahrhunderts, doch beruht es ausschließlich auf den maritimen Erfahrungen des Nordens, die damals bereits mehr als anderthalb Jahrtausende alt waren.

Neben den Zimmerleuten verkörperten die Schmiede einen Berufsstand mit beträchtlichen Traditionen. Außer Beilen, Wagenbeschlägen und eisernen Nägeln lieferten sie vor allem die Waffen, in deren Gebrauch sich die germanischen Männer von Jugend an übten. Diese schätzten vor allem den Frame genannten Speer, der – aus Esche gefertigt und mit einer eisernen Spitze versehen – zum Stoßen wie zum Werfen benutzt wurde. Dazu trugen sie den von den Kelten entlehnten ovalen, recht- oder sechseckigen Langschild, den zu verlieren als ein Zeichen von Feigheit galt. Die Vornehmen führten auch das Schwert. Helme wurden durchweg importiert. Doch waren sie nur für Reiche erschwinglich.

Eine reguläre Ausbildung im Umgang mit den Waffen gab es bei den Germanen ebensowenig wie bei den Kelten. Sie war eine Sache des persönlichen Ehrgeizes und unterlag jedem ungeschriebenen, aber drakonischen Moralkodex, der dem germanischen Leben seine eigentümliche, durch Brauch und Sitte erhärtete Ordnung gab.

Freie, Freigelassene und Sklaven

Grundzelle dieser Ordnung war die Familie, und sicherlich hatte Tacitus recht, wenn er sie als das Kernelement germanischer Ethik beschrieb.

»Die Ehen werden dort ernst genommen, und keine Seite ihrer sittlichen Gepflogenheiten möchte man *mehr* rühmen... Die Frauen leben in wohlgesicherter Schamhaftigkeit, durch keine Lockungen der Schauspiele oder durch den Sinnenreiz der Gelage verdorben. Eine Ehebrecherin findet keinen Mann wieder, und wenn sie noch so schön, so jung oder so reich wäre. Niemand lacht dort über Laster, und man nennt es nicht Zeitgeist, zu verführen und sich verführen zu lassen... Gute Sitten vermögen dort mehr als anderswo gute Gesetze.«

Die Einehe war die Norm. Ausnahmen waren nur bei Standespersonen möglich. Ariovist zum Beispiel hatte nicht nur eine Suebin, sondern auch die Schwester des Königs von Noricum zur Frau.

Nach Cäsar erlaubte man dem Jüngling erst mit zwanzig Jahren, sich mit Heiratsgedanken zu tragen. Er war gehalten, eine Jungfrau aus einer fremden, aber befreundeten Sippe zu wählen. Die durch einen Mittelsmann vorgetragene Werbung bekräftigte, wenn sie angenommen wurde, ein Vertrag, bei dessen Abschluß Geschenke ausgetauscht wurden. Tacitus berichtete, daß der Braut Rinder, ein gezäumtes Roß sowie Schild, Schwert und Speer übergeben wurden, wobei die Verwandtschaft nicht versäumte, die Qualität des Gebotenen zu prüfen.

»Auf dieses Geschenke hin willigt die Frau in die Ehe ein und schenkt nun ihrerseits dem Gatten ein Waffenstück. Dieser Austausch von Gaben gilt als die tiefste Bindung, als ein Vorgang voll heiliger Geheimnisse, als göttliche Bestätigung der geschlossenen Ehe. Die Frau soll nicht glauben, daß sie... den wechselvollen Schicksalen eines Krieges enthoben sei; darum wird sie gerade durch diese feierlichen Weihen bei Beginn der Ehe darauf hingewiesen, daß sie in das Leben ihres Mannes in Mühen und Gefahren eintritt, gewillt, das gleiche in Krieg und Frieden zu wagen und zu dulden: darauf weist das Joch Ochsen, darauf das aufgezäumte Pferd, darauf die Waffengabe hin. In diesem Sinne gelte es, sich in Leben und Tod zu bewähren; die Gaben, die sie empfange, müsse sie unentweiht und in Ehren an ihre Söhne weitergeben; dann empfingen sie die Schwiegertöchter, und von denen müßten sie wieder an die Enkel weitergegeben werden.«

Daß auch die Sitte des Brautraubs geübt wurde, beweist die Entführung der Segestes-Tochter Thusnelda durch den Cheruskerfürsten Arminius. Langjährige Sippenfehden waren meist die Folge.

Innerhalb des Hauses waltete der Mann als unumschränkter Souverän. Von der Arbeit hielt er sich nach Möglichkeit fern. Dabei ist zu bedenken, daß ihn Kriegszüge, Thingversammlungen und andere metselige öffentliche Veranstaltungen stark beanspruchten. Als Haupt der Familie besaß er selbstverständlich das Recht der Züchtigung, das sich auch auf die ihm angetraute Frau erstreckte.

Es heißt, daß trotzdem in den meisten Ehen Frieden herrschte und daß die Frau, obwohl nahezu rechtlos, hohe Achtung genoß. Die Gesetze der Blutrache nahmen sie ausdrücklich aus, und nichts verpflichtete feindliche Stämme einander mehr, als wenn sie die Töchter vornehmer Familien als Geiseln stellten. Auch als Deuter der Zukunft standen Frauen in allgemeinem Ansehen. »Die Germanen glauben«, heißt es bei Tacitus, »daß ihnen etwas Heiliges und Seherisches eigne, sie hören deshalb auf ihre Ratschläge und verachten ihre Aussprüche nicht.«

Im übrigen erfüllte sich ihr Leben innerhalb der Familie, wo sie in Vertretung der häufig abwesenden Männer die Herrschaft über Kinder, Knechte und Mägde ausübten.

Kinder waren der Stolz von Mann und Frau und galten als Beweis von Kraft und Reichtum. Schwache Kinder und unerwünschte Töchter wurden allerdings getötet oder ausgesetzt. Das Thema der Aussetzung kehrt, wie man weiß, in der germanischen Sagen- und Märchenwelt in ungezählten Variationen wieder.

Die Knechte und Mägde waren durchweg Leibeigene. Gekauft oder von Kriegszügen als Gefangene mitgebracht, verrichteten sie die niedere Arbeit, wie etwa das Füttern der Schweine. In der Hand ihres Herrn waren sie nicht mehr als eine Ware, die er nach Belieben weiterveräußern oder auch vernichten konnte. Bei guter Führung hatten sie jedoch die Chance, eines Tages mit einem Acker beschenkt zu werden und sich mit dem Erlös ihrer Arbeit freizukaufen.

Sie galten dann als Freigelassene. Tacitus rechnet dazu auch die Angehörigen besiegter Stämme, die für die Äcker, die sie weiter bewirtschaften durften, jährlich eine feststehende Pachtsumme zu entrichten hatten.

Teils aus diesen Freigelassenen, teils aber auch aus den nicht erbberechtigten Söhnen befreundeter Geschlechter setzte sich das Gefolge zusammen, das von den Häuptlingen der Freien gekleidet, gespeist und – vor allem – getränkt wurde. Und genau wie bei den Kelten fühlten sich die Gefolgsmannen ihrem Gebieter auf Gedeih und Verderb verbunden. Sie zogen mit ihm in den Krieg, mehrten sein Ansehen, indem sie seine Macht, seine Tapferkeit und seine Milde rühmten, und ließen sich die Mitgliedschaft in seiner Metrunde notfalls Kopf und Kragen kosten.

Die Familie lebte unter den schützenden Fittichen der Sippe, der patriarchalisch verwalteten Großfamilie. Diese erfüllte vielfältige

Funktionen. Auf der Feddersen Wierde trat sie, wie wir sahen, als Wirtschaftsgemeinschaft auf, die Haus und Hof durch eine Umzäunung vom Besitz der Nachbarsippe abgrenzte. In Not- und Krankheitsfällen übernahm sie die Fürsorge für die Betroffenen. Bei Eheabsprachen und in Vormundschaftssachen gab sie die Vertragspartei ab. Sie ahndete jede Unbill, die einem Sippenangehörigen widerfuhr, vollzog ohne Hemmung das Gesetz der Blutrache und stellte bei Rechtsstreitigkeiten die Eideshelfer, die das Blaue vom Himmel herunterschworen.

Die letzte Entscheidung lag beim Thing

Die Dörfer bestanden in der Regel aus den Niederlassungen mehrerer Sippen. Eine mehr oder minder große Zahl solcher Flecken bildete den Gau. Die nächstgrößere und im Normalfall größte Einheit überhaupt war das Stammesgebiet. Zwischen diesem und dem Gebiet des Nachbarstammes lagen meist breite Ödlandstreifen und unwegsame Wälder. Für die ansässigen Bauern endete die Welt an dem mit Bedacht ausgesparten Niemandsland, dessen Verletzung eine sofortige Stammesfehde zur Folge hatte.

Nach Familien, Sippen und Gauen geordnet, zogen sie auch in den Krieg. Im Kampf galt der mit großem Geschrei vorgetragene Angriff als die beste Verteidigung. Berühmt und gefürchtet war der germanische Angriffskeil, an dessen Spitze der Heerführer selbst mit seinen besten Fechtern stand; dichte Schildreihen deckten die Flanken.

Gelang der Stoß, hatte er zermalmende Wirkung. Drang er nicht durch, entstand die Gefahr der Umgehung und damit einer plötzlichen Panik. Zu größeren Einheiten – Hundertschaften und Tausendschaften – formierten sich die Germanen erst in den Schlachten mit den Römern.

Mit Erfolg setzten sie dann auch Reiter ein, die auf ihren unansehnlichen, aber schnellen und ausdauernden Pferden schon in Cäsars Gallischem Krieg beträchtliche Wirkungen erzielten.

Bei einem Überfall genügten Rauchzeichen, Hornsignale und kleine von Dorf zu Dorf getragene Nachrichtenstäbe, die sofortige Mobilisierung der Wehrfähigen auszulösen. Im übrigen entschied die Versammlung der Freien über Krieg und Frieden – das Thing, die höchste Instanz im politischen Leben der Germanen.

Die Vollversammlung trat regelmäßig zu feststehenden Terminen – etwa Vollmond oder Neumond – und außer der Reihe in besonderen Notfällen zusammen. Sie tagte unter freiem Himmel, und die Beratungen zogen sich manchmal tagelang hin, schon weil die meisten Freien ihre Unabhängigkeit durch verspätetes Erscheinen dokumentierten.

Auch die Thingversammlung bestand nicht »aus isolierten Einzelheiten«, sondern aus Familien- und Sippenzusammenschlüssen. »Und den Ausschlag gaben« – nach Gustav Neckel – »die Führer dieser Gruppen, die mächtigen Männer, von denen es in der *Germania* nur heißt, daß sie minder wichtige Angelegenheiten unter sich erledigten, die wichtigeren aber vorberieten, ehe diese der Vollversammlung vorgetragen wurden...« Auch in den anschließenden Debatten führten natürlich die Reichsten und Mächtigsten das Wort: die Häuptlinge mit der größten, stärksten und entschlossensten Gefolgschaft.

In der Praxis hatte sich also längst eine aristokratische Führerschicht gebildet, als die Germanen mit Beginn der Römerzeit ins Licht der Geschichte traten. Ariovist, Cäsars Gegner in Gallien, nannte sich bereits König der Sueben, und fünfzig Jahre später vereinigte der Markomannenkönig Marbod in einem Reich, das von Böhmen bis zur Unterelbe reichte, eine Vielzahl germanischer Stammesgebiete.

Theoretisch lag die letzte Entscheidung aber beim Thing. Dieses schuf in Zeiten der Gefahr die notwendigen Befehls- und Vollzugsorgane, wählte auch den Herzog oder König, ernannte die Unterführer, stattete die heranwachsenden Jünglinge mit Frame und Schild aus und übernahm sie damit in die Ratsversammlung und Heeresorganisation. Auch in rechtlichen und religiösen Fragen wahrte es noch lange seinen Machtanspruch.

Der freie Mann war also zugleich Richter, in den »großen Fällen« jedenfalls, die fast ausschließlich Verstöße gegen Recht und Sitte der Gemeinschaft betrafen. Das Todesurteil lag bei derartigen Vergehen zwar von vornherein fest, bedurfte jedoch der formellen Zustimmung der Vollversammlung. Diese wählte auch die Gerichtsherren, die in den Gauen und Dörfern Recht sprachen. Es verstand sich von selbst, daß auch dafür nur die Repräsentanten der mächtigen Familien in Frage kamen. Nach Tacitus standen den Gerichtsherren jeweils hundert Beisitzer mit ihrem Ansehen und ihren Erfahrungen zur Seite.

Rache – ein Gebot der Sittlichkeit

Einen Rechtsstreit vor das Gerichtsthing zu bringen, war freilich recht umständlich. Da es keine staatliche Judikatur gab, mußte der Kläger seine Sache selbst vertreten. Er hatte sich dabei gewisser feststehender Wendungen und Klauseln zu bedienen, auf deren strikte Einhaltung das Gericht größten Wert legte.

Die Gerichtsgegner sagten unter Eid aus, der in ältester Zeit auf das blanke Schwert geschworen wurde; später war es üblich, das Schwert in den Boden zu stoßen und die Hand auf den Griff zu legen. Trotz solcher Zeremonien verwandte man auf die Wahrheitsfindung wenig Mühe. Bot der Beklagte genügend Eideshelfer auf, die seine Unschuld bezeugten, wurde das Verfahren eingestellt.

Kam es zu einem Urteil, blieb der Vollzug in Ermangelung einer staatlichen Exekutive dem Kläger überlassen, selbst dann, wenn förmliche Ächtung und damit das Todesurteil ausgesprochen wurde. Die meisten Händel wurden deshalb ohne Anrufung der Gerichte gewissermaßen in freier Wildbahn ausgetragen. Der freie Mann wahrte sein Recht – oder das, was er dafür hielt – ohne obrigkeitliche Hilfe.

Für das Verständnis der zahlreichen Fehden, die sich daraus entwickelten, führt Andreas Heusler zwei Grundtatsachen an. Erstens: Man lebte im Zeichen der Selbsthilfe; der Staat »bevaterte« nicht, er hatte »keinen Staatsanwalt und keine Polizei«. Zweitens: Totschlag außerhalb des Krieges war nicht unbedingt ein Verbrechen; er konnte »eine edle und hochgerühmte Tat« sein. »Das Ehrgefühl des aufrechten Mannes fordert Vergeltung, ›Gleichmachen‹ im Bösen wie im Guten. Einen Angriff einstecken, als wäre nichts geschehen, oder ein Verzeihen ohne weiteres: das mindert die Ehre des Mannes.«

Die Rache war also ein Gebot der Sittlichkeit. Ihr Vollzug hatte kultischen Charakter. Und das »Wikinggewissen« ließ den Rächer, um noch einmal Andreas Heusler zu zitieren, auch nach blutigem Werk »heiter zechen und ruhig schlafen«.

Die Vollversammlung, wie gesagt, beschäftigte sich in der Hauptsache mit Verstößen gegen die Gemeinschaft: mit Landesverrat, Markfrevel, Störung des Thingfriedens, Unzucht und Untreue. Das lapidare Urteil lautete in Abwesenheit auf Ächtung, sonst auf Tod. Die Hinrichtung vollzogen die Priester. »Die Strafen«, berichtet Tacitus, »scheiden sich nach dem Verbrechen. Verräter und Überläufer knüpfen sie an Bäumen auf; Feige, Kriegsdienstverweigerer und der Unzucht Überführte versenken sie in Schlamm und Morast und decken sie mit Reisig zu.«

Dieser Rechtsbrauch erklärt die meisten Moorleichenfunde. Man entdeckte menschliche Gestalten, die – genau wie Tacitus berichtet – mit Steinen beschwert, mit Eichenstämmen eingesargt oder mit Weidenruten verschnürt waren. Die Tötungsverfahren variierten. Der Graubelle-Mann war durch einen exakten Gurgelschnitt liquidiert worden, der Tollund-Mann trug noch den Strick um den Hals, mit dessen Hilfe man ihn vom Leben in den Tod befördert hatte. Die gerichtsmedizinische Untersuchung ergab übrigens, daß er stranguliert und nicht gehenkt worden war.

Daß es auch die Hinrichtung mittels Genickbruch gab, beweist ein Bildstein von der Ostseeinsel Gotland. Er zeigt einen Mann mit einer Schlinge um den Hals sowie »zwei schlanke Bäume, deren Stämme gewaltsam... zusammengebunden worden sind, so daß sich die beiden Baumkronen kreuzen«.

»Rechts vier große, bewaffnete Krieger, die Hüter des Opfersteins. Der erste von ihnen hält einen gebundenen Vogel, der wohl zum gleichen Zeitpunkt geopfert werden soll, in der Hand. Zwischen den beiden Gruppen zwei Diener am Altar beschäftigt.«

Die nachfolgende Exekution ist aus der Darstellung unschwer zu rekonstruieren: »Wenn die Stricke, welche die beiden Baumstämme zusammenpressen, abgeschnitten werden und die Baumkronen in ihre natürliche Stellung zurückschnellen, wird die Schlinge um den Hals des Mannes angezogen, er wird in die Luft geschleudert, und im Bruchteil einer Sekunde hat der Kriegsgott noch ein Menschenopfer erhalten.« (Oxenstierna)

Auch zahlreiche Frauen sind in den Mooren versenkt worden, die meisten wohl wegen Ehebruchs. Nach Tacitus pflegten die Männer ungetreue Weiber nackt und kahlgeschoren aus dem Haus zu jagen und vor den Augen der Verwandten mit Ruten durchs Dorf zu peitschen. Ein Fund im dänischen Borremoor lieferte zu dieser Darstellung dokumentarisches Material: eine Frauenleiche, die nicht nur ihrer Haare entledigt, sondern obendrein skalpiert worden war. Die abgetrennte Kopfhaut sowie zahlreiche Gerten lagen neben ihr; vielleicht die Stöcke, mit denen man sie zu Tode geprügelt hatte.

Funde dieser Art werden immer wieder in denselben Mooren gemacht, während sie in anderen überhaupt nicht vorkommen. Schon daraus ergibt sich, wie Schwantes meint, daß »das Versenken der Leichen oder Leichenteile... sicher auch einen religiösen Hintergrund« hatte. »Da man seit uralten Zeiten die Moore als Sitze der Götter ansah, wie die zahllosen in ihnen gefundenen Opfergaben seit der Steinzeit beweisen, dürften auch die Moorleichen diesen zuzuzählen sein.«

Was wir von der Religion der Germanen wissen, geht zum größten Teil auf die Lieder-Edda zurück, eine heute in Kopenhagen verwahrte Handschrift, die vornehmlich Gesänge der Wikinger aus dem 9. bis 11. Jahrhundert enthält. Sie entwirft ein mythologisches Drama voller Schlachtenlärm und Poesie, das in seiner Dynamik und gestaltenreichen Fülle zu den großartigsten Götterdichtungen der Menschheit zählt.

Die Schauplätze und Akteure des ebenso gedankenreichen wie

Asgard, Midgard und Walhall

farbigen Spectaculums vereinigen sich zu einer riesigen kosmischen Dreiheit. Die Götter residieren in Asgard. Midgard ist die Welt der Menschen. Die Toten nimmt die Hel auf, es sei denn, daß sie als frisch-fröhliche Kämpfer auf blutiger Walstatt starben – für sie ist nämlich Walhall reserviert, der Heldenhimmel, in dem sie sich weiter als kühne Krieger und mannhafte Trinker betätigen können.

Die Asen genannten Götter entsprossen einem Geschlecht von Riesen. Ihnen zur Seite stehen die Vanen, die Schutzgeister von Feld und Flur, die freilich erst nach langwährendem Streit in Asgard Aufnahme fanden – ein Vorgang, der vielleicht die Begegnung der Megalithbauern mit den Streitaxthirten symbolisiert, nach einer anderen Theorie die Verschmelzung eines nordgermanischen Kriegerkultes mit einem südgermanischen Fruchtbarkeitsmythos.

Das grandiose Finale bildet die Götterdämmerung, ein fulminantes Schau- und Schlachtenstück, das Himmel und Erde untergehen und selbst die Götter sterben läßt, um Platz für eine neue und glücklichere Welt zu schaffen.

Die Hauptgestalt der germanischen Götteroper ist Odin, von den Südgermanen Wodan genannt – die Hauptgestalt und die tiefsinnigste zugleich.

Als Herr von Asgard und Walhall trägt er einen goldenen Helm. Auf seinen Schultern hocken zwei Raben, zwei Wölfe sind seine ständigen Begleiter. Auf seinen irdischen Wanderungen trägt er einen wallenden blauen Mantel und einen breitkrempigen Hut, mit dem er seine Einäugigkeit verbirgt; denn da er in den Brunnen der Erkenntnis blickte, hat er eines seiner Augen eingebüßt. Er gilt deshalb auch als Vater der Weisheit, als Gott des Zaubers und der Dichtkunst und selbstverständlich als Spender des Schlachtenglücks.

Von Unrast getrieben, reitet er in Sturmnächten auf seinem achtfüßigen Grauschimmel Sleipnir durch die Wälder, von Raben umkrächzt, von Wölfen umheult, an der Spitze eines johlenden, kampflüsternen Gefolges – ein pralles, ausladendes Bild, dem man seinen Respekt nicht versagen kann.

Der Zweite in der Rangordnung ist der Donnergott Thor oder Donar, eine überlebensgroße Figur von bäuerlicher Wesensart, die im Frühjahr den klirrenden Frost vertreibt und im Sommer die dürstende Erde tränkt. Der rotbärtige Hüne findet an Kraft und Härte nicht seinesgleichen. Wenn es gewittert, zeichnet die Spur seines Hammers wilde Blitze ins mausgraue Gewölk, und donnernd rollt sein von zwei Ziegenböcken gezogener Wagen durch die Luft.

Den Vorsitz im Rat der Götter führt jedoch Tyr, der Wahrer des Rechtes. Im Süden als Ziu verehrt, ist er zugleich der Gott des Krieges und des Sieges, dem man nach gewonnener Schlacht zum Dank für seine Hilfe Menschen- und Beuteopfer darbringt.

Neben den drei Hauptgöttern haben nur noch zwei Gestalten entschiedenes Profil: der hinterlistige, Böses sinnende Loki; und Baldur, der Lichtgott, der einem heimtückischen Anschlag Lokis erliegt, aber nach Odins Ratschluß aus dem Grau der Götterdämmerung als Künder einer neuen Welt hervorgehen wird.

Dazu kommt Frigg, Freya oder Frija, die Gemahlin des Himmelsvaters, die einen großen Schlüsselring am Gürtel trägt, die Ehe schützt und, selbst gern am Rocken sitzend, besonders die fleißigen Spinnerinnen liebt.

Seine ausführliche Darstellung hat der germanische Götterhimmel erst in der germanischen Spätzeit erfahren. Das Dreigestirn Odin, Thor und Tyr gebot aber, wie wir aus lateinischen Quellen wissen, bereits in der Römerzeit über ein weites Herrschaftsgebiet. Seine Traditionen dürften noch wesentlich älter sein; die Spuren des Blitz- und Donnergottes lassen sich nach Meinung mancher Forscher bis 500 v. Chr. zurückverfolgen.

Der »Holzmann« auf der Heide

Über gewisse Formen des Kultes unterrichten Cäsar und Tacitus, freilich in recht widersprechenden Wendungen. Nach Cäsar begnügten sich die Germanen, da sie weder Götter noch einen eigenen Priesterstand kannten, mit der Anbetung sichtbarer Naturgewalten wie Sonne, Mond und Feuer. Tacitus' *Germania* dagegen enthält detaillierte Angaben über die Verehrung der Erdgöttin Nerthus bei den Sueben.

»Auf einer Insel des Ozeans« – vielleicht der Insel Alsen – »liegt ihr heiliger Hain, darin steht ein geweihter, mit einer Decke verhüllter Wagen. Nur der Priester darf ihn berühren, und nur der Priester merkt es, wenn die Göttin erschienen ist. Er spannt Kühe vor den Wagen und gibt der Göttin ehrfürchtig das Geleit.«

»Freudig sind dann die Tage und festlich geschmückt die Stätten, welche die Göttin ihres Kommens und ihres Besuches würdigt. Niemand zieht in den Krieg, niemand greift zu den Waffen; sicher verwahrt liegt alles Eisen. Alle kennen und lieben nun Frieden und Ruhe, bis der Priester die vom Umgang mit den Menschen ermüdete Göttin in das Heiligtum zurückbringt.«

»Dann werden Fahrzeug und Hülle und, wenn man dem Glauben schenken will, die Gottheit selbst in einem verborgenen See gewaschen. Hilfsdienste leisten dabei Sklaven, die alsbald der gleiche See verschlingt. Ein geheimes Grauen umgibt daher den Brauch und eine heilige Scheu, zu erkennen, was das wohl sein mag, was nur Todgeweihte schauen.«

Demnach gab es auch in Germanien Priester. Zwar fehlt jeglicher Hinweis auf eine Kaste, die dem Druidenorden vergleichbar wäre, doch wissen wir von kultischen Exerzitien, Losorakeln und Zeichendeutungen, die Tradition und Erfahrung voraussetzen, auch wenn sie nur gewissermaßen »nebenberuflich« ausgeübt wurden. Es ist leicht auszurechnen, daß die »großen Familien« auch in dieser Hinsicht die Hand im Spiele hatten.

Wie bei den Kelten fanden die zeremoniellen Handlungen meist in heiligen Hainen oder an heiligen Quellen statt. Aus der Geschichte ist bekannt, daß die Hermunduren mit den Chatten um ein salzhaltiges Gewässer kämpften, das sie für besonders gesegnet hielten. Und bei Arbeiten an einer Quelle in Bad Pyrmont fand man 1864 einen Hort germanischer Metallarbeiten, der dort als Opfer versenkt worden war. Untersuchungen in dem niederländischen Dorf Elst lassen sogar den Schluß zu, daß auch die Germanen einfache Tempel in der Art der keltischen Umgangstempel errichteten.

Selbst zwei Götterbilder hat die Bodenforschung beigesteuert, und zwar in Gestalt von überlebensgroßen primitiven Holzskulpturen, die bei Braak in der Nähe von Eutin gefunden wurden. »Ganz offenbar handelt es sich bei diesen Figuren um ... Gottheiten der Fruchtbarkeit. Noch in einem Eddalied ist von dem ›Holzmann‹ die Rede, der nackt draußen auf der Heide steht und dem Kleider als Opfergabe dargebracht werden. Auch in einer alten skandinavischen Erzählung wird berichtet, wie Wikinger, die an Land gingen, im Walde eine riesige Holzfigur trafen und sich darüber unterhielten, wer wohl diesem großen Gott geopfert habe.« (Jankuhn)

Oper-Bacchanale für den Gott des Sieges

Ja, genau wie die Kelten brachten die Germanen ihren Göttern Unmengen an Opfern dar. Frauen spendeten ihren Schmuck, vor allem Hals- und Fingerringe. Bauern stellten Tongefäße mit Haustierknochen, Haselnüssen, Butter, Flachs und Frauenhaar aufs Moor.

Auch Schuhe sowie zusammengerollte Kleidungsstücke und Pelze wurden den Göttern in großer Zahl vermacht. Ganze Berge von Fundmaterial verdankt die Forschung den Kollektivopfern, die nach gewonnener Schlacht inszeniert wurden.

Allein das vollbeladene Nydam-Boot hat, wie Schuchhardt beiläufig bemerkt, an Waffen und Ausrüstungsstücken mehr geliefert als alle nordischen Urnenfriedhöfe zusammen, unter anderem

106 Schwerter,
552 Speerspitzen,
70 eiserne und bronzene Schildbuckel,
76 Eisenmesser,
37 Ahlen

sowie Hunderte von Pfeil- und Speerschäften, Metallbeschlägen, Schmucksachen, Fibeln und Kämmen.

Noch größer und reichhaltiger war die Ausbeute im Thorsberger Moor, das nach Ausweis der Funde über fünfhundert Jahre als Opferstätte diente. Aus Vimose stammen, nach Oxenstierna, 1 000 Speere, zahllose Pfeile und Bögen, 100 Schwerter, Berge von Schilden, eine vollständige Ringbrünne aus 20 000 kleinen Ringen, dazu Beile, Pferdegeschirre und vieles mehr, insgesamt rund 50 000 Fundobjekte. Die 1950 begonnene Illerup-Grabung legte bisher weit »über 1 000 Altertumsgegenstände« frei.

Die meisten Funde wurden von der Forschung in die ersten nachchristlichen Jahrhunderte datiert. Doch pflegten schon die Kimbern, wie aus einem Bericht des spanischen Kirchenvaters Orosius hervorgeht, derartige Opfer-Bacchanale zu veranstalten. »Kleider wurden zerrissen und weggeworfen, Gold und Silber im Flusse versenkt, die Harnische der Männer zerhackt, Pferdegeschirre zerrissen und die Pferde selbst in tiefe Gruben gestürzt..., so daß den Siegern nicht mehr Beute zuteil wurde als den Besiegten Gnade.«

Vor allem der Illerup-Fund wirkte wie eine Dokumentation des Orosius-Zitates. Über hundert Schwerter, viele Schilde, Speere, Lanzen, Äxte, Messer, auch das aus einem ausgehöhlten Baumstamm gefertigte Boot – alles war zerschlagen, zertrümmert, demoliert. Alles deutete darauf hin, daß die Sieger während des Opferrituals von einem wahren Rausch der Zerstörung besessen waren.

Auch die Reste der beiden geopferten Pferde ließen etwas von dieser entfesselten Kampf- und Vernichtungswut ahnen. Die Augen der Tiere waren ausgestochen, die Schädel gespalten, die Leiber kreuz und quer mit Speeren durchbohrt.

Menschliche Skelette wurden in den Moorwiesen von Illerup nicht entdeckt. Aber auch die geschlagenen Feinde wurden – soweit man sie nicht als Sklaven brauchte – nach gewonnener Schlacht dem gierigen Gott des Sieges geopfert.

Die Kimbern hängten die bei Arausio gefangenen Legionäre an Bäumen auf. Und Arminius, der Sieger im Teutoburger Walde, ließ die überlebenden römischen Offiziere an Altären schlachten, manche nach vorheriger Folterung. Am schlimmsten erging es dabei – nach Tacitus – den Rechtsgelehrten.

»Einigen stachen sie die Augen aus, anderen schnitten sie die Hände ab, einem wurde der Mund zugenäht, nachdem man ihm vorher die Zunge abgeschnitten hatte; die hielt ein Barbar in der Hand und rief: ›Jetzt kannst du nicht mehr zischen, du Natter‹!«

Auch diese Szene hemmungsloser Grausamkeit gibt – obwohl von einem Römer gezeichnet – einen Grundzug germanischen Wesens wieder: die Fähigkeit, das Töten eines Gegners als einen kultischen Akt zu erleben. Auch sie kennzeichnet die moralfreie Vitalität dieses urwüchsigen Volkes, das – als es seine Unabhängigkeit bedroht sah – keinen Augenblick zögerte, selbst den sieggewohnten Soldaten des Imperiums die Stirn zu bieten.

An der Schwelle der deutschen Frühzeit

Was befähigte die Germanen, diesen Kampf nicht nur aufzunehmen, sondern auch siegreich zu beschließen?

Da war zunächst ihre gewaltige Physis, die sie in den Augen der Südländer als ungeschlachte Riesen erscheinen ließ. Tatsächlich waren sie gesund und stark wie Auerochsen, bedürfnislos, an Strapazen gewöhnt und nahezu unempfindlich gegenüber Kälte, Wind und Regen und all den Witterungsunbilden, die den sonnebedürftigen Söhnen der Mittelmeerländer so schwer zu schaffen machten.

Dieser Robustheit entsprach die rohe und unzugängliche Natur ihres Landes. Das freie Germanien, das die Römer unter Augustus auf ihre Weise zu erobern und zu befrieden trachteten, war ein unermeßliches Waldland, kalt und düster, mit Sümpfen, Mooren und weiten Ödlandstrecken, durch die nur Trampelpfade führten. Ein Land, das selbst kampferfahrene Legionäre nur mit geheimem Schauder betraten.

Die Bevölkerung aber, die in diesen Wäldern lebte, wuchs und wuchs. Von Hunger und Mißernten bedroht, sah sich bald dieses, bald jenes Volk gezwungen, sein Wohngebiet zu verlassen und neuen Lebensraum zu suchen. Ihre nomadische Beweglichkeit – Erbteil der Streitaxthirten – kam den Germanen dabei zugute. Bei aller bäuerlichen Art unstet und lässig, waren sie stets zum Wandern und Vagabundieren aufgelegt. Fremde Länder zu erobern, zu bestellen und nach einigen Jahren ertragreichen Raubbaues weiterzuziehen, war für sie das Natürlichste von der Welt.

Empfänglich für alle Kultureinflüsse, schätzten sie dennoch den Krieg über alles. Sie liebten den Kampf um des Kampfes willen, und man tut ihnen kein Unrecht, wenn man sie ein Volk von Raufbolden nennt. Der Umgang mit der Waffe war ihnen daher vertraut von Kindesbeinen an. Und wenn ihr Leben köstlich war, so war es nicht Mühsal und Arbeit, sondern eine ununterbrochene Folge von Fehden und Beutezügen.

Mit dem Tod lebten sie deshalb auf vertrautem Fuß. Sie suchten ihn im frischfröhlichen Streit Mann gegen Mann, schon um der Gefahr zu entgehen, als nutzlose Greise eines Tages von ihren eigenen Angehörigen umgebracht zu werden. Ihre religiösen Vorstellungen bekräftigten diesen Trieb, denn nur dem im Kampf Gefallenen winkte ein Platz an der großen Tafel der Zecher und Krieger in Walhall.

Ihre Ehre war ihre Freiheit. Ihre Unabhängigkeit galt ihnen mehr als irdisches Gut. Ohne Staat, ohne Verwaltung, ohne Behörden lebend, waren sie bis ins frühe Mittelalter hinein von einem tiefen Widerwillen gegen das Eingepferchtsein in städtischen Mauern erfüllt. Bei allem Respekt, den sie den soldatischen Römern entgegenbrachten, empörte sie daher nichts so sehr wie der Versuch, die rationalen Ordnungsprinzipien des Imperiums auf ihr freies, umgebundenes Leben zu übertragen.

Um so stärker fühlten sie sich ihren Familien, ihren Frauen, ihren Kindern verpflichtet. Und fraglos resultierte ihre moralische Stärke nicht zuletzt aus der Unanfechtbarkeit ihres privaten Daseins, das – zum großen Erstaunen der Römer – selbst den Lockungen der Geschlechtlichkeit gegenüber nahezu immun war.

Von Natur undiszipliniert, waren sie dennoch bereit, einem tüchtigen militärischen Führer zu folgen, und ihre Führungskaste war von außerordentlicher Intelligenz, anpassungsfähig, lernbegierig und ohne Gewissen.

Trotzdem befähigte erst die Begegnung mit den Römern die Germanen, die Auseinandersetzung mit den Römern zu bestehen. Von ihnen lernten sie nämlich, was ihnen bei all ihrer Vitalität noch fehlte: ihre Kräfte zu organisieren und Kriege nicht nur mit Wildheit, sondern auch mit Bedacht zu führen.

An der Schwelle dieser Begegnung endet, was wir Ur- oder Vorgeschichte nennen. Es beginnt die deutsche Frühzeit.

Sie zu erhellen, war zum überwiegenden Teil ebenfalls eine Sache der Bodenforschung, die in den großen Römerstädten an Mosel, Rhein und Donau ihre natürlichen Zentren fand. Sie betreut dort heute eine fast unübersehbare Hinterlassenschaft, die mehr noch als die literarischen Quellen den welthistorischen Rang des römisch-germanischen Kampfes bezeugt – eine Hinterlassenschaft, die nicht nur aus Gräbern und Urnenfriedhöfen besteht, sondern auch aus mächtigen Bauten und Ruinen, wie der unvergleichlichen Porta Nigra in Trier oder den Mauerresten jenes Statthalterpalastes im Kölner Rathauskeller, die der Besucher mit einem Fahrstuhl erreicht.

Doch das füllt die Seiten eines weiteren Buches.

DANKSAGUNG

Der Verfasser bedankt sich bei allen denen, die ihm
bei der Vorbereitung und Niederschrift dieses Buches
geholfen haben. Sein besonderer Dank
gilt dem Rheinischen Landesmuseum in Bonn,
in dessen großer Fachbibliothek er sich nach Herzenslust
umtun konnte. Sein Dank gilt weiter den zahlreichen Experten,
die ihn, soweit er sie um Auskunft oder Hilfe anging, überall
in der verständnisvollsten und uneigennützigsten Weise berieten.
Es sei nicht verschwiegen, daß dabei auch manche Bedenken
gegenüber dem Plan dieses Buches ausgesprochen wurden.
Der Autor darf dazu bemerken, daß er sich der Problematik
seines Vorhabens von Anfang an bewußt war. Es ist in der Tat
fast eine Aufgabe wie die Quadratur des Zirkels,
den überaus spröden und hinter einer unzugänglichen
Fachterminologie verschanzten Stoff der Vorgeschichte lesbar
zu machen. Die ungewöhnliche Fülle und Kompliziertheit
dieses Stoffes zwang zu gewissen Vereinfachungen,
von einer Fachdisziplin, die in ihrer ganzen Weite und Vielfalt auch
von den Fachleuten kaum noch zu überblicken ist, war er redlich
bemüht, ein Bild zu entwerfen, das den heute vorherrschenden
Anschauungen entspricht. Die Fragezeichen, die von Rechts wegen
dazugehören, sind – um noch einmal Gordon Childe zu zitieren –
nur fortgelassen worden, um den Leser nicht unnütz zu ermüden.

TOURISTISCHE HINWEISE

NEANDERTAL   Von Autobahn Düsseldorf Süd nur wenige Kilometer bis ins Neandertal. 3 000 Morgen großer Naturschutzpark. Fuhlrott-Gedenktafel am Rabenstein. Urgeschichtliches Museum. »Eiszeitliches« Wildgehege.
Weitere Neandertalfunde im Heimatmuseum Mettmann.
Knochen des »Neandertalers« im Rheinischen Landesmuseum Bonn (zur Zeit im Safe). Ebenda das »Paar von Oberkassel«.

SALZGITTER-LEBENSTEDT   Abfahrt von Autobahn Hannover–Göttingen (zur Zeit noch im Bau).
Fundstelle an den Lebenstedter Kläranlagen überbaut.
Funde zum größten Teil im Museum Wolfenbüttel. Kleinere Funde im Museum von Schloß Salder (im Aufbau).

VOGELHERDHÖHLE   Autobahnabfahrt Ulm Ost. Auf der Bundesstraße 19 bis Abzweigung Setzingen. Von dort ins Lonetal. Siehe Kartenskizze im Text.
Funde in der Lehrsammlung des Instituts für Vor- und Frühgeschichte an der Universität Tübingen.
Petersfels-Funde im Museum für Urgeschichte in der Stadt Freiburg.
Thayngen-Funde im Rosengarten-Museum, Konstanz, und Museum Allerheiligen, Schaffhausen.

MEIENDORF-STELLMOOR   Abfahrt Ahrensburg der Autobahn Hamburg–Lübeck. Oder über Hamburg-Rahlstedt auf Bundesstraße 75 bis zum südlichen Ortsrand von Ahrensburg.
Grabungsstelle Meiendorf und Stellmoor siehe Textkarte.
Funde im Landesmuseum Schleswig-Holstein in Schleswig.

FEDERSEEGEBIET   Autobahnabfahrt Ulm Ost oder West. Über Neu-Ulm auf Bundesstraße 30 bis Biberach. Von Biberach über Stafflangen und Oggelshausen nach Buchau. Dort Federseemuseum. Die übrigen Funde in Tübingen.
Von Buchau über Saulgau, Ostrach, Denkingen, Heiligenberg zum Pfahlbaumuseum Unteruhldingen.
Schweizerische Pfahlbaufunde vor allem im Schweizerischen Landesmuseum, Zürich.

AHLHORNER HEIDE   Von Bremen über Delmenhorst auf Bundesstraße 213 nach Wildeshausen und Visbek.

Von Osnabrück auf Bundesstraße 51 bis Diepholz, von dort auf Bundesstraße 69 bis Vechta, von Vechta nach Visbek.
Von Oldenburg auf Bundesstraße 69 bis Ahlhorn, von Ahlhorn nach Visbek.
Rund um Visbek »Bräutigamsgruppe«, Heidenopfertisch u. a. Hünengräber. Siehe Textkarte.
Zum Hümmling über Ahlhorn, Cloppenburg (Museumsdorf) und Werlte. Die meisten Hünengräber zwischen Groß-Berßen und Börger.
Zu den »Sieben Steinhäusern« Autobahnabfahrt Fallingbostel an der Strecke Hannover–Hamburg. Die »Steinhäuser« liegen auf einem Truppenübungsplatz. Besuch normalerweise nur am Wochenende möglich.
Funde aus Hünengräbern in den Landesmuseen Hannover und Schleswig.

MICHELSBERG Abfahrt Bruchsal der Autobahn Mannheim–Karlsruhe. Von Bruchsal nach Untergrombach. Auffahrt zum Michelsberg. Funde vom Michelsberg im Badischen Landesmuseum Karlsruhe.

HEUNEBURG Autobahnabfahrt Ulm Ost oder West. Über Neu-Ulm, Erbach, Ehingen nach Riedlingen (Bundesstraße 311). Von Riedingen nach Binzwangen oder Hundersingen. Anfahrt zur Heuneburg: siehe Planskizze im Text. Ebenda: »Hohmichele« und die Hundersinger Fürstengräber.
Funde vor allem im Württembergischen Landesmuseum in Stuttgart. Dort auch die Funde von Cannstatt, Ludwigsburg und Kleinaspergle.
Funde von Waldalgesheim im Rheinischen Landesmuseum, Bonn, von Reinheim im Saarlandmuseum, Saarbrücken. Säule von Pfalzfeld in Bonn, Heidelberger Doppelkopf in Karlsruhe.

RING VON OTZENHAUSEN Autobahnabfahrt Limburg zwischen Köln und Frankfurt. Von Koblenz auf der Hunsrück-Höhenstraße (Bundesstraße 327) über Kastellaun, Kappel nach Hermeskeil. Von Hermeskeil nach Nonnweiler bzw. Otzenhausen. Weitere Ringwälle siehe Kartenskizze.
Zum Altkönig: Autobahnabfahrt Idstein über Heftrich, Schloßborn, Fischbach und Königstein. Keine Auffahrt.
Zum Donnersberg: Autobahnabfahrt Kirchheim oder Enkenbach zwischen Mannheim und Kaiserslautern. Zufahrten über Kirchheimbolanden oder Winnweiler-Falkenstein.

MANCHING   Abfahrt Manching an der Autobahn München–Nürnberg. Hinter Paar-Übergang in südlicher Richtung zum Ringwall Manching. Grabungsgelände auf dem Flugplatz nicht zugänglich.
Keltische Viereckschanze etwa zwei Kilometer südlich der Abfahrt in unmittelbarer Nähe der Autobahn.
Funde in München (Bayrische Staatssammlungen). Kleinere Funde in Ingolstadt (Schloßmuseum).

EXTERNSTEINE   Abfahrt Herford–Bad Salzuflen an der Autobahn Köln–Hannover. Über Salzuflen, Lage, Detmold, Horn zu den Externsteinen.
Von Detmold Fahrstraße zum »Hermannsdenkmal« auf der Grotenburg.
Bei Oerlinghausen rekonstruiertes Cheruskerdorf.

UELZEN   Abfahrt Soltau Ost der Autobahn Hannover–Hamburg. Über Munster-Dethlingen nach Uelzen. Zahlreiche Vorgeschichtsdenkmäler im Gelände ausgeschildert. Dörfer Wessenstedt, Jastorf, Ripdorf, Seedorf Nähe Bevensen.
Funde durchweg im Niedersächsischen Landesmuseum, Hannover. Museum Uelzen im Wiederaufbau.
Moor- und Marschenfunde Schleswig-Holsteins im Landesmuseum Schleswig. Dort auch das Nydam-Boot und Thorsberger Moorfunde.

ZEITTAFEL

(Alle Angaben v. Chr. Geb.)

600 000–150 000	Ältere Steinzeit.
600 000–550 000	Erste (Günz-)Eiszeit.
550 000–480 000	Erste Zwischeneiszeit.
um 500 000	Der Heidelberger Mensch.
480 000–420 000	Zweite (Mindel-)Eiszeit.
420 000–230 000	Zweite Zwischeneiszeit. Der javanische und pekinesische Affenmensch. Der Mensch von Swanscombe. Der »Steinheimer«.
230 000–180 000	Dritte (Riß-)Eiszeit.
180 000–120 000	Dritte Zwischeneiszeit. Die Menschen von Saccopastore, Fontéchevade, Ehringsdorf. Der Neandertaler.
um 150 000	Die Elefantenjäger von Lehringen.
150 000–80 000	Mittlere Altsteinzeit.
120 000–12 000	Vierte (Würm-)Eiszeit. Der Neandertaler. Die Aurignac- und Cromagnon-Menschen. Das Paar von Oberkassel.
um 100 000	Die Mammutjäger von Salzgitter.
80 000–8 000	Jüngere Altsteinzeit.
50 000–10 000	Die Kunst der Höhlenmalerei. Die Bildschnitzer der Vogelherdhöhle. Das Rentier von Thayngen.
um 18 000	Die Renjäger von Meiendorf.
um 10 000	Die ersten Ackerbauer im Nahen Osten.
um 8 000	Die Renjäger von Stellmoor.
8 000–4 600	Die Mittlere Steinzeit. Die Maglemose- und Kjökkenmödinger-Menschen. Wohnplatz Tannstock im Federseemoor. Hund, Rind, Schaf erste Haustiere.
4 600–2 000	Jüngere Steinzeit. Trichterbechermenschen und Bandkeramiker. Die Michelsberger, Rössener und Horgener Gruppen. Schnurkeramiker und Glockenbecher-Kultur.
2 500–2 000	Die Federseedörfer Riedschachen, Aichbühl, Taubried.
um 2 000	Die »Pfahlbauten«.
2 000–800	Die Bronzezeit.
1 800–1 200	Die Hügelgräber-Zeit. Auftreten des Pflugs, Handelsdepots, Bernsteinstraßen.

um 1200	Trojanischer Krieg, Vordringen der nordischen Seevölker bis an die Grenzen Ägyptens, Fall des Hethiter-Reiches.
1200–800	Die Urnenfelder-Zeit. Wirtschaftsblüte der späten Bronzezeit. Brandbestattung im gesamten nordalpinen Raum.
800–500	Ältere Eisenzeit (Hallstatt-Zeit).
800–600	Germanische Wessenstedt-Kultur.
um 800	Beginn der griechischen Kolonisation in Südfrankreich und Spanien.
775–725	Kimmerische Vorstöße nach dem Westen.
um 700	Verbreitung des Eisens in Mitteleuropa.
600–300	Germanische Jastorf-Kultur.
um 600	Der »Massilische Periplus« berichtet von keltisch sprechenden Völkern auf der Iberischen Halbinsel. Handelsbeziehungen zwischen Südwestdeutschland und den Griechen an der Rhône-Mündung.
um 550	Die Lehmziegelmauer der Heuneburg.
500–0	Jüngere Eisenzeit (Latène-Zeit).
um 500	Die Hundersinger Fürstenhügel.
um 450	Die Fürstengräber von Ludwigsburg und Kleinaspergle.
um 400	Keltische Wanderung nach Italien.
387/386	Plünderung Roms durch die »Gallier«.
368	Keltische Söldner im Heer von Syrakus und dem Peloponnes.
um 350	Die Gräber von Reinheim und Waldalgesheim. Blüte der Früh-Latène-Kunst.
um 325–320	Reise des Pytheas.
300–150	Germanische Ripdorf-Kultur.
279	Die Galater plündern Delphi und setzen nach Kleinasien über.
275/274	Antigonos Soter besiegt die Galater in der »Elefantenschlacht«.
240	Attalos I. schlägt die Galater.
225	Niederlage der cisalpinen Gallier bei Telamon.
191	Rom besiegt die keltischen Bojer und bildet die Provinz Gallia Cisalpina.
150–0	Germanische Seedorf-Kultur.
133	Die Römer erobern die keltiberische Festung Numantia.

124	Okkupation der gallischen Provence durch die Römer.
um 100	Entstehung der gallischen Oppida.
113	Die Kimbern in Noricum.
105	Sieg der Kimbern und Teutonen bei Orange über die Römer.
102	Untergang der Teutonen bei Aquae Sextiae.
101	Ende der Kimbern bei Vercellae.
72	Germanische Sueben ziehen über den Oberrhein nach Gallien.
58	Cäsar besiegt den Suebenkönig Ariovist bei Mülhausen im Elsaß.
58–52	Cäsars Gallischer Krieg.
55	Rhein wird Grenze des römischen Imperiums.
25	Galatien wird römische Provinz.

QUELLENVERZEICHNIS
DER TEXTABBILDUNGEN

Die Zeichnungen und Karten im Text wurden folgenden Veröffentlichungen entnommen:

Bittel-Rieth: *Die Heuneburg an der oberen Donau*, Kohlhammer Verlag, Stuttgart (S. 286, 309). – Karl Hermann Jacob-Friesen: *Einführung in Niedersachsens Urgeschichte*, August Lux Verlagsbuchhandlung, Hildesheim (S. 185, 190, 253). – Kurt Joerlin: *Die Externsteine im Teutoburger Wald*, Ernst Schnelle Verlag, Detmold (S. 372). – Werner Krämer: *Neue Ausgrabungen in Deutschland*, Verlag Gebr. Mann, Berlin (S. 338, 344, 420). – Karl J. Narr: *Abriß der Vorgeschichte*, R. Oldenbourg Verlag, Berlin und München (S. 296 und hinteres Vorsatzblatt). – Oskar Paret: *Das neue Bild der Vorgeschichte*, August Schröder Verlag, Stuttgart (S. 167). – Alfred Rust: *Das altsteinzeitliche Rentierlager Meiendorf*, Karl Wachholtz Verlag, Neumünster (S. 121, 139). – Hermann Schreiber: *Sinfonie der Straße*, Econ-Verlag, (S. 259). – Carl Schuchhardt: *Vorgeschichte von Deutschland*, R. Oldenbourg Verlag, Berlin und München (S. 108, 236, 237, 240, 243, 275). – Gustav Schwantes: *Deutschlands Urgeschichte*, Franckh'sche Verlagshandlung, Stuttgart (S. 103, 104, 142, 174). – *Führungsblatt* des Staatl. Amtes für Denkmalspflege, Karlsruhe (S. 217). – Paul Steiner: *Vorzeichen des Hochwaldes*, Trier 1932 (S. 313). – Karl W. Struwe: *Die Kultur der Bronzezeit in Schleswig-Holstein*, Karl Wachholtz Verlag, Neumünster (S. 265, 268, 271, 276, 280). – Rafael von Uslar: *Eiszeitmenschen am Rhein*, Böhlau Verlag, Köln und Graz (S. 26, 56, 65, 93, 98, 101, 105, 110 und vorderes Vorsatzblatt). – Robert Wetzel: *Die Bocksteinschmiede*, Kohlhammer Verlag, Stuttgart (S. 63, 85, 87).

QUELLENVERZEICHNIS DER TAFELBILDER

Lala Aufsberg, Sonthofen 8, 26, 32 oben
Badisches Landesmuseum Karlsruhe / Foto Werner Mohrbach 19 unten
British Museum London 33
Forhistorisk Museum Aarhus / Harald Andersen 44 unten
Reinhart Kraatz, Neckargemünd 3 oben, 3 unten
Landesbildstelle Rheinland, Düsseldorf 2 oben, 2 unten
Landesbildstelle Württemberg, Stuttgart 4 oben, 4 unten, 12 oben, 18 oben, 18 unten, 20 unten, 25 oben, 25 unten, 27 oben, 27 unten, 28, 29, 30 oben, 30 unten, 31 unten, 35 oben, 35 unten
Museum der Stadt Worms / Photo Kulturinstitute Worms 17 oben
Nationalmuseet Kopenhagen / Foto Niels Elswing 20 oben, 23, 24 unten, 37 unten, 45
Naturhistorisches Museum Wien, Prähistorische Abteilung / Photo Meyer KG 13
Niedersächsisches Landesmuseum Hannover, Urgeschichtliche Abteilung / Foto Liselotte Brattig 11 oben, 11 unten, 15 oben, 24 oben, 41 oben, 41 unten
Prähistorische Staatssammlung München / Foto Gerda Schnitzlein 38 oben, 38 unten, 39 oben, 39 unten, 40 oben
Herbert Reinoß, Gütersloh 9, 16 oben, 16 unten
Rheinisches Landesmuseum Bonn 31 oben, 34 oben
Rosgartenmuseum Konstanz / Foto Jeannine Le Brun 12 unten
Foto Saebens, Worpswede 10, 14 unten
Schleswig-Holsteinisches Landesmuseum für Vor- und Frühgeschichte Schleswig 5 oben, 5 unten, 6 oben, 6 unten, 7 oben, 7 unten, 14 oben, 15 unten, 17 unten, 21 oben, 21 unten, 22 oben, 22 unten, 44 oben, 46, 47 oben, 47 unten, 48
Foto Schönlau, Horn (Lippe) 43
Schweizerisches Landesmuseum Zürich 40 unten
Staatliches Konservatoramt Saarbrücken 32 unten; Foto Gressung 34 unten
Staatsbibliothek Berlin Bildarchiv (Handke) 36 oben, 36 unten, 37 oben
Hans Wagner, Vlotho 42
Aus Kimmig-Hell, »Vorzeit an Rhein und Donau« 19 oben
Aus Rafael v. Uslar, »Eiszeitmenschen am Rhein« 1

BIBLIOGRAPHIE
ALLGEMEINE LITERATUR

Behn, Friedrich: *Kultur der Urzeit*, Berlin 1950, Sammlung Göschen, Bd. 564, 565, 566.
 Vorgeschichte Europas, Berlin 1949, Sammlung Göschen, Bd. 42.
 Aus europäischer Vorzeit, Stuttgart 1957.
 Das Haus in vorrömischer Zeit, Mainz 1922.
Bibby, Geoffrey: *Faustkeil und Bronzeschwert*, Hamburg 1957.
Birkner, Ferdinand: *Ur- und Vorzeit Bayerns*, München 1936.
Childe, V. Gordon: *Vorgeschichte der europäischen Kultur*, Hamburg 1960.
Dopsch, Alfons: *Wirtschaft und soziale Grundlagen der europäischen Kulturentwicklung*, Wien 1918–1924.
Ebert, Max: *Reallexikon der Vorgeschichte*, 15 Bde., Berlin 1924–1929.
Eggers, Hans Jürgen: *Einführung in die Vorgeschichte*, München 1959.
Eppel, F.: *Fund und Deutung. Eine europäische Urgeschichte*, München 1958.
Freyer, Hans: *Weltgeschichte Europas*, Wiesbaden 1948.
Gummel, Hans: *Forschungsgeschichte in Deutschland*, Berlin 1938.
Grahmann, Rudolf: *Urgeschichte der Menschheit*, Stuttgart 1956.
Jacob-Friesen, Karl Hermann: *Grundfragen der Urgeschichtsforschung*, Hannover 1928.
 Einführung in Niedersachsens Urgeschichte, Bd. 1, Hildesheim 1959.
Jankuhn, Herbert: *Denkmäler der Vorzeit zwischen Nord- und Ostsee*, 1957.
Kern-Valjavec: *Historia mundi, Handbuch der Weltgeschichte in 10 Bänden*, Bd. 1–4, Bern und München 1952–1954.
Kimmig/Hell: *Vorzeit an Rhein und Donau*, Konstanz 1958.
Kossinna, Gustaf: *Die deutsche Vorgeschichte eine hervorragend nationale Wissenschaft*, Leipzig 1936.
Krämer, Werner: *Neue Ausgrabungen in Deutschland*, Berlin 1958.
Kraft, Georg: *Der Urmensch als Schöpfer*, Berlin 1942.
Kreuzberg, P. J.: *Deutsche Vor- und Frühgeschichte mit bes. Betonung des Rheinlandes*, Saarlouis 1935.
Kühn, Herbert: *Das Erwachen der Menschheit*, Frankfurt 1954.
 Der Aufstieg der Menschheit, Frankfurt 1955.
 Die Entfaltung der Menschheit, Frankfurt 1958.
Menghin, Oswald: *Weltgeschichte der Steinzeit*, Wien 1931.
Mildenberger, Gerhard: *Mitteldeutschlands Ur- und Frühgeschichte*, Leipzig 1959.
Müller, Sophus: *Nordische Altertumskunde*, Straßburg 1897.
Narr, Karl J.: *Abriß der Vorgeschichte*, München 1957.
Obermaier, Hugo: *Der Mensch der Vorzeit*, Berlin 1912.
 Urgeschichte der Menschheit, Fribourg 1931.
Paret, Oscar: *Urgeschichte Württembergs*, Stuttgart 1921.
 Das neue Bild der Vorgeschichte, Stuttgart 1948.
 Württemberg in vor- und frühgeschichtlicher Zeit, Stuttgart 1961.
Peschek, Christian: *Lehrbuch der Urgeschichts-Forschung*, Göttingen 1950.
Riek, Gustav: *Kulturbilder aus der Altsteinzeit Württembergs*, 1935.
Rodenwaldt, Gerhart: *Neue deutsche Ausgrabungen*, Münster 1930.
Rust, Alfred: *Die jüngere Altsteinzeit*, in: Historia mundi, München 1954.
Schmidt, Robert Rudolf: *Der Geist der Vorzeit*, Berlin 1934.
Schuchhardt, Carl: *Vorgeschichte von Deutschland*, Berlin 1939.
 Alteuropa, Berlin 1944.

Schumacher, K.: *Siedlungs- und Kulturgeschichte der Rheinlande*, Bd. 1, Mainz 1921.
Schwantes, Gustav: *Deutschlands Urgeschichte*, Stuttgart 1952.
  Die Vorgeschichte Schleswig-Holsteins, Neumünster 1934.
  Die Urgeschichte, in: *Geschichte Schleswig-Holsteins*, Neumünster 1939.
Stemmermann, Paul Hans: *Die Anfänge der deutschen Vorgeschichtsforschung*, Leipzig 1934.
Tschumi, Otto: *Urgeschichte der Schweiz*, Frauenfeld 1949.
Wahle, Ernst: *Vorzeit am Oberrhein*, Heidelberg 1937.
  Geschichte der prähistorischen Forschung, in: *Anthropos*, Fribourg 1950/51.
  Deutsche Vorzeit, Basel 1952.
  Ur- und Frühgeschichte im mitteleuropäischen Raum, in Gebhardt: *Handbuch der deutschen Geschichte*, Bd. 1, 1954.
Wheeler, Sir Mortimer: *Moderne Archäologie*, Hamburg 1960.
Zotz, Lothar F.: *Altsteinzeitkunde Mitteleuropas*, 1951.

SPEZIALLITERATUR

Zu Kapitel 1

Andree, Julius: *Der eiszeitliche Mensch in Deutschland*, Leipzig 1939.
Bürger, W.: *Johann Carl Fuhlrott, der Entdecker des Neandertalmenschen*, Wuppertal 1956.
Fuhlrott, Joh. Carl: *Der fossile Mensch aus dem Neandertal und sein Verhältnis zum Alter des Menschengeschlechtes*, Duisburg 1865.
Gehlen, Arnold: *Der Mensch*, Bonn 1950.
Gross, Hugo: *Die Radiokarbonmethode, ihre Ergebnisse und Bedeutung*, in: *Eiszeitalter und Gegenwart*, 1952, S. 68.
Hauser, Otto: *Der Mensch vor 100 000 Jahren*, Leipzig 1917.
  Das Paradies der Urmenschen, Jena 1926.
  Neue Dokumente zur Menschheitsgeschichte, Bd. 1, Weimar 1928.
Heberer, G.: *Neue Ergebnisse der menschlichen Abstammungslehre*, Göttingen 1951.
Klaatsch, Hermann: *Das Werden der Menschheit*, Leipzig 1936.
Narr, Karl J.: *Alt- und mittelpaläolithische Funde aus rheinischen Freilandstationen*, in: *Bonner Jahrbuch*, 1951.
Penck-Brückner: *Die Alpen im Eiszeitalter*, Leipzig 1901–1908.
Rein, Richard: *Eiszeit und Eiszeitmenschen am Rhein*, Köln 1934.
Schaafhausen, Hermann: *Der Neandertaler Fund*, Bonn 1888.
Soergel, W.: *Das Eiszeitalter*, Jena 1938.
Tackenberg, Kurt: *Der Neandertaler und seine Umwelt*, Bonn 1956.
Virchow, Rudolf: *Untersuchung des Neandertalschädels*, in: *Zeitschrift für Ethnologie*, Berlin 1872.
Verworn / Bonnet / Steinmann: *Der diluviale Menschenfund von Obercassel bei Bonn*, Wiesbaden 1919.
Weinert, Hans: *Menschen der Vorzeit*, Stuttgart 1930.
  Entstehung der Menschenrassen, Stuttgart 1938.
  Der geistige Aufstieg der Menschheit, Stuttgart 1940.
  Ursprung der Menschheit, Stuttgart 1944.
  Stammesentwicklung der Menschheit, Braunschweig 1951.
  Die Neandertaler Gruppe und die Präsapiens-Funde, in: *Forschung und Fortschritt*, 1955, S. 297 ff.

Wendt, Herbert: *Ich suchte Adam, Rastatt 1953.*
Woldstedt, Paul: *Das Eiszeitalter, Stuttgart 1954.*
Norddeutschland und angrenzende Gebiete im Eiszeitalter, Stuttgart 1950.
Zotz, L. F.: *Vormenschen, Urmenschen und Menschen, Kosmos-Bändchen, 1948.*

Zu Kapitel 2

Behn, Friedrich: *Die Jagd in der Vorzeit, Mainz 1922.*
Jacob-Friesen, K. H.: *Eiszeitliche Elefantenjäger in der Lüneburger Heide,* in: *Jahrbuch des Römisch-Germanischen Zentralmuseums Mainz, 1956.*
Kahlke, H. D.: *Großsäugetiere im Eiszeitalter, Leipzig, Jena 1955.*
Lindner, Kurt: *Die Jagd der Vorzeit, Berlin, Leipzig 1937.*
Soergel, W.: *Die Jagd der Vorzeit, Jena 1922.*
Tode, Alfred: *Mammutjäger vor 100 000 Jahren, Braunschweig 1954.*
Tode / Preul / Richter: *Die Untersuchung der paläolithischen Freilandstation von Salzgitter-Lebenstedt,* in: *Eiszeitalter und Gegenwart, Öhringen 1953.*

Zu Kapitel 3

Bächler, Emil: *Das alpine Paläolithikum der Schweiz, Basel 1940.*
Bandi / Mahringer: *Die Kunst der Eiszeit, Basel 1952.*
Hoernes / Menghin: *Urgeschichte der bildenden Kunst in Europa, Wien 1925.*
Kühn, Herbert: *Die Malerei der Eiszeit, München 1923.*
Kunst und Kultur der Vorzeit Europas, Berlin und Leipzig 1929.
Die Felsbildner Europas, Stuttgart 1955.
Auf den Spuren des Eiszeitmenschen, Wiesbaden 1956.
Eiszeitmalerei, München 1956.
Peters, Eduard: *Die altsteinzeitliche Kulturstätte Petersfels, 1931.*
Die Heidenschmiede in Heidenheim, 1931.
Riek, Gustav: *Die Eiszeitjägerstation am Vogelherd, Tübingen 1934.*
Vorgeschichte von Württemberg, Bd. 1, Tübingen 1934.
Rieth, Adolf: *Vorgeschichte der Schwäbischen Alb, Leipzig 1938.*
Wetzel, Robert: *Die Bocksteinschmiede im Lonetal, Stuttgart 1958.*

Zu Kapitel 4

Rust, Alfred: *Vor 20 000 Jahren, Neumünster 1937.*
Das altsteinzeitliche Rentierlager Meiendorf, Neumünster 1937.
Die alt- und mittelsteinzeitlichen Funde von Stellmoor, Neumünster 1943.
Artefakte aus der Zeit des Homo heidelbergensis in Nord- und Süddeutschland, Bonn 1955.
Die Funde von Pinneberg, Neumünster 1958.
Die jungpaläolithischen Zeltanlagen von Ahrensburg, Neumünster 1958.
Rentierjäger der Eiszeit in Schleswig-Holstein, Neumünster 1960.
Stokar, Walter von: *Über die Ernährung in der Eiszeit,* in: *Quartär, Jg. 1958/59, S. 59 ff.*
Schwabedissen, Hermann: *Die mittlere Steinzeit im westlichen Nordwestdeutschland, Neumünster 1944.*
Die Federmesser-Gruppen des nordwesteuropäischen Flachlandes, Neumünster 1954.

Pohlhausen, H.: *Zum Motiv der Rentierversenkung der Hamburger und Ahrensburger Stufe*, in: Anthropos, 1953.

Zu Kapitel 5

Buttler / Haberey: *Die bandkeramische Ansiedlung von Köln-Lindenthal*, Frankfurt 1936.
Frank, E.: *Die Pfahlbaustation von Schussenried*, Stuttgart 1876.
Guyan, W. V.: *Das jungsteinzeitliche Dorf von Thayngen-Weier*, in: Das Pfahlbauproblem, 1954.
Ischer, Theodor: *Die Pfahlbauten des Bieler Sees*, Biel 1928.
Keller, Ferdinand: *Pfahlbauberichte*, in: Mitteilungen der Antiquarischen Gesellschaft Zürich, 1856–1879.
Leiner, Ludwig: *Vom Pfahlbauwesen am Bodensee*, Stuttgart 1899.
Paret, Oscar: *Das Steinzeitdorf Ehrenstein bei Ulm*, Stuttgart 1955.
Reinerth, Hans: *Das Federseemoor als Siedlungsland des Vorzeitmenschen*, Leipzig 1936.
Das Pfahldorf Sipplingen, Leipzig 1938.
Das Freilichtmuseum der Pfahlbauten, in: Konstanzer Almanach 1955.
Pfahlbauten am Bodensee, Überlingen 1958.
Sangmeister, Edward: *Zum Charakter der bandkeramischen Siedlung*, 33. Bericht der Röm.-Germ. Kommission, Berlin 1951.
Schmidt, Robert Rudolf: *Jungsteinzeitsiedlungen im Federseemoor*, Tübingen 1936.
Schumacher, Karl: *Untersuchungen von Pfahlbauten des Bodensees*, in: Veröffentlichungen des Karlsruher Altertumsvereins, 1899.
Schwabedissen, Hermann: *Die Bedeutung der Moorarchäologie für die Urgeschichtsforschung*, in: Offa, Bd. 8, Neumünster 1949.
Staub, Johannes: *Die Pfahlbauten in den Schweizer Seen*, Zürich 1866.
Tröltsch, E. v.: *Die Pfahlbauten des Bodenseegebietes*, Stuttgart 1902.
Vogt, Emil: *Pfahlbaustudien*, in: Das Pfahlbauproblem, Zürich 1954.

Zu Kapitel 6

Asmus, Wolfgang Dietrich: *Niedersachsens Urgeschichtsdenkmäler in Not*, in: Niedersachsen, Heft 2, 1958.
Bath, Friedrich Carl: *Kammerherr von Estorff*, Uelzen 1959.
Cles-Reden, Sibylle v.: *Die Spur der Zyklopen*, Köln 1960.
Estorf, Carl v.: *Die heidnischen Alterthümer der Gegend von Uelzen im ehemaligen Bardengau*, Hannover 1846.
Gummel, Hans: *Die Riesensteingräberkultur in Nordwestdeutschland*, in: Mannus-Ergänzungsband 5, 1927.
Jacob-Friesen, Karl Hermann: *Der Schutz der vorgeschichtlichen Denkmäler*, in: Prähistorische Zeitschrift, Heft 9, 1917.
Die Megalithgräber des Kreises Uelzen und der Schutz der vorgeschichtlichen Denkmäler, in: Nachrichtenblatt für Niedersachsens Vorgeschichte, Heft 1, Hildesheim 1920.
Die Sieben Steinhäuser im Kreise Fallingbostel, Hannover 1925.
Johan Picardt, der erste Urgeschichtsforscher Niedersachsens, in: Nachrichten aus Niedersachsens Urgeschichte, Heft 23, Hildesheim 1954.
Leisner, Georg und Vera: *Die Megalithgräber der Iberischen Halbinsel*, Berlin

1943/1956.
Mushard, Martin: *Palaeogentilismus Bremensis, herausgegeben 1928 durch Ernst Sprockhoff.*
Sprockhoff, Ernst: *Die nordische Megalithkultur, Berlin / Leipzig 1938.*
Zur Megalithkultur Nordwestdeutschlands, in: *Nachrichtenblatt für Niedersachsens Urgeschichte, Heft 4, 1930.*
Wächter, Johann Carl: *Statistik der im Königreich Hannover vorhandenen heidnischen Denkmäler, Hannover 1841.*
Wegewitz, Willi: *Die Gräber der Stein- und Bronzezeit im Gebiet der Niederelbe, Hildesheim 1949.*

Zu Kapitel 7

Behrens, Gustav: *Vorgeschichtliche Tongefäße aus Deutschland, Mainz 1922.*
Bodenurkunden aus Rheinhessen, Mainz 1927.
Bonnet, A.: *Die steinzeitliche Ansiedlung auf dem Michelsberg,* in: *Veröffentlichungen der Sammlung des Karlsruher Altertumsvereins, 1899.*
Buttler, Werner: *Die Bandkeramik in ihrem nordwestlichsten Verbreitungsgebiet, Marburg 1931.*
Der donauländische und der westische Kulturkreis der jüngeren Steinzeit, Leipzig 1938.
Dauber, A.: *Neue Grabungen auf dem Michelsberg,* in: *Germania, 1951, S. 132 ff.*
Günther, A.: *Die große Erdfestung zwischen Urmitz und Weißenthurm,* in: *Mannus, 17, 1925.*
Jacob-Friesen, Karl Hermann: *Die Grenzen der Formenkreise von Megalith- und Bandkeramik,* in: *Nachrichtenblatt für Niedersachsens Vorgeschichte, Heft 2, 1925.*
Lehner, Hans: *Urmitz,* in: *Bonner Jahrbuch 1903.*
Der Festungsbau der jüngeren Steinzeit, in: *Prähistorische Zeitschrift, 1910.*
Menghin, Oswald: *Die jüngere Steinzeit Europas, München 1950.*
Miloicic, V.: *Chronologie der jüngeren Steinzeit Mittel- und Südosteuropas, 1949.*
Die frühesten Ackerbauern in Mitteleuropa, in: *Germania 1952.*
Sangmeister, E.: *Die Glockenbecherkultur und die Becherkulturen, Melsungen 1951.*
Tackenberg, Kurt: *Die Beusterburg, Hildesheim 1951.*
Die jüngere Steinzeit Europas, in: *Historia mundi, München 1953.*

Zu Kapitel 8

Aner, E.: *Die Kultur der älteren Bronzezeit, Kempen 1956.*
Franz, L.: *Jäger, Bauern, Händler, Brünn/Leipzig 1939.*
Hachmann, Rolf: *Die frühe Bronzezeit im westlichen Ostseegebiet, Hamburg 1957.*
Hennig, R.: *Zur Asciburgium-Frage,* in: *Rheinische Vierteljahresblätter, Heft 11, 1941.*
Holste, Friedrich: *Die Bronzezeit in Süd- und Westdeutschland, Berlin 1953.*
Junghans / Klein / Scheufele: *Untersuchungen zur Kupfer- und Frühbronzezeit Süddeutschlands, 34. Bericht der Röm.-Germ. Kommission, Frankfurt 1954.*
Kersten, Karl: *Zur älteren nordischen Bronzezeit, 1938.*

Kimmig, Wolfgang: *Die Urnenfelderkultur in Baden, 1940.*
Kraft, Georg: *Die Kultur der Bronzezeit in Süddeutschland, 1926.*
Montelius, Oskar: *Die Chronologie der ältesten Bronzezeit in Norddeutschland und Skandinavien, 1900.*
Sprockhoff, Ernst: *Zur Handelsgeschichte der germanischen Bronzezeit, Berlin 1930.*
Niedersachsens Bedeutung für die Bronzezeit Westeuropas, 31. Bericht der Röm.-Germ. Kommission 1941.
Nordische Bronzezeit und frühes Griechentum, in: *Jahrbuch des Röm.-Germ. Zentralmuseums Mainz, 1954.*
Struve, K. W.: *Die Kultur der Bronzezeit in Schleswig-Holstein, Neumünster 1957.*
Tischler, F.: *Beiträge zur Asciburgium-Forschung*, in: *Duisburger Forschungen, 1959.*
Wildschrey, E.: *Duisburg und Marseille*, in: *National Zeitung, Essen, 6. Juni 1941.*
Witter, Wilhelm: *Die älteste Erzgewinnung im nordisch-germanischen Lebensraum, Leipzig 1938.*

Zu den Kapiteln 9, 10 und 11

Behrens, Gustav: *Keltische Goldmünzen, Mainz 1955.*
Bittel, Kurt: *Die Kelten in Württemberg, Berlin/Leipzig 1934.*
Bittel / Rieth: *Die Heuneburg an der oberen Donau, Stuttgart 1951.*
Claus, Martin: *Die Pipinsburg bei Osterode am Harz*, in: *Neue Ausgrabungen in Deutschland, Berlin 1958.*
Dehn, Wolfgang: *Der Ring von Otzenhausen*, in: *Germania 1937, S. 78–82 und 229–232.*
Die latènezeitliche Ringmauer von Preist, in: *Germania, 1939.*
Die Heuneburg an der oberen Donau und ihre Wehranlagen, in: *Neue Ausgrabungen in Deutschland, Berlin 1958.*
Dehn / Sangmeister / Kimmig: *Die Heuneburg beim Talhof*, in: *Germania 32, 1954.*
Ernst, W.: *Der Goldschatz von Irsching*, in: *Ingolstädter Heimatblätter 10/11, 1959.*
Goessler, Peter: *Der Silberring von Trichtlingen, Berlin/Leipzig 1929.*
Jacobsthal, Paul: *Keltenkunst*, in: *Atlantis, März 1935.*
Kimmig / Rest: *Ein Fürstengrab der späten Hallstattzeit von Kappel am Rhein*, in: *Jahrb. des Röm.-Germ. Zentralmuseums Mainz, 1953.*
Keller, Josef: *Das keltische Fürstengrab von Reinheim*, in: *Neue Ausgrabungen in Deutschland, Berlin 1958.*
Kossack, Georg: *Zur Hallstattzeit in Bayern*, in: *Bayrische Vorgeschichtsblätter, Heft 20, 1954.*
Krämer, Werner: *Manching, ein vindelikisches Oppidum an der Donau*, in: *Neue Ausgrabungen in Deutschland, 1958.*
Kunkel, Otto: *Ausgrabungen in der Keltenstadt Manching. Führungsheft durch die Manching-Ausstellung der Bayr. Staatssammlungen in München, 1961.*
Lantier, Raymond: *Die Kelten*, in: *Historia mundi, München 1954.*
Moreau, Jacques: *Die Welt der Kelten, Stuttgart 1958.*
Morton, Friedrich: *Hallstatt und die Hallstattzeit, Hallstatt 1953.*
Paret, Oscar: *Das Fürstengrab der Hallstatt-Zeit von Bad Cannstatt*, in: *Fundberichte aus Schwaben, Stuttgart 1935.*

Powell, T. G. E.: *Die Kelten*, Köln 1958.
Reichart, Josef: *Neue Bodenfunde von Manching*, in: Sammelblatt des Historischen Vereins Ingolstadt, 1937.
 Das Gräberfeld am Hundsrücken bei Manching, in: Sammelblatt des Historischen Vereins Ingolstadt, 1938.
Reinecke, Paul: *Zur Geschichte und Topographie von Vallatum*, in: Sammelblatt des Historischen Vereins Ingolstadt, 1950.
 Spätkeltische Oppida im rechtsrheinischen Bayern, in: Bayrische Vorgeschichtsblätter, Heft 9, 1930.
Röder, Josef: *Der Goloring*, in: Bonner Jahrbuch 1948.
Schiek, Siegwaldt: *Das Hallstatt-Grab bei Vilsingen*, Stuttgart 1954.
Schwarz, Klaus: *Spätlatènezeitliche Viereckschanzen – keltische Kultplätze*, in: Neue Ausgrabungen in Deutschland, 1958.
Steiner, Paul: *Vorzeitburgen des Hochwaldes*, Trier 1932.
Werner, Joachim: *Die Bedeutung des Städtewesens für die Kulturentwicklung des Keltentums*, in: Die Welt als Geschichte, Heft 4, 1939.
Vries, Jan de: *Kelten und Germanen*, Bern/München 1960.

Zu den Kapiteln 12 und 13

Andersen, Harald: *Der Gott im Moor*, in: Dänische Rundschau, Heft 10, 1956.
Andree, Julius: *Die Externsteine*, Münster 1939.
Bantelmann, Albert: *Tofting, eine vorgeschichtliche Warft an der Eidermündung*, Offa-Bücher, Neumünster 1955.
 Neuere Forschungsergebnisse zur Besiedlungsgeschichte der Marschen Schleswig-Holsteins, in: Neue Ausgrabungen in Deutschland, 1958.
Bath, Friedrich Carl: *Im Schnittpunkt der Beziehungen*, in: Heimatkalender für Stadt und Kreis Uelzen, 1953.
 Wegweiser zu den urgeschichtlichen Denkmälern, in: Die Kunde, Heft 3/4, 1959.
Behn, Friedrich: *Altgermanische Kultur*, Leipzig 1935.
Dannenbauer, Heinrich: *Germanisches Altertum und deutsche Geschichtswissenschaft*, Tübingen 1935.
 Vom Werden des deutschen Volkes, Tübingen 1935.
Focke, Friedrich: *Beiträge zur Geschichte der Externsteine*, Stuttgart/Berlin 1943.
Fuchs, Alois: *Im Streit um die Externsteine*, Paderborn 1934.
Güntert, Hermann: *Der Ursprung der Germanen*, Heidelberg 1934.
Haarnagel, Walter: *Probleme der Küstenforschung im südlichen Nordseegebiet*, Hildesheim 1940.
 Die Ergebnisse der Grabung auf der Wurt Feddersen Wierde, in: Neue Ausgrabungen in Deutschland, 1958.
Heusler, Andreas: *Altgermanische Sittenlehre und Lebensweisheit*, in: Germanische Wiedererstehung, Heidelberg 1926.
Jahn, Martin: *Die Bewaffnung der Germanen*, in: Prähistorische Zeitschrift, 1915, S. 229 ff.
Jahnkuhn, Herbert: *Moorfunde*, in: Neue Ausgrabungen in Deutschland, 1958.
 Nydam und Thorsberg, Neumünster 1959.
Langewiesche, Wilhelm: *200 000jährige Menschheitserinnerungen – Die Externsteine als Schauplatz der Welturmythen*, Regensburg 1959.
Lauffer, Otto: *Die Entwicklungsstufen der germanischen Kultur*, in: Germanische Wiedererstehung, Heidelberg 1926.

Lauring, Palle: *Ein 2000jähriges Antlitz*, in: Dänische Rundschau, Heft 4, 1953.
Nack, Emil: *Germanien*, Wien/Heidelberg 1958.
Neckel, Gustav: *Altgermanische Kultur*, Leipzig 1925.
   Germanen und Kelten, Leipzig 1929.
   Vom Germanentum, Leipzig 1944.
Oxenstierna, Eric Graf: *Die Nordgermanen*, Stuttgart 1957.
Schierenberg, G. August B.: *Deutschlands Olympia oder: Vom Gottesgericht über Roms Sieggötter*, Frankfurt (o. J.)
Schulz, Walther: *Die germanische Familie in der Vorzeit*, Leipzig 1924.
   Gesellschaft und Staat in der germanischen Vorzeit, Leipzig 1925.
Schumacher, K.: *Aussehen und Tracht der Germanen in römischer Zeit*, Mainz 1922.
Schwantes, Gustav: *Die ältesten Urnenfriedhöfe bei Uelzen und Lüneburg*, Hannover 1911.
   Die Ripdorfstufe, in: Festschrift zum 70. Geburtstag von K. H. Jacob-Friesen, Hildesheim 1956.
   Jastorf und sein Urnenfriedhof, in: Kalender für Stadt und Kreis Uelzen 1960.
   Ripdorf, in: Kalender für Stadt und Kreis Uelzen 1961.
Seitz, Ferdinand: *Rätsel um die Externsteine*, Pähl (Obb.) 1958.
Tacitus: *Germania*, übersetzt von Arno Mauersberger, Leipzig 1942.
Teudt, Wilhelm: *Germanische Heiligtümer*, Jena 1936.
Vries, Jan de: *Die geistige Welt der Germanen*, Halle 1945.

NAMEN- UND SACHVERZEICHNIS

A
Aabach 157
Aach 80
Aargau 158
Aberg, Nils 200
Abbéville 18
Abdinghof 374
Ackenbach 263
Acheuléen 130, 131, 132
Adria 79
Adrianopel 321
Aeppli, Johannes 152
Ägypten 205, 206, 279 f.
Ahlhorner Heide 184, 185, 186, 187, 395, 444
Agrigentum 343
Ahrensburg 116–147, 443
»Ahrensburger Kultur« 144
Aichbühl 151, 161, 171, 175
Ainos 96
Aix en Provence 388
Alb, Schwäbische 89
Albert von Sachsen-Coburg 353
Alboin, Langobardenkönig 180
Albrecht, Studienrat Dr. 119
Aldrovandos 126
Allerheiligen-Museum, Schaffhausen 443
Alleröd-Zeit 142, 143, 147
Alleshausen 150
Alesia 319, 340 f., 344
Alexander der Große 291, 321
Allia 321
Almeria 207
Alsen 435
Alsen-Boot 426
Altamira-Höhle 97, 99, 100, 104, 105
»Altes bremisches Heidentum« 194
Altenburg (Oberamt Riedlingen) 285
Altkönig 314, 328, 330, 445
Altsteinzeit 58, 92
Ambronen 386
Anacharsis 391
Ancylus-See 141
Andernach, Vogelkopf von 111
Andree, Julius 400
Angermünde 385
Angrivarier 380
Annenberg bei Helmstedt 187
Annius von Viterbo 391
Antiochos Soter 322
Asen 434
Asgard 433 f.
Aquae Sextiae 388, 389
Aquileia 260

Arausio 386 f., 437
Argonautensage 259 f.
Arendt-Franssen 399
Ariovist 389, 428, 431
Aristoteles 260
Arminius 366, 370, 378, 437
Arnkiel, Trogillus, Probst von Apenrade 188, 228
Arnsbach, Kreis Fritzlar-Homberg 171
Arretium 290
Arthus, Gotthardt von Dantzig 67
Artio, Göttin 332, 361
Arverner 319, 340
Asberg 251, 283
Asciburgium 251, 252, 260, 282
Askalon-Kultur 119
Athenäus 320
Atrebaten 359
Auberg bei Bruchsal 239
Augustus, Kaiser 53, 290, 438
Aunjetitzer Kreis 278
Aurignac-Mensch 41, 44 f., 91, 132
Aurignacien 130, 132
Australopithecus africanus 31
Australopithecus Prometheus 32
Avaricum 327, 340
Aventin (Johannes Turmair) 390, 391

B
Baalberg 238
Baalshebbel bei Starzeddel 265, 272, 316
Babylon 254
Baechler, Emil 93 ff.
Badisches Landesmuseum Karlsruhe 300, 444, 445
Baier, Rudolf 226 f.
Baldur 435
Baelz 40
Bamberger, Anton 88
Bandel, Ernst von 370
Bandkeramik 237 ff., 242 f., 246
Bantelmann, Albert 421
Baer, Staatsrat von 158
Barden 320
Bärenhöhle im Höhlenstein 88
Bärenhöhle bei Erpfingen 81 ff.
Bargfeld 405
Barma-Grande-Höhle 92
Barntrup 370
Bastian, Hartmut 30
Bath, Dr. Friedrich Carl 404
Baumburg (Oberamt Riedlingen) 286
Baumsärge 270 ff.
Baumsargbestattungen 264

461

Bayrische Staatssammlungen, München 445
Bebel, Heinrich 390
Bégouen, Graf 100
Behn, Friedrich 204, 264, 295, 315, 329
Belbberg-Alp 94
Belgen 325, 358, 360
Belgrad 321
Bellovaker 358 f.
Bentheim, Graf Wilhelm zu 192
Bernsteinhandel 251, 257 ff.
Bernsteinstraßen 250, 258 ff., 281 f.
Bernuth, Major von 199 f.
Berosus, der falsche 391, 393, 397
Bernward, Bischof von Hildesheim 374
Bersu 171
Bettelbühl (Oberamt Riedlingen) 286
Beuren 284
Beusterburg, die 221
Bevensen 445
Bez, Karl 82
Bibby, Geoffrey 100, 196, 245
Bibracte 317, 328, 340, 341, 342, 344
Bielefeld 398
Bieler See 154, 155, 178
Bieling, Karl 56, 57
Bildstein von Gotland 433
Bingen 313
Binzwangen 284
Bischofshofen, Grube 255
Bissingen 115
Bittel, Kurt 287, 289
Bituriger 340
Blahoslav, Jan 75
Blake 20
Blanc, Baron 30
Blaue Grotte von Capri 83
Blomberg, Reichswehrminister von 213
Blomberg, Stadt 370
Blücher, Marschall 199
Blumenbach, Johann Friedrich 56
Boberner Gruppe 146
Boccaccio, Giovanni 54
Bocksteinhöhle im Lonetal 72, 86 f., 113
Bodman 159, 164, 176
Bojer 319
Bojorix 325, 388
Bollinger, Konrad 109 f.
Boltunow, Elfenbeinhändler 55 f.
Bongard, Johann Heinrich 14
Bonnet, A. 217, 218
Bonnet, Prof. 46, 47
Bopp, Franz 381
Boreal-Zeit 143
Borneck 143
Borremoor 433

Bosch, Hieronymus 81
Bösingfeld 370
Boettger, Prof. Dr. 60
Boucher de Perthes 18, 21
Braak b. Eutin 436
Brackenhofen 150
Braunschweig 52, 56, 57, 59, 61
Brautwagen 184
Bredenbeker Teich 116
Bremer 171
Brennus 321
Brenz 85
Bretagne 201, 207, 256
Breuil, Abbé 30, 39, 49, 100, 130
Brighton 36
Brogger 256 f.
Brongniaert 18
Bronzeschild von Battersea 317
Bronzezeit 164, 212, 249–283, 291, 385, 394, 405, 412, 417, 423, 424
Bruchsal 215, 239
Brückmann, Franz 55
Brukterer 380
Brutkamp bei Albersdorf 187, 201
Buch 265, 272
Buchau 148, 149, 151, 161, 175, 181, 265, 272, 444
Buchner, Andreas 336, 355, 368
Bulliot, Gabriel 341, 342
Bultzenbett bei Sivern 196
Bünau, Heinrich von 392
Bürger, Ludwig 86 f.
Burgesch, Graf Villers von 331
Burgstall von Finsterlohr 314, 328
Busdorf, Kanonikerstift 373
Busk 21
Buttler, Werner 171, 172
Büttner, David Sigmund 228, 232

C
Cadiz 207
Cadurcer 340
Camp d'Afrique 348
Cannstatt 304, 444
Cannstatt-Schädel 21
Carbo, Cn. Papirius 386
Carnutenland 362
Cartailhac 99, 100
Carus, Lucretius 90, 124, 127
Cäsar 195, 293, 317, 318, 319, 321, 324 f., 327 f., 332, 339, 340, 342, 356, 360, 361, 362 f., 389, 424, 428, 430, 431, 435
Castel bei Serrig 326
Cato 294
Cavillon-Höhle 92
Celtis, Conrad 390
Cernunnos 360 f.
Chaldäer 362

Chardin, Teilhard de 36
Charlottenhöhle bei Hürben 83
Chasseykultur 239
Chatten 325, 329, 380, 436
Chelléen 130, 131
Cheops-Pyramide 208
Cherusker 325, 380
Childe, Gordon 11, 208, 210
Chou-kou-tien 33
Chronologie 276 ff.
Claus, Martin 329
Clemens VII., Papst 126
Cles-Reden, Sibylle von 209
Cluverius, Philipp 230, 392
Cohausen, Johann Heinrich 193
Cohausen, Oberst a. D. von 216, 330
Columella rustica 253
Combe Capelle 44
Conring, C. Hermann 198
Conyers 54
Cortaillod 239, 243
Cromagnon 47
Cromagnon-Mensch 45
Cuvier 17, 56
Cypern 255

D
Dagda 360
Dahn, Felix 393
Daker 366
Daleau 99
Dänisches Nationalmuseum 426
Danneil, Gymnasialdirektor 128
Dannenbauer, Heinrich 382, 391
Dart 32
Darwin, Charles 18, 21, 30
Daseburg, Kreis Warburg 171
Dauber 217
David-Höhle bei Cabrerets 101
Dawson, Charles 36, 37
Decebalus 366
Déchelette, Joseph 178, 341, 342
Decius, Nikolaus 52
Dehn, Wolfgang 290, 328, 332
Dehoff 156
Delphi 321
Denghoog (Sylt) 187, 195, 202
Depotfund 262 ff.
Desor, Prof. 155
Detmold 398
Deutsche Forschungsgemeinschaft 59, 339
Deutsches Ahnenerbe 399
Deutsches Archäologisches Institut 133
Diodor 195, 293, 317, 318, 321, 363
Diogenes Laertius 362
Dionys von Halikarnaß 318
Dlugosz, Erzbischof 226

Doggerbank 135
Donar 87, 434
Donja Dolina 168
Donnersberg 313, 329, 343, 445
dorische Wanderung 279
Dorn, Prof. Dr. 59, 84
Dorow, Hofrat Wilhelm 377, 378, 382
Drachenhöhle 95, 96
Drachenloch 94
Drei-Brüder-Höhle 106
»Dreiperiodensystem« 127 ff.
Druiden 196, 361 ff., 436
Drunemeton 322
Dryas-Zeit 142 f., 146
Dubois 29, 33
Duden, Heinrich 376
Duisburg 249 f., 282 f.
Dulgubnier 380
Dullenried 161, 170 f.
Düsseldorf 13, 49, 62

E
Eberstadt bei Gießen 171
Eburonen 325
Eccard, Johann Georg 392
Edda 378, 401, 433
Edelmann, Apotheker 84
Eder, Georg 351 f., 354
Egelgraben (Manching) 345
Egisheim 44
Egolzwil 162, 169, 171
Egtved-Moor 271 f.
Egtved-Röckchen 272
Ehrenstein bei Ulm 171, 175
Eiderstedt 231, 259
Einswaarden 419
Eiszeit 24, 25, 27, 61, 104, 105, 111, 119, 141
Elba 348
Ellerbek 147
Elst 436
Engelhardt, Conrad 200, 418, 426
Engelmanns Bäke 185
Engis, Höhle von 18
Eoanthropus dawsoni 36
Eolithikum 130, 131
Ephesos 343
Epona 361
Erasmus von Rotterdam 392
Erdwerk von Mayen 219
Eridanus 258
Escher von der Linth, Dr. 152
Esper, Johann Christoph 89
Estorff, Frh. Carl von 200, 404, 406, 412
Esus 360, 363
Etrusker 321
Externsteine 369–402, 445
Ezinge (Warft) 415

F
Falkensteiner Höhle 80
Fauth 81 f.
Feddersen Wierde 415, 421, 422 ff., 430
Federsee 148–182, 443 f.
Feengrotte von Arles 207
Feilenmoos 335, 349
Feldhoferkirche 15, 22
Felsbilder 274, 426
Ferdinand, Großherzog von Florenz 376
Feuerlein, Dechant 230
Feuersteinhandel 252 ff.
Field-Museum in Chikago 42
Fluortest 28, 37
Focke, Friedrich 400, 401
Fontéchevade 38
Forchau, Friedrich 198
Forel 155
Forschner, Zahnarzt 160
Fraas, Eberhard 303 f.
Fraas, Oskar 84, 86, 160, 303
Frame (Speer) 427, 431
Franck, Sebastian 390
Francke, Paul 52
Frank, Johann G. 228
Frank, Oberförster 159
Franken 392
Frankenberg bei Schlettstadt 328
Frauenberg-Weltenburg 343
Freya (Frija), Frigg 435
Freyer, Hans 247
Frickhinger 171
Friedrich, Caspar David 199
Friedrich VII., König von Dänemark 118, 194
Friesen, Karl Friedrich 199
Frjdap 399
Fuchs, Alois 371, 399, 401
Fuhlrott, Johann Carl 16 ff., 28, 30, 49, 99, 443
Furor Teutonicus 389
Fürstengräber, keltische 286 ff.

G
Gabenhorte 262
Gaesaten 319
Gagers an der Glonn 354
Gailenreuther Höhle 89
Gaiser, Gerd 114
Galater 319, 322, 323
Galatien 324
Galba 124
Gallien, Gallier 293, 294, 320 f., 324, 340, 360, 362, 366, 386 f., 389
Gambrivius 391
Gandersheim 55
Geestendorf 198
Gela 290
Gerber, Hansli 154
Gergovia 340, 344, 348
Gerlach, M. Benjamin 227
Germanen 283, 320, 324 f., 328, 358, 369 ff.
Germanenkunde 389 f., 392 f., 415
Germanicus 329
Gibraltar-Schädel 22
Gießübel (Heuneburg) 302
Giffen, A. E. van 415
Gigantija 207
Gigantopithecus 33
Giljaken 96
Gillieron, Prof. 155
Glaner Braut 185
Glasburgen 330
Glaser 397
Glockenbecher-Keramik 241
Glockenbecherleute 245, 278
Glücksberg 226
Goldberg bei Nördlingen 171, 175, 219, 239, 301 f.
Goldfund bei Eberswalde 262, 263
Goldgefäße von Langendorf 261
Golgathafelsen 375
Golgathakapelle 374
Goloring bei Koblenz 364 f.
Gorjanovic-Kramberger, Prof. Dr. 39, 91
Goeßler 84, 171
Goethe, Johann Wolfgang von 371 ff., 379, 398
Götterdämmerung 434
Gottorpsche Sammlung 232
Goetze, Alfred 332
Goeze, Zacharias 230
Gozo, Insel 207
Grab Christi 374
Grab von Leubingen 265
Grabbe, Christian Dietrich 370
Gräber von Ostorf 384
Gräberfeld am Steinbichel (Manching) 337
Grahmann, Rudolf 26, 28, 38, 43
Graubelle-Mann 432
Grimaldi-Grotte 92
Grimes Graves 252
Gripp, Karl 133
Grob 152
Groß-Berssen 186
Groß, Dr. 155
Große Steine von Kleinenkneten 185, 202
Großgartach bei Heilbronn 171
Groß-Umstadt 239
Grote, Otto 189
Grotenburg bei Detmold 315, 381
Grumfeld, Bauer 194

Grundner, Ritter von, Landrichter 353, 354, 358
Guattari 39
Gudensberg, Kreis Fritzlar-Homburg 171, 175
Guericke, Otto von 54
Günz 26
Gustav Adolf, König von Schweden 197
Gymnasophisten 362

H
Haarnagel, Werner 419 ff., 425
Habermann, Oberförster 331
Haberey 171
Haeckel, Ernst 29
Hadrian 53
Häduer 340, 342
Hagar Kim 207
Hagemann, Lappenforscher 74
Hagen, Dr. K. 408
Hallstatt 294 ff., 411
Hallstatt-Zeit 294 ff., 410
Hal Saflieni 207
Halterner Gruppe 146
Hamburg 116, 117, 189, 250, 281
»Hamburger Stufe« 134 f., 136, 145, 147
Hamburg-Meiendorf 59
Hamelmann, Hermann 377
Hamkens, Freerk Haye 399
Händlerdepots 263
Hardenberg, Fürst von 377
Harms, Pastor Ludwig 190
Hartenstein 223
Hartlieb 263
Hastings 36
Hatt, Gudmund 423
Häuptlingsgrab von Eynan 206
Hauser, Otto 39 ff., 66, 92
Hausurnen 265, 414
Hebel, Johann Peter 155
Heckkathen b. Homburg 144
Hedinger, Medizinalrat 84
Heerstraße Wesel–Hamburg 188
Hees, Hegemeister 331
Hegel, Georg Wilhelm Friedrich 10
Heidelberger Doppelkopf 299, 445
Heidelberger Mensch 33 ff., 71
Heidengraben bei Urach 314, 330, 343
Heidenmauer auf dem Odilienberg bei Straßburg 328
Heidenopfertisch 185
Heiderich, Prof. 46
Heidetränkanlage 314, 328
Heiligenberg bei Heidelberg 314
Heim, Albert 94
Heinrich, Bischof von Paderborn 375

Heitbrack, Heitbracker Heide 408, 409 ff.
Hekatäus von Milet 291
Hel 434
Helena, hl. 374
Helicon 349
Hellmichhöhle 96
Helmstedt 59, 187, 198
Helvetier 340
Henken, Hanke 190
Hennig, Edwin 88
Hennig, Richard 251, 254, 260, 261, 281, 282 f.
Henri-Martin, Germaine 38
Hephästos 72
Herkheim bei Nördlingen 171
Herkules 391
Hermann Adolf, Graf zur Lippe 376
Hermann der Cherusker 373, 445
Hermann, Leonhard David 228, 229, 332
Hermeskeil 312, 331
Herminonen 386, 391
Hermunduren 436
Herodot 153, 180, 258, 291
Herulen 197
Herz, Prof. 65
Hesiod 127
Hethiterreich 279
Hettner, Felix 331, 332
Heuneburg 284 ff., 307 ff., 328, 444
Heusler, Andreas 432
Hezzenberg 219
Hieronymus, hl. 322
Himmler, Heinrich 399
Hintermeier, Max 351 f., 354
Hirschsprungkoppel (auf Alsen) 426
Historia Danica 191
Hochburg bei Trier 326
Hochwald 312
Hoffmann 171
Hohenasperg 303
Hohenneuffen 79
Hohenstaufen 79
Hohenzollern 79
Hohler Stein 111
Hohmichele 286, 306 f., 308, 444
Hölder, Obermedizinalrat 82
Hölloch im Muotatal 80
Homo heidelbergensis 33 ff.
Homo primigenius 30
Homo sapiens diluvialis 45, 113
Horgener-Gruppe 239
Horgener Wanderung 244
Horgen-Sipplinger-Kultur 244
Horn 370, 371, 376, 400
Hortfund von Trendelbusch 253 f.
Howells 106
Hügelgräberkultur 264 f., 278 f.

Humanismus 389, 391, 392
Hümmling 186, 187, 192, 444
Hundersingen 284
Hundersinger Fürstengräber 286, 307, 444
Hundsrücken 345
Hünengräber 11, 183–214, 292, 383
Hunibald 392
Hunsrück 312, 313
Hünstollen bei Göttingen 326
Hunteburg 418
Huntedorf am Dümmersee 171, 175, 211
Hunus 391
Hürbe 85
Hürzeler, Dr. 31
Hutten, Ulrich von 390
Hüven 186

I
Ilias 127
Illerup 416, 437
Illyrer 315, 384
Ilmenau 404
Immendingen 80
Indogermanen 382
indogermanisches Urvolk 381
Ingävonen 386
Ingery, Max 18
Inghaenon 391
Ingolstadt 327, 333, 335, 337, 352, 353, 357, 445
Insubrer 319
Irenikus, Franziskus 390
Irminsul 378, 379
Irsching 337, 351 ff.
d'Issolud, Puy 340
Istävonen 386
Istevon 391
d'Ixnard, Michael 149

J
Jabrudhöhlen 119
Jacob-Friesen, Prof. Dr. 59, 191, 192, 195, 202
Jacobsthal, Paul 299, 363
Jagelo, König 226
Jahreszeitenfeste 364
Jankuhn, Herbert 416, 419, 427, 436
Jasperson, Justitiar 128
Jastorf 405, 409 ff., 445, 449
Jericho 206
Jerusalem 373 f.
Jesteburg 190
Joanneum in Graz 275
Jobst, Hauptlehrer 357 f.
Johannessen 426
Jugurtha, König 387
Jupiter 360

Jupiter-Gigantensäulen 360

K
Kagarow 96
Kahrstedt, Ulrich 356
Kannibalismus 91
Karibu-Eskimos 144
Karl der Große 377, 380
Karl, Herzog von Braunschweig 188
Karst 79 f.
Käs 86
Käufertsberg 111
Kaurimuscheln 261
Kelheim 343, 349
Keller, Dr. Ferdinand 152 f., 155, 156, 158, 162, 163, 180, 298
Keller, Gottfried 199
Keller, Dr. Josef 304, 306
Keller-Tarnuzzer 168
Kelten 180, 283, 284–310, 384, 427, 429, 436
»keltische Hansa« 413
keltische Kunst 299 f., 306
keltoiberische Mischkultur 322 f.
Keltomanie 292
Kemble, John M. 406, 407, 412
Keplerbund 398
Keramik 225, 232 f., 238 f., 350
Kerameikos 303
Keraunen 124, 125, 381
Kersten 276
Keßlerloch 108, 109
Kiekebusch, Albert 273
Kimbern 325, 340, 386, 387, 388, 389, 437
Kimmerier 297
Kimmig, Wolfgang 84, 244, 279, 297
King 21
Kirchdorfer Gruppe 146
Kirche des Hl. Grabes 373, 374
Kjökkenmödinger 118, 147, 194, 223, 234
Klaatsch, Hermann 40, 41, 42, 91
Klagenfurter Lindwurmbrunnen 54
Klausennische 111
Kleinaspergle 303, 304, 306, 443
Kleines Schulerloch 108
Kleinschmidt, Dr. 57
Klemm, Gustav Friedrich 196, 392
Koby 95
Köln-Lindenthal 171, 172, 219
Königsgrab (Hünengrab) 186 f.
Königsgrab von New Grange 207 f.
Königsgrab von Seddin 272 f.
Koenigswald, von 32, 33, 39, 49
Koevorden-Piccardie-Kanal 192
Kolbe, Dr. 58
Kommandostäbe 132, 139
Kopp 298

Koppers 96
Kos 53
Kosegarten, Ludwig Theobul 198
Kossinna, Gustaf 40, 394, 398
Kosziuszko 199
Kragehul (a. Fünen) 416
Krämer, Dr. Werner 339, 347, 357, 367
Krantz, Albert 390
Krapina-Höhle 39, 91
Kreuzabnahme von den Externsteinen 371 f., 378
Kreuzauffindungsgrotte (Externsteine) 374
Kroatien 91
Kuhn, Hans 325
Kühn, Herbert 23, 105, 107, 204
Kunkel 351
Kurvenkomplexbauten 172
Kummer, Bergingenieur, Dr. 58
Küster, Gastwirt 144

L
Laage, Carl, Schuhmachermeister 118, 144
La Chapelle-aux-Saints 41, 92
La Mouthe, Höhle von 100, 106
Langewiesche, Friedrich 380, 401
Lang-Mannersdorf 75 ff.
Langobarden 417
Lappen 138
Lartet, Edouard 44, 45
Lartet, Louis 45
Lascaux, Höhle von 101, 102, 104, 107
Latène 294, 298, 300, 306, 317, 323, 337, 342, 367, 408, 409, 410 ff.
Laur-Belart, Rudolf 95
Lauring, Palle 417
Lausitzer Kultur 272, 315
La Valetta 207
La Vezère 44
Lazius, Wolfgang 392
Leaky 30
Lebenstedt 52 f., 73 f., 76 f.
Lehenbühl (Oberamt Riedlingen) 286
Lehner, Hans 219, 220
Lehringen bei Verden 67 ff., 72, 73
Leiner, Ludwig 159
Leisenhart-Feld (Manching) 337
Leisner, Ehepaar 200
Lemnos 53
Le Moustier 41, 92
Lena 55
Les Eyzies 45, 66, 100
Leuker 358
Libby 28
Lichtenberg 313
Liebig, Justus von 353

Limes 336
Lindenberg, Thieder 55, 57
Lindenschmidt, Ludwig der Ältere 292
Lindquist, Sune 413
Linné 55
Lippe-Detmold 370
Lisch, Archivrat 128
Litorina-Meer 141
Livius 320
Löhle, Gemeinderat 156, 178
Loki 435
Lone 80
Lonetal 85 f., 87, 88, 443
Löns, Hermann 183, 213
Lopshorn 370, 380
Los Millares 207
Lübbensteine (Helmstedt) 187, 188, 198
Lubbock, John 158
Ludgeri-Kloster 188
Ludwig I., König 348
Ludwigsburg 302, 304, 306, 444
Luernios 301
Lukan 360, 363
Lüneburger Heide 67, 187, 403, 406
Luren 269, 275
Luscherz 178
Luther, Martin 227, 390
Lyell, Charles 21, 158

M
Macon 66
Maes Howe 208
Magdalénien 130, 132, 134
Maglemose 223
Maglemose-Gruppe 146
Maglemose-Mensch 147
Mainburg 357
Mainzer Linsenberg 76
Major, Forsyth 31
Malta 206
Mammut 55 ff., 64
Manching 328, 330, 333, 334-368, 445
Mandubier 340
Mani 372
Mannus 391
Marbod, Markomannenkönig 413, 431
Marbodäus von Rennes, Bischof 126
Marching 346
Marienthal, Kloster 198
Marius, Gajus 387 f.
Markianos 251, 282
Mars 360
Marschalk, Nicolaus 197, 203
Marsen 380
Marsoulas-Höhle 99
Marston, Alvan Theophilus 38
Marsus 391
Martin, Henri 69

467

Mascov, Johann Jacob 392
Mas d'en Josep 102
Maska, Karel 75
Massilia 250, 260, 281, 287, 288, 291, 339, 355, 359
Massilische Periplus 291
Mastabas 206
Matronen 361
Mattium 329
Maurach 252
Mayen 220
Mayer 20
Mazurier 54
Mediomatriker 328
Meganthropus palaeojavanicus 32
Mehlbek 274
Meiendorf 120, 121, 133, 134, 135, 136, 138, 139 ff., 145, 443
Meilen 153
Meinwerk, Bischof von Paderborn 373 f.
Meisterlin 392
Melzinger Heide 405
Menghin, Oswald 10, 95
Menhire 207, 212
Menning 126
Mentone 92
Mercatus 126
Merck, Konrad 108 ff.
Merians, Matthäus 149
Merkur 360
Messene 343
Messerschmidt 55
Messikommer, Jakob 156 f., 162, 178
Mestorf, Johanna 227, 231 f., 410
Meuschen, Stadtphysikus 55
Meyer, Heinrich 406
Mezine 134
Michaelsen 202
Michelberger, Förster 85
Michelsberg 215–248, 444
Michelsberg bei Kelheim 326
Michelsberg bei Kipfenberg 326
Midgard 433, 434
Milenkowitsch 25, 26
Miloicic 277
Milseburg 314
Mindel 26
Mithradates II. von Pontus 322
Mithras 378
Mitterberg 255
Mixnitz in der Steiermark 83
Moccus 361
Mohn, Hermann 87, 88
Moltke 199, 200
Mommsen, Theodor 294, 393
Mont Auxois 340
Mont Beuvray 328, 340, 341
Mont Gergoy 340

Monte-Bamboli 33
Monte Circeo 39
Montelius, Oskar 200, 204, 277, 410
Montignac 102
Moorarchäologie 150
Moorleichen 416 ff., 432 f.
Morbihan 207
Moreau, Jacques 294, 301, 323, 324, 358
Morlot, Prof. 155
Mortillet, Gabriel de 99, 130, 158
Moulin Quignon 21
Moustérien 130, 131
Müllenhoff 393
Müller, Notar 155
Müller, Sophus 200, 204, 408
Münster, Sebastian 226
Münzprägung 351
murus gallicus 328, 332, 338, 345
Mushard, Martin 127, 188, 194, 196, 198
Musterkoffer von Koppenow 263
Mykene 158, 295, 302

N
Napoleon III. 154, 188, 340
Naukler 390
Neandertal 11, 443
Neandertaler, Der 13–50, 72, 91, 94, 96, 97, 113
Nebek 119
Neckargartach bei Heilbronn 239
Neckel, Gustav 431
Nehring 57
Nerthus 435
Neuenburger See 154, 155, 252, 298
Neuessing 108, 111
Neumann, Joachim 14
Niaux 102
Nidau 154, 155
Niedersächsisches Landesmuseum Hannover 329, 419, 444, 446
Niederwyler See 155
Nigg, Oberlehrer 94
Nikomedes von Bithynien 322
Nindorf-Haassel 191
Ninive 343
Noah 391
Nonnweiler 311, 312, 331
Nordatlantiker 396
nordische Seevölker 279 f.
Noreia 291
Noricum 324, 386, 428
Noriker 391
Niviodunum 340
Nürnberger Stadtbibliothek 232
Nuragen 207
Nydam 416
Nydam-Boot 426 f., 436 f., 446

Nyon 340

O
Oberkassel 45, 46 f., 111
Obermaier, Hugo 65, 94, 100, 103, 104, 105, 130
Obermeilen bei Zürich 152, 153
Obotriten 197
Ochrida-See 168
Ochsenmoor 211
Odin 434, 435
Odyssee 127
Odysseus 250, 251
Ofnet-Höhle 44, 92, 113, 253
Oggelshausen 150, 181
Ogmios 360
Olarius, Johann Christian 231
Oldenstadt 408
Oldesloer Gruppe 146
Olearius, Johannes Christophorus 228
Ollae naturales 225
Oppida 343, 344 f., 366 f.
Oppidum-Forschung 339
Orange 386
d'Orbigny 18
Oreopithecus bambolii Gervais 31
Oerlinghausen 370
Orosius 437
Ossilegium historicaphysicum 193
Ostedt 405
Osterby 417
Ostergötland 261
Oesterholz 400
Oesterling, Johannes 126
Ostermoor 415 f., 421
Otzenhausen 311–333, 342, 445
Ovid 258
Oxenstierna 423, 433, 437

P
Paar 345
Paderborn 371, 374, 375, 376, 380
Paderborner Diözesanmuseum 374
Pair-non-Pair, Höhle 99
Pallmann, Reinhold 292
Papageienschnabelklingenendhohlkratzerbohrerschaber 120, 122
Paquet, Alfons 314
Paranthropus robustus 31 f.
Paret, Oskar 84, 114, 164 f., 166, 167, 168, 169, 171, 173, 220, 221, 354
Pauline, Fürstin 376
Paulus, Apostel 322, 391
Paulus, Diakonus 180
Paulus, Eduard 302
Peckatel 275
Peissen 180
Penck, Albrecht 26
Pepi, König 254

Pergamon 319, 322
Perikles 291, 306
Perry 200, 208 f.
Pestruper Gräberfeld 185
Petersberg bei Bonn 315
Petersfels bei Engen 111, 113, 443
Petershöhle bei Velden 95
Peutinger, Conrad 390, 392
Pfahlbauten 11, 148–182, 244, 292
Pfahlbaukulturen 240, 270
Pfahlbaumuseum, Unteruhldingen 444
Pfalzfeld, Säule von 299, 445
Pflugmacher, Ignaz 352, 354
Pfostenlochdiagnose 265
Phaeton 258
Pharao Merenptah 280
Philister 280
Philippos 358
Philostratos 53
Picardt, Johan 192, 193
Pich, Kathenmann 261
Piderit, Johannes, genannt Pideritius 376
Pikten 391
Piltdown-Mensch 35 ff.
Pinder, Wilhelm 274
Pipinsburg bei Osterode 326, 378
Pirkheimer, Willibald 390, 392
Pithecanthropus erectus 29, 32, 33
Pithecanthropus robustus 32, 33
Plesianthropus transvalensis 31
Plinius 124, 195, 349
Plutarch 388
Podmokl 354
Pollenanalyse 28, 73, 142
Polybios 320, 348
Popp, General von 330
Porta Nigra 439
Poseidonios 300, 320
Poser, Prof. Dr. 60
Postumius 320
Powell 320, 347, 356, 364
Prächelléen 130, 131
Prasiassee 153
Predmost (Mähren) 43, 75, 76, 112
Preller, Friedrich 199
Preul, Dr. 59
Proconsul 31
Pruner-Bey 20
Ptolemäus 251, 282
Pulcher 53
Puppikofer, Dekan 155
Pyrmont, Bad 436
Pytheas 424

Q
Quiberon 207
Quinare 358

R
Rademacher, Direktor 177
Radiokarbonverfahren 28
Ramsauer, Johann Georg 295, 296
Ramses III. 280
Ranke 393
Rantzau, Peter von 116
Rasiermesser, illustrierte 273 ff.
Rasmussen, Knud 96
Rätzmann 405
Rauch, Christian Daniel 371 f.
Raudinische Felder 388
Rauhes Lehen 286
Ravidat 101
Regenbogenschüsselchen 354 f., 356 f.
Reichart, Dr. Josef 337, 357
Reil, Johann Christian 199
Reinach, Salomon 292
Reinecke, Paul 277, 337, 345, 348
Reinerth, Hans 151, 161, 162, 164, 171, 182
Reinheim an der Blies 304, 306, 445
Rheinisches Landesmuseum in Bonn 48, 299, 443
Rhenanus, Beatus 390, 392
Rhode, Andreas Albert 11, 126, 228, 229, 230
Rhodius, Apollonius 258
Rhyner 152
Richter, Prof. Dr. 59
Riedlingen 284, 444
Riedschachen 161, 170, 173, 174, 175
Riek, Gustav 84, 88, 89, 112, 113
»Riemenschneider« 139
Ring von Otzenhausen 311–333, 445
Ringwall 315 f., 325 ff., 330, 343
Ringwallforschung 315, 331
Ringwall von Kipfenberg 329
Ringwall von Lossow 265
Ringwall von Manching 314, 327
Ringwall von Preist 328
Ripdorf 405, 412, 413, 414, 445
Riß 26
Rivière 100
Robenhausen 156, 158, 178
Rochat 155
Rodenbach 306
Röder, Dr. Max 364, 365
Rom 290, 321, 343, 349, 355, 374
Römer 317, 319, 320, 321, 322, 323, 324 f., 330, 366, 390, 417, 438, 439
Römerschanze bei Potsdam 265, 316
Römisch-Germanische Kommission 339
Rösch, Grubenbesitzer 34
Rosenbrock, Rektor 68

Rosgarten-Museum, Konstanz 110, 443
Rössener, Die 239, 243, 244
Rössener Keramik 238
Rudolf II., Kaiser 226
Rügen 191, 252
Rust, Dr. Alfred 59, 117 f., 119, 120, 123, 133, 134, 135, 136, 138, 140, 141, 145, 147

S
Saarlandmuseum, Saarbrücken 445
Saccopastore 39
Saccopastore-Schädel 30
Sacken, Baron von 295
St. Acheul 130
Salder, Schloß 443
Salzgitter 51–77, 443
Samland-Bernstein 254
Samos 343
Sangmeister 171
St. Gallen 93
St. Ingbert 313
St. Medart 313
Sanz de Sautuola, Don Marcelino Santiago Tomas 97
Sarasin 86
Sarmaten 391
Sasendorf 406, 408
Saxo Grammaticus 191
Schaffhausen 18, 108, 110
Schaffis 180
Schalensteine 275
Schalenstein von Bunsoh 187
Schalen von Gönnebek 261
Schatzdepots 262
Scheffel, Josef Victor von 158, 353
Scherbenwissenschaft 225, 233
Scheuchzer, Jakob 54
Schiek, Siegwalt 307, 308 f.
Schierenberg, Gottlieb August Benjamin 377, 378
Schlabow, Karl 418
Schleswig-Holsteinisches Landesmuseum für Vor- und Frühgeschichte, Schleswig 261, 270, 426 f., 443, 444, 445
Schliemann, Heinrich 158, 233, 302
Schliz 171
Schloß Salder 53
Schlotheim, Ernst Friedrich von 18
Schlutius, Gutsinspektor 230
Schmerling 18
Schmidt, Oberstleutnant 331
Schmidt, Pater, Religionsforscher 97
Schmidt, Robert Rudolf 84, 92, 102, 113, 160
Schneemann, Hegemeister 190
Schnurkeramik 240, 244 f., 278

Schoetensack, Otto 34 f.
Schrader 409
Schröder, Heinrich 412
Schröter, Prof. 128
Schuchhardt, Carl 111, 172, 234 ff., 255, 262, 265, 272, 283, 316, 393 f., 395, 412, 436
Schuhleistenkeil 237
Schulthess, Ludwig 152
Schulz, Werner 405
Schumacher, Karl 159, 216, 218, 239, 331
Schumachow, Ossip 56
Schussenquelle 86, 111
Schussenried 159
Schussenrieder Gruppen 239
Schütrumpf, Rudolf 133
Schwab, Oberst 154, 155, 162, 298
Schwabedissen, Hermann 143, 150
Schwäbisch-Gmünd 79
Schwalbe, Gustav 22
Schwantes, Gustav 43, 76, 117 f., 119, 120, 122, 144, 174, 236, 267, 381, 405 ff., 408 ff., 426, 433
Schwarz, Klaus 365
Schwarzenbach 304
Schweizerisches Landesmuseum, Zürich 444
Scoten 391
Secklendorf 191
Seedorf 405, 406, 408, 412, 414, 445
Seekirch 150
Seeland, Insel 169
Segestes 428
Segner 325
Sehested, Kammerherr 177
Selbstausstattungen für das Jenseits 263
Semiramis 391
Sequaner 358
Seyfried, Johann 226
Siberts, Oberrechnungsrat 84
Sieben Steinhäuser von Fallingbostel 187, 190, 444
Sigambrer 380
Sigeion 53
Silanus, M. Junius 386
Silberkessel von Gundestrup 363
Silbury Hill 207
Simon, Graf von Lippe 376
Sinanthropus pekinensis 33, 71
Sipplingen 162
Sipplinger Gruppen 239
Sirgenstein-Höhle 113
Sixt 84
Skythen 297
Sleipnir 434
Smith-Woodward, Artur 36, 37
Sokrates 44

Solutré 66
Solutréen 130, 131, 132
Sonnenscheibe von Glüsing 261
Sonnenwagen von Trundholm 275
Sotacus 124
Spiennes 252
Spiralkeramik 237
Sprockhoff, Ernst 200, 201, 211, 212
Spy 22
Staffelberg bei Staffelstein 343
Stamm 109
Stätteberg bei Neuburg 343
Statthalterpalast zu Köln 439
Staub, Lehrer, Johannes 152, 153, 155, 156, 163
Staudacher, Dr., Oberförster 165
Steenstrup 223
Steinbichl (Manching) 345
Steiner, Major a. D., 84, 315, 326
Steinheimer Mensch 37, 38
Steinsburg bei Römhild 314, 328, 330
Steinzeit, Jüngere 118, 171, 180, 220, 233, 242 f., 246, 247, 248, 253 f., 266, 276, 289, 332
Stellmoor 117, 118, 144, 146, 443
Sterbende Galater, Der 322
Sternhof Oesterholz 380
Stetten 115
Stichreihenkeramik 237
Stieff, Prorektor 229
Stokar, Chemiker 137, 138
Stonehenge 207
Strabo 295, 317, 321
Straubinger Kultur 278
Streitwagen 318, 319
Struve, W. Karl 278
Stukeley, William 195 f.
Sucellus 360
Suessionen 340
Sueton 53
Sumerer 205, 261
Suter, Oberst 155
Swanscombe-Mensch 38
Syrakus 343, 374

T
Tacitus 172, 378, 385, 389, 391, 392, 418, 422, 427 f., 435, 438
Tackenberg, Kurt 221
Talhof (Heuneburg) 302
Tannstock 161, 169, 170
Taranis 360, 363
Taubach 67
Taubried 161, 171, 174
Taung 31
Taurisker 386
Tectosagen 321
Telamon 319, 321
Terra 391

Teudt, Wilhelm 378, 379, 380, 395, 397 ff.
Teutates 360, 363, 391
Teutobochus 54
Teutoburger Wald 370, 437
Teutonen 325, 340, 386, 387
Thayngen 108, 443
Thieder Lindenberg 53, 56, 57
Thing 430 f.
Thomsen, Christian 128
Thor 434, 435
Thorsberg 416, 418, 437, 446
Thümmel, Moritz August von 199
Thurnam, Dr. John 200
Thusnelda 428
Thuyscon 391
Tiberius 53, 367
Tiefenbach 150, 181
Tinsdahler Hortfund 278
Tischbein, Wilhelm 199
Tode, Dr. Alfred 57, 58, 59, 60, 74, 129
Tofting (Warft) 415, 421, 424
Tolistoagier 321
Tollund-Mann 416 f., 424, 432
Töpferscheibe 177
Torques von Trichtingen 364
Trebnitz 226
Treis (Hessen) 72
Treitschke 10
Trepanationen 179
Treuern, M. Gotthilf 228
Treva 250
Treverer 322, 332, 333, 360
Trichterbecherkeramik 238
Trichterbechermenschen 243 f.
Trier 322, 330, 331
Trithemius, Johannes 392
Tröltsch, von, Oberst a. D. 159
Trois-Frères-Höhle 100
Troja 53, 158, 220, 237, 279
Trojaner 392
Trokmer 321
Trommel von Balkakra 275
Tübingen 87, 88, 181
Tuc-d'Audoubert-Höhle 100
Tyr 435

U
Uelzen 187, 191, 403 ff., 445 f.
Uenze 171
Ugarit 279
Undset, Ingvald 408 ff.
Undset, Sigrid 409
Untergrombach 216
Unteruhldingen 159, 166, 181
Unter-Wisternitz in Mähren 75, 112, 135
Upflamör 285
Ura-Linda-Chronik 397

Urgermanen 385
Urkelten 291
Urmitz 219, 220
Urnenfelderkultur 280, 294
Urnenfelderzeit 296
Urnenliteratur 227
Urnenpyramiden 232
Urvolk, indogermanisches 245
Uxellodunum 340

V
Valet, Apotheker 86
Vallatum 336
Vandalen 197
Vandalus 391
Vanen 434
Varus 378
Varusschlacht 373
Vättis 94
Velburg in der Oberpfalz 83
Veleda 378, 381
Venus von Willendorf 110
Vercellae 388, 389
Vercingetorix 319, 340, 366
Verwahrfund 263
Verworn, Max 46
Viereckschanzen, keltische 365
Viesenhauser Hof in Stuttgart 172
Vilanova 98
Vimose (a. Fünen) 416, 437
Vindeliker 324, 334, 345, 351, 355, 366, 368
Vindonissa 40
Vinelz 178
Virchow, Hans 40
Virchow, Rudolf 20, 22, 40, 91, 98, 158, 263, 331
Visbek 444
Visbeker Braut 185
Visbeker Bräutigam 184, 185, 202
Vischer, Prof. Friedrich Theodor 158, 159, 166, 167
Vogelherdgalerie 112
Vogelherdhöhle 78–115
Vogelsang, Ulrich 54
Vogt, Günther 211
Vogt, Prof. Dr. Emil 162, 169
Volker 358
Vries, Jan de 361, 362

W
Wächter, Forstrat 196
Wagen von Strettweg 275
Wagener, Pfarrer 331
Wagner, Karl Heinz 338
Wagner, Rudolf 20
Wahle, Ernst 300
Waldalgesheim 304, 445
Walhall 434, 439, 443

Wall von Lossow 316
Walternienburg-Bernburg 238
Wartberg bei Heilbronn 219
Wauwyler Moos 171
Wauwyler See 155
Weber, C. A. 164
Weimar-Ehringsdorf 39
Weinert, Hans 32, 35, 43, 45, 71, 72, 130
Weinland, David Friedrich 114
Weinzierl, Gutsbesitzer 352 f., 354
Weisse, C. V. 7, 251
Wellingsbüttel 119 f.
Wendland 187
Wendt 38
Wenner-Gren, Axel 49
Wennigstedt 187
Werkstättendepots 262
Werner, Joachim 341, 342, 366
Wessenstedt 405, 412, 445
Westerhofen 354, 357
Westerholte 194
Westgotland 141
Wetterau 314, 329, 330
Wetzel, Robert 84, 85, 113
Widukind, Herzog 371
Wieland, Schmied 72
Wikinger 438, 440
Wildenmannlisloch 95
Wildeshausen 184, 185, 186
Wildes Schwein bei Buxtehude 196
Wildkirchli am Säntis 93

Wildschrey, Eduard 250, 260, 281, 282, 283
Wille, Hermann 196, 395
Willendorf 75
Wimpfeling, Jacob 390
Wimsener Höhle bei Zwiefalten 83
Windmill-Hill-Kultur 239
Winkelmann, Johann Justus 229
Wirth, Herman 395, 396, 397, 400
Wodan 434
Woldstedt, Prof. Dr. 59
Wolfenbüttel, Museum 443
Wollermann 57
Worm, Ole 126, 196, 198
Wormser Adlerbergleute 278
Worsaae 118, 194
Wrangel, Feldmarschall 199
Wrohm 187
Wunderlich, Kriegsgerichtsrat 84
Würm 26
Wurmberg bei Braunlage 365
Württembergisches Landesmuseum 364, 444
Wurten 415, 426

Y
Yoldia-Meer 141

Z
Zingeler, Hofrat 84
Ziu 435
Zobel, Stadtschulrat 53, 57
Zotz, Lothar F. 28, 48, 96

INHALTSVERZEICHNIS

Vorwort 9

Erstes Kapitel
DER WELTBÜRGER AUS DEM NEANDERTAL
Wallfahrt zum »ersten Düsseldorfer«

Pfarrer Neumanns Ausflugstal · Sternstunde eines deutschen Schulmeisters · Fuhlrott predigt tauben Ohren · Der »Neandertaler« macht seinen Weg · Geschichte nur ein Silvesterscherz · Funkverkehr mit der Eiszeit · Der errechnete Affenmensch · Riesenzähne als Medikamente · Der Alteuropäer aus Heidelberg · Morgenröte über Piltdown · Ahnherr der nordischen Rasse? · Überall Neandertaler · Schnelle Läufer und »geniale Jäger« · Lange Schädel – lange Kerls · Das Paar aus Oberkassel · Geniestück der Schöpfung · Die Knochensammlung im Tresor 13

Zweites Kapitel
DIE MAMMUTJÄGER VON SALZGITTER
Elefanten-Safari in der Norddeutschen Tiefebene

Äcker, Schlösser, Fördertürme · Militärmusik für morsche Knochen · Aufmarsch der Experten · Die Tierwelt der Warmzeiten · Das Mammut – der Riese aus Sibirien · Die Jagd als Schicksal · Der Speer von Lehringen · »Grillsteaks« von heißen Steinen · Der Mensch – Zwingherr der Natur · Die älteste Harpune der Welt · In Mannersdorf gab's Mammut am Spieß · Unter den Kläranlagen von Lebenstedt 51

Drittes Kapitel
DIE BILDSCHNITZERSCHULE DER VOGELHERDHÖHLE
Kunst und Kulte der Eiszeit

Der »grüne Karst« der Alb · Wunderreich der Unterwelt · Meister Grimbart als Höhlenforscher · »Valet Fraas Käs« · Wertvollster Kleinkunstschatz Europas · Verjüngungsmittel für Felder und Menschen · Gräber aus grauer Vorzeit · Der Tierfriedhof im Drachenloch · Opfer für »Bruder Bär« · Die unterirdischen Bildersäle · Justiz in der Eiszeit · Magier, Zauberer und Maler · Die Fälschungen des braven Konrad · Monumentalkunst im Miniaturformat · Das Morgenrot des Schönen . 78

Viertes Kapitel
DIE ABFALLTEICHE VON AHRENSBURG
Eiszeitende vor den Toren Hamburgs

Die Höhlenmenschen und die Austernesser · Mit dem Fahrrad in die Urgeschichte · Nachtübungen in Stellmoor · Pülverchen aus »Donnerkeilen« · Lucretius siegte in Kopenhagen · Kalbskeule und Winkelschaber · Vokabeln für Zungenakrobaten · Vom Eolithikum zum Magdalénien · Kamen die »Hamburger« aus der Ukraine? · Auf dem Zeltplatz herrschte

Ordnung · Siebzehn Pfund Fleisch am Tag · Renjägers »Pfennigartikel« ·
Die versenkten Opfertiere · Als die Themse in den Rhein floß · Die
Wanderung der »Südleute« · Die ältesten Pfeile der Welt 116

Fünftes Kapitel
STEINZEITBAUERN AM FEDERSEE
Die Pfahlbauten – ein romantischer Irrtum

»Durch dunkles Moor und helle Stunden...« · Kronzeuge Herodot ·
Scherbenfischer und andere Altertumsforscher · Spatenarbeit im Grabungskasten · Wohnbühnen über plätscherndem Wasser · Das entzauberte Pfahlbauidyll · Stranddörfer auf festem Grund · Komfort unterm Schilfdach · Vom »Kurvenkomplexbau« zur Lehmgrube · Die Holzarchitektur der Jüngeren Steinzeit · Steinaxt gegen Stahlaxt · Schmuck und Mode bei den »Pfahljungfrauen« · Schädeloperationen gegen Zahnschmerzen · Das Federseegebiet – ein vorgeschichtliches Wunschland . . 148

Sechstes Kapitel
DIE HÜNENGRÄBER –
DEUTSCHLANDS PYRAMIDEN
Ursprung, Weg und Schicksal der großen Steinkammern

Die Granitbraut und ihr Bräutigam · »Nunmehr da die meisten gesprenget werden...« · Johan Picardts Riesenstory · »Druidioten« und andere Deuter · Geistervisite in Ramsloh · Moltke grub auf Alsen · Dolmen, Ganggräber, Steinkisten · Wikinger des Mittelmeeres · Die Straßen der Megalithkultur · Missionare einer ersten Weltreligion · Erbbegräbnisse steinzeitlicher Großbauern · Unter scharfem Beschuß 183

Siebentes Kapitel
TÖPFE UND TELLER VOM MICHELSBERG
Weltgeschichte aus Scherben gelesen

Gruben, Gräber, Wall und Graben · Vom Festungswerk zum Viehkraal · Haushunde, bevor es Häuser gab · Töpfe, die im Boden wachsen ·
»Weil unsere Leiber von der Erden sind« · Quintilius Varus seinem lieben Zacharias Goeze · Die »swarten Pötte« der Frau Lühmann · Scherben – das »Füllhorn archäologischer Weisheit« · Kürbisflasche, Holztopf und Lederbeutel · Bandkeramiker und Trichterbechermenschen · Die Rössener und die Michelsberger · Schnurkeramiker und Glockenbecherleute · Scherben, Forscher und Geschichte · Der paneuropäische Becher · Segen der Seßhaftigkeit · Die Bauern vom Michelsberg 215

Achtes Kapitel
ODYSSEUS KAM DOCH NICHT ZUM NIEDERRHEIN
Geschichte eines Irrtums und seine geschichtlichen Hintergründe

Viel Wirbel um ein Tacitus-Zitat · Handelswaren der Steinzeit · Kupferbergbau vor 4000 Jahren · Das Jahrtausend der Seefahrt · Die Straßen des Bernsteins · Der Goldschatz auf der Fensterbank · Stille Reserven fürs Jenseits · Die Pharaonengräber des Nordens · Feldarbeit mit Pflug und Ochsen · Wunder des Bronzegusses · Pelerinen, Kimonos und illyrische Röckchen · Das Königsgrab von Seddin · Die illustrierten Rasiermesser · Relative und absolute Chronologie · Die nordischen Seevölker in Ägypten · Das Ende der Massilia-Faktorei in Duisburg . . 249

Neuntes Kapitel
DER »HOHMICHELE« UND DIE HEUNEBURG
Keltenart, Keltenkunst und Keltenfürsten

Zentrum württembergischer Vorgeschichte · Die Griechenfestung als Morgengabe · Große Welt im Provinzalltag · Hohepriester der Keltenkunde · »Entfants terribles« des Altertums · Hallstatt und die Hallstatt-Kultur · Latène – der Stil der »Anti-Klassik« · Fässer, Fürsten und Vasallen · Griechische Schalen in schwäbischen Gräbern · Die Schmuckschatulle einer keltischen Fürstin · »Hohmichele« – größter Grabhügel Deutschlands · Die Chronik der Heuneburg 284

Zehntes Kapitel
DER RING VON OTZENHAUSEN
Das größte Vorgeschichtsdenkmal Deutschlands

Steine für 3000 Eigenheime · Erdaufwürfe und Geröllawinen · Die Lausitzer Burgen · Schwertkämpfer und Deichselakrobaten · Schaugefechte vor der Front · Die Nackten und die Schädeljäger · Ankara sprach keltisch wie Trier · Das seltsamste Imperium der Geschichte · Unter germanischem Druck · Abschnittswälle, Ringabschnittswälle und Ringwälle · Mauerbau ohne Mörtel · Das Ende als Steinbruch · Bauherren waren die Treverer 311

Elftes Kapitel
DÜSENAUFKLÄRER ÜBER MANCHING
Die Stammeshauptstadt der Vindeliker

Die Riesenraupe auf dem Rollfeld · Als der Wall noch Pfahl hieß · Zentrum der internationalen Oppidum-Forschung · Die Keltenstädte Frankreichs · Kelheim war so groß wie Ninive · Keine Medaillenchancen für Manchinger Vieh · Glasschmuck für die Damen · Zwei arme Teufel fanden einen Schatz · Die vielgeliebten Regenbogenschüsselchen · Moderne Kunst auf alten Münzen · Olympier, Dämonen und Matronen · Macht und Lehre der Druiden · Das Jahr begann am 1. November · Das keltische Vermächtnis 334

Zwölftes Kapitel
DIE STERNSEHER DER EXTERNSTEINE
Wege und Abwege der Germanenkunde

Im Herzen des Lipperlandes · Der Teufelsstein und das Kreuzigungsrelief · Jerusalem im Teutoburger Wald · Das Heiligtum als Straßenfort · »Hauptgötzensitz der Deutschen« · Der Priesterfürst der Sonnenwarte · Pferderennen im heiligen Hain · Die Suche nach dem indogermanischen Urvolk · Die Erdverhafteten und die Himmelsstürmer · Der Aufbruch der Kimbern und Teutonen · Aquae Sextiae und Vercellae · Germanisch gleich barbarisch · Noah – Stammvater der Deutschen · Von Rhenanus bis Ranke · Der Fall Kossinna · Herman Wirths Urlichtreligion · Die neue Teutoburger Waldschlacht · Todesrune oder Galgenzeichen? · Wiege der Welturmythen 369

Dreizehntes Kapitel
KLEINE DÖRFER MIT GROSSEN NAMEN
Zentren der Bodenforschung im germanischen Siedlungsraum

Wegweiser zu Vorgeschichtszielen · »Lateinische« und andere Bauern · Die Privatgrabung eines Sechzehnjährigen · Das Rätsel von Jastorf · Gab es eine »keltische Hansa«? · Ein Mann von heute – 2000 Jahre alt · Man trug »Shorts« und »Breeches« · Mensch und Tier unter einem Dach · Die letzte Mahlzeit des Tollund-Mannes · Das Alsen- und das Nydam-Schiff · Freie, Freigelassene und Sklaven · Die letzte Entscheidung lag beim Thing · Rache – ein Gebot der Sittlichkeit · Asgard, Midgard und Walhall · Der »Holzmann« auf der Heide · Opfer-Bacchanale für den Gott des Krieges · An der Schwelle der deutschen Frühzeit 403

Danksagung 441

Touristische Hinweise 443

Zeittafel 447

Quellenverzeichnis der Textabbildungen 451

Quellenverzeichnis der Tafelbilder 452

Bibliographie 453

Register 461